눈부신 글로 승화된 치열한 생애

중국 문인 열전

品中國文人(1), 品中國文人(2)

by Liu Xiaochuan
Copyright © 2008, 2010 Liu Xiaochuan
All rights reserved.
Korean Translation Copyright © 2011 BooksNUT

Originally published in China as 《品中國文人(1)》, 《品中國文人(2)》
Korean Edition translated with the permission of the author and the Shanghai
Literature & Art Publishing House

• 이 책은 『品中國文人(1)』(한국어판 『천하를 얻은 글재주』)과 한국에서 출간되지 않은 저자의 차기작
『品中國文人(2)』의 합본입니다.

눈부신 글로 승화된 치열한 생애

중국
문인
열전

류소천劉小川 지음 | **박성희** 옮김

북스넛
Booksnut

옮긴이 | 박성희

명지대학교 중어중문학과를 졸업하고, 이화여자대학교 통역번역대학원 한중 번역과를 졸업했다. 박문각 행정고시학원 중국어 강사와 종로엠스쿨 중국어 강사를 역임했다. 옮긴 책으로는 『천하를 얻은 글재주』, 『직원들은 모르는 CEO의 원가 자르기 비법』, 『알짜배기 중국어 어휘 시리즈 언어(속담 편)』 등이 있다.

중국 문인 열전

1판 1쇄 인쇄 _ 2011년 1월 5일
1판 1쇄 발행 _ 2011년 1월 10일

지은이 _ 류소천
옮긴이 _ 박성희
발행인 _ 문정신
책임편집 _ 곽지희
발행처 _ 북스넛
등록 _ 제1-3095호
주소 _ 서울시 마포구 성산동 112-7 예건빌딩 3층
전화 _ 02-325-2505
팩스 _ 02-325-2506

ISBN 978-89-91186-64-4 03900

삶은 치열했고 글은 눈부셨다

　시대의 고비마다 홀연히 나타나 민중들에게 영혼의 지향점을 일깨워주곤 했던 중국 문인들의 생애와 초석 같은 문장을 들여다보는 것은 의미 있는 일이다. 굴원에서 루쉰까지 문인들의 글과 생애를 연구하기로 작정한 후 나는 한동안 불안감에 시달렸다. 2천 년을 헤집어 그들의 삶과 작품 세계를 들여다보는 일이란 결코 수월한 작업이 아니었기 때문이다.

　문인들이 살았던 시대와 그들의 정신세계를 온전히 끄집어내고, 존재했던 그대로의 모습을 보여주기 위해서는 막대한 사료 수집을 통한 정식 '연구'가 필요했다. 시대정신을 지니고 산다는 것이 무엇인지를 일깨워주기라도 하듯 일생을 살다 떠난 중국 문인들의 삶과 지향점은 충분한 연구 가치가 있었지만, 스스로를 극한으로 떠미는 야인적 충동은 오늘날의 이성적 사유만으로는 받아들이기 힘든 부분

5

이 많았다.

그들은 하나같이 치열한 삶의 발자취를 남겼다. 그들은 인간적이었고 그런 만큼 사랑스러운 존재들이었다. 욕망과 현실 사이에서 환호하고 절망하며 갈등하는 삶을 이어갔다. 시대의 그림자를 떠안은 자신들의 삶을 속속들이 비추며 질곡의 세월을 투명히 반영시킨 시와 문장은 그래서 현대인들에게 숙연한 생의 메시지로 다가온다.

당시 중국 문인 사회의 특징이 그러했듯이 문인의 인생사는 곧 당대의 정치사였다. 다수의 문인들에게 글을 읽고 쓰는 목적은 정치적 이상을 실현하는 데 있었다. 이는 서양의 문인들에게서는 볼 수 없는 중국 문인만의 특징이다. 그런 만큼 문인의 지혜란 곧 '정치의 지혜'였다. 이른바 문치무공文治武功에서 먼저 이뤄야 할 것도 문덕文德에 의한 다스림이었으며, 역대 책사와 재상들도 모두 인문적 소양을 갖추고 있었다.

문인들이 황제의 권력에 도전할 수 있었던 것은 유가의 위정爲政 사상과 뚜렷한 개성 덕분이었다. 존귀한 황권의 소유자도 모든 것을 제 뜻대로만 통치할 수는 없었다. 요순시대의 정통인화政通人和 사상이 시대의 중심에서 힘주어 버티고 있었기 때문이다. 정통인화란 '정치가 통하고 백성이 서로 화목한 것'을 말한다. 이 같은 분위기 속에서 자신만의 입신양명을 위해 원칙을 버리는 변절이나 타협은 허용될 자리가 없었다. 초나라에서 이상 정치를 펼칠 수 없자 굴원은 머리를 풀어헤치고 형초荊楚 땅을 십 년간 유랑하다 영도郢都가 함락되자 멱라강에 몸을 던졌다. 2천여 년의 중국 역사에서 굴원의 죽음은 가장 위대한 자살로 전해지고 있다. 굴원의 이상과 고결한 정신은 후세 문인에게 지대한 영향을 미쳤다. 많은 문인들이 요순과 공맹, 노장 그리고 굴원을 가슴에 담았다.

정치에 실패하고 권력의 찬바람에 스러져간 문인은 굴원만이 아니었다. 선구적 개혁가로 알려진 왕안석도 종국에는 자신의 신법이 모조리 폐지되는 굴욕을 감내해야 했고, 잃어버린 영토를 되찾겠다는 일념으로 평생을 바친 육유도 융흥화의 후 파면되어 죽는 날까지 탄식을 멈출 수 없었다. 스스로가 믿는 이상 실현에 실패한 문인들의 피와 눈물로 영근 문장들은 세월이 흐를수록 영롱한 빛을 더해왔다. 사회적으로 그리고 개인적으로 온갖 수모와 아픔을 당하면서도 많은 문인들은 삶이 다할 때까지 손에서 붓을 놓지 않았다. 오히려 고통에 시달릴수록 그들의 글월은 더 치열하게 살아났다. 그들에게 시와 문장은 정치적 도구에 머무르지 않고 한恨과 고통, 혹은 생의 희열을 뿜어내는 분화구였다.

일각에서는 뒤틀린 봉건주의의 뿌리를 타파하려는 문인들의 움직임이 일기도 했다. 이른바 지식인들이 도덕이라는 명분 아래 온갖 예속禮俗으로 백성들의 삶과 인성을 억누르려 들었기 때문이다. 공리功利를 멀리하는 것을 도덕적 기준으로 삼았던 지식인들은 군자의 도의만을 최고의 덕목으로 여겼다. 그러나 정작 도덕에 속박당하는 쪽은 백성들일 뿐, 관료층은 자유로이 방종했다. 이는 중국 근대화의 발목을 잡는 커다란 병폐였다. 오랜 세월 억압된 욕망은 왜곡된 형태로 표출되었고, 그로 인한 병태적 인간과 병태적 생활이 속속 모습을 드러냈다. 루쉰은 그러한 세태를 냉정하게 꼬집는 글로 중국 문단과 사회에 의식의 혁명을 일으켰다.

개혁의 기치 아래 중국은 놀랄 만한 성장을 이루었다. 그러나 그 과정에서 억압으로 쪼그라든 대중의 욕망은 상품의 물결과 함께 팽창되고 또 팽창되었다. 쪼그라든 욕망도 문제였지만 부풀대로 부푼 욕망은 더 큰 문제가 되었다. 가치적 이성은 도구적 이성의 위협을 받은 지 이미 오래며, 이제는 비이성적 욕망만이 어지럽게 춤추고 있다. 돈이 삶의 목적이 된 지금, 욕망으로 우리의 영성은 피폐해졌다. 욕망이 클수록 감사할 것은 줄어들고 감사가 없으니 시흥詩興도 저만치 달아나고 말았다. 불행히도 우리는 더 이상 시적 감동이 없는 시대를 살고 있다. 삶에 대한 진지한 사유와 탐구가 깃든 문인들의 시와 문장이 오늘날 더 깊은 가치를 지니는 이유도 그 때문이다.

중국 문인들은 모두 생태주의자이자 영성주의자였다. 그들은 거대한 자연의 힘을 두려워하고 그 이치에 순응할 줄 알았다. 아폴로 12호를 타고 우주를 여행했던 제임스 어윈James Irwin은 지구로 귀환한 후 신과의 영적 만남을 알리는 전도사가 되었다. 그는 광활한 우주에 의탁한 자신이 얼마나 무력한 존재인지를 절감하고 생명이 곧 신의 은총임을 깨달았다고 말했다. 하지만 안타깝게도 인류는 이미 오만의 대가를 치르고 있다. 기후 재앙은 지구가 자기 몸 위에 서식하고 있는 불손하고 뻔뻔한 종족을 더는 두고 볼 수 없다는 강력한 경고일 것이다. '인간의 탐욕을 충족시킬 만큼의 자원은 지구에 없다'는 슈마허Schumacher의 말은 욕망에 찌들어 영혼이 멍들고 초라해진 우리의 모습을 직시하라는 절망 섞인 외침이다.

문인들은 자연과 마주한 적이 없다. 그들에게 자연은 인간이 감히 마주할 수 있는 '대상'이 아니었다. 그들은 인간도 그저 자연 속의 일원일 뿐임을 겸허하게 받아들였다. 길가에 핀 들꽃과 강에서 유영하는 작은 물고기, 조용히 흐르는 계곡의 물에 감사하고 찬미했다. 욕망이 있으나 제어할 줄 알았기에 그들은 여유를 즐겼으며, 한가로움 속에서 자연과 생명의 신비를 체험하고 그 감동을 글로 풀어냈다. 가장 힘없고 약한 피조물이라는 사실을 스스로 깨닫고 무엇이든 지배하려는 탐욕을 버릴 때 자연은 인간에게 화해의 손을 내밀 것이다. 그래서 '돌아가리라!'라는 도연명의 외침은 '회귀'가 아니라 사람은 사람답게, 자연은 자연답게 '회복'해야 한다는 간절한 선언이다.

저자 류소천

중국 최초의 서정시인 굴원은 한수 이북을 배회하며 회왕이 있는 곳을 향해 긴 탄식을 하고 맹렬한 말들을 폭우처럼 쏟아냈다. 그는 정치가였지만 권모술수와 암투에 능하지 못했다. 그에게 후퇴와 우회, 타협이란 없었다. 그러한 태도는 그가 오늘도 굴원이라는 이름으로 살아 있는 이유이기도 하다. 우리는 굴원이 남긴 문화 유전자를 통해 그가 꿈꿨던 정치적 이상을 대신 그리고 있는 게 아닐까?

중국 최초의 자유사상가

屈 原

굴원 전국시대 B.C.340~B.C.278

무리 짓기 좋아하는 이들 쾌락만 좇으니
길은 마냥 어둡고 험난하구나.
어찌 내 일신의 재앙만 꺼리랴
임금의 수레 엎어질까 두려워라.

선각자의 탄생

송나라의 황백사黃伯思는 '굴원과 송옥宋玉의 모든 소騷는 초나라 말로 쓰고, 초나라 곡조를 담고, 초나라 땅을 기록하고, 초나라의 물건 이름을 붙였으니 이를 초사楚辭라 불렀다.'라고 기록하고 있다. 『초사』는 『시경詩經』보다 3백여 년 뒤에 나온 시가 총집으로 대표 시인은 굴원屈原이다.

모르는 사람은 없지만 정작 신비에 가려진 인물, 굴원을 탐험하기 전에 먼저 그의 생애와 시대적 배경 등을 거칠게나마 되짚어보자.

굴원은 전국시대 후기 초나라 사람이다. 당시는 진나라가 가장 강성했으나 아직 천하를 제패할 만큼의 위세는 갖지 못했고, 초나라와 제나라, 진나라의 세력이 팽팽하게 맞서며 서로 견제하는 형국이었다. 이른바 전국칠웅戰國七雄에서 사실상 전국시대를 이끌었던 삼두마차는 진秦, 제齊, 초楚나라였고, 연燕, 조趙, 위魏, 한韓 제후국들은 계속된 패전으로 영토를 내주고 강화講和를 청하는 화친 외교를 택할 수밖에 없었다.

장강長江 중하류에서 발흥한 초나라는 판도를 지금의 호남湖南, 호북湖北, 안휘安徽, 강소江蘇. 강서江西, 절강浙江으로 확대했고, 한때는 그 세력이 서남부 지역까지 미쳤다. 서주西周(주의 무왕武王에서 유왕幽王에 이르기까지 호경鎬京에 도읍한 시기로 동천東遷하기 이전까지의 중국 주나라를 이르던 이름ー역자 주) 시대 이래로 초나라는 근 천 년간의 경영으로 인구와 영토, 물자 등 모든 면에서 부강한 나라를 건설했다. 생활 습속도 중원과는 아주 달랐던 초나라의 수도는 당시 가장 번화했던 영郢 (지금의 호북성湖北省 강릉현江陵縣ー역자 주)이었다.

번영과 화려의 뒤에는 위기가 도사리고 있었고, 그 잠재된 위험을 가장 먼저 본 자가 바로 굴원이었다. 초나라에는 선각자적인 인물이 둘 있었는데, 한 명은 초도왕楚悼王 때의 오기吳起(전국시대의 인물로 손자병법과 함께 중국 양대 병법서로 꼽히는 오자병법을 지음ー역자 주)였다. 전략가였던 그는 진나라 상앙商鞅의 변법變法보다 앞서 개혁을 주장했다. 오기가 꿈꿨던 개혁의 핵심은 상앙의 변법과 일맥상통했다. 귀족 세력을 누르고 인재를 널리 등용할 것, 강력한 부국강병책을 실시할 것 등이었다. 둘 다 귀족 세력에 의해 처참하게 살해당했지만, 생전에 주장했던 변혁 노선이 진혜왕秦惠王 때 일관성 있게 추진되었던 상앙과 달리 오기의 개혁은 전부 부정되었다. 결국 그는 구천지하에서도 안녕을 얻지 못하는 불운의 생으로 끝나고 말았다. 안타깝게도 굴원은 오기의 불운을 그대로 닮은 인물이다.

굴원은 왕실귀족 가문에서 태어났다. 『이소離騷』의 첫머리에 그의 출신 배경이 잘 나와 있다.

'고양高陽 임금의 후손으로 나의 위대하신 선친은 백용伯庸이라 한다帝高陽之苗裔兮, 朕皇考曰伯庸.'

'짐朕'은 본디 1인칭인 나를 가리키는 말이었으나 진시황에 이르러 황제의 호칭으로 전용되었다. 고양은 고대 제왕 전욱顓頊의 별호로 초나라는 그를 자신들의 먼 조상으로 섬겼다. 전욱의 후손인 웅역雄繹은 주 성왕에 의해 초나라의 제후로 봉해졌다.

굴원의 고향은 지금의 호북성에 있는 자귀秭歸 현으로 초나라의 도읍지였던 영과는 어느 정도 떨어진 곳이다. 가운家運이 쇠락했던 까닭에 굴원은 학문으로 다시 집안을 일으키겠다는 뜻을 품었다. 부친 백용도 자주 수도 영을 가리키면서 아들에게 나가야 할 길을 확인시켜주곤 했다.

약관의 청년 굴원은 고향을 떠나 조상의 영광이 묻힌 수도로 갔다. 웅변술이 성행했던 전국시대에 언변은 학문적 재능에 버금가는 인재의 필요 조건이었다. 특히 입담이 뛰어난 책사策士는 변사辯士로 불리기도 했을 만큼, 말솜씨는 정치 입문에 중요했다. 말만 잘하면 서인庶人 출신도 대귀족의 문하생으로 들어갈 수 있던 시절이었다. 굴원의 고향 자귀는 작지만 개방적인 성읍이었다. 젊은 인재들은 그곳에 자주 모여 함께 정치를 논하고 꿈을 키웠다.

『사기史記』에 기록된 굴원의 시구로 우리는 그의 외양을 짐작할 수 있다. 긴 두건을 쓰고 허리에는 장검을 가슴에는 꽃을 단 그는 전형적인 미남자 모습이다.

당시 초나라 왕실에는 재위 중인 초위왕楚威王과 훗날 초회왕楚懷王이 된 태자 웅괴雄槐가 있었다. 이 두 최고 권력자는 시인에게 상상의 공간과 애절한 이별의 정한을 남기기도 했다.

굴원은 영으로 간 후「귤송橘頌」을 지었다.

귤, 천지간의 아름다운 나무여	后皇嘉樹
이곳 땅에 내려왔구나.	橘徠服兮
타고난 성품을 바꾸지 않고	受命不遷
남국에서 자라는구나.	生南國兮
뿌리 깊고 단단해 옮기기 어려우니	深固難徒
네 곧은 뜻 보이누나.	更壹志兮

초나라 왕실과는 핏줄로 연결된 굴원이었으나 시구에서는 오히려 도리에 충실하고 강직한 시인의 기품이 느껴진다.

굴원이 고향을 떠나게 된 원인과 경로는 정확히 알 수 없으나, 그는 수도 영에 오고 얼마 안 있어 태자 웅괴의 시독侍讀(옛날 제왕에게 경학經學을 가르친 관직—역자 주)이 되었다. 학식이 깊고 외모도 출중했던 굴원은 왕과 태자의 눈에 금세 띄었다. 오늘도 그렇지만 옛날 사람들도 외모를 매우 중요하게 여겼다. 그들은 얼굴 생김새가 그 사람의 명운을 그대로 담고 있다고 믿었다.

굴원은 난대蘭臺라고 하는 제실帝室의 문고에서 5년 동안 태자의 시독으로 일했으며, 그 후 30년 세월을 초회왕과 함께 했다. 천하를 이끌어갈 미래의 군주로서 학문에 힘써야 함이 당연한 일이었던 만큼, 태자를 가르치는 스승의 역할을 했던 시독은 고대 지식인 사회에서 최고의 자리 중 하나로 인식되었다. 왕실의 규정에 따라 여러 명의 시독이 함께 태자를 가르쳤으나 얼마 못 가고 보따리를 싸야 하는 이들도 적지 않았다. 난대는 최고의 자리인 까닭에 경쟁도 치열했고 상호 비방과 견제도 많았다. 그 무리에서 웅괴를 국왕의 보좌에 앉힌 인물이 굴원이었다.

태자 웅괴는 굴원과 나이가 비슷했다. 장자莊子의 묘사에 따르면 '웅괴는 매우 엄격한 사람으로 죄를 물을 때 용서란 없었으며 무섭기가 호랑이 같았다'고 한다. 태자의 성정이 이렇다 보니 시독 노릇하기가 여간 어려운 일이 아니었던지 자의반 타의반 떠나는 사람들이 많았다. 굴원만이 신하이자 스승으로 또 친구로 다층적 관계를 맺으며 웅괴의 곁을 끝까지 지켰다. 천하를 웅시雄視하는 초위왕의 태자로 웅괴가 받았을 심리적 중압감은 꽤 컸을 것이다.

초나라의 계속되는 풍요와 군세 확장은 일찌감치 진나라의 눈엣가시였다. 누구도 천하통일의 야망을 숨기지 않았다. 전국칠웅, 특히 진, 제, 초나라 삼웅에 승복과 양보란 있을 수 없는 일이었던 만큼 삼국 간에는 물리적 침략과 거짓 평화가 끊임없이 교차하고 반복되는 음흉한 외교 전쟁이 펼쳐졌다. 평화와 공존은 허구였으며 약육강식의 정글이 눈앞의 현실이었다. 이런 시대적 상황에서 만약 웅괴가 주지육림酒池肉林의 방탕과 부패한 생활에 빠져 있었다면 굴원이 그와 계속 함께했겠는가? 하지만 초회왕에 대한 장자의 평가에서 짐작할 수 있듯 굴원의 정치 인생은 결코 평탄치 않았다.

초회왕 5년, 29세의 굴원은 부재상副宰相급인 좌도左徒가 된다. 『사기』의 「굴원·가생열전屈原·賈生列傳」 편은 굴원에 대해 '그는 식견이 높고 기억력이 뛰어났으며, 치세와 난세의 일에 밝았고 문장력이 탁월했다. 왕실에 들어서면 군주와 국사를 논하고 명령을 내렸으며, 나와서는 빈객을 맞이하고 제후들을 상대했다. 왕은 그를 매우 신임했다'라고 평가하고 있다.

당시 초나라에서 영윤令尹은 군사와 정치를 관장하는 최고 관직으로 후대의 재상보다 더 막강한 권력을 행사했다. 좌도는 간관諫官으로 역시 하나뿐인 요직이었다. 웅괴가 초회왕으로 즉위한 지 5년 만에 굴원을 좌도의 자리에 앉혔다는 사실만 보더라도 그가 굴원을 매우 아꼈음을 알 수 있다.

젊은 나이에 높은 지위를 얻으니 자연히 굴원을 시기하는 이들도 하나 둘 생겨났다. 그들 또한 무시 못할 세력이었는데, 조정의 대신으로는 상관대부上官大夫 근상靳尙과 영윤令尹 자초子椒가, 왕실 쪽에는 회왕의 비妃인 정수鄭袖와 그녀의 아들인 자란子蘭이 있었다. 정수와 자란은 정치적 능력과 수단을 가진 인물들이었다. 자란은 그의 부친인 초회왕을 종용해 진나라에 가서 스스로 죽음의 길을 택하도록 했다. 유난히 미녀가 많았던 초나라에서도 정수의 미모는 빛이 났다. 곽말약郭沫若이 지은 희곡 『굴원』에서 정수는 굴원을 유혹해 입맞춤을 하는 여인으로 묘사됐다.

정치가로서 굴원은 내정과 외정에 자신만의 명확한 입장과 의견을 갖고 있었다. 그는 제나라와 연합해 진나라를 치자고 주장했다. 아군과 적군이 분명했던 굴원은 초나라의 미래에 대해 장기적인 계획을 세우고 있었다. 당시 상황에서 굴원의 이 같은 성격과 생각은 개인적 품성의 차원을 뛰어넘는 국가의 존망과 관계된 중요한 것이었다. 멀리 내다볼 수 있는 혜안을 가진 사람만이 시종일관의 자세로 국가를 경영할 수 있다. 근시안적인 사람들은 언제든 입장을 바꿀 수 있다. 소인배라서가 아니라 문제나 이해관계에 부딪히면 우유부단해져 결정을 내리지 못하는 것이 범인凡人들의 속성이기 때문이다. 진의 발흥은 상앙 변법의 철저성과 직접적인 관계가 있었다. 굴원도 초나라에서 상앙의 변법을 모델로 법도를 정비해 정실 정치의 폐습을 고치고 귀족 세력의 기득권을 억제하고자 했다. 또 다양한 방식으로 능력에 따라 인재를 등용해 왕실의 권한을 강화하고자 했다. 전쟁 중인 국가에서 중앙 집권이 안 되면 게임은 끝나는 것이었다. 위왕이 재위에 있던 시절, 초나라 군대는 서남쪽과 중원의 황하지역까지 세력을 떨쳤으나 그뿐이었다. 맹위를 자랑하던 초나라는 회왕 정권으로 넘어오면서 점차 시들어갔다. 회왕 즉위 후 진과의 전쟁에서 크게 패해 많은 영토를 잃은 초나라는 공황恐慌 상태에 빠졌다. 패전의 원인은 분명했다. 귀족 세력이 누리던 특권을 줄이지 않는 한 국가의 재정은 힘들어질 수밖에 없었다. 재정 약화는 군비 부족으로 이어졌으며, 군대 양성이 어려우니 전쟁에서 군사들의 사기를 북돋기도 어려웠다. 서민 출신 전사들의 경우 목숨을 걸어 적군과 싸우고 전공을 세워도 장군으로 승진할 수 없었다. 초위왕 말기에 이미 서민과 귀족 계층 간의 대립과 갈등으로 인한 문제들이 불거지기 시작했다. 이는 위기의 신호였다. 안타까운 것은 위험을 감지하는 사람들은 언제나 너무 적다는 사실이다.

진나라와의 패전은 전화위복까지는 아니지만 초나라에 새로운 변화의 기운을 가져다주었다. 변법을 주장하는 목소리가 커지기 시작한 것이다. 굴원은 변법의 내용을 법령으로 정해 구체화했다. 장교莊蹻와 소수昭睢 등 장군들도 굴원을 지지하고 나섰다. 변법은 정치, 군사, 경제 등 전방위에 걸친 개혁인 만큼 온건한 방식으로는 진행될 수 없었던 까닭에 조정의 눈들은 모두 굴원을 지켜보고 있었다.

상관대부 근상은 왕실 정치판에서 잔뼈가 굵은 원로대신으로 오만하고 포악했다. 사마천에 따르면 굴원과 회왕의 총애 다툼을 벌였던 그는 굴원의 재능을 질투했다고 한다. 그는 쇠락한 귀족 출신의 굴원 따위가 관운이 트여 잘 되는 꼴을 용납할 수 없었다. 그러나 근상이 『사기』에 이름자나마 오를 수 있었던 것은 순전히 그가 굴원의 정적政敵이었기 때문이다. 초나라 귀족 세력의 야합과 부패는 그 뿌리가 깊었다. 찬란한 역사를 누렸던 남방의 대국 초나라는 전국시대 후기로 접어들면서 귀족 세력의 사치와 부패, 음탕과 안일 속에서 조금씩 기울고 있었다. 이런 상황에서 혁신을 말하는 사람이 무리의 표적이 되는 것은 너무도 당연했다. 그들은 오기를 비명에 보냈던 그때처럼 다시 굴원을 겨냥하고 있었다.

활시위를 먼저 당긴 사람은 상관대부 근상이었다. 그는 명을 받들어 법령을 작성해 회왕에게 바치려던 굴원으로부터 초안을 뺏으려 했다. 조당朝堂 밖 계단에서 빼앗으려는 근상과 빼앗기지 않으려는 굴원 사이에 거친 말과 몸싸움이 벌어졌고, 뒤에서 둘을 지켜보던 왕실 귀족들은 달려들어 상관대부를 도왔다. 결국 굴원의 법령 초안은 귀족들에게 공개되었고 그 내용은 그들의 분노를 사기에 충분했다.

『춘추』의 서술 방식을 바탕으로 기록한 사마천의 『사기』는 역사적 사실을 간결하게 포폄褒貶하고 있다. 사실 이 에피소드는 굴원 본인과 초나라에 큰 영향을 미친 역사적 사건이었으나, 사마천은 몇 문장으로 굴원과 귀족 구세력의 첨예한 대립을 간단히 서술하고 지나갔다.

법령 초안이 사전에 공개되면서 정세는 변법 시행과 진나라 침공을 주장했던 대신들에게 불리하게 돌아갔다. 근상은 이를 놓치지 않고 회왕에게 굴원을 참소讒訴했다.

"굴원은 오만한 사람입니다. 법령이 하나씩 만들어질 때마다 자신의 공을 드러내고 있습니다."

적의 공세에 방어할 방법이 없던 굴원은 회왕에게 여러 차례 해명을 했지만 별 소용이 없었다. 결국 회왕은 노하여 굴원을 멀리했다. 굴원을 따르던 대신들마저 그를 피하기 시작했다.

장군들이 의리를 버리지 않고 굴원을 위해 직언을 아끼지 않았지만 결과적으로는 후일의 화근만 심어놓고 말았다.

결국 그는 하루아침에 좌도에서 종묘와 사직 일을 보는 삼려대부로 좌천돼 한수漢水 이북의 이릉(夷陵 : 호북성 의성宜城 일대)으로 떠났다. 이상에 부풀어 있던 굴원은 정치적 포부가 좌절당하자 자주 술을 마셨다.

초나라 종실에는 굴屈, 경景, 소昭의 세 성씨가 있었다. 삼려대부 굴원은 종묘사직의 제사 관장은 물론이고 각 지역에 있는 귀족 자제들까지 가르쳐야 했다. 그는 피곤은 둘째치고 철없는 귀족 자제들의 조롱과 멸시까지 감당해야 했다.

하지만 굴원을 정작 힘들게 한 것은 그들의 비웃음이 아니라 회왕과 초나라의 앞날에 대한 걱정이었다.

권력의 중심에서 주변부로 너무도 어이없고 쉽게 밀려났기에 굴원의 울분과 불만은 깊고 클 수밖에 없었다. 서른여덟, 꿈을 포기하기에 아직 젊었던 굴원은 370구가 넘는 「이소離騷」를 지어 자신의 시름과 원망을 달랬다. 초회왕이 「이소」를 읽었는지의 사실 여부는 알 길이 없으나, 당시 아직 문자옥文字獄(쓴 글로 인해 화를 입거나 옥고를 치르는 일—역자 주)이 없었기에 망정이지, 어쩌면 굴원은 권력의 주변부가 아니라 아예 저세상으로 갔을 수도 있었다. 그만큼 「이소」는 신랄하고 예리한 비판으로 가득찬 글이었다.

「이소」의 창작 연대는 학자마다 견해가 다르다. 사마천은 굴원이 조정에서 쫓겨나 이릉에 머무를 때 지은 것이라 하고, 유국은游國恩은 「이소」를 그의 말년 작품으로 분류했다. 장웨이張煒의 『초사필기楚辭筆記』는 사마천의 견해를 따르고 있는데, 시구에서 반복적으로 은유하는 대상, 즉 군주는 초회왕이지 경양왕頃襄王이 아니라는 것이 그의 설명이다.

사마천은 '굴원은 왕이 말을 듣고 그 옳고 그름을 판단하지 못해 참소와 아첨이 군주의 명석함을 가로막는 것과, 사악하고 비뚤어진 말이 공정한 것을 해쳐서 바르고 곧은 마음을 받아들이지 않는 것을 매우 안타까워했다. 그런 까닭에 근심과 깊은 사색으로 「이소」를 지었다'고 기록하고 있다.

하지만 군주가 그 많은 신하와 관료들 속에서 시비를 가려 옳은 판단을 한다는 것이 말처럼 그렇게 쉬운 일이겠는가?

시인 굴원은 한수 이북을 배회하며 회왕이 있는 곳을 향해 긴 탄식을 했을 것이고, 맹렬한 말들을 폭우처럼 쏟아냈을 것이다. 그는 정치가였지만 권모술수와 암투에 능하지 못했다. 그에게 후퇴와 우회, 타협이란 없었다. 그러기에 그는 오늘도 굴원이라는 이름으로 살아 있는 게 아닐까? 우리는 굴원이 남긴 문화 유전자를 통해 당시 그가 꿈꿨던 정치의 이상을 대신 그리고 있는지도 모른다.

굴원의 이름은 '평平'이고 '원原'은 그의 자字다. 굴원이 풀이한 그의 이름과 자의 뜻은 이렇다.

'내 이름은 정칙正則이고, 자는 영균靈均이다. 나는 고운 성품을 지녔고, 또 훌륭한 재능도 닦았다⋯⋯.'

다시 말하면 굴원은 자신을 정직하고 원칙을 지키는 고상한 품덕과 비범한 재능을 가진 인물로 설정하고 있다.

이름은 그 사람의 미래를 암시하고 인도하는 기능을 한다. 동서고금을 막론하고 이름 뜻을 중요하게 생각하는 이유가 거기에 있다.

초회왕 재위 초기는 아직 부친 위왕의 위엄이 통하던 때라 진나라에 대항할 만한 힘이 있었다. 그러나 몇 년 사이에 정세는 급변했고 초회왕은 갈수록 사리에 어둡고 우유부단해졌다. 내우외환의 위기에서 지혜도 용기도 없던 회왕에게 바른 선택과 결단을 기대하는 것은 어쩌면 처음부터 불가능한 일이었는지도 몰랐다.

국가가 비상시기일 때 이익집단은 더 극성을 부리기 마련이고, 회왕은 그렇게 어려워질수록 더욱 참언讒言에 귀를 기울였다. 항진파抗秦派는 항진파대로, 연진파聯秦派는 또 연진파대로 나름의 합리를 들이미는 혼돈 속에서 초회왕이 겪었을 어려움을 짐작하면 가련하다는 생각도 든다.

초회왕 15년, 상황은 한층 더 긴장 국면으로 치달았다. 초의 구애 작전은 아무런 소득도 얻지 못했다. 오히려 진은 국경에서 분쟁을 일으키고 내막을 염탐하는 등, 초를 치기 위한 준비를 차근차근 밟고 있었다.

회왕은 굴원을 다시 수도 영으로 불러 제나라로 파견했다.

유향劉向의 『신서新序 · 절사節士』는 '굴원은 초를 위험에서 구하기 위해 사신 자격으로 제나라와의 연맹을 강화하고자 떠났다'고 기록하고 있다.

제나라의 강성은 춘추시대의 명재상 관중管仲과 병법가 손빈孫臏의 작품이었다. 제나라는 화북 대평원을 무대로 인구, 영토, 물자 등 모든 면에서 초와 대등한 국력을 갖추고 있었다.

한편 난공불락의 지형과 용맹한 군사력을 이점으로 진나라는 손쉽게 초의 수도를 접수할 수 있었다. 반면 초나라가 진을 공격하기에는 여러모로 불리한 조건이 많았다. 우선 초나라 내부에서 친진파의 세력이 가장 컸고, 진의 야심을 간파하지 못한 연진파도 요행 심리를 버리지 않았던 까닭에 국론을 하나로 모으기가 매우 어려웠다. 심지어 진이 조趙, 위魏 등의 약소 제후국을 치면 초군의 힘을 덜어주었다며 박수를 치는 이들도 적지 않았다.

진나라를 제외한 여섯 제후국은 한때나마 회맹會盟을 통해 초를 패자국覇者國으로 인정하고 6국 군대가 연합해 진을 공격하기도 했었다. 그러나 모두 자기 속셈이 있었던 각 국은 힘을 한데 모으지 못했고 결국 진군에 의해 하나 둘 격파를 당했다.

초나라의 전략은 간단했다. 오합지졸은 제쳐두고 제나라와 힘을 합쳐 항진을 도모하자는 생각이었다. 나머지 제후국들은 자연히 뒤를 따라올 것이요, 가맹하지 않더라도 중립은 지킬 것이라고 보았다. 오늘날 평가하더라도 이른바 연제항진聯齊抗秦은 탁월한 선택이었다.

연제파의 중견인물로서 정치적으로 재기한 굴원은 동쪽을 향해 꿈의 발걸음을 옮겼다. 굴원은 제나라에서 선왕宣王을 접견하고 중원 무림의 정세를 논했다. 굴원의 명석한 두뇌와 담백한 언사, 품위 있는 태도에 선왕은 매료되었고 제나라에 그만한 인재가 없는 것을 안타까워했다. 굴원의 외교로 초, 제 양국은 국교를 맺고 연합하여 진에 대항하기로 했다.

굴원은 제나라에서 군주에 버금가는 예우를 받았다. 태산泰山에 올라 예교禮敎의 땅을 바라보는 굴원의 모습은 호방하고 대범한 군자의 위용과 닮아 있었다.

초회왕 16년, 초군은 상오(商於: 지금의 하남河南성 내향內鄕 일대)지역의 수복을 위해 선제공격을 감행해 차례로 진군의 발을 오늘의 하남성 정주鄭州와 산서성山西省 곡옥曲沃 땅에 묶어 두었다. 제선왕도 약속을 지켜 정예부대를 파견하여 진나라 군대를 습격함으로써 진은 크게 패하고 말았다. 상오 지역 수복만 현실화되면 초혜왕 재위기의 판도 회복도 가능했기에 회왕은 매우 기뻐하여 만나는 사람마다 이렇게 얘기했다.

"삼려대부가 아주 큰일을 했소이다. 대장군도 못한 일을 해냈으니……."

진과 초의 패권 다툼에서 초나라는 지역적으로 불리한 위치에 있어 주도권을 잡기가 늘 어려웠다. 그러니 초나라로서는 쉽지 않은 원정이었던 만큼 끝까지 싸워 진군의 아성을 무너트려야 했다.

굴원과 제선왕이 승전의 축배를 들 때, 진에서는 상앙 이후 두 번째로 중요한 인물이 출현하였으니 그가 바로 장의張儀였다.

넘어야 할 적의 지략

소진蘇秦과 장의張儀는 중국 역사상 가장 불가사의한 인물로 꼽힌 다. 소진은 제, 초, 연, 조, 한, 위 6국의 상인相印(재상이 쓰던 도장―역 자 주)을 모두 가졌던 인물이었고, 반면 장의는 진의 천하통일을 위해 힘을 쓴 인물이었다. 전국칠웅을 들었다 놓았다 했던 소진과 장의는 귀곡자鬼谷子의 제자였다. 전해지는 바에 의하면 귀곡자는 초나라 사 람으로 이름을 숨기고 귀곡이란 곳에 은거하면서 정치와 외교의 유 세술을 연구한 당시 최고의 전략이론가로 이름을 날렸다 한다.

유명했던 만큼 귀곡자 문하에는 따르는 무리들이 많았는데, 그는 공자와 달리 제자들에 대한 규제가 엄했다. 전국시대 후기 책사 중에 는 진과 초 양국 사이에서 갈팡질팡하며 입신양명을 위해 언제든 조 변석개할 수 있는 이들이 많았다. 귀곡자가 배출한 책사들도 칠웅 사 이를 오가며 관도官途에 오를 길을 찾고 있었고, 그 중 소진과 장의가 가장 출중한 인물들이었다.

대세의 흐름을 꿰뚫은 그들에게 일국의 이익 따위는 중요하지 않 았다. 계속되는 전쟁의 혼란을 끝내고 중원을 통일하는 자가 영웅이 되는 시절이었다. 그러기에 음모와 계략은 물론, 심지어 비열하고 악 랄한 일도 서슴지 않았던 장의였지만 그의 선택은 언제나 역사의 조 류와 함께 하고 있었다.

소진은 진을 제외시킨 6국의 연맹에 주력했다. 여섯 나라가 남북 으로 연결돼 있어 6국 연합 전략을 '합종合縱'이라 했다. 반면 장의는 6국 연맹을 와해시켜 진나라를 섬기는 군신 관계를 세우는 데 힘을 썼다. 진나라 땅이 서쪽에 있었으므로 장의의 전략은 '연횡連橫'으로 불렸다. 소진의 합종과 장의의 연횡은 모두 귀곡자의 머리에서 나온 정치 전략이었다. 거인의 두 제자는 서로 다른 곳에서 전혀 다른 방법으로 중국의 대지를 흔들고 있었다.

소진과 장의는 동문이면서 경쟁자였다. 사료를 읽어보면 둘의 천하통일 전략은 매우 닮아 있음을 발견할 수 있다.

천자의 나라 주周 왕조 성립 후 8백 년 가까운 세월은 말 그대로 전쟁의 역사였다. 71개의 군소제후국에서 7국으로 그 수가 줄어들면서 장차 새로운 통일의 시대가 조금씩 다가오고 있었다.

장의도 처음은 어려웠다. 상갓집 개처럼 사방을 돌아다니며 밥을 구걸해야 했다. 유세에 뛰어났던 그는 일찍이 초나라에서 책사 노릇을 했으나 영윤의 옥구슬을 훔쳤다는 의심을 받고 심하게 얻어맞은 뒤 쫓겨났다. 흉한 몰골로 집에 돌아온 장의를 아내가 비웃었다.

"당신은 글을 읽고 고작 매질이나 당하는 수모를 겪는군요. 그 많은 공부가 다 무슨 소용이 있습니까?"

장의는 태연스럽게 웃으며 대꾸했다.

"내 혀가 아직 남아 있지 않소? 혀만 잘 돌아간다면 당신이 원하는 그깟 부귀영화쯤은 내 보장할 수 있소이다."

장의는 자신의 세치 혀를 믿고 조나라에 있는 소진을 찾아갔다. 장의가 찾아온 뜻을 이미 알고 있던 소진은 그를 들어오지 못하게 하고 만나주지도 않았으며, 개밥이나 다름없는 음식을 내주었다. 소진의 박대에 장의는 진나라로 다시 발길을 돌렸다.

이미 6국의 상인을 가졌고 합종 전략도 순리대로 진행되고 있던 소진은 왜 스승의 제자이자 동문인 장의를 진나라로 내쳤을까?

　장의는 진나라에 가서 혜왕을 알현했다. 만나자마자 진혜왕과 의기투합을 이룬 장의는 객경客卿(타국 출신으로 그 나라의 관리가 된 사람을 일컫는 말—역자 주)으로 진의 외교를 담당했다. 초나라를 주시하고 있던 장의는 굴원이 제나라로 가자 긴장했다. 불 보듯 뻔한 이치였다. 한 번의 군사적 피해는 그나마 작은 일일 테고, 제와 초 양국이 계속 손을 잡고 진에 대항한다면 외교적으로 돌이킬 수 없는 큰 손실을 입을 것이 분명했다.

　장의는 곧장 초나라 수도 영으로 갔다. 초회왕도 예의를 갖춰 장의를 맞이했다. 진나라의 위세에 늘 기가 눌려 있던 초회왕으로서는 진군이 제, 초 양국 연합군에 대패한 일을 쉽게 잊을 수 없었다. 아마도 그는 진나라의 외교부 장관 앞에서 목에 힘을 줄 절호의 기회를 놓치고 싶지 않았으리라. 초회왕의 허세와 오만에 장의도 눈치껏 장단을 맞췄다. 회왕은 기뻐했고 무희와 악사를 불러 흥을 돋우도록 했다. 술이 서너 순배 돌고 분위기가 무르익자 장의가 입을 열었다. 제나라의 군사 원조는 한계가 있으며 한두 번의 전쟁이야 함께 할 수 있으나 초나라를 도와 잃어버린 땅을 되찾기는 현실적으로 불가능하다고 말했다. 회왕은 놀라 입으로 가져가려던 술잔을 멈추었고, 장의는 계속 말을 이어갔다. 그는 제나라에 사람을 심어놓았기 때문에 충분히 믿을 만한 정보라고 못을 박았다. 사실이 그랬다. 제와 초 두 나라 어느 쪽도 아무런 계산 없이 손을 잡은 것은 아니었다.

　불안을 감추지 못하는 회왕 앞에서 장의는 웃으며 말했다.

　"귀국에 첫 방문이라 진혜왕께서 특별한 선물을 준비해주셨지요.

제나라와 외교를 끊는다면 상오 지역 6백 리 땅을 모두 초나라에 반환하겠다고 하셨습니다."

이 말을 들은 회왕은 그만 기뻐서 자리에서 일어났다. 장의와 아무런 협약도 맺지 않았는데 말만 믿고 기뻐한다는 것은 오늘의 외교 관례로 볼 때 우스운 일이지만 그 시절은 그랬다. 무력전, 외교전, 첩보전으로 한치 앞도 내다볼 수 없는 상황이었지만 그래도 신용이란 것이 존재했고 구두 약속도 지켜지던 때였다.

이튿날 초회왕은 선포했다.

"상오 지역은 다시 초의 영토로 편입되었으니 그곳에 살던 백성들은 다시 초국의 품으로 돌아오라!"

정수, 근상, 자란, 자초는 환호했고 회왕에게 경축의 예를 올렸다. 조정 대신 중에서 유일하게 진진陳軫만 초상집 상주처럼 우거지상을 하고 있었다.

더욱 웃지 못할 일은 그다음이었다. 초회왕은 진나라에 결단의 뜻을 보여주기 위해 책사 송유宋遺를 제나라에 보내 선왕을 크게 욕했다. 영문도 모르고 당한 제선왕은 굴원이 음모를 꾸미는 게 아닌가 의심하고 구금해버렸다.

굴원은 어리둥절했다. 이때 지은 시가 「추사抽思」인데, 제목 그대로 자기 내면의 분노와 근심을 하나하나 꺼내 펼쳐놓은 작품이다.

소기의 목적을 달성한 장의는 초의 수도를 떠나 다시 진으로 돌아갔다. 초나라 노래를 흥얼거리면서……

초는 진에 사신을 파견해 반환을 약속한 상오 6백 리 땅을 돌려줄 것을 요구했다. 장의는 진으로 돌아오는 길에 마차에서 떨어져 중상을 입어 석 달 동안 요양을 해야 한다며 접견을 거절했다. 하는 수 없이 초나라 사신은 꼬박 석 달을 기다려서야 장의를 만날 수 있었다.

다리를 절룩이며 지도를 손에 들고 나타난 장의가 말했다.

"우리 진나라는 한 말은 꼭 지키오, 약속한대로 여기서부터 여기까지 6리 땅을 내주리다."

초나라 사신은 깜짝 놀라 물었다.

"아니 6백 리 땅이라 하지 않았소?"

장의는 눈살을 찌푸렸다.

"회왕께서 잘못 들으신 것 아닙니까? 내 언제 6백 리라 말했소?"

구두로 했든 서면으로 했든 약속의 가치를 인정하고 지키는 것이 보통 사람들의 상식이고 교양이지만 장의에게 그런 것은 통하지 않았다. 지난날 초나라에서 옥을 훔쳤다는 오해를 받아 매질과 모욕을 당했던 그가 이번에야말로 진짜 알짜배기를 훔친 것이다. 장의는 속임수로 제와 초를 서로 반목하게 만들고 진군에게 전력을 재정비할 시간을 벌어주었다.

크게 노한 초회왕은 당장 진을 치라는 명을 내렸고, 제는 팔짱을 끼고 싸움 구경을 했다. 초군은 진나라와의 두 차례 전쟁에서 크게 패해 10만이 훨씬 넘는 장군과 병사를 잃었다. 초나라는 상오 지역 회복은 고사하고, 한중漢中 땅까지 빼앗기는 신세가 되었다. 설상가상으로 한과 조 두 나라마저 틈을 타서 초의 남부 지역을 습격하니, 6국 연합전선은 산산이 깨지고 분열이 일어났다.

결국 초회왕은 한 번의 잘못된 판단으로 막대한 타격을 입고 말았다. 굴원은 귀국했지만 회왕은 그를 대할 면목이 없었다. 다른 선택안이 없었던 회왕은 국익을 위해 굴원이 다시 제나라로 가주길 원했다. 굴원은 두 말도 하지 않고 발길을 돌렸다.

두 번째도 굴원의 외교력은 유감없이 발휘되었다. 제선왕은 대국을 고려해 지난 일을 잊고 초나라와의 결맹을 다시 약속했다.

장의도 그냥 놀고만 있지는 않았다.

"초와 제가 재결합하는 것을 막아야 합니다. 한중 지역의 반을 되돌려 주고 초회왕을 달래는 것이 현명한 처사라 생각됩니다."

진혜왕은 장의의 말을 따랐다.

그러나 초회왕으로부터 날아온 답변은 명쾌하고 간결했다.

"한중을 포기하더라도 내 장의의 목만은 꼭 따고 말 것이오!"

이 사건은 『사기』와 『전국책戰國策』에도 기록되어 있다. 초회왕은 특히 중요한 순간에 자신의 어리석음을 드러내곤 했다. 그는 심약하면서 성미도 괴팍하고 툭하면 사람을 죽이겠다고 으름장을 놓는 사람이었다.

뜻밖에도 장의가 스스로 목을 베라며 초회왕을 찾아 왔다. 장의는 노기로 잔뜩 붉어진 회왕을 향해 너무도 태연한 미소를 보냈다.

회왕은 장의를 노려보았다.

'이놈의 목을 확 베어버려? 만약 정말 …… 그렇게 한다면 진이 어떻게 나오려나?'

회왕은 결정을 내리지 못하고 망설였다. 일단 장의를 감금하고 차분하게 생각해보기로 했다. 주저하는 사람은 바라만 볼 뿐 움직이지 못하는 법은 예나 지금이나 마찬가지다.

책략에 능한 장의가 빈손으로 올 리 없었다. 그는 이미 모든 것이 준비돼 있었다. 장의는 수행 시종을 시켜 우선 근상에게 접근해 뇌물을 주도록 했다. 효과는 바로 나타났다. 회왕의 최측근이자 탐관이었던 근상은 구 귀족이면서 투항 세력이었으니 뇌물 대상으로는 안성맞춤이었다. 장의는 처음 초나라에 왔을 때부터 그를 알아봤다.

거금까지 받아 챙기고 장의를 나 몰라라 할 수 없었던 근상은 회왕에게 달려갔다.

"장의를 죽이시면 아니 됩니다. 만약 그를 죽이면 진왕이 크게 노해 당장 우리를 칠 것입니다."

회왕은 웃으며 말했다.

"과인이 언제 그를 죽였소? 내 그 정도는 이미 다 생각했소이다."

장의는 두 번째 미끼를 던졌다. 근상의 주선으로 정수를 만난 장의가 말했다.

"사실 저는 죽어도 별로 아까울 게 없는 사람입니다. 이 해괴망측한 몰골을 좀 보십시오. 귀국의 삼려대부 굴원 선생과는 비교 자체가 불가능한 꼬락서니 아닙니까? 그런데도 진혜왕께서는 이 못난 사람을 몹시 아끼시는 까닭에 상용(上庸: 지금의 호북성 산죽山竹 현 일대)의 여섯 고을과 저를 맞바꾸려고 하십니다. 상용은 예부터 미인의 고장으로 이름난 땅이지요. 상용 땅 어디를 가나 젊고 아름다운 여인들의 자태를 볼 수 있습니다……."

장의의 말을 듣고 있던 정수의 얼굴색이 차츰 변하기 시작했다. 그녀 역시 어디에 내놔도 손색없는 미모를 가졌지만 세월의 무게는 어찌할 수 없었다. 서른을 훨씬 넘긴 그녀는 이제 막 피어난 젊은 꽃들과 경쟁이 되지 않았다.

왕의 총애를 다퉜던 궁정의 암투와 음모 속에서 정수는 남다른 생존 능력과 지혜를 가진 여인이었다.

이런 일도 있었다. 회왕의 사랑을 독차지하던 정수에게 경쟁 상대가 나타난 것이다. 불안해진 정수가 그녀를 불러들였다.

"내 자네를 이렇게 보니 과연 왕께서 아끼실 만하네. 다만 한 가지 눈에 걸리는 것은 자네 그 코일세. 자네 앞으로 왕을 뫼시거든 그 코는 보이지 않도록 가리는 게 낫지 않을까 싶네."

정수의 말을 들은 그녀는 생각했다.

'설마 그럴 리가……. 모두들 내 코가 제일 예쁘다고 하는데……. 아니지 왕께서 정말 그렇게 생각하실 수도 있지 않은가. 사랑받을수록 조심해야지.'

코를 가리고 나타난 그녀를 본 회왕이 의아해서 정수에게 묻자 정수가 이렇게 대답했다.

"옥체에서 더러운 냄새가 난다며 저렇게 코를 가렸다고 합니다."

회왕은 크게 노해 여인의 아름다운 코를 그만 베어버렸다.

좌불안석이 된 정수가 장화궁章華宮으로 달려가 읍소를 하니, 회왕은 장의를 그냥 돌려보냈다.

제나라에서 돌아온 굴원으로부터 장의의 모략을 들은 회왕은 주먹으로 무릎을 쳤다.

"사악한 장의 놈을 당장 쫓아가 죽여라!"

그러나 이미 초나라 국경을 넘어서는 장의를 무슨 수로 쫓는단 말인가!

질곡의 정치 인생

굴원과 장의의 승부는 아직 계속되고 있었다.

장의가 돌아오고 얼마 안 있어 진혜왕은 한중 땅의 반을 초에 반환함으로써 신용을 지켰음을 만천하에 알렸다. 신이 난 이들은 초회왕과 친진파뿐이었고 항진파는 하나같이 의기소침했다.

진혜왕은 기회를 놓치지 않았다. 그는 초에 왕실과의 통혼을 제안했고 회왕은 입이 찢어질 만큼 기뻐했다. 굴원의 간언도 소용없었다. 사실 초회왕에게는 그럴 만한 이유가 있었다. 춘추전국시기 진은 먼저 초 왕실과의 통혼을 요청했으나 회왕 즉위 후 갑자기 혼인 관계를 중단해버렸다. 그런데 이제 강성해진 진나라가 다시 손을 내미는데 회왕이 받아들이질 않을 이유가 없었던 것이다.

진혜왕의 통혼 제안도 역시 장의의 머리에서 나온 것이었다. 한 번 속인 것 두 번이 어려우랴. 장의는 그런 인물이었다.

진과 초의 관계 회복은 급물살을 타 마치 한눈에 서로에게 반한 연인들 같았다. 제나라 선왕만 여전히 차가운 눈으로 지켜볼 뿐이었다.

폭풍우 전의 고요함 같은 긴장된 평화가 유지되고 있던 때, 위, 조, 한 등의 작은 제후국들은 초를 연합 공격했다. 속수무책으로 당한 초나라는 성 몇 개를 빼앗기고 말았다. 장의는 도처에 책사를 보내 진은 초에 파병할 의사가 없음을 말하고 다니도록 했다. 진이 가만히 있겠다고 하자, 안심한 약소 제후국들은 기회를 놓치지 않고 초를 더욱 압박했다.

초회왕은 어떻게 해야 할지 몰랐다. 사돈국이 팔짱 낀 채 지켜보고 있으니 당황하는 것도 무리는 아니었다. 근상, 정수, 자란 세 사람도 살 길을 모색하느라 바쁘게 움직이고 있었다.

태자 횡橫을 밀어내기 위한 정수 모자의 작전은 치밀했다. 정수는 베개 밑 송사로, 당시 영윤으로 있던 자란은 온갖 방법으로 굴원의 입궁을 철저히 막았다. 근상은 조정 대신과 귀족들에게 굴원이 장군들과 왕래가 잦은 것으로 보아 반란을 꾀하고 있음이 틀림없다며 말을 흘리고 다녔다.

참소를 곧이곧대로 믿은 초회왕은 다시 굴원을 멀리 귀양 보냈다.

「이소」는 유배와 해배를 거듭하며 질곡의 정치 인생을 걸어야 했던 굴원의 울분과 그래도 버릴 수 없는 신념이 전체를 관통하고 있다.

나는 바른 말이 해로움이 됨을 알았으나	余固知謇謇之爲患兮
차마 그냥 버려둘 수 없었네.	忍而不能舍也
하늘은 내 곧음을 인정하리	指九天以爲正兮
오직 임을 위해 그리 한 까닭을.	夫唯靈修之故也
……	
당초 내게 약속의 말 주시더니	初旣與余成言兮
훗날 회피하며 다른 마음 보이셨네.	後悔遁而有他
내 헤어짐이야 어렵지 않으나	余旣不難不離別兮
임의 잦은 변심이 가슴 아프네.	傷靈修芝數化
사람이 저마다 삶의 즐거움을 가지듯	民生各有所樂兮
나는 홀로 수양이 좋아 법도로 삼았네.	余獨好修以爲常

| 비록 내 몸 찢어져도 변치 않으리니 | 雖體解吾猶未變兮 |
| 어찌 내 마음에 경계함이 있으랴. | 豈余心之可懲 |

아침에 창오에서 출발하여	朝發軔於蒼梧兮
저녁 무렵 나는 현포에 이르렀네.	夕余至乎縣圃
이곳 영쇄에 잠시 머무르고 싶었으나	欲少留此靈瑣兮
날이 어느덧 저물려 하네.	日忽忽其將暮
나는 희화에게 속력을 늦추게 해	吾令羲和彌節兮
엄자산에 닿지 않게 하니.	望崦嵫而勿迫
길은 아득히 멀기만 하고	路漫漫其修遠兮
나는 오르락내리락 찾아다니네.	吾將上下而求索

굴원은 「이소」에서 사뭇 비장하나 화려한 문체와 자유분방한 변주로 마치 초나라의 운명을 예감한 듯 만가輓歌를 부르고 있다.

늙음은 언젠가 천천히 다가올 테지	老冉冉其將至兮
덕의 이름을 남기지 못할까 두렵네.	恐修名之不立
아침은 목란에 떨어진 이슬 마시고	朝飲木蘭之墜露兮
저녁은 가을 국화 떨어진 꽃잎 먹네.	夕餐秋菊之落英

시에서 반복적으로 언급되는 향기로운 풀은 굴원 자신을, 당인黨人은 소인을 비유하고 있다. 다음 구절은 '어울리되 파당을 만들지 않는다'는 공자가 남긴 '군이불당群而不黨'의 뜻이 잘 드러나 있다.

무리 짓기 좋아하는 이들 쾌락만 좇으니	唯夫黨人之偸樂兮
길은 마냥 어둡고 험난하구나.	路幽昧以險隘
......	......
사람의 호오는 저마다 다르지만	民好惡其不同兮
오직 이 무리만 유달리 특이해서	惟此黨人其獨異
쑥을 허리에 가득 두르고는	戸服艾以盈要兮
그윽한 난초는 두를 수 없다 말하네.	謂幽蘭其不可佩

위 구절은 쑥으로 비유되는 해롭고 나쁜 것을 숭상하고, 난초 같은 아름답고 이로운 것을 멀리하며 오히려 악하다 욕하는 무리와 이에 영합하는 세태를 비판하고 있다.

마음을 비틀고 뜻을 누르며	屈心而抑志兮
허물을 참고 욕됨을 물리치네.	忍尤而攘詬
청백에 순종하고 곧음으로 죽으니	伏清白以死直兮
진실로 옛 성인의 깊은 뜻이리.	固前聖之所厚

나라를 위해 목숨을 바치겠다는 굴원 자신의 장렬한 의기意氣가 엿보이는 구절이다.

초나라에 액운은 끊이지 않았다. 회왕의 기회주의적 태도는 결국 앞뒤로 적의 공격을 받는 위기를 불러왔다. 기원전 304년. 제, 한, 위 세 나라가 '합종'을 파기했다는 이유를 들어 함께 초를 공격해 왔다. 초회왕은 태자 횡을 진나라 인질로 보내고 진군의 원조를 청한 후에야 비로소 삼국 연합군을 물리칠 수 있었다. 다음 구절은 기울어가는 초나라 왕실과 어지러운 조정에 대한 굴원의 안타까운 마음과 우국지정이 드러나 있다.

난초와 영지는 시들어 향기를 잃었고	蘭芷變而不芳兮
전초와 혜란은 변해 띠풀이 되었구나.	荃蕙化而爲茅
어찌하여 지난날 향기롭던 화초가	何昔日之芳草兮
지금은 이렇게 쑥 덤불이 되었는가.	今直爲此蕭艾也

그 후 얼마 안 있어 초나라는 또 전란에 휩싸이게 된다. 진에 인질로 가 있던 태자 횡이 진나라 대부와 다투던 중 그를 죽이고 도망치는 사건이 터진 것이다. 진소왕秦昭王은 이를 구실 삼아 초나라를 공격해왔다. 잦은 교전으로 국력이 쇠잔해 있던 초는 진과의 전쟁에서 크게 패했고 이때 명장 당매唐昧도 목숨을 잃었다.

진소왕은 초나라로부터 빼앗은 땅과 성 일부를 반환할 의사가 있으니 진의 무관武關에서 만나자며 초회왕을 초청했다. 진의 돌연한 태도 변화에 불안한 초회왕은 결정을 내리지 못했다.

사마천은 『사기』에서 당시 회왕의 심리 상태를 '초회왕은 진왕의 서신을 받고 근심에 쌓였다. 가자니 속임수일까 걱정스럽고 안 가자니 진왕이 노할까 두려웠다'라고 적고 있다. 초회왕은 굴원의 만류로 진나라 행을 포기했으나, 그의 아들 자란은 "부왕께서는 어찌하여 진의 호의를 거절하십니까?"라며 진으로 떠날 것을 부추겼다.

그는 마침내 아들 자란의 종용과 근상을 위시한 조정의 여론에 떠

밀려 진나라로 향했다. 굴원의 우려대로 초회왕은 무관 땅을 밟자마자 매복해 있던 진나라 병사들에게 붙잡혀 진의 수도 함양咸陽으로 압송되었다. 자란은 기다렸다는 듯이 하루라도 군주가 없는 나라는 있을 수 없다며 나섰다. 부왕도 진나라에 잡혀 있고, 형님 태자도 제나라 인질 신세니 왕의 자리에 앉을 사람은 자기밖에 없다는 말이었다. 이렇게 해서 자란은 잠깐이지만 꿈의 자리였던 왕의 보좌에 앉게 된다.

자란의 '세勢'가 아직 무르익지 않을 무렵, 태자 횡이 제나라에서 돌아왔다. 자란은 다시 영윤의 자리로 돌아오고 태자 횡이 왕위를 계승하니, 그가 바로 경양왕頃襄王이다.

태자 횡이 인질 신분에서 풀려난 것은 일찍이 제나라에서 신임을 얻었던 굴원의 숨은 공 덕분이었다.

이때 초회왕은 천신만고 끝에 조나라로 도망쳤으나 조나라 왕은 진의 공격이 두려워 그를 받아주지 않았다. 회왕은 하는 수 없이 다시 진나라로 돌아갔고 결국 이국 땅에서 죽었다. 그나마 일국의 군주로서 그의 시신만은 고국인 초나라로 돌아올 수 있었다. 신하로 회왕과 수십 년의 세월을 함께했던 굴원은 그의 죽음을 슬퍼하며 목놓아 울었다.

경양왕 재위 시절 영윤 자란과 상관 대부 근상의 모함으로 굴원은 다시 강남으로 유배를 당하는데, 이것이 그의 세 번째 정치적 좌절이었다.

너무 맑아 죄가 되다

굴원은 동정호洞庭湖 일대에서 10년 가까이 떠돌이 생활을 했다. 그는 강남의 여러 지역을 돌았으며 마지막으로 간 곳이 장사長沙의 멱라수汨羅水였다. 당시의 동정호는 지금보다 훨씬 컸으며 사방이 숲으로 둘러싸여 수시로 야수가 출몰하는 곳이었다. 굴원은 늘 혼자였다. 그의 생은 살았다기보다 매일 조금씩 죽음을 향해 걸어갔다고 하는 편이 더 어울릴 만한 것이었다. 시대와 불화한 덕에 늘 배척과 탄압의 그늘에 있어야 했던 그는 절망과 고통의 힘으로 시를 썼다. 초나라의 글과 소리, 초나라 땅에서 나는 모든 것들, 초나라의 문화를 사랑했던 굴원은 덜함도 더함도 없는 초나라의 시인으로 불운하고 고독했던 생의 마감을 그렇게 준비하고 있었다.

굴원은 자신의 죽음을 마치 선언하듯 예비하고 있다. 「이소」의 '뜻을 이루지 못하고 물에 빠져 죽은 은나라의 어진 사람 팽함彭咸을 따르고 싶다'는 구절이 바로 그러하다. 아래 대목에서는 죽음을 예감하는 비장함, 임금과 백성에 대한 안타까움이 느껴진다.

아홉 번 죽더라도 후회하지 않겠으나	雖九死其猶未悔
임의 분별없는 흔들림이 원망스러울 뿐이네.	怨靈修之浩蕩兮
끝내 백성의 마음을 살피시지 않으니.	終不察乎民心

굴원은 동정호 기슭을 오르내리며 「천문天門」을 지었다. 그는 「천문」에서 170개가 넘는 비통에 찬 의문을 하늘에 던지고 있는데, 그

사상의 깊이와 넓이가 후세에 비교될 만한 이가 없다.

그는 쉬지 않고 걸었다. 어디를 가나 발 아래 땅은 조국 산하였고, 들려오는 것은 날로 기우는 국운을 전하는 소식이었다. 굴원은 안개 자욱한 멱라수를 바라보며 조국의 멸망과 생명의 다함이 같은 이치 안에 있다고 생각했다. 이때 한 어부가 다가와 그에게 말을 걸었다.

어부와의 대화를 장편의 시에 담은 것이 바로 그 유명한 『어부사 漁父辭』다. 『사기』는 굴원이 어부와 만나는 장면을 다음과 같이 묘사 하고 있다.

굴원은 강가에 이르러 머리를 풀어헤친 채 읊조렸다. 얼굴빛은 초췌하 고 몸은 마른 나뭇가지처럼 야위어 있었다. 어부가 그를 보고 다가와 물 었다.

"선생께서는 삼려대부가 아니십니까? 어찌하여 이곳까지 오셨습니 까?"

굴원이 답했다.

"온 세상이 혼탁한데 나 혼자 깨끗하고, 모두 취했는데 나 홀로 깨어 있어 이렇게 쫓겨 나왔소."

「이소」에는 누님을 일컫는 '여수女嬃'라는 말도 나오는데, 어쩌면 그녀가 굴원을 흠모했던 여인이었는지 모르겠다. 자신을 어르고 달 래기도 하면서 무리들과 싸우지 말기를 권하는 그녀를 향해 굴원은 탄식하듯 내뱉는다.

거듭 흐느끼니 가슴 메이고	曾歔欷余鬱邑兮
나의 때 만나지 못함을 슬퍼하네.	哀朕時之不當
혜초 한 줌 뜯어 눈물 닦아도	攬茹蕙以掩涕兮
옷깃 적시는 눈물 끊임없이 흐르네.	霑余襟之浪浪

할 말은 다 했다. 말의 소멸은 곧 죽음, 생의 소멸이 아니던가.

굴원의 내면은 그 어느 때보다 담담했다. 가을 하늘의 구름처럼 그저 가야 할 곳을 향하기만 하면 되었다. 그는 밤이면 별의 자리를 헤아리고, 낮이면 강의 물결을 바라보며 떠날 때를 기다렸다.

다음은 「구가九歌·상부인湘夫人」의 일부다. '帝子'는 요堯 임금의 딸이자 순舜 임금의 비妃였던 두 명의 여인, 아황娥皇과 여영女英을 가리킨다. 순 임금이 남순南巡 도중 죽자 자매는 부둥켜안고 울었다. 얼마나 서럽게 울었던지 그녀들의 눈물은 상강湘江의 대나무 숲을 적셨고, 수천 년의 세월에도 지워지지 않는 흔적을 남겼다. 지금도 남방 지역에서 흔히 볼 수 있는 얼룩 대나무는 이렇게 두 여인의 눈물로 완성되었다고 한다. 눈물도 메마르자 아황과 여영은 함께 순 임금을 따라 물에 빠져 죽었다. 후세 사람들은 그녀들의 숭고한 정절을 기리기 위해 여신으로 모셨다.

황제의 자손이 북쪽 강가에 내려 앉아	帝子降兮北渚
가늘게 뜨고 바라보니 내 수심 더하네.	目眇眇兮愁予
산들산들 가을바람에	裊裊兮秋風
동정호 물결 일고 나뭇잎 떨어지네.	洞庭波兮木葉下

경양왕 22년, 진나라 장군 백기白起가 초나라 수도 영을 공격했다. 백기가 이끄는 진나라 군사들은 도처에서 살인과 방화를 저질렀고 역대 초왕의 무덤을 모조리 파헤쳤다. 어마어마한 규모와 화려함을 자랑했던 장화대와 장화궁도 하루아침에 잿더미로 변했다.

영도郢都가 무너지자 굴원은 무참히 파괴된 조국의 산하를 슬퍼하는 「애영哀郢」을 지었다.

하늘의 뜻 한결같지 않음이	皇天之不純命兮
어찌 백성의 두려움과 허물이겠는가.	何百姓之震愆
백성들은 흩어져 서로를 잃고	民離散而相失兮
봄 오는 날에 동으로 옮겨가는구나.	方仲春而東遷

죽음의 신이 굴원에게, 아니 굴원이 죽음의 신에게 조금씩 다가가고 있었다. 음력 5월 5일 멱라강, 그는 죽음의 신과 만나는 시간과 장소까지 이미 마음에 넣고 있었다.

굴원은 마지막으로 다음의 시 「회사懷沙」를 남기고 돌을 가슴에 안고 멱라강에 몸을 던졌다.

죽음을 피할 수 없다는 걸 아니	知死不可讓
안타까움 따위는 갖지 않으리.	願勿愛兮
군자에게 밝혀 고하니	明告君子
내 훗날 그대들의 사표 되리.	吾將以爲類兮

중국 최초의 자유사상가

굴원의 순국은 논쟁의 여지가 없다. 이상 정치에 대한 자신의 집요함이 죽음을 부르리라는 것을 그는 아마 예감했을 것이다. 굴원이 추구했던 삶과 예술, 정치에 대한 유미적 낭만과 순수 속에는 티끌 하나도 용납될 수 없는 결벽증적 자의식이 있었다. 그만큼 그의 일생은 치열했고, 치열한 만큼 고독하고 풍부했다. 우리는 상상으로도 굴원의 생을 체험할 수 없다.

굴원은 영과 속을 잇는 무당으로, 천지간의 유랑자로, 우주의 탐구자로 노래했다. 동한東漢의 왕일王逸과 남송南宋의 주희朱熹, 그리고 당대 학자들의 집주集注 집평集評까지 모두 초사楚辭를 텍스트로 삼아 연구했지만 누구도 굴원의 세계에 '제대로' 들어가지는 못했다. 원시종교의 혼돈적 질서가 담겨 있는 그의 작품을 자구字句의 분석과 이해로만 감상할 수 없는 까닭이 여기에 있다.

한漢의 가의賈誼가 굴원을 애도한 것은 그 자신 또한 정치적으로 뜻을 얻지 못했기 때문이었다. 사마천이 굴원을 기념하고 평가한 것도 가의와 비슷한 이유에서였다. 사마천은 굴원의 생애를 군주와 문인의 애증이 교차하는 정치적 관계의 변화를 통해 서술했다. 『사기』에는 문인으로서 정치적으로 좌절당하는 굴원의 모습이 잘 나타나 있다. 또 훗날 그와 같은 길을 걸었던 문인들의 찬사와 애도 또한 굴원을 더욱 '굴원'답게 만들었다.

안타까운 것은 사마천도 가의도 굴원의 유미적 낭만 정신은 포착하지 못했다는 사실이다. 그런 까닭에 굴원은 시의 행간 속에서 시종

흔들리고 떠도는 이미지로 남아 있다. 아니 어쩌면 그러므로 한층 더 굴원의 '유미주의'에 다가갈 수 있는지도 모르겠다.

이렇게 굴원과 그의 작품은 시대와 함께 새롭게 변화하며 무한한 의미를 창출하고 있다. 「이소」, 「천문」, 「구가」, 「구장九章」, 「초혼招魂」……. 그가 남긴 작품은 저마다 전혀 다른 분위기와 의미를 환기시킨다. 「구가」는 원래 초나라 남부에서 제천의식 때 불리던 민요였는데, 굴원을 통해 신과 인간의 사랑을 노래한 서정시로 다시 태어났다. 「구가」에 수록된 「상군湘君」, 「상부인湘夫人」, 「산귀山鬼」, 「동군東君」, 「운중군云中君」, 「소사명少司命」 등은 모두 하나같이 아름답다.

아래의 시는 태양신을 형상화한 「동군東君」의 일부다.

아침 해 동녘에 솟아올라　　　　　　暾將出兮東方

내 난간 부상을 비추고.　　　　　　　照吾檻兮扶桑

말을 어루만지며 천천히 몰아　　　　撫余馬兮安驅

밤은 벌써 저만치 새하얗게 밝아오네.　夜皎皎兮既明

다음은 사랑과 생명을 주관하는 여신을 그린 「소사명少司命」의 일부다. 무당의 모습으로 나타난 굴원이 여신과 사랑의 눈빛을 정답게 나누는 장면이 아름답게 묘사되어 있다. 초사의 근원적 미의식을 잘 엿볼 수 있는 작품이지만 누락이 많은 점이 아쉽다.

가을 난초 짙푸르니　　　　　　　　秋蘭兮靑靑

초록 잎과 자줏빛 줄기 돋보이고.　　綠葉兮紫莖

아름다운 사람들 가득한데	滿堂兮美人
문득 홀로 나와 눈이 마주쳤네.	忽獨與余兮目成
들어올 때 말이 없고 나갈 때 인사 없으니	入不言兮出不辭
바람 타고 구름 깃발 꽂았더라.	乘回風兮載雲旗
슬프고도 슬프기는 살아 이별하는 것이고	悲莫悲兮生別離
기쁘고도 기쁘기는 서로 사랑하는 것이네.	樂莫樂兮新相知

시경詩經이 북방문학의 대표라면 초사는 남방문학의 결정체다. 초사는 장강 유역에서, 시경은 황하 유역에서 발달했다. 시경의 십오국풍十五國風에 초풍楚風이 없는 것도 두 장르 사이에 차이가 존재함을 설명한다. 한대漢代에 이르러 시경과 초사는 '풍소風騷'라는 이름으로 함께 불리기 시작했다. 황하와 장강이 중화 문명의 탄생지이듯, 시경의 국풍과 초사의 이소는 중국 문학의 양대 원류다.

시경이 사언체인데 반해, 초사는 언체의 형식이 분방하고 다채롭다. 초사의 아름다운 소리와 독특한 운율은 한대와 당대의 시가 형성에 많은 영향을 주었다. 시경은 민중의 노래로 소박하고 단순하나, 초사는 개인의 창작물로 내면 의식을 자유롭게 표출하고 있다.

허치팡何其芳은 "『시경』에 훌륭한 작품들이 많이 수록되어 있지만 굴원처럼 자신의 이상과 불운, 고통, 생에 대한 열정을 투명하고 고스란히 작품 속에 담아내고 있는 것은 없다"고 말했다.

굴원은 남방에서 태어나고 죽었지만 그의 작품은 시종 '중원의 역사적, 문화적 정체성'과 맥을 같이했다. 당시 북방 사람들은 초나라를 남만南蠻 혹은 형만荊蠻이라 부르며 경시했지만 남방 문화의 흐름과 영향력은 무시하지 못했다. 굴원의 노래뿐 아니라 노자와 장자의 사상도 모두 남방에서 북방으로 전해졌다.

초나라는 멸망했지만 초나라의 소리는 여전히 살아서 중원의 대지를 크게 울리고 있는 것이다. 생멸生滅과 변화를 거듭하는 역사의 부침浮沈 속에서도 소멸되지 않고 면면히 이어올 수 있는 문화의 힘이야말로 위대한 것이 아니겠는가.

북방 문화가 남성적인 양陽의 기질이라면 남방 문화는 여성적인 음陰의 성격이다. 남방과 북방의 문화적 음양의 어울림이 중국의 인문 지리적 신비를 탄생시켰다.

어느 것 하나 직접 드러내지 않는 완곡한 은유와 상징의 언어 속에 숨어있는 굴원의 이미지는 차라리 식물성에 가깝다. 그렇다고 남방 문화가 마냥 부드럽기만 한 것은 아니다. 초나라 사람은 강인했으며 조국의 멸망이라는 정체성 위기의 고통을 경험하면서 용맹과 불굴의 면모를 보여주었다. '초나라에 세 집만 남더라도楚雖三戶, 亡秦必楚 진을 멸할 나라는 반드시 초나라일 것'이라는 말은 허공에 뜬 예언이 아니었다. 치욕의 기억이 없었다면 산을 뽑을 만한 힘과 세상을 덮을 만한 기운力拔山兮氣蓋世을 가졌다는 항우項羽 같은 인물이 출현할 수 있었을까? 진의 아방궁阿房宮을 불살랐던 항우, 초나라의 예술과 미의식을 북방에 심은 굴원은 남방의 힘이자 정신이었다.

역사의 발전 과정에서 결국 열세에 몰리는 것은 무력이었지 문화가 아니었다. 칼과 창이란 언젠가 녹슬고 말 것이지만 종이와 연필은 말과 글로 남아서 계속 전해지는 것이다. 문화가 이처럼 영원할 수 있는 것은 바로 그 다양성의 힘 덕분이다. 문화의 다층성과 복잡성,

모호성이 본능적으로 칼과 창을 밀어내기 때문이다.

한의 통일은 평안한 삶을 영위해왔던 민중에게 오히려 흉노족의 위협을 가져다주었다. 어떤 의미에서 본다면 한족과 소수민족의 전쟁은 문화와 무력의 대립이었다. 상대의 문화를 인정하지 않는 무력끼리의 충돌은 황권이 강화될수록 더욱 빈번해졌다. 이는 역사가 남긴 오늘의 중국이 풀어야 할 과제이기도 하다.

굴원의 작품에서 세계는 하늘과 땅, 신과 인간이 공존하는 곳이다. 그러나 '공존'의 세계관은 전국시대의 중원에서는 상상할 수 없는 것이었다. 그들에게 세계란 '치란治亂'의 대상이었다. 공자가 선택한 것도 다양성의 공존은 아니었다. 공자에게 중요한 것은 군권君權 강화에 모든 가치의 공간을 내어주는 유교적 질서였다.

신성神性 자체는 인성人性을 억압하지 않는다. 신권과 군권이 결합할 때 비로소 인성은 바닥으로 끌어내려진다. 바로 여기가 굴원과 공자가 경합하고 화해할 수 있는 지점이다.

진秦·한漢 이래 중국의 역대 문인들은 모두 굴원을 추앙했다. 그것은 굴원이 인간 내면의 풍부성을 발견하고 표출한 '인성의 해방자'였기 때문이다.

『문심조룡文心彫龍·변소辨騷』에서는 굴원의 문학사적 역할을 좀더 구체적으로 서술하고 있다.

굴원과 송옥이 표현한 원한의 정서는 읽는 이의 마음을 우울하게 함으로써 감동을 주고, 그들이 묘사한 이별의 장면은 읽는 이의 가슴을 찢으니 그 비통함을 진정하기 어렵게 한다.

산수를 논하면 소리를 통해 형태를 떠올리고, 계절을 논하면 문장을 통해 시절을 느끼게 한다.

이에 매승枚乘과 가의賈誼는 그 문학적 기풍을 좇아 화려함으로 들어갔고, 사마상여와 양웅은 그 경향을 따라 자신만의 독특한 성취를 얻었으니, 굴원과 송옥이 사인들에게 은혜를 베푼 것이 한 시대뿐이 아니었다.

문인들은 예민한 감수성으로 타자 - 자연과 신 그리고 너 - 를 알고 느끼고 그와 감동을 교류한다. 감수感受는 타자로부터 무언가를 받아들이는 것이고, 감지感知는 받아들인 것을 알고 느끼는 것이며, 감동感動은 느낀 것으로 마음이 움직이는 것이다.

문인들은 불평한다. 그들의 감수성은 깊은 원한불평에서 탄생했다. 그 원한은 어디에서 오는 것일까? 그들은 자신의 이상, 원칙, 재능이 세상과 만나지 못하는 이유로 원한 속에 깊게 서식한다. 그들은 고통을 껴안음으로 원한 속에 침잠한다. 지켜야 할 원칙이 없다면 고통이나 원한 따위도 없으련만 그들은 타협하지 않는다. 비타협, 불복종이야말로 문인의 정신인 까닭에 그들은 원칙을 거래하지 않는다. 대신 그들은 글을 통해 자신의 고통과 원한을 발설하는데, 바로 그 처음 길을 연 문인이 중국 최초의 서정 시인 굴원이다.

한 가지만 더 짚고 넘어가자. 흔히들 굴원의 작품을 두고 '낭만주의와 현실주의 결합'이라 말하는데, 사실 굴원 자신은 한 번도 낭만과 현실을 분리하지 않았다. 이는 무엇이든 나누기 좋아하는 이분법적 사고를 가진 현대인의 평가일 뿐이다.

굴원이 애국 시인으로 평가받을 수 있는 것은 그가 사랑한 대상이

'조국'이었지 '군주'가 아니었기 때문이다. 그는 초회왕이 죽었을 때 슬퍼했지만 죽지 않았다. 그가 멱라강에 몸을 맡기로 결심한 때는 수도 영이 불타고 멸망의 기운이 초나라를 덮었던 그해였다.

항우는 함양咸陽을 버리고 팽성彭城으로의 금의환향을 고집했으며, 끝내 오강烏江을 건너지 않고 스스로 목숨을 끊었다. 항우의 선택은 굴원 사후 초나라 사람들의 민족 심리를 재차 확인시킨 일대 사건이었다. 남방 사람들의 나라와 민족에 대한 콤플렉스는 유달랐다. 콤플렉스는 의식, 개인 잠재의식, 집단 무의식을 포괄하는 개념이다. 계속되는 전란 속에 분열과 연합을 반복했던 중원의 제국諸國에서 국가의식이란 중요한 가치가 아니었다. 공자, 맹자, 한비자도 마찬가지였다. 초사 연구학자인 마무원馬茂元 선생은 이상적인 국가 건설이라는 공자의 시야 속에 자신의 나라인 노국魯國은 작은 것일 수밖에 없었을 것이라고 말한다. 문제는 강력한 통일 국가를 꿈꾸는 유교 이데올로기의 국가 의식이 정작 희박하다는 데 있었다. 누가 이 모순과 공백을 메울 것인가? 그들에게 답은 굴원이었다. 한, 당, 송의 문인과 유학자들은 굴원의 콤플렉스 국가 의식를 받아안음으로써 빈자리를 채우려고 했다. 그리고 여기에서 공자와 굴원은 다시 또 만나고 있다.

애국을 노래한 굴원의 작품 중「굴송」은 자기 절제와 절개의 정신이 있기에 소박하지만 가장 감동적이다.

굴, 천지간의 아름다운 나무여   后皇嘉樹

이곳 땅에 내려왔구나.   橘徠服兮

타고난 성품을 바꾸지 않고	受命不遷
남국에서 자라는구나.	生南國兮
뿌리 깊고 단단해 옮기기 어려우니	深固難徒
네 곧은 뜻 보이누나.	更壹志兮
푸른 잎 하얀 꽃은	綠葉素榮
어지러이 즐겁게 하며	紛其可喜兮
……	
내 어릴 때 뜻은	嗟爾幼志
남다른 바가 있었지	有以異兮
……	
덕을 지니어 사사로움이 없으며	秉德無私
천지의 조화에 참여하는구나	參天地兮
……	

중국 3대 전통 절기의 하나인 단오절은 굴원에서 유래되었다. 굴원이 멱라강에 몸을 던진 후 쫑즈粽子(원추 모양의 찰밥을 연이나 댓잎으로 싸고 짚 따위로 묶은 후 쪄서 먹는 음식—역자 주)를 강물에 던지는 풍습이 형荊, 초楚 지방에서 생겼다고 한다. 물고기 떼가 굴원의 시신을 뜯어먹을까 안타까워한 백성들이 쫑즈를 만들어 던졌다 하니, 그 단순하고 따뜻한 마음 씀씀이가 사랑스럽다. 단오절의 의미가 더욱 큰 것은 나라에서 제정한 것이 아니라 민간에서 자연스럽게 형성된 절기라는 데 있다. 수천 수백 년의 비바람 속에서도 민중의 염원과 역량은 죽지 않고 도도한 물결로 흘러오고 있음을 보여준다.

굴원은 충신이었으되 우매하거나 비겁하지 않았다. 그는 군주의 아둔함을 질책할 줄 아는 용기 있는 사람이었다.

무리 짓기 좋아하는 이들 쾌락만 좇으니	唯夫黨人之偸樂兮
길은 마냥 어둡고 험난하구나.	路幽昧以險隘
어찌 내 일신의 재앙만 꺼리랴	豈余身之憚殃兮
임금의 수레 엎어질까 두려워라.	恐皇輿之敗績

굴원의 시에 자주 나오는 '靈修'와 '美人'은 초회왕을 가리킨다. 왕의 잦은 변심을 안타까워한 굴원을 두고 군주를 소인에 견주었다며 그를 힐난하는 이들도 있었다. 반고班固는 굴원을 가리켜 '그는 나라를 위태롭게 하는 소인들과 다투고 참소를 당한 후 회왕을 책망하다 결국 제 분을 이기지 못해 물에 빠져 죽었다'라며 깎아내렸다. 안지추顔之推는 굴원을 '그는 재주를 뽐내 자신을 내세우고자露才揚己 임금의 과오를 드러냈다顯暴君過'며 비판했다. 이들의 견해라면 최고 통치자는 설사 과오를 범하더라도 책임을 물어서는 안 되며, 그 사실을 밖으로 드러내서는 더욱 안 된다는 것이다.

당초 내게 약속의 말 주시더니	初旣與余成言兮
훗날 회피하며 다른 마음 보이시네	後悔遁而有他
나는 헤어짐이야 어렵지 않으나	余旣不難不離別兮
임의 잦은 변심이 가슴 아프네	傷靈修芝數化

「이소」의 마지막 두 구절을 보자. 굴원은 중년의 나이에 이미 죽음을 준비하고 있었다.

기왕 이상 정치를 함께 도모할 수 없다면 　　旣莫足與爲美政兮
나는 팽함을 좇아 그가 있는 곳으로 가리라. 　　吾將從彭咸之所居

굴원의 시를 보면 당시에 이미 문화가 상당히 발달했음을 알 수 있다. 칠웅의 패권 전쟁은 오히려 남방과 북방의 문화가 만나고 융합하는 길을 열어주었다. 적국의 문화와 풍토를 이해하지 못하면 전쟁은커녕 전략 수립도 어려우니 무엇보다 상대를 아는 것이 중요했다. 나라 간의 전방위 접촉은 '관'에서 '민'까지 다양한 문화의 교류를 아우르는 것이었다.

굴원의 시도 시경과 초나라 민요의 영향을 많이 받았다. 공자는 "시란 한 마디로 생각에 삿됨이 없는 것詩三百, 一言以蔽之, 思無邪"이라고 말했다. '삿되지 않음'은 단순하여 꾸밀 줄 모르는 질박함을 의미한다. 남자와 여자가 만나고 그리워하는 마음도 거짓 없이 순결해야 '삿되지 않은' 정이라 할 수 있다. 굴원이라고 우국과 탄식만 노래한 것은 아니었다. 그의 시에도 여인의 아름다운 자태와 향기, 그리고 그를 바라보고 사모하는 마음이 솔직담백하게 표현되어 있다. 「구가 · 산귀」를 보자.

누군가 산모퉁이에 있어 　　　　　　　若有人兮山之阿
벽려를 걸치고 여라를 둘렀네. 　　　　被薜荔兮帶女羅

| 눈물 머금은 듯 미소 짓는 듯 | 旣含睇兮又宜笑 |
| 그대 나를 사모하지요, 내 아리따움을. | 子慕予兮善窈窕 |

「구가」에는 모두 박수와 무녀가 시적 화자로 노래하고 있다. 무속 문화가 성행했던 당시 초나라 사람들의 상상력과 낭만적 신비가 보인다. 굴원은 서정적 자아를 자주 여성으로 내세우고 있는데, 그의 시를 읽어보면 당시 초나라 남성들의 젠더 의식이 오늘의 남성과는 사뭇 달랐을 것이라 생각된다. 왜냐하면 굴원은 시 속에서 성 역할에 대한 고정관념을 '쉽고 자연스럽게' 버리고 있기 때문이다.

한漢 무제武帝 시대의 회남왕淮南王 유안劉安은 「이소전」에서 '국 풍國風은 남녀 간의 정한이 있으나 음란하지 않고, 소아小雅는 원망과 비방이 있되 어지럽지 않다. 이소는 정한과 원망 모두 있지만 음탕 하지도 난잡하지도 않다'라고 쓰고 있다. 원초적 정서를 거짓 없이 드러내면서도 고상함을 잃지 않음이 굴원의 시가 가진 미덕이라는 평가다.

한유韓愈는 「송맹동야서送孟東野序」에서 '초나라는 대국이었으나 멸망하니 굴원이 울었다楚, 大國也. 其亡也, 以屈原鳴.'라고 쓰고 있다. 비극은 가치 있는 것을 파괴해 보여주지만, 굴원은 '파괴'되어 죽은 것을 '환생'시켜 살림으로써 후세에게 죽은 것들의 가치를 보여준다. 굴원은 이렇게 노래로 초나라를 다시 살렸으며, 초나라 소리가 북방을 울리고 중원과 만나도록 했다. 길을 만드는 자가 있고 그 길을 따라 걷는 자가 따로 있듯이, 굴원의 문학을 따른 문인들도 많았다. 굴원을 가장 먼저 따른 이는 송옥宋玉이었다. 그러나 동시효빈動施效顰*

이라 했던가. 모방이 원조의 멋을 가질 수는 없었다. 동방삭東方朔의
「칠간七諫」, 왕포王褒의 「구회九懷」, 유향劉向의 「구탄九歎」, 왕일王逸의
「구사九思」가 그 예다. 당대唐代에도 시가 형식의 해방이 있었다. 이
백의 고체시, 두보의 율시와 오언고시 등은 기존의 형식에서 상당히
자유로운 형식을 구사했다. 굴원, 이백, 두보가 오늘까지 위대한 애
국 시인으로, 시선詩仙으로, 시성詩聖으로 우러름의 대상이 될 수 있
었던 것은 그들이 추구하고 실천했던 자유와 해방의 문학 정신 덕분
이었다.

굴원 문학의 자유로움은 민요에서 얻어진 것이다. 시경이 퇴색되
지 않고 사랑받을 수 있는 힘도 그것이 민중의 노래였기 때문이다.
민중의 노래와 풍속은 수천 수백 년의 세월을 흘러오며 형성된 것이
기에 거칠지만 순박한 생명력을 가진다. 문인들은 고통의 담금질로
민중 문화의 생명력을 예술로 승화시킨다. 반면에 왕권이나 관권이
개입하는 예술은 생명력을 잃고 구시대적 봉건 통치의 퇴폐적인 도
구로 전락하고 만다.

굴원에게 사상이란 살아 움직이는 것, 정감이란 분방하게 표출하
는 것, 예술이란 자유로운 것, 세계란 열려 있는 것, 신령이란 가까운
것, 자연이란 혼돈 안에 있는 것이었다. 지금으로서도 '급진', '파
격'이라 할 수 있는 작품 세계를 펼친 굴원이었으나, 초회왕이나 경
양왕이 그의 시에서 모반의 증거를 찾았다는 기록은 없다.

---

* 서시가 몸이 아파 눈썹을 찡그리고 다녔는데, 그 모습을 아름답다고 여긴 같은 마을의 추녀가
  그 찡그림을 흉내냈다는 고사에서 유래한 말.

사마천은 민중의 언어로 『사기』를 집필했다. 그는 궁중 사관을 지니고 있었지만 지배층의 언어 체계에 함몰되지 않았다. 권력과 언어의 함수관계와, 지배자의 언어가 그들의 이데올로기를 담고 있음을 잘 알았던 사마천은 일관되게 민중의 입장에서 역사를 기록했다. 지배층의 언어적 영향권에서 자기 언어를 갖고 또 지키기란 얼마나 어려운 일인가? 통치 권력의 나팔수 노릇을 자처하며 시대에 영합했던 어용학자들을 생각하면 사마천의 지성과 용기가 얼마나 크고 위대한 것인지 느낄 수 있다.

진정한 지식인의 초상

司馬遷

사마천 서한 B.C.145~?

사람은 누구나 한 번은 죽지만

때로 어떤 죽음은 태산보다 무겁고

때로 어떤 죽음은 깃털보다 가볍다.

진정한 지식인의 초상

오늘날의 중국인에게 만리장성과 『사기史記』 중 어느 것이 더 위대하고 중요할까? 나에게 묻는다면 망설임 없이 『사기』라 대답할 것이다. 사마천司馬遷의 『사기』가 없었다면 전 세계에 퍼져 살고 있는 염황炎黃 자손은 신분의 정체성을 찾지 못했을 것이다. 5천 년의 문명도 『사기』가 아니었다면 존재할 수 없었을 것이다. 기원전 3천 년의 중화 문명 역사를 저술한 사마천 덕에 우리는 중화 민족의 시조가 황제黃帝 헌원씨軒轅氏라는 사실과 상고시대부터 전국시대까지의 변천과 흥망 과정을 알 수 있었다. 제왕과 재상, 장군들의 업적을 다 합쳐도 사마천이 역사에서 차지하는 위치를 대신하지는 못한다.

사마천 이전에도 사가史家의 각종 문헌 기록이 있었으나 모두 체계가 없었다. 사기는 기전체紀傳體로 쓰인 최초의 역사서라는 점에서 그 가치가 매우 크다.

사마천이 47세에 이릉李陵(이광의 손자로 흉노족과의 전쟁에서 패하자 투항하고 포로가 됐다—역자 주)을 변호하다 한 무제의 분노를 사 궁형宮刑(생식기에 가해지는 극형—역자 주)을 당했다는 사실을 모르는 사람은 없다. 그는 스스로를 형여지인刑餘之人(형을 받은 사람이라는 뜻—역자 주) 이라 불렀다. 그는 사람을 10등급으로 나눴는데 마지막 등급에 속하는 부류가 바로 자신처럼 궁형을 당한 이들이었다. 사마천은 형을 받은 후 부모의 제사에도 참여하지 않았다고 한다. 하늘에 계신 부모를 대할 면목이 없다는 것이 그 이유였다.

우리는 그가 감내했을 치욕과 분노의 깊이를 알 수 없으며, 그 엄청난 고통 속에서도 위대한 저작을 남긴 그의 의지력은 더욱 상상할 수 없다. 그가 쓴 『임안에게 보내는 편지報任安書』는 한 자 한 자마다 피가 뚝뚝 떨어지는 것 같아 읽는 이마저 고통의 한가운데 서 있는 느낌을 준다. 이 글을 읽고 나서야 비로소 '사마천은 목숨과 맞바꿔 『사기』를 썼다'는 말의 진정한 의미를 알 수 있다. 그는 『사기』의 저술을 위해 구차한 목숨을 버리지 않았던 것이다. 가슴 아픈 것은 극형을 면할 수도 있었으나 가난하여 조정에 보석금을 내지 못하고 결국 형을 당했다는 사실이다. 사마천은 궁형을 받은 후 환관의 신분으로 한 무제의 시중을 들었다. 사마천의 『사기』는 제왕에서 자객, 심지어 왕의 총애를 받았던 미소년들까지 다양한 인간 군상의 삶과 행적을 소개하고 있으나 환관은 따로 열전으로 기록하지 않았다. 그에게도 궁형만큼은 다시 기억하고 싶지 않은 고통의 기억일 뿐이었으리라.

역사는 한 무제를 뛰어난 지략으로 중원의 판도를 넓힌 황제로 기억한다. 그러나 그는 자비와 포용력이 부족한 사람이었다. 황제로서할 수 있는 악한 일은 거의 다 했다. 여기서 그의 시비와 공과를 평가할 생각은 없으나 한 무제는 사마천을 논하면서 빠뜨릴 수 없는 인물이다. 한 무제 유철劉徹은 기원전 87년에, 사마천은 86년에, 둘은 한

해 차이로 세상을 떴지만 그 끝은 너무도 달랐다. 한 무제의 몸이 땅에 묻혀 썩고 있을 때 사마천의 『사기』는 역사가와 문인들에 의해 그 가치가 새롭게 발견되어 빛을 내고 있었다. 사마천의 죽음은 아직까지 수수께끼로 남아 있다. 『사기』를 보전하기 위해 황궁을 떠나 민간으로 숨었다는 설도 있고 한 무제 유철의 손에 죽었다는 설도 있으나, 그에게 중요한 것은 죽는다는 사실보다 의미였다.

사람은 누구나 한 번은 죽지만	人固有一死
때로 어떤 죽음은 태산보다 무겁고	或重於泰山
때로 어떤 죽음은 깃털보다 가볍다	或輕於鴻毛

사마천의 고향은 지금의 섬서성陝西省 한성현韓城顯이다. 부친 사마담司馬談이 수도 장안長安에서 태사령을 지냈으나 봉록이 적은 벼슬이었다. 어린 시절의 사마천은 집안이 빈궁했던 까닭에 소나 양을 치기도 했다. 사관史官은 천자의 언행을 기록하는 일을 담당했으나 사실상 누구의 눈에도 들지 않는 한직閒職이었다.

사마담은 소년이 된 아들 사마천을 데리고 장안 근처의 무릉茂陵으로 갔다. 무릉에서는 한 무제의 능묘 축조 공사가 한창 진행 중이었다. 규모가 워낙 크다 보니 재정 지출도 막대했다. 나랏돈의 삼분의 일이 모두 황제의 무덤 속으로 들어갔다. 사마담이야 스스로 갔지만, 돈 있는 사람들은 황제의 명으로 이주한 경우가 대부분이었다.

『사기』의 「유협열전」에 나오는 곽해郭解도 그런 부호들 중 하나였다. 그는 강호에서 곽대협으로 이름을 날린 인물로 대장군 위청衛青

과 교분이 있었다. 무릉 행이 싫었던 그는 위청에게 부탁했다. 자신은 부자도 아닌데 평소 사이가 좋지 않던 어떤 사람이 일부러 곽대협이라는 이름을 이주자 명단에 넣었다며 한 무제에게 사정을 잘 말해달라는 것이었다. 위청은 곽해의 청대로 한 무제에게 그의 사정을 얘기했다. 무제의 반응은 어땠을까?

"그 곽대협인가 아무개가 대장군에게 부탁을 할 정도라면 돈이 없는 사람은 분명 아니네."

사마담은 태사령으로 있던 덕에 조정의 일에서 민간을 떠도는 이야기까지 세정에 밝았으며 많은 책을 읽을 수 있었다. 그는 학자나 문인들과의 왕래도 잦았다. 이런 가정환경에서 자란 사마천은 자연스럽게 역사와 학문에 깊은 관심을 가지게 되었고, 공자의 후손인 공안국孔安國과 유학자 동중서董仲舒를 스승으로 모시기도 했다. 사마담 본인은 도가 사상을 신봉한 사람이었다. 그는 자신이 저술한 『육가요지六家要旨』에서 음양가, 유가, 묵가, 명가, 법가, 도가의 핵심을 논하고 있으나, 도가 사상에 대해서는 찬미 일색이라 할 만큼 높게 평가하고 있다.

한의 문제文帝와 경제景帝는 모두 무위이치無爲而治(인위적인 정치가 아니라 억지로 꾸미지 않는 자연의 순리에 따르는 다스림―역자 주)의 도가를 치국의 기본으로 삼았다. 그러나 한 무제는 집권 후 노선의 대전환을 꾀하며 사상 통일을 위해 유학을 국가의 통치 이념으로 하는 '독존유술獨尊儒術'을 채택했다. 또 그는 흉노족 정벌을 이유로 전쟁을 자주 벌이고 대규모 토목공사를 일으켰으며 신선방술神仙方術을 찾는 등 진시황을 좇으려 했다.

이해할 수 없는 것은 다양한 사상의 자유로운 발전을 억제하고 유교를 유일한 통치 이념으로 삼았다는 점이다. 유교가 모든 것을 지배하는 세상, 이보다 더 심한 독재가 또 있을까? 한 무제의 유교중심주의가 중국 사회에 끼친 영향은 그 만큼 깊었으며 오래갔다.

진시황의 분서갱유焚書坑儒와 한 무제의 독존유술은 사상의 스펙트럼을 좁히고 다양한 이념이 형성될 토양을 파괴하는 결과를 낳았다. 어떤 사상이나 문화가 비약적으로 발전할 때 그에 대항하는 역량도 함께 성장해야 한다. 성찰할 수 있어야 균형 감각을 잃지 않으며 극단으로 치닫는 우를 범하지 않기 때문이다.

그러면 사마담은 왜 유학자들을 아들의 스승으로 삼았을까? 국사와 세정의 변화를 읽고 있던 그로서는 아들 사마천의 앞날을 위한 당연한 고려였으리라. 능력보다 신분이, 개인보다 제도가 언제나 우위를 점하는 현실은 고금을 막론하고 마찬가지 아니겠는가. 그렇다고 사마담이 시류에 편승하는 기회주의자는 아니었다. 사마천은 더더욱 아니었다. 그들은 그저 학문을 숭상했던 우직한 지식인일 뿐이었다.

고전을 통달하다

무릉은 장안에서 수십 리 떨어진, 말하자면 천자의 발 아래 있는 땅이었다. 한 무제는 기원전 127년, 재산이 3백만 전 이상인 부호들을 무릉으로 이주하도록 명했다. 이는 자신의 능묘가 축조되고 있는 신도시 무릉의 발달을 위한 경제적 전략이자, 통치에 저항하거나 방해가 될 수 있는 세력들을 한곳에 모아 통제하려는 황권 강화 의도로 이루어진 조치였다.

호화로운 저택과 고급 수레, 보석과 비단으로 치장한 귀부인과 귀공자, 사마천은 자신의 고향에서는 한 번도 본 적 없는 화려함에 어쩌면 눈이 부셨을 것이고, 모두 땅을 밟지만 너무도 다르게 살고 있는 그들을 보면서 함께 소와 양을 치던 동무들을 그리워했을 것이다. 무릉에서의 경험은 오히려 사마천의 풀뿌리 정신을 더욱 공고히 하는 계기가 되었다. 그는 아버지 사마담의 뒤를 이어 태사령을 할 것이었다. 그의 머리에는 상고부터 당대까지의 역사와 시대를 주름 잡았던 인물들의 이야기가 모두 들어 있었다. 이는 돈을 주고도 바꿀 수 없는 그만의 재산이었다.

사마씨 일가의 선조인 전국시대 사마조司馬錯는 진나라에서 혜왕을 보좌하며 종횡가 장의와 논쟁을 벌일 만큼 비범한 인물이었다. 당시 한 무제는 각지의 인재를 등용하는 정책을 폈는데, 사마담은 아들이 조정에 발탁되어 사마조를 본받아 가문의 영광이 되길 바랐다.

사마천은 열 살에 고문을 통달했다. 천재 소년의 관심 범위는 『주역周易』, 『상서尚書』, 『춘추春秋』, 『좌전左傳』, 『국어國語』, 『시경詩經』, 『전국책戰國策』, 제자백가의 저술은 물론이고, 천문, 지리, 병법, 상업, 지리, 풍물에 이르기까지 매우 넓었다. 죽간竹簡으로 가득 찼을 그의 서실이 눈에 훤히 보이는 듯하다.

사마천은 스물에 장차 『사기』의 거름이 될 여행을 떠나기 전까지 무릉에서 7~8년을 보냈다. 그는 열심히 공부했으나 백면서생은 아니었다. 그는 책에서 배운 것을 삶 속에서 새롭게 발견할 줄 알았으며, 세상 속에서 책 안의 진리를 들어올릴 줄 알았다. 사마천은 그렇게 위대한 역사가로 성장하고 있었다.

　문제와 경제의 치세 덕으로 무제 통치 전반기는 국가 재정이 부유한 편이었다. 하지만 잦은 전쟁과 대규모 토목 공사로 국고가 바닥을 보이기 시작하자 무제는 백성들에게 손을 벌렸다. 심지어 갓 태어난 아이에게도 인두세를 징수했다. 사마천은 천하를 돌아보겠다는 계획을 일찌감치 가슴에 품고 있던 터라 검소한 생활을 했다. 사정을 잘 알고 있던 스승 공안국도 여행 경비를 마련해주었으며 각지에 있는 지인과 친구들에게 편지를 써 그를 돕도록 했다.

　『사기』에서도 나타나듯 사마천은 협객들에게 보기 드문 애정을 보였다. 「유협열전」을 보면 곽해를 직접 만난 소감을 적어 넣기도 했다. 곽해는 체격이 왜소하고 생김새도 볼품없었지만, 일개 서민의 신분으로 대협이라 불릴 만큼 명성을 날렸고 엄청난 부를 소유한 인물이었다. '협俠'에 대해 사마천이 가졌던 주관적인 호감이야 뭐랄 수 없지만, 그의 생각에 완전히 동의하기에는 석연치 않은 구석이 남는다. 소위 '협객'이란 무리는 의義를 표방하지만 뒤로는 금권과 결탁해 폭력과 살인을 일삼는 이들이 대부분이다. 경험과 직감으로 행동하는 그들은 세력이 커지면 커질수록 명분과 의리를 내세운다. 자신들의 폭력 행위를 위장하는 가장 좋은 무기가 명분과 의리라는 것을 알만큼 그들은 머리가 좋다. 사마천은 여행을 떠나기 전 서역에서 돌아온 장건張騫을 만나기도 했다. 장건은 서역 제국諸國의 인구와 풍습, 지리와 산물, 군사력 등을 그에게 상세하게 전했고, 사마천은 장건이 제공한 자료를 바탕으로 「대원열전大宛列傳」을 저술했다.

　한 무제 원광 5년, 위청이 이끄는 군대가 흉노족을 크게 무찌르고 용성蘢城까지 진격하는 승리를 거두었다. 이로써 수십 년간 흉노족의 위협을 받아왔던 장안성은 그간 참았던 분노를 풀 수 있었다.

『사기』는 총 130권 52만 6천 자로 이루어졌다. 사마천이 『사기』의 저술을 위해 준비한 초고와 각종 기록까지 합친다면 훨씬 더 방대한 규모였을 것이다.

풍찬노숙하며 세상을 배우다

사마천은 「태사공자서」에서 자신의 여행 경로를 서술하고 있다.

스물에 남쪽으로 가서 장강長江과 회하淮河 지역을 돌고, 회계산會稽山에 올라 우禹임금이 들어갔다는 동굴을 탐험했다. 구의산九疑山도 둘러보았으며 배를 타고 원수沅水와 상수湘水를 유람했다. 북쪽으로는 문수汶水와 사수泗水를 건너 제나라와 노나라의 수도에서 학업을 닦고 공자가 남긴 풍속을 살펴보았다. …… 양나라와 초나라를 거쳐 돌아왔다.

그가 여행한 지역의 범위는 매우 넓었다. '나 홀로 여행'은 목적지를 먼저 정하고 떠나기도 하지만, 도중에서 답사할 지역을 찾는 경우가 더 많다. 길 위의 여행에서 풍찬노숙風餐露宿은 흔한 일로 사마천도 예외는 아니었지만 그는 개의치 않았다. 중원에서 불어오는 원시의 숨결이 그의 가슴을 가득 채우고 있었기 때문이었다. 사마천의 여행길은 완상의 즐거움과 회고의 정에 잠기는 후세 문인들의 그것과는 달랐다. 그는 가는 곳마다 자료를 수집하고 촌장을 찾아가 모르는 것은 묻고 기록으로 남겼다. 사정을 상세히 알기 위해 왔던 길을 되돌아가는 수고도 아끼지 않았다. 사마천은 과학과 문학이 만나는 통섭의 작업을 일찌감치 혼자 실행하고 있었던 셈이다. 청년 사마천은 고통과 희열 속에서 3천 년의 역사를 되짚어 걸어갔다. 『참회록』의 루소, 『제2의 성』을 쓴 보부아르, 그리고 20세기의 인류학자들도 모두 걸어서 세계를 만났다.

문인은 먼저 유랑자가 되어야 한다. 맹자는 '나는 호연지기를 잘 기른다.吾善養吾浩然之氣'고 말했다. 독서와 여행은 걸어서 만나는 과정이며 바르고 큰 기운을 길러내는 일이다. 교통의 발달로 몸은 편해졌지만 적게 걷는 까닭에 우리의 정신은 그만큼 기울고 좁아졌다. 사실 '편하고 빠름'을 좇는 것이야 사람의 본능이다. 이백의 「촉으로 가는 길, 험난하구나!蜀道難」에도 길 위의 고단함을 버리고 본능에 충실하고 싶은 마음이 드러나 있다. 중국 시인 중 '길 걷기'의 의미를 알았던 이는 모택동毛澤東이다. 대장정의 경험이 아니었다면 웅대한 기상을 노래한 그의 시도 탄생할 수 없었을 것이다. 모택동이 감탄하며 읽었다는 옛 시의 하나가 바로 이백의 「촉도난」이다. 길 위에서는 새로운 출발의 가능성이 열려 있기에 언제나 희망차고 유쾌하다. 바람과 서리, 비와 눈이 내리는 길 위에서 우리의 이성과 감성, 야성은 모두 열리고 한데 섞인다. 사마천이 만났을 길 위의 즐거움을 만지고 보고 싶은 이유도 거기에 있다.

사마천은 초나라 옛 땅에서 여러 날을 머물렀다. 배를 타고 소수瀟水를 건너 천릉泉陵에 도착해 영도營道로 갔고, 그곳에서 다시 구의산으로 갔다. 짙푸른 산봉우리 아홉 개가 구름 안개 속에 우뚝 서 있는 풍경은 얼마나 장관이었을까. 중국 상고시대의 현군賢君 순제舜帝가 묻힌 곳이 바로 여기다. 요제堯帝는 임금 자리를 물려주기 위해 3년 동안 그를 지켜봤다. 우선 자신의 아름다운 두 딸을 그에게 시집보냈다. 미색에 빠져 국사를 게을리 하지 않나 시험한 것이다. 종종의 관문을 모두 통과한 순제는 요제로부터 왕위를 선양禪讓받았다. 선양은 세습과는 다른 민주적 왕위 승계였다. 순제는 신분이 비천했다. 장님인 아비는 후처와 낳은 아들을 편애하여 툭하면 순을 죽이려 했고, 이복동생은 오만하고 거칠었다. 품성이 착했던 순은 그럴수록 부모를 더욱 지극히 모시고 동생을 아꼈다. 순의 후덕한 인품과 깊은 효성은 주변 사람들을 감화시켰다. 그의 치세 동안 백성들은 요제 시대와 같은 태평성대를 누렸다. 도적도 탐관오리도 없었으며 사람들은 모두 순했고 나라는 평화로웠다. 순은 다시 치수에 공을 세운 우에게 제위를 선양했다. 남순 도중 순이 사망하자 부인이었던 아황과 여영도 뒤를 따라 강에 빠져 죽었다.

사마천은 멱라강에서 굴원을 애도하고, 북으로 방향을 돌려 태호太湖로 갔다. 태호 근처의 고소대姑蘇臺에서 오나라와 월나라가 교전했던 당시의 광경을 그려보았다. 다시 송강淞江을 따라 신(申: 지금의 상해)으로 가 전국시대 4군君의 한 사람인 춘신군春申君 황헐黃歇이 살았던 곳을 둘러보았다.

그는 북상하여 장강을 건너 고우호高郵湖를 지나 회음淮陰 땅으로 갔다. 회음은 한나라 장수 한신韓信의 고향이다. 그는 시정잡배의 가랑이 밑을 기어가는 수모胯下之辱를 참은 일화로도 유명하다. 한신은 밥 구걸을 해야 할 만큼 가난했다. 항우에게 의탁하려 했지만 중용되지 못하자 검문劍閥 잔도棧道를 지나 한의 유방劉邦을 찾아갔다. 유방 역시 한신을 업신여기고 군량이나 관리하는 보잘 것 없는 벼슬을 주 었다. 한신이 다시 유방을 떠나자 소하蕭何는 그를 뒤쫓았다. 소하가 쫓은 사람은 밥을 빌어먹던 한신이 아니라 백전백승의 명장이었으 며, 되돌려온 것은 한조漢朝의 4백 년 강산이었다.

사마천은 패군沛郡 풍현豊縣에서 한의 고조古祖 유방에 관한 이야 기를 들었다. 개국 황제인 유방의 청년기는 건달과 다름없었다. 훗날 맹장猛將으로 천하를 통일하는 데 공을 세운 부하 번쾌도 젊은 날 같 이 '놀았던' 개장수였다.

진나라의 폭정이 심해지자 진승陳勝과 오광吳廣이 농민군을 이끌 고 봉기를 일으켰다. 이를 기폭제로 전국에서 난이 일어났고 유방과 항우도 각자 무리를 이끌고 가세했다. 유방은 사실 모든 면에서 항우 보다 한 수 아래였다. 항우와의 싸움에서 이기는 때보다 지는 때가 더 많았고, 심지어 제 목숨을 구하고자 자식까지 내팽개치고 도망친 인물이 유방이었다. 그런데 천하를 거머쥔 자는 항우가 아니고 유방 이었다. 무엇이 건달 유방을 황제의 자리에 앉혀 놓았을까? 사마천 은 그 해답을 유방의 용인술에 찾고 있다. 유방은 장량, 한신, 소하 같은 인재들을 잘 활용해 자신의 부족함을 메울 줄 알았다.

기원전 124년, 스물을 갓 넘은 청년 사마천은 2년의 긴 여행을 마 치고 장안으로 돌아왔다. 당시에 스물둘이면 가정을 이룰 나이였지 만, 부친 사마담도 사마천 본인도 결혼에 관심을 갖지 않았다. 『사 기』의 「태사공자서」에도 자신의 아내에 대한 언급은 한마디도 없 다. 어쩌면 궁형을 받은 후 관련 기록을 삭제했는지도 모르지만 아무튼 오늘 우리로서는 정확하게 알 길은 없고 몇 가지 설만 전해질 뿐이다.

사마천은 스승인 박사 공안국의 추천으로 시험을 보고 낭중으로서 본격적인 관료 생활을 시작했다. 박사는 고금의 역사에 정통한 대학자로 그들은 주로 황제의 고문을 담당했다. 제후로 봉해져 봉지를 하사받아 경제적으로 상당히 부유했던 그들은 일반 고관과는 격이 달랐다. 봉건통치시대에 신분과 관료의 등급은 중요했다. 비록 가장 낮은 벼슬이긴 했지만 사마천이 낭중에 임명된 것은 상당히 파격적인 인사였다. 만 권의 책을 읽고 만 리 길을 걸었던 그였지만 부친 사마담과 스승 공안국, 동중서의 후원이 아니었다면 황실로 들어가는 어려웠을 것이다.

진주는 언젠가 빛을 발하기 마련이라는 말은 선의의 거짓말이다. 개인의 능력만큼, 어쩌면 그 보다 더 큰 힘을 발휘하는 것은 언제나 배경과 인맥이었다. 능력과 인맥을 모두 가지고 있었다는 점에서 사마천은 행운아였고, 그는 그렇게 한 무제와의 운명적 만남에 다가서고 있었다.

엄혹한 현실을 보다

비장군飛將軍 이광은 경제, 무제 때의 장수였다. 그는 흉노족이 이름만 들어도 달아날 만큼 맹위를 떨친 명장이었다. 이광이 전장에서 수많은 공훈을 세웠음에도 무제가 제후로 봉하지 않았던 까닭에 부하들은 자주 그를 대신해 불만을 터뜨렸다. 게다가 대장군 위청은 이광의 혁혁한 무공과 재능을 시기하여 병력을 적게 내주고 불리한 위치에서 싸우게 하는 등 그를 자주 궁지에 몰아넣었다.

무제 원수元狩 4년, 위청은 흉노족과의 전투에서 선우單于(흉노족의 우두머리—역자 주)를 잡지 못하고 놓치자 그 책임을 이광에게 뒤집어 씌웠다. 환갑을 넘긴 노장 이광은 억울함을 이기지 못하고 스스로 목을 찔러 죽었다. 그가 죽자 부하들은 모두 소리 높여 울었으며 소식을 들은 백성들도 슬퍼하며 눈물을 흘렸다. 반면 위청은 태자를 낳고 황후의 자리에 오른 누이 위자부衛子夫와 함께 무제의 두터운 신임을 받았으며, 조카인 곽거병霍去病도 용맹과 지략을 갖춘 젊은 장수로 활약하고 있었다. 황실의 관료들은 그들대로 위청의 비위를 맞추느라 이광의 죽음에 입을 다물었다.

사마천은 이광의 이야기를 들으면서 분노했다. 조정의 권력 다툼과 음모를 아직 몰랐던 그로서는 이해하기 어려운 일이었다. 사마담은 아들 사마천에게 모든 일을 전체적인 각도에서 바라보아야 한다고 가르쳤다. 그는 잠을 설쳐가며 사관이 가져야 할 올바른 사유와 인식의 방법을 고민했다. 독서와 여행만으로 아버지의 일을 이어받을 수는 없는 노릇이었다. 그가 찾은 해답은 기득권 세력의 가치 체계에서 벗어나 '독립적'으로 사고하는 것이었다.

사마천은 「이장군열전李將軍列傳」에서 이광의 사람됨을 높게 평가하고 있다.

이광은 청렴했다. 그는 상을 받으면 매번 부하들에게 나눠주었으며 음식도 군사들과 함께 먹었다. 이광은 죽을 때까지 40여 년 동안 봉록 이천

석을 받았으나 집에 재물은 없었고 한 번도 자신의 집안 형편을 말하지 않았다. …… 군사를 거느릴 때 먹을거리가 부족한 곳에서는 물을 먼저 보아도 병사들이 다 마시기 전까지 물에 가까이 가지 않았으며, 병사들이 음식을 다 먹지 않으면 먼저 먹으려 하지 않았다.

사마천이 이광을 열전의 한 인물로 배치한 것은 우직한 성품을 가진 평민 출신 무장의 삶과 죽음을 통해 봉건 통치 질서의 모순을 드러내고자 한 의도였던 것 같다. 그는 사상과 정서면에서 민중적 경향성을 갖게 되면서 심리적으로 통치 계급과 '거리 두기'를 했다.

사마천은 황제의 시종侍從 관료로서 가까이서 무제를 볼 수 있었다. 무제는 자주 임원林苑(고대 임금이 사냥을 즐겼던 동산―역자 주)을 찾아 사냥했으며, 풍류와 여색을 탐닉했다. 『한무고사漢武故事』를 보면 무제의 염사艷事에 관한 기록이 많이 있는데, 육식은 사흘 거르더라도 여자 없이는 하루도 잠자리에 들지 않았다고 한다. 그는 궁녀도 모자라 민간의 여자들까지 '사냥'했으며 동성애도 즐겼다. 『사기』에도 무제의 동성애가 언급되고 있는데, 그 주인공들이 사인士人 한언韓嬡과 가인歌人 이연년李延年이다. 사마천은 '그들과 같이 잤다'라는 말로 사실만 간단하게 서술하고 있지만, 행간에는 여색이나 남색을 이용해 권력에 아부하고 부귀영화를 탐했던 그들에 대한 멸시가 드러나 있다.

이광이 죽었을 때 아들 이감李敢은 표기장군驃騎將軍 곽거병을 따라 흉노족과의 전투에 나가 공을 세웠다. 후에 그는 부친 이광이 위청의 모함에 의해 억울하게 죽었다는 사실을 알고 혈기를 누르지 못하고 대장군을 쳤다. 이를테면 위청은 하극상을 당한 셈인데 황제에게 숨기고 알리지 않았다. 대신들은 수군거렸다. 대장군 위청이 필시 마음에 걸리는 일이 있으니 이감의 일을 입 밖에 내지 않는다는 것이었다. 사마천은 충분히 이감의 죄를 물을 수 있었음에도 입을 다문 위청의 태도는 그 이유가 어찌됐건 사나이다운 행동이었다고 생각했다. 그러나 이감은 결국 위청 일가의 손에 죽고 말았다. 무제를 따라 사냥을 하러 나갔다가 함께 있던 곽거병이 쏜 화살에 맞은 것이다. 당시 곽거병을 총애하던 무제는 사실을 숨기고 이감이 사슴의 뿔에 받혀 죽었다고 말했다. 사마천은 원통하고 어이없는 이광과 이감의 죽음과 그들의 죽음에 대한 권력자들의 태도를 목도하면서 다시 잠 못 드는 밤을 보냈다.

사마천에게는 호수壺遂와 임안任安이라는 절친한 친구가 둘 있었다. 그들은 이따금씩 함께 잔을 기울이며 학문과 국사를 논하곤 했다. 조정 정치에 관한 이야기도 빠지지 않는 화제였는데, 사마천은 그때마다 마음이 무거웠다. 그는 장차 부친에게 물려받을 사관의 일이 결코 녹록치 않으리라는 것을 예감했으며, 피로 얼룩진 역사를 어떻게 써내려가야 할지 막막하기만 했다.

사관은 사관으로서의 전통을 가지고 있었다. 춘추春秋시대 제나라 최저崔杼라는 자가 제장공齊莊公을 살해한 사건이 일어났다. 사관은 사실 그대로 최저가 왕위 찬탈을 위해 제장공을 암살했다고 기록했다. 화가 난 최저는 사관을 죽이고 대신 그 동생을 사관의 자리에 앉혔다. 동생 또한 사관의 소임대로 최저가 왕위를 빼앗기 위해 장공을 죽였다고 사서에 적어 넣었다. 최저는 그 동생마저 죽여버렸다. 사관

집안의 3형제 중 장남과 차남이 죽고 셋째가 다시 형들을 대신해 사서 기록을 담당하게 되었다. 셋째 역시 제장공이 시해된 사건을 사실대로 기록하자, 최저는 두려워 더 이상 사관을 죽이지 못했다.

사마천은 이광 부자의 죽음을 대하는 조정의 태도에 분노했다. 그는 황제의 입장에서 생각해보고자 했다. 천하를 얻으려면 사람을 잘 부릴 줄 알아야 했다. 무제가 위청과 곽거병을 중용한 이상, 설사 문제가 있더라도 다 까발릴 수는 없는 노릇이었다. 심지어 필요한 경우에는 흰 것을 검다고 말해야 할 때도 있는 게 정치의 속성이었다. 사마천은 사관으로서 세계의 양면성에 주목하고, 인간 현실의 엄혹성에 질문을 던지기 시작했다.

이광 부자의 죽음은 사마천에게 정치 현실을 인식하는 계기가 되었지만, 그의 생을 전복시킬 사건이 아직 남아 있었다. 그에게 엄청난 고통을 안겨준 사건, 이광의 손자 이릉李陵의 화禍가 사마천을 기다리고 있었다.

『사기』 편찬의 배경

한 무제에게는 두 가지 꿈이 있었다. 하나는 흉노족 정벌이었고, 나머지 하나는 신선이 되는 것이었다. 천하를 호령하는 '천자天子' 놀이도 그저 중원의 흙바람일 뿐, 생로병사의 질곡에서 벗어날 수 없다는 사실을 깨달았던 것일까? 무제는 신선의 꿈을 꾸기 시작했다. 하늘로 올라갈 수 없다면 장생불사라도 좋지 않은가? 그는 방사方士들을 황실로 불러들였다. 직접 신선을 보았다는 이에서 나이가 수백

살이라는 이까지 별의별 사람들이 다 있었다. 그 중에서 이소군李少君이라는 방사가 가장 유명했는데, 그는 자신이 8백 년을 넘게 살았노라 말하고 다녔다. 후에 이소군이 죽자 무제는 그가 신선 안기생安期生을 만나러 간 것이라 믿었다. 무제는 높이가 30척에 둘레는 장정 일곱 명이 겨우 안을 수 있는 청동 기둥을 만들고 승로반承露盤(하늘에서 내리는 장생불사의 감로수를 받아먹기 위해 만들었다는 쟁반—역자 주)을 든 신선의 모습을 새겨 넣고는 매일 쟁반에 고이는 물을 받아 마셨다.

무제는 봉선封禪의식도 자주 거행했는데, 이는 자신의 치세를 과시하려는 욕구와 신선이 되려는 환상 때문이었다. 원래 봉선의식이란 중국 역대 제왕들이 하늘과 땅에 지내던 제의로 태산泰山에 올라 상제에게 제사를 드리며 태평성대를 비는 것이었다. 무제는 문인들에게 부賦를 짓도록 했다. 이때 아첨에 능한 사마상여司馬相如와 많은 문인들이 무제의 성덕을 노래하는 부를 지어 바쳤다. 사마상여는 무제의 사냥놀이를 찬미하는 『상림부上林賦』를 지어 벼슬을 얻었던 인물이다. 후에 그는 황제가 사냥놀이에 빠지면 백성을 혹사하고 국고를 낭비할 수 있음을 넌지시 알리는 「간렵소諫獵疏」를 쓰기도 했다. 사마천도 황제의 공적과 은덕을 칭송하라는 명을 받고 관련 자료를 대충 수집해 올렸으나 무제의 눈에 들지 못했다.

한 무제는 태산으로 떠나기 전에 먼저 황제黃帝가 순행했던 곳을 둘러보겠다며 공동산(崆峒山: 지금의 감숙성甘肅省 평량현平涼縣에 위치)으로 갔다. 이 역시 황제가 용의 등에 올라타고 승천했다는 방사 공손경公孫卿의 말을 무제가 그대로 따른 것이었다. 사마천도 시종 관료로 함께 길에 올랐다. 당시 상고 시대 역사를 기록한 『상서尚書』를 연구하고 있던 사마천에게는 부족한 사료史料를 보충할 수 있는 좋은 기회였다.

기원전 112년, 서른넷의 사마천은 다시 무제를 따라 각 지방을 순시했는데, 덕분에 사관으로서 견문을 넓힐 수 있었다. 이듬해 그는 무제의 명으로 서남이西南夷(지금의 사천四川, 귀주貴州, 운남雲南에 해당—역자 주) 지방에 파견되었다. 당시 서남이 지방에는 많은 부락국가들이 흩어져 있었는데, 크고 작은 문제가 자주 일어나 한나라 황실에서는 중앙 관료를 파견해 그들을 다독거릴 필요가 있었다. 사마천은 순시 중에 이빙李冰이 치수를 위해 만들었다는 도강언都江堰을 둘러보기도 했으며, 서남이 소수 민족에 대한 각종 정보를 수집하고 민정을 살폈다. 이때 그가 수집하고 기록한 자료는 훗날 『서남이열전』을 저술하는데 큰 도움이 되었다.

기원전 110년, 한 무제는 즉위 후 처음으로 봉선의식을 거행했다. 엄청난 수의 수행원이 동원되었고 소비되는 물자의 양도 막대했다. 조정대신과 유생들도 봉선 대제에 참여했으며 신선방술을 구하는 도사들도 길잡이로 제의 행렬의 앞자리를 차지했다.

봉선 행렬이 태산으로 가는 도중 섬서陝西 중부에서 황제의 능묘를 발견하자 한 무제는 긴장했다.

"장생불사했다는 황제가 어찌 능묘가 있는가?"

이에 공손경은 "우화등선羽化登仙한 황제를 기리기 위해 신하들이 의관총衣冠塚을 여기에 만든 것입니다"라고 대답했다.

낙양洛陽에서 봉선 대제를 준비하던 사마담은 무제가 거행하려는 봉선이 전통 제례 의식에 맞지 않다며 유생들과 의견 충돌을 벌였다.

이를 알게 된 한 무제는 노하여 사마담에게 봉선에 참석하지 말라는 명을 내렸다. 갑작스러운 통보에 울화가 치민 사마담은 낙양에서 병으로 몸져눕는다. 사마천은 부친이 위독하다는 소식을 듣고 급히 낙양으로 갔다. 사마담은 아들 곁을 떠나면서 사마천에게 자신의 유지遺志를 받들어 사관의 가업을 계속 이어갈 것을 당부했다. 사마담이 남긴 『육가요지六家要指』와 수집한 사료 및 기록들은 훗날 사마천이 『사기』를 편찬하는 데 큰 도움이 되었다.

사마천은 아버지의 장례를 마치고 태산으로 부랴부랴 달려갔다. 눈을 감은 아버지를 대신해 봉선 대제를 참관하러 간 것이었다. 봉封은 흙으로 제단을 쌓고 산 정상에서 지내는 제천 의식이며, 선禪은 땅에 드리는 제사로 대개 태산 아래 작은 산에서 거행했다. 한 무제는 원래 태산에서 봉선의식을 지내고 동쪽으로 가서 바다를 유람할 계획이었으나, 곽거병의 아들 봉거도위奉車圖緯 곽선霍嬗이 돌연 병을 얻어 죽자, 계획을 바꿔 북으로 갔다.

사마천은 봉선 대제를 참관한 것을 바탕으로 「봉선서封禪書」를 썼다. 순제에서 무제까지 삼천여 년 동안 중국 역대 제왕이 거행한 제사 활동을 기록한 「봉선서」는 중국 고대사 연구에 중요한 자료를 제공하고 있다. 사마천은 엄격한 사실 근거를 바탕으로 역사를 기록해 상세하고 생동감이 있다. 『사기』는 본기 12편, 표 10편, 서 8편, 세가 30편, 열전 70편 등, 총 130편으로 구성되어 있다. 권 28, 서 제6편에 수록된 「봉선서」는 1만3천여 자로 상당히 길지만, 한 무제의 봉선 활동을 기록한 「효무본기孝武本紀」는 60여 자에 불과하다. 이 때문에 모든 것을 상세히 기록하는 사마천의 저술 방식과 달라 「효무본기」의 실제 기록자를 두고 역사학자들끼리 논쟁이 벌어지기도 했다. 사실 '생략' 혹은 '침묵'도 표현의 한 방법이다. 사마천의 의도를 정확히 알 길은 없으나, 당대 황제의 업적에 대해 왈가왈부하기가 어려워 간략한 서술로 끝냈을 수도 있다.

기원전 108년, 사마천은 38세에 아버지의 뒤를 이어 태사령太史令에 임명되었다. 황실의 자료 열람은 관료 등급에 따라 제한적으로 개방되었다. 사마천은 이제 역대 사관들의 기록과 각종 문헌을 마음대로 볼 수 있게 된 것이다. 세월 속에 쌓인 먼지를 털어내면 숨어 있던 3천 년의 역사가 그의 눈 앞에 펼쳐졌다. 역사를 기록하는 일이란 '날것 그대로'의 진상을 드러내는 작업이지만, 실제로 '사실 기록'이라는 소명에 충실하기란 어려운 일이었다. 사마천의 『사기』는 소명에 충실했다는 점에서 높이 평가될 뿐 아니라, 사건의 기록마다 역사가로서 나름의 평가를 함으로써 자신의 입장을 분명하게 밝히고 있어 더욱 귀중하다. 사마천은 진실을 말하고 기록하는 용기야말로 지식보다 더 위대한 것임을 우리에게 알려주고 있다.

그의 붓을 통해 천 년 전의 역사는 어제의 일처럼 생생하게 재현되었다. 그는 『춘추』의 서술 방식을 기본으로 비판적, 도덕적 입장에서 신중하게 사료를 취사선택했으며 밤을 낮 삼아 연구했다. 사마천이 이렇게 일신의 안일도 돌보지 않고 일에 전념했던 것은 역사 기록의 중요성을 누구보다도 잘 알고 있었기 때문이었다. 또 아버지의 유훈에 따라 사서 편찬을 위한 준비 작업이기도 했다.

"역사와 학술 연구는 유형화된 틀을 버리고 치밀하게 사유할 것을 요구한다."

독일 철학자 하이데거의 말이다. 하이데거가 역사성과 역사학을 구분한 이유를 생각해 보면, 역사성이란 역사학의 전제 조건이다. 역사성을 떠난 역사학이란 종이 뭉치와 다름없다. 단순한 '문헌' 기록만 있는 역사에는 '문제'와 '논쟁'이 없으니 '역사성'도 획득할 수 없다.

하이데거의 학문은 과거와 현재라는 시간의 흐름을 관통하는 것이었고, 학생들의 사유 방식을 깨는 것이었다. 그의 지식과 사상은 언제나 새로운 세계를 향해 열려 있었다. 공자의 가르침도 이와 같았다. 학문의 방법, 사유의 길을 전하는 데 교육의 목적을 두었다. 이런 까닭에 공자는 '아침에 도를 깨달으면 저녁에 죽어도 괜찮다朝聞道, 夕死可矣'라는 말을 남기기도 했다.

기원전 98년, 이릉의 화를 입고 궁형을 받을 때까지 사마천은 태사령으로 10년을 일했다. 기록에 따르면 정확한 연대는 알 수 없으나 사마천은 결혼도 했고 딸도 낳았다고 한다. 사마천의 딸이 양 씨 성을 가진 남자와 혼인을 했다는 기록도 부분적으로 남아 있다. 사마천에게 아들이 있었는가에 대해서도 학자들마다 의견이 분분하지만, 사관이라는 가업을 물려주지 못한 것만은 분명하다. 아마도 그는 가업이 자신의 대에 이르러 끊어진다는 사실 때문에 무척 괴로웠을 것이다.

사마천은 태사령으로 임명되고 3~4년의 준비 기간을 거쳐 『사기』 편찬 작업에 착수했다. 위대한 기록은 그렇게 어두운 곳에서 조용히 시작되고 있었다.

억울한 희생양

이릉 사건의 전말은 이렇다.

이릉은 전쟁에 나가 용맹을 떨쳐 기도위騎都尉로 임명되었다. 그는 군사들을 솔선수범으로 이끌고 후덕한 인품으로 사람들을 대해 군중에서 덕망이 높았다. 이런 그의 성격은 조부였던 이광을 그대로 닮은 것이었다. 사마천은 이릉과는 별다른 교류가 없었다. 다만 이광 장군의 사람됨을 높이 샀을 뿐이었다. 사마천은 교우 관계도 좁은 편이었다. 일에 전념하느라 바쁘기도 했고 돈도 넉넉하지 않으니 만나서 함께 술잔을 기울일 친구가 적었다.

기원전 100년, 무제는 이사장군貳師將軍 이광리李廣利를 보내 대원大宛을 정벌하고 큰 승리를 거두었다. 이광리는 이 부인夫人(황제의 후궁을 일컫는 말—역자 주)의 오빠로, 말하자면 한 무제 유철과는 위청처럼 인척姻戚 관계가 있는 인물이었다. 이광리의 여동생 이 부인은 절세의 미모로 '경국지색傾國之色'이란 말을 탄생시킨 주인공이기도 하다. 이 부인의 오빠이기도 했던 이연년이 무제 앞에서 지어 부른 노래에 바로 이 말이 등장한다.

북쪽에 아름다운 사람이 세상과 떨어져 홀로 있네. 한 번 돌아보면 성을 기울어지게 하고 두 번 돌아보면 나라를 위태롭게 하네. 성이 기울고 나라가 위태로운 것을 어찌 모르겠는가만 미인은 다시 얻기 어렵다네.

北方有佳人, 絶世而獨立. 一顧傾人城, 顧傾人國. 寧不知傾城與傾國 佳人難再得

이연년 또한 가인으로 무제의 사랑을 받아 침소까지 드나들며 시중을 들었던 인물이다. 사마천은 위청과 위자부, 곽거병이 그랬던 것처럼 이광리, 이연년, 이 부인 삼남매가 한 무제의 보호 아래 날개를 달고 조정을 주무르는 형국을 바라보면서 외척의 권력 장악을 목격했다. 봉건 왕조에서 외척의 발호란 새로울 것도 없는 현상이었다.

흉노족 정벌에 공을 세운 위청, 곽거병과 달리 명분이 없던 이광리에게 무제는 공을 세울 기회를 주기 위해 애를 썼다. 이는 공을 세우지 못한 자는 제후로 봉할 수 없다는 한 고조 유방이 정한 철의 규율 때문이기도 했다. 이광리의 대원 정벌도 무제의 전폭적 지원이 없었다면 불가능한 일이었다. 무제의 명으로 이광리는 수만의 군사를 이끌고 대원으로 떠났지만 몇 천에 불과한 대원군에 대패하고 돈황敦煌으로 쫓기는 신세가 되었다. 이 소식을 들은 무제는 이광리에게 정예기병 3만을 포함해 총 6만의 군사를 증파하고, 그것도 모자라 각지에서 소집한 18만 군사를 이광리의 후위군으로 보냈다. 이광리는 대원과의 전쟁에서 장군과 부하 5만을 잃고 전리품으로 겨우 60여 필의 말을 얻고 돌아왔지만, 무제는 그의 공을 치하하며 이사장군으로 임명했다. 기원전 99년(천한天漢 2년), 무제는 다시 이사장군 이광리에게 3만의 기병을 거느리고 흉노를 공격하라 명했다. 결과는 참패였다. 한의 3만 기병은 흉노족에게 포위당해 거의 전멸되고, 이광리는 혼자 간신히 빠져나와 목숨을 건졌다. 무제는 오히려 패장 이광리를 위로하며 중랑장으로 임명했다.

같은 해 무제는 이릉에게 보병 5천을 내주며 이광리의 흉노 정벌을 지원하도록 했다. 이릉은 군사를 이끌고 흉노 진영 깊숙이 진격해 들어가 상세한 지형도를 만들어 부하 진보락陳步樂을 시켜 무제에게 보고하도록 했다. 얼마 안 있어 나쁜 소식이 날아들었다. 이릉의 5천 군대가 섬멸당하고 이릉은 흉노에 투항했다는 것이다. 노발대발한 무제는 이릉의 삼족부친, 모친, 처가의 친족을 투옥시켰다. 무제의 추궁을 두려워한 이릉의 부하 진보락도 자살했다.

천한 2년의 흉노 정벌은 실패했다. 이광리는 정예 부대 3만을 이끌고 진격했으나 흉노에 격파되었고, 보병 5천의 이릉 부대는 흉노 진영의 한가운데서 혈전을 벌였으나 8만이 넘는 흉노 군사와 싸우기에는 중과부적이었다. 지원군도 없는 상황에서 이릉은 끝까지 항쟁했으나 결국 흉노의 포로로 잡히고 말았다. 전방의 전황은 속속 장안성으로 보고되었다. 무제는 이릉의 일을 논하기 위해 내신을 모두 불러들였다. 조정 백관은 이구동성으로 이릉의 변절과 투항에 대한 죄를 마땅히 물어야 한다고 주장했다. 사마천은 조정의 여론이 잘못 돌아가고 있음을 느꼈으나 아무 말도 하지 않았다. 사마천은 조정의 일에 왈가왈부할 만한 위치도 아니었고 또 공연한 참견을 할 필요도 없었던 것이다. 그는 그저 태사령으로서의 임무에만 충실하면 되는 것이었다. 그러나 운명은 그를 편하게 두지 않았다. 평소 이광의 사람됨을 흠모했던 사마천은 이광에서 아들 이감으로 이어진 억울한 죽음을 목도하고, 이제 그 손자 이릉까지 잘못된 여론의 희생양이 되는 현실을 보자 가만히 있을 수 없었다. 사마천은 일어나서 말해야 한다고 생각했다. 자유롭되 타협하지 않는 우직한 성품은 그의 입을 열게했고, 결국 입은 화를 불러오고야 말았다.

이릉이 전장에 나가 공을 세웠을 때 황제의 치세를 찬양하며 이릉을 칭찬했던 그들이었다. 한 번 전쟁에 패했다는 이유로 하루아침에 등을 돌리고 이릉의 유죄를 주장하며 황제의 눈치를 살피는 조변석개의 세태에 사마천은 회의와 분노로 몸을 떨었다.

결국 사마천은 무제에게 그 말을 하고야 말았다.

"이릉은 적은 수의 군사를 이끌고 적진에서 최후까지 혈전을 벌였으며 지원군도 없는 상황에서 흉노군 2만을 무찔렀습니다. 그의 투항은 죄를 물어야 할 것이나 어쩔 수 없는 지경에서 그리한 것이니 그간의 공과를 살피시어 사면을 고려하심이 마땅한 줄 아뢰옵니다."

사마천의 말을 들은 무제의 얼굴은 험악하게 일그러졌고 조정의 여론도 들끓었다. 누군가 일어나 '사마천은 이광리가 이릉에게 지원군을 보내지 않은 것을 비난하는 게 아니냐'며 따졌다. 그의 말인즉 사마천이 이광리, 이연년, 이 부인, 무제가 아끼는 측근을 모함하고 있다는 내용이었다. 무제는 분노했고 즉시 사마천을 하옥하라는 명이 내려졌다. 반역자 이릉을 변호하고 이광리를 무고했다는 죄명이었다. 황제가 아끼는 장군을 무고하는 것은 곧 황제에 대한 반역이었으니 당장에 참수할 수 있는 대역죄에 해당되었다. 사마천은 옥중에서 혹리酷吏에게 갖은 고문을 당했다. 한 무제는 중앙 집권과 엄격한 법 집행을 강조하면서 혹리를 여럿 두었다. 그들은 하나같이 포악해서 사람 죽이기를 파리 죽이는 것보다 더 쉽게 생각해 툭하면 사형이 집행되었다. 의종義縱이라는 혹리는 심지어 하루에 4백여 명을 사형하기도 했다. 입춘이 되면 형 집행을 중지하도록 한 유방이 세운 행형 원칙을 지키기 위해 특히 겨울에는 감옥에서 사람이 죽어나가는 일이 많았다. 사마천은 「혹리열전酷吏列傳」에서 '황제께서는 혹리를 유능하다고 생각하셨다上以爲能'라고 기록하고 있다.

감정의 기복이 심하고 쉽게 화를 내는 성격의 무제는 얼마 뒤 이릉은 어쩌면 정말 용감하게 적들과 싸웠으나 어쩔 수 없는 지경에 이르러 포로가 되었을지도 모른다고 생각했다. 그리고 공손오公孫敖를 파견해 흉노 진영의 상황을 알아오도록 했다. 공손오는 장안으로 돌아와 무제에게 뜻밖의 소식을 전했다. 이릉이 흉노 군사를 훈련시키며 한나라의 전법에 대항할 병법을 가르치고 있다는 것이었다. 무제는 공손오의 말만 믿고 옥에 가두었던 이릉의 삼족을 몰살하고 그들의 목을 저잣거리에 내다 걸었는데, 대부분이 부녀자와 아이들이었다. 형의 집행 방법과 일정은 가혹하기로 이름난 혹리 장탕張湯의 주도 하에 진행되었다.

하지만 사실은 달랐다. 흉노족에게 병법을 가르친 사람은 이릉이 아니라 이서李緖였다. 공 세우기에 급급했던 공손오가 상황을 제대로 알아보지도 않고 잘못 전달한 것이었다. 일가가 모두 죽임을 당했다는 소식을 들은 이릉은 분노했고 이서를 죽였다. 더 이상 한나라 황실에 미련이 없는 이릉은 흉노에 투항했으며 선우의 딸을 아내로 맞이했다. 사건의 진상은 밝혀졌지만 변한 것은 없었다. 설혹 황제가 실수하더라도 이유와 명분이 있는 행동이었으므로 잘못을 인정하거나 결정한 사항을 철회하는 일이란 있을 수 없는 것이었다. 이것이 봉건 통치자가 갖는 무소불위의 권력이었다. 결국 이릉 사건으로 사마천만 희생양이 되고 말았다.

위대한 저작의 완성

이듬해인 기원전 98년, 사마천은 황제를 무고誣告하고 기만한 죄로 사형을 판결 받았다. 사마천은 억울하고 답답했다. 아직 할 일이 남아 있는데 이렇게 죽을 수는 없었다. 불행 중 다행이랄까? 무제는 50만 전을 내면 사형을 면제받을 수 있다는 대사면령을 내렸다. 안타깝게도 사마천은 보석금을 마련할 수 없었다. 아무도 그를 위해 나서려고 하지 않았다. 그도 그럴 것이 이릉 사건을 처리하는 무제와 조정의 태도를 뻔히 알면서 사마천을 구할 용기를 가진 사람이 몇이나 되었겠는가? 무제가 언제 다시 마음이 바뀌어 사마천을 위해 돈을 마련해준 사람에게까지 죄를 물을지 모르는 일이었다.

돈도 없고 도와줄 만한 친구도 없던 사마천은 스스로 궁형宮刑을 선택했다. 여성은 질을 폐쇄하고 남성은 성기를 거세하는 형벌인 궁형은 사형에 버금가는 형벌이었다. 궁형을 부형腐刑이라고도 하는데, 생식기를 자르고 나면 살이 썩는 냄새가 나서 그렇게 부르기도 했다. 사마천은 형을 당하고 잠실蠶室에 내던져졌다. 궁형을 받은 사람이 찬바람을 쐬면 목숨을 잃을 수 있어 어둡고 따뜻한 잠실에서 상처를 치료하도록 했다. 사마천은 궁형을 받았던 날의 기억에서 자유롭지 못했다. 망나니의 손에 들린 작고 뾰족한 칼과 음험한 웃음이 그를 계속 따라 다녔다. 사마천은 고통의 심연에서 비참과 절망의 외마디 비명을 질렀다.

무제는 옥에서 풀려난 사마천을 중서령中書令으로 임명했다. 중서령은 황제를 보필하며 문서 따위를 관리하는, 말하자면 수행비서와 같은 직책이었다. 태사령보다 높은 직위로 자유롭게 궁궐을 출입하며 천자를 더욱 가까이서 모실 수 있었다. 게다가 직급도 높고 녹봉도 많으니 그 자리를 선망하는 이들이 꽤 있었다. 사마천의 친구인 임안도 부러워하는 사람 중 하나였다. 무제의 입장에서는 거세당한 사마천이 궁궐 깊숙이 들어온대도 거리낄 것이 없었으며, 그의 재능만큼은 인정하고 있었으니 인재를 곁에 두고 싶었으리라.

역대 환관 중 완벽하게 거세가 되지 않는 이들도 더러 있었다. 진시황 때의 환관 조고趙高는 궁녀와 사통해 아이까지 낳았다고 한다. 무제는 사마천의 남성성을 철저히 무시하고 조롱했다. 심지어 무제는 정사 중에도 사마천을 부르는 일이 종종 있었다 하니 그가 받았을 치욕스러움이란 이루 말할 수 없었을 것이다. 남성으로서의 자존감이 완전히 붕괴된 사마천은 「임안에게 보내는 편지」에서 미칠 듯한 분노와 억울함을 그대로 표출하고 있다.

글은 압제 속에서 거대한 힘을 발휘한다. 작가적 정서와 상황, 사상은 문자를 통해 억압의 가운데서 그 모습을 드러낸다. 사마천의 글이 뜨거웠다 차가워지고 다시 불을 뿜어내는 것은 오랜 시간 인내해야 했던 분노의 힘에서 근원한다. 그런 까닭에 사마천의 문장은 다이아몬드처럼 견고하면서도 아름답다.

사마천은 「임안에게 보내는 편지」에서 궁형을 당한 후의 심정을 이렇게 토로한다.

저는 하루에도 아홉 번씩 애가 끊어지는 듯합니다. 집에 있으면 무엇을 잃은 듯 넋을 놓고 있으며, 밖을 나서면 어디로 가야 할지 몰라합니다.

이 치욕이 떠오를 때마다 식은땀이 등에 흘러 옷을 적시지 않는 날이 없습니다.

사마천에게는 할 일이 있었다. 그 전부를 감내하며 구차하게 목숨을 부지한 것은 모두 사서 편찬이라는 위대한 계획을 버릴 수 없었기 때문이었다. 그는 최대한 자신을 낮췄으며 더욱 일에 매달렸다.

사마천이 『사기』를 집필하기 시작한 때가 마흔둘이었고, 이제 반백의 나이가 되었으니 꼬박 여덟 해를 글 쓰는 일에 매달린 셈이었다. 온유했던 그의 문장은 궁형을 받은 후 완전히 달라져 전투성으로 충만했다. 내면의 분노와 굴욕이 저항성으로 진화한 것이었다. 그렇다고 사마천이 개인적 비극사에 매몰되어 『사기』를 저술한 것은 아니었다. 그는 기록의 객관성과 공정성을 확보하기 위해 노력했으며, 그러면서도 자신의 견해를 분명하게 밝힘으로써 비평적 역사서로도 손색이 없도록 했다.

사마천의 글에서는 어느점이 곧 끓는점이 된다. 노신迅迅이 말한 '불의 얼음'이 그런 것이다. 표면은 얼음처럼 차갑지만 그 안은 용암처럼 뜨겁게 분출하는 힘, 이것을 읽어낼 줄 알아야 『사기』를 제대로 이해할 수 있다.

수양이 부족한 사람의 글은 대개가 신변잡기적이다. 자신의 체험에만 사고가 묶여 있는 까닭이다. 수양이란 한계를 깨닫고 분별할 줄 아는 능력으로 부단히 자신을 넘어서고 이겨낼 때 획득된다. 명리 추구를 무조건 나쁘다 말할 수는 없지만 사회 전환기의 혼란 속에서 한 자리 해보려고 덤벼드는 무리들에게서 도무지 생의 존엄성을 발견할 수 없는 이유도 그 때문이다. 그들은 '발전'이라는 깃발을 들었지만 정작 동물들과 나란히 가고 있다.

『사기』가 담지하는 중국 전통 문화는 다양하다. 우선 『사기』는 역사서이며 동시에 문학서이고, 또 고전적 의미에서의 백과전서다. 『사기』는 서한 시대 이전의 역사를 기록하고 있지만 오늘을 넘어서 내일을 보여준다.

독일 철학자 뤼디거 사프란스키Rudiger Safranski는 "하이데거가 고대 그리스 철학으로 회귀한 것은 도움닫기로 오늘을 껴안고 뛰어오르기 위함이었다"고 말했다. 우리는 사마천으로 돌아갈 능력이 있는가? 『사기』를 텍스트로 접근하는 것은 어렵지 않다. 상세한 주석이 달려 있으니 누구라도 쉽게 읽을 수 있다. 우리는 처음 『사기』를 읽을 때 2천 년 전의 글이 그렇게 담백하고 생동할 수 있다는 데 놀란다. 특히 열전 70편과 본기 12편에 등장하는 주인공들은 어제의 인물들이 아니다. 그들은 사마천의 호쾌한 필치 속에서 오늘을 살고 있다.

사마천은 10년이 넘는 세월을 『사기』 저술에 바쳤다. 궁형을 당한 후 그는 스스로를 가두어버렸다. 밀폐와 위장은 사마천이 무제라는 봉건 통치의 권력에서 자유로울 수 있는 유일한 방법이었고, 덕분에 그는 역사의 진실을 기록할 수 있었다.

기원전 91년, 무제는 황실과 조정 내부의 암투로 평탄치 못한 말년을 보내고 있었다. 위 황후가 낳은 려戾 태자가 군사를 일으켜 모반을 꾀한 것이었다. 결국 부자지간의 권력 다툼으로 장안성은 5일 밤 5일 낮을 피비린내에 시달렸다. 그리고 이 사건은 사마천의 친구인 임안까지 끌어들였다.

사건의 발단은 무제 가까이에 있던 강충江充이란 소인배의 욕심에서 비롯되었다. 통치 말기 무제가 신선방술에 더욱 빠졌던 탓에 황실 주변에는 방사와 무당들이 들끓었다. 황제의 첩들도 무녀를 불러 자신의 복을 빌고 무술巫術로 남을 저주하는 등, 갈수록 그 폐단이 심각해졌다. 당시 황실의 여인들은 나무 인형을 깎아 그 위에 정적의 이름을 쓰고 저주하는 무고巫蠱를 많이 했다. 그러던 중 한 여인이 총애를 잃자 황제인 무제까지 저주하는 사건이 발생했다. 이 일로 궁 안에서 수백 명의 사람들이 죽어 나갔고, 무제는 갈수록 의심이 많아져 모두가 자신을 저주하고 있다고 생각했다. 무제는 감천궁甘泉宮으로 휴양을 떠나면서 심복 강충에게 관련 사건을 철저히 조사하도록 명했다. 평소 사이가 좋지 않던 려 태자를 칠 수 있는 절호의 기회가 강충에게 온 것이었다. 그는 동궁에 다량의 나무 인형을 땅에 묻었다가 다시 파낸 후 태자의 소행이라며 무제에게 보고하는 한편, 태자가 감천궁으로 가지 못하도록 모든 수단을 동원해 막았다.

궁지에 몰린 려 태자는 가짜 성지聖旨를 보내 위병들을 출동시켜 강충을 죽였다. 이 소식에 진노한 무제는 즉각 승상 유굴리를 시켜 모반을 꾀하려는 태자를 공격하도록 지시했다. 물러날 길이 없던 려 태자는 장안성에서 황제의 군대와 5일 동안 싸움을 벌였다.

장안성이 온통 피로 물들어 갔지만 사마천은 문을 굳게 잠그고 있었다. 서로 죽고 죽이는 칼과 칼의 마찰음 속에서 그는 묵묵히 자신의 책을 써내려갔다.

당시 군을 호위하는 책임을 지고 있던 임안은 려 태자의 출동 명령을 받았지만 움직이지 않았다. 임안은 중립을 지켜 자신을 보전하려 했으나 어찌 세상 일이 뜻대로만 되겠는가? 더는 도망칠 곳도 살아날 방법도 없다고 판단한 태자는 목을 매고 죽었다. 모친인 황후 위자부도 자살했다. 후에 사건의 진상을 파악한 무제는 태자를 모해한 이들을 모조리 잡아 죽였으며 이때 임안도 같이 옥에 가두었다. 옥중에서 처형을 기다리던 임안은 중서령 사마천에게 편지를 보냈지만, 그는 한참 후에야 답장을 썼다. 사마천답지 않은 행동이었다. 사건의 전말을 모두 알면서 그는 왜 함구했을까? 왕래도 없던 이릉을 변호하기 위해 용감하게 나섰던 그가 왜 친구를 위해서는 한 마디도 하지 않았을까? 이 역시 집필 중에 있던 『사기』 때문이었다. 반평생 심혈을 기울인 저작의 가치를 잘 아는 그로서는 더 이상 위험을 무릅쓸 수 없었다. 사마천은 답장에서 애끓는 심정으로 억울함을 호소하고 있다. 비록 몸은 거세당했지만 정신은 너무도 또렷하게 살아 움직이기에 고통과 분노도 그만큼 더 크고 깊었다.

　『사기』의 전투성은 사마천의 일그러진 몸에서 나온다. 친구의 목숨도 황제의 권위도 그의 붓을 멈추지 못했다. 정통 사관에서 보자면 『사기』는 불량품이었다. 『사기』의 주인공들부터가 황권에 도전하는 민중적 가치관을 대변하고 있다. 명군明君과 혼군昏君(사리에 어둡고 어리석은 임금—역자 주), 충신과 간신, 순리循吏(법을 지키며 공무를 성실히 수행하는 관리—역자 주)와 혹리, 군자와 소인……. 사마천은 역사의 부침 속에서 다양한 인물들이 보여주는 삶을 여실하게 드러냄으로써 가치 체계와 시비의 기준을 제시하고 있다. 그는 절대 권력 앞에서 회피하지 않았다. 좋은 것은 좋다고, 나쁜 것은 나쁘다고 말했다. 사마천은 그로써 육체의 흠결로 정신의 완전함을 쟁취한 영원한 승리자가 되었다.

기원전 90년, 사마천은 마침내 『사기』를 완성하고 역사 속으로 사라졌다. 그의 나이 56세였다. 그 후의 족적에 대해서는 사적에 어떤 기록도 남아 있지 않다. 이런 까닭에 사마천의 죽음은 아직도 풀리지 않는 의문으로 남아 있다. 사마천의 글을 읽은 무제가 격노해서 그를 죽였다는 설도 있고, 『사기』를 후대에 전하기 위해 명산대천으로 숨어들었다는 추측도 있다. 사마천은 우리에게 안개 같기만 했던 옛 역사의 수수께끼를 풀어 보여주고, 스스로는 역사 속 깊은 곳으로 숨어버렸다.

진실이 빛을 뿜을 때까지

『사기』는 전한 시대 이전 3천 년의 정치, 경제, 군사, 문화를 아우르는 기전체 통사다. 본기本紀 12권, 표表 10권, 서書 8권, 세가世家 30권, 열전列傳 70권으로 구성되어 있으며, 「본기」는 역대 제왕의 행적을 연대순으로 기록한 것이고, 「표」는 각 시대의 역사와 인물을 연표 형식으로 나열한 것으로 제왕의 계승 순서, 열국列國 간의 관계, 관제官制의 변화가 일목요연하게 나타나 있다. 「서」는 정치, 사회, 문화, 과학, 천문학 따위의 전장제도典章制度를 기록한 것으로 문화사나 제도사와 그 성격이 비슷하다. 「세가」는 각 시기 봉건 제후들의 나라별 역사 기록이다. 「열전」은 장군과 재상, 책사, 협객, 무당, 상인, 문인 등 다양한 인물들의 전기를 수록한 것으로 가장 풍부하고 흥미진진하다. 『사기』의 저술 원칙은 후대 정사 기록의 형식으로 채택되어 계속 사용되었다.

표와 서를 제외한 본기, 세가, 열전은 그 자체로 우수한 전기 문학이다. 사학과 문학의 경계선이 분명하지 않았던 당시에 역사를 하나의 문학 작품으로 기록한 것은 사마천의 『사기』밖에 없다. 많은 역사가들이 냉정하고 객관적인 서술이라는 미명 하에 봉건 통치자를 위해 말을 하고 글을 썼던 반면, 사마천은 대담하게 자신의 견해를 피력하고 역사를 평가했다. 이는 후대 역사가들이 감히 좇을 수 없는 사마천만의 영역이다. 부친 반표班彪의 뒤를 이어 단대사斷代史(시대를 한 왕조에 한정하여 기술한 역사서 — 역자 주)『한서漢書』를 완성한 반고班固도 명철보신明哲保身을 모르는 사마천의 우직함을 비판했다. 사마천과 『사기』의 가치를 가장 잘 평가한 작가는 노신으로, 그는 『사기』를 가리켜 '역사가의 절창이요, 운율 없는 이소'라며 격찬했다.

굴원과 사마천은 시대와 불화한 이유로 '유배'와 '거세'라는 굴레를 짊어졌지만, 시대와 불화했기에 오히려 자유로운 영혼의 소유자가 되었다. '지배'와 '통치'라는 제도의 탄생 이후로 자유는 한 번도 진정 우리의 것이 아니었다. 그들은 우리로부터 자유를 훔쳐갔다.

사실 지식인이나 문인은 언제고 편한 삶을 택할 수 있는 사람들이다. 사마천도 충분히 쉬운 길로 갈 수 있었다. 다만 자유를 향한 그의 의지가 그렇게 하지 않았을 뿐이다. 사마천 당대에도 자기들만의 태평성대를 구가하는 이들이 적지 않았다. 그 대표적인 인물이 사마상여다. 아첨의 능력만큼은 누구보다 탁월했던 그는 화려한 부賦를 많이 지어 황제의 공덕을 찬양했다. 매고枚皐, 양웅揚雄 등도 사마상여와 비슷한 길을 걸었다. 사마상여를 비롯한 그들은 문인으로서 정신적으로 거세당한 이들이었다. 그들에게 소명이란 없었으며 백성을 위한 말은 애초부터 염두에 두지 않았다. 그들에게는 부귀와 영달만이 중요할 뿐이었다.

나는 부가 중국 고대문학에서 가장 형편없는 장르라고 생각한다. 한대漢代를 대표하는 문학이 부라는 사실은 정말 불행이다. 부는 수려하지만 결코 아름답지 않다. 삶의 진정성을 담지 않은 문학이 어떻게 아름답고 영원할 수 있겠는가?

『사기』의 문학성은 사마천의 언어 선택에서도 잘 나타난다. 그는 함축적인 단어를 자주 썼고 명사나 형용사를 동사로 사용한 예도 많다. 그러면서도 명쾌하고 매끄러운 문장으로 의미의 중심을 놓치지 않았다. 비교나 대조도 사마천이 즐겨 쓴 수사법이다. 예를 들면 진시황이 신선사상에 빠진 것을 빗대어 방술을 믿는 한 무제를 은근히 풍자하는 식이다. 또 그는 사건이나 인물을 한 곳에만 집중해 기록하지 않고 이곳저곳에 의도적으로 배치하는 호견법互見法이란 독특한 서술 방식을 창조하기도 했다. 한 고조 유방이나 한신의 전기에 항우를 등장시켜 대비해 보여주기가 그 예인데, 이와 같은 서술 방식은 인물의 처한 상황이나 성격을 구체적, 입체적으로 드러낸다. 사마천은 인물도 신중하게 고려해 선택했던 것 같다. 그가 기록한 무제 통치기에 활동한 인물 중 귀감이 될 만한 관리는 많지 않다. 반면 백성들을 공포에 떨게 했던 혹리들을 집중적으로 기록하고 있다. 이 점 하나만으로도 무제는 충분히 사마천을 죽일 수 있었다.

사마천은 「본기」에서 유명무실한 황제였던 한 혜제惠帝를 빼고 실권을 휘둘렀던 여후呂后를 편입시켰으며, 제왕의 자리에 오르지 못한 항우를 한 고조 유방보다 앞에 두고 기록했다. 그는 또 봉건 제후들을 기록한 「세가」에서 농민 봉기군의 지도자였던 진승을 편입시켜 높게 평가하고 있는데, 이는 아주 큰 용기가 있어야 가능한 것이었다. 심지어 남색을 즐겼던 황제들의 침실 얘기까지 대담하게 써 넣었다. 지금으로도 상당히 진보적이고 파격적인 그의 서술 방식과 태도가 정통 사학자들의 눈에 곱게 비쳤을 리 만무하다. 그들은 역사를 더럽히고 남이나 비방하는 글 나부랭이일 뿐이라며 한사코 『사기』의 가치를 깎아내렸다.

사마천은 민중의 언어로 『사기』를 집필했다. 그는 궁정에서 일하는 사관이었지만 지배층의 언어 체계에 함몰되지 않았다. 권력과 언어의 함수관계, 지배자의 언어가 그들의 이데올로기를 담고 있음을 잘 알았던 사마천은 일관되게 민중의 입장에서 역사를 기록했다. 지배 언어의 영향권 아래서 자기 언어를 갖고 또 지키기란 얼마나 어려운 일인가? 통치 권력의 나팔수 노릇을 자처하며 시대에 영합하는 어용학자들을 생각하면 사마천의 지성과 용기가 더욱 위대하게 느껴진다. 글의 힘이란 진실에서 잉태된다. 사마천의 경우 자신의 절절한 외침이 오히려 주관적 색채를 강화했던 까닭에 그는 진실을 압축하고 위장할 필요를 느꼈다. 그가 춘추필법春秋筆法(비판적 태도로 객관적 사실에 입각해 역사를 기록하는 방식—역자 주)을 채용해 대의명분을 밝혀 세우고자 한 것도 감정의 과잉을 피하기 위해서였다.

그의 생은 언제나 길 위에 있었다. 이백의 천하 주유周遊도 사마천을 배운 것이었다. 견문을 넓히는 유력遊歷, 앎의 지평을 확장하는 학력學歷, 삶의 깊이를 깨닫는 경력經歷이 합일할 때 진리는 우리 앞으로 한 걸음 가까워진다. '걸음'이나 '떠남' 대신 '멈춤'으로 위대한 작품을 남긴 문인들도 있다. 『홍루몽紅樓夢』의 작가 조설근曹雪芹, 『변신』의 프란츠 카프카나 『음향과 분노』의 윌리엄 포크너는 자기가 살았던 고장을 떠나지 않고도 위대한 작품을 썼다.

사마천의 상세한 인물 표현 방식은 후대 문인들에게 많은 영향을 주었다. 『고문관지古文觀止』는 문인인 소동파蘇東坡와 구양수歐陽脩보다 사마천의 문장을 더 많이 수록하고 있다. 산문뿐 아니라 명청明淸 소설에도 사마천의 흔적이 곳곳에서 발견된다. 『사기』에 묘사된 인물과 사건을 소재로 후대에 창작된 소설과 희곡들은 셀 수도 없다. 그는 소설과 희곡의 기법을 채택해 사건이나 상황을 보여주는 능력이 뛰어났다. 그의 생생한 인물 묘사로 우리는 역사 속 주인공들과 만난다. 사마천의 글 안에서 우리는 그들을 때론 존경하고 때론 멸시하고 또 때론 미워하며 그렇게 함께 웃고 울며 탄식한다. 특히 홍문연鴻門宴의 묘사 장면은 항장項莊, 항백項伯, 범증范增, 장량張良 등 각 인물의 캐릭터를 잘 살려 당시의 긴장된 상황을 탁월하게 그려냈다. 사마천은 현지답사와 철저한 고증을 거쳐 당시 홍문 연회에 누가 어디에 앉아 있었는지까지 정확히 파악한 후에 집필했다. 청대 초기의 사상가였던 고염무顧炎武는 다소 융통성 없고 고지식함마저 느껴지는 사마천의 엄격하고 신중한 집필 태도에 감탄했다. 그는 "전국 후기 진과 초의 복잡한 전쟁 상황과 형세 변화를 훤하게 꿰뚫고 있는 역사서는 『사기』가 유일무이하다"고 말했다.

"내 마음은 선진先秦시대에 가 있다"고 한 노벨문학상 심사위원

마위에란馬悅然 교수의 말은 『사기』의 역사·문학적 업적을 잘 설명하고 있다. 왜냐하면 선진시대에 관한 기록과 평가에서 사마천을 뛰어넘는 인물이 없기 때문이다.

단대사 소설의 전형인 나관중羅貫中의 『삼국연의』, 3천 년 역사를 기록한 최초 통사인 『사기』 모두 중화 문명의 귀중한 자원이지만 그 가치는 후자가 더 크다. 우리가 알고 있는 시간과 역사로는 사마천의 붓이 닿고 있는 생활과 문화의 그 광범위성을 도무지 따라잡을 수 없다. 이는 『사기』가 단순한 역사학이 아니라 역사성을 갖는 철학서이자 문학서로 평가받는 이유다.

『사기』에 주석과 평론을 단 책들은 한우충동汗牛充棟(수레에 실으면 소가 땀을 흘리고, 쌓으면 들보까지 찰 정도로 가지고 있는 책이 매우 많음—역자 주)이라 할 만큼 많다. 내 손에 있는 책은 남경대학출판사에서 펴낸 『사기금주史記今注』인데, 역대 사기 주석서의 성과를 토대로 알기 쉽게 번역되어 있다. 말이 나온 김에 독자들에게 밝혀두거니와 나는 『사기』를 전문적으로 연구하는 학자가 아니다. 그저 사마천을 오래도록 마음에 품고 존경해온 사람으로서 그에 관한 글을 한 번은 꼭 써보고 싶었다. 그리고 나는 사마천의 인물 평가나 경향성에 완전히 동의하지 않는다. 가장 동의할 수 없는 것은 항우에 대한 그의 평가다. 항우는 안목도 짧고 편협하며 인색하고 잔인하다. 심지어 그는 투항해온 진나라 병사 20만 명을 모두 생매장하는 무도한 만행도 서슴지 않았다. 유방이 승리하고 항우가 오강烏江에서 죽었으니 망정이지, 아니었으면 진시황보다 더한 폭군으로 세상을 어지럽혔을 게 분명하다. 협객에 대한 사마천의 평가도 그렇다. 진시황을 암살하려 한

형가荊軻야 정의로운 인물이었지만, 곽해는 '의로움'을 상품으로 판 그냥 단순한 자객일 뿐이었다. 소위 쇼맨십에 능했던 그는 강호에서 이름을 날리고 싶어한 욕망의 사내였다. 자신에게 밉보인 사람은 쥐도 새도 모르게 죽이고 명망 높은 호걸의 대열에 들어가고자 애썼던 그에게 '의협'이란 말은 어울리지 않는다.

『사기』는 위대하지만 엄숙하거나 폐쇄적이지 않다. 이는 『사기』가 갖는 진정성의 근거가 되기도 한다. 무엇보다도 일부 계층의 것이 아니라 역사를 만들어가는 개개인의 삶을 솔직담백하게 기록했다는 점에서 그렇다. 사마천 스스로도 『사기』 편찬의 목적을 '하늘과 인간의 관계를 탐구하고 옛날과 지금의 변화를 살펴서 일가를 이루는 것究天人之際, 通古今之變, 成一家之言'이라고 밝히고 있다.

1970년대 중반, 재중국 독일 대사였던 에르빈 비케르트Erwin Wickert는 작가로도 유명해서 라디오 드라마 「한 무제와 태사공」을 창작하기도 했다. 이 작품은 역사의 진실을 놓고 벌어지는 사관 사마천과 무제 유철 두 인물 간의 갈등과 대립을 그리고 있다. 한 무제는 자신의 뜻을 따르지 않는 사관을 끝내 어쩌지 못하고 결국 그의 아내를 취하고 거세라는 극형을 내리는 치졸한 복수를 한다. 천하를 호령하는 황제였지만 원칙을 버리지 않는 사관에게 결국 패배하고 만 것이다. 비케르트가 작품을 통해 말하고자 했던 것이 '진실은 피를 흘린다'였다고 하니, 새삼 사마천의 고통이 가슴을 저며 온다.

상여는 왕년의 자신을 상징하는 갖옷을 입고 길을 나섰다. 때는 이른 봄이라 천서川西 평원은 꽃샘추위가 한창이었다. 그는 이번 길이 운명의 전환기가 될 것이라고는 꿈에도 생각하지 않았다. 양왕 유무를 찾아갔던 길과 현령을 보러가는 길, 낙차가 너무 큰 탓일까. 상여의 발걸음이 경쾌하지만은 않았다. 그는 일부러 궁정에서 불렀던 악곡을 흥얼거려 보았다. 뭐 별것 있나? 현령한테 돈이나 좀 뜯어내 배나 두둑이 채우면 그만 아니겠는가? 상여는 고향 성도에서 지냈던 날들을 떠올렸다. 여자는 둘째 치고 고기 한 점에 술 한 사발 먹기도 어려울 만큼 배고팠던 시간들. 명색이 현령인데 술과 고기쯤은 문제없겠지? 천고에 길이 남을 연애담의 주인공이 될 남자의 머릿속은 온통 '밥' 생각뿐이었다.

고대의 지식 장사꾼

司馬相如

사마상여 서한 B.C.179~B.C.118

봉아 봉아 고향에 돌아왔구나.

황을 찾아 사방을 헤매더니

아름다운 여인 이곳에 있으나

임은 가깝지만 멀리 있어 내 애를 끊어 놓네

어찌해야 그대와 한 쌍의 원앙으로 만날까.

여자 잘 만나 인생 핀 남자

사마상여司馬相如는 전형적인 성도成都 사람이다. 시쳇말로 잔머리와 입담은 어디 가서 빠지지 않는다. 툭 치면 깡통소리 날 만큼 가난한 그가 젊고 아름다운 부잣집 과부 탁문군卓文君의 마음을 흔들어놓은 노래가 바로 그 유명한 「봉구황鳳求凰」이다. 중국 문학사에서 사마상여는 한부漢賦의 대표적 문인으로, 한 무제는 그의 작품 「자허부子虛賦」「상림부上林賦」 등을 좋아했다. 사마상여와 탁문군의 사랑 이야기는 소설, 희곡, 평서評書*, 연극, 영화, 드라마 등 다양한 장르에서 여전히 사랑받는 소재다. 곽말약도 탁문군을 주인공으로 한 희곡을 지었다.

그녀는 미모만큼이나 사랑에도 과감했던 여인이었다. 사마상여가 오늘까지 누리고 있는 유명세의 반은 탁문군의 덕이다. 음식남녀의 인간적 욕망과 사랑 이야기는 예나 지금이나 잘 팔리는 상품이다. 거기에 갈등과 곡절이 좀 섞이고 스토리 전개가 쉽게 예측되지 않는다면 감동마저 안겨주는 것이 사랑 이야기다. 사마상여와 탁문군의

---

* 장편의 이야기를 쥘부채·손수건·딱따기 등을 사용해 강설(講說)하는 민간 문예의 하나.

이야기는 이러한 요소들을 고루 갖추고 있다.

노신의 말에 의하면 문인이 명성을 얻는 상황은 딱 두 경우라고 한다. 글로 사람이 유명해지거나 아니면 사람 때문에 글이 유명해지거나……. 요즘 문단에도 이런 작가들이 심심치 않게 보이는데, 이들은 일단 대중의 시선을 끄는 발언이나 행동으로 이름을 먼저 띄워 놓고 작품을 발표한다. 말하자면 일종의 시장 전략인 셈이다. 사마상여는 어쨌든 작가로 데뷔를 먼저 한 후에 연애사로 유명해졌으니 이들과는 또 좀 다르다. 탁문군과의 만남은 서른 전까지 별 볼일 없이 살아온 그에게 많은 것을 가져다주었다. 재력과 명성, 그리고 아름다운 아내까지 얻었으니 정말 여자 잘 만나서 복 터진 남자가 사마상여다. 모르긴 몰라도 '어디 그런 여자 없나?' 하며 무릎 칠 남자들이 많을 것이다.

어용 문인의 삶

사마상여와 사마천, 둘은 30년 넘게 나이 차이가 난다. '사마'라는 복성을 똑같이 가지고 있지만 친인척 관계는 아니다. 두 남자의 공통점이라면 둘 다 한 무제 밑에서 관료 생활을 했으며 서남이 지역에 파견되었다는 것 정도다. 무제 통치 시절, 서남 지역은 '이夷'로 불렸는데 '화외化外의 땅', 즉 '임금의 교화가 미치지 못하는 곳'이라는 의미를 담고 있다. 쉽게 말해서 황제의 말이 잘 먹히지 않는 곳을 '夷'이라 부른 것이다. 당시 촉군蜀郡 관할이었던 성도는 문옹文翁이라는 군수가 다스렸는데, 그는 학당 건설에 매우 적극적이었다. 문옹과 잘 알고 지냈던 부친 덕에 상여는 관학官學에서 공부하고 격검擊劍도 배워 문무를 겸비할 수 있었다. 이는 재력 있는 집안의 자제가 아닌 자로서는 엄청난 행운이었다. 사마상여의 원래 이름이 견자犬子: 개의 새끼였다니 문자나 작명에 대한 그 부친의 수준이 높지는 않았던 것 같다. 사천의 농촌에서는 아들의 이름을 구아狗兒: 개의 자식로 짓는 집들이 아직도 있다. 이름이 천할수록 명이 길다는 그들만의 믿음이 작용한 예다. 사마상여는 공부를 마치고 전국시대 조나라에서 외교가로 활약했던 인상여藺相如를 흠모해 스스로 그의 이름을 따라 바꿨다. 인상여는 '완벽完璧(원뜻은 흠이 없는 옥구슬—역자 주)'이란 말을 탄생시킨 주인공이다. 인상여는 뛰어난 말솜씨로 진나라에서 빼앗아 간 화씨벽和氏璧을 손상 없이 온전하게 조나라로 가지고 와 '완벽귀조完璧歸趙'라는 성어를 남겼다.

『사기』의 기록에 의하면 사마상여는 장안으로 가서 많은 돈을 내고 낭郎이라는 벼슬을 샀으며, 이어서 한 경제京帝를 섬기는 무기상시武騎常侍를 지냈다고 한다. 황제 주변에는 싸움을 잘하거나 노래를 잘하거나 아니면 사부辭賦를 잘 짓는 등, 다들 나름의 재능을 밑천 삼아 총애를 얻으려고 몰려든 사람들이 많았다. 벼슬길이 좁았던 한대漢代의 상황을 고려해보건대 아마 사마상여는 낭관郎官 자리를 얻기 위해 가산을 다 쏟아부었을 것이다. 연구 통계에 따르면 당시 백성 4천 명이 관료 한 명을 먹여 살렸다고 한다. 돈 없는 집으로서는 엄청난 리스크를 안고 투자를 한 셈인데, 안타깝게도 효경제가 사부를 좋아하지 않아 사마상여는 출세의 기회를 잡지 못했다. 황제 곁에서 별 희망도 재미도 찾지 못한 그는 결국 병을 핑계로 벼슬을 그만두고 효

경제의 동생인 양왕梁王 유무劉武의 문하로 들어갔다. 당시 유무 밑에는 「칠발七發」을 지은 매승枚乘 등 유세객과 문인이 많았다. 사부는 초사의 형식을 계승했으나 임금의 성덕을 찬양한 것들이 대부분으로 내용이 형식을 누르고 있어 굴원의 시편과는 비교할 수 없다. 한대 초기의 사부 작가인 가의賈誼는 예외다. 그는 굴원처럼 뜻을 펴지 못하고 우울한 삶을 살았다. 좋은 작품은 시인이 군주를 떠나 백성과 가까워질 때 더 많이 나온다. 권력자 밑에서 밥을 얻어먹는 문인들은 '어용'으로 전락하기 쉽다. 권력에 아첨하는 이들은 시류를 헤아리는 통속문인보다 소위 '격'이 훨씬 떨어진다.

사마상여는 양왕의 문하로 있을 때 「자허부」를 지었다. 매승 등의 문인들에게 은근한 경쟁 심리도 있었던 그는 양왕의 눈에 들기 위해 꽤나 노력했다. 그들은 수렵에서 종묘제사까지 양왕이 행차하는 곳은 어디든 동행했다. 맛난 것 먹고 좋은 옷 입고 나갈 때 좋은 가마까지 대령해주니 한마디로 '등 따시고 배부른' 호시절 속에서 시적 영감도 팍팍 떠올랐으리라.

사부는 화려한 어휘와 정확한 자구 배열, 압운押韻 등 수사에 상당히 공을 들여야 하는 장르다. 「자허부」와 「상림부」는 수려한 문장과 세밀한 묘사 면에서 한부의 대표작이라 할 만하며, 사마상여는 사부의 발전사에서 중요한 위치를 차지한다.

한부가 비록 임금의 공덕과 태평성세를 찬양하는 미사여구로 가득하긴 하지만 아무런 가치도 없는 것은 아니다. 특정 시기의 송가頌歌는 예술적 감흥을 불러일으켜 오랜 세월 민중의 노래로 사랑받기도 했다. 일반적으로 사부는 통치 계급의 사치스러운 생활을 예찬하다가 결미에서는 근검과 절제로 민생을 돌볼 것을 권하는 내용을 담았다. 삼천갑자 장수로 유명한 동방삭東方朔도 사부에 능했다. 그는 평소 막힘 없고 익살 넘치는 언변과 재치로 한 무제의 총애를 받아 측근이 되었지만, 무제의 실정을 간언하고 사치를 완곡하게 비평하기도 했다. 사마상여는 금권 앞에서는 동방삭만 못했지만, 자식의 장래를 위해 모든 것을 다 바친 부모님 생각에 그랬으려니 하고 살짝 넘어가도 무리는 없을 것이다.

양왕 유무가 병으로 죽자 문객들은 뿔뿔이 흩어졌고 사마상여도 고향으로 돌아왔다. 소갈병消渴病이 있던 그는 거의 밖을 나가지 않고 집에서만 지냈다. 가난하고 마땅한 일거리도 없던 그가 고향으로 돌아와 한 일이라곤 낮에 자고 날이 저물면 나와 어슬렁거리는 게 전부였다. 그는 나갈 때면 양왕이 하사한 갖옷을 자주 입었다. 하지만 장안에서 놀던 몸이 단벌 신사라니 체면이 아니 서지 않겠는가? 사마상여는 전부터 사귐이 있었던 임공臨邛의 현령 왕길王吉에게 서신을 보낸다. 왕길은 사마상여가 임공의 도정都亭(공무 중인 관료에게 숙박 등의 편의를 제공하던 관아—역자 주)에 와서 머물도록 배려했다.

비록 땡전 한 푼 없지만 조정과 왕부王府(왕족의 저택—역자 주)를 드나들었던 사람으로서 사마상여는 함부로 교류를 하지 않았다. 당시의 문인들에게는 기층 민중의 삶을 이해하고 대변하는 참여적 지식인으로서의 모습은 없었다. 입신양명이 중요했던 그들은 도움이 될 만한 사람들을 골라 왕래했고, 사마상여의 사람 사귐도 그랬다.

문학의 임무가 민중을 위한 복무에만 있지는 않을 것이다. 세계는 다원적 가치들이 혼재하는 공간이다. 빈곤과 풍요, 프롤레타리아와 부르주아……. 모든 문제를 계급 모순으로 치환하는 일원론적 시각역시 겉모습만 다를 뿐이지 또 하나의 은폐요, 폭력일 수 있기 때문이다. 삶을 '속임수로 가득한 고통스럽고 복잡한 것'으로 본 헤밍웨이조차 자신의 소설에는 빈민을 많이 등장시키지 않는다. 노벨 문학상 수상작 『노인과 바다』는 부유층을 성토하는 격문檄文이 아니라 죽음과 대결하는 인간의 운명적 삶을 압축적으로 보여준 작품이다. 영국의 철학자 버트런트 러셀은 『게으름에 대한 찬양』에서 근로를 최고의 미덕으로 여기는 사회적 압박감에서 벗어나 느리게 사색하고 여유를 즐길 것을 주장했다. '유한계급이 없었다면 인류는 야만 상태에서 벗어나지 못했을 것'이라 외치는 러셀의 의미를 오버랩시킬 때 이 책도 쉽게 읽을 수 있다.

물론 동서고금의 대문호들 중 민중을 무시한 작가는 없었다. 두보, 빅토르 위고, 톨스토이……. 그들은 모두 민중을 사랑한 위대한 작가들이었다.

상여는 왕년의 자신을 상징하는 그 갖옷을 입고 길을 나섰다. 때는 이른 봄이라 천서川西 평원은 꽃샘추위가 한창이었다. 그는 이번 길이 운명의 전환기가 될 것이라고는 꿈에도 생각하지 않았다. 양왕유무를 찾아갔던 길과 현령을 보러 가는 길, 낙차가 너무 큰 탓일까. 상여의 발걸음이 경쾌하지만은 않았다. 그는 일부러 궁정에서 불렀던 악곡을 흥얼거려보았다. 뭐 별것 있나? 현령한테 돈이나 좀 뜯어내 배나 두둑이 채우면 그만 아니겠는가? 상여는 고향 성도에서 지냈던 날들을 떠올렸다. 여자는 둘째 치고 고기 한 점에 술 한 사발 먹기도 어려울 만큼 배고팠던 시간들. 명색이 현령인데 술과 고기쯤은 문제없겠지? 천고에 길이 남을 연애담의 주인공이 될 남자의 머릿속은 온통 '밥'생각뿐이었다.

왕길은 현아懸衙에서 상여를 반갑게 맞이했다. 상여는 형편없이 곤궁한 꼴이었지만 그래도 풍채만큼은 여전히 대범하고 멋스러운 데가 있었다. 게다가 입만 열었다면 황제요 제후니, 자신은 듣도 보도 못한 먼 세상의 일들을 내리꿰고 있는 상여에게 왕길은 완전히 매료되었다. 지금은 요 모양이지만 앞으로 어찌 될지 누가 아는가? 왕길은 속으로 이렇게 계산을 하고 있었다. 상공업이 발달한 임공에는 주철鑄鐵이나 양주釀酒 따위로 큰돈을 벌어 부자가 된 사람들이 많아 현의 재정도 풍부했다.

왕길이 얼큰하게 취해 있는 상여에게 혼사를 물었다.

"나이 서른이 넘었건만 옆에서 보살펴줄 여자 하나 찾지 못했으니 부끄러운 일이오."

왕길은 고개를 숙이고 한참을 생각하더니 자신의 이마를 쳤다.

"있습니다!"

상여가 도정에 머무는 동안 왕길은 하루도 거르지 않고 그를 만나러 왔다. 계속되는 만남에 슬그머니 짜증이 난 사마상여는 이런저런 이유를 대며 가끔 왕길을 피하기도 했다. 『사기』의 「사마상여열전」에도 이와 같은 기록이 있다.

임공의 현령은 사마상여를 공경하는 척하며 날마다 찾아와 인사했다. 사마상여도 처음에는 왕길을 만났으나 나중에는 병을 핑계 삼아 만날 수 없노라고 거절했다.

돈과 여자를 얻다

어느덧 추위도 저만치 머물러가고 어른 키 만한 유채꽃들이 산과 들을 노랗게 물들이고 있었다. 내력은 알 수 없으나 현령의 가마를 여보란 듯이 타고 다니는 사마상여에게 사람들의 관심이 집중되었다. 예나 지금이나 누가 관과 줄이 닿아 있다고 하면 그것이 선망이든 의혹이든 여러 추측이 나돌기 마련이다.

임공에서 내로라하는 부호인 탁왕손卓王孫과 정정程鄭도 사마상여가 궁금하기는 마찬가지였다. 수십 대째 주철을 가업으로 이어오며 돈 때문에 기죽어본 일 없는 그들이었다. 현령의 귀빈을 모르고 지낸 대서야 말이 안 되지 않는가?

탁왕손과 정정은 바로 왕길을 찾았다.

"만나는 것이야 어려운 일이 아닙니다만 그래도 격식이라는 게 있지 않겠습니까?"

탁왕손이 급하게 고개를 끄덕였다.

"내가 하겠소, 돈 드는 일은 내게 맡기고 현령께서는 자리만 마련하시오."

탁왕손은 연회를 크게 열고 사마상여를 기다렸으나 반나절이 지나도 그는 나타나지 않았다. 현령이 음식에는 손도 대지 않고 상여를 기다리니 빈객 수백 명도 맹물만 홀짝거리는 수밖에 없었다. 왕길이 몸을 일으켜 세웠다. 사마상여를 맞으러 직접 가겠다는 것이었다. 병 핑계를 대고 못 가노라 했던 사마상여도 현령이 친히 와서 청하니 별 도리 없이 따라 나섰다. 연회에 참석한 사람들은 명성만큼 당당한 사마상여의 풍모와 훌륭한 말솜씨를 흠모했다.

상여는 분위기가 무르익자 거문고를 타기 시작했다. 병풍 뒤에 감탄 같은 작은 한숨 소리가 어렴풋이 들려왔다. 상여는 소리의 주인공이 누구인지 이미 알고 있었다. 탁왕손의 딸 탁문군이었다.

사마천은 『사기』에서 이렇게 적고 있다.

탁왕손에게 얼마 전 과부가 된 딸 문군이 있었는데, 그녀는 음악을 좋아했다. 상여는 현령과 짐짓 모르는 척 서로 점잔을 떨며 거문고 연주로 문군의 마음을 사로잡으려 했다.

여기서 키워드는 '젊은 과부'와 '음악을 좋아하다'이다. 사마상여에 대해 소문으로 익히 들어 알고 있던 탁문군은 부친이 그를 연회에 초대한다고 하자 내심 기대를 했고, 젊은 과부의 몸이니 함부로 얼굴을 내밀 수는 없어 문틈으로 조용히 그를 엿보고 있었던 것이다.

거문고는 사람의 마음, '정情'을 전달하는 악기다. 사마상여는 사양하는 척하다가 현령의 체면에 마지못해 몇 곡을 연주했고, 문군은 그의 연주에 마음이 흔들렸다. 문군은 시절을 그냥 보내기에는 너무 아까운 미모였다. 게다가 음악을 알고 남편과 사별한 지 얼마 안 된 처지니 문군의 마음이 흔들리는 것은 너무 당연한 일이었다.

사마천은 춘추필법으로 간략하게 사실만을 나열하고 지나갔지만, 왕길과 상여가 도정에서 문군을 두고 작전을 세웠을 장면을 상상하면 웃음이 나온다. 문군의 처지를 잘 아는 사마상여가 그녀를 유혹하기란 쉬웠을 것이다. 사마상여가 문군의 마음을 사로잡기 위해 불렀다는 노래 「봉구황鳳求凰」의 가사 역시 걸작이다.

봉아 봉아 고향에 돌아왔구나	鳳兮鳳兮歸故鄕
황을 찾아 사방을 헤매더니	遨遊四海求其凰
아름다운 여인 이곳에 있으나	有一豔女在此堂
임은 가깝지만 멀리 있어 내 애를 끊어놓네	室邇人遐毒我腸
어찌해야 그대와 한 쌍의 원앙으로 만날까	何由交接爲鴛鴦

뒤에 숨어서 상여의 노래를 듣고 있던 문군의 마음이 어떠했을까? '임은 가깝지만 멀리 있어 애를 끊어놓는다'는 대목에서 흔들리는 문군의 심정이 눈에 보이는 듯하다.

문군을 옆에서 지켜보던 시종 계집아이는 그런 주인아씨가 몹시 딱해 보였다. 그날 저녁 상여는 시종에게 탁씨 집으로 잠입해 문군의 여복을 매수하도록 시켰다. 문군의 계집종은 그렇잖아도 주인아씨를 기쁘게 할 무슨 좋은 수가 없을까 궁리를 하던 터였으니 둘은 죽이 맞아 상여의 지시대로 했다. 이렇게 해서 사마상여와 탁문군의 전격 연애 작전은 결실을 이루었다. 사마천은 '문군이 그 밤에 집을 도망쳐 나와 상여에게 갔다'고 기록하고 있다.

주변의 시선을 의식하는 탁왕손이 사마상여와 딸의 혼사를 쉽게 허락하지는 않을 터였다. 부친의 성격을 잘 아는 문군이 아마 먼저 사랑의 야반도주를 제안했을 것이다. 여자란 언제나 사랑 앞에서 발군의 지혜와 용기를 발휘하지 않던가? 상여와 문군을 태운 마차가 조용히 임공을 빠져나가고 있었다. 둘은 두세 시간을 달려 성도에 도착했다. 문군이 상여의 집안으로 들어섰을 때의 그 놀라움이란…….
달콤한 사랑을 속삭이며 밤새 함께 달려온 남자가 빈털터리라니!

딸이 몰래 상여를 따라 나섰다는 사실을 안 탁왕손은 여간 화가
난 게 아니었다. 그는 아비 어미도 나 몰라라 사내 좋다고 집 나간 딸
이 괘씸해 한 푼도 내놓을 수 없다고 버텼다. 사랑도 배가 불러야 할
수 있는 법. 상여와 문군은 임공으로 돌아가 말과 수레며 애지중지하
던 그 갖옷까지 모두 팔아 돈을 마련해 가장 번화한 곳에서 술집을
냈다. 문군은 소매를 걷어 올리고 노壚(술집에서 술독을 올려놓기 위해 흙
으로 만든 대―역자 주)에 앉아 술을 팔았고, 상여는 먼지를 뒤집어쓰고
머슴들과 함께 허드렛일을 했다. 현령의 가마를 부리던 사마상여와
임공의 대부호 탁왕손의 딸 탁문군이 직접 술을 판다. 광고가 따로
필요 없는 장사였다. 탁왕손은 딸 문군이 물장사를 한다는 얘기를 듣
고 부끄러워 아예 밖을 나가지 않았다. 왕길과 형제들이 찾아와 탁왕
손을 달랬다.

"이왕지사 그렇게 된 것, 둘의 혼인을 인정하시지요. 문군이 바깥
에서 험한 사내들에게 술이나 파는 꼴을 보는 것보다야 낫지 않겠습
니까?"

결국 손을 든 탁왕손은 부호 체면이 있는지라 문군에게 가복 100
명과 100만 전에 혼수품도 넉넉하게 마련해주었다.

거금에 아름다운 아내까지 한몫 단단히 잡은 사마상여는 문군과
함께 다시 고향 성도로 돌아가 밭과 집을 사고 대지주와 같은 날들을
보냈다. 사마상여를 사기꾼이라 할 수는 없지만, 그의 모습은 오늘의
대도시에서 보이는 고급 룸펜과 상당히 닮아 있다.

관운이 시작되다

돈과 여자를 얻더니 관운도 제발로 사마상여를 찾아왔다. 사부를 좋아한 한 무제가 작품을 수집하라는 명령을 내린 것이다. 당시 조정에는 황제의 사냥개를 돌보는 구감狗監이란 직위가 있었는데, 사천 사람 양득의楊得意가 그 일을 맡아 했다. 하루는 무제가 「자허부」를 읽으며 감탄하자, 양득의가 아첨조로 말했다.

"이 사부의 작가는 사마상여라는 사람으로 신과는 동향입니다. 폐하께서는 그를 불러 만나보시렵니까?"

"그럼 속히 그를 불러들여라, 짐은 그가 이미 죽고 없는 사람인줄 알았는데……."

이렇게 해서 사마상여는 실로 감개무량한 장안 땅을 다시 밟게 되었다. 상여는 무제를 만나 말했다.

"「자허부」는 전에 지은 작품으로 폐하께서 보실 만한 것이 못됩니다. 신이 황실의 위엄에 맞는 「상림부」를 지어 올리도록 하겠습니다."

무제는 즉시 명을 내려 상여에게 붓과 목찰木札(글을 쓸 수 있도록 만든 나뭇조각─역자 주)을 주도록 했다. 사마상여가 마침내 어용문인으로서 한 걸음을 내딛는 순간이었다.

상림원은 장안성 서쪽에 있던 궁원宮苑으로 진시황이 짓고 한 무제가 증축했다. 원내에 황제가 쉴 때 머물던 행궁만 70여 채가 있었을 만큼 소요된 건축 비용과 면적이 막대했다. 한대 초기 승상 소하蕭何가 미앙궁未央宮을 축조하면서 많은 비용을 쏟아 부어 고조 유방에게 호되게 욕을 먹은 일도 있었지만, 개국 군주의 통치를 끝으로

한 왕조는 갈수록 사치와 허세를 일삼았다. 이런 현상은 무제 때에 가장 심각해 백성의 혈세가 황실의 호화스러운 유흥 생활을 위해 사용되었다. 그렇다고 무제 주변의 문인들이 하나같이 송가頌歌만 부르는 것은 아니었다. 동방삭은 무제의 사치를 완곡하게 간언했으며, 사마천도 내용 없는 공덕을 찬양하는 글쓰기를 거부했다.

『사기』는 역사서지만 열전의 마지막 편인 「태사공자서」는 사마천의 가족사와 글을 쓰게 된 동기 등 주관적 정서를 서술하고 있어 개인적 창작물의 성격을 띤다. 고대 그리스에서는 인간 중심적인 철학과 문학이 주류였으나, 당시 중국에서는 개인의 감정이나 개성을 노래하는 것은 비주류였다. '서정'과 '서사' 문학 장르의 차이점은 『시경』에도 나타난다. 국풍國風과 소아小雅는 농밀한 민중의 소리를 담고 있으나 송頌과 대아大雅는 궁정문학의 효시 격이다. 특히 한부漢賦는 서정성이 사라지고 일정한 대상이나 사물을 서술하는 영물적詠物的, 서사적敍事的 성격이 강했고, 황실의 위엄을 예찬하기 위해 화려한 수사와 고도의 형식미를 추구했던 까닭에 어용 문학으로 치부되어 비판받기도 했다.

「상림부」는 초나라 사람 자허子虛('빈말'이라는 뜻―역자 주)와 제나라 사람 오유烏有('어찌 이런 일이 있겠는가'라는 뜻―역자 주) 선생, 무시공無是公('이 사람이 없다'는 뜻―역자 주) 세 사람의 허구 인물을 통해 천자와 제후가 사냥놀이하는 광경을 묘사하고 서로 자랑하는 내용이다. 나중에 등장하는 무시공은 사마상여 자신으로 천자의 상림원은 제후국들의 사냥터와는 비교도 할 수 없다며 그 규모와 화려함을 대구와 과장 등 다양한 수사법을 동원해 표현하고 있다.

사마상여의 사부辭賦는 흔히 쓰지 않는 벽자僻字가 많아 지나치게 어렵고 내용 없는 과장된 묘사가 많아 쉽게 읽히지 않는다. 철학자란 황무지를 개간하는 사람이다. 인류의 정신이 한 번도 가본 적 없는 세계를 탐구하는 학문이기에 철학은 때로 생경한 개념이나 용어를 만들기도 한다. 문인은 다르다. 현실 세계의 삶에 천착하고 당대인과 소통하는 문학은 난해함과는 거리가 멀다. 어려운 문자나 난해한 표현을 즐겨 쓰는 문인이 있다면 그가 하는 문학이란 필경 공명심功名心과 허위의식의 산물이 되고 말 것이다.

한 무제가 사부를 좋아한 것도 그랬다. 큰일을 벌이고 공을 내세우기 좋아하는 그의 성격이 화려하고 과장된 사부의 수사적 특징과 잘 맞아떨어졌다. 후궁의 8천 미녀는 모두 그의 소유였고, 봉선 제전을 위해 태산에 함께 오른 수행 인원의 수가 18만 명이었다 하니 무제는 국고를 그야말로 물 쓰듯 마구 퍼 쓴 것이다. 국가 대례인 만큼 분위기를 돋울 미사여구와 음악도 필요했을 터이니 거기에 산문과 시가의 중간적 형식인 사부야말로 안성맞춤이었을 것이다. 무제가 좋아하니 제후와 공경대부도 뇌동하여 부를 외우고 또 지어 바쳤다. 이렇게 당시 문인 사회에서 부가 크게 유행했던 덕에 사마상여는 일약 문예계의 스타가 되었고 그의 작품을 모방하는 이들도 많이 생겼다. 사부와 변려문은 동한東漢(광무제 건무 원년인 25년부터 헌제 연강 원년 220년까지 낙양에 재건된 한 왕조로 후한이라고도 함), 양진兩晉(265년 사마염이 세운 서진과 317년 사마예가 건립한 동진) 시대를 거치며 전성기를 누렸다. 진晉의 좌사左思가 지은 「삼도부三都賦」는 사람들이 다투어 그의 작품을 옮겨 베껴서 낙양의 종이 값이 올랐다고 한다.

먹히는 글발

그러면 여기서 잠깐 사마상여의 대표작 「자허부」를 보고 가도록 하자. 지금의 동정호인 운몽택雲夢澤을 묘사한 부분이다.

신이 듣기로는 초나라에 일곱 개의 못이 있다 했는데, 그중 하나만 봤을 뿐 나머지는 보지 못했습니다. 신이 본 것은 가장 작은 못으로 이름은 운몽云夢이라 합니다. 운몽은 사방이 구백 리로 가운데 산이 있습니다. …… 서로 어지럽게 뒤섞여 위로는 푸른 구름을 뚫고 솟았으며 비탈이 완만하여 아래로 강과 하천까지 닿아 있습니다. 흙은 붉고 푸르고 흰 색을 띠는데, 자황雌黃과 백부白坿, 주석朱錫과 벽옥碧玉, 금과 은 따위의 온갖 빛깔을 내며 용의 비늘처럼 찬란합니다…….

말줄임표가 있는 부분은 모두 벽자로 오늘날 컴퓨터에 입력도 되지 않는다. 어려운 말만 잔뜩 나열하고 있는 이 따위 글을 한 무제는 왜 좋아했을까? 하긴 일평생 허세로 위엄과 경외를 가장했던 그에게 사마상여의 글처럼 입에 딱 맞는 것도 없었으리라. 아무튼 사마상여는 「부」 하나로 황실에서 낭관 자리까지 꿰찼으니 소위 '먹히는 글발'을 가졌던 모양이다.

잘나가는 지아비를 두었으니 기뻐해야 마땅할 것이지만 탁문군은 그렇지 않았다. 자고로 남자란 권력과 돈이 생기면 변한다 하지 않았던가? 그녀는 자신이 진세미陳世美의 아내 꼴이 되지는 않을까 두렵고 걱정되었다.

팬들의 호응에 신이 난 사마상여는 새로운 야심작 「대인부大人賦」를 지어 바쳤다. 천자가 그리는 선인仙人의 세계를 황홀하게 묘사한 「대인부」 역시 신선술에 빠져 있던 무제를 위한 아부용 문학의 전형이었다.

한 무제의 첫 번째 황후인 진아교陳阿嬌가 내궁에서 서러운 세월을 보낼 때 환관을 보내 사마상여에게 황금 천 냥을 주고 「장문부長門賦」를 짓도록 했다. 궁원시宮怨詩인 「장문부」는 폐위된 황후의 슬프고 억울한 심정을 노래하고 있다. 일설에 의하면 사마상여가 첩을 얻으려고 하자 탁문군이 변심한 남자에게 결별을 선언하고 괴로워하는 내용의 시 「백두음白頭音」을 지었고, 결국 사마상여는 탁문군의 결연한 태도에 단념했다고 한다. 그의 작품 중 그나마 심금을 울리는 부가 「장문부」다. 자신의 경험이 아니었다면 사랑에 버림받은 여인의 한을 그렇게 잘 표현할 수 있었을까? 사마상여를 보면서 작품의 감동이란 진실성에서 비롯되는 것임을 새삼 깨닫는다.

변심남의 마음을 되돌린 「백두음」의 내용은 이렇다.

우리의 사랑 저 산 위의 눈처럼, 구름 속의 달처럼 순결하기 바랐지요. 그대 두 마음 가졌다 하니 나 이제 영원히 이별하려 합니다. 남자라면 사랑의 의리를 지켜야지요. 어찌 돈으로 사고 버릴 수 있다 합니까!

한대의 화폐는 칼의 형태를 본떴다고 해서 '전도錢刀'라 불렀다. 탁문군은 돈만을 중히 여기고 남자로서 지켜야 할 의리를 헌신짝 버리듯 하는 사마상여를 책망하고 있다. 「백두음」의 지은이에 대해서는 여러 설이 있는데, 혹자는 작자가 탁문군이 아니라 무명씨라고 한다. 한대에는 이처럼 여성의 입장에서 남성의 배신을 원망, 질책하고 봉건적 예교를 비판하는 민간 시가가 많았다. 잘 알려진 작품으로는 「상사上邪」, 「유소사有所思」, 「공작동남비孔雀東南飛」 등이 있다. 「공작동남비」는 고부간의 갈등이 빚어낸 가정의 비극을 다룬 장편서사시다. 시어머니의 구박으로 시집에서 쫓겨 나온 여주인공이 남편을 그리워하다 물에 빠져 죽고, 아내의 자살 소식을 전해들은 남편도 따라서 나무에 목을 매고 죽는 내용이다. 섬세하고 생생한 묘사와 이야기 전개의 치밀한 구성력 등 작품성이 뛰어나다고 평가받는다.

'원한怨恨'은 여성의 정서다. 그녀들은 항상 자신이 버림받을지도 모른다는 두려움과 싸운다. 그 두려움은 그녀들의 사회 경제적 지위와는 무관하다. 왕비에서 촌부까지 모두 사랑 때문에 울고 웃는다. 두려움의 원인은 남성중심 사회가 그녀들에게 가하는 폭력적 억압에 있다. 그녀들은 현실 속에서 억압을 자신들만의 생존 방식으로 바꿔 놓는데, 그것이 바로 애정지상주의다. 의식적 행동이든 무의식적 선택이든 억압받는다는 현실보다는 사랑하고 사랑받는다는 가상이 안전감을 주기 때문이다. 그래서 그녀들은 머리카락이 하얗게 세도 '사랑'이라는 두 글자를 지키기 위해 안간힘을 쓰고 때론 목숨을 버리기도 한다. 현대사회에서는 경제적으로 독립하는 여성이 늘어나면서 사랑에 대한 정서적 의존도와 그로 인한 문제들도 함께 줄어들었다. 그러나 고대 사회의 여성은 남편 대신 자식에게 자신의 욕망을 투사하는 경우가 많았고, 투사의 가장 좋은 합리화는 다름아닌 모성애였다.

어쨌든 사마상여는 배신남의 대오에서 빠져나왔다. 탁문군의 시가 그에게 임공에서 사랑의 도주를 하던 그날 밤의 기억을 되살려주었기 때문이다. 그는 돈 없고 지병이 있던 자신을 사랑으로 보살펴준 조강지처를 잊을 만큼 양심이 없지는 않았다. 잠깐의 곡절이 있기는 했지만 탁문군과 사마상여는 금실지락琴瑟之樂을 누리며 여생을 끝까지 함께 보냈다. 탁문군은 사마상여보다 오래 살았다. 여성으로서 그녀의 이미지는 완벽하다. 그녀의 이름을 딴 술 문군주는 부드럽고 향이 좋다. 임공현에는 문군정이라는 우물도 있는데 2천 년이 넘었지만 물이 거울처럼 맑고 깨끗하다. 반면 사마상여는 권력에 아첨하고 무제의 치세를 미화한 전력 탓인지 그가 떠올리는 이미지들은 대체로 부정적이다.

훗날 사마상여는 중랑장中郎將으로 서남이에 파견되어 지역 민심을 다독이고 「난촉부로難蜀父老」를 지었다. 「난촉부로」는 호방한 문체가 돋보이는 산문으로 한 무제의 서남이 통일 사업에 적잖은 공헌을 했다. 이로써 그는 자신에 대한 후세의 비난을 어느 정도 만회했다. 역사에는 늘 세간의 공론公論이 있기 마련인데, 시간이 지나면서 역사 속 인물이나 사건을 권력구조의 중압감에서 분리하고 대신 공정이나 합리를 내세우는 평가가 고개를 들기도 한다. 잊지 말아야 할 것은 '공정'이나 '합리'는 상대적인 개념이라는 사실이다. 영원불변의 가치체계란 존재하지 않는다. 중국 전통문화의 가치가 근현대에는 타도해야 할 대상으로 간주되어 질곡의 과정을 거쳤지만 오늘날에 와서는 다시 그 의미와 역할이 새롭게 조명되고 있는 현실이 좋은 증거다.

왕의 놀이 상대

사마상여는 문재文才뿐 아니라 관리로도 업무를 훌륭하게 수행하고 황제의 위업을 위해 공을 세웠으니 승진과 포상은 정해진 수순이었다. 그런데 어찌된 영문인지 그는 장안에 돌아오자 병을 핑계로 조정에 나가지 않았다. 누군가 사마상여가 서남이 지역을 시찰할 때 뇌물을 받았다며 무고하자 무제가 한때 그를 면직시킨 일이 있었다. 진상이 밝혀진 후 무제는 그의 관직을 복귀시켰으나 이미 정치판에 염증을 느낀 그는 일이고 뭐고 도무지 하고 싶지 않았다. 말더듬이였던 그가 조정에서 느꼈을 소외감도 작용했을 것이다. 사마상여는 서로 속고 속이는 정치판의 권모술수와, 어제의 동지가 오늘의 적이 되는 냉혹한 현실을 모르지 않았다. 한 경제와 양왕 밑에 있으면서 정치권력의 추악한 이면을 이미 볼 만큼 보았고 게다가 억울한 무고까지 당한 그는 잠시라도 다시 그 세계에 발붙이기가 싫었다.

사마천은 '상여는 어눌하였으나 글재주가 뛰어났다. …… 탁문군과 결혼하여 재물이 넉넉했다. 그는 벼슬에 나갔으나 공경이나 국사에는 관여하지 않으려 했고, 병을 핑계 삼아 한가하게 살면서 관직과 작위를 흠모하지 않았다.'고 서술하고 있다.

또 그는 사냥놀이에 빠진 무제에게 간언하는 상소문을 올리기도 했다. 정계에서 물러나보니 정신이 든 것일까. 그는 나름 지식인으로서의 소임을 한 것이지만 그렇다고 어용문인의 이미지를 상쇄할 만한 수준은 아니었다.

사마상여는 편안한 말년을 보내다 기원전 117년에 죽었다. 무제는 사마상여의 병이 위독하다는 말을 듣고 무릉茂陵에 있는 그의 집으로 시종을 보내 그가 지은 책을 모두 가져오도록 했다. 하지만 이미 그는 죽고 없었다. 목숨이 위태롭다는데 무제가 잃을까 걱정한 대상은 사람이 아니라 그의 작품이었다는 사실이 씁쓸하다. 아마 사마상여가 구천에서 그 사실을 알았더라면 얼마나 큰 비애를 느꼈을까? 사마천은 이 대목을 서술하면서 한 무제의 몰인정한 인간성을 넌지시 드러내고 있다.

탁문군은 "장경長卿은 일찍이 책을 지닌 적이 없습니다. 글을 지어도 사람들이 다 가져가서 집에는 없습니다."라고 말하며 그가 죽기 전에 지었다는 「봉선서封禪書」를 내밀었다. 「봉선서」는 천자에게 태산에 봉선을 지낼 것을 건의하는 내용의 짧은 글이다. 사마상여가 죽고 5년 후에 한 무제는 봉선 대제를 거행했는데, 명목은 역대 선황의 뜻을 받들어 하늘과 땅에 제사를 지내는 것이었으나 실은 장생불사의 신선술을 찾으려는 것이었다.

「봉선서」는 한 무제가 백성의 고혈을 짜내는 일을 하는 데 이론적 뒷받침을 제공했다는 비판과 함께 중국고대사 연구에 중요한 문헌자료로서의 가치도 인정받고 있다.

춘추전국시대에 이미 농신弄臣(임금의 놀이 상대가 되는 신하—역자주)들이 있었다. 임금을 즐겁게 할 재주만 있으면 조정대신의 반열에 올라 부귀영화를 누릴 수 있었다. 한 무제 통치 시기에는 이른바 일군의 '문학농신'들이 기생했는데, 매승枚乘, 주매신朱買臣, 오구수왕吾丘壽王, 동중서董仲舒, 사마상여가 그들이다. 그들은 동한東漢의 사부 작가인 매고枚皋, 반고, 양웅揚雄 등에게 직접적인 영향을 끼쳤다. 치세를 미화하고 업적을 윤색하는 일은 정치 현실이 암울할수록 더욱 필요했고, 이들은 그러한 '덧칠 작업'에 하나같이 솔선수범했다.

중국문학사에서 사부辭賦는 하나의 장르로 나름의 위치와 영향력을 가지는데, 일반적으로 악부樂府 앞에 위치한다. 악부는 본래 민간의 시가를 수집하는 관청의 명칭으로 한 무제 때 민심을 살필 목적으로 설치되었다. 후에 기관에서 채집한 민가들까지 다 포함해 악부라 불렀는데, 대부분 노랫말만 있고 곡조는 없는 요謠였다. 악부의 내용과 형식은 후대 문학에 많은 영향을 주었다. 악부의 민간 채집은 백년 넘게 존속되다 애제哀帝 때에 와서 점차 위축되었다. 맥상상陌上桑, 고아행孤兒行, 염가행艶歌行, 공작동남비孔雀東南飛 등의 오언고시가 모두 소통蕭統이 엮은 『문선文選』의 「고시십구수古詩十九首」에 수록되어 있다. 「고시십구수」의 작품들은 도연명, 백거이, 두보, 소식 등에게 많은 시적 영감을 주기도 했다. 언어의 조탁과 시의 미적 형상을 강조했던 사부와 달리, 민간 시가인 악부는 질박하고 생동감 넘치는 언어로 민중의 생활상을 있는 그대로 담고 있다. 내용도 다양해서 먼길 떠난 남편을 향한 그리움, 조세 저항, 남편의 바람기에 대한 책망, 봄날의 사랑, 고아의 눈물, 빈자의 고통 등 삶의 이러저러한 모습을 여과 없이 직설적이고 통속적인 언어로 자유롭게 표현했다. 맥상상은 나부羅敷라는 아름다운 여인이 조왕趙王의 구애를 거절하고 그를 조롱하는 내용의 민요다. 소재의 구태의연함이나 표현의 상투성 따위는 없다. 유삼저劉三姐와 백모녀白毛女, 등려군鄧麗君이 부른 강남민가처럼 인물은 살아 움직이고 캐릭터가 환기시키는 정서 또한 참신하다. 악부를 읽고 있노라면 사부의 한계성은 더욱 두드러진다. 사부를 '실패한 문학의 전형' 혹은 '문학의 반면교사'라고 말한다면 지나친 것일까? 나는 주저 없이 악부를 사부 앞에 놓을 것이다. 악부는 작품성으로든 문학사적 영향력으로든 모든 면에서 사부를 앞선다. 궁정의 오락문학에 불과한 사부가 어떻게 한 시대를 대표할 수 있겠는가? 위정자의 공적과 은덕 찬양 자체를 반대하는 것이 아니다. 통치자의 이익이 민중의 삶과 같이 간다면 찬가 또한 훌륭하고 감동적인 노래가 될 수 있다. 하지만 안타깝게도 2천 년 넘게 지속되어온 중국 봉건 사회에서 계급 간의 모순 없는 상생과 조화를 실현한 왕조는 없었다.

문인도 우리네처럼 밥을 먹고 사는 범속한 사람일뿐이니 물욕이나 권력욕이 있다고 하여 마냥 비난할 수만은 없다. 그런데 도저히 그냥 보아줄 수 없는 이들도 있다. 근자에 듣자하니 도시에도 '현대 사부 작가군'이 등장했는데, 그들은 자신의 알량한 글재주를 이용해 기업의 이미지나 제품을 광고하거나 심지어 헌사까지 바치는 차마 웃지 못할 일들을 벌이고 있다. 일부 연예계 스타들이 돈에 눈이 어두워 저질 제품을 광고하는 것과 뭐가 다른가? 욕망 앞에서 '똥과 된장'에 대한 구별 감각마저 상실해버린 그들은 스스로 장사치가 되려 한다.

사마상여도 문인이라기보다는 차라리 지식 장사꾼이었다. 하지만 어쩌면 사마상여가 전제군주를 향해 아부성 찬사를 하지 않았다면 『사기열전』의 주인공이 될 수 없었을 것이고, 또 우리는 그의 시시콜한 사랑 이야기도 몰랐을 것이다. 그는 결국 자신의 부정적인 이미지 덕분에 오늘까지 우리의 기억 속에 살아 있는 것이니 역설적 현실인 셈이다. 역사의 평가란 그래서 더욱 무서운 것이 아니겠는가?

혜강의 경합 상대는 사마소였다. 위진 교체기에 사마소 집단은 세력을 확대하는 한편, 조조 일가를 향한 숙청 작업에 착수했다. 왕조가 바뀌는 정치적으로 민감했던 시기였지만 혜강은 소위 '줄 서기' 혹은 '줄 대기'에는 도통 관심이 없었고 권력에 영합하는 무리를 경멸했다. 조조의 손녀사위이기도 했던 혜강은 사마 씨 집단과는 정치적 대척점에 서 있는 인물이었고, 게다가 그가 가졌던 사회적 명망과 강직한 성품은 위정자들의 눈엣가시가 되기에 충분했다. 그가 사마 씨 정권의 숙청 대상이 된 직접적 원인은 두 장의 절교서 때문이었다. 혜강은 떠나기 전에 마지막으로 거문고를 연주하고 싶었다. 집행관도 청을 거절하지 않고 그에게 칠현금을 내주었다. 혜강은 「광릉산」을 연주하며, 간신을 처단하는 의로운 행동이었지만 결국 목숨을 버려야 했던 섭정의 비극적 삶에, 정치적 모함의 희생양이 되어 죽임을 당하는 자신의 운명을 포개어 놓고 있었다. 혜강은 연주를 마치고 조용히 탄식했다.

「광릉산」이 오늘로 끊어지게 되었구나!"

당대 최고의 풍류 명사

嵇 康

혜강 위진 224~263

나는 자네와 더 이상 교제할 마음이 없네.

옛날 군자는 절교할 때 추잡한 말을 뱉지 않는다 했으니

이것으로 결별하세!

이별에 임하여 한스럽기 그지없을 뿐이네.

죽림칠현의 최고수

혜강嵇康은 완적阮籍과 함께 죽림칠현竹林七賢을 이끌었던 대표적
인물이다. 노신과 많은 학자들이 추앙하는 위진풍도魏晉風度의 양대
유파 중 하나가 죽림칠현의 정시正始*문학이다.

위魏는 조조曹操가 세운 나라로 저 유명한 삼국시대 때의 왕조고,
진晉은 삼국시대가 끝나고 위의 뒤를 이어 수립된 나라다. 진은 다시
265년에 사마소司馬昭의 장자인 사마염司馬炎이 세운 서진과 317년에
사마예司馬睿가 세운 동진으로 나눠진다. 서진 멸망 후 화북 지방에는
한족을 포함한 5호**16국과 북위北魏***의 북조北朝가, 강남 지역에
는 동진이 망하고 잇달아 들어선 송宋, 제齊, 양梁, 진陳의 4왕조가 남
북으로 대립했는데, 이를 가리켜 남북조南北朝라 한다. 후한後漢 멸망
후 221년부터 수隋 왕조가 중국을 재통일하는 581년까지 350년 넘
게 계속되는 정치적 분열과 병화兵禍 속에서 민중이 신산辛酸한 삶을

---

* 조씨 위 왕조의 3대 황제인 조방(曹芳)의 연호로 240~249년 사이의 기간.
** 흉노(匈奴), 선비(鮮卑), 갈(羯), 저(氐), 강(羌) 족.
*** 선비족의 탁발부(拓跋部)가 중국 화북지역에 세운 북조 최초의 왕조.

살아야 했던 시기가 위진남북조시대였다.

조조가 통치하던 시대는 걸출한 문인들이 많이 배출되었다. 조조와 조비曹丕, 조식曹植 등 삼조三曹를 중심으로 모인 건안칠자建安七子는 인성人性을 자각한 문학 집단으로 사부의 실속 없는 격식을 반대하고 사실주의적 내용과 거침없는 기개氣槪를 추구했다. 문학사에서는 이들의 문학적 특징을 건안풍골建安風骨이라 부른다. 왕찬王粲, 공융孔融, 진림陳琳 등이 건안칠자의 구성원으로 활동했다.

위나라 말기에 등장한 죽림칠현은 노장 사상의 영향을 받아 예교의 구속을 거부하고 개인의 자유와 초탈을 중시했으며, 암울한 정치 상황을 비판하고 벗어나고자 하는 경향이 강했다. 위진풍도란 건안칠자와 죽림칠현의 인격적, 문학적 특성을 일컫는 말이다.

조조는 너무나 유명해서 설명이 필요 없는 인물이다. 그에게 전통의 규제나 정형화된 틀 따위는 중요하지 않았다. 아마도 전장에서 평생을 보낸 경력이 그에게 민첩성과 융통성, 자유로움을 주었을 것이다. 노신도 조조를 '기존의 글쓰기 개념을 바꾼 문장의 개혁자'로 평가했으니, 위진풍도의 문학적 기풍이 조조로부터 시작되었다 해도 틀리지 않다.

중국 역사에서 위진풍도가 가졌던 명성의 크기와 의미는 문학의 범주를 훌쩍 뛰어넘는다. 그리고 문인과 권력자의 다툼이 빚어낸 비극사에서 혜강은 가장 먼저 등장하는 인물이다. 형장에서 죽음을 맞이하는 그의 비장하고 의연한 모습은 마치 치밀하게 세팅된 연극 무대의 한 장면처럼 극적이다.

혜강의 경합 상대는 사마소였다. 위진 교체기에 사마소 집단은 세력을 확대하는 한편 조조 일가를 향한 숙청 작업에 착수했다. 왕조가 바뀌는 정치적으로 민감했던 시기였지만 혜강은 소위 '줄 서기' 혹은 '줄 대기'에는 도통 관심이 없었고 권력에 영합하는 무리를 경멸했다. 조조의 손녀사위이기도 했던 혜강은 사마씨 집단과는 정치적 대척점에 서 있는 인물이었고, 게다가 그가 가졌던 사회적 명망과 강직한 성품은 위정자들의 눈엣가시가 되기에 충분했다. 그가 사마씨 정권의 숙청 대상이 된 직접적 원인은 「산거원에게 보내는 절교의 편지與山巨源絶交書」와 「여장제에게 보내는 절교의 편지與呂長悌絶交書」 때문이었다.

산거원은 죽림칠현의 일원으로 혜강과 절친했던 사람이다. 산도山濤(거원은 그의 자—역자 주)가 산기상시散騎常侍로 승진하며 혜강이 관리 선임을 담당하는 이부랑吏部郎 직을 대신 맡아 주기를 권했다. 혜강은 산도의 천거薦擧는 자신에 대한 모욕으로 부패한 정치 세력에 합류하는 사람을 벗으로 삼을 수 없다며 절교를 선언하는 편지를 보냈다.

「여장제에게 보내는 절교의 편지」는 당시나 지금도 여론의 주목을 받을 만한 섹스 스캔들과 도덕적 타락으로 촉발된 것이었다. 역시 혜강의 친한 벗인 여안呂安의 배다른 형 여장제가 제수인 서씨 부인을 술을 먹여 간음했다. 이 일을 알게 된 여안은 형을 고소하고 부인 서씨를 내쫓으려 했으나 혜강이 이를 말리고 조용히 사건을 마무리하도록 타일렀다. 그런데 여장제가 적반하장으로 여안을 곤궁에 빠뜨리는 상소를 올렸다. 혜강은 여장제에 대한 분노와 여안에 대한 미안함으로 격분에 찬 절교의 편지를 썼다. 종회鍾會는 이 편지 두 통을 빌미 삼아 사마소에게 혜강을 모함해 죽였다. 또 사마소는 반란의 뜻을 품은 종회를 제거했다. 역사 속에는 이렇게 할리우드 블록버스터보다 더 예측하기 어려운 반전과 인물 간의 갈등, 그리고 처절한 복수가 있다. 더욱 간담을 서늘하게 만드는 것은 그 모든 이야기가 영화 속 상상과 허구가 아니라 사실이라는 데 있다.

『삼국지연의』를 읽어본 사람이라면 종회를 기억할 것이다. 그는 위나라의 총사령관으로 10만 군사를 거느리고 성도成都를 공격해 유비가 세운 촉한蜀漢을 멸망시킨 인물이다. 그는 사마소에 대항하는 반기를 들고 군사를 일으켰지만 최후에는 부하의 손에 죽었다. 종회의 죽음은 지나친 총명이 자신을 죽이는 부메랑이 된 전형적인 경우이고, 혜강의 죽음은 성격이 운명을 결정한다는 것을 가장 비극적으로 보여준 예다.

위진 시대는 살기殺氣와 문기文氣가 함께 왕성했던 시기다. 전화戰火의 암울과 혼란이 오히려 문학가와 사상가를 탄생시킨 것이다. 생각해보면 이상할 것도 없다. 나폴레옹이 유럽을 쥐고 흔들었던 19세기와 두 차례의 세계 대전이 있었던 20세기는 그야말로 문학의 전성기였다. 톨스토이의 『전쟁과 평화』는 물론이고 카뮈의 『페스트』와 『이방인』, 헤밍웨이의 『태양은 다시 떠오른다』와 『누구를 위하여 종은 울리나』, 레마르크의 『서부전선 이상 없다』, 그리고 엘리엇과 파운드의 시들은 모두 2차 대전의 어두운 그림자 속에서 탄생했다.

안사安史의 난은 두보를 시선詩仙으로, 군벌 통치의 암흑기는 노신을 문학의 전사로 만들었으며, 고난의 대장정은 모택동에게 시적 영감의 물줄기가 되었다.

평화의 시대에 훌륭한 작가라면 편안한 처지에서 위험할 때의 일을 미리 생각하고 경계하는 거안사위居安思危의 태도로 삶을 산다. 그들은 사회의 불공정성, 인간과 자연의 부조화와 대립을 먼저 본다.

노신은 광주廣州에서 「위진풍도와 문장 그리고 약과 술의 관계」라는 제목의 긴 연설을 한 적이 있다. 이 때 그는 혜강과 완적, 주덕송酒德頌을 지은 유령劉伶에게 깊은 호감을 보이며 긍정적으로 평가했다.

죽림칠현은 조위왕조曹魏王朝(222~265년)에서 서진왕조西晉王朝(265~316년)에 걸쳐 살며 도가적 삶의 풍류를 추구했던 일곱 선비를 일컫는 말로 혜강과 완적을 필두로 산도, 유령, 완함阮咸, 향수向秀, 왕융王戎이 그들이다. 평범함을 벗어난 그들의 모임은 고급 문학 살롱으로 글줄깨나 읽는다고 아무나 들어갈 수 있는 것은 아니었다. 당시에 죽림칠현의 기이한 언행이 세상에 빠르게 알려진 것은 무엇보다 그들의 출신성분 때문이었다. 그들 중에는 한때나마 정계에 발을 담근 이들도 있었고 문화적 영향력도 상당했다. 중산대부中散大夫를 지낸 혜강은 혜중산으로 불렸으며, 완적은 보병교위步兵校尉 직에 있었다. 현실정치에서 직접 활동을 했던 산도와 왕융은 높은 관직까지 올랐다.

조조는 시도 잘 지었고 술도 잘 마셨다. '무엇으로 근심을 달랠까? 오직 술뿐이네.何以解憂, 唯有杜康.'는 그가 지은 시 「단가행短歌行」의 한 대목이다. 조조의 아들 조비는 건안칠자가 중심이 된 업하鄴下 문학 집단을 직접 이끌며 최초의 7언시 「연가행燕歌行」을 지었다. 또 그는 중국 문학 비평사에 중요한 저작으로 평가받는 『전론典論』을 저술하기도 했다.

권력자의 문학 우호적 태도는 문인들에게 좋은 창작 환경을 만들어주었고 더불어 그들의 사회적 지위도 상승했다. 그러나 늘 좋기만 했던 것은 아니었다. 중국 고대 봉건 사회에서 문인과 통치자의 관계는 적대적이면서 의존적이었다. 문장가면서 정치가이기도 했던 조조는 자신을 반대하면 누구나 가차 없이 죽였다. 공융과 양수楊修도 조조가 제거한 문인들이었다. 문인이 자연인으로서 자신의 인격과 삶의 원칙을 지키고자 할 때 간혹 치명적인 재난을 당하는 것도 바로 문인과 통치자의 미묘한 역학 관계와 둘의 관계를 지배하는 힘의 논리 때문이다. '살기등등殺氣騰騰'은 중국 역사에서 자주 등장하는 상용어常用語. 위, 촉, 오의 삼국시대 50년은 칼날의 빛과 검의 그림자로 충만했으며, 춘추전국시대 5백 년 동안 전장에서 스러져간 이들의 피가 황하와 장강을 붉게 물들였다. 이렇게 인류의 가장 큰 불행인 전쟁은 사상과 문학을 태동시키는 원동력이 되었고, 그 속에서 제자백가와 위진풍도도 태어났다.

　나는 위진풍도하면 건안칠자나 죽림칠현보다 먼저 촉한의 제갈량을 떠올린다. 제갈량은 그야말로 시공을 초월해 사랑받는 중국의 간판 스타다. 두보도 자신의 시 「영회고적詠懷古跡」에서 '공명의 큰 이름 우주에 드리우니諸葛大名垂宇宙'라며 그를 추앙했다. 제갈량의 「출사표出師表」는 문학이 아닌 관례적 공문에 불과한 것이었지만, 그 탁월한 문장력과 감동적인 내용은 대문호의 작품과 견주어도 전혀 손색이 없다.

　소신은 포의布衣의 신분으로 남양南陽 땅에서 농사를 짓고 살았습니다.

난세에 구차하게 목숨을 보전하려고 제후에게 영달을 구하지는 않았습니다.

「출사표」에서도 밝히고 있듯이 제갈량은 본래 글을 읽고 거문고를 연주하며 청담淸談을 즐기는 유유자적悠悠自適의 삶을 살았던 인물이다. 유가, 도가, 법가, 묵가의 사상을 두루 알고 깊은 도량을 가지고 있던 그를 싫어하는 사람은 없었다. 심지어 정치적 적수들도 그를 존경했다. 그는 법과 제도를 강조하는 법가와 겸애를 중시하는 묵가의 사상을 융합해 정치에 적용할 줄 알았다. 은거隱居든 출사出仕든 그의 선택은 충분한 이유가 있는 것으로 인정받았다. 그는 관직에 나가서도 정직한 성품과 군주와 나라에 대한 충성, 자신한테는 엄격하되 타인에게는 관용을 베푸는 마음을 잃지 않았다. 형 제갈근諸葛瑾은 오나라에서, 아우 제갈탄諸葛誕은 위나라에서 삼형제가 모두 각자 섬기는 군주를 위해 일했으나 화목하게 지냈다. 동일한 것을 강요하는 폭력성 대신 다양성을 존중하는 평화를 분별하는 화이부동和而不同의 넉넉함이 그들 형제에게 있었다.

중국 역대 지식인들은 맹자의 '영달하면 나아가 천하를 구하고, 궁하면 홀로 수양한다達則兼濟天下, 窮則獨善其身'는 말을 나름의 방식대로 해석하고 자신의 원칙대로 처세했다. 그는 출사표에서 '온 힘을 다 바쳐 싸우다 나라를 위해 죽겠다鞠躬盡瘁, 死而後已'라는 간결하지만 장엄한 어조로 자신의 세상 사는 방식을 말하고 있다. 234년 제갈량은 대군을 이끌고 위나라 장군 사마중달과 싸우다 오장원五丈原에서 전사했다. 향년 54세, 죽기에는 아직 젊은 나이였다.

혜강과 제갈량은 이미지가 매우 비슷하다. 둘 다 체격이 크고 얼굴도 잘 생겼으며 행동스타일은 멋스러웠고 또 풍류를 즐겼던 거문고의 고수였다. 그들은 따로 스승을 두지 않고 혼자 학문에 힘써 일가를 이뤘다.

뭐 하나 빠지지 않는 인물

혜강은 초군譙郡 질현銍縣 사람으로 후에 하내河內의 산양山陽 땅으로 거처를 옮겼다. 태행산太行山 남쪽 자락에 있어 산양이라 불린 이곳은 위나라의 수도였던 낙양과는 그리 멀지 않고 길도 잘 뚫려 있어 말을 타고 두어 시간 달리면 닿을 수 있었다. 위, 촉, 오 삼국이 천하의 패권 다툼을 벌였던 당시, 중원을 차지한 위나라는 전시戰時였지만 상대적으로 안정돼 있었고 문인들도 많았다. 반면 동오와 서촉은 협소한 국토와 적은 인구 탓인지 문학사에 이름을 남길 만한 문인들이 거의 없었다. 기록에 의하면 촉의 국력은 위의 10분의 1밖에 되지 않았다고 한다.

혜강은 수려한 풍채와 뛰어난 재능을 겸비한 뭐 하나 빠지지 않는 인물이었다. 그 덕에 그는 위나라 종실의 공주와 결혼도 하고 중산대부라는 관직을 제수除授(천거에 의하지 않고 임금이 직접 벼슬을 내리는 것─역자 주)받을 수 있었다. 불행하게도 출세가도를 달리기만 하면 되는 순간에 그에게 재앙이 찾아 왔으니, 바로 사마소의 정권 찬탈이었다. 혜강은 조 씨와 사마 씨 집단의 권력 투쟁에서 자유로울 수 없는 처지기도 했지만 일부러 피하지도 않았다. 그는 완적처럼 흐리멍덩하지 않았으며 자신의 정치적 입장을 분명히 했다. 나라의 녹을 먹고 군주를 섬기는 신하로서 '양다리 걸치기' 따위의 치졸함이나 배신은 그에게 용납될 수 없었다.

중산대부는 한직으로 봉록은 많지 않고 시간도 널널해 혜강은 틈만 나면 쇠를 두들겨 집안 살림에 보태기도 하고 술값도 벌었다. 그는 정원의 큰 나무 밑에 대장간을 마련해놓고 여름이면 나와 쇠망치로 철기를 두들겼고 향수는 옆에서 풀무질을 했다. 사서는 혜강은 성품이 기묘해서 쇠 두드리기를 좋아했다고 기록하고 있다. 솜씨 좋은 대장장이 혜강의 모습은 목우유마木牛流馬(제갈량이 군량 운반을 위해 제작한 마소 모양의 수레로 기계 장치의 힘으로 움직였다고 함)를 만든 제갈량과 많이 닮았다.

향수의 자는 자기子期로 나이는 정확하지 않으나 혜강보다 예닐곱 살 어렸고 『장자주莊子注』를 집필했다. 그는 왕융과 함께 죽림칠현의 막내로 산도의 추천을 받아 명사名士들이 운집한 죽림의 그룹에 들어올 수 있었다.

혜강이 살았던 집 근처의 산비탈에는 죽림과 샘물, 작은 시내가 있었다. 가운데 평지에는 돌로 만든 의자와 탁자가 가로놓였고, 대나무로 엮은 거문고 대와 안락의자도 보였다. 나뭇가지에는 갖가지 모양의 술병들이 걸려 있었다. 훗날 북위의 지리학자 역도원酈道元은 죽림칠현의 은거지였던 산양을 답사하고 칠현사七賢寺에서 그들을 추모했다. 그가 집필한 중국의 하천을 소개한 지리지 『수경주水經注』에도 죽림칠현에 관한 기록이 있다.

위진 시대에 '현묘한 기풍玄風'은 지식인들의 중요한 철학적 담론이었다. 그들은 노자의 '현묘하고 또 현묘한 것이 모든 오묘함이 나오는 문玄之又玄 衆妙之門'라는 말에 기대어 현담玄談(심오한 이치를 말하는 것—역자 주)을 주고받으며 '오묘함이 나오는 문'을 열고자 했다. 유가儒家의 인성에 대한 속박은 수백 년 동안 인간의 가치적 이성을 도구적 이성으로 전락시켰고 결국 권력자가 애용하는 통치 수단이 되었다. 사마 씨 집단은 조위 왕조로부터 정권을 빼앗기 위해 수단과 방법을 가리지 않았다. 그들에게 민생은 전혀 관심의 대상이 아니었다. 더욱 역겨운 것은 그들이 내세운 정치 이념이 효치孝治라는 데 있었다. 사람을 잡아먹는 예교에 맞서는 가장 훌륭한 사상의 무기는 노장 사상이었다. 위진 교체기에 청담과 현담이 성행했던 것은 피비린내 나는 정치 현실에 대한 분노와 도피에서 비롯되었고, 또 도가 사상의 자연적 인간관을 추구했기 때문이었다.

무엇을 듣고 와서 무엇을 보고 가는가?

혜강은 어떻게 죽림칠현의 영수가 될 수 있었을까? 예나 지금이나 출신 가문은 중요한 것이었고 그런 점에서는 죽림칠현도 크게 다르지 않았다. 산도, 유령, 왕융은 모두 한미寒微한 가문의 출신이었다. 부친이 현령을 지냈으나 일찍 세상을 떠 산도는 유복한 유년을 보내지 못했으며, 완적은 집안도 좋고 재능도 출중했으나 기이한 행동을 일삼아 사람들의 입방아에 자주 오르내렸다. 앞서도 언급했듯이 혜강은 호방한 풍채와 기상, 현학玄學에 대한 깊은 조예, 뛰어난 예술적 소양을 두루 겸비했다. 그는 벗사귐에 원칙을 내세우되 고지식하지 않고 융통성이 있었다. 집안 배경도 좋았던 혜강이 죽림 그룹의 우두머리가 된 것은 자연스러운 일이었다. 태학생太學生들도 죽림칠현을 받들어 따랐다.

혜강은 또 자주 산에 올라 약초를 캤는데 그를 신선으로 안 사람들도 있었다. 신선술에 빠졌던 진시황과 한 무제의 영향은 민간에도 널리 퍼져 있었다. 혜강은 오석산五石散이라는 독성이 있는 약을 직접 만들어 먹었다. 광물질 다섯 종을 혼합해 만든 것인데 그 중 하나가 종유석鐘乳石이다. 『상한론傷寒論』을 저술한 한나라 말기의 명의 장중경張仲景의 연구에 따르면 오석산을 장기 복용하면 장수할 수 있다고 한다.

잠깐 혜강의 일상을 들여다보자.

혜강은 늦봄부터 초가을까지 책을 읽다 지치면 대장간에 나와서 쇠를 두들겼다. 해질 무렵이면 태행산에 올라 먼 곳을 바라보았다. 가족과 벗들 말고 따로 왕래하는 사람들은 없었다. 친구 완적이 자주 찾아와 어린 아들 혜소嵇紹를 등에 태우고 말 흉내를 내며 뜰을 기어 다니곤 했다. 자사刺史를 지내고 있는 형 혜희가 이따금씩 혜강 집으로 옷가지나 먹을 것 등을 보내오곤 했으나, 그것도 동생이 싫어할까 봐 많이 보내지 못했다.

세족의 자제라면 조정에 나가기를 꿈꾸는 것은 당연한 것이었고 또 특별한 경우가 아니라면 정계 진출은 정해진 수순이었으나, 혜강은 기존의 시스템 밖에 있기를 원했다. 그 덕에 집안 형편도 넉넉할 리 없었지만 혜강은 더 많이 갖고자 욕심내지 않았다. 그는 술과 거문고, 그리고 뜻을 같이 하는 벗들로 충분히 풍족했기에 고관대작의 봉록 따위를 아쉬워하지 않았다. 조정의 대신들도 혜강을 부러워했다. 물론 그들이 선망羨望한 것은 혜강의 자발적 빈곤이 아니라 명성이었지만 말이다.

하루는 종회가 혜강을 찾았다. 종회는 조위 왕조의 개국공신으로 태부太傅 자리까지 오른 종요鍾繇의 아들이다. 그도 어려서 신동이라 불릴 만큼 학식과 재능을 갖춘 인재였으나, 아버지가 섬겼던 위나라를 배신하고 사마씨 정권의 하수인 노릇을 자처했다. 정계의 실력자 종회가 명사名士 혜강의 집에 온 것이다. 사실 그가 혜강을 찾은 것은 이번이 처음은 아니었다. 종회는 왠지 모를 열등감에 문도 두드리지 못하고 혜강 집 앞에 자신이 집필한 책 몇 권만 놓고 그냥 돌아갔던 기억을 떠올렸다. 그래서였을까? 종회는 이번에는 살진 말에 올라 능라綾羅와 주단綢緞 옷으로 으리으리하게 차려 입고 시종 수십 명까지 동원해 다시 혜강을 찾았다. 혜강을 찾을 때마다 그는 내면에서 올라오는 열등감과 오만함에 스스로 당혹스러워했다. 세상을 우습게만 알던 그에게 사마소와 혜강은 언제나 넘고 싶은 높은 벽이었다.

혜강은 귀공자랍시고 잔뜩 허세를 부리고 나타난 종회의 방문이 달갑지 않았을 것이다. 종회가 왔을 때도 혜강은 여느 때와 다름없이 대장간에서 쇠를 두들겼고 향수는 옆에서 풀무질을 하고 있었다. 그래도 사람이 왔으면 눈인사라도 건네는 것이 예의건만 혜강은 종회를 완전히 무시하고 계속 쇠만 두들겨댔다. 그렇게 한참을 혜강은 두드리고 종회는 말없이 지켜보았다. 시간이 얼마나 흘렀을까. 종회가 더는 기다리지 못하고 자리를 떠나려 하자 그제야 혜강은 천천히 입을 뗬다.

"무엇을 듣고 와서 무엇을 보고 가는가?何所聞而來, 何所見而去."

"들은 바 있어 왔다가 본 바가 있어 간다聞所聞而來, 見所見而去."

촌철살인寸鐵殺人의 재기 넘치는 이 말은 당시 명사들이 즐겨 사용하던 표현법이었다. 일문일답의 간결한 대화는 마치 무림 고수들이 벌이는 진검승부처럼 말은 허공에서 부서지고 의미만 상대의 가슴에 와 박힌다.

사마소의 신임을 얻고 정치가로 남부러울 것 없는 종회가 죽림까지 찾아와 풍류명사와 어울리려 한 것은 어쩌면 지나친 욕심이었는지 몰랐다. 종회도 혜강도 상대방이 무엇을 원하는지 정도는 구구절절 말하지 않아도 분별할 수 있는 직관과 식견을 가진 사람들이었다. 그러니 오고 가는 말이 길 필요가 없었다. '권력'과 '명성'이 결합해 얻는 상승효과야 삼척동자도 아는 이치였다. 하지만 혜강은 종회가 내민 손을 잡지 않았다.

모욕을 당한 종회는 사마소에게 달려가 참언했다.

"혜강은 누워있는 용과 같아 언제라도 큰일을 벌일 수 있는 인물입니다. 천하를 도모하시려면 마땅히 그를 경계해야 할 줄 아옵니다."

사마소는 고개를 끄덕였다. 당시 이미 병권을 잃은 조씨 일가는 목숨이라도 부지하려면 대장군 사마소의 눈치를 봐야 하는 신세가 되고 말았다.

융중隆中에 은거하던 제갈량을 세인들은 와룡臥龍 선생이라 불렀다. 누워 지내던 용이 산에서 나와 유비를 보좌해 조위 왕조를 수십 년간 위협했던 것이다. 종회가 혜강을 제갈량에 빗댄 의도는 분명했다. 사마소는 사마소대로 진작부터 혜중산을 예의주시하고 있던 터였다.

사마소는 죽림 그룹을 와해할 목적으로 분열 정책을 펴는 한편 언론의 자유를 통제하기 시작했다. 우선 혜강 대신 칠현의 2인자 완적에게 접근했다. 사마소는 완적의 딸과 아들 사마염司馬炎을 결혼시키고자 했다. 가문을 중시하는 당시에 권문세가인 사마 씨 일가로서는 격이 맞지 않는 혼사였지만 사마소는 완적 집안에 기꺼이 은총을 베풀고자 했다. 혼담 소식이 전해지자 축하 인사를 하러 찾아온 조정 관리들로 완적 집 문턱이 다 닳을 정도였다. 완적의 딸이 사마염과 결혼하면 장차 황후皇后가 되는 것이었다. 하지만 사람들을 더 놀라게 한 것은 완적의 태도였다. 그는 사마소의 혼사 제의에 싫다 좋다 말은 하지 않았지만 혼담이 있은 후부터 매일 술에 절어 살았다. 혼주가 두 달이 넘도록 인사불성이니 구체적인 이야기를 할 수도 없었다. 야사野史의 기록에 의하면 백 보 밖에서도 완적 집에서 풍겨오는 진한 술 냄새를 맡을 수 있었고, 심지어 뜰에 있던 닭들도 취해서 낮밤을 못 가리고 울었다고 한다. 사정이 이러니 사마소도 별 수 없이 혼담을 없던 걸로 하고 말았다.

완적은 늘 술에 취해 미치광이처럼 행동했으나 정신만큼은 눈처럼 맑게 빛났다. 깨어 있기에 취할 수 있는 사람이 완적이었다.

'그럭저럭 세월이나 보내면 그만이지 무슨 영화를 보겠다고 사마 씨 집단에 빌붙어 스스로 천하의 웃음거리가 된단 말인가? 선친이 생전에 조조를 군주로 섬겼거늘 어찌 내가 사마소에게 몸을 의탁할 수 있겠는가?'

혜강이 종회를 냉대하고 완적이 사마소 집안과의 혼담을 거절한 것은 당시 조정과 재야를 떠들썩하게 만든 일대 뉴스였다. 명사파가 보기 좋게 집권파를 뭉개버린 이 사건은 후세 선비들에게 오래도록 미담으로 전해졌다.

혜강과 완적의 일로 죽림칠현의 명성은 더욱 커졌다. 죽림은 자유 정신을 상징하는 코드였다. 죽림의 현사賢士들은 선비에게는 동경의, 조정에는 경계의 대상이 되었다. 유명해지면 그만큼 적들도 많아지는 법, 죽림 그룹을 공격하는 이들이 나타났고 혜강도 가만있지 않고 반격에 나섰다. 종회는 혜강의 일거일동을 감시하고 사마소에게 보고했다. 용의주도한 사마소가 모를 리 없었으나 일단 두고 보기로 했다. 사마소는 조위 왕조를 찬탈하고 아들 사마염을 황제로 세우기 위해 장애물을 하나씩 제거하는 중이었다. 정권 획득의 정당성이 없는 사마소는 지식인들에게 강경과 회유를 함께 사용함으로써 여론을 무마하려고 했다. 권력자에게도 명名과 성聲은 중요했다. '聲'은 곧 유명인에 대한 세인들의 평판이므로 여론을 놓칠 수는 없었다.

사마소는 낙양에서 군신群臣에게 자주 연회를 베풀었다. 그때마다 문무백관은 대장군 사마소에게 설설 기었다. 자리에는 종회와 등애鄧艾도 있었고, 완적은 언제나처럼 술 취한 말들을 늘어놓았다. 완적의 횡설수설을 사람들은 싫다는 내색도 못하고 열심히 듣는 시늉을 했고, 사마소는 수염을 쓸며 넉넉한 웃음까지 얼굴에 걸고 있었다. 문인은 문인대로 정객은 정객대로 서로 그렇게 마음을 숨긴 채 능청스런 연기를 했다.

사마소는 술 좋아하는 완적에게 보병교위 직을 맡겼다. 보병교위는 술과 가까이할 수 있는 보직이었으니 완적으로서는 그만한 자리가 또 없었다. 완적은 군대 안에서 마시는 것도 모자라 죽림으로 술을 가져가기도 했다. 누군가 사마소에게 완적이 군영의 술을 반출한다고 일렀으나 그뿐이었다.

완적에 대한 사마소의 관용은 앞으로 혜강이 마주할 잔인한 보복을 예고하는 것이기도 했다.

홀홀 벗고 숲에서 놀다

죽림의 그들은 어떻게 놀았을까? 우선 술 얘기부터 해보자.

주당酒黨인 완적, 완함, 유령에게 술은 취하라고 마시는 거였다. 산도의 주량도 커서 한 번 마시면 팔 두斗는 거뜬히 마셨다고 한다. 팔 두면 큰 술독 하나는 족히 되는 양이다. 하지만 산도는 자기 관리에 철저하고 좀처럼 속내를 쉽게 드러내지 않는 성격이라 술에 취한 그를 본 사람은 없었다. 정치판에서 놀려면 산도 같은 성격이 제격이다. 향수의 주량은 형편없어서 술 석 잔이면 얼굴은 시뻘게지고 배탈이 나기 일쑤였다. 인색한 왕융은 늘 공짜 술만 얻어먹었고, 혜강은 오석산을 복용해 내키는 대로 술을 마실 수 없는지라 자제하는 모습을 보였다.

술이 몇 순배 돌고 거나하게 취하면 이제 노래와 거문고가 등장할 차례였다. 죽림칠현에서 음악을 좀 안다고 할 만한 이들로는 네 사람이 있다. 혜강이야 자타가 공인하는 거문고의 고수였고, 완함은 '신해神解'라 불릴 만큼 탁월한 음감의 소유자였다. 당나라 때 비파에 능한 완함의 이름을 그대로 딴 발현撥絃 악기도 있었다.

완함은 숙부인 완적을 닮아 거침없고 엉뚱했다. 하루는 완함이 집에서 술을 대야에 담아 마시고 있었다. 집에서 키우던 돼지 몇 마리가 대야를 향해 달려들었다. 이웃은 술을 빼앗기지 않으려고 대야를 두고 돼지들과 씨름을 하는 완함을 보고 고개를 설레설레 흔들었다. 또 그는 숙부 흉내를 내어 툭하면 알몸으로 술을 마셨다.

술 앞에서 둘째가라면 서러울 두 완 씨도 명함을 못 내미는 이가 있으니 그가 유령이다. 그야말로 천하제일의 술꾼이었다. 어머니가 돌아가셨을 때 유령은 마침 바둑을 두고 있었다. 보통 사람이라면 바로 자리에서 일어섰을 테지만 그는 바둑을 다 두고서야 집으로 달려갔다. 유령은 모친의 시신 앞에서 대성통곡을 했고 피까지 토하다 실신했다. 그는 깨어나서 고기 안주에 술을 마셨다. 상주가 술과 고기를 가까이 하는 것은 당시 풍습으로는 있을 수 없는 일이었으나 유령은 전혀 개의하지 않았다. 그의 행동은 허위적 예교에 반기를 듦으로써 형식적 명교名敎를 내세우며 악행을 일삼는 사마소를 조롱한 것이었다. 사실 유령은 효자였다. 그는 돌아가신 어머니를 땅에 묻으며 슬픔을 이기지 못하고 다시 선혈을 쏟았다. 유령은 피를 쏟고 혼절하고 깨어나서 다시 울고 쓰러지길 여러 번 반복했다. 그의 키는 5척이 채 못 되고 살집도 없는 작고 마른 체구였다.

유령도 나체주의자였다. 집에서 실오라기 하나 걸치지 않은 알몸으로 손님을 맞이할 때가 많았다. 유령은 자신의 벗은 몸을 보고 놀라는 손님에게 말했다.

"이 집은 곧 내 속바지요, 누가 당신더러 내 속곳 안으로 들어오라 했소?"

유령은 겨울이라고 다르지 않아 허리끈을 풀고 마른 다리를 내놓았다. 부인도 괴벽스러운 그를 어쩌지 못했다.

가난하고 말단의 작은 관직밖에 하지 못했던 유령은 술을 찾아 죽림으로 갔다. 혜강, 완적, 완함 등 6척이 넘는 장신들 속에 서 있는 그의 모습은 마치 작은 둔덕 같았다. 유령은 죽림 그룹에 쉽게 들어갔다. 조건으로 따지자면 유령과는 비교도 안 되는 사람들이 죽림 그룹을 어슬렁거렸지만 혜강은 그들을 받아들이지 않았다. 반면 유령은 자격 심사도 필요 없었다. 유령은 청담에 뛰어났지만 저술은 하지 않았다. 그가 남긴 유일한 작품으로는 술의 덕을 칭송한 「주덕송」이 있다.

죽림 일곱 남자의 기행奇行이 중국 후대 문인들에게 끼친 영향은 매우 크다. 호방豪放하고 청일淸逸한 기상, 구속을 거부하는 자유로운 영혼과 재기발랄한 엉뚱함까지 죽림칠현이 추구했던 정신은 시선 이백에게도 모방과 선망의 대상이었다.

다음은 이백의 「하일산중夏日山中 – 여름날 산 속에서」라는 시다.

백우선 부치기도 귀찮아 훌훌 벗고 숲으로 들어가서

懶搖白羽扇, 裸體靑林中

두건 벗어 석벽에 걸고 맨머리로 솔바람 맞는다.

脫巾掛石壁, 露頂灑松風

예나 지금이나 공중 앞에서 알몸으로 서는 것은 비윤리적 혹은 비상식적 행위로 여겨진다. 옛사람들은 알몸을 사람들 앞에 드러내는 것은 부모님에 대한 불효이며 남녀칠세부동석이라는 유가적 질서에 대한 도전으로 생각했다. 완적도 상중에 있으면서 술과 고기를 가리지 않고 먹었으며 혜강은 술과 고기를 들고 문상을 갔다. 그들은 이렇게 충효를 강조하는 유교적 지배 이념을 보기 좋게 깔아뭉갬으로써 사마소 정권에 대항했다. 죽림칠현은 그들의 방식으로 왕권을 침탈한 사마소가 충 대신 효를 국가적 윤리로 내세우는 것을 조롱하며 사마 씨 정권의 위선을 폭로했던 것이다.

사마소는 이 광인들을 손볼 방법을 하나씩 준비하고 있었다. 조조는 공융, 예형禰衡, 양수를 제거했다. 사마소도 칼은 없지 않았으나 문제는 죽림칠현의 실력과 영향력이 무시하기에 너무 크다는 것이었다. 마음에 들지 않는다고 그들을 전부 죽일 수는 없는 노릇이었다. 사마소는 칼을 쥔 채 명분을 찾고 있었다. 누구에게 언제 칼을 대느냐는 그다음 문제였다.

속세의 유혹을 거절하다

혜강이 약관의 나이일 때 시작된 죽림의 모임은 20년 넘게 지속되었다. 처음부터 일곱 남자가 모인 것은 아니었다. 혜강, 완적, 산도가 먼저 뭉쳤고 그 후로 의기가 맞는 사람을 하나 둘씩 받아들여 죽림칠현이 된 것이다. 흔히 상식이라 믿어왔던 것들을 과감히 벗어 던지고 세상을 자주 놀라게 했던 그들의 행동에 '뜨고 싶은 세속적 욕망'은 없었을까? 전혀 없었으리라고는 생각되지 않는다. 욕망 없는 인간이 어디 있으랴? 미치지 않고는 살 수 없는 세상에서 그들은 정말 미치기도 했을 것이고 때론 일부러 미친 척을 하기도 했을 것이다.

그들보다 먼저 미친 사람이 있었으니 정시현학正始玄學의 문을 연 하안何晏이다. 조조의 양자며 사위이기도 했던 하안은 곱고 하얀 피부를 지닌 꽃미남이었다. 그는 이부상서吏部尚書를 지냈으며 문장에 능했고, 논어를 노장 사상의 시각으로 해석한『논어집해論語集解』를 저술했다. 오석산을 가장 먼저 만들어 먹은 사람도 하안이다. 그는 요즘 말로 하면 메트로섹슈얼에 속하는 남자였다. 수나라 때 소원방巢元方이라는 어의가 남긴 기록에 따르면 '상서 하안이 음악과 여색을 탐해 오석산을 먹기 시작했는데 기분도 좋아지고 체력도 강해졌다. 이 사실이 전해지면서 오석산 복용은 수도에서 크게 유행했다'고 한다. 오석산은 자양강장의 효과가 있어 먹으면 온몸에 열이 나는데, 약값이 워낙 비싸 일반 서민은 먹을 수 없었다.『태평광기太平廣記』를 보면 '어떤 사람이 저잣거리에 누워 몸을 뒤척이며 덥다고 말했다. 사람들이 이를 구경하기 위해 다투어 몰려들었다. 동행이 이상하게 여겨 물어보니 누워 있던 이가 오석산을 먹고 열이 나서 그렇다고 답하자 주위에 있던 사람들이 크게 웃었다'라는 기록이 있다. 이처럼 당시 오석산 복용은 선풍적 인기에 힘입어 낙양에서 허창許昌, 장안長安, 초譙, 업鄴, 산양 땅까지 전해졌다. 심지어 약을 먹을 때 입는 옷과 신발, 걸음걸이까지 유행했다.

맑은 영혼과 건강한 몸의 '살림'을 중시했던 혜강은 쇠를 두들겨 노동하고 좋은 약을 복용하며 섭생攝生을 게을리 하지 않았다. 혜강은『양생론養生論』을 저술하기도 했는데, 그가 밝히는 양생의 목적은 무병장수지 신선이 되는 것에 있지 않았다. 바른 것을 먹고 욕망에 빠지지 않고 절제하는 삶의 태도가 곧 그의 양생법이었다. 향수는 『난양생론難養生論』을 써서 혜강의 양생론을 비판했다. 향수는 인간의 기호와 욕구를 억제하는 것은 하늘의 이치와 자연인의 본성을 거스르는 삶이며 양생법으로 타고난 수명을 연장할 수는 없다고 주장했다. 혜강은 다시 『답난양생론答難養生論』을 써서 향수의 비판을 진지하게 분석하고 반박했다. 혜강과 향수는 인간의 본성과 욕망을 다르게 보았다. 혜강에게 있어 욕망이란 몸과 마음을 피폐하게 하므로 따라서는 안 되는 것이었지만 향수는 자연스러운 욕구를 인정하고 충족시키는 것을 인간의 합리적 욕망 추구라 보았다. 그들은 서로 다른 견해와 입장의 차이를 가지고 있으면서도 반목하지 않고 우의를 유지했다.

인간과 삶에 대한 진지한 토론과 기존 질서와 가치관에 대한 발칙한 도전, 그리고 진한 술 향기로 가득한 죽림의 낭만과 자유분방도 서서히 끝을 보이고 있었다. 혜강은 평소 말수가 적었지만 곧은 성품이라 옳지 못한 일이나 사람을 만나면 에둘러 말하는 법이 없고 자신의 분노를 그대로 표출했다.

산도에게 절교를 선언한 것도 좋고 싫음이 분명하고 강직한 그의 성격에서 비롯되었다. 산도가 사마소 정권에서 관리 노릇을 한다고 했을 때 혜강은 아무런 말도 하지 않았다. 유령과 향수가 먼저 나서서 산도를 비난했지만 혜강은 산도의 일로 죽림 그룹이 사분오열되는 것을 원치 않았다. 말이 없기는 완적도 마찬가지였으나 그는 특유의 백안白眼을 보일 뿐이었다. 백안시라는 말을 탄생시킨 완적은 청백안을 가지고 있어 싫은 사람을 만나면 백안을 드러내고 반가운 이를 만나면 청안으로 대했다고 한다. 죽림의 막내 왕융만 유령과 향수가 산도에게 변절 운운하며 손가락질하는 것을 못마땅하게 여겼다. 왕융에게 중요한 것은 벼슬을 해 재물을 모으는 일이었다. 그는 조 씨든 사마 씨든 누구를 섬기든 아무러면 어떠한가라고 생각했다. 왕융은 이미 일곱 살 때 상품 경제 의식을 갖고 있었다. 그는 집에 좋은 자두나무가 있어 과실을 내다 팔았는데 꼭 팔기 전에 자두 씨를 뺐다고 한다. 그 연유가 궁금해 사람들이 물어보니 왕융의 대답이 걸작이었다. 그의 설명인즉 씨를 빼고 팔면 다른 집이 좋은 종자를 얻어 자두나무를 심을까 염려할 필요가 없다는 것이었다. 그만큼 왕융의 재물욕은 대단했다.

산도가 승진한 기쁨만 누렸으면 좋았으련만 그는 그렇게 하지 않았다. 그는 사마소에게 혜강을 천거함으로써 친구의 인격을 모독하고 결국 절교까지 당하는 신세가 되고 말았다. 일곱 남자가 죽림에서 한데 뭉칠 수 있었던 것은 서로를 잘 알고 배짱이 맞았기 때문이었다. 그리고 혜강의 실력과 명성으로 벼슬자리 하나 얻는 것은 일도 아니었다.

조금 억측을 해보면 산도가 일부러 혜강을 건드렸을 수도 있다. 나이도 자기보다 어린 혜강이 죽림칠현의 영수로 인정받는 꼴이 내심 아니꼬왔을 수도 있으리라. 또 어쩌면 사마소의 사주를 받은 산도가 혜강을 잡기 위한 명분, 그러니까 일부러 덫을 던졌을 가능성도 배제할 수 없다. 이유야 어찌되었든 혜강은 산도가 자신을 관직에 앉히려 한 일로 격분했다. 왕융은 혜강과 알고 지낸 동안 기뻐하거나 화내는 일을 본 적이 없다고 말했다. 왕융의 말이 가감 없는 사실이라면 좀처럼 감정을 밖으로 드러내지 않는 혜강이 절친한 벗으로 믿었던 산도에게 느꼈던 분노와 배신의 깊이는 무척 컸던 것 같다.

산도에게 보낸 절교의 편지를 살펴보자.

> 그대는 학문에 두루 통달하고 마음 씀씀이가 너그러워 늘 허락하고 거절하거나 의심하는 일은 별로 없었지. 하지만 나는 성격이 직설적이고 속이 좁아 감당하지 못하는 일이 많은 편인데 우연히 그대와 서로 알게 된 것 뿐이라네. 足下傍通, 多可而少怪. 吾直性狹中, 多所不堪, 偶與足下相知耳.

'우연히 알게 된 것 뿐'이라는 말에서 혜강이 산도와의 만남을 후회하고 자책하고 있음을 알 수 있다.

정치판에 있으려면 개성은 죽여야 한다. 그래야 떡고물이라도 챙기고 오래 살아남을 수 있다. 영원불변의 원칙(?)이라고 하면 좀 지나친 말일 수도 있으나 현실 정치에서 실재하는 모습이 그러하다. 사람의 천성天性이 쉽게 버리거나 바꿀 수 없는 것이라는 사실이 새삼 고맙다. 생래적 개성이 필요에 따라 죽이고 살릴 수 있는 것이라면 정치는 아첨과 술수만 있었을 것이고 역사는 거꾸로만 흘렀을 것이다. 중국의 오랜 봉건 사회에서 인간은 권력에 의해 규정되고 농락되어 왔다. 무소불위의 권력은 대립면의 존재 자체를 인정하지 않았다. 간혹 용감하게 일어나 권력에 저항하는 호걸이 있었으나 그때마다 무자비하게 역사 속에 매장되었다.

사마소의 조위 왕조 찬탈은 조조의 역성혁명과 나란히 놓고 말할 수 없다. 후한 말은 외척과 환관의 발호로 정치는 실종되고 민중의 삶은 도탄에 빠진 난세 중의 난세였다. 조조는 비록 천자를 위협하고 제후를 호령해 천하의 대권을 장악했지만 난세의 혼란에 종지부를 찍었다는 점에서 나름의 명분과 정당성이 있었다. 또 조위 왕조는 생산을 발전시키고 법제를 강화하는 등 치세에 힘썼다. 반면 사마씨 집단은 권력에 대한 야욕으로 조정에 피바람을 다시 불러왔고 민중을 더욱 절망의 구렁텅이로 몰아넣었다. 이런 상황에서 조씨 가문의 일원인 혜강이 사마소의 손을 잡지 않았다고 시대 흐름을 읽지 못했다며 그를 탓할 수 있을까?

당시에 고지식하고 융통성 없다며 혜강을 비난하는 사람들이 있었다. 산도가 혜강이 죽림에서 나오도록 여러 차례 설득한 것도 그의 고집스러움을 깨고 싶기 때문이었다. 혜강은 결국 참을 만큼 참다 폭발했고 이십 년 지기 벗과의 인연을 끊었다.

다시 산도에게 보낸 절교의 편지를 읽어보자.

내 전에 책을 읽을 때는 한결같이 지조를 지킬 수 있는 이는 세상에 없다고 생각했는데 지금은 그런 사람이 있다고 믿게 되었네. 吾昔讀書, 得並介之人, 或謂無之, 今乃信其眞有耳.

혜강은 '並介之人'을 세상의 이치에 통달해 속세에서 명성을 날리면서도 자기의 신념을 잃지 않는 사람이라는 뜻의 달인達人으로 풀이하고 있다.

그대가 그 일로 까닭 없이 나를 원망한다면, 나를 시체 구덩이에서 뒹굴도록 만드는 것이라네. 足下無事冤之, 令轉於溝壑也.
일단 나에게 그 일을 강요하면 나는 정말 미쳐버리고 말 걸세. 一旦迫之, 必發狂疾.

이 대목은 산도가 혜강에게 조정에 들어오라는 강요에 가까운 권유를 했음을 보여준다. 산도가 앉아 있던 이부랑과 혜강이 지낸 중산대부는 관직의 업무만큼 자리의 의미가 달랐다. 무엇보다 권력의 출처가 달랐다. 이부랑은 사마씨 정권이 산도에게 부여한 것이지만 중산대부는 조위 왕조가 혜강에게 내린 벼슬이었다. 이부랑과 중산대부 사이에는 건널 수 없는 강이 있었고, 이는 곧 산도와 혜강의 정치적 신념 혹은 원칙의 차이기도 했다. 혜강은 절교라는 극단적 처방을 통해서라도 정치 윤리의 마지막 보루를 지키고 싶었던 것이고, 산도는 우정이라는 허울을 쓰고 실은 혜강의 도덕성을 무너뜨리고 싶었던 것이다. 혜강은 산도의 그런 음흉한 의도와 정치적 야심을 훤히 꿰뚫었다.

그래서 조정에 있으면 떠나지 않고 산림에 들어가면 돌아오지 않는다는 말이 있는 것이지. 故有處朝廷而不出, 入山林而不反之論.

혜강은 조용히 그러나 단호하게 서로의 갈 길을 가자고 말하고 있다. 이로써 산도는 죽림을 떠났고 혜강의 편지는 조정 안팎에서 뜨거운 감자가 되었다. 혜강 스스로 편지에서 주공周公과 공자를 부정적으로 평가하고 있음을 밝혔기 때문이었다. 호시탐탐 혜강을 칠 기회를 찾고 있던 종회는 얼씨구나 좋다하고 사마소에게 달려가 이 일을 알렸다. 그러나 사마소는 이번에도 그저 웃기만 할 뿐 칼을 들지 않았다. 아직은 때가 일렀다.

모함의 덫을 벗기리라

산도와의 일이 있고 얼마 되지 않아 혜강의 친구인 여안이 '불효'라는 죄목으로 감옥에 갇히는 사건이 터졌다. 여안의 배다른 형 여손呂巽이 제수인 서씨와 간음한 것이 발단이었다. 여안이 아름다운 부인을 버려두고 허구한 날 친구만 좋다고 쫓아다니며 아내 단속을 제대로 못했으니 사실 이는 혜강에게도 어느 정도 책임이 있었다. 누가얼굴 값 못한다고 할까. 서씨 부인은 술을 마시자는 시숙의 청을 거절하지 않고 날 어두워가는 줄 모르고 주거니 받거니 하더니만 결국사달을 내고 만 것이었다. 남부럽고 분통터지는 일을 당한 여안은 그길로 여손에게 달려갔지만 형이라는 작자는 벌써 뒤꽁무니를 뺀 후였다. 여안은 가만히 있을 수 없다며 여손을 고소하고 부인 서씨를내쫓겠다고 노발대발했다. 여씨 형제와 친분이 있던 혜강이 나서서말렸다. 그는 집안 허물을 밖으로 드러내봤자 좋을 게 없다며 사건을조용하게 마무리하자며 여안을 타일렀다. 평소 친구로서 혜강을 흠모하던 여안은 모욕적이지만 눈 질끈 감고 참기로 했다. 혜강의 뜻대로 정리되었으면 좋았으련만, 방귀 뀐 놈이 성낸다고 여손이 되레 불효죄로 여안을 고발했다. 예교를 숭상하는 사마씨 정권에서 불효는 대죄였기에 여안은 고발되자마자 바로 붙잡혔다.

　인륜을 어지럽히는 대역죄인 근친상간을 저지른 여손은 내버려 두고 여안을 잡아가두는 말도 안 되는 상황이 벌어진 것이었다. 이번에도 역시 혜강을 잡지 못해 안달 나 있던 종회가 여씨 형제의 섹스 스캔들을 이용했다. 종회는 여손과 손을 잡고 정치적 덫을 만들어놓고 혜강이 걸려들기만 기다렸다. 사마씨 정권에서 녹을 받아먹던 여손으로서는 전혀 손해볼 게 없는 음모였다. 재미는 재미대로 보고 아부는 아부대로 할 수 있으니 마다할 이유가 없었다. 오랜 시간 여손과 교분을 나눠왔던 혜강이 그의 비열함을 간파하지 못했다는 것이 안타까울 따름이다. 하지만 혜강은 그런 사람이었다. 그는 친구에게 너그러웠고 함부로 사람을 평가하지 않았다.

　혜강은 친구 여안이 억울하게 잡혀가는 것을 목도하고 끓어오르는 분노를 더는 참지 않기로 했다. 그가 다시 벗과의 오랜 인연을 끊기로 마음먹는 순간이었다. 절교의 편지는 간결했지만 여손의 음흉하고 사악한 낯짝을 드러내기에는 충분했다. 혜강은 말미에서 여손을 벗으로 삼았던 자신에 대한 분통함을 솔직하게 쓰고 있다.

　나는 자네와 더 이상 교제할 마음이 없네. 옛날 군자는 절교할 때 추잡한 말을 뱉지 않는다 했으니 이것으로 결별하세! 이별에 임하여 한스럽기 그지없을 뿐이네. 無心復與足下交矣. 古之君子絕交不出醜言, 從此別矣! 臨別恨恨.

　혜강이 절교의 편지를 보내고, 받은 것은 자신의 이름자가 적힌 체포령이었다. 뜻밖의 일은 예고도 없이 벼락처럼 떨어졌다. 친구의

신의 없음을 질타한 것도 죄가 된단 말인가! 어처구니없게도 편지 두 통 때문에 단두대에 오르는 신세가 되었지만 그만큼 혜강의 사회적 영향력은 컸고 또 그래서 그는 죽을 수밖에 없었다. 산도와 여손은 깃털일 뿐이었고 몸통은 종회와 사마소였다. 혜강의 죄목은 반란죄 였다. 몇 해 전 무구검毌丘儉이 군사를 일으켜 사마씨 정권에 대항하고자 할 때 혜강에게 가담을 요청한 일이 있었다. 이 사실을 안 산도가 만류했고 혜강은 충고를 듣고 참여를 포기했었다. 권력의 힘은 하루아침에 거짓을 진실로 진실을 거짓으로 둔갑시켰다. 혜강의 무죄를 증명할 수 있는 산도는 일찌감치 권력 앞에 입을 다물고 납작 엎드려 있었다. 치밀하게 계획된 음모에서 빠져나올 방법은 없었다.

기회가 전혀 없는 것은 아니었다. 옥중에서 혜강은 준법서약서 같은 것을 쓰라는 유혹을 여러 차례 받았다. 앞으로 고분고분 말만 잘 들으면 내보내주겠다는 사탕발림이었다. 혜강은 서약서 대신 유분시幽憤詩를 썼다. 그의 투옥 사건은 낙양과 허창을 떠들썩하게 만들었다. 죽음 앞에서 타협하지 않는 혜강의 의기義氣는 청년 학생들을 흥분시켰다. 태학생 3천 명이 혜강의 사면을 청하는 집단 상소를 올렸으며, 심지어 함께 옥고를 치르겠다는 이들도 있었다. 사마소는 웃었다. 조위 왕조를 무너뜨린 그에게 일개 서생의 목숨은 아무 것도 아니었다. 사람들이 혜강의 편을 들수록 사마소는 칼을 쥔 손에 더욱 힘을 주었다. 혜강을 제거해야 할 정치적 이유가 더욱 분명해졌기 때문이었다. 사마소는 붓대나 놀리는 문인들의 버르장머리를 고쳐줄 때가 왔다고 생각했다.

사형 집행일이 다가왔다. 그날 혜강은 눈부셨다. 초록색 비단 장포長袍로 차려 입은 그의 모습 어디에도 죽음에 대한 두려움은 보이지 않았다. 형장은 혜강이 생명의 마지막 춤을 보여줄 무대였다. 광장은 그의 떠나는 모습을 지켜보려는 사람들로 발 디딜 틈도 없었다.

『진서晉書』는 혜강이 떠났던 그날의 광경을 기록하고 있다. 그날은 태양이 유난히도 밝았다. 혜강이 입은 초록빛 장포는 태양 아래서 눈부시게 빛났다. 형 혜희는 와서 자리를 지켰으나 아들 혜소는 오지 않았다. 아비로서 책임을 다하지 못하고 떠나는 게 마음 아팠던지 혜강은 아들을 산도에게 부탁했다. 어찌됐든 산도라면 혜소를 안전하게 지켜줄 수 있는 인물이었다.

혜강은 떠나기 전에 마지막으로 거문고를 연주하고 싶었다. 집행관도 청을 거절하지 않고 그에게 칠현금을 내주었다. 혜강이 연주한 곡은 「광릉산廣陵散」이었다. 「광릉산」은 전국시대의 자객 섭정聶政이 한나라 재상 협루俠累를 죽인 내용을 담은 서사성 짙은 노래였다. 섭정은 매국노였던 협루를 죽이고 스스로 코와 귀를 자르는 등 자신의 얼굴을 으깨고 허물어뜨려 죽었다. 혜강은 「광릉산」을 연주하며 간신을 처단하는 의로운 행동이었지만 결국 목숨을 버려야 했던 섭정의 비극적 삶에, 정치적 모함의 희생양이 되어 죽임을 당하는 자신의 운명을 포개어놓고 있었다. 혜강은 연주를 마치고 조용히 탄식했다.

"「광릉산」이 오늘로 끊어지게 되었구나!"

『진서』에서는 '온 천하의 선비들이 그의 죽음을 슬퍼했으며, 황제도 나중에 깨닫고 크게 후회했다'고 전하고 있다.

이듬해 종회도 죽었다. 263년, 종회는 진서장군鎭西將軍이 되어 10만 대군을 이끌고 성도를 함락해 서촉을 멸망시켰으나, 강유姜維와 손잡고 모반을 꾀하다 사마소에게 발각되어 결국 부하의 칼에 죽임을 당했다.

혜강과 종회가 걸어갔던 삶과 죽음의 길을 보면서 '사람은 누구나 한 번은 죽지만, 어떤 이의 죽음은 태산보다 무겁고 어떤 이의 죽음은 깃털보다 가볍다'고 했던 사마천의 말이 새삼 떠오른다.

자유로운 지식인의 영혼

영원할 것 같았던 사마 씨 정권도 흔들리기 시작했다. 칼로 세운 권력이 온전할 리 없었다. 진 무제 사마염이 죽자 제왕들은 서로 권좌를 차지하려고 잇달아 군사를 일으켰는데, 이를 '팔왕의 난'이라 한다. 혜제와 제왕 일곱 명이 죽고 306년 동해왕 사마월司馬越에 의해 16년 동안 계속된 아귀다툼이 종결되었다. 조위 왕조에서 서진과 동진의 양진兩晉과 남북조로 이어지는 위진남북조시대는 중국 역사상 정치사회적으로 가장 혼란스러운 암흑기였다.

하안과 왕필王弼을 시조로 하는 위·진 현학은 난세를 극복할 제왕학으로 기능했으며, 노장사상은 관방철학으로 왜곡되어 통치자들을 위한 권력의 도구로 전락하고 말았다. 봉건적 권력 시스템에서 개인과 자유정신은 유린되었다. 승자가 모든 것을 독식하는 사회였다.

혜강이 죽자 죽림칠현은 해체되었다. 일찌감치 벼슬로 입신立身하고자 했던 산도와 왕융은 사마씨 정권 밑에서 관리 노릇을 충실하게 했다. 산도와 왕융은 '진퇴의 도'에 밝았기에 당시 복잡한 정치 상황 속에서도 처신을 잘했다. 그들은 관료가 갖춰야 할 생존 능력인 '관망觀望', '보신保身', '양생養生'의 묘를 잘 알고 있었다. 산도와 왕융의 성공(?)은 인위적인 목적과 실용성을 거부하고 무위자연無爲自然을 추구하는 노장사상이 오히려 정치적으로 잘 활용된 경우다. 남조 송나라의 문인 안연지顔延之는 벼슬에 집착한 산도와 왕융 두 사람을 죽림칠현에서 제외해야 한다고 주장하기도 했다. 재산 축적에만 열을 올렸던 왕융과 달리 산도의 관료 생활은 정직하고 모범적이었다. 혜강의 죽음에 수수방관한 자신을 용서할 수 없었던 탓일까. 산도는 죄책감을 안고 절제된 생활을 했다. 그는 당시로서는 보기 드물게 79세까지 살다가 죽었다.

완적은 죽을 때까지 술독에 빠져 살았다. 이따금 산양이 있는 곳을 바라보며 휘파람을 불거나 눈물을 흘렸다. 그는 문학적으로 혜강보다 뛰어났으며 대표작으로 「영회시永懷詩」 82수가 있다.

죽림칠현 가운데서 완함과 유령은 관련 문헌 기록이 가장 적은 인물들이다. 완함은 남의 시선이나 관습을 무시하고 내면의 충동과 욕구에 충실했기에 자주 비난의 대상이 되었지만, 은둔자로서 거리낄 것 없는 삶을 제대로 실천한 인물이기도 하다.

혜강과 유달리 깊은 교분의 정을 나눴던 향수는 옛 친구를 추모하는 「사구부思舊賦」를 지었다. 그는 친구의 죽음이 너무도 애통해 글로 담을 수 없었는지 24구 160자의 아주 짧은 시로 애도를 표했다. 노신은 "젊은 시절 향수의 「사구부」를 읽었을 때는 시작하자마자 끝나버리는 그 말 없는 뜻을 이해할 수 없었는데 나중에서야 향수의 마음을 알게 되었다"고 고백하기도 했다. 벗에 대한 절절한 그리움에 차마 말을 다 끝내지 못하고 침묵할 수밖에 없는 그 마음이 오죽했으랴?

유령이 남긴 작품은 「주덕송」이 전부다. 그는 죽림칠현 외에 세속과의 교류가 거의 없었고 철저한 은일隱逸의 삶을 살았던 인물로 평가받는다. 그도 잠시나마 미관말직으로 관리노릇을 했으나 천성적으로 체제화된 질서와는 맞지 않았다.

대인 선생은 하늘과 땅을 하루아침으로 만 년의 세월을 순간으로 여기고, 해와 달을 창문으로 팔방을 뜰로 삼았다. 길을 가되 수레바퀴 자국이 없고 머무르되 집이 없었다. 하늘을 장막으로 땅을 자리로 마음을 따라 행하였다. 멈추면 술잔을 잡고 움직이면 술통이나 술병을 든다. 오직 술에만 힘을 쓰니 그 나머지를 어찌 알랴. 귀하고 학식 높은 자가 내 소문을 듣고 찾아와 이유를 물었다. 눈 부릅뜨고 이를 갈며 예법을 얘기하며 시비곡절을 예리하게 따졌다. 선생은 이에 마침 술 단지를 들고 술잔을 받들어 입속에 탁주를 머금었다. 수염을 털며 두 다리를 쭉 뻗고 앉아서 누룩을 베개 삼고 술찌끼를 깔고 앉으니 생각도 염려도 없이 도도한 즐거움이 있었다. 취했다 깨었다 하니 가만히 들어도 우레 소리를 들을 수 없고 자세히 보아도 태산의 그림자를 볼 수 없었다. 혹독한 추위와 더위, 탐심과 욕심도 느끼지 못한다. 만물을 부평초 보듯 하니 따지러 온 두 호걸도 고둥에 붙은 애벌레 대하듯 하였다.

有大人先生以天地爲一朝, 以萬期爲須臾, 日月爲扃牖, 八荒爲庭除. 行無轍跡, 居無室廬, 幕天席地, 縱意所如. 止則搖厄執觚, 動則挈榼提壺, 唯酒是務, 焉知其餘. 有貴介公子, 縉紳處士, 聞吾風聲, 議其所以, 陳說禮法, 是非鋒起, 奮袂攘襟, 怒目切齒. 先生於是方捧甖承槽, 銜杯嗽醪, 奮髥箕踞, 枕麴藉糟, 無思無慮, 其樂陶陶. 兀然而醉, 怳爾而醒. 靜聽不聞雷霆之聲, 熟視不見泰山之形. 不覺寒暑之切肌, 嗜欲之感情. 俯觀萬物,

擾擾焉如江海之載浮萍. 二豪侍側焉, 如蜾蠃之與螟蛉.

유령은 「주덕송」에서 스스로를 대인선생으로 부르고 있다. 그의 노래는 허황한 속세의 욕망에 물들지 않고 술 한 주전자에 안분지족하는 자신이야말로 진정으로 '대인'이라 할 만한 것이 아닌가 항변하는 듯하다.

혜강, 완적, 산도, 향수, 유령, 완함, 왕융. 그들이 딛고 서 있던 곳이 어디였든, 죽림칠현의 영혼을 '타자에 의지하지도 종속되지도 않는 독립적이고 자유로운 삶을 추구한 지식인의 정신'으로 평가하는 데 무리는 없으리라.

순수 낭만의 선구자

현존하는 『혜강집』은 노신이 편집하고 정리한 것이다. 혜강이 쓴 두 통의 절교서와 공자에게 딴지를 건 「관채론管蔡論」은 문학사와 사상사에서 한 자리를 차지한다. 또 그가 옥중에서 지은 「유분시幽憤詩」는 각종 문학선집에 수록되었다. 그는 작곡에 능해 동한東漢의 음악가 채옹蔡邕과 이름을 견줄 만큼 음악적 재능도 뛰어났다. 채옹과 혜강의 작품집 「채혜구롱蔡嵇九弄」은 수나라 때 관리를 등용하는 중요한 평가 기준이 되었다. 중국 최초의 음악 미학 논문으로 평가받는 혜강의 「성무애락론聲無哀樂論」은 유교적 예술관에 반기를 들고 음악을 하나의 독립 예술로 보며, 소리 자체가 갖는 심미적 가치에 주목했다. 이 역시 황권과 예교의 제도화된 규범에서 벗어나려는 예술적 시도였다. 혜강은 다방면에서 재능을 갖춘 사람이었고, 무엇보다 삶에 진지하고 성실하고자 노력했던 사람이었다. 그는 노장의 '허무'에 깊이 빠졌지만 누구보다 알찬 꽃봉오리를 피워냈다.

문인으로서는 혜강보다 완적이 더 높게 평가받는다. 완적의「영회詠懷」82수가 도연명, 이백, 두보에게 준 문학적 영향력은 매우 크다. 시경과 한의 악부를 계승한 완적의 오언시는 낭독하기 좋으며 시가 함축하는 의미를 쉽게 이해할 수 있다. 그는 중국 시 창작의 전통적 수사인 비흥법比興法을 적절하게 구사해 선대의 문학적 유산을 누구보다 잘 계승, 발전시켰다.

그는 '현학玄學'을 논하고 연구했지만 정작 시 속에서는 현의 정취보다 술의 낭만이 농밀하게 배어 있다. 당시 삶에 달관했던 문인들 사이에서는 현언시玄言詩가 유행했지만 완적의 작품에는 그런 경향이 거의 보이지 않는다. 죽림의 제현은 자신의 감정을 진솔한 언어로 표출하는 부賦를 주로 지었다. 그들은 미사여구를 나열하는 한부의 진부함에서 자유로웠다.

여기서 잠깐 현학에 대해 알아보자.

문학사에서는 흔히 노장을 세상을 등진 소극적 사상으로 간주하고, 그 '철학'적 가치를 간과하고 있지만 실은 그렇게 간단하지만은 않다. 노자와 장자가 남긴 사상적 영향력은 비록 학문적 체계를 갖추진 않았으나 그 자체만으로도 충분히 철학적 탐구의 대상이 된다. 고대 그리스에서 철학이란 곧 지혜를 사랑하는 것이었다. 서양 철학의 기본 문제는 이천 년의 세월을 관통하며 끊임없이 학자들에 의해 연구되고 있지만, 안타깝게도 중국에는 이처럼 역사와 함께 하는 철학적 탐구와 담론이 존재하지 않았다. "'실용'이라는 잣대로 사상을 저울질하는 것은 마치 바다를 빠져 나온 물고기를 생존 시간으로 값을 매기는 것과 같다"고 하이데거는 말했다. '실용'에도 당장 현실의 문제를 해결해야 할 단기적 실용과 미래와 연결된 장기적 실용이 있다. 철학은 물론 장기적 실용 학문에 해당한다. 하이데거는 일찍이 오늘날의 소비주의, 기술만능주의를 경고했고, 미래 사회에 대한 그의 통찰력은 정확하고 심오했다.

원시생물이 시각 능력을 완전히 획득하기 전에 '보는 것'에 대한 막연한 충동이 있었을 것이라는 베르그송의 말처럼, 현학도 사상 속에서 스스로 움직이며 분출할 곳을 찾는다. 몇 해 전 나는 소식蘇軾에 관한 글을 쓰면서 그의 작품 속에 담긴 '현학玄學'의 미에 매료되었다. 소식은 현실의 삶에 천착한 문인이었기에 그의 시 속에 흐르는 현묘함은 더욱 연구할 가치가 있다. 후설의 현상학은 그 현묘함으로 세계의 학문에 영향을 주었고, 선종은 그 오묘한 이치로 중국 사상사에서 큰 위치를 차지했다. 위진 시대 문인들은 현담으로 사상의 불꽃을 피웠지만 안타깝게도 후대 학자들은 이를 단순히 소극적 태도라고 치부해버렸다.

위진 풍도는 정치적 상황과 밀접한 관계가 있었지만 정치로부터 일탈해 사상과 예술에 몰입했다. 혜강은 어이없게 역사 속으로 사라졌지만 그가 실패자로 기억되지 않는 것은 그의 죽음 자체가 찬란한 예술 행위였기 때문이었다.

위진 시대의 사인詞人들은 자신의 몸과 정서의 극단 상태를 체험하고 탐색하고자 했다. 이 때문에 그들은 문인 사회에서 이단아로 매도되었지만 사실 그들의 행위는 의미 있는 작업이었다. 중국 고대 사상사에서 인간의 몸은 연구 영역에서 제외되었다. 설사 연구했더라도 그 몸은 '정치적 의미로써의 육체'일 뿐이었고, 권력의 긴장 관계에 따라 수축과 이완을 반복했다. 몸에 대한 고대 학자들의 이와 같은 생각은 일상의 소소한 결들을 하나의 가치로 덮어버렸고, 결국 우리는 스스로 우리 몸에 족쇄를 채우거나 혹은 방종으로 일관함으로써 많은 비극을 낳았다.

서양인은 달랐다. 그들은 몸의 가치를 알았고 사유의 영역 안으로 몸을 끌어 들였다. 사르트르는 연인과의 달콤한 하룻밤도 이성적 분석의 영역으로 삼았으며 심지어 철학적 사유의 대상으로 보기도 했다. 사르트르의『존재와 허무』는 인간의 몸에 대한 탐구에 많은 지면을 할애했으며, 프로이드가 연구한 주된 대상은 인간의 성적 욕망이었다. 인간의 실존을 연구한 하이데거는 지금 여기 살고 있고 언젠가는 죽을 구체적 개인에 주목했으며 철학에서 육체를 발견했다.

위진 시대의 사인들은 스스로를 실험 대상으로 삼았으며 정치라는 울타리를 과감하게 돌파했다. 그 선두주자는 목숨으로 영혼의 자유를 지킨 혜강이었다. 혜강을 위시한 죽림칠현은 이른바 위진 시대의 행위 예술가들이었다.

천서 평원 어디를 가든 대나무 숲을 볼 수 있다. 소동파는 대나무 없는 곳에서는 하루라도 살 수 없다고 했다. 현대인의 식단은 지나치게 육식화되어 있다. 육체는 고단백과 고지방으로 비대해진 반면 우리의 정신은 사유의 힘을 잃고 추락하고 있다. 사실 먹는 것과 먹는 행위는 인간의 사유 방식까지 영향을 미친다. 프랑스 사람들은 음식을 먹으면서 추상적이고 관념적인 주제의 대화를 하는 데 익숙하다고 한다. 그들은 먹는다는 구체성과 사유라는 추상성을 일상에서 자연스럽게 접목시키고 있는 것이다. 사유의 문화가 여전히 소수 지식인의 정신적 '특권'으로 머물러 있는 중국과는 사뭇 다른 현실이다.

교육열이 높아지면서 문맹인구도 많이 감소했지만 독서 인구는 늘지 않았다. 읽는 것이라고는 고작해야 신문이 전부다. 이러니 그 속에서 어떻게 새로운 '경지'를 발견하고 살아낼 수 있겠는가? 마르쿠제는 자신의 저서 『일차원적 인간』에서 산업혁명이 낳은 병폐를 예리하게 지적하고 있다. 그는 비판과 사고 능력을 상실하고 동일화된 사회 가치 속에 갇혀버린 현대인의 모습을 보여주었다. 물질에 통제되지 말라는 장자의 '물물이불물어물物物而不物於物'이나 마르크스의 소외론은 모두 생명성을 상실하고 물화되어가는 인간 사회를 반성하고 있다.

이처럼 현대 사회의 문제를 날카롭게 지적한 노장 사상을 두고 세상과 동떨어진 소극적 사상이라 말하는 것은 그 사유의 깊이를 잘 모르고 하는 소리다.

위진 시대 죽림의 그들이 보여준 광기적 낭만과 순수는 삶에 대한 열정이 없었다면 불가능했을지 모른다. 그들을 따라다녔던, 아니 그들이 불러들였던 말들, 술과 거문고, 여인네의 치맛속, 나체, 휘파람, 현담 그리고 침묵……. 이제 그것들은 혜강과 함께 사라졌다. 그리고 동진東晉 시대로 넘어오자 그들과 좀 다른 모습으로 평담平淡한 삶을 추구했던 위대한 시인이 나타났으니 그가 바로 도연명이다.

도연명의 시 정신은 개발 이데올로기에 빠진 현대 사회를 위기에서 구출해줄 대안이 되기도 한다. 농촌의 공동체적 삶, 자연과 생명을 존중하는 가치관, 이런 것들이 복원될 때, 인류의 미래는 지속 가능할 것이다. 도연명의 돌아가겠다는 외침은 단순한 물리적 이동이 아니라 농촌의 생태적, 공동체적 가치관을 회복해 본래의 모습으로 돌아가는 것이다.

자연을 닮은 영성주의자

陶淵明

도연명 동진 365~427

돌아가리라, 전원이 황폐해지는데 어찌 돌아가지 않으리오.

스스로 마음을 육신의 노예로 삼아 놓고, 어찌 근심하고 홀로 슬퍼만 하겠소.

지나간 일 돌이킬 수 없음을 깨닫고, 앞으로 올 일은 바르게 좇을 수 있음을 알았다오.

실로 길을 잃었으나 아직 멀리 가지는 않았으니, 지금이 옳고 어제가 틀렸음을 깨달았소.

배는 흔들흔들 가볍게 나아가고, 바람은 한들한들 옷자락 날리는구려.

나그네에게 앞길 묻는데, 새벽빛 희미함이 한스럽다오.

물아일체의 삶

2000년 여름, 프랑스 일간지 르몽드는 천 년을 빛낸 인물을 선정했다. 정치, 군사, 문화, 종교 등 각 분야에서 두각을 나타내고 활약한 인물 12명의 삶을 조명한 이 책에 중국인으로는 유일하게 북송의 시인 소동파가 뽑혔다. 도연명은 소동파가 가장 존경한 시인으로, 소동파는 시선 이백도 시성 두보도 도연명의 경지에는 닿지 못했다고 보았다.

도연명의 미덕은 그의 삶 속에서 드러난 문학적 진정성에 있다. 도연명에 대한 평가는 사람들에 따라 엇갈리고 언어로 코드화되어 그의 실체는 무수한 말들 속에 묻히고 말았다.

그의 일생은 결코 화려하지 않았다. 그는 화려하지 않음, 평담平淡함 속에 오히려 삶의 풍부한 결들을 보여주었다. 어려서부터 세상의 소리와 어울리지 못하고 산천을 좋아하는 품성을 타고났다고 스스로 고백했듯이 도연명은 자연에 동화되고 순응하는 물아일체의 삶을 살았다.

하이데거는 "그는 태어나서 고뇌하다 죽었다"라고 니체의 삶을 한 마디로 요약해버렸지만, 사실 니체의 일생은 두툼한 책 한 권은 족히 채울 만했다. 니체가 여인의 마음을 얻기 위해 바그너와 벌였던 다툼이라든지 그의 정신적 붕괴는 모두 독자들이 호기심을 가질 만한 내용이지만 하이데거의 시야에는 들어오지 않았던 모양이다.

문인은 철인哲人과 다르다. 소위 글쟁이들은 땅에 속한 사람들이니 소소한 일상까지도 그의 삶을 구성하는 중요한 요소가 된다. 사람이 곧 글의 중심 화두니 그가 살았던 시대적 배경이나 특수한 상황이 그의 삶을 덮거나 누를 수는 없다. 배경이 커지면 사람은 작아지기 때문이다.

도연명은 동진東晉 애제哀帝 홍녕興寧 3년인 365년에 태어났다. 420년 동진이 멸망하고 589년까지 화남華南 지역에 세워진 송宋, 제齊, 양梁, 진陳 등 네 나라를 남조南朝라 한다. 도연명이 살았던 시대는 난세였다. 전화戰火가 끊이지 않았고 군벌과 호족 세력이 득세하던 시기로 역사 교과서에 환현桓玄, 유유劉裕, 사안謝安, 사마도자司馬道子의 이름을 남겼다. 사마씨 왕조가 세운 동진은 중원 지역을 잃고 강남 일대에만 그 세력이 미치고 있었다. 왕실의 권위 약화, 권신權臣 간의 권력 투쟁, 호족 세력의 강화로 동진 왕조는 하루도 바람 잘 날이 없었다.

도연명은 심양군潯陽郡 자상현紫桑縣에 있는 상경리上京里, 지금의 강서성 구강에서 태어났다. 그의 증조부 도간陶侃은 서족庶族 신분으로 대사마에까지 올랐다. 조부 도무陶茂는 무창武昌 태수를 지냈으나 정사의 기록에는 남아 있지 않다. 부친 도일陶逸도 한 때 태수로 봉록을 받았으나 그 기간은 길지 않았고 도연명이 여덟 살 되던 해에 세상을 떴다. 모친 맹씨는 대장군 맹가孟嘉의 딸로 현모양처였다. 맹씨는 도연명이 서른일곱일 때까지 생존했다.

도연명의 가족사를 보면 왜 그가 산천을 나와 관직으로 나가려고 했으며, 또 그가 어떤 사회적 배경에서 가문 이데올로기에 대항했는지 알 수 있다. 위진 시대의 이른바 '가문 이데올로기'는 대대로 전해지는 집단 잠재의식과 같은 것이었으며, 그만큼 '가문'의 중요성은 개인을 압도했다.

도연명의 삶은 자유로웠다. 그는 일상을 지배하는 제도나 규범에서 벗어나 마음의 방향을 따랐지만 방종도 없었고 대충 살지도 않았다. 그는 혼탁한 관료 사회에 연연하지 않았고 출세욕 따위는 과감히 버렸다. 소동파는 도연명이 실천한 권력으로부터의 자유를 늘 부러워했다. 그것은 소동파 자신은 하지 못했던 일을 의연하게 해낸 도연명에 대한 존경이었다. 물론 소동파는 북송의 관리로 백성을 위해 일했으니 동진 시대의 부패한 관료 사회와는 비교할 수 없다.

도연명은 전란을 피해서 여러 차례 이사를 다녔다. 그가 살았던 곳에서 가까운 심양에서만 큰 싸움이 두 차례나 벌어졌으나 그의 시 속에 전쟁에 대한 언급은 없다. 쉰 무렵에 그는 유년 시절을 보냈고 조상들이 살았던 상경리로 돌아와 가난 속에서 여생을 보내다 향년 63세로 생을 마감했다.

그가 살았던 상경리나 남촌은 명산대천은 아니지만 질박한 아름다움을 간직하고 있는 곳이었다. 도연명은 담백한 시어로 촌스럽지만 고운 산천의 자태와 소리를 담아냈다. 귀족적이고 지적인 경향을 보이는 굴원의 시와 달리, 도연명의 시는 문외한이라도 쉽게 읽고 이해할 수 있다. 도연명은 주변에 있는 흔한 소재에서 의미와 아름다움을 발견할 줄 알았다. 이런 그의 시적 경지는 소동파도 이백도 두보도 도달하지 못한 것이었다. 민국 초기 국학 연구의 대가인 왕국유王國維는 그의 저서 『인간사화人間詞話』에서 시가의 최고 경지를 논하면서 '대상과 자아가 분리된 존재라는 것을 잊고 자연과 하나가 되는 것'이라고 했는데, 도연명이야말로 '무아지경無我之境'에 다다른 시인이었다.

그의 문학 작업이 더욱 값진 것은 예술을 위한 예술을 하지 않았다는 데 있다. 그에게 시를 쓰는 행위란 술을 마시는 것과 같은 일상의 일부였다. 그러기에 그한테 지식인으로서의 권위의식 따위란 있을 수 없었다. 그는 생활인으로서 농민들과 어울려 함께 일하고 술 마시고 노래했다. 요즘 유행하는 전원생활 체험이 아니라 먹고살기 위해 그는 땅을 파고 땀 흘려 일했다.

많은 사람들이 도연명을 은일隱逸의 시인으로 기억하고 있지만, 이는 관료 사회를 세상의 전부라 믿는 이들의 평가일 뿐이다. 사실 그는 누구보다 평범한 사람이었다. 남들처럼 결혼도 하고 자식도 낳아 길렀으며 술과 여자를 좋아한 사내였다.

도연명은 두 명의 아내를 차례로 맞이해 아들 다섯을 두었다. 그는 스물아홉에서 마흔하나가 될 때까지 13년 동안, 쟁기를 내려놓고 관료 사회에 발을 들여놓은 것이 네 차례다. 그러나 어찌된 일인지 관료로서 그의 성적은 좋지 못했다. 마지막으로 현령 자리에 올랐지만 역시 석 달을 채우지 못하고 그만두고 말았다. 관료 사회에서 '아첨'은 불문율이었지만 그는 늘 견디지 못했다. 그렇게 자기 성격과 맞지 않은 일임을 알면서도 그가 네 번이나 관리 노릇을 하겠다고 나선 것은 순전히 가족에 대한 책임 때문이었다.

도연명은 가장으로서의 역할에 충실하고자 노력했던 '사랑스러운' 남자였다. 도연명은 '책임과 개성' 사이에서 자기모순과 비애를 느꼈을 것이고, 결국에는 '개성'을 선택하고 말았지만 그로 인해 가족이 겪어야 했던 고생스러움에 대한 미안함으로 더 열심히 노동했을 것이다. 다음 시는 그가 겪었던 생활고를 잘 보여준다.

「**걸식**乞食」

굶주림이 나를 몰고 가지만	飢來驅我去
어디로 가야 할지 모르겠구나.	不知竟何知
가다가다 이 마을에 이르러	行行至斯里
문 두드렸으나 말을 못하네.	叩門拙言辭

우리가 알고 있는 도연명의 시 대부분은 그가 마흔을 넘기고 쓴 것들이다. 마흔 전까지는 주로 가족의 생계를 위해 일했다.

도연명은 29세에 강주제주江州祭酒로 처음 관료 사회에 발을 들여놓았다. 『진서晉書』는 도연명이 어려운 집안 형편에서 노모를 봉양하기 위해 지방의 말직인 제주를 지냈으나, 얼마 지나지 않아 사직하고 고향으로 돌아갔다고 기록하고 있다. 그 후 지방 행정 서기에 해당하는 주부主簿 자리가 들어왔지만 역시 거절했다. 이 해에 큰 아들 도엄陶儼이 태어났다. 그 이듬해 첫 번째 부인이 영양 불량으로 세상을 떴고, 서른하나에 적 씨를 두 번째 부인으로 맞이했다. 적 씨는 살림도 잘했을 뿐 아니라 당시로서는 드물게 교육도 받은 여성이었다. 도연명은 적 씨와의 사이에서 아들 넷을 낳았다.

도연명은 두 번째로 출사出仕해 형주에 있는 군벌 환현의 막부에 있었다. 그러나 이번에는 모친상을 당해 역시 일 년 조금 넘게 봉직하다 그만두고 고향으로 돌아가 3년상을 치렀다. 다음은 그 무렵에 쓴 시로 주변의 흔한 소재에서 미와 정서를 환기시키는 도연명 시의 특징이 잘 드러나 있다.

「화곽주부和郭主簿 **－곽주부에게 화답함」**

집 앞의 무성한 나무들	藹藹堂前林
한여름에 맑은 그늘 드리웠구나.	中夏貯淸陰
남풍은 철 따라 불어오니	凱風因時來
회오리바람 내 옷깃 열어젖히네.	回飆開我襟
사귐을 그만두고 한가로이 노니	息交游閒業
아침저녁 책과 거문고로 소일하노라.	臥起弄書琴
밭의 채소는 푸짐하게 자랐고	園蔬有餘滋
지난해 거둔 곡식 아직도 쌓여 있네.	舊穀猶儲今
생활을 운영함에 진실로 한도 있으니	營己良有極
지나친 풍족함은 내 바람이 아니라네.	過足非所欽
조를 찧어 맛있는 술 담그고	舂秫作美酒
술 익으면 내 직접 따라 마신다네.	酒熟吾自斟

상경리 고향집에서의 일상을 한가로운 어조로 읊고 있다. 시 속에서 넘치지도 모자라지도 않고 필요한 만큼의 풍요를 즐기는 여유가 느껴진다. 생활의 즐거움이 결코 무엇을 얼마나 소비하느냐에 의해 결정되지 않는다는 그의 오래된 선언은 지금도 여전히 유효하다. 특히 도연명의 지족知足 정신은 생태 파괴가 갈수록 심각해지는 오늘날 그 의미가 더 크다고 하겠다. 그러나 안빈낙도는 누구나 쉽게 도달할 수 있는 경지는 아니다. 인류가 불행한 이유는 그가 원하는 삶을 얻을 수 없다는 것, 그리고 그가 원하는 삶을 이미 얻었다는 것에 있다는 누군가의 말은 우리가 걸어온 모습을 반성하게 한다.

만족할 줄 아는 사람은 언제나 즐겁다. 진정한 행복은 목표를 향해 걸어가는 것이지만, 안타깝게도 사람들은 과정보다 결과에 연연한다. 사실 만족을 모르는 것이 꼭 나쁜 것만은 아니다. 인류 생존의 원동력, 우리가 오늘과 같은 과학 기술의 혜택과 물질의 풍요를 누리는 것, 이 모든 것이 현재에 안주하지 않고 부단히 새롭고 다른 것을 추구하려는 호기심과 욕심 덕택이었다. 문제는 사치와 탐욕이라는 우리 안의 괴물에 있다.

말년의 하이데거는 예술로 기술세계를 구원할 것을 역설했다. 하이데거는 인류가 예술의 미감美感에 침잠하고 생활 속의 작은 의미를 발견하기를 희망했던 것은 아닐까? 예술과 일상에서 즐거움을 찾는다면 물질에 대한 의존도 줄어들고, 더 많이 소비하기 위해 마구 쓰고 짓밟아 황폐해진 지구도 조금은 제 모습을 찾을 것이다. 한 발 뒤로 혹은 옆으로 물러나 그간 잊었던 것들을 살피고 되찾는 여유만이 우리 삶에 진정한 즐거움을 찾아줄 것이다. 숨 돌릴 틈도 없는 일상에서 얻을 수 있는 것은 말초적이고 일회적인 쾌락일 뿐이다.

「귀거래사」의 탄생

　도연명은 모친 삼년상을 치르고 마흔에 관료 생활을 다시 시작했다. 그해는 환현이 동진의 안제安帝를 밀치고 제위를 찬탈하자, 황실 수호의 명분을 내걸고 유유가 군사를 일으켜 다시 환현을 쳤다. 하지만 유유도 황제를 시해한 후 스스로 옹립하고 나라 이름을 바꿔 송을 세웠다. 환현과 유유의 이전투구 속에서 민생은 날로 멍들어갔다. 도연명은 희망이 보이지 않는 시국을 어두운 하늘과 막혀버린 길에 비유하고 있다. 이 시를 읽으면 공중에 멈춰선 구름의 이미지가 도연명처럼 느껴진다.

「정운停雲 – 멈춘 구름」

어둑어둑 멈춘 구름	靄靄停雲
보슬보슬 내리는 비	濛濛時雨
온 세상이 어두워지니	八表同昏
평탄한 길도 막혀버렸네.	平路伊阻

　같은 해 6월, 도연명은 경구(京口: 지금의 강소성 진강鎭江시)로 가 유유의 막부에서 문직文職인 참군參軍 노릇을 하다가 이듬해 3월 그만두었다. 그리고 그해 8월, 팽택彭澤 현령이 된다. 현령 자리는 도연명의

숙부가 가난으로 고생하는 조카가 안쓰러워 추천했다고 한다. 도연명은 「귀거래사」 서문에서 팽택의 현령직 수락 이유를 '집에서 불과 백 리 떨어져 있고 공전公田이 있으니 술은 족히 담가 마실 수 있을 것 같아서'라고 밝히고 있다. 인민을 위해 복무한다느니 사사로움이 없다느니 하는 따위의 말로 자신을 포장하지 않는 도연명의 솔직함이 드러나는 대목이다. 전란으로 뒤숭숭하던 시절, 현령 자리에 있으니 처자식 끼니 걱정은 하지 않아도 되겠거니 했지만 그나마도 오래가지 못했다. 도연명이 현령 노릇을 한 지 80여일이나 지났을까. 하루는 지방 순시관인 독우督郵가 팽택에 오니 의관을 정제하고 영접하라는 명령이 떨어졌다. 그렇지 않아도 시집 간 누이동생이 얼마 전 무창武昌에서 죽은 일로 마음이 무거웠던 터인데, 되지도 않는 인물 따위에게 굽실거리면서까지 있고 싶지는 않았다. 도연명은 오두미五斗米를 위해 허리를 굽힐 수는 없다며 그날로 현령직을 그만두고 고향 상경리로 돌아갔다. 다음은 팽택 현령직을 그만두고 쓴 시다.

「귀거래사歸去來辭 – 나, 돌아가리라」

돌아가리라, 전원이 황폐해지는데 어찌 돌아가지 않으리오.

歸去來兮, 田園將蕪胡不歸

스스로 마음을 육신의 노예로 삼아 놓고, 어찌 근심하고 홀로 슬퍼만 하겠소.　　　　　　　　既自以心爲形役, 奚惆悵而獨悲

지나간 일 돌이킬 수 없음을 깨닫고, 앞으로 올 일은 바르게 좇을 수 있음을 알았다오.　　　　　　　　悟已往之不諫, 知來者之可追

실로 길을 잃었으나 아직 멀리 가지는 않았으니, 지금이 옳고 어제가 틀렸음을 깨달았소.　　　　　　　　　　　實迷途其未遠, 覺今是而昨非

배는 흔들흔들 가볍게 나아가고, 바람은 한들한들 옷자락 날리는구려.

　　　　　　　　　　　　　　舟搖搖以輕揚, 風飄飄而吹衣

나그네에게 앞길 묻는데, 새벽빛 희미함이 한스럽다오.

　　　　　　　　　　　　　　問征夫以前路, 恨晨光之熹微

　예부터 「귀거래사」는 중국인들이 즐겨 낭송하는 시로, 특히 이 부분은 가장 널리 회자되어 왔다. 회귀란 인간의 순한 본성, 자연의 심성으로 돌아가는 것이다. 우리는 대부분 '心爲形役', 마음이 곧 육신의 노예가 되고, '생활'은 '생존'으로 떨어지고, 산다는 게 그렇게 구차한 걸 알면서도 어쩌지 못하고 살지만, 도연명은 견디지 못했다. 그래서 그는 천성 시인인지도 모르겠다.

　드디어 초라한 집 보이니, 반가운 마음에 달려갔다오.

　　　　　　　　　　　　　　乃瞻衡宇, 載欣載奔

머슴아이 기쁘게 반기고, 어린 자식들 문에서 기다리는구려.

　　　　　　　　　　　　　　僮僕歡迎, 稚子候門

뜰 안의 세 갈래 작은 길은 거칠어졌으나, 소나무와 국화는 아직 그대로라오.　　　　　　　　　　　三逕就荒, 松菊猶存

어린 손들 잡고 방으로 들어가니, 술이 항아리에 가득하구려.

　　　　　　　　　　　　　　攜幼入室, 有酒盈樽

정원을 날마다 거닐어 즐거움 얻고, 문은 있으나 늘 잠겨 있다오.

園日涉以成趣, 門雖設而常關

구름은 무심히 산봉우리에서 피어오르고, 새들은 날다 지쳐 돌아오는구려.

雲無心以出岫, 鳥倦飛而知還

친척들과의 정다운 이야기는 기쁘고, 거문고와 책 즐기며 시름 달랜다오.

悅親戚之情話, 樂琴書以消憂

농부는 내게 봄이 왔으니 서쪽 밭에 나가 농사지으라 하는구려.

農人告余以春及, 將有事于西疇

때로는 휘장 두른 수레를 몰고, 때로는 한 척의 배를 저어서

或命巾車, 或棹孤舟

깊은 골짜기를 찾기도 하고, 가파른 언덕을 지나기도 하였소.

旣窈窕以尋壑, 亦崎嶇而經邱

초목은 흐드러져 무성하고, 샘물은 졸졸졸 흘러가는구려.

木欣欣以向榮, 泉涓涓而始流

시에서 멀리 보이는 고향집 문을 향해 걸음을 재촉하는 모습 속에서 무거운 짐을 내려놓은 것 같은 홀가분한 해방감과 이제야 제자리로 돌아왔다는 안도감이 느껴진다. 그에게는 관료로 산 13년이 손과 발을 묶어둔 것처럼 답답하기만 했던 것이다. 도연명은 누구도 탓하지 않았다. 다만 추위와 배고픔은 몸만 힘들게 하지만, 본성을 거스르는 것은 몸과 마음을 모두 병들게 한다는 사실을 불혹에 깨달았을 뿐이다.

'구름은 무심히 산봉우리에서 피어오르고, 새들은 날다 지쳐 돌아오는구려.'

자연 속에서 느끼는 소박한 희열을 이처럼 간결 담백하게 보여주는 시인이 또 있을까? 에리히 프롬은 『사랑의 기술』에서 사랑을 그냥 되어가는 대로 하는 게 아니라 끊임없이 공부하고 연마하는 삶의 지혜로 정의하고 있다. 연인도 자연도 예술도 섬세한 기술이 있어야 '제대로' 사랑할 수 있다는 것이다. 권력과 금전 앞에서 우리의 심장은 돌처럼 굳어졌고 피는 차갑게 식었다. 우리가 찾는 것은 동물적 욕망과 자극일 뿐, 그 쾌락이란 인간의 얼굴을 하고 있지 않다.

팽택을 떠나온 그 이듬해 마흔둘이 된 도연명은 「귀원전거」 5수를 썼다. 옛 문인들은 시가의 시경詩經이라 칭송하며 암송을 즐겼다.

「귀원전거歸園田居 1 – 전원으로 돌아와 살며」

어려서부터 세상의 소리와 어울리지 못하고	少無適俗韻
본디 천성은 산천을 좋아했소.	性本愛丘山
티끌 세상에 잘못 떨어져	誤落塵網中
한 번 간 것이 어느덧 삼십 년이라오.	一去三十年
새장에 갇힌 새는 옛 숲 그리워하고	羈鳥戀舊林
연못 속 물고기는 저 살던 곳 생각하지요.	池魚思故淵
남쪽 들녘 가 황무지 일구며	開荒南野際
소박한 본성 지키려 전원으로 돌아왔다오.	守拙歸園田
네모난 텃밭은 십여 이랑	方宅十餘畝
초가는 여덟아홉 칸	草屋八九間
느릅나무와 버드나무 뒤편 치마에 그늘 드리우고	楡柳蔭後簷

복숭아나무와 자두나무 집 앞에 늘어서 있소.	桃李羅堂前
멀리서 촌락 어슴푸레 보이는데	曖曖遠人村
마을에서는 가는 연기 피어오르오.	依依墟里煙
깊은 골목에서 개 짖는 소리	狗吠深巷中
뽕나무 위에는 닭 우는 소리 들리오.	雞鳴桑樹巔
뜰에는 잡된 먼지 전혀 없고	戶庭無塵雜
빈 방에는 넉넉한 한가로움뿐이라오.	虛室有餘閒
오랫동안 새장에 갇혔다가	久在樊籠裡
다시 자연으로 돌아왔다오.	復得返自然

도연명은 처와 다섯 아들, 종복 둘까지 딸린 적지 않은 식구들로 늘 생계의 어려움이 있었지만 부지런한 아내 덕에 그래도 오붓한 재미를 맛보며 살 수 있었다. 티끌 세상에 잘못 떨어져 30년을 훌쩍 흘려보냈다는 말 속에 관료 생활에 대한 회의가 묻어 있다. 도연명은 유가적 교육의 영향 아래에서 성장했던 만큼 창생蒼生을 구제한다는 유교적 이상을 품고 있었다. 그러나 그가 살았던 시대는 군벌들의 계속된 전쟁과 대흉년, 가뭄, 곤충 재해, 홍수 등 인재人災와 천재天災가 겹치면서 끼니를 굶는 날이 많았다. 도연명은 전란과 재해로 황폐해진 밭두둑을 보면서 오랜 굶주림을 견디기 어려워 관리 노릇을 하게 되었노라 밝히고 있다. 역시나 가식 없는 솔직한 고백이다. 도연명은 명리를 추구하면서도 겉으로는 고고한 선비 정신을 말하는 당시의 사인士人들과는 달랐다.

「귀원전거歸園田居 **2**」

시골이라 속세의 사귐도 드물고	野外罕人事
좁은 골목엔 거마의 출입도 뜸하다오.	窮巷寡輪鞅
대낮에도 사립문 닫고 있으니	白日掩荊扉
빈 방에는 헛된 생각 전혀 없다오.	虛室絶塵想
때때로 마을 안에서	時復墟里中
풀을 헤치며 서로 오고 가지만	披草共來往
만나도 잡된 말은 하지 않고	相見無雜言
뽕과 삼이 자라는 것만 말하네.	但道桑麻長
뽕과 삼은 날로 훌쩍 자라고	桑麻日已長
내 땅도 날마다 넓어진다오.	我土日已廣
다만 두렵기는 서리나 싸락눈 내려	常恐霜霰至
잡초처럼 시들고 떨어지는 것이라오.	零落同草莽

세익스피어가 희곡을 쓸 때 사용한 영어 단어는 3천 개가 넘지 않
는다고 한다. 도연명의 오언시에도 거의 벽자僻字가 쓰이지 않았다.
화려한 수사를 좋아했던 사마상여와 대조적이다. 도연명은 시어로
자신의 고향 방언을 채택해 썼다. 위진남북조시대의 문학가 종영鐘嶸
은 도연명의 오언시를 두고 시의 고상함이 떨어진다고 했으나, 오늘
의 일부 평론가들처럼 정통을 자처하며 문학의 품격 운운하는 것이
야말로 상스럽고 저속하기 그지없다. 도연명은 이웃 농부들과 함께
일하고 집에 돌아와 굳은살 박힌 손으로 노동의 열매를 기다리며 시

를 썼다. 그의 시는 글만 읽을 줄 안다면 누구라도 쉽게 이해할 수 있는 땅과 민중의 노래였다. 그는 서랍 안에 모셔져 있는 시 따위는 쓰지 않았다.

다음 시는 아직 농사에 서투른 농민 시인의 모습, 호미를 들고 저녁 이슬을 맞으며 아내와 자식들이 기다리는 집으로 돌아가는 가장의 바람이 잘 드러나 있다.

「귀원전거歸園田居 3」

남산 아래에 콩 심었는데	種豆南山下
잡초만 무성하고 콩 싹은 드물다.	草盛豆苗稀
새벽에 일어나 거친 밭 매고	晨興理荒穢
달빛 받으며 호미 메고 돌아온다.	帶月荷鋤歸
길은 좁고 초목은 길게 자라	道狹草木長
저녁 이슬 내 옷 다 적신다.	夕露沾我衣
옷 젖는 것이야 아깝지 않으나	衣沾不足惜
다만 바라기는 어긋나는 일 없었으면.	但使願無違

2년 후, 상경리 고향집이 불타고 만다. 초옥草屋 아홉 칸이 화염 속에서 타들어가는 것을 속절없이 바라보고 있자니 속이 상했지만 어쩔 수 없는 노릇이었다. 집과 농기구, 세간은 모두 불에 타고 없어져 도연명은 하는 수 없이 배 위에서 생활했다. 도연명이 이 마을 저 마을 돌아다니며 밥 구걸을 했던 때가 아마 이 무렵이었던 것 같다.

고봉밥 먹는 사내아이 다섯은 먹고 돌아서면 배고프다고 울어대니 정말 방법이 없었을 것이다.

진정성의 수호자

심양에서 전란이 일어나자 도연명은 고향을 떠나 남촌으로 이사를 했는데, 그의 나이 마흔여섯이었다.

「이거移居 1 – 거처를 옮기다」

예부터 남촌에서 살고자 한 것은	昔欲居南村
집터의 길흉을 살펴서가 아니었네.	非爲卜其宅
순박한 사람 많다는 얘기 듣고	聞多素心人
아침저녁으로 자주 만나고 싶었을 뿐.	樂與數晨夕
이런 마음 가진 지 벌써 여러 해	懷此頗有年
오늘에야 비로소 옮기게 되었네.	今日從玆役
누추한 집 넓을 필요 뭐 있으랴	敝廬何必廣
잠자리만 가릴 수 있다면 족할 뿐.	取足蔽床席
이웃들 때때로 와서	隣曲時時來
소리 높여 옛일을 이야기하고.	抗言談在昔
기이한 문장 서로 즐기며	奇文共欣賞
어려운 곳은 함께 풀어보네.	疑義常與析

전란을 피해 순박한 이들이 많다는 남촌으로 이사온 도연명은 생활 형편은 상경리에서 살 때보다 못했으나 마음은 더없이 한가롭고 평온했다.

「이거移居 2」

봄가을에 좋은 날 많으니	春秋多佳日
높은 곳에 올라 새롭게 시를 짓네.	登高賦新詩
문 앞 지나가면 서로 부르고	過門更相呼
술 있으면 함께 마시네.	有酒斟酌之
농사 바쁜 철은 각자 돌아가고	農務各自歸
한가하면 서로 생각하네.	閑暇輒相思
생각나면 옷 걸치고 찾아와	相思則披衣
웃으며 얘기하니 싫을 때 없네.	言笑無厭時
이러한 삶의 이치 좋지 않은가	此理將不勝
홀연 이곳을 떠나지 마시오.	無爲忽去玆
먹고사는 일이야 스스로 하는 것	衣食當須紀
힘써 경작하면 나를 속이지 않을 것이네.	力耕不吾欺

지금도 구강 경내에 자상산紫桑山이 자리하고 있다. 봄이면 부드럽고 따뜻한 바람이 부는 날에, 가을이면 하늘은 높고 구름은 맑은 날에 도연명은 산 가장 높은 곳에 올랐을 것이다. 친구와 술을 마시며 담소를 즐기는 여유, 충실하고 고단한 노동에 대한 믿음, 내일의

것을 탐내지 않는 지족의 정신은 물욕에 자신을 바친, 마음이 번잡한 사람들을 향해 일침을 던진다. 시인은 진정성의 수호자다. 시가 사라진 시대는 희망도 아름다움도 없다. 도연명의 시대는 정치적 암흑기였지만 민풍民風은 여전히 순박과 소탈을 간직하고 있었다. 권력이 제 아무리 힘이 세도 천 년의 시간 속에 녹아든 풍속을 바꿔놓지는 못했다.

「오류선생전五柳先生傳」

선생께서 어느 곳 사람인지 모르고 그의 이름자 또한 확실하지 않다.

先生不知何許人也, 亦不詳其姓字

집 주위에 버드나무 다섯 그루 있어 이를 선생의 호로 삼았다.

宅邊有五柳樹, 因以爲號焉

여유롭고 고요하며 말수도 적고 영예와 이익을 바라지 않았다.

閑靖少言, 不慕榮利

책읽기 좋아하나 깊은 해석 애써 구하지 않았다.

好讀書, 不求甚解

깨달음 얻을 때면 기뻐서 밥 먹는 것도 잊었다.

每有會意, 便欣然忘食

술을 좋아했으나 집안이 가난해 자주 술을 얻을 수 없었다.

性嗜酒, 家貧不能常得

친구들이 선생의 이러한 사정 알고 때로 술자리를 마련해 불렀다.

親舊知其如此, 或置酒而招之

집은 텅 비어 적막하고 바람과 해도 가리지 못했다.

環堵蕭然, 不蔽風日

구멍 나고 헤져 짧아진 옷 꿰매고 대나무 밥그릇과 표주박이 자주 비었지만 편안했다.

短褐穿結, 簞瓢屢空, 晏如也

항상 글을 지어 스스로 즐기고 자신의 뜻을 나타냈다.

常著文章自娛, 頗示己志

한정소언閑靖少言, 고요함은 때론 무엇보다 강력한 언어가 된다. 웅변보다 침묵이 더 큰 감동과 영향을 주지만, 현대 대중문화와 유행에서는 고요함의 가치가 통하지 않는다.

비바람도 막지 못하는 허술한 집, 매일 끼니 걱정을 해야 하는 곤궁한 살림, 자신의 선택이 가족에게 굶주림과 추위를 주었다는 사실 때문에 그는 갈등하고 괴로워했다. 그런 까닭에 마음이 원치 않으면서도 봉록이라도 받아볼 요량으로 관리 노릇을 하러 나갔던 것이다. 그는 시의 마지막에서 '빈천을 걱정하지 않고 부귀에 급급하지 않는 것'이 자신의 삶이라 말하고 있다. 이는 외적 선언이면서 내적 다짐이기도 했다.

도연명은 남촌에서 두어 해를 살았다. 가난하지만 마음은 윤택했던 시간이었다. 마을 사람들도 도연명을 믿고 따랐다. 사소한 문제나 다툼이라도 생기면 사람들은 그를 찾았다. 짧은 소매에 맨발을 드러낸 촌농의 모습으로 시비를 가리고 이치를 바로잡는 그를 사람들은 좋아했다. 이웃들은 새 술을 담그거나 닭이라도 한 마리 잡으면 가장 먼저 도연명을 불렀다. 농경시대의 자연촌락 공동체야말로 이른바

'조화로운 사회'의 오래된 미래가 아닐까?

　다음은 도연명이 마흔넷에 쓴 시다. 맹하의 더위에서도 자연의 청담淸淡한 기운을 만끽하는 모습이 보인다.

「독산해경讀山海經 1 – 산해경을 읽고」

초여름 풀과 나무 자라나니	孟夏草木長
나뭇잎 무성해 집을 둘러쌓았네.	繞屋樹扶疎
뭇 새 깃들 곳 있으니 기뻐하고	衆鳥欣有託
나도 내 오두막을 사랑한다오.	吾亦愛吾廬
밭 갈고 씨도 뿌렸으니	旣耕亦已種
때때로 책을 읽는다오.	時還讀我書
외진 골목이라 고관대작의 수레와 떨어져 있고	窮巷隔深轍
옛 친구의 수레도 자주 돌려보내네.	頗回故人車
즐거이 봄날의 술 맛 보려고	歡然酌春酒
정원에서 채소 뜯는다오.	摘我園中蔬
가랑비 동녘에서 나리니	微雨從東來
상쾌한 바람이 함께 불어오네.	好風與之俱
주나라 『목천자전穆天子傳』 두루 살피고	汎覽周王傳
『산해경山海經』의 그림도 모두 본다오.	流觀山海圖
잠깐 사이에 온 우주를 구경했으니	俯仰終宇宙
즐겁지 않으면 또 어떠하리오.	不樂復何如

다음의 시도 무수히 인용된 작품이니 놓치지 말고 감상해 보자.

「계묘세시춘회고전사癸卯歲始春懷古田舍2－계묘년 초봄 시골집에서 옛일을 추억하며」

공자께서 남기신 가르침에는	先師有遺訓
도를 걱정하고 가난일랑 근심하지 말라 하셨지.	憂道不憂貧
우러러나 볼 뿐 아득하여 좇기는 어려우니	瞻望邈難逮
뜻을 바꿔 농사에나 힘쓸까 한다.	轉欲志長勤
쟁기 메고 때를 맞춰 즐겁게 일하고	秉耒歡時務
웃는 얼굴로 농부들 격려한다.	解顏勸農人
너른 밭에 멀리서 바람 불어오니	平疇交遠風
싱싱한 새싹들 새 생명 품었다.	良苗亦懷新
한 해의 수확은 아직 알 수 없으나	雖未量歲功
농사짓는 것만으로도 기쁠 따름이다.	卽事多所欣
밭 갈고 씨 뿌리며 때때로 쉬고	耕種有時息
나루터 가는 길 묻는 나그네도 없다.	行者無問津
날 저물면 함께 돌아와	日入相與歸
술병 꺼내어 이웃들 위로한다.	壺漿勞新鄰
길게 읊조리며 사립문 닫았거니	長吟掩柴門
그럭저럭 밭일하는 농부 되었다.	聊爲隴畝民

『논어』에 '君子謀道不謀食군자모도불모식. 耕也, 餒在其中矣, 學也, 祿在其中矣경야, 뇌재기중의, 학야, 록재기중의. 君子憂道不憂貧군자우도불우빈'이라는 말이 있다. 풀이하면 '군자는 도를 추구하되 먹을 것을 추구하지 않는다. 농사는 지어도 굶주림이 있지만 공부를 하면 녹이 그 가운데 있게 된다. 군자는 도를 걱정하되 가난은 걱정하지 않는다'는 뜻이다. 공자의 이 말은 학문을 연마하는 선비들에게 주는 교훈이었다. 도연명은 공자의 뜻을 기억했으나 실천하기에는 역부족이었고 생존의 현실이 허락하지 않았다. 그는 學而優則仕학이우칙사, '배워서 뛰어나면 나가서 벼슬을 한다'는 말을 좇아 관도官途로 들어섰으나 쉽지 않았으며, 邦無道則愚방무도칙우, 나라에 도가 없으면 어리석다는 난세를 만나 더욱 어려운 지경에 놓이게 되었다. 轉欲志長勤전욕지장근, 결국 그는 뜻을 바꿔 농사에 힘쓰려고 오랜 시간 준비를 했다.

平疇交遠風평주교원풍, 良苗亦懷新량묘역회신. 소동파가 즐겨 암송하고 써서 선물로도 많이 줬던 이 구절은 하이데거의 말로 바꿔 표현하면 '식물성의 몽롱한 희열'의 세계를 표현하고 있다. 식물의 영혼을 포착하는 것은 현대 과학으로도 불가능하다. 오로지 시적 사유만이 그 섬세하고 은밀한 세계로 들어가 볼 수 있다.

도연명은 순박한 풍속이 사라지고 허위의 풍조가 흥하는 세태를 비판했다. 당시의 관료 사회는 더 심했다. 정의와 도는 가치가 떨어지고 술수와 아첨이 대접받았으며, 지조를 바르게 지키는 것은 어리석은 행동이 되었다. 백이와 숙제가 돌아갈 곳 없음을 탄식하고 굴원이 그만두겠다며 슬퍼했던 것처럼 도연명도 관료 사회를 떠났다. 그로 인해서 처자식을 굶기고 아들 다섯 모두 제 아버지 발뒤꿈치도 못 따라온다는 소리를 들을 만큼 변변치 않았지만, 도연명의 선택이 틀린 것은 아니었다. 어제의 동지가 오늘의 적이 되고, 진실과 신의의 도덕은 바닥으로 떨어지는 당시의 정치 현실에서 관료로서 일가족의 목숨을 보전하는 것도 어려운 일이었기 때문이다.

술에 취해 시를 짓다

예부터 술과 시인은 언제나 붙어 다녔다. 술은 시인에게 시적 영감을 주는 일종의 흥분제로 작용한다. 도연명은 육조시대 송나라의 문인 안연지顏延之와도 우정을 나눴는데, 안연지는 계림桂林 태수로 임명되어 떠나면서 당시 돈 2만 전을 도연명의 술값으로 내놓고 떠났다. 2만 전이면 두 해는 술값 걱정 없이 마실 수 있는 돈이었다.

도연명은 술에 취해 시를 짓고 만물을 노래했는데, 다음의 시는 그가 쉰을 넘기고 쓴 것으로 「음주시」 20수의 일부분이다. 도연명은 시의 서문에서 '우연히 좋은 술이 생겨 마시지 않은 저녁이 없다. 그림자 돌아보며 혼자 다 마시니 다시 취한다. 술에 취해 시 몇 구절 지어 스스로 즐긴다. 쓴 시는 많으나 말에 두서가 없다. 그래도 친구에게 받아쓰게 하여 즐거운 웃음거리로 삼고자 한다'라고 적고 있다. 도연명에게 시 쓰기란 일상의 유희니 굳이 기록으로 남기려 애쓰지 않았다. 영국 시인 키이츠는 시를 쓰고는 그냥 버려서, 우리가 알고 있는 그의 작품들 대부분은 친구가 주워 모은 것들이라고 한다.

술은 비록 혼자 마시지만	一觴雖獨進
잔 비우니 술병 절로 기울어지네.	盃盡壺自傾
해지면 움직임은 모두 멈추고,	日入群動息
돌아오는 새 숲을 향해 우는구나.	歸鳥趨林鳴

해는 저만치 숨어버리고 움직임도 모두 멈춰 선 정적 속에서 시인은 생명의 율동을 고스란히 몸으로 느끼고 있다.

「음주飲酒5」

초가 짓고 세속의 마을에 살아도	結廬在人境
수레와 말의 시끄러운 소리 없네.	而無車馬喧
그대에게 묻노니, 어찌 이럴 수 있는가?	問君何能爾
마음이 멀어지면 저절로 외진 곳이 된다오.	心遠地自偏
동쪽 울타리 밑 국화를 따며	採菊東籬下
유유히 남산을 바라보네.	悠然見南山
산 기운은 저녁노을에 아름답고	山氣日夕佳
날아다니던 새들도 함께 돌아오네.	飛鳥相與還
여기에 참뜻 있으니	此間有眞意
말하려 했으나 이미 말을 잊었네.	欲辨已忘言

도연명의 고요와 온화는 모든 움직임을 안고 있다. 그래서 그는 세속의 마을에 살면서도 부드러운 고요 가운데 머문다. 노신은 '刑

天舞干戚형천무간척 猛志固常在맹지고상재, 형천이 방패와 도끼를 휘둘렀으니 굳은 뜻은 언제나 있다'를 자주 인용하며 도연명이 위대한 까닭은 그가 결코 고요와 온화 속에 머물지 않았기 때문이라고 말했다. 나는 그렇게 생각하지 않는다. 분노할 수 있는 자만이 진정으로 고요와 온화를 알기 때문이다.

다음은 아름다운 여인에 대한 사랑을 노래한 시다. 열렬하고 분방한 표현은 오늘 읽어도 자못 매혹적이다. 섬세하면서도 거침없는 감정의 표출이 당황스럽기도 하지만, 성적 환상을 일상 안으로 끌어들이는 솜씨가 가히 일품이다. 혹자는 문학의 윤리를 말하며 도연명의 시집에서 「한정부」를 삭제해야 한다고 주장하기도 했다.

「한정부閑情賦」

바라건대 임의 옷깃 되어 꽃다운 머리 향기 흠뻑 맡고 싶어요. 하지만 밤에는 비단옷 벗으니 슬프고 긴긴 가을밤이 원망스럽습니다.

願在衣而爲領, 承華首之餘芳. 悲羅襟之宵離, 怨秋夜之未央.

바라건대 임의 치마끈 되어 가는 허리 묶어드리고 싶어요. 하지만 더위와 추위의 변덕스런 날씨에 수시로 새 옷 갈아입으시니 한숨뿐이랍니다.

願在裳而爲帶, 束窈窕之纖身. 嗟溫涼之異氣, 或脫故而服新.

바라건대 임의 머릿기름 되어 어깨에 늘어뜨린 검은 머리 발라드리고 싶어요. 하지만 어여쁜 당신 자주 머리 감으시니 맑은 물에 씻겨 말라버릴 것이 슬프답니다.

願在髮而爲澤, 刷玄鬢於頹肩. 悲佳人之屢沐, 從白水而枯煎.

바라건대 임의 눈썹 그리는 먹이 되어 그대 눈길 따라 바라보고 싶어요. 하지만 연지와 분은 새로움을 좋아하니 혹여 화려한 화장에 지워질까 애달픕니다.

願在眉而爲黛, 隨瞻視以閑揚. 悲脂粉之尙鮮, 或取毁于華妝.

바라건대 실이라면 임의 신발 되어 고운 발에 붙어 돌아다니고 싶어요. 하지만 몸가짐에 절도 있어 쓸쓸히 침상 앞에 벗어둘 것이 서럽습니다.

願在絲而爲履, 附素足以周旋. 悲行止之有節, 空委棄於床前.

바라건대 낮에는 임의 그림자 되어 늘 당신 몸에 기대어 여기저기 다니고 싶어요. ……

願在晝而爲影, 常依形而西東. ……

바라건대 밤에는 촛불 되어 두 기둥에서 옥 같은 당신 얼굴 비추고 싶어요. ……

願在夜而爲燭, 照玉容於兩楹. ……

「도화원기桃花源記」는 도연명이 쉰여덟에 쓴 것이다. 도화원은 중국인의 유토피아고, 이상 속의 조화로운 사회다.

진나라 태원 연간에 무릉 사람이 물고기를 잡아 살아가고 있었다. 시냇물을 따라 가다 얼마나 먼 길을 왔는지 잃어버렸다. 홀연 복숭아나무 숲을 만났는데 수백 보 되는 언덕에 다른 나무는 없었다. 향기로운 풀 아름답고, 꽃잎 떨어져 흩날리고 있었다.

晋太元中, 武陵人捕魚爲業. 緣溪行, 忘路之遠近. 忽逢桃花林, 夾岸數百步, 中無雜樹. 芳草鮮美. 落英繽紛.

도연명이 「도화원기」를 짓기 두 해 전인 419년, 진에서 송으로 왕조가 교체되고 유유가 스스로 황제라 칭했다. 도연명은 여전히 동진으로 연대를 기재하여 신 왕조를 인정하지 않는 자신의 뜻을 밝히고 있다. 유유가 동진 공제恭帝를 독살하고 왕위에 오르자 도연명은 분노했고, 자신의 시 「술주述酒」에서 이 사건을 넌지시 풍자했다. 도연명이 도화원으로 이상사회를 꿈꿨던 당시, 상황은 유유가 집권하면서 정치적으로 암울했고 민생은 도탄에 빠졌다. 도연명 개인적으로도 가장 힘든 시기여서 그 좋아하는 술은 고사하고 굶주림에 시달려야 했을 만큼 고통스러운 시간이었다.

그러나 그가 쓴 시 속의 도화원은 안식과 평화, 신비가 있는 황홀경의 세계다.

토지는 평탄하고 넓었으며 가옥이 가지런히 늘어서 있고, 비옥한 밭과 아름다운 못, 뽕나무며 대나무 등속도 있었다. 밭 사이의 길은 사방으로 통하고 닭과 개의 소리가 곳곳에서 들렸다. 그 가운데 사람들이 왕래하면서 밭을 갈고 있었는데, 남녀의 옷차림이 모두 바깥 세상의 사람들과 같았다. 노인과 어린이 모두 기쁜 듯이 저마다 즐거워하고 있었다. 그들은 어부를 보고는 크게 놀랐다.

土地平曠, 屋舍儼然. 有良田美池桑竹之屬. 阡陌交通. 雞犬相聞. 其中往來種作. 男女衣著, 悉如外人. 黃髮垂髫. 並怡然自樂. 見漁人, 乃大驚.

유토피아를 꿈꾼 사람

예부터 환상의 세계, 신선의 고향에 대한 그리움과 갈구는 중국 문인의 문학적 세계관을 형성하는 큰 줄기였다. 이백에 와서 신선 세계에 대한 갈망은 극에 달했다.

그러나 도화원은 허구의 세계가 아니다. 도연명이 들은 것을 시적으로 형상화해 유토피아를 그린 것이다. 시의 행간에는 마치 꿈에서나 있을 법한 살기 좋은 '그곳'을 향한 강한 열망과 동경이 드러나 있다. 순박한 사람들이 평화롭게 사는 곳, 강제도 억압도 없고 남녀노소 누구나 편안하게 자신의 삶을 즐기며 사는 곳이 도화원의 삶이었다. 북송의 개혁가 왕안석은 '도화원에는 아비와 자식은 있으나 임금과 신하는 없다'라고 했다. 도연명이 꿈꾸는 세계에는 애초부터 계급이란 존재하지 않는 곳이라는 말이다.

수천 년의 봉건 역사 속에서 정부와 군대는 한 번도 민중의 것이 아니었다. 권력과 계급이 모든 걸 점유하던 시대, 자유와 평등의 정신은 성장할 수 없었다. 반면 서방 사회는 무수한 사회 격동기를 거치면서 권력과 계급의 대립면이 나타나기 시작했다. 그것은 민중의 역량으로 일군 개인의 존엄과 자유를 향한 정신이었다.

도화원의 세계는 나른한 평화가 있는 곳이었지만 도연명 일가의 생활은 갈수록 궁핍해졌다. 어느 해 중양절은 목 축일 술 한 사발 사서 마실 돈도 없었다.

『송서宋書』에는 다음과 같이 기록하고 있다.

구월 구일 술이 없어 집을 나가 국화 숲에서 오래 앉아 있었다. 왕홍王弘
이 술을 보내와 마시고 취해서 돌아갔다.

왕홍은 당시 강주江州 자사刺史로 공과 사가 분명한 사람이었으니
도연명은 그에게 술을 얻어 마시고도 마음이 불편하지 않았다. 포의
를 입은 선비와 조정의 관리가 격식 없이 술을 나눠 마시는 것은 흔
치 않은 일이었으니 당시에 도연명이 문인으로서 가졌던 '인기'가
상당했던 모양이다.

하루는 왕홍이 여산에서 주연酒宴을 열고 도연명을 불렀다. 물론 그
자리에는 말쑥하게 차려입고 짐짓 엄숙한 얼굴을 한 관리들도 많이 앉
아 있었다. 유일하게 도연명만 흙이 잔뜩 묻은 맨발에 허술한 차림새
로 나타났다. 도연명의 의연하고 호방한 태도와 끝을 모르는 주량에
자리에 있던 막료들은 모두 어리둥절했다. 잔이 서너 순배 돌고 주흥
이 무르익자 왕홍이 도연명을 부른 이유를 말했다. 머지않아 자기 후
임으로 단도제檀道濟라는 사람이 올 것인데 도연명과 잘 통할는지 모
르겠다는 것이었다. 도연명은 상관없다는 듯 어깨를 올려 보였다.

도연명이 쉰을 넘겼으나 일가의 생활은 여전히 안정되지 않았다.
농사와 친구들의 도움으로 겨우 생계를 이어가는 수준이었다. 다섯
아들에게 쓴 편지 「여자엄등소與子儼等疏」를 보면, '내 나이 쉰이 넘었
는데, 어릴 때부터 가난으로 고생했으며 집안이 빈궁해 사방을 떠돌
아 다녔다. 성격은 강하고 재주는 보잘 것 없어 세상과 어울리지 못
할 때가 많았다. 너희에게 어려서부터 춥고 배고픈 생활을 하게 했다.
…… 너희는 어린 나이에 집이 가난해 늘 나무 하고 물 긷는 수고를 하

니 어느 때나 그런 일을 하지 않을 수 있을까. 너희 다섯 형제 비록 같은 어머니가 낳지는 않았지만 세상 사람이 모두 형제라는 생각을 해야 하느니라'라고 적고 있다. 평생 가난을 짊어지고 살았고 자식들에게까지 그 빈곤을 대물리는 아비로서의 슬픔과 걱정이 드러나 있다.

그러나 도연명은 자신의 선택을 후회하지 않았다. 가난 때문에 지조를 버리지 않았던 옛 선비 일곱 명을 노래한 다음의 시는 도연명의 결연한 뜻을 보여준다.

「영빈사 詠貧士7 – 가난한 선비를 노래함」

하루아침에 벼슬 그만두고 돌아오니	一朝辭吏歸
그 청빈함은 무리 중 찾기 어렵네.	清貧略難儔
"흉년의 기근에 어진 아내 탄식하며	年饑感仁妻
나를 보고 눈물 흘리며 말했소.	泣涕向我流
'대장부 비록 큰 뜻 품어야 하나	丈夫雖有志
자식들 위한 걱정도 하셔야 합니다.'"	固爲兒女憂
혜손이 한 번 만나고는 감복하여	惠孫一晤歡
후한 선물 보냈으나 끝내 받지 않았다.	脤贈竟莫酬
곤궁하면서 뜻을 지키기 어렵다고 누가 말했는가	誰云固窮難
저 먼 옛날 이 같은 어진 분 계셨거늘.	邈哉此前修

왕홍이 가고 강주 자사로 단도제라는 자가 왔다. 그는 곡식과 고깃덩이를 들고 여러 차례 도연명 집을 찾았다. 도연명에게 관직에 나

갈 것을 종용하기 위해서였다. 일찌감치 꿍꿍이를 알아 챈 도연명은 그가 가지고 온 것을 일절 받지 않았다. 도연명은 굶어죽을 일은 없을 테니 가져온 것들을 모두 다시 가져가라며 단도제의 권유를 일소에 부쳤다. 그 이듬해 11월, 도연명은 병과 가난에 시달리다 죽었다.

도연명은 스스로 자신의 죽음을 애도하는 만가 3수를 썼는데, 첫째 수는 죽은 후 시신을 염하는 장면, 둘째 수는 친구들이 발인하는 장면, 셋째 수는 교외에 안장하는 장면으로 구성되어 있다.

「만가挽歌3」

거친 풀은 어찌 그리 한없이 무성하며	荒草何茫茫
백양나무는 또 우수수 바람에 흔들리네.	白楊亦蕭蕭
된서리 내리는 구월	嚴霜九月中
나를 보내려 멀리 교외로 나왔는데	送我出遠郊
사방은 인가 한 곳 없고	四面無人居
높은 무덤들만 우뚝우뚝 솟아 있네.	高墳正蕉蕘
말은 하늘 향해 소리쳐 울고	馬爲仰天鳴
바람은 저 혼자 쓸쓸히 불어오네.	風爲自蕭條
무덤은 한 번 닫혀버리면	幽室一已閉
천년이 흘러도 다시 아침은 없으리니	千年不復朝
천년이 흘러도 다시 아침은 없으리니	千年不復朝
현달한 사람도 어쩔 수 없구나.	賢達無奈何
앞서 나를 보내러 왔던 사람들	向來相送人

각자 집으로 돌아가네.	各自還其家
친척들은 혹여 슬픔 남겠으나	親戚或餘悲
다른 이들은 벌써 노래 부르겠네.	他人亦已歌
죽고 가버리니 무엇을 말하리오	死去何所道
몸 산천에 맡기니 하나 될 것이네.	託體同山阿

도연명의 작품은 당시에는 큰 환영을 받지 못했다. 위진남북조시대의 문학가 종영은 『시품詩品』에서 시가를 상중하 3품으로 분류해놓았는데, 도연명의 시들은 모두 중품에 해당되었다. 『문심조룡』에서는 아예 도연명을 언급하지 않고 있다. 진후산陳後山은 도연명의 시는 삶에 근접한 사실성은 있으나 고상하지 않다고 했다. 중국 문학에서 한부를 시작으로 미사여구를 남발하고 격식을 강조하는 풍조가 오랜 시간 유행했다. 도연명처럼 생활 속의 말들을 시어로 채택하는 것은 당시의 기준에서는 '비문학적'인 것으로 배척되었다. 문학이 실제에서 멀어지고 미사여구와 격식으로 흐를 때 권력의 도구로 전락하는 사례를 우리는 역사에서 많이 보았다. 도연명과 동시대를 살았던 사령운, 안연지는 당시 문학계에서 이름을 크게 날렸다. 이 문제는 북송까지 와서도 논쟁의 초점이 되었으며 구양수歐陽脩는 산문과 사부를 겨냥해서 '진晉에 문장은 없으며, 있다면 도잠의 귀거래사뿐이다!'라고 했다. 당대唐代에 도연명은 사조謝朓, 사령운, 좌사左思, 포조鮑照 등과 같은 대우를 받았으며, 송대宋代에 와서야 비로소 명실상부한 일류 문인으로서의 지위를 인정받았다.

소식은 특히 도연명의 거침없이 본성을 따르는 삶의 태도와 인품을 높게 평가했다.

　도연명은 벼슬을 하고 싶으면 나갔으며 그것을 구한다고 부끄럽게 여기지 않았다. 돌아오고 싶으면 언제든 돌아왔으며 자신의 행동을 고고하다 뽐내지 않았다. 배고프면 문을 두드려 밥을 구걸했고, 배부르면 닭을 잡아 주연을 베풀었다. 그가 고귀한 것은 바로 그 자연스러운 솔직함에 있다.

　과학기술은 우리에게 하나의 삶의 방식과 발전 모델을 요구한다. 후설의 현상학은 과학기술이 인류에게 복음福音이 아니며 괴물이라고 말한다. 이미 서양 사회에서는 과학기술에 대한 맹신과 개발주의를 반성하는 사회의 반운동이 시작된 지 오래다.

　도연명의 시 정신은 개발 이데올로기에 빠진 현대 사회를 위기에서 구출해줄 대안이 되기도 한다. 농촌의 공동체적 삶, 자연과 생명을 존중하는 가치관, 이런 것들이 복원될 때 인류의 미래는 지속 가능할 것이다. 도연명의 돌아가겠다는 외침은 단순한 물리적 이동이 아니라 농촌의 생태적, 공동체적 가치관을 회복해 본래의 모습으로 돌아가는 것이다. 오늘 「귀거래사」의 구절이 더 간절하게 다가온다.

　지나간 일 돌이킬 수 없음을 깨닫고, 앞으로 올 일은 바르게 좇을 수 있음을 알았다오. 　　　　　　悟已往之不諫, 知來者之可追
　실로 길을 잃었으나 아직 멀리 가지는 않았으니, 지금이 옳고 어제가 틀렸음을 깨달았소. 　　　　　　實迷途其未遠, 覺今是而昨非

이백의 광기와 야성은 유랑과 신선, 공명심에 몰두해 있었다. 외형으로 보자면 광기나 야성과는 거리가 멀 것 같은 왜소한 체구의 사내였지만, 그가 우리에 남긴 것은 삶의 에너지를 사방으로 분출하는 이미지다. 이백은 평생 고도의 흥분 상태, 일종의 조증躁症 상태로 살았지만 다행히 미치지는 않았다. 그는 극단으로 치닫는 자신의 정서를 조절할 만큼 비범한 능력의 소유자이기도 했다. 집착하는 사람을 보고 우리는 '그는 막장까지 가봐야 직성이 풀리는 사람'이라고 말한다. 이백은 여러 번 막장의 길에 올라탔다. 수천 년의 중화 문명 역사에서 이백 같은 사람은 보기 드물다. 이백은 한 마디로 별종 중의 별종이었다.

광기와 야성의 유랑 시인

李白

이백 성당 701~762

황하를 건너자니 얼음물로 막히었고

태항을 오르자니 설산이 가로막네.

아서라, 한가로이 벽계수에 낚시하고

배를 타고 해를 도는 꿈이나 꾸어볼까.

인생길 인생길 정말로 어려워라

이 길 저 길 많은 길, 내 갈 길 어디인가.

거센 바람 물결 가를 그날이 오면

구름 돛 달고서 푸른 바다 헤쳐가리.

천재 문학 소년

'이백의 성씨는 李가 아니다.', '이백은 중국인이 아니다.'

이백의 출생과 사망에 대해서는 정확하게 알려진 바가 없고 모호한 내용이 많다. 이백을 놓고 많은 문인들이 설왕설래하며 논쟁을 벌인 이유이기도 하다. 진인각陳寅恪은 이백의 성씨가 李가 아니라고 주장했으며, 이에 대해 또 많은 학자들이 반론을 펴기도 했다.

나는 그에 관한 글을 쓰기 위해 자료를 찾아 읽으면서 이백이 연구대상이 될 만한 인물이라는 것을 새삼 발견했다. 왜 사람들은 이토록 그에게 많은 관심을 보이는 것일까? 그의 무엇이 그렇게 흥미를 끄는 것일까?

이백은 당 무후武后 장안長安 원년 701년에 당시 행정 구역상 안서도호부安西都護府에 속하는 쇄엽碎葉, 지금의 키르키즈공화국 경내에서 태어났다. 그의 원적은 농서隴西 성기成紀로 자신을 이광 장군의 후손으로 밝히고 있다. 방대한 이 씨 일가는 무슨 연고로 서역으로 옮겨 갔을까? 측천무후가 이 씨 일족을 전멸시키려 한 사건과 관련이 있을까? 이백의 증조부가 황실과 친인척 관계였다고 하고 당태종 이

세민도 농서 사람이니, 이백을 황실과 연결하는 추측도 전혀 근거가 없는 억측은 아니다.

이백의 부친 이객李客은 706년에 사천 면양綿陽으로 가족과 함께 돌아왔다. 그때는 측천무후가 퇴위하고 황권을 이 씨 왕족에게 넘긴 후였다. 사천은 진령秦嶺 산맥이 가로막고 있어 상대적으로 외진 곳이다. 어쩌면 이객은 화를 피하고자 사천을 선택했을 수도 있다.

이백의 모친이 꿈에서 태백성太白星을 보고 그를 낳아, 부친 이객이 이름을 백白으로, 자를 태백太白으로 지었다고 한다. 태백성은 계명성으로 우리가 흔히 샛별이라 부르는 금성의 다른 이름이다.

소년 시절 이백은 검술을 배웠고, 제자백가의 사상과 경서 등 광범위한 독서를 했다고 한다. 노자와 장자의 심오한 저작들을 열 살 무렵에 읽었다고 하나 믿을 만한 기록은 아닌 듯하다. 한자만 통달하는 데도 몇 년은 걸려야 하는데 고작 열 살에 노장의 무엇을 읽어낼 수 있단 말인가? 사료는 늘 이런 식이다. 걸출한 인물의 위대성이나 천재성을 지나치게 과대 포장한다.

아래의 시는 이백이 어린 시절 쓴 것으로 반딧불을 묘사하고 있다. 이쯤은 충분히 믿어볼 만하다.

「**영형화**詠螢火 – 반딧불을 노래함」

비 내려도 꺼지지 않는 불   雨打燈難滅

바람 부니 그 빛 더욱 밝아오네.   風吹色更明

하늘로 날아오르면   若飛天上去

달을 감싸는 별이 되겠네.   定作月邊星

　　이백은 사부 창작에도 재능을 보여, 당시의 문장가인 소정蘇頲으로부터 사마상여와 비견할 만하다는 평가를 받기도 했다. 소년 시절 이백이 쓴 사부로는 「명당부明堂賦」, 「대렵부大獵賦」, 「의한부擬恨賦」 등이 있다.

　　소년 이백은 조정에 나가 황제를 보필하고 억조창생을 구제하는 출사의 꿈을 키우며 성장했다. 일찍부터 당시 유행하던 도교의 영향을 받아 아미산에 올라 도사들과 왕래하며 연단술練丹術을 연구하는 등 신선사상에 심취하기도 했다.

　　여기서 한 가지 짚고 넘어갈 것이 있다. 하나의 잣대를 들이대고 단일한 가치를 요구하는 것은 그 자체로 폭력이니 도덕적으로도 옳지 않다. 이백을 연구하고 평가하는 것도 마찬가지다. 이백이라는 인물을 있는 그대로 볼 필요가 있다는 뜻이다. 문학사나 전기 따위를 보면 지나치게 인물을 미화하는 경향이 있다. 이백의 시만 해도 그렇다. 통치자 혹은 대중의 입맛에 맞는 것들만 찾아서 이미지를 만드는 것이다. 이를테면 이백의 시에서 그가 나라를 걱정하고 백성을 사랑하는 면만을 찾아 강조한다든가 하는 식이다. 이는 시인 개인에게 엄청난 속박이다. 시인에게 좀 더 넓고 자유로운 심미審美의 공간을 허락해야 옳다.

　　이백은 스물다섯에 사천을 떠나왔다. 아미산을 떠나 중경을 향해 배를 타고 가면서 지은 시가 다음 작품이다.

「아미산월가蛾眉山月歌 – 아미산의 달 노래」

아미산의 조각달 가을 하늘에 떠 있고	蛾眉山月半輪秋
달그림자 평강에 어리어 강물 따라 흘러가네.	影入平羌江水流
밤에 청계를 떠나 삼협으로 향하니	夜發清溪向三峽
임 그리우나 만나지 못하고 유주로 내려가네.	思君不見下渝州

개원 12년 724년 봄, 이백은 유랑을 시작해 1년을 장강 중류 지역을 유람하다 형주에 도착했다. 이백은 형주에서 파촉의 험준한 산맥을 등에 지고 다음의 시를 써내려갔다.

「도형문송별渡荊門送別」

멀리서 형문을 건너와	渡遠荊門外
옛 초나라 땅을 유람하네.	來從楚國游
산은 평야를 따라 뻗어 있고	山隨平野盡
강물은 광활한 대지로 흘러가네.	江入大荒流
달은 내려와 하늘 거울이 되고	月下飛天鏡
구름은 바다에 누각처럼 떠있네.	雲生結海樓
고향 강물 그리워	仍憐故鄉水
만 리 길 떠나는 배를 보내네.	萬裡送行舟

배에서 바라본 장강과 형문산의 풍경을 노래한 이 시는 그 이름처

럼 장엄하고 드넓은 장강의 기세가 잘 표현되어 있다. 이백의 산수시는 협기俠氣와 문기文氣, 선기仙氣가 어우러져 독특한 아우라를 만들어 내고 있다.

유랑의 세월을 보내다

이백은 강릉江陵에서 고적지를 방문해 고인을 추모했다. 강릉은 초나라의 옛 수도인 영도郢都의 소재지다. 진이 초를 멸망시키자 수백 년 간 번영을 누렸던 도성은 하루아침에 잿더미로 변했고, 굴원은 망국의 한을 안고 멱라강에 몸을 던졌다. 이백은 전국시대 초나라 사람들이 2백 년 걸려 지었다는 궁전의 호화로움에 사로잡혀 장화대 유적지에서 몇 날을 머물렀다. 철없던 시절 지었던 사부가 사마상여와 견줄 만하다는 극찬을 들었던 그였다. 어쩌면 이백은 사마상여가 그랬던 것처럼 벼락출세의 꿈을 꿨을지도 모른다. 이백은 향시에서 전시까지 종종 관문을 통과하고도 작은 관료부터 시작해야 하는 과거시험 따위는 생각하지 않았다.

이백은 우선 유람을 통해 견문과 교우관계를 넓힐 작정이었다. 물론 신선을 찾는 것도 유람을 시작한 목적 중의 하나였다. 이백은 강릉에서 도교의 대사 사마승정을 만났다. 이백은 평소 흠모하던 도사를 만나 자신을 대붕에 비유하여 포부를 밝힌 「대붕우희유조부大鵬遇希有鳥賦」를 지었다. 사마승정은 '속세에 구애받지 않는 신선과 도인의 풍골을 지녔으니 우주 온 세상을 두루 보고 다닐 수 있는 정신을 지녔다'라고 이백의 인물됨을 평가했다. 이백은 이번 유람의 종착지로 천모산天姥山을 택했다. 천모산에 가면 신선을 만날 수 있으리라는 기대 때문이었다.

이백은 옛 초나라 땅을 두루 돌아다녔다. 악주鄂州의 적벽대전이 치러졌던 옛 전장, 한양漢陽의 황학루黃鶴樓, 파릉巴陵의 악양루岳陽樓, 촉중蜀中의 호한浩瀚 수역 등 모두 이백에게 새로운 세계를 보여주었다. 이백은 눈 앞에 펼쳐진 장관을 바라보며 잠시나마 조정과 신선을 잊었다. 황학루에 올라 흥취와 감회를 시로 남기고자 했으나 한 발 늦고 말았다.

옛사람은 황학 타고 떠나버리고, 이곳은 덩그러니 황학루만 남았구나.
황학은 한 번 가면 돌아오지 않으니, 흰 구름만 천년을 유유히 흐르네.
昔人已乘黃鶴去, 此地空餘黃鶴樓. 黃鶴一去不復返, 白雲千載空悠悠

이백은 최호崔顥가 남긴 시를 보고 더 좋은 문장을 생각하지 못하고 다음과 같이 탄식했다.

눈앞에 풍경이 있어도 말할 수 없는 것은 최호의 시가 위에 있기 때문이라네.
眼前有景道不得, 崔顥題詩在上頭

당시에 이백은 아마도 최호가 쓴 7율시 밑에 이 글을 적어놓았을 것이다. 나중에 이백이 이름을 날리면서 최호와 황학루가 더불어 유명해졌다. 황학루는 많은 관광객들이 찾는 장소로 중국 4대 명루名樓

의 하나가 되었다.

이즈음 이백은 친구 오지남吳指南과 함께 초나라 땅을 유람했다. 오지남이 여행 도중에 병으로 죽자 이백은 동정호 근처에 그를 묻고 금릉金陵으로 갔다가 이삼 년 후에 다시 와서 무덤을 파고 오지남의 유골을 수습해서 악성鄂城의 동쪽, 지금의 무창 땅으로 이장移葬했다. 오랜 세월 미담으로 전해지는 이 일은 이백이 의를 매우 중요하게 생각했음을 알려준다. 하지만 정말 친구에 대한 의리 그것뿐이었을까? 내가 보기에 이백은 토끼 두 마리를 다 노렸던 것 같다. 친구에 대한 의리도 지키고 그 겸에 이름도 좀 날리고 싶은 공명심功名心 같은 것도 충분히 작용했을 것이다. 세상에 나온 지 벌써 몇 해가 지났건만 자신의 이름자 하나 알아주는 이가 없던 차에, 협사俠士를 자처하던 그로서 세인들에게 보여줄 '무엇'이 필요하지 않았을까? 푹푹 찌는 한여름 더위도 마다 않고 먼 길을 달려와 부패한 시신을 수습한다는 게 어디 그리 쉬운 일인가?

도교를 숭상한 당 왕조의 이씨 황실은 노자 이이李耳를 선조로 모셨다. 노자가 죽지 않고 신선이 됐다고 믿는 그들은 노자를 태상노군太上老君이라 불렀다.

의협심이 강한 사람을 협객이라 하고, 신선을 찾는 사람을 우객羽客이라 한다. 이백이라는 인물을 알려면 협객과 우객, 이 두 단어는 기억해두는 것이 좋다. 이백은 상당히 유행에 민감한 사람이었다. 개원開元 성세에 도성에서 유행했던 것들, 시와 술, 협객, 연단술 등 이백은 하나도 빠뜨리지 않았으며 다 내로라하는 수준이었다.

이백은 스스로를 '키는 7척이 안 되지만 마음에 품은 뜻은 누구보다 크다'고 밝히고 있다. 작은 키에 깡마른 몸의 이백은 뚫을 듯 매서운 눈빛으로 검을 차고 힘차게 길을 걸었다. 이백이 가진 유목민족의 특질을 볼 때 이백을 호인胡人이라고 본 진인각의 주장이 전혀 근거가 없는 얘기는 아닌 것 같다.

이백이 한인이든 호인이든 그가 한자문화권에서 성장했음은 논쟁의 여지가 없다. 이백은 안타깝게도 상당량이 유실되고 말았지만 아름다운 한시漢詩를 남김으로써 중국어를 더욱 풍부하게 했고 후대에도 지대한 영향을 미쳤다.

다음은 개원 13년에 이백이 여산에 당도해서 쓴 시다.

「망여산폭포望廬山瀑布 – 여산의 폭포를 바라보다」

향로봉에 해 비치니 자줏빛 안개 피어오르고	日照香爐生紫煙
멀리 폭포 바라보니 긴 강 걸려 있네.	遙看瀑布掛長川
날아 흐르듯 삼천 척으로 바로 떨어지니	飛流直下三千尺
혹여 하늘에서 내려오는 은하수인가.	疑是銀河落九天

이백은 여산을 내려와 우禹 임금이 제후들을 불러 모은 회계산으로 갔고, 다시 항우가 스스로 목을 찔러 죽은 오강을 지나 장강을 따라가다 육조 시대의 옛 도성 금릉에 도착했다. 금릉에 고적지가 많았지만 이백은 오래 머물지 않고 바로 양주로 발길을 돌렸다.

이백은 양주에서 거의 1년을 머물렀다. 주머니 두둑하고 사람 좋아하는 성격이라 이백 주변에는 협객에서 몰락한 귀족 자제까지 많은 사람들이 몰려들었다. 통 크고 낙천적인 이백은 언제나 흔쾌히 술 값을 내놓았다. 그렇게 1년도 못 되어 당시 오품 관리 3년 치 봉록에 해당하는 30만 금을 다 써버렸다. 그러나 정작 이백이 병들어 객잔에 누워 있는 신세가 되었을 때는 아무도 그를 찾지 않았다. 의리도 정도 없는 무심한 세태에 마음을 다친 이백은 우리에게 다음의 시를 남겼다

「정야사靜夜思 – 고요한 밤의 생각」

침상 앞의 달빛은	牀前看月光
땅에 내린 눈인가.	疑是地上雪
머리 들어 산에 걸린 달 바라보다	擧頭望山月
고개 떨구고 고향 그리워하네.	低頭思故鄕

권력을 기웃거리다

이백은 네 번 결혼했다. 첫째 부인은 허 씨로 이백이 스물일곱일 때 안육安陸에서 친구 맹소부의 소개로 만났다. 이백은 허 씨와 사이에서 딸 평양과 아들 백금을 낳았다. 둘째 부인은 유 씨로 정식 결혼은 아니고 장안에 가기 전에 잠깐 동거했다. 셋째 부인은 성씨도 알려져 있지 않으며 장안에서 추방당한 후 만난 것으로 추측되는데 그녀와 사이에서 차남 파려를 낳았다고 한다. 넷째 부인은 종 씨로 이백이 쉰 무렵에 만나 결혼했다. 첫째 부인 허 씨의 조부 허어사許圉師

는 당 고종 때 재상을 지냈던 인물이다. 맹호연과의 만남도 이 무렵에 시작되었다. 이백은 은일의 삶을 즐기는 맹호연의 인품에 매료되어 그를 존경했다. 다음의 시 「황학루송맹호연지광릉黃鶴樓送孟浩然之廣陵」은 이백이 맹호연과 함께 유람한 후, 황학루를 떠나 광릉으로 가는 그를 전송하며 쓴 것이다. 맹호연에 대한 깊은 우정이 드러나 있다.

옛 친구는 서쪽의 황학루와 작별하고,	故人西辭黃鶴樓
꽃 아름다운 춘 삼월 양주로 내려가네.	煙花三月下揚州
외로운 돛단배 아득히 푸른 하늘로 사라지고,	孤帆遠影碧空盡
하늘 끝으로 흐르는 장강만 보이네.	唯見長江天際流

이백이 허 씨와 결혼한 것도 어쩌면 출사의 길을 쉽게 찾을 수 있으리라는 희망 때문이 아니었을까? 이백은 재상을 배출한 집안이니 조정과 닿은 인맥을 잡아보려고 했지만 사실상 힘을 얻지는 못했다. 그래서 이백은 자신을 천거해줄 지방 관료들과 왕래를 시작했다. 배장사裴長史와 이장사李長史에게 쓴 편지에도 자신의 재능과 출사의 의지를 밝히고 천거를 부탁하고 있다. 이백은 천거를 간절히 바라면서도 자존심을 내세우고 있는데, 배장사에게 쓴 편지의 마지막 구절에서는 '나에게 문 앞에서 검을 휘두르고 노래를 부르지 못하게 할 왕공대신이 누가 있겠소'라며 오만한 자신감을 드러내고 있다.

이백은 배장사로부터 이렇다 할 답변을 못 듣자 이장사에게 닿을 연줄을 찾았고, 마군독馬軍督의 소개로 이장사에게 자신의 시와 부를 써서 보냈다. 하지만 그러고 얼마 안 있어 이백이 술에 취해 이장사가 타고 있던 가마와 부딪치는 사건이 일어났다. 당시의 관례로 관리가 길을 지나갈 때 백성들은 피해야 마땅한 일이었으니 재수 없으면 옥으로 끌려가고 가벼워도 채찍질 신세를 면할 수 없었다. 허 씨 부인은 이백에게 회개의 편지라도 써서 마군독 편에 보내라고 했다. 이장사에게 보낸 편지「상안주이장사서上安州李長史書」에서 이백은 '홀로 허리에 검을 차고 의탁할 사람이 없어 비장한 노래를 읊으며 자신을 불쌍히 여기고 있습니다. …… 저는 그 일로 두려움으로 앉아 있을 수도 없습니다. …… 나그네 신세로 뜬구름과 같아 의지할 곳이 없습니다.'라고 썼다. 이 일은 안육에서 웃음거리가 되었고 이백이 쓴 회개의 편지는 술자리의 안주가 되었다.

이백은 배장사, 이장사에게서 희망이 보이지 않자 얼른 또 다른 인물을 찾아 나섰다. 그는 개원 24년 봄에 양양襄陽으로 가서 한조종韓朝宗을 알현했다. 한조종은 당시 관계의 실력자로 그를 통해 등용된 관리들이 적지 않았기에 이백은 기대를 안고 편지를 썼다.

태어나 만 호의 제후에 봉해질 필요는 없어도, 다만 형주의 한 자사 알기를 바랍니다.

이백이 한조종에게 걸었던 기대와 조정으로 진출하고 싶은 뜻이 그가 쓴 편지의 첫 구절에 솔직하게 드러나 있다. 이백은 시에서도 '높은 관에 웅대한 칼 차고 정중히 한형주에게 인사했네高冠佩雄劍, 長揖韓荊州'라며 한조종을 알현한 일을 말하고 있다. 재미있는 것은 이백의 태도다. 그토록 간절히 만나고 싶다던 사람이라면, 더구나 천거를 받아야 할 신분으로 찾아 왔다면, '절' 정도는 해줘야 하건만 외관外<ruby>冠</ruby>에 칼까지 차고서 만나는 경우가 어디 있는가?

비굴하지 않은 당당함이야 하기 좋은 말일 뿐이지 자기 잘 났다고 고개 뻣뻣하게 세우는 사람을 누가 좋아하겠는가? 관료 사회에서는 절대로 통할 수 없는 태도다. 결과는 뻔했다. 한조종도 배장사나 이장사처럼 이백의 편지를 쓰레기통에 던져버렸다. 이백은 조정 입문의 길이 보이지 않자 술로 시름을 달랬다.

이백은 자신을 천거해줄 기회를 얻지 못하고 남의 웃음거리가 되자 안육을 떠나 낙양과 태원 등지를 유람했다. 그는 안육에 부인 허 씨와 딸 아들을 두고 길면 일 년 짧으면 서너 달씩 집을 떠나 있었다. 서른을 훌쩍 넘긴 대장부로서 조정에 나가 출세하는 것 말고 이백에게 더 중요한 것은 없었다. 부인 허 씨도 자주 집을 비우고 길에다 돈을 쓰는 그를 나무라지 않았다. 그녀도 남편 출세 덕에 자신의 집안이 왕년의 빛을 되찾길 바랐는지 모른다.

이백은 이래도 저래도 출사의 길은 보이지 않고, 오지남을 이장한 일로 좀 '뜬다' 싶더니만 그것도 잠시로 끝나고 말자, 다른 묘수를 생각해낸다. 바로 '은자' 흉내를 내 세인들의 주목을 끌어보려는 것이었다. 이백은 가족과 함께 안육 경내에 제법 이름 난 백조산白兆山으로 거처를 옮겼다. 그 무렵의 시에서는 자못 도연명의 풍격이 느껴진다.

「춘일독작春日獨酌 1」

봄바람 맑은 기운 일으키고　　　　　　　　　　　　東風扇淑氣

물과 나무 봄볕 아래 무성하구나.	水木榮春暉
밝은 해 푸른 풀 비추고	白日照綠草
떨어진 꽃잎 흩어져 날아가네.	落花散且飛
구름만 저 혼자 텅 빈 산 돌고	孤雲還空山
뭇 새는 제 둥지로 모두 돌아갔네.	衆鳥各已歸
저들은 다 제 갈 곳 있는데	彼物皆有托
나만 홀로 의지할 곳 하나 없네.	吾生獨無依
바위 위로 뜬 달 바라보며	對此石上月
길게 취하여 아름다운 꽃 노래하네.	長醉歌芳菲

이백의 은자 흉내는 오래가지 못했다. 반년이나 있었을까. 기대했던 명성을 얻지 못하자 마음이 조급해진 이백은 장안으로 떠났다.

고통으로 민감해진 예술적 영감

장안 남쪽에는 태을산太乙山이라고도 부르는 종남산終南山이 우뚝 서 있다. 도교의 성지로도 유명한 종남산은 황제를 비롯해 왕공대신, 사회 각계 인사들까지 자주 찾는 곳이다. 산 속은 도회지만큼 번화하고 화려했다. 이궁과 별관들이 곳곳에 있고 맛좋은 술과 연지분의 향기가 바람에 날렸고, 허름한 주막은 은사隱士들로 언제나 만원을 이뤘다. 종남산을 밟지 않으면 천 년을 은둔 수도해도 알아주는 이가 없을 것이라는 말이 있을 정도로 당시의 종남산은 이른바 '도사'의 필수 코스였다.

이백은 장안 생활 3년에서 2년을 시와 검술, 서예로 시간을 보내며 종남산에서 머물렀다. 수도다 보니 일상 지출이 만만치 않아 이백은 수시로 시종을 안육에 있는 집으로 보내 돈을 가져오라고 시켰고, 그때마다 부인 허 씨는 밭을 팔아 돈을 마련해 주었다. 이백은 장안과 종남산을 오가며 길에다 많은 돈을 썼지만 장안행은 매번 그에게 실망만 안겨주었다. 개원 23년, 이백은 다시 친구 원연元演과 함께 태원太原으로 유람을 떠난다. 태원은 북도北都라 불릴 만큼 조정의 실력자들이 많이 있는 곳이었다. 이백이 태원에서 1년을 머무는 동안 안육의 살림은 더 형편없어져 살던 집마저 팔아야 했다.

이백 스스로 안육에서 술을 마시며 10년 세월을 허비했다고 고백하듯 그는 출사의 기회를 얻지 못하고 재산만 탕진한 꼴이 되어버렸다. 하지만 우리가 좋아하는 그의 시 대부분은 이 시기에 창작되었다. 어쩌면 예술은 고통과 우울의 산물인지도 모르겠다. 고통스러울수록 생명의 힘은 더 왕성해지고 예술적 영감은 더 예민해진다. '탄생의 고통과 신비'라는 점에서 예술과 자연은 서로 통한다. 과학기술이 그 신비로움을 벗기거나 소멸하려는 시도는 어리석은 짓이다. 하이데거의 말처럼 자연이 기술을 등지고 서 있는 그곳이 바로 자연의 본질을 담고 있기 때문이다.

우리는 예술이 권력과 시장에 의존하면서 세대를 넘기며 사랑받는 경우를 보지 못했다. 시장을 추구하면 오히려 시장에 매몰되기 쉬운 법이다. 일시적으로 대중의 호응을 얻을지도 모르지만 그런 예술에 '영원성'이란 있을 수 없다. 이백에게는 고통과 회한의 기억일 수 있으나, 그가 관계 진출용으로 실력자를 위해 썼던 찬미시들이 하나

같이 졸작이라는 것도 이를 방증한다.

다음은 우리에게 익숙한 「행로난」의 시작 부분이다.

「행로난行路難 1」

황금 술항아리에 좋은 술 만 말이고	金樽美酒斗十千
옥쟁반에 진귀한 안주 만금이나	玉盤珍羞直萬錢
잔 멈추고 젓가락 던지고 먹지 못하네	停盃投筯不能食
칼 뽑아 사방 둘러보니 마음만 아득하여라	拔劍四顧心茫然

내가 특히 좋아하는 부분은 뒤의 구절이다. 칼 뽑아 사방 둘러보니 마음만 아득하다, 이것이 다름아닌 이백의 이미지다. 단념하기 싫지만 정작 칼 겨눌 곳을 못찾고 방향감각을 잃은 모습. 굴원은 멱라로 뛰어들고, 혜강은 형장으로 가고, 도연명은 산으로 들어갔다. 이백은 문인으로 살고 싶지 않다고 자주 말했지만 그의 이미지는 선배 문인들보다 더 '글쟁이'의 그것과 닮아 있다.

황하를 건너자니 얼음물로 막히었고	欲渡黃河氷塞川
태항을 오르자니 설산이 가로막네.	將登太行雪滿山
아서라, 한가로이 벽계수에 낚시하고	閑來垂釣碧溪上
배를 타고 해를 도는 꿈이나 꾸어볼까.	忽復乘舟夢日邊
인생 길 인생 길 정말로 어려워라	行路難 行路難
이 길 저 길 많은 길, 내 갈 길 어디인가.	多岐路 今安在

| 거센 바람 물결 가를 그날이 오면 | 長風破浪會有時 |
| 구름 돛 달고서 푸른 바다 헤쳐가리. | 直掛雲帆濟滄海 |

문인이란 먼저 지식인이 되어야 하고, 또 지식인이라면 모름지기 문화를 계승하고 사회의 도덕을 담당해야 한다. 도道는 가치체계고 덕德은 윤리규범이다. 그렇다고 해서 문인이 권력의 시스템으로 들어가는 것이 꼭 부정적인 결과만 낳는 것은 아니다. 그런 의미에서 문인이 정치에 투신하는 것은 패러독스다. 걸출한 문인은 예외 없이 모두가 이상주의자였으며, 포기를 모르는 강인한 정신으로 현실을 비추었다. 역사의 발광체인 그들은 수천 수백 년의 세월을 빛으로 관통해 왔다. 어쩌면 혼돈뿐일 수 있는 삶 속에서 문인의 눈빛은 누구보다 맑고 투명했으며, 그들은 자신의 맑고 투명함으로 혼돈을 혼돈으로 보이게 했다. 개인의 명리命理를 위해 정치를 한 문인치고 오늘날까지 위대한 작가로 기억되는 이가 없는 것도 이 때문이다.

「장진주將進酒」

그대는 보지 못했는가	君不見
황하의 물 하늘에서 내려와	黃河之水天上來
세차게 흘러 바다에 이르면 다시는 돌아오지 못함을.	奔流到海不復回
그대는 보지 못했는가	君不見
높은 집 거울 앞에서 흰머리 슬퍼함을	高堂明鏡悲白髮
아침 푸른 실 같던 검은머리 저녁 되니 눈처럼 셌네.	朝如靑絲暮成雪

......

하늘이 주신 나의 재능 반드시 쓰일 것이니	天生我材必有用
천금을 다 써도 다시 생기리.	千金散盡還復來

......

옛 성현군자는 모두 쓸쓸히 잊혀지고	古來聖賢皆寂寞
술꾼들만 그 이름 남겼다네.	惟有飮者留其名

......

오화마와 천금구를	五花馬, 千金裘
아이 시켜 좋은 술로 바꿔오게	呼兒將出換美酒
자네와 술 마시며 만고 시름 삭이리.	與爾同消萬古愁

오화마와 천금구는 친구인 잠삼岑參과 원단구元丹丘가 선물한 것
으로, 셋이 함께 술을 마시면서 나온 작품이 바로 이백의 「장진주」
다. 이백의 만고 시름은 지식인으로 살아가는 어려움을 설파하고 있
다. 이 시의 중심어는 有用유용, 寂寞적막, 留其名류기명이다. 당대에 그
재능이 쓰임 받지 못한 쓸쓸함으로 시름을 달래려 쓴 시로 인해 오히
려 천고에 이름을 남기는 것. 그래서 이백의 낭만이란 언제나 현실의
빛을 담고 있다. 다음의 시 「촉도난」도 그렇다. 출사의 길은 멀고 험
해 하늘 오르기보다 더 어렵다고 촉으로 가는 길에 비유하고 있다.

「촉도난蜀道難 – 촉으로 가는 길 험난하다」

아, 험하고도 높구나!	噫吁戲, 危乎高哉!

촉으로 가는 길 험난하니	蜀道之難
푸른 하늘 오르기보다 어렵네.	難于上靑天
……	
나라 열리고 사만팔천 년	爾來四萬八千歲
진나라 변방으로 가는 길 통하지 않았네.	不與秦塞通人煙
서쪽 태백산에 새들의 길 있어	西當太白有鳥道
아미산 정상을 가로지를 수 있네.	可以橫絶峨眉巓
땅 무너지고 산 꺾이고 장사가 죽어서야	地崩山摧壯士死
구름다리와 돌길을 고리처럼 이어놓았네.	然後天梯石棧方鉤連

촉중은 산맥이 많기로 유명한데 아미산이 제일이다. 30년 전만해도 공기가 좋아 미산眉山의 성벽에 서면 하늘까지 닿을 듯한 아미산 정상을 볼 수 있었다. 이백은 두 번 아미산에 올랐고, 산중에서 몇달을 머물렀다. 관광객이 가장 많이 찾는 명산으로 꼽히는 아미산은 그 관광 수입이 천문학적인 숫자라고 하니 이백의 몫이 크다. 이백은 일생을 길 위에서 보내며 중국 대륙의 반을 다녔다. 이백이 밟고 지나간 산과 강은 그의 시에서 실물보다 더 생생하게 살아 움직인다. 이백에게는 안됐지만 그의 좌절이 아니었다면 이렇게 아름다운 시는 남기지 못했을 것이니 후세에겐 오히려 고마운 일이다.

신선을 찾는 이백에게 신선은 나타나지 않고 대신 시적 영감이 그를 찾아왔다.

「몽유천모음류별夢游天姥吟留別 – 꿈에서 천모산을 노닐다 이별을 노래함」

나는 이런 까닭으로 오월을 꿈꾸고 　　　　我欲因之夢吳越

하룻밤에 경호의 달을 날아 건너리. 　　　　一夜飛渡鏡湖月

호수의 달은 내 그림자 비추고 　　　　　　湖月照我影

나를 섬계로 데려다주네. 　　　　　　　　送我至剡溪

발은 사운령의 나막신 신고 　　　　　　　脚著謝公屐

몸은 푸른 구름 속 사다리 타네. 　　　　　身登靑雲梯

절벽 가운데서 바다로 떠오르는 태양 바라보니 　半壁見海日

공중에서 하늘 닭 울음소리 들려오네. 　　　空中聞天雞

바닷가 나그네 영주 말하길 　　　　　　　海客談瀛洲

안개 물결 아득하여 가기 어렵다네. 　　　　煙濤微茫信難求

월나라 사람 천모산 말하길 　　　　　　　越人語天姥

구름과 무지개 사이로 얼핏 보이고 사라진다네. 　雲霓明滅或可睹

무지개로 옷을 입고 바람을 말 삼아 　　　　霓爲衣兮風爲馬

구름의 신들 분분히 내려오네. 　　　　　　雲之君兮紛紛而來下

호랑이는 거문고 타고 난새는 수레 끌며 　　虎鼓瑟兮鸞回車

신선들이 새까맣게 줄지어 섰네. 　　　　　仙之人兮列如麻

아까 왔던 안개와 노을 간 데 없어라 　　　失向來之煙霞

어찌 얼굴빛 고치고 허리 굽혀 권세와 부귀 섬김으로 　安能摧眉折腰事權貴

이백 225

내 얼굴과 마음을 펴지 못하게 하겠는가.　　　　　　使我不得開心顔

지금의 절강성 신창현 동쪽에 있는 천모산은 당시 천대산天臺山과 함께 신선이 자주 출몰하는 곳으로 유명했다. 시의 마지막 구절은 허리를 굽혔던 혹은 굽힐 수 없었던 그래서 괴로웠던 이들을 대신해 말하고 있다. 이 시가 있어 이백의 10년은 허송세월이 아니었다.

마음 눕힐 수 있으면 어디든 고향

부인 허 씨가 병으로 죽고 이백은 먼 친지한테 의지할 작정으로 산동으로 갔다. 옛날 노나라 땅이었던 7백여 리 산동 경내의 북에는 태산이 남으로는 바다가 있어 토지가 비옥했다. 산동은 공자의 조국이었던 곳답게 예절의 고향으로도 유명하다. 이백은 지금의 산동 제녕濟寧에 속하는 임성任城에 거처를 정하고 다시 유랑 생활을 시작했다. 그는 또 조래산에 은거하면서 공소보孔巢父, 한준韓準, 배정裴政, 장숙명張叔明, 도면陶沔과 함께 죽림칠현을 모방한 죽계육일竹溪六逸을 만들어 술과 시를 즐기는 생활을 했다.

항주에서 이백은 둘째 부인 유 씨를 만났다. 그녀의 출신 가문에 대한 기록이 없어 알 길이 없으나 놀고먹는 이백에게 유일한 자금줄은 결혼이었으니 어떤 식으로든 그에게 도움이 되었을 것이다. 강호에서 놀려면 기대고 보살펴줄 여자가 필요했다. 결혼과 애정이 꼭 같이 가야 하는 것은 아니었다. 부인 유 씨는 후대 학자들로부터 많은 비난을 받기도 했는데, 이는 순전히 이백 탓이다. 그녀는 집을 여인

숙쯤으로 아는 이백을 그냥 두고 보지 못했고 점점 마음이 멀어지자 다른 남자와 '바람'이 났다. 이 일로 이백은 분을 삭이지 못하고 그가 좋아하는 '시적'으로 그녀를 욕했다. 결국 두 번째 혼인은 얼마 가지 못하고 파국으로 끝났다. 이백은 아내의 따뜻한 품이 사라진 집을 떠나 사방을 유랑했다. 이백에게 고향의식이란 없었다. 그한테는 마음을 편안하게 눕힐 수 있는 곳이면 어디든 고향이었다. 그에게 방랑 시인이란 칭호가 어색하지 않은 이유다. 아래는 이백이 난릉蘭陵에 있을 때 쓴 것으로 나그네의 정서가 진하게 배어난다.

「객중행客中行 – 나그네의 노래」

난릉의 맛있는 술 울금향 풍기고	蘭陵美酒鬱金香
옥잔에 가득 따르니 호박빛 띠네.	玉碗盛來琥珀光
주인이 나그네를 취하게만 한다면	但使主人能醉客
어느 곳이 타향인지 알 수 없어라.	不知何處是他鄉

시문으로 진사進士를 등용하던 당의 과거제도 덕분에 시가는 전성기를 구가했다. 이백의 시는 많은 이들의 입에 오르내리며 유행하기 시작했다. 그토록 갈망했던 조정으로 가는 길은 보이지 않고 시름을 달래려 술로 쓴 시와 노래만 명성을 얻게 된 것이다. 이백은 주각의 담벼락에 쓰인 「장진주」를 보았으며, 길을 가다 일면식도 없는 낯선 유생儒生이 눈물마저 글썽이며 자신의 시구를 읊조리는 소리를 들었다. 이백은 자신을 유생 취급하는 것을 싫어했다. 이백은 유생들이

경방제세經邦濟世는 도무지 관심도 없고 알지도 못한다며 무시했으나, 실은 그들이야말로 이백이 가장 고마워해야 할 사람들이다. 이백의 시가를 전파한 주력군이 유생들이었기 때문이다.

이 무렵 이백은 동정호에서 왕창령王昌齡을 알게 된다. 둘은 서로의 시에 매료되었다. 당시 이미 시인으로 큰 명성을 얻은 왕창령이 자신의 작품을 높게 평가하자 이백은 흥분했다. 하지만 한편으로는 주눅도 들었다. 진사로 한때 조정의 중용을 받은 왕창령을 생각하니 자신의 꼴이 너무 초라하게 느껴졌다. 불혹이 저만치 가까이 왔건만 도무지 관운이 트일 기미가 보이지 않기 때문이었다.

이백은 그 후로 2~3년 동안 호남, 호북, 강소, 안휘, 절강 등지를 유람하며 시를 썼고, 쓰는 시마다 많은 이들의 사랑을 받았다. 각지 관료들과도 왕래가 많았지만 그뿐이었고 천거를 하겠다고 나서는 이는 없었다. 경직되고 형식적인 이들만 보아오던 관료들에게 자유인 이백은 신선 그 자체였다. 게다가 견문도 넓고 검술에 연단술에 신선이 사는 곳까지 줄줄이 꿰차고 있으니 이백과의 술 한 잔은 관료 생활의 무료함을 충분히 달래주었다. 그들은 기꺼이 이백을 위해 유흥비를 내놓았고 이백도 그들에게 손을 벌리는 일에 거리낌이나 수치심 따위는 느끼지 않았다. 도연명은 밥을 빌러 남의 집 문을 두드려 놓고 차마 말을 꺼내지 못했지만, 이백은 마치 빚쟁이를 대하듯 너무도 당연하고 당당하게 관리들에게 돈을 요구했다.

이렇게 시인 이백의 이름은 장안까지 날아들었다. 황제가 이백의 시에 푹 빠지자 조정 백관도 따라 읽었고 학자들은 그를 연구했다.

"이 같은 인재를 그냥 두는 것은 너무 아깝소."

황제는 명령을 내려 이백을 장안으로 불러들였다. 옥진공주도 부황의 면전에서 이백을 칭찬했다. 일찍이 그의 시를 좋아했던 그녀는 이백을 만날 생각에 흥분했다. 이때 이백은 도사 오균吳筠과 함께 섬중剡中에 은거하고 있었는데, 황제의 조령詔令을 받자마자 곧장 남릉으로 달려갔다. 당시 남릉의 친구 집에 아들 딸을 맡겨두고 있었다. 이백은 남릉에서 아들 딸을 만나고 혼자 장안으로 떠났다.

「**남릉서별**南陵敍別 **- 남릉에서의 이별을 쓰다**」

하늘 우러러 크게 웃으며 문을 나서니	仰天大笑出門去
내 어찌 초야에 묻혀 죽을 사람인가?	我輩豈是蓬蒿人

장안을 향해 말을 타고 달리는 이백의 모습이 보이는 것 같다. 밤에 객잔에서 투숙할 때 조정에서 보내온 사신이 옆에서 시중을 들었다. 이백은 길에서 사람을 만나면 하늘을 보며 크게 웃었다. 자나 깨나 소원하던 일보등천一步登天의 기회가 드디어 그에게 찾아온 것이었다. 이백은 장안 성에 당도해 조현관詔賢館에 머물렀다. 지난날 얼굴 한 번 보기가 어려웠던 조정의 실력자들이 줄을 서서 이백을 만나러 찾아왔다. 이월의 봄바람을 가위손에 비유한 시인 하지장賀知章은 이백을 보고 적선謫仙(벌을 받아 인간 세계로 쫓겨 내려온 신선-역자 주)이라며 감탄했다. 둘은 오랜 친구를 만난 양, 손을 맞잡고 곧장 주각으로 향했다.

조현관에 머문 지 며칠 되지 않아 내시가 와서 황성皇城의 제1궁

대명궁大明宮으로 이백을 모셔 갔다. 감개무량한 순간이었다. 황제는 이백에게 예우를 갖춰 대했고, 조정의 고관들은 부러운 눈길로 그를 바라보았다. 이백은 한림학사에 봉해졌다. 한림원은 궁내에 있었는데 황제의 부름에 바로 응할 수 있도록 여러 곳에 설치되어 있었다.

장안성은 남북으로 17리 동서 15리 땅에 백만 가까이 되는 인구가 사는, 지금으로 치자면 중형 규모의 도시에 속했다. 황궁을 둘러싸고 호화로운 대저택들이 즐비했고, 그곳에 고관대작들이 살고 있었다. 소문을 듣고 이백과의 만남을 청하는 초대장이 눈발처럼 날아들었다. 이백은 당 현종의 여동생 옥진공주를 알현했다. 평소 도교와 신선 사상, 이백의 시에 심취했던 그녀는 날이 새는 줄도 모르고 이백과의 대화에 빠져들었다. 야사에는 이백과 옥진공주를 남녀 관계로 바라보는 설이 많고 둘을 주인공으로 한 희곡작품도 있다.

짧지만 화려했던 시간

지식인이 사회적 역할과 책임을 다할 때 권력의 힘은 비로소 축소되고, 이른바 '인문 정신', '인간성 옹호', '소외 계층에 대한 배려'가 제자리를 찾는다. 이야말로 모두가 행복해지는 길이다.

당대唐代는 봉건적 제왕의 시대였던 만큼 황제 개인이 모든 것을 결정했다. 이백이 장안으로 입성했을 당시 당 현종은 재위 30년이었다. 변화와 개혁 대신 기존의 것을 고수하는 안주가 지배하던 때였다. 당 현종은 여색을 탐하고 신선 사상에 빠져 있었다. 당시 문인들은 조정에 들어가자마자 곧 이상과 현실의 괴리를 발견하고 자신이 선택의 기로에 서 있음을 깨달았다. 관모官帽를 벗든가 조국강산을 품에 안았던 선비의식을 버리든가 둘 중 하나였다. 갈망의 시간이 길었던 탓일까? 이백은 흥분상태에서 오래도록 깨어나지 못했다. 그는 풍요롭고 화려한 궁중의 모든 것에 도취되었다. 이백은 장안에 머물면서 양귀비에게 바치는 시를 남겼다. 궁중에 모란이 피자 현종은 양귀비의 손을 이끌고 산책을 나섰다. 옆에서 궁중음악가 이구년李龜年이 송가頌歌를 불렀다. 늘 듣던 노래에 싫증이 난 현종이 이백을 불러 지은 시가 바로 아래의 「청평조」 3수다. 한 무제 옆에 이연년과 사마상여가 있었다면, 당 현종 옆에는 이구년과 이태백이 있었다. 모두 황제의 공덕을 찬송하며 홍업鴻業을 윤색하는 일에 매진했던 인물들이다. 다행히 서한西漢과 성당盛唐은 치세라 평가받는 시대였으니 망정이지 난세 중이었다면 이들은 역사를 더럽힌 인물로 기억되었을 것이다.

양귀비는 이백이 취중에 일필휘지로 쓴 「청평조」를 듣고 기뻐하며 노래를 하며 춤을 추었고 현종은 피리를 불렀다. 『이백대사전』에서는 「청평조」의 기조는 찬미가 아니라 풍자였다고 주장하지만 말도 안 되는 소리다. 그러면 이백이 천거를 받기 위해 지방 관리들에게 썼던 그 편지들은 어떻게 설명할 것인가? 『당시삼백수』의 주석에도 그 이후로 현종은 이백을 특별히 아꼈다고 기록하고 있으니 「청평조」를 풍자시로 보는 것은 잘못된 해석이다.

「청평조淸平調 1」

구름 닮은 옷차림 꽃 같은 생김새	雲想衣裳花想容
봄바람 난간에 스치니 이슬 달린 꽃 짙어지고.	春風拂檻露華濃
군옥산 머리에서 만나지 않았다면	若非群玉山頭見
요대의 달빛 아래서 만났으리라.	會向瑤臺月下逢

군옥산과 요대는 신화 속의 여신 서왕모가 살던 곳으로 이백은 양귀비를 여신에 비유하고 있다.

「청평조淸平調 2」

붉은 꽃가지의 이슬 짙은 향기 머금으니	一枝紅艶露凝香
무산의 신녀는 애를 끊었을까.	雲雨巫山枉斷腸
묻노니 한나라 궁궐 누가 이와 같을까	借問漢宮誰得似
아리따운 조비연 단장한 모습이어라.	可憐飛燕倚新粧

한漢 성제成帝가 아꼈던, 손 위에서 춤을 췄던 조비연도 고운 단장을 해야 천연의 아름다운 자태를 가진 양귀비와 비교될 수 있다고 이백은 고백한다.

「청평조淸平調 3」

모란꽃과 경국지색 서로 반기니	名花傾國兩相歡

임금은 미소 짓고 바라보네.　　　　　常得君王帶笑看

봄바람에 끝없는 한을 풀어내고　　　解釋春風無限恨

침향정 북쪽 난간에 기대어 있노라.　沈香亭北倚闌干

　이백은 장안에서도 술과 자유를 포기하지 않았다. 장안에 있는 3년 동안 술에 취해 길바닥에서 잔 날이 8백 일이었다고 한다. 스스로를 취선옹醉仙翁, 광인狂人이라 불렀던 이백은 황궁에서도 거칠 것 없는 행동으로 많은 일화를 남겼다. 현종의 손으로 국을 맛보고, 양귀비에게 먹을 갈게 하고, 당시 세도가 하늘을 찔렀던 환관 고력사高力士에게 신발을 벗기게 하는 등 미친 방랑 시인의 면모를 유감없이 보여주었다.

　『신당서』를 보면 이백의 시를 양귀비가 좋아해 현종은 이백에게 실질적인 관직을 주려고 했으나 양귀비가 막았다고 한다. 원인인즉 이백이 술에 취해 신발을 벗기게 한 일로 수치심을 느낀 환관 고력사가 모함을 해 양귀비가 몹시 불쾌해했다는 것이다. 조비연은 역사가 다 아는 나라를 망친 몹쓸 여자로 종국에는 스스로 목숨을 끊었는데, 그런 여자와 양귀비를 비교하는 이백의 심보를 알 수 없다고 고력사가 양귀비에게 참언을 했고, 이 일로 이백은 양귀비의 미움을 사서 결국 장안 생활은 3년 만에 끝나고 말았다. 고력사는 환관이었지만 현종의 총애를 받는 실력자로 승상도 함부로 대할 수 없는 힘을 가진 인물이었으니, 한마디로 이백이 그를 잘못 건드렸던 것이다.

　사실상 장안에서 이백은 농신弄臣의 역할만 한 셈이었다. 이백은 일생동안 장안 땅을 두 번 밟았는데, 그는 장안에서 머물렀던 전후

6년 동안 눈에 띄는 작품을 남기지 못했다. 소식蘇軾의 경국 10년도 마찬가지였다. '문학은 출세를 증오한다文章憎命達'고 선언한 두보와 '시인은 곤궁해야 좋은 작품을 이룰 수 있다詩窮而後工論'고 말한 구양수는 일찌감치 이러한 이치를 간파한 문인들이었다.

양귀비의 미움을 산 이백이 장안에서 오래 머물 수는 없었다. 현종은 이백에게 노잣돈을 두둑하게 주었다. 이백은 억조창생을 구제한다는 오랜 이상을 실현하지 못하고 짐을 싸서 황궁을 떠나왔다. 현종의 제갈량이 되겠다던 포부도 이제는 소용없게 되었다. 한림원에서 등불을 켜고 읽어 내려갔던 『정관정요貞觀政要』의 글귀가 희미하게 떠올랐다. 하룻밤 사이에 장안은 이백에게 상처뿐인 도시가 되었다. 그때 이백의 나이 마흔다섯이었다.

날로 커져가는 명성

이백은 장안을 떠나 임성으로 갔다. 그는 현종이 마련해준 돈으로 주각을 세우고 집에 단약을 제조하는 방을 만들었다. 이백은 술을 마시며 '내가 세상을 버린 게 아니라 세상이 나를 버린 것我本不棄世, 世人自棄我'이라 외쳤고, 연단실煉丹室에서 '내 선약을 만들어 영원히 세상과 이별하리라吾將營丹砂, 永世與人別' 다짐했다. 이백은 장안에서 내침을 당한 후 더욱 신선 사상에 심취했고, 단약 제조가 여의치 않자 고천사高天師를 찾아가 제주齊州의 자극궁紫極宮 노자묘에서 도교의 종교의식인 도록道籙을 받았다. 이백은 혹독한 수련 과정을 거친 후에 정식으로 도사가 되었는데, 이 내용은 중국 여성 시인 안치安旗가 쓴

『이백전』에 상세하게 나와 있다.

천보天寶 3년 초가을, 이백은 낙양에서 두보를 만났다. 둘은 망년지교忘年之交로 이백이 두보보다 열 살이 많았다. 두보는 10년 전에 진사 시험을 보기 위해 낙양에 왔었으나 과거에 낙방하고 각지를 유람하며 견문을 넓히고 많은 시들을 썼다. 두보는 낙양을 중심으로 옛 오나라와 월나라, 제나라와 노나라 땅을 구석구석 돌아다녔다.

동도東都라 불리는 낙양은 풍요롭고 번화한 도시였다. 일개 포의일 뿐인 두보 눈에 부유층의 생활 모습이 곱게 보일 리 없었다. 심리적 격차로 마음이 불편한 날들을 보내던 두보는 이백이 낙양에 왔다는 소식을 듣고 한걸음에 그를 보러 갔다.

당시 이백은 이미 자타가 공인하는 문단의 거성이었고, 두보는 이제 막 두각을 나타내기 시작한 신인이었다. '사람됨이 괴팍해 아름다운 글을 탐내고爲人性僻耽佳句, 사람을 놀라게 할 만한 시를 쓰지 못하면 죽어도 멈추지 않으리라語不驚人死不休'고 했던 두보는 글쓰기의 욕망과 어려움을 잘 알고 있는 시인이었다. 이백이 황궁에서 한림학사로 3년을 지내는 동안 글줄깨나 쓴다는 문인들은 모두 그를 부러워했다. 그러나 조정을 떠나온 후로 이백은 줄곧 우울했고 도피 심리 때문인지 머릿속엔 온통 신선뿐이었다. 두보와 이백은 만나자마자 곧 의기투합했고 둘은 함께 유랑길에 나섰다. 이백과 두보는 황하를 건너 왕옥산王屋山의 청허동천淸虛洞天에 은거하는 도사 화개군華蓋君을 찾아갔으나 그는 이미 죽고 없었다.

이백과 두보는 산동, 하남 등지를 유람했으며 도중에 고적高適이 합세했다. 이백, 두보, 고적 모두 정치적 좌절을 겪었다는 공통점을 가지고 있었다. 이백은 한림학사를 지냈지만 황제를 보필해 경국제민하겠다는 뜻을 이루지 못했고, 두보는 과거에 낙방해 실의에 빠져 있었으며, 고적 또한 이백, 두보를 만났을 무렵 정치적으로 이룬 것 없이 유랑하는 신세였다. 고적은 하북성 출신으로 변새邊塞 시인으로 유명한 고적의 '슬퍼 말게나, 앞길에 알아주는 이가 없다고, 천하에 누가 그대를 모르겠는가?莫愁前路無知己, 天下誰人不識君'라는 말은 마치 이백을 달래는 것 같다. 고적은 마흔을 넘기고 관운이 트였는데『구당서舊唐書』를 보면 '당의 시인들 중 출세를 한 사람으로 유일하게 고적이 있다'고 기록하고 있다.

이백과 두보가 함께 지낸 시간은 1년 남짓으로 길지 않았지만 두 시인은 일생을 두고 시를 주고받으며 돈독한 우정을 나누었다. 두보는 '이백의 시는 적수가 없고, 표연한 그 뜻은 세상의 것과 다르다'며 이백을 찬미했고, 그의 일생을 '영민한 사유로 시 천 수를 짓고, 표류하는 방랑의 길에 술 한 잔으로 족한 삶敏捷詩千首, 飄零酒一杯'이라 말하기도 했다. '붓을 놓으면 비바람도 놀라게 하고, 시를 지으면 귀신도 울렸다筆落驚風雨, 詩成泣鬼神'는 두보의 평가는 이백이 이룬 문학적 성과를 가장 잘 표현한 절창이다. 이백과 헤어진 두보는 그를 그리워하는 시를 쓰기도 했다.

'양원의 그날 밤 취하여 춤을 추었고, 사수의 봄 즐기며 노래를 불렀지醉舞梁園夜, 行歌泗水春.'

이백은 마흔여섯부터 쉰다섯까지 각지를 유랑했다. 이백의 집은 산동에 있었지만 그는 주로 하남 개봉開封에 머물며 하북, 산서, 섬서 일대를 두루 돌아다녔다. 두보가 말한 '표류하는 방랑의 길에 술 한

잔으로 족한 삶'은 이백의 일생과 가장 근접한 표현이다. 나는 이 글을 준비하면서 이백에 관한 자료를 많이 찾아 읽었다. 가족이나 친구에 대한 이백의 사랑을 강조하거나 미화하는 것들이 대부분이었다. '표류'는 이백의 이미지로 그에게 고향 혹은 가족의식 따위는 없었다. 간혹 자식을 그리워하는 시를 쓰기도 했지만 가족에 대한 두보의 깊은 애정과는 거리가 먼 것이었다.

UN은 이백의 이름을 따서 달 표면의 크레이터를 명명했다고 한다. 방랑 시인 이백의 이미지를 술과 달보다 더 잘 대변해 주는 사물도 없는 것 같다.

「월하독작 月下獨酌 1」

꽃나무 사이에서 술 한 병 놓고	花間一壺酒
친한 이도 없이 홀로 마시네.	獨酌無相親
잔을 들어 밝은 달님 맞이하고	擧杯邀明月
그림자를 마주하니 세 사람 되었네.	對影成三人
달은 본디 술을 모르고	月旣不解飮
그림자는 부질없이 나를 따르네.	影徒隨我身
잠시 달과 그림자를 벗 삼아	暫伴月將影
봄날에 즐거움 누리네.	行樂須及春
내가 노래하면 달이 배회하고	我歌月徘徊
내가 춤추면 그림자 어지럽네.	我舞影凌亂
깨어서는 함께 서로 즐기다가	醒時同交歡

취한 뒤에는 각자 따로 흩어지네.　　　　　　　　醉後各分散

정에 얽매이지 않는 사귐 영원히 맺어　　　　　　永結無情游

멀리 은하수에서 만날 날 기약하네.　　　　　　　相期邈雲漢

「관산월關山月」

천산에 솟은 밝은 달　　　　　　　　　　　　　明月出天山

짙푸른 구름바다 비추고.　　　　　　　　　　　蒼茫雲海間

수만 리 날아온 바람　　　　　　　　　　　　　長風幾萬里

옥문관 넘어 불어오네.　　　　　　　　　　　　吹度玉門關

좌천당한 왕창령王昌齡에게 보내는 시에서도 자신의 마음을 달에
의탁하고 있다.

내 근심하는 마음 밝은 달에 부치니　　　　　　我寄愁心與明月

바람 따라 야랑 서쪽에 바로 이르리.　　　　　　隨風直到夜郞西

먼 길을 떠난 지아비를 그리워하는 여인의 정서를 서늘한 달빛에
이입한 시도 있다.

장안 하늘에 뜬 조각 달　　　　　　　　　　　長安一片月

집집마다 울리는 다듬이질 소리　　　　　　　　萬戶擣衣聲

가을바람 불어 그치지 않으니　　　　　　　　　秋風吹不儘

모두 옥문관으로 향하는 정인가.	總是玉關情
어느 날에나 오랑캐를 평정하고	何日平胡虜
낭군은 원정에서 돌아오실까.	良人罷遠征

중원 각처를 돌아다니던 이백은 '차가운 바람이 짧은 소매 속으로 들어오니 두 손이 얼음을 집은 것처럼 차가울' 정도로 먹고 입는 것이 문제가 되었다. 그는 한신의 고향 회음 땅을 지날 때 하룻밤 머물며 받았던 소박한 밥상에서 느낀 작은 감동을 시로 적고 있다.

날 저물어 회음 땅에 투숙해	暝投淮陰宿
표모의 대접을 받았네.	欣得漂母迎
술 한 말과 닭 한 마리	斗酒烹黃雞
소박한 밥상에 정성이 느껴지네.	一餐感素誠

남릉의 상찬부에게 보내는 편지에는 이상을 실현하지 못한 이백이 후배 유생들을 위로하고 있다.

「서회증남릉상찬부書懷贈南陵常贊府 － 상찬부에게 바치는 감회의 글」

내게 마음에 품은 뜻 물으시니	問我心中事
임금께 나아가 글로써 아뢰었네.	爲君前致詞
임금 내 재능 보셨으나	君看我才能
어찌 공자만 하겠는가.	何似魯仲呢

성현을 아직 만나지 못했으니	大聖猶不遇
내 어찌 슬퍼하리오.	小儒安足悲

천보 13년인 754년, 이백은 광릉을 유람하고 위만魏萬을 만나 함께 진회로 갔고 금릉에서 헤어졌다. 위만은 이백을 흠모하여 최초로 그의 시를 모아 『이한림집李翰林集』을 편찬했으나 현전하지 않고 그 서문만 전한다. 위만은 이백을 처음 보았을 때의 인상을 '눈에서 빛을 발하고, 굶주린 호랑이 같이 입술이 아래로 처졌으며, 어쩌다 허리띠를 매면 풍류가 넘쳐흘렀다'고 술회하고 있다. 자신을 보겠다고 먼 길을 달려온 위만에게 그야말로 '감동 먹은' 이백은 시를 써서 고마움을 표현했다. '동쪽으로 변하 물길 삼천리를 건너 나를 보러 왔네.東浮汴河水, 訪我三千里'

「증왕륜贈汪倫 – 왕륜에게 바침」

내가 배를 타고 떠나려는데	李白乘舟將欲行
문득 언덕에서 들려오는 답가 소리.	忽聞岸上踏歌聲
유화담의 물 깊이가 천 길이라도	柳花潭水深千尺
왕륜이 날 보내는 정만큼 깊지 못하네.	不及送汪倫我情

왕륜은 지금의 안휘성에 속하는 선주宣州 경현涇縣 진촌陳村 사람이다. 이백이 선주에 갔을 때 왕륜은 직접 그를 영접했고 그곳의 명승지인 류화담柳花潭을 함께 둘러보았다. 이백은 왕륜이 노래를 부르

며 자신을 환송하는 모습에 감동해 호쾌하고 정 깊은 시골 사람의 구수한 우정을 시에 담았다.

비록 정치적 좌절감으로 떠난 유람의 길이었지만 시인 이백으로서의 명성은 날로 커져갔다. 이백은 당도當塗에서 만난 기수紀叟라는 노인에게 시 한 수를 써 주었는데, 그 시 덕택에 노인은 경영하던 작은 주막이 대박을 터뜨렸다. 그 후로 태백주가太白酒家니 태백유풍太白遺風이니 따위의 간판을 내건 술집들이 셀 수도 없이 많이 생겨났다. 다음이 바로 노인에게 횡재의 기회를 안겨준 시로 천문산의 웅장한 풍경을 묘사하고 있다.

「**망천문산**望天門山 – **천문산을 바라보며**」

천문산 가운데로 양자강 열리고	天門中斷楚江開
푸른 물줄기 동으로 흘러 이곳까지 돌아오네.	碧水東流至此回
강 언덕 푸른 산은 마주보며 솟아 있고	兩岸靑山相對出
외로운 돛배 한 척 해 언저리에서 밀려오네.	孤帆一片日邊來

이백은 선주를 중심으로 안휘의 여러 지방을 유람했다. 당시 선주의 장사長史로 있던 이소李昭는 이백의 먼 친척이었다. 주부州府 뒤쪽에 남조 시인 사조謝朓가 태수로 있을 당시 지었던 북루北樓는 수백 년이 지나도 보존이 잘 되어 있었다. 사조와 사령운은 이백이 흠모하는 시인으로, 둘은 시도 잘 썼고 벼슬길도 순탄했으며 은둔 생활도 했다. 이백과 동시대를 살았던 시인 왕유王維, 고적, 맹호연은 도연명

을 숭배했지만, 이백의 기준으로 본다면 도연명은 사조와 사령운에는 못 미친다. 다음의 시는 이백이 북루에 올라 지은 것으로 그는 시에서 '북루'를 '사조루'로 부르고 있다. 이 시는 곧 금릉, 낙양, 장안 땅으로 전파되었고 많은 이들의 상찬을 받았다.

「선주사조루전별교서숙운宣州謝朓樓餞別校書叔雲 — 선주 사조루에서 교서 숙부 이운을 송별함」

날 버리고 떠나는 것	棄我去者
어제의 시간이니 붙잡지 못하고.	昨日之日不可留
내 마음 흔들어놓는 것	亂我心者
오늘의 시간이니 근심과 번뇌 많네.	今日之日多煩憂
긴 바람 만 리에서 불어와 기러기 보내니	長風萬里送秋雁
높은 누각에서 술 즐길 만하네.	對此可以酣高樓
그대는 봉래의 문장과 건안의 품격을 갖추었고	蓬萊文章建安骨
중간 사조의 글은 맑고 힘차네.	中間小謝又淸發
세속을 벗어난 흥취 품고 장엄한 뜻 나니	俱懷逸興壯思飛
푸른 하늘에 올라 밝은 달 보려네.	欲上靑天覽明月
칼 빼어 물 베도 물은 다시 흐르고	抽刀斷水水更流
잔 들어 시름 삭여도 시름은 더욱 깊어만 가네.	擧杯銷愁愁更愁
인생살이 뜻대로 되지 않으니	人生在世不稱意
내일 아침 머리 푼 채 조각배 타고 놀리라.	明朝散髮弄扁舟

다음 시도 이백이 선주에 머무를 때 쓴 것으로 그해 쉰다섯이었
다. 선주에서의 그는 흔들리거나 표류하지 않았다. 산에 앉아 있는
그는 마음의 안녕을 얻은 듯하다.

「독좌경정산獨坐敬亭山 — 경정산에 홀로 앉아」

뭇 새 높이 날아 모두 떠나고	衆鳥高飛盡
외로운 구름 홀로 한가로이 가네.	孤雲獨去閑
서로 바라보아도 싫지 않은 것	相看兩不厭
오직 경정산 너뿐이로다.	只有敬亭山

오랜 터널을 지나와 겨우 찾은 안녕도 잠시, 태평성세는 끝나고
난세의 시대가 천둥처럼 찾아왔다. 황실의 권력 구조는 붕괴되고 안
록산이 모반을 일으키면서 민중의 삶은 다시 나락으로 떨어졌다. 이
런 정치적 환경은 이백의 운명의 방향을 바꿔놓았다.

형형한 눈빛의 진짜 큰 인물

천보 14년 755년, 안록산은 범양范陽에서 대군 20만을 이끌고 장
안으로 들어왔다. 호인 출신으로 유일하게 당 현종이 책봉한 이성왕
異姓王 안록산이 부하 장수 사사명史思明과 손을 잡고 모반을 일으켰으
니 역사에서는 이를 '안사의 난'으로 기록하고 있다.
이 해에 안록산이 이끄는 반군叛軍이 황하까지 치고 들어오자 선

주에 머물러 있던 이백은 가족을 데리고 남쪽으로 피난했다. 황량하고 처참한 꼴을 한 낙양을 지나면서 이백은 분노했다.

삼월의 낙양 땅 모래알 날리니　　　　　洛陽三月飛胡沙

사람들 통곡소리 가득하네.　　　　　　洛陽城中人怨嗟

천진교 아래 핏물 흐르고　　　　　　　天津流水波赤血

백골은 어지럽게 널려 있네.　　　　　　白骨相撑如亂麻

소수민족을 중심으로 편성된 안록산의 군대는 전쟁에 능했으며 잔인무도했다. 그들은 재산을 몰수하고 부녀자를 강간하는 등의 악행도 서슴지 않았고, 안록산의 군대가 지나간 마을은 모두 파괴되었다. 그 이듬해 6월, 장안은 함락되었고 당 현종은 양귀비와 함께 사천으로 피신했다. 도중에 마외馬嵬 언덕에서 양 씨 일가에 대한 불만이 폭발한 군대는 양국충을 죽이고 양귀비에게도 죽음을 강요했다. 당 현종은 어쩔 수 없이 양귀비에게 스스로 목숨을 끊도록 했다. 결국 양귀비는 당시의 정치적 혼란 속에서 희생양이 되고 말았다. 백거이의 장한가長恨歌는 현종과 양귀비의 사랑과 이별, 죽음을 노래한 서사시로 피난 도중 죽어간 양귀비의 안타까움이 묻어 있다.

천자의 군대 움직이지 않으니 어찌 하리　　六軍不發無奈何

절세의 미인 말발굽 아래서 죽었구나.　　宛轉蛾眉馬前死

전란의 참화慘禍를 목도한 이백은 분노했다.

야전의 격투에서 병사들 죽으니	野戰格鬪死
주인 잃은 말만 하늘 향해 슬피 우네.	敗馬號鳴向天悲
까마귀와 독수리는 전사자의 창자 쪼아 먹고	烏鳶啄人腸
입에 물어 마른 나뭇가지로 날아가 걸어놓네.	銜飛上挂枯樹枝

난을 피해 가족과 함께 여산에 은거하던 이백은 도탄에 빠진 백성을 보며 나라의 안위를 걱정했다. 아래는 나라를 걱정하는 마음이 담긴 시 「증상장호贈張相鎬」 제2수의 일부다.

검을 어루만지며 밤에 읊조리니	撫劍夜吟嘯
웅대한 뜻 천 리를 달리네.	雄心日千里

자신의 뜻을 펼 기회가 없는 것에 대한 자조가 담긴 시도 있다. 아래는 왕판관王判官에게 보낸 시의 일부다.

큰 도적 홍구를 가르니	大盜割鴻溝
바람이 낙엽을 날리는 듯하네.	如風掃秋葉
나는 세상을 구할 자 아니니	吾非濟代人
겹겹의 병풍 뒤에 은거하려네.	且隱屏風疊

자신이 존망의 위기에 처한 국가를 구할 사람이 아니라는 사실의 깨달음은 이백에게 고통스러운 것이었다. 일생을 함께 해온 칼이었지만 뽑아들고 사방을 둘러보니 마음은 그저 막막해질 뿐이었다. 자

신이 아름다운 찬사를 보낸 조국의 강산이 일개 역적의 손에 유린되는 꼴을 바라볼 수밖에 없었다.

태자 이형李亨은 감숙甘肅으로 도망가 스스로 제위에 오르고 당 숙종肅宗이 된다. 사천에 피신해 있던 현종은 이미 정치 무대에서 퇴출당한 신세와 다름없었으니 태자의 즉위를 인정할 도리밖에 없었다. 게다가 태자의 수중에 병권이 쥐어져 있었다. 문제는 현종의 여섯 번째 아들 영왕永王 이린李璘도 병력을 동원할 권한을 갖고 있는 것이었다. 장강 유역의 방위防衛를 책임지고 있던 이린은 강을 따라 동순東巡하면서 사신을 파견해 여산에 은거 중인 이백을 막부로 불러들였다. 황권에 대한 야심을 품고 있던 이린은 정치적 혼란을 틈타 황제의 자리에 오르려 했다.

이린이 이백을 부른 이유는 두 가지였다. 첫째는 황제의 즉위에 맞춰 다방면의 인재를 모집하라는 것, 둘째 이백의 명성이 크다는 것이었다. 산중에서 운둔 생활을 하던 시인이 그 정치적 내막을 어찌 알겠는가? 영왕 이린은 책사 위자춘韋子春을 사신으로 파견했다. 결국 이백은 부인 종 씨의 만류에도 불구하고 이린의 막부로 들어갔다. 이백은 종묘사직을 안정시키고 국가를 구하는 일에 자신이 쓰인다는 사실에 매우 고무되었다. 이린을 따라 동남 일대를 순회하기도 한 이백은 「영왕동순가永王東巡歌」를 써서, 제후들도 하남 땅을 구하지 못했는데 영왕만이 군사를 이끌고 반란군을 능히 평정할 수 있는 현왕賢王이라고 칭송했다. 후에 이백은 이 시로 인해 옥살이까지 했다. 이백은 동쪽으로 향하는 이린의 배에 몸을 싣고 격양된 마음을 시로 노래했다.

배 끌어당기니 돛이 하늘에서 흔들리고	搖曳帆在空
맑은 강물은 바람 따라 돌아가네	淸流順歸風
뿔피리 부는 소리에 시흥이 일고	詩因鼓吹發
검무와 노래에 주흥이 더하네.	酒爲劍歌雄

두 달 후, 이형이 군사를 일으켜 공격하자 영왕 이린은 대유령大庾嶺으로 도망갔으나 결국 붙잡히고 만다. 이백은 심양으로 피했지만 그 역시 도연명이 현령 노릇을 했던 팽택에서 포승줄에 묶이는 신세가 되고 말았다. 이백은 심양의 감옥에서 반년 정도 갇혔다. 반역가담죄에 해당되니 사형은 예고된 것이었다. 영어의 몸이 된 이백은 굉장히 예민해졌다. 가족을 그리워했으며 자신의 신세를 한탄하기도 했다. 다행히 시인으로서의 명성 덕분에 그가 옥에 갇히게 된 일을 많은 사람들이 알게 되었다. 이백이 심양의 감옥에 있던 그해 가을 어사중승御使中丞 송약사宋若思는 선주의 태수가 되어 군사를 이끌고 하남으로 가다가 심양 땅을 지나던 도중 이백을 만났다. 이백의 사정을 보고 딱하게 여긴 송약사는 바로 숙종에게 상소를 올려 이백은 인재이니 잘못을 만회할 수 있도록 기회를 줄 것을 간곡하게 요청했다. 숙종은 송약사의 간청을 들어주지 않았다. 안록산을 격파했던 명장 곽자의郭子儀가 나서서 이백의 사면을 청하자 숙종은 사형을 철회하는 대신 야랑夜郎 유배령을 내렸다.

당 숙종 건원乾元 원년元年 758년 봄, 쉰여덟의 이백은 병든 몸을 이끌고 귀양길에 올랐다. 아들은 산동에 아내는 강서에 있었고 처남 종경宗璟이 귀양 떠나는 이백을 지켜보았다. 이백은 유배를 가는 배에 올라 강하江夏를 거쳐 팔월에 한양漢陽에 당도했다.

이듬해 초 이백은 삼협으로 갔다. 서릉 협곡의 머리를 지나면 강 폭이 좁아지면서 양쪽으로 깎아지른 듯한 산이 나타난다. 겨울이 시작될 무렵, 이백은 파동현巴東縣을 지나 타고 왔던 배를 버리고 험준한 무산巫山의 정상에 올랐다. 육순에 가까운 노구를 이끌고 이백은 산 정상에 오른 감회를 시에 담았다.

강물 따라 수천 리 가니	江行幾千里
물 위에 둥근 보름달 떴네.	海月十五圓
구당협을 지나	始經瞿塘峽
무산의 정상에 올랐네.	逐步巫山巔

이백은 심양에서 봉절奉節까지 오는 데 꼬박 1년 반이 걸렸다. 백제성이라고도 불리는 봉절에서 더 남쪽으로 가면 곧 야랑이었다. 장안성에서 희소식이 날아들었다. 황제가 태자 책봉을 앞두고 대사면을 한다는 것이었다. 기쁜 마음에 이백은 버려두었던 배를 타고 뱃머리를 동쪽으로 돌렸다. 아래의 시는 유배지 야랑 땅을 지척에 두고 사면을 받아 백제성을 떠나며 쓴 것이다.

「조발백제성早發白帝城 ─ 아침에 백제성을 떠나며」

이른 아침 꽃구름 속에서 백제성과 이별하고	朝辭白帝彩雲間
천리 길 강릉을 하루 만에 돌아왔소.	千里江陵一日還

강기슭에 원숭이 울음소리 그치질 않는데	兩岸猿聲啼不盡
가벼운 배는 어느덧 첩첩산중을 지나왔소.	輕舟已過萬重山

경쾌한 리듬감이 느껴지는 시와 달리 그의 생명은 조금씩 종착역을 향해 다가가고 있었다. 이백은 배를 타고 강릉을 지나 다시 동정호로 갔다. 북쪽은 여전히 전쟁 중이었다. 안록산은 죽었고 사사명이 반란군의 우두머리가 되어 스스로 대연황제大燕皇帝라 칭했다. 이백은 나이를 돌보지 않고 종군하여 나라에 충성하고자 했으나 병사를 모집하는 군관이 그를 받아들이지 않았다.

친구 임화任華는 '평생 오만했으며 품은 뜻은 가늠하기 어려웠다. 수십 년을 객으로 타향을 돌았으나 냉소가 적지 않았다.'고 이백의 삶을 갈무리했다. 두보는 이백이 귀양길에 올랐다는 소식을 전해 듣고 눈물을 흘렸고 「몽이백夢李白」이라는 시를 썼다.

고관대작들 서울에 가득한데	冠蓋滿京華
이 사람만 혼자 초췌하구나.	斯人獨憔悴
천만 년 후에 그대 이름 남겨도	千秋萬載名
죽은 뒤의 일이니 쓸쓸할 뿐이네.	寂寞身後事

사면된 이백은 심양으로 돌아왔고 금릉에도 얼마간 머무르다 대종代宗 상원上元 2년 761년 가을에 안휘의 당도로 갔다. 당도에는 친척 이양빙李陽氷이 현령으로 있었다. 그리고 762년, 이백은 중병에 걸려 다시 일어나지 못하고 세상을 떠났다. 향년 62세였다. 그가 죽던

해에 8년 동안 계속되었던 안사의 난이 마침내 평정되었다. 민간에서는 이태백이 당도의 채석기采石磯에서 술에 취해 배를 타고 강물 위에 뜬 달을 잡으려다 죽었다고 한다. 송나라 사람 홍매洪邁의 『용재수필容齋隨筆』과 시가 등에도 관련 내용이 보인다. 채석기는 장강에서 강폭이 제일 좁고 험한 곳으로 강물의 달과 산중의 달이 서로를 비추는 풍경이 그만인 곳이다. 채석기에서 물에 빠져 달을 잡으려 애쓰는 이백의 이미지는 그 옛날 산에 올라 신선을 찾았던 그의 모습과 겹쳐진다.

평생을 길 위에서 보내다

이백과 우리는 1천3백 년이라는 시간의 거리를 사이에 두고 있다. 그의 이름은 문학사에서 위대한 시인으로, 중화민족의 문화적 자존심으로 기억되고 기록된다. 그러나 시인이 아니라 '개별자'인 인간 이백을 이해하는 데는 '위대한 시인'이라는 후광이 종종 방해가 된다. 개별자로서 인간의 원초적인 것들은 가려지고 생명과 삶의 원시성에 대한 경이로움은 '교과서'식으로 재단裁斷된다. 이백에 관한 자료들은 하나같이 모두 그를 위대한 예술인으로, 도덕군자로, 또 진보인사로 포장했다. 이 기준에 맞지 않는 것들은 대충 얼버무리고 넘어가거나 소극적 비판에 머물고 있다. 생명과 삶을 경이롭게 바라보는 것도 쉽지 않은 일이지만, 그 경이로운 시선을 계속 유지하는 것은 더욱 어려운 일이다.

서머셋 모옴의 소설 『달과 6펜스』는 우리에게 시종 이런 경이로움을 느끼게 한다. 소설은 프랑스 인상파 화가인 고갱을 모델로 한 것이다. 화가의 광적인 열정과 욕망은 보통 사람은 상상하기도 이해하기도 어렵다. 그는 죽음 직전에 있는 자신을 도와준 친구의 아내를 유괴한다. 이미 일은 다 저질러놓고 뒤늦은 후회를 한다. 모옴은 이 사건들을 원초적이고 직관적인 시선으로 바라보고 박제된 위대한 화가가 아니라 우리처럼 숨을 쉬며 살아가는 예술가를 그대로 보여준다. 버지니아 울프는 『달과 6펜스』를 읽고 빙산에 머리를 부딪친 것 같은 충격을 받았다고 말했다. 속물적 생의 모습을 이처럼 철저하게, 아니 처절하게 해체한 작품을 일찍이 보지 못했다는 얘기였다.

이백과 고갱은 닮은 구석이 있다. 이백의 광기와 야성은 유랑과 신선, 공명심에 몰두해 있었다. 외형으로 보자면 광기나 야성과는 거리가 멀 것 같은 왜소한 체구의 사내였지만 그가 우리에 남긴 것은 삶의 에너지를 사방으로 분출하는 이미지다. 이백은 평생 고도의 흥분 상태, 일종의 조증躁症 상태로 살았지만 다행히 미치지는 않았다. 그는 극단으로 치닫는 자신의 정서를 조절할 만큼 비범한 능력의 소유자기도 했다. 집착하는 사람을 보면 우리는 '그는 막장까지 가봐야 직성이 풀리는 사람'이라고 말한다. 이백은 여러 번 막장의 길에 올라탔다. 수천 년의 중화문명 역사에서 '이백 같은' 사람은 보기 드물다. 이백은 한마디로 별종 중의 별종이었다. 눈의 초점이 흐려질 말년의 나이에 위만에게 보여줬던 이백의 형형한 눈빛을 상상해보라. 이백의 광기가 오래도록 사람들에게 화제가 되는 것은 유가 문화적 질서에서 살아온 민중에게 어쩌면 대리 만족을 주었기 때문인지도 모른다.

이백은 단순한 사람이었다. 복잡한 사람이었다면 장안 한림학사 시절 고력사 같은 현실 정치인에게 '한 수' 배웠을 것이고, 필요하다면 기꺼이 그의 신발을 벗기고 발도 씻겨주었을 것이다. 설사 이백이 실질적 관직에 등용되었더라도 그는 소동파처럼 백성의 안녕과 행복을 위해 노심초사하지는 못했을 것이다. 술에 취해야 하고 신선을 찾아야 하고 '큰일'을 해야 하니, 한마디로 백성의 소소한 일상을 돌보는 일은 그의 전공이 아닌 까닭이다. 이백은 부패한 탐관貪官이나 속된 용관庸官도 되지 못했을 것이다. 재물을 탐할 이유가 없고 범속한 것들에는 도무지 재미를 찾지 못하기 때문이다.

이백은 풍차를 향해 돌진하는 돈키호테와 닮았다. 당 태종 시대였더라면 이백은 어쩌면 다른 생을 살았을 수도 있다. 현종의 개원 성세는 사실 위기가 도처에 숨어 있었으며, 자신의 지반을 지키려는 각종 이익집단의 상호 견제와 감시 속에서 이질적인 것이 발을 디딜 틈은 없었다. 이백과 두보는 때를 잘못 만났지만 그 불운함 덕으로 위대한 문학을 탄생시켰다. 안타까운 것은 아직까지 이백에 관한 문학적 전기가 없다는 점이다. 전기는 서양 사회에서 19세기부터 지금까지 꾸준히 독자들의 사랑을 받는 장르다. 전기 작가로 유명한 오스트리아 출신의 슈테판 츠바이크가 쓴 발자크, 디킨스, 도스토예프스키의 평전은 깊이 있는 사색과 생동감 넘치는 묘사로 오늘까지도 전 세계인의 사랑을 받고 있다. 츠바이크의 전기는 문학의 존재 의의란 곧 생명의 본질에 대한 부단한 탐구 정신에 있음을 보여준다. 이백뿐 아니라 역사 속 위인들의 삶을 재조명하는 전기류 작품이 많이 창작될 필요성은 두말할 필요가 없겠다.

이백을 남편이나 아버지, 아들로 평가한다면 그는 낙제 점수를 받을 것이다. 간혹 자식을 그리워하는 시 한두 편을 쓰기도 했지만 이백은 가족에게 무책임했으며 인정 없는 사람이었다. 이백의 위대함은 그의 문학적 성취에 있고 그 개인의 삶과는 무관한 것이니 굳이 그를 위해 변호하거나 숨길 필요는 없다. 이백의 실존은 자유와 생명력이었는데, 봉건적 제왕의 시대에 중국에서 결핍되고 억제된 것이 바로 개인의 자유였다. 사람들이 이백을 사랑한 것은 없는 것을 가지려는 욕망의 발로였다. 이백은 세속적 속박으로부터 자유로웠기에 불후의 작품을 남길 수 있었다.

흔히들 이백을 낭만주의 시인이라 하고 또 그런 평가가 완전히 틀린 것도 아니다. 하지만 이백이 하늘과 땅, 사람과 신에 대해 가졌던 정서를 '낭만'이라는 단어 하나로 개괄하기에는 부족함이 있다. 그가 바라보는 산과 여행지에서 우리가 관광하는 산은 전혀 다른 자연물이다. 이백은 조국의 산하를 사랑했지만 그의 사랑은 단순한 자연애가 아니었다. 신령과 귀신, 나무와 구름, 동물과 인간이 서로 교감하는 것이 이백에게 실재하는 자연이었고, 그는 온몸으로 체험한 사실을 시로 옮겨 썼다. 그러니 이백을 낭만적 상상력으로 자연을 그려냈다고 평가하는 것은 단편적인 오해일 뿐이다.

'현실'은 부단히 변화한다. 옛 사람들에게 '신령'은 현실적 존재였으며 지난 세기의 중국인들에게 이상은 곧 현실, 아니 현실보다 더 현실적인 것이었다. 1955년 사르트르가 보봐르와 함께 중국을 방문했을 때, 그는 '중국의 가장 직접적 현실은 곧 미래'라고 말했다. 중국인의 현실감각이 신성을 몰아내고 이상을 조롱하는 형편없는 수준으로 떨어지지 않기만을 바랄 뿐이다.

신성과 이상으로 빛나지 않는 세계란 도저히 상상할 수 없으며, 그런 곳에서 생명과 삶의 풍부성은 존재할 수 없다. 고대 문인의 삶을 들여다보는 일은 그들이 소유했던 '생명과 삶의 풍부성'을 추억하고 그것을 우리의 현실 안으로 데리고 오는 작업이다. 시인이 위대한 까닭은 우리가 앓고 있는 사유의 빈곤과 동경의 결핍이라는 질병을 발견하도록 도와주기 때문이다.

시인 이백의 위대성은 어디에 있을까? 그가 남긴 시 속에서 찾아보자.

이백은 벼슬길 끊어지고 실의에 빠졌을 때 '큰길은 푸른 하늘처럼 넓기만 한데, 저만 홀로 나가지 못한다大道如靑天, 我獨不得出'며 한탄하고, 장안 땅에 대한 그리움을 '미친 바람이 내 마음을 불어날려 서쪽 함양 땅 나무에 걸어놓았다狂風吹我心, 西掛咸陽樹'고 표현했으며, '석 잔 술에 흔쾌히 승낙하고 오악의 산도 거꾸러져 가볍게三杯吐然諾 五岳倒爲輕' 볼 만큼 사귐에 진실하고 벗과의 약속을 소중히 여겼다.

'어려서는 달을 몰라 백옥 쟁반이라 부르기도 했고, 선녀의 화장경인 듯 푸른 하늘 끝에 걸려 있었다小時不識月, 呼作白玉盤, 又疑瑤臺鏡, 飛在靑雲端'라고 유년 시절 달에 가졌던 인상을 묘사했고, 야랑으로 유배를 떠날 때에는 '옛날 장안에서 꽃과 버들에 취해 놀았고, 고관 대작들과 술을 같이 했다昔在長安醉花柳, 五侯七貴同杯酒'며 짧지만 화려했던 장안에서의 3년을 추억했다. 그는 또 '흥에 겨워 붓을 드니 오악을 흔들고, 시 짓고 웃는 웃음은 바다를 업신여긴다興酣落筆搖五岳, 詩成笑傲凌滄洲'라며 자신의 문학적 재능에 도취되기도 했다.

이백의 시집은 이미 중당中唐 정원貞元 연간에 집집마다 가지고 있는 필수도서였다. 중당과 만당晩唐, 송대의 시인들은 대부분 이백의 영향을 많이 받았다. 특히 이백의 시는 송사宋詞 호방파豪放派에게 문학적 자양분이 되었다. 공자진龔自珍의 다음 말은 이백이 이질적인 것들을 하나로 통일시키는 힘을 가졌다는 것을 의미한다.

장자와 굴원은 본래 전혀 다른 정신적 기질을 가진 사람들이다. 둘은 추구하는 삶의 방향이 다르므로 함께 묶을 수 없고 다만 '마음'으로 묶을 수 있다. 가장 먼저 장자와 굴원을 하나로 융합한 사람은 이백이었다. 유가와 도교, 무협의 정신은 본디 하나가 되기 어려운 것이지만, 합일하려 한다면 반드시 '기개氣槪'로 유가의 인애 사상과 도교의 탈속과 의를 중시하는 무협의 정신을 융합해야 하는데, 이 또한 이백이 가장 먼저 실행했다.

형식에 얽매이길 싫어하고 붓가는 대로 쓰길 좋아했던 자유의 시인이었던 만큼 이백은 율시를 많이 짓지 않았다. 율시가 크게 성행했던 당시의 문학 풍조에서 이백은 예외였던 셈이다. 두보처럼 시 쓰는 일에 정성을 쏟지도 않았다. 이백은 처음으로 전사塡詞를 시작했는데, 그의 작품 「억진아憶秦娥」, 「보살만菩薩蠻」이 그 시초다. 전사란 송대 때 유행한 한시의 격식으로 당나라 때 서역에서 들어왔으며 일정한 평측平仄으로 장단구를 만들고 각 구에 알맞은 글자를 채워 넣어 짓는 시다.

「보살만菩薩蠻」

아득한 숲에 안개 자욱하고	平林漠漠煙如織
저녁 산은 온통 푸른 벽옥 같네.	寒山一帶傷心碧
높은 누각에 어둠 짙게 드리우고	暝色入高樓
누각의 나그네 시름에 잠기네.	有人樓上愁

쉽고 간결한 시어 속에 의미를 함축하고 있는 이 시는 그림의 소재로도 많이 쓰였다.

자유분방한 이백은 일필휘지로 쓴 힘찬 선율이 느껴지는 시들이 대부분이었지만, 다음 시 「장간행」은 섬세하고 은근한 시어가 돋보이는 작품이다. 장간은 남경南京 진회秦淮 강 이남의 언덕에 있는 평지로 작고 고요한 촌락들이 들쭉날쭉 들어서 있다.

「장간행長干行」

제 앞머리가 이마 덮을 만큼 자랐을 때	妾發初覆額
꽃 꺾으며 문 앞에서 놀았지요.	折花門前劇
당신은 죽마 타고 와서	郎騎竹馬來
난간 맴돌며 푸른 매화로 희롱했었지요.	繞牀弄青梅
장간리에 같이 살면서	同居長干里
두 어린 것은 미움이나 시기가 없었지요.	兩小無嫌猜
열넷에 당신의 아내 되어	十四爲君婦

수줍음에 얼굴도 들지 못했지요.	羞顏未嘗開
고개 숙여 어두운 벽만 향하고	低頭向暗壁
천 번 불러도 한 번 대답도 못했지요.	千喚不一回
열다섯에 비로소 얼굴 들고	十五始展眉
티끌 되고 재 되도록 함께 하자 했지요.	願同塵與灰

이백은 「장간행」이 『시경』의 「대아大雅」를 계승한 것이라고 했지만, 실제로는 「국풍」과 고악부古樂府에 더 가깝다. 사마상여를 부러워했지만 어용문인의 역할에 심취했던 상여와는 전혀 다른 삶을 살았던 것처럼 이백의 이상과 현실은 어긋나는 경우가 많았다.

학자들은 이백이 전고典故를 많이 썼다고 지적하고 있지만 그의 시들은 대개가 쉽고 간결하다. 원진元稹과 백거이는 이백을 싫어했고 북송의 왕안석은 가장 맹렬하게 그를 비판했다. 왕안석에 반대하여 남송의 육유陸游는 이백을 위해 해명했다. 근현대에 와서는 모택동이 이백을 추종했다. 중국 문단의 거장 곽말약이 쓴 『이백과 두보』는 70년대 큰 주목을 받았다. 곽말약은 '계급분석법'으로 두보를 깎아내리고 이백을 치켜세워 훗날 많은 비난을 받기도 했지만, 그가 주장한 이백의 쇄엽 출생설은 아직까지도 학계에서 정론으로 인정받고 있다. 이백의 시는 연대순을 추정하기 어려운 것들이 많다. 이 마을에서 저 산천으로 평생을 길 위에서 보냈으니 언제 어떤 시를 썼는지 아마 그 자신도 모를 것이다. 출생과 사망, 그리고 작품의 뒷이야기까지 많은 수수께끼를 남긴 그와 그의 삶에 관한 연구가 앞으로 더 많이 있어야 할 것이다.

두보는 일곱 살부터 시를 쓰기 시작했고, 아홉 살에 서법書法을 배웠다. 이백이 신동이었다면 두보는 노력파였다. 명대의 호엄胡儼은 두보의 서예가 매우 훌륭하다고 칭찬했다. 두보는 시에서 자고로 가늘고 힘 있는 필체가 나올 때까지 서법을 익혀야 비로소 경지에 이를 수 있다고 말했다. 가늘고 힘 있는 필체는 두보 자신의 풍격과 닮아 있다. 사람들이 말하는 침울하고 기가 죽은 듯한 그의 시풍은 어지러운 사회 현실과 자신의 불우한 삶에서 비롯되었다.

속세의 고통을 대변한 관음보살

杜 甫

두보 성당 712~770

아침이면 부잣집 문을 두드리고
저녁이면 살진 말 탄 귀인을 따라다녔소.
남은 술과 식은 고기 먹으며
가는 곳마다 슬픔과 고통을 느꼈소。

민중의 고난을 온몸으로 대변한 사람

시종 양미간을 잔뜩 찌푸렸던 사람, 마르고 껑충한 체격에 지팡이를 짚고 느릿느릿 걸어가는 모습이 영락없는 노인인 사람, 그의 눈은 아래를 향해 있거나 반쯤 감겨 있어 마치 늘 졸음에 취해 있는 것 같았다. 하지만 또 그 눈은 언제나 속세의 고통을 보는 관음보살처럼 세상의 불운한 삶들에 초점을 맞추고 있었다. 다른 점이라면 관음보살은 중생을 고해苦海에서 건질 법력을 가졌지만, 두보는 이맛살을 찌푸리고 생의 끝없는 고통을 시에 담았다는 것이다.

「모옥위추풍소파가茅屋爲秋風所破歌 － 초가 가을바람에 부서지다」

음력 팔월 높은 가을바람 거세게 일어	八月秋高風怒號
우리 지붕 세 겹 띠를 말아 가버렸네.	卷我屋上三重茅
띠 날아가 강 건너 언덕에 흩어지니	茅飛渡江灑江郊
위로 날아간 것은 나뭇가지 끝에 걸리고	高者挂罥長林稍
아래로 떨어진 것은 흩날려 못 웅덩이에 빠지네.	下者飄轉沈塘坳

남촌의 아이들 나를 힘없다 업신여기니　　　　南村群童欺我老無力

모질게도 내 눈앞에서 도둑질하고　　　　　　忍能對面爲盜賊

보란 듯이 띠 안고 대숲 속으로 사라지네.　　公然抱茅入竹去

이 시는 쉰 살의 두보가 성도成都에 있을 때 쓴 것으로, 온 가족이 비바람을 피하는 유일한 안식처인 초당草堂의 띠로 이은 지붕이 가을 바람에 날아가는 것을 보며 가난한 선비들의 궁핍한 생활상을 묘사하고 있다. 그는 자기가 보는 앞에서 버젓이 띠를 가지고 달아나는 아이들을 향해 입이 마르도록 소리쳐도 말리지 못한다. 차가운 바람이 겨우 머졌다 싶더니만 어느새 검은 비가 내리니 불면의 밤을 보내는 노인네의 이맛살이 펴질 날이 없다. 두보의 삶을 소묘했다고 평가되는 이 시를 쓸 무렵 그는 「남수위풍우소발탄楠樹爲風雨所拔嘆 - 녹나무가 비바람에 뽑힌 것을 한탄함」, 「고종枯棕 - 마른 종려나무」, 「병귤病橘 - 병든 귤나무」 등도 지었다. 시의 제목만 봐도 당시 두보가 처했던 물리적, 심리적 환경을 짐작할 수 있다.

베 이불 여러 해 지나니 차갑기 쇠와 같고　　布衾多年冷似鐵

개구쟁이들 잠버릇 고약해 이불 속 다 찢어놓네.　嬌兒惡臥踏裏裂

지붕 새어 잠자리 마른 데 하나 없고　　　　牀頭屋漏無乾處

삼대 같은 빗발은 그칠 줄 모르네.　　　　　雨脚如痲未斷絶

어떻게 해야 천만 칸 넓은 집을 얻어　　　　安得廣廈千萬間

천하의 궁핍한 선비들 덮어주고 함께 기뻐할까.　大庇天下寒士俱歡顏

비바람에도 끄떡없이 산처럼 평안하리니	風雨不動安如山
아아	嗚呼
언제야 눈앞에 우뚝한 이런 집을 볼까	何時眼前突兀見此屋
내 집이야 부서지고 얼어 죽어도 나는 족하리.	吾廬獨破受凍死亦足

두보는 고난의 시인이다. 그는 개인과 국가, 민족의 고난을 온몸으로 짊어지고 시를 썼다. '현실주의'니 뭐니 하는 고상한 용어보다는 '고난'이라는 말이 그의 삶과 문학을 가장 잘 설명해준다. 그는 흔히들 얘기하는 육십 평생도 다 누리지 못하고 동정호의 낡은 배 위에서 고난의 생을 마감했다. 며칠을 굶다가 갑자기 고기를 먹고 체해 죽었다. 곽말약의 주장에 의하면 두보가 먹은 고기는 병에 걸린 소의 것이었다고 한다. 사인이 무엇이든 시인의 죽음치곤 너무 비참하다.

나는 이 글에서 두보의 삶과 함께 했던 그의 '고난'을 이야기하고자 한다.

두보의 자는 자미子美로 하남河南 공현鞏縣 사람이다. 서진西晉의 명장 두예杜預가 그의 먼 조상이고, 측천무후 집권기의 현관顯官이자 시인이었던 두심언杜審言이 그의 조부가 된다. 두보는 가문에 대한 자부심이 유달리 강했다. 모친 최씨도 명문가 출신으로 두보를 낳고 이태도 못 되어 병으로 죽고 말았다. 두보는 일찍 어머니를 잃었지만 각처에 흩어져 사는 출중한 외숙들이 많았다. 부친 쪽으로는 두심언의 둘째 아들인 숙부 두병杜幷이 있었는데, 두병은 열여섯에 자신의 아버지를 모함한 원수를 단도로 찔러 죽였다. 두병도 결국 맞아 죽었다. 어린 나이에 죽고 말았지만 지극한 효심으로 두병의 이름은 대대로 전해져 왔고, 두보도 말년까지 그의 조카라는 사실을 영예로 생각했다.

유년의 두보는 몸이 약해 병치레를 많이 했다. 어머니가 돌아가시자 그는 낙양에 있는 고모 집에서 생활했다. 병약한 아이가 보는 세계는 건강한 아이의 그것과는 다를 수밖에 없었다. 측천무후 집권 시기 주도周都로 불렸던 낙양은 장안에 버금가는 번화한 곳이었다. 대여섯 살 무렵 두보는 고모의 손에 이끌려 낙양의 거리를 걸었다. 눈에 들어오는 모든 것이 어린 두보에게는 놀랍고 신기하기만 했다. 하남의 언성鄴城에서 본 공손대낭公孫大娘의 검기혼탈무劍器混脫舞는 평생 잊을 수 없었다. 젊고 아름다운 건강미와 야성미가 넘치는 공손대낭은 당시 유명했던 궁정무도가로 각지를 순회하며 공연했다. 선비족 혈통을 가진 그녀의 춤사위는 중원에서 사막의 거센 바람을 불러 일으켰다. 두보는 50년이 지나서도 어릴 적 보았던 공손대낭의 검무 추는 광경을 잊지 못했다. 그의 묘사처럼 '산처럼 모여든 구경꾼은 얼굴색을 잃고 하늘과 땅은 오래도록 위아래로 진동할觀者如山色沮喪, 天地爲之久低昂' 만큼 어린 두보에게 공손대낭의 춤은 인상적이었다.

두보는 고모의 손에서 자랐다. 세 살 무렵 두보는 고모의 아들과 함께 역병을 앓았는데 안타깝게도 사촌이 죽고 말았다. 그의 마음을 두고두고 아프게 한 사건이었다. 정성으로 자신을 길러준 고모가 세상을 떠나자 두보는 3년상을 치렀다. 다음 시는 쉰 살의 두보가 성도에 있을 때 쓴 것으로 고모의 따뜻한 보살핌 속에 있었던 유년에 대한 기억과, 나이 오십이 되었지만 경제적 기반을 마련하지 못하고 어렵게 살아가는 중년의 초라한 모습을 대비해놓은 시다. 온갖 근심이 모여든다는 뜻의 제목에서도 알 수 있듯이 두보의 중년은 불우했다. 다음은 시의 첫 부분이다.

「백우집항百憂集行 - 온갖 근심이 모여든다」

생각하노라, 열다섯 아직 아이이던 시절	憶年十五心尚孩
황송아지마냥 달음질치며 다녔지.	健如黃犢走復來
팔월 앞마당에 배와 대추 익으면	庭前八月梨棗熟
하루에도 천 번이나 나무에 오르내렸었지.	一日上樹能千廻

두보는 일곱 살부터 시를 쓰기 시작했고, 아홉 살에 서법書法을 배웠다. 이백이 신동이었다면 두보는 노력파였다. 명대의 호엄胡儼은 두보의 서예가 매우 훌륭하다고 칭찬했다. 두보는 '시에서 자고로 가늘고 힘 있는 필체가 나올 때까지 서법을 익혀야 비로소 경지에 이를 수 있다'고 말했다. 가늘고 힘 있는 필체는 두보 자신의 풍격과 닮아 있다. 사람들이 말하는 침울하고 기가 죽은 듯한 그의 시풍은 어지러운 사회 현실과 자신의 불우한 삶에서 비롯되었다.

비록 왕년의 호시절을 그리워하는 몰락 가문에서 태어났지만, 그렇다고 두보가 어릴 적부터 먹고 입을 걱정을 하며 자란 것은 아니었다. 옛날만은 못했지만 여전히 사회에서 특권을 누리고 인간으로서의 존엄성을 지킬 수 있는 가문이었다. 조세나 병역도 면제받았고 명절에는 친구들이 선물을 들고 찾아오기도 했다. 가세는 조금씩 기울고 있었지만 어린 두보가 느낄 만큼은 아니었다. 아버지가 돌아가시기 전까지 두보가 본 세상은 아름답기만 한 것이었다. 노신은 부친의 약값을 마련하기 위해 수시로 전당포를 들락거려야 했던 어린시절의 빈곤과 치욕의 기억을 평생 안고 살았지만, 적어도 두보에게는 그런 경험이 없었다. 유년기부터 청년기까지 두보는 중산층 수준의 생활을 영위하고 살았으며, 낙양에서 권세 있는 호족들의 저택을 출입하며 명사들과 교제를 나누었다. 당시 현종의 총애를 받고 있던 명창名唱 이구년과도 자주 만남을 가졌다. 아래 시는 두보가 쉰아홉에 강남의 담주潭州에서 이구년을 다시 만나 지은 것으로 화려한 시절을 보내고 늙은 몸으로 타향을 떠도는 둘의 신세를 지는 꽃에 비유하고 있다.

「**강남봉이구년**江南逢李龜年 − **강남에서 이구년을 만나다**」

기왕의 집에서 자주 만났고	岐王宅裏尋常見
최구의 집에서 몇 번 들었지.	崔九堂前幾度聞
강남의 풍경 한창 좋은 지금	正是江南好風景
꽃 지는 시절 다시 그대를 만났네.	落花時節又逢君

두보는 스무 살 이후 집을 떠나 천하를 유랑하기 시작했다. 그는 먼저 강남 일대를 유람했다. 눈 앞에 펼쳐진 새로운 세계와 사물은 청년 두보에게 신선한 충격이었다. 벼슬이나 문학에 뜻을 두기에는 아직 젊은 나이였다. 만약 두보가 나이 스물에 역사에 기리 남을 대시인이 되겠다고 작정했다면 지금의 두보는 없었을 것이다. 그는 30대에 시련과 좌절을 경험하면서 출사出仕 의지와 시에 대한 열정이 생겼던

것 같다. 모름지기 위대한 시인이란 감수성을 예민하고 풍부하게 만들 '문학적 체험'을 거친 후에야 탄생하는 법이다. 의지나 열정이 앞섰다면 오히려 감수성이 말살되었을 것이다. 오늘 시장에는 '개성과 다름'을 선언하는 예술가들은 많지만, 정작 뭔가 다른 것을 보여주는 진짜 예술이 없는 이유는 감수성보다 공명심이 앞서기 때문이다.

이백과 벗하다

두보는 4년 동안의 유랑을 마치고 낙양으로 돌아와 과거 시험에 참가했지만 낙방하고 말았다. 두보는 스물여섯에 다시 북쪽의 제齊와 조趙, 지금의 산동과 하북 일대를 여행했다. 두보는 산동을 유람하면서 대륙 동쪽에서 가장 크다는 태산(옛날에는 대종산이라 불렀다)에 올랐는데, 다음은 당시의 감회를 노래한 시다.

「**망악**望嶽 – 대종산 바라보며」

대종산은 어떠한가	岱宗夫如何
제나라와 초나라로 끝없이 푸르구나.	齊魯靑未了
천지의 신령한 아름다움 다 모이고	造化鐘神秀
음지와 양지로 어둠과 밝음이 나뉘었네.	陰陽割昏曉
구름 층층 솟아올라 가슴 설레고	盪胸生層雲
눈 부릅뜨고 돌아오는 새 바라본다.	決眥入歸鳥
언젠가 꼭 정상에 올라	會當凌絶頂

뭇 산의 작음을 한눈에 굽어보리라.   一覽衆山小

제와 노를 가로지르며 끝없이 펼쳐진 태산의 푸르름을 '青未了청미료' 단 세 글자로 간결하면서도 가장 적절하게 표현하고 있다. '岳악'은 높은 산을 일컫는 고어古語로 태산은 오악의 하나다.

산세가 웅장하고 물살이 힘찬 자연 환경의 영향 때문인지 제와 조 땅에 사는 사람들은 호방하고 거침이 없었다. 두보도 이 지역을 여행하면서 말을 타고 사냥하고 술을 즐겨 마셨다고 한다. 이백이 검객이었다면 두보는 사수였는데 궁술도 상당히 뛰어났다. 그가 사냥을 자주 나갔던 곳은 산동 익도益都의 청구青丘 일대였다. 겨울부터 초여름까지 두보는 청구에 머무르며 광활한 야생지에서 맛보는 생명의 신비로움에 심취했었다. 어떤 때는 수풀에서 잠을 자기도 했다. 이런 경험들은 모두 두보에게 시적 소재가 되었다. '시가 아닌 다른 것에 정성을 쏟는다工夫在詩外'는 육유陸游의 말처럼, 시인이 체험하는 모든 것은 곧장 문학적 행위가 된다.

몇 년 후 두보는 이백을 만나 다시 제와 조 지방을 여행하며 많은 벗들을 사귀었다. 두보는 20대를 길 위에서 보내며 여러 지방을 유람했다. 청년 두보는 혈기 왕성했으며 가슴에는 제국의 번영이라는 야망을 품고 있었다.

「억석憶昔 2 - 옛날을 추억함」

옛 개원의 전성시대를 생각합니다   憶昔開元全盛日

작은 고을에 일 만여 가구 살았지요.	小邑猶藏萬家室
입쌀은 기름지고 좁쌀은 희어	稻米流脂粟米白
나라와 백성 집 창고에 가득했지요.	公私倉廩俱豐實
온 천하 길가에 도적떼 없고	九州道路無豺虎
먼 길 떠날 때 길일 잡는 수고도 하지 않았지요.	遠行不勞吉日出
제나라와 노나라의 비단을 수레마다 싣고	齊紈魯縞車班班
남자는 밭 갈고 여자는 양잠하는 때 놓치지 않았지요.	男耕女桑不相失

두보는 스물아홉에 유랑을 마치고 고향으로 돌아가 양楊 씨와 결혼했다. 그녀의 부친은 양이楊怡로 농업을 관장하는 보좌직에 해당하는 사농소경司農小卿을 지냈다. 그의 이름이 지금까지 전해지는 것은 양이가 벼슬을 지냈고 남자기 때문이다. 당은 꽤 개방된 사회였고 시성詩聖이라 추앙받는 두보의 부인임에도 이름자 하나 정확하게 알려져 있지 않은 것은 매우 불공평하다.

두보는 부인 양 씨와 낙양 북쪽의 수양산 밑에서 토굴집을 만들고 가정을 꾸렸다. 토굴집은 겨울에는 따뜻하고 여름엔 시원했다. 두보는 부인 양 씨와의 사이에서 아들과 딸을 낳았고 금슬도 좋았던 것 같다. 말년에 성도에서 머무를 때 두보는 자주 시를 써서 수양산 밑 토굴집에서 부인과 자식들과 함께 지낸 행복했던 시절을 추억하곤 했다. 두보를 연구하는 많은 학자들은 마치 두보가 한 번도 행복했던 적이 없었던 것처럼 말하고, 대신 두보가 겪었던 시련이나 좌절에만 초점을 맞추는데 이는 잘못된 태도도.

천보 2년 743년, 두보는 서른둘에 다시 유랑을 떠났다. 뭐 하나

이룬 것 없이 서른을 넘기자 두보는 마음이 조급해지기 시작했으며, 출사의 의지도 강렬해졌다. 그는 낙양에서 두 해를 머물렀다. 익숙했던 곳이 갑자기 너무 낯설게만 느껴졌다. 그는 이백에게 보내는 시에서 '낙양에서 길손으로 이태 넘게 지내고 보니 도시의 간교함에 염증을 느꼈다二年客東都, 所歷厭機巧'고 말하고 있다. 두보가 느꼈던 염증은 어떤 것이었을까? 장안에서 가까운 낙양에는 고관대작들이 많이 살았다. 흉년으로 전국의 곡물 수확량이 부족해지면 황제는 그의 방대한 관료집단을 데리고 낙양에 와서 머물렀다. 교통이 잘 발달된 낙양에서는 물건 공급을 걱정할 필요가 없었다. 두보가 낙양에서 두 해가 넘게 머물렀던 이유는 벼슬길을 알아볼 수 있으리라는 기대 때문이었다. 그러나 두보가 목격한 것은 서로 속고 속이는 음모와 배신이 판을 치는 표리부동한 관료 사회의 얼굴이었다. 두보는 자신이 바라던 곳의 실체를 보고 실망했으며, 심지어 역겨움마저 일어 마침 낙양을 지나던 이백을 만나 푸념을 늘어놓은 것이다.

두보가 낙양에서 이백을 만났을 무렵, 이백은 양귀비의 미움을 사 조정에서 쫓겨나온 신세였다. 비록 관료 사회에서 내침을 당한 꼴이었지만 자신보다 열 살이나 많고 이미 시인으로 상당한 명성을 가지고 있던 이백을 보자 두보는 은근히 긴장이 되었다. 신선을 좇는 이백에 매료된 두보는 선뜻 이백을 따라 나섰다. 이백은 신선을 바라보고 두보는 이백을 바라보며, 둘은 그렇게 여러 곳을 누비며 다녔다. 개봉開封에 들러 요초瑤草를 따고 황하를 건넜으며, 산서의 왕옥산王屋山에 가서 도사 화개군華蓋君을 찾았다. 두보와 이백은 화개군이 죽었다는 말을 듣고 서로를 끌어안고 통곡했다. 고적이 유람에 합세하면서 세 시인은 말을 타고 칼을 찬 채 협객이 자주 나타난다는 송주宋州(하남 청구)로 떠났다. 두보는 여행의 흥분과 긴장을 이백의 어조를 빌려 표현하고 있다. 살기가 느껴지는 이 시는 두보의 풍격과는 완전히 다른 분위기다.

「**견회**遣懷」

구만 가구 있는 마을	邑中九萬家
높은 저택 사방으로 뻗은 길 비추고	高棟照通衢
배와 수레 수없이 많고	舟車半天下
주인과 손님은 기뻐 즐기네.	主客多歡娛
예리한 칼날은 불의에 대항할 뿐	白刃讎不義
황금의 있고 없음은 생각하지 않네.	黃金傾有無
더러운 세상에서 악인을 죽이는 것	殺人紅塵裏
보답은 바로 여기 있다네.	報答在斯須

이듬해 초 고적은 혼자 강남으로 떠났고, 이백과 두보는 산동까지 함께 유람을 하고 제남濟南에서 헤어졌다. 이백은 계속 신선을 찾아 길을 떠났고, 두보는 앞날에 대한 걱정으로 마음이 무거웠다. 두보는 산동 익도에서 태수로 있는 이옹李邕을 찾아 나섰다. 젊은 시절 측천무후의 비위를 건드린 사건으로 유명한 이옹은 당시 70이 다 된 노인이었지만 목소리는 하늘까지 닿을 만큼 쩌렁쩌렁했다. 이옹은 문장과 서예에 능했는데, 서예 솜씨는 장욱張旭과 안진경顏眞卿의 명성

을 누를 만한 것이었다. 이옹은 또 가난한 친구들을 위해 아낌없이 돈을 쾌척해 어디를 가든 주목을 받는 인물이었고 정치적 인맥도 매우 넓었다.

두보의 시를 높게 평가한 이옹은 흔쾌히 그를 받아들였다. 둘은 제남을 떠나 대명호大明湖의 역하정歷下亭까지 유람을 했고, 함께 작산호鵲山湖 건너편에 있는 새로 들어선 정자에 앉아 술잔을 기울이며 시를 논했다. 이옹은 양형楊炯의 웅장한 시풍을 칭찬하고 이교李嶠의 수사적 화려함을 비평했다. 이옹은 두보의 조부인 두심언의 시가 웅장미와 우아미를 두루 갖추었다고 격찬했다. 이옹과의 유람은 두보가 시인의 길을 걷는 데 촉매제 역할을 했다. 다음은 천보 4년 745년, 이백과 함께 산동 일대를 유람할 때 지은 시로, 벗의 방황을 바라보는 안타까운 마음이 드러나 있다. 두 시인은 산동에서 헤어지고 다시는 만나지 못했다. 흠모하던 이백과 헤어지고 두보는 벗을 향한 진한 그리움으로 이백을 꿈에서 만나고 훗날 「꿈에 이백을 보고夢李白」라는 시를 쓰기도 했다.

「증이백贈李白 - 이백에게 바침」

가을에도 여전히 나부끼는 쑥 같은 신세요	秋來相顧尙飄蓬
단사를 못 얻으니 갈홍에 부끄럽구나.	未就丹砂愧葛洪
크게 마시고 미친 듯 노래하며 헛되이 보내며	痛飮狂歌空度日
멋대로 돌아다님은 누구를 위한 호기인가.	飛揚跋扈爲誰雄

이백도 두보에게 「노군 동쪽 석문에서 두보를 보내며魯郡東石門送杜二甫」라는 시를 써 '멀리 떠돌 운명을 예감하며 언젠가 다시 만나 술잔을 비우자飛蓬各自遠, 且盡林中杯'는 기약 없는 약속을 남기고 제 길을 떠났다.

참혹한 현실에 눈물짓다

당조唐朝의 시인이라면 벼슬길을 찾든 견문을 넓히든 장안은 꼭 한 번은 가야 할 곳이었다. 8세기 중엽의 장안은 호인胡人, 신라인, 일본인, 아랍인까지 드나드는 국제 대도시였다. 장안성은 바둑판 모양의 110칸 방坊으로 구획되어 있는데, 방은 각기 명칭이 있었으며 방과 방 사이에 곧게 뻗은 거리가 나 있었다. 동서 양쪽으로는 번화한 상업지역이고, 성의 북쪽은 황궁과 고관대작의 저택들이 즐비하게 늘어서 있었다. 남북을 관통하는 주작朱雀 대로의 폭은 142미터로, 말 네 마리가 끄는 마차 열 대가 한꺼번에 지나갈 수 있는 넓이였다. 장안은 집집마다 정원이 있어 조경을 하거나 푸성귀 등을 심었다. 승려, 도사, 협객, 예인, 귀족, 서민, 기녀까지 각양각색의 사람들로 거리는 언제나 활기가 넘쳤다. 시인은 장안에 와서 보고야 비로소 무엇이 대천세계大千世界인지 알았다. 두보는 장안에서 10년을 지냈다. 현실과 이상이 교직하는 10년이었다. 두보가 장안에 당도하자마자 찾은 곳은 황궁과 고관대작들이 산다는 북쪽이었다. 그가 장안에 온 목적은 두 가지였다. 하나는 조정에서 거행하는 과거 시험에 참가하는 것이었고, 둘은 고관대작들과 친분을 맺는 것이었다. 두보는 당 현종의 조카인 여양왕汝陽王 이진李璡에게 「특진 여양왕에게 바치는 이십이운贈特進汝陽王二十二韻」을 헌정했다. 시의 의미는 바치는 사람이나 받는 사람이나 잘 알고 있었다. 당시 문인 사회에서는 명리 추구를 위해 자신을 알리는 일이 부끄러운 일도 아니었다. 이백만 해도 황제의 부름을 받고 장안에 입성하자마자 자신의 득의작得意作 「장진주將進酒」를 하지장에게 바치지 않았던가.

다음 시는 천보 4~5년 경에 두보가 장안에 와서 쓴 것이다. 음중팔선이란 '항상 술에 취해 있는 여덟 명의 선인仙人'이란 뜻이다. 당시 술 좋아하기로 유명했던 여덟 사람에 얽힌 일화가 주된 내용이다. 재미있는 것은 여양왕과 좌상 이적李適 대신 하지장을 맨 앞에 놓았다는 점이다. 서열을 중시하는 관료 사회에서는 있을 수 없는 일이었지만, 성당盛唐의 느슨해진 통치 분위기를 알 수 있는 대목이기도 하다.

「음중팔선가飮中八仙歌」

하지장 말 탄 것이 배를 탄 듯하고	知章騎馬似乘船
눈앞 어지러워 우물에 떨어져 물 바닥에서 잠들었네.	眼花落井水底眼
여양왕은 술 서 말을 마셔야 조정에 나가고	汝陽三斗始朝天
길에서 누룩 실은 수레만 봐도 침을 흘리니	道逢麴車口流涎
주천 땅으로 봉지封地 옮기지 못 함을 한탄하네.	恨不移封向酒泉
좌상은 날마다 주흥을 위해 만 전을 쓰는데	左相日興費萬錢
고래가 강물 들이켜듯 술을 마시고	飮如長鯨吸百川
......	

이백은 술 한 말에 시 백 편을 짓고	李白一斗詩百篇
장안 저잣거리 술집에서 잠을 자네.	長安市上酒家眠
천자가 불러도 배에 오르지 않고	天子呼來不上船
스스로 술 취한 신선이라 부르네.	自稱臣是酒中仙
장욱은 석 잔 마시는 초서의 성인이라 전하는데	張旭三杯草聖傳
모자 벗고 정수리 드러낸 채 왕공 앞에 나가	脫帽露頂王公前
종이에 붓을 휘두르면 구름 연기 같네.	揮毫落紙如雲煙

시만 보면 당시의 사람들이 상당히 낭만적이고 자유분방했던 것 같지만, 사실 '낭만과 자유'는 그들만의 것이었다. 시인은 특권계층은 아니었지만 '문화 자본'을 소유한 덕에 벼슬에 오를 수 있었다. 반면 일반 백성들은 먹고 입을 걱정만 없이 살면 그저 하늘과 땅에 감사할 따름이었고, 낭만과 자유는 영원히 자신들의 몫이 아니었다. 그러니 이른바 '당 제국의 강성'을 인구나 물자, 도시 규모 등만으로 평가하는 것은 옳지 않다. 인구의 대다수를 차지하고 있는 시정市井 서민들의 정신적 현실이 더 중요한 지표가 되어야 할 것이다.

천보 6년, 두보는 과거 시험에 낙방하고 말았다. 과거 시험 역사상 가장 황당한 사건에 서른일곱의 두보가 걸려들고 만 것이다. 현종은 전국의 인재를 불러 모아 과거 시험을 거행했으나 뽑힌 사람은 한 명도 없었다. 당시 재상으로 있던 이림보李林甫가 과거 시험이 끝나고 현종에게 축하의 글을 올렸다.

"재야에는 더 이상 인재가 남아 있지 않습니다野無遺賢."

이 말은 재야의 인재들이 모두 조정으로 들어가 민간에는 더 이상

쓸 만한 인재가 없다는 뜻이었다. 말년의 현종은 젊은 양귀비에게 빠져 조정의 실권이 모두 이림보에게 넘어가 있었으나, 누구도 나서서 간언하는 이가 없었다. 권력 유지를 위해 정적을 가차 없이 제거했던 이림보는 모두에게 두려움의 대상이었다. 겉으로는 꿀처럼 달콤한 말을 하지만 속으로는 칼을 품고 있다는 뜻의 '구밀복검口蜜腹劍'이라는 성어를 만든 주인공이 바로 이림보다. 현종에게 양귀비를 보낸 것도 이림보의 정치적 계략이었다고 하니, 그는 중국사에서 손에 꼽힐 만한 간신 중의 간신, 악인 중의 악인이었다.

천보 10년, 두보는 황실의 권위를 찬양하는 「삼대례부三大禮賦」를 지어 연은궤延恩匭에 던졌다. 연은궤는 벼슬하고 싶은 재야의 인재들을 널리 구하기 위해 조정에서 마련해놓은 투서함이었다. 현종은 두보의 삼대례부를 높이 칭찬하고 집현원集賢院 대제待制의 명을 내렸다. 드디어 조정 진출의 길이 열리는 것인가. 두보는 흥분과 긴장 속에서 자신의 이름이 불릴 날을 기다렸으나 희소식은 오지 않았다. 이림보의 수작이었지만 두보는 내막을 알 길이 없었다. 두보는 정말 운이 억세게 나쁜 사내였다. 그해 가을 장안에는 비가 많이 내렸고, 두보는 타향에서 병까지 얻고 말았다. 몸도 마음도 지칠 대로 지친 두보는 죽음까지 생각했지만 아내와 자식이 눈에 밟혔다. 두보는 학질로 3년을 고생하다 왕의王倚라는 벗의 도움으로 간신히 건강을 회복했다. 병석에서 두보는 지난 몇 년간 장안에서 보낸 자신의 모습을 떠올렸다. 다음 시에 그러한 가난한 문인의 신산함이 느껴진다.

「증위좌승贈韋左丞 － 위좌승에게 바침」

아침이면 부잣집 문을 두드리고 朝扣富兒門

저녁이면 살진 말 탄 귀인을 따라다녔소. 暮隨肥馬塵

남은 술과 식은 고기 먹으며 殘杯與冷炙

가는 곳마다 슬픔과 고통을 느꼈소. 到處潛悲辛

　　「병거행兵車行」은 천보 9년 겨울에 쓴 것으로, 토번吐藩 정벌을 이유로 국력을 소모하고 백성들이 부역에 동원되는 상황을 묘사하고 있다. 두보는 함양교 옆에서 서역으로 가는 군대를 여러 차례 목격했다. 시인 두보가 본 것은 군대의 위용이 아니라 부모와 처자식을 두고 떠나는 이의 마음이었다. 시는 끌려가고 보내는 이들의 가슴 아픈 이별 모습으로 시작하고 있다. 무황武皇은 한 무제를 일컫기도 하지만, 당대 시인들이 현종을 가리키는 말이기도 했다.

「병거행兵車行」

수레는 덜컹덜컹 車轔轔

말은 히히힝히히힝 馬蕭蕭

출정하는 병사들 허리에 활과 화살 차고 行人弓箭各在腰

부모와 처자식 달려와 송별하니 耶娘妻子走相送

먼지 티끌에 함양교 보이지 않네. 塵埃不見咸陽橋

옷자락 붙들고 발 구르며 길 막고 통곡하니 牽衣頓足攔道哭

울음소리 구름 덮인 하늘까지 오르네.	哭聲直上干雲霄

변방에 흐르는 피 바닷물 이루는데	邊亭流血成海水
황제는 영토 확장의 욕심을 그치지 않네.	武皇開邊意未已
그대는 듣지 못했는가	君不聞
한나라 산동의 이백 마을	漢家山東二百州
천촌만락이 모두 가시밭으로 변한 것을.	千村萬落生荊杞
비록 건장한 아낙네들 호미 잡고 일해도	縱有健婦把鋤犁
이랑에 자란 벼들은 동서의 경계도 없네.	禾生隴畝無東西
하물며 진나라 병사들 전쟁의 고통 견디어도	況復秦兵耐苦戰
쫓기는 꼴은 개나 닭의 신세라네.	被驅不異犬與雞

진실로 알겠소, 사내애 낳기 싫어하고	信知生男惡
오히려 계집애 낳아야 좋아하는 까닭을.	反是生女好
딸 낳으면 이웃에 시집보낼 수 있지만	生女猶得嫁比鄰
아들 낳으면 잡초 속에 파묻힌다네.	生男埋沒隨百草

천보 연간에 현종은 영토 확장을 위한 침략 전쟁을 자주 일으켰다. 선우鮮于가 통치하는 운남성 서남부에 있는 남조南詔를 쳤으나 대패하고 6만 군사를 잃었고, 고선지高仙芝가 수만의 군사를 이끌고 지금의 아랍 지역인 대식大食으로 원정을 떠났으나 군대가 전멸하는 수모를 겪었으며, 안록산이 거란을 공격했지만 군사 6만 명을 또 잃고 말았다. 그러나 현종은 포기하지 않고 다시 신병을 모집하고 군대를

278

편성해 군영으로 보냈다. 『자치통감』에도 당시 상황을 '끌려가는 이는 원망했으며, 부모와 아내, 자식들의 울음소리가 땅을 진동시켰다'고 기록하고 있다. 두보는 시에서 통치자에게 '임금께서는 이미 많은 영토를 소유하고 계신데 얼마나 더 많이 넓히려고 하시는가君己富土境, 開邊一何多'라고 직접 묻고 있다. 군사 방어를 목적으로 선제공격을 하는 것은 강탈의 논리일 뿐이다.

『자치통감』에도 '천보 8년, 가서한哥舒翰이 군사 6만 3천을 이끌고 토번성을 공격해 전사자가 수만에 이르렀다'고 기록하고 있다.

「전출새前出塞6」

활을 당길 때는 강한 것을 당기고	挽弓當挽强
화살을 쓸 때는 긴 것을 사용함이 마땅하다.	用箭當用長
먼저 말을 쏘아야 사람을 쏠 수 있고	射人先射馬
먼저 왕을 사로잡아야 적을 잡을 수 있다.	擒敵先擒王
사람을 죽이는 것도 한계가 있듯	殺人亦有限
나라를 세우는 것에 마땅히 국경이 있다.	立國自有疆
만약 적의 침략을 막을 수 있다면	苟能制侵陵
어찌 그리 많은 살상이 있겠는가.	豈在多殺傷

천보 10년 이후 정건鄭虔, 잠삼, 고적 등이 장안으로 오면서 두보의 생활에도 새로운 활력이 찾아들었다. 정건은 시와 서예, 그림에 재능이 뛰어나고 박학다식한 인물이었으나 국사를 사적으로 저술했

다는 이유로 평생 벼슬길이 순탄치 않았다. 두보와 정건은 함께 자주 술을 마시며 자신들의 운 없음을 탓하곤 했다. 정건의 서화書畵는 현종이 매우 좋아했으나 미관말직에 있던 탓에 밥도 배불리 먹지 못하는 날들이 적지 않았다. 이옹의 그림은 높은 가격에 팔려나갔지만, 벼슬도 작고 조정의 처분을 받은 처지였던 정건의 그림은 팔리지 않았다. 변새 시인으로 유명한 잠삼과 고적 등 친구들의 도움으로 두보는 장안 남쪽 근교에 있는 소릉원少陵原에 집을 마련하고, 부인 양 씨와 장남 종문宗文 차남 종무宗武를 데리고 왔다. 객잔 주인장의 눈치를 봐야 했던 떠돌이 생활을 청산했다는 기쁨도 잠시, 그해 가을 폭우로 쌀값이 폭등하자 두보는 하는 수 없이 아내와 아들들을 봉선奉先에 있는 친척집으로 다시 보냈다. 처자식이 떠나고 텅 빈 집에서 두보는 밤마다 등불을 켜고 자신을 천거해달라는 편지를 썼다. 무언가 말을 하려다 그냥 삼키고 떠나는 아내의 모습이 떠올랐다. '빈천한 부부한테는 만사가 다 서럽다貧賤夫妻百事哀'하지 않았던가. 두보는 차마 말하지 못하고 길을 가는 아내가 한없이 안쓰럽고 고마웠다. 양씨와 부부의 연을 맺은 지 일곱 해가 되었건만 변변찮은 살림에 한숨만 늘게 해준 것이 두보는 늘 미안했다. 가족의 행복을 위해서라면 자존심 따위는 문제가 되지 않았다. 그렇게 쓰고 또 쓰자 마침내 조정에서 두보를 하서河西의 현위縣尉로 임명한다는 성지聖旨가 날아들었다. 현위는 오늘날 공안 국장과 경찰 대장을 겸하는 관직으로, 보통 진사가 담임했으며 경기京畿 지역의 현위는 특히 중요한 자리였다. 그리고 속된 말로 '생기는 것'도 많은 자리였다.

그런데 두보는 일찍이 현위를 지냈던 고적에게 들은 바가 있던 터라 그토록 바라마지 않던 벼슬을 거절하고 말았다. '상관한테는 머리 조아리며 비위를 맞추자니 속이 뒤집어지고, 백성들한테는 가혹한 채찍질을 해야 하니 괴롭다拜迎長官心慾碎, 鞭撻黎庶令人悲'는 고적의 고백을 그냥 지나칠 수 없었던 것이다.

아래는 천보 12년 봄 3월 3일, 상사절上巳節 궁중의 미인들이 곡강曲江을 건너는 장면을 보고 쓴 것으로 양귀비와 양국충을 위시한 양씨 일족의 세도와 귀족의 사치스러운 생활을 풍자한 시다.

「여인행麗人行 – 미인을 노래함」

삼월 삼짇날 날씨는 맑고	三月三日天氣新
장안 물가에 미인도 많아라.	長安水邊多麗人
자태는 농염하고 뜻은 멀어 맑고도 참되니	態濃意遠淑且眞
살결은 보드랍고 뼈와 살이 고르네.	肌理細膩骨肉勻

뒤에 온 마차 길 막혀 머뭇거리다	後來鞍馬何逡巡
수레에서 내려 비단 담요 깐 곳으로 가네.	當軒下馬入錦茵
양화는 눈처럼 떨어져 개구리밥풀을 덮고	楊花雪落覆白蘋
청조는 붉은 천을 물고 날아 가네.	青鳥飛去銜紅巾
그 세도 대단해 손 델 만큼 뜨거우니	炙手可熱勢絕倫
접근을 삼가오, 승상께서 노하신다네.	愼莫近前丞相嗔

천보 11년, 이림보가 죽고 양귀비의 사촌 오빠인 양국충이 우승

상의 자리에 올랐다. 그는 양귀비의 셋째 언니 괵국부인虢國夫人과 내연의 관계를 맺고 있었다. 두보는 위魏의 태후와 사통한 양백화楊白華에 빗대어 이들의 관계를 넌지시 비꼬고 있다.

이듬해 두보는 팔품에 해당하는 병조참군兵曹參軍이라는 관직을 얻게 된다. 병조참군은 군용 창고의 열쇠를 보관하며 군관들이 부르면 달려가 창고 문을 여닫는 일을 한다. 작은 관직에 불과했지만 봉록이 있어 약초 따위를 캐서 내다 파는 일은 더 이상 하지 않아도 되었다.

천보 14년 늦가을, 두보는 봉선으로 가족을 만나러 갔다. 늦은 밤에 길을 나섰기에 바람이 매우 차가웠다. 새벽 무렵에 여산驪山을 지나며 현종과 양 씨 일족이 있는 화청궁을 멀리서 바라보았다. 『구당서』를 보면 '매년 시월이 되면 현종은 화청궁에 머물렀는데 황실의 자매 가족 다섯 집이 왕을 수행했다. 그들이 곱게 차려 입은 형형색색 가지가지 옷들은 마치 백화가 만발한 양 화려한 빛이 났다'고 기록하고 있다. 황실에 늦가을의 을씨년스러움은 없었고 그들에게는 겨울도 봄처럼 따뜻했다.

두보의 봉선행은 유쾌한 걸음이었을 것이다. 장안에서 10년을 떠돌면서 어찌됐든 벼슬도 얻었고 소릉원에 작지만 보금자리도 있으니 아내와 자식들을 보러 가는 길이 어찌 즐겁지 않았겠는가! 하지만 사립문을 열자 들려온 것은 울음 소리였다. 어린 아들이 굶어 죽는 기막힌 일이 자신을 기다리고 있을 줄은 꿈에도 생각 못했다. 부인 양씨는 통곡했고 주름 굵게 패인 두보의 늙은 얼굴에도 가슴 밑바닥부터 치받쳐 올라온 눈물이 흘러내렸다.

다음 시는 두보가 어린 아들을 묻고 깊은 슬픔에 빠져 쓴 것으로 그가 쓴 사회시의 대표작 중 하나다.

「**자경부봉선현영회오백자**自京赴奉先縣詠懷五百字 **－서울 떠나 봉선현에 와서 읊은 감회**」

두릉의 베옷 입은 사람	杜陵有布衣
늙어갈수록 마음 옹졸해지네.	老大意轉拙
어찌 그리 어리석은지	許身一何愚
옛 현신 직과 설에 견주어보네.	竊比稷與契
어느덧 영락한 몸이 되어	居然成濩落
머리가 세도 곤궁함을 달갑게 여기고	白首甘契闊
……	
평생 민생을 걱정하고	窮年憂黎元
애 태우며 탄식하네.	歎息腸內熱
……	
고관대작 집 앞에는 술과 고기 썩는 냄새	朱門酒肉臭
길가에는 얼어 죽은 해골들 널려 있네.	路有凍死骨
……	
늙은 아내 타향에 맡기고	老妻寄異縣
눈바람에 열 식구와 헤어져 있었지.	十口隔風雪
오래도록 돌보지 않을 수 있는 자 누가 있나	誰能久不顧
가족을 찾아서 차라리 함께 굶주리리라.	庶往共饑渴

문 열자 들려오는 통곡 소리	入門聞號咷
어린 자식 굶어죽고 말았구나.	幼子飢已卒
내 어찌 슬픔이 없겠는가	吾寧捨一哀
마을에서도 목메어 우는 소리.	里巷亦嗚咽
아비로서 부끄러울 따름이오	所愧爲人父
자식을 먹이지 못해 죽게 하다니.	無食致夭折
……	
생업 잃은 사람들 생각하고	默思失業徒
원정 나간 병사들 생각하니	因念遠戍卒
내 근심은 종남산처럼 쌓여	憂端齊終南
끝없이 이어져 거둘 수조차 없네.	澒洞不可掇

　직과 설은 요순시대의 현신賢臣으로, 직은 농사를 관장하고 우 임금의 치수 사업을 도왔으며 설은 교육을 관장했다고 한다. 시는 내용상 크게 세 단락으로 나뉘어 있는데 첫 단락에서는 나라와 백성을 걱정하는 자신의 뜻을 밝히고, 둘째 단락에서는 본분을 저버리고 환락에 빠진 조정을 개탄하고, 마지막에서는 어린 아들을 잃은 아비의 슬픈 마음을 서술하고 있다.

　두보는 중년에 아들을 잃었지만 자신의 처지가 논밭을 잃은 농민이나 전쟁터로 끌려가는 사병보다는 훨씬 낫다는 사실을 확인한다. 자신은 글줄이나 읽고 쓸 줄 아는 덕에 벼슬자리라도 꿰차고 녹을 받아먹지만, 정말 몸둥이밖에 가진 게 없는 백성들의 삶은 얼마나 기막히고 비참할 것인지 두보는 생각했다.

두보는 신하로서 황제에 대한 충성도 곧았지만 민중의 입장에 서는 것 또한 잊지 않았다.

같은 시에서 충군忠君 사상과 애민 정신이 동시에 드러나 있다.

해바라기가 해를 쫓아 기울 듯이	葵藿傾太陽
내 본성도 그와 같아 빼앗기가 어렵다.	物性固難奪
......	
궁정에서 나누어주는 비단	彤庭所分帛
본디 가난한 여인네들이 짠 것.	本自寒女出
지아비들을 매질하여	鞭撻其夫家
빼앗고 모아 궁궐에 바친 것이라네.	聚斂貢城闕

난세에 고통받는 약자를 보듬다

두보가 어린 아들을 잃었던 바로 그해 가을, '안사의 난'이 일어났다. 안록산이 범양范陽에서 군사 20만을 이끌고 낙양과 장안을 쳐들어왔다. 7년 넘게 계속된 안사의 난이 끝나자 5천 만이 넘었던 당 제국의 인구는 5분의 1로 줄어 있었다. 안록산은 호인胡人으로 당 현종이 책봉한 유일한 이성왕異姓王으로서 삼진절도사로 있으면서 수하에 관군의 3분의 1에 해당하는 병력을 보유하고 있었다. 그는 양옥환(楊玉環 : 양귀비의 이름)을 양어머니로 모시며 마음대로 후궁을 출입했다. 당시 우승상으로 있던 양국충은 안록산을 좋아하지 않았다. 양국충은 현종에게 '안록산은 야심이 있는 사람으로 모반의 조짐이

보인다'며 수차례 경고했으나 현종은 듣지 않았다. 양국충은 태자 이형과 좌승상 위견소韋見素를 시켜 간언하도록 했으나 현종은 계속 그들의 말을 듣지 않았다. 양국충은 비록 간신이었지만 현종이 그의 말을 들었다면 당의 역사상 최대 비극인 안사의 난을 막을 수 있었을 것이고 무고한 목숨들을 잃을 일도 없었을 것이다. 당시 현종은 신선과 참언, 젊은 양귀비에게 빠져 눈도 귀도 그 기능을 잃은 상태였다.

안록산은 원래 현종이 죽고 나면 군사를 일으킬 계획을 갖고 있었으나 측근 막료였던 고상高尙과 엄장嚴莊이 안록산에게 황제의 꿈을 키워주고 반역을 부추겼다. 안록산이 군대를 이끌고 낙양에 당도하자 뜻밖의 소식이 그를 기다리고 있었다. 아들은 허리가 잘려 죽고 딸은 사약을 마시고 죽었다는 거였다. 안록산은 분노로 몸을 떨었고 그 자리에서 군사 1만 명을 죽였다. 철기군이 지나가는 곳마다 방화, 간음, 강도 등 범죄 행위를 서슴지 않았다.

난이 일어나자 하북河北의 24군郡은 모두 백기를 들었다. 안록산에 대항해 반기를 든 것은 서예로 이름이 나 있던 평원平原 태수 안진경顔眞卿이었다. 그는 군사 7천을 이끌고 무섭게 진격해 오는 반군에 맞서 싸웠다. 6월 8일, 동관潼關이 함락되고 20만 군사가 전멸하자 현종은 더 이상 장안에 있을 수 없게 되어 사천으로 도망갔다. 마외馬嵬 언덕에 이르자 금위군禁衛軍은 돌변하여 양국충을 죽이고 현종을 협박해 양귀비에게 자진을 명령했다. 한 시대를 풍미했던 절세미인은 불당에서 목을 매고 죽었다.

천보 15년 늦은 봄, 두보 일가는 난리를 피해 길을 떠나는 무리에 끼었다. 서북 황무지 바람을 맞으며 난민들은 북으로 남으로 갈 곳도 없으면서 그렇게 길을 걷고 또 걸었다. 두보와 부인 양 씨는 자식들을 데리고 지금의 섬서성 부현富縣에 있는 강촌羌村으로 갔다. 현종은 성도로 도망하고 태자 이형은 녕하寧河의 영무靈武에서 스스로 즉위하니 그가 바로 당 숙종이다. 두보는 태자 이형이 숙종으로 즉위했다는 소식을 듣고 바로 북쪽으로 길을 잡아 떠났다. 두보는 황제를 알현하겠다는 일념으로 험한 산과 고개를 넘었다. 낮에는 눈을 피해 산길로 다녔고 밤에는 군대에 잠입해 행군을 따라 길을 갔다. 두보는 결국 호병胡兵에게 붙잡혀 장안으로 압송되었다. 늙고 여읜데다 오랜 길을 걸어오느라 봉두난발에 꼬질꼬질한 두보를 아는 사람은 없었다. 반군은 곧 그를 풀어주었지만 두보는 장안을 빠져나올 엄두를 내지 못했다. 복수의 대학살은 끝났지만 당 제국의 수도 장안의 몰골은 차마 눈뜨고 볼 수 없는 지경이었다. 마침 폭염이 쏟아지던 때라 도처에 시체 썩는 냄새가 코를 찔렀으며, 곡강曲江과 위수渭水에는 퉁퉁 부은 시체들이 떠다녔다. 성 안 골목골목마다 팔다리가 잘렸거나 머리가 없는 시체들의 더미가 산을 이루고 있었다. 한마디로 아수라장이었다.

다음 시는 757년 봄, 장안이 아직 안록산의 수중에 있을 때 쓴 것으로 곡강의 풍경을 묘사하며 양귀비의 죽음을 애도하고 있다. 양옥환은 죽어 위수에 묻히고 현종은 검각劍閣에 있어 서로 소식 전할 길이 없다며 산 자와 죽은 자의 이별을 말하고 있다. 백거이의 「장한가長恨歌」와 함께 양귀비의 죽음을 애도하는 시로 많이 읽힌다.

「애강두 哀江頭 – 곡강에서 슬퍼하다」

소릉의 촌로는 소리 죽여 울면서	少陵野老吞聲哭
봄날 몰래 곡강을 맴돌며 걷네.	春日潛行曲江曲
강 머리 궁궐 문은 모두 잠겨 있는데	江頭宮殿鎖千門
가는 버들 새 부들은 누구를 위해 푸른가?	細柳新蒲爲誰綠
저 옛날 무지개 깃발 남원으로 내려가니	憶昔霓旌下南苑
남원의 만물은 생기를 띠었었지.	苑中景物生顏色
소양전의 천하절색 양귀비	昭陽殿里第一人
임금 수레 함께 타고 시중들었지.	同輦隨君侍君側
맑은 눈동자 하얀 이의 그대 지금 어디 있나	明眸皓齒今何在
피 묻어 떠도는 혼 돌아오지 못하네.	血汚游魂歸不得
맑은 위수 동으로 흐르고 검각은 깊으니	清渭東流劍閣深
떠난 사람 남은 사람 서로 소식도 없네.	去住彼此無消息

두보의 또 다른 시 「애왕손哀王孫」은 곤경에 빠진 황실 자손들을 동정어린 눈길로 바라보고 있으며, 망국의 설움과 군주에 대한 충성을 노래하고 있다.

관군과 반군은 진도陳陶에서 결전을 벌여 승상 방관房琯이 지휘하는 병사 4만이 거의 전사했다. 소식을 전해 들은 두보는 슬픔과 분노로 「비진도悲陳陶」를 써 내려갔다.

288

맹동 시월 양가집 자제들	孟冬十郡良家子
흘린 피가 진도택의 물이 되었구나.	血作陳陶澤中水
들판 텅 비고 하늘 맑으니 전쟁은 끝나고	野曠天清無戰聲
사 만 의병들 한날한시에 죽었구나.	四萬義軍同日死
오랑캐는 돌아와 피 묻은 화살 닦고	群胡歸來血洗箭
노래 부르며 마을에서 술 마시니.	仍唱胡歌飮都市
사람들 얼굴 돌려 북쪽 향해 울먹이며	都人廻面向北啼
밤낮으로 관군 오기만 기다리누나.	日夜更望官軍至

다음은 두보가 부주郞州에 떨어뜨려 놓은 처자식을 그리워하며 지은 시다.

「월야月夜」

오늘 밤 부주 하늘의 달을	今夜郞州月
규방에서 홀로 바라보겠지.	閨中只獨看
멀리서 어린 것들 생각하니	遙憐小兒女
장안을 그리는 어미의 마음 모르겠지.	未解憶長安
향기로운 안개에 머리카락 젖고	香霧雲鬟濕
맑은 달빛에 옥 같은 팔 차갑겠지.	清輝玉臂寒
어느 때라야 얇은 휘장에 기대어	何時倚虛幌
우리 두 사람 바라보며 눈물 자욱 마를는지.	雙照淚痕干

「춘망」은 가족과 나라를 걱정하는 늙은 시인의 안타까운 마음이 잘 드러나 있는 시로 두보의 대표작 중 하나로 손꼽힌다.

「춘망春望」

나라는 망했어도 산하는 여전하고	國破山河在
성에 봄이 찾아와 초목만 무성하네.	城春草木深
시절을 슬퍼하니 꽃도 눈물 흘리고	感時花淺淚
이별이 한스러워 새도 그 마음 놀라네.	恨別鳥驚心
봉화가 석 달이나 계속 오르니	烽火連三月
집에서 온 편지 만금보다 소중하여라.	家書抵萬金
흰 머리 긁을수록 더욱 짧아지니	白頭搔更短
아무리 애써도 비녀를 꽂지 못하네.	渾欲不勝簪

안록산은 군사를 일으키고 얼마 안 되어 등에 욕창이 생기고 시력이 급격이 떨어졌다. 그는 낙양에서 스스로 황제라 칭하고 백관의 조배朝拜를 받는 날 극심한 가려움증으로 발작을 일으켜 급기야는 실명을 하고 말았다. 당시 환관宦官으로 있던 이저아李猪兒가 안록산의 증세가 심상치 않음을 보고 급히 퇴정退廷을 명령했다. 대경실색한 백관은 이는 필시 나라의 흉조라며 숙덕거렸다. 안록산은 용상龍床에 앉을 날을 기다리며 반란을 일으켰지만, 자리의 주인이 될 수 없는 운명이었다. 점점 미쳐가는 아비를 보면서 안경서安慶緒는 이저아를 시켜 안록산을 죽이도록 했다. 안록산은 의부였던 당 현종을 밀어낸

자신도 결국 아들의 손에 죽게 된 셈이었다. 안록산과 사사명은 명석한 두뇌를 가진 인물들이었지만, 그들의 지나친 욕심은 당나라에 피의 화禍를 부르고 말았다.

한편 관군은 곽자의郭子儀의 지휘 아래 연이어 반군과의 전쟁에서 승전보를 울렸다. 숙종 이형도 장안에서 가까운 봉상鳳翔에 머무르면서 보좌에 앉을 날을 기다리고 있었다. 두보는 기쁜 마음에 장안성 서쪽의 금광문金光門을 빠져나와 황제가 있는 곳으로 달려갔다. 두보는 밤을 낮 삼아 걸었다. 관군과 반군이 대치하고 있는 지대를 통과했으며, 야밤에 맹수들이 있는 산을 넘고 또 넘었다. 신발은 터져 발가락이 나오고 옷은 찢어진 채로 두보는 숙종을 알현했다. 숙종은 충성을 갸륵히 여겨 두보를 바로 간관諫官에 해당하는 좌습유左拾遺에 임명했다.

승장 방관이 반군과의 싸움에 패하자 그의 정적은 기회를 틈타 그를 부패죄로 고발했다. 전쟁 시기에 승상이 재물을 탐하는 것은 있을 수 없는 일이라며 숙종은 두보에게 엄중한 수사를 하도록 명령했다. 두보는 소신껏 수사했고 방관은 무고하다며 황제에게 상서를 올렸다. 숙종은 오히려 방관을 비호하는 두보의 죄를 다스려야 한다며 크게 화를 냈다. 다행히 누군가 나서서 대신 용서를 구해 두보는 좌습유의 일을 계속할 수 있었다.

조정 내의 정치적 이해관계를 전혀 알지 못했던 두보는 눈치 없이 나섰다가 황제의 미움만 사고 말았다. 평생 충군忠君이라는 두 글자만 가슴에 새겼던 우직한 두보는 조정 정치의 게임 규칙을 몰랐다. 규칙을 몰랐든 혹은 무시했든 조정 정치의 속성에 어두워 실패했다는 점에서 이백과 두보는 닮은 꼴이었다.

다음 시는 지덕至德 2년인 757년 9월, '방관 사건' 후 두보가 가족을 보러 부주로 가서 쓴 것이다. 두보는 봉선에서 부주 강촌羌村까지 7백여 리 산길을 걸어서 갔다. 깊은 밤에도 걸음을 재촉해 전쟁터를 지나는데 차가운 달빛 아래 백골이 훤히 드러났다.

「**북정**北征」

황제 즉위 이태 되는 가을	皇帝二載秋
윤 팔월 초순 길일을 잡아	閏八月初吉
나 두보는 북으로 길 떠나	杜子將北征
멀리 있는 가족 찾아 나섰다.	蒼茫問家室
동쪽 오랑캐 반란 그치지 아니하니	東胡反未已
신하 두보는 분통이 절절하네.	臣甫憤所切
눈물 뿌리며 임금 계신 곳 생각하니	揮涕戀行在
가는 길 내내 어지럽고 아득하네.	道途猶恍惚

「강촌羌村」 3수는 마침내 아내와 자식들이 있는 부주 강촌에 당도해 오랜만에 가족을 만난 감회를 적은 시로 난리 중에 가족과 재회한 기쁨을 소박하면서도 감동적으로 그려냈다. 특히 '아내는 내 살아왔음이 믿기지 않는 듯, 놀라움 진정되니 눈물 닦네妻孥怪我在, 驚定還拭涙'에서 그동안 하지 못했던 수많은 말들을 눈물로 대신하는 아내의

기쁨이 느껴지는 듯하다.

「강촌 羌村 1」

붉은 구름 봉우리 서쪽으로 가고	崢嶸赤雲西
햇살은 대지 위로 내려앉네.	日脚下平地
사립문에서 참새들 지저귀고	柴門鳥雀噪
나그네는 천 리 길 걸어 돌아왔네.	歸客千里至
아내는 내 살아 왔음이 믿기지 않는 듯	妻孥怪我在
놀라움 진정되니 눈물 닦네.	驚定還拭淚
전란의 세상에서 떠돌아다니다	世亂遭飄蕩
살아 돌아옴이 기적이라.	生還偶然遂
이웃들 담장에 가득 모여	鄰人滿牆頭
감탄하고 또 흐느껴 우네.	感歎亦歔欷
밤 깊어 다시 촛불 밝히고	夜闌更秉燭
서로 마주하니 꿈인가 하네.	相對如夢寐

「강촌 3」

닭 무리 요란하게 우더니	群雞正亂叫
손님 오자 싸움을 벌이네.	客至雞鬪爭
닭을 몰아 나무 위에 오르게 하니	驅雞上樹木
사립문 두드리는 소리 들리네.	始聞叩柴荊

동네 어른 너덧 분 찾아 와서	父老四五人
먼 길 왔다며 오랜만이라고 인사 건네네.	問我久遠行
손에는 각각 무언가 들고 있는데	手中各有攜
술병 기울이니 탁주 청주 나오네.	傾榼濁復淸

장안이 수복되자 현종과 숙종은 수도로 돌아왔고, 도망갔던 관리들도 하나 둘 돌아와 얼굴을 내밀었다. 두보도 장안에 거처를 마련하고 가족을 데리고 왔다. 별 볼일 없는 관직 덕분인지 두보를 궁지에 모는 이들은 다행히 없었다. 왕유, 잠삼, 정건 등은 두보와 함께 문하성門下省, 중서성中書省에서 벼슬을 하고 있어 그들은 자주 어울려 술을 마시며 시를 지어 불렀다. 전쟁은 아직 진행 중이었다. 안경서는 황위를 사사명에서 양보했고, 사사명은 계속되는 전쟁에도 지칠 줄 몰랐다.

두보의 호시절은 오래가지 못했다. 이림보, 양국충이 죽자 간신 이보국李輔國이 조정을 쥐락펴락하기 시작했다. 두보는 방관을 두둔했다는 이유로 화주華州의 사공참군司功參軍으로 좌천되었다. 장안에 이어 낙양도 수복되자 부인 양 씨는 자식들을 데리고 수양산 밑 토굴집으로 돌아갔다. 이듬해 초 두보도 주관州官한테 휴가를 받아 가족을 보러 낙양으로 갔으나 한 달을 머무르지 못하고 다시 돌아와야 했다.

수복의 기쁨도 잠시, 그해 3월 사사명이 다시 낙양성을 치고 들어왔다. 지금의 하남 안양安陽인 상주相州에서 전쟁이 벌어져 60만 관군이 모두 격퇴되었다. 관군은 후퇴하면서 민가를 약탈했으며 병력을 보충하기 위해 예순이 넘은 노인까지 끌고 갔다. 마침 두보는 화주로 돌아가는 길이어서 관군의 횡포와 백성의 참상을 직접 목격할 수 있었다. 이 무렵 지은 것이 그 유명한 삼리新安吏, 石壕吏, 潼關吏 삼별新婚別, 垂老別, 無家別이다.

두보는 신안현新安縣을 지나다 어린아이까지 징병의 대상이 되어 군대로 끌려가는 것을 보고 '중남은 아직 몸집이 작으니 어떻게 왕성을 지킬 수 있겠소'라고 직접 묻는다. 여기서 '중남'이란 열여덟도 안 되는 소년을 말한다. 이제 열두 살 먹은 아이들이 줄지어 끌려가는 모습은 차마 볼 수 없는 것이었다. 그나마 살찐 아이는 어미라도 있어 배웅해주는데, 마른 녀석은 아무도 없이 혼자 쓸쓸하게 있는 걸 보고 두보는 다가가 아이를 위로한다.

눈물 마르게 하지 말고	暮自使眼枯
흐르는 눈물 거두지도 마라.	收汝淚縱橫
눈물 말라 뼈가 드러난다 해도	眼枯卽見骨
하늘과 땅은 끝내 무정할 테니.	天地終無情
아군이 상주를 취하고	我軍取相州
곧 평정하리라 기대했건만.	日夕望其平
어찌 알았으랴, 적의 동정 파악 못하고	豈意賊難料
관군이 흩어져 돌아올 줄을.	歸軍星散營
옛 보루 근처에서 식량을 구하고	就糧近故壘
옛 서울에서 군사를 훈련시키니.	練卒依舊京
호를 파도 깊지 않을 것이고	鑿壕不到水

말 먹이는 일도 쉬울 것이다.	牧馬役亦輕
게다가 관군은 훈련이 잘 돼서	況乃王師順
제대로 보살펴 줄 것이다.	撫養甚分明

제대로 보살펴줄 것이라는 말은 너도 나도 다 아는 거짓말이었지만, 전장으로 끌려가는 아이한테 또 어떤 말을 할 수 있겠나?

신안에서 동관으로 가는 길에 두보는 늙은 아낙네까지 징용되는 현실을 목도하고 만다. 「석호리」는 석호촌에서 본 참혹한 광경을 절제된 어조로 사실적으로 그리고 있다.

「석호리石壕吏 −석호촌의 관리」

날 저물어 석호촌에 투숙하니	暮投石壕吏
관리가 밤에 사람 잡으려 왔네.	有吏夜捉人
늙은 영감은 담 넘어 달아나고	老翁踰墻走
할미가 문 밖에 나가 보네.	老婦出門看
관리의 호통 소리 어찌도 저리 노엽고	吏呼一何怒
할미의 울음은 어찌도 저리 가련한가.	婦啼一何苦
할미 앞에 나가 하는 말 들으니	聽婦前致詞
셋째아들은 업성에서 수자리 하고	三男鄴城戍
큰아들이 편지 보내왔는데	一男附書至
둘째아들은 전투에서 죽었다 하오.	二男新戰死
산 사람이야 어떻게든 살아가겠지만	存者且偸生

죽은 자는 가면 영원히 그만이라오.	死者長已矣
집 안에 이제 사내는 없고	室中更無人
오직 젖먹이 손자만 있다오.	惟有乳下孫
손자 있어 그 어미도 떠나지 못하고	孫有母未去
나갈 때 입을 온전한 치마도 없다오.	出入無完裙
늙은 몸 기력은 비록 쇠하나	老嫗力雖衰
나리 따라 밤에라도 떠나겠소.	請從吏夜歸
급히 하양 땅 부역에 응할 수 있으니	急應河陽役
아직 조반은 지을 수 있다오.	猶得備晨炊
밤이 깊어 말소리도 끊어지고	夜久語聲絶
흐느껴 우는 소리 들리는 듯하네.	如聞泣幽咽
날이 밝아 길 떠날 때에	天明登前途
홀로 영감과 작별하였네.	獨與老翁別

업성은 상주相州의 다른 이름으로 관군은 상주에서 패하고 하양까지 후퇴하여 겨우 적의 공격을 막아내고 있었다. 아들 셋을 모두 전장으로 보낸 것도 환장할 노릇인데, 영감과 젖먹이 손자만 남은 집에 또 찾아온 관리한테 자신이라도 대신 따라 나서겠다는 늙은 아낙의 하소연이 너무도 애처롭다. 우리는 그녀에게 '어머니'로 대변되는 여성성의 위대함을 발견한다.

「수로별」은 백발이 성성한 늙은이가 전선으로 떠나는 심경을 당사자의 입을 빌어 묘사했다. 의지할 곳 없는 늙은 아내를 혼자 두고 출정하는 노인의 모습은 의연하지만, 그래서 더 아프게 가슴을 파고든다.

「수로별垂老別 −늙은이의 이별」

세상이 아직 안정되지 못하니	四郊未寧靜
늙은이도 편안할 수 없네.	垂老不得安
자손은 전쟁에서 죽고 아무도 없는데	子孫陣亡盡
어찌 이 몸 홀로 온전하리오.	焉用身獨定
지팡이 내던지고 문 나서니	投丈出門去
동행하는 사람도 마음 아파하네.	同行爲辛酸
다행히 치아는 남아 있으나	幸有牙齒存
슬프기는 골수가 말라버린 것이라네.	所悲骨髓乾
사내는 갑옷과 투구를 갖추고	男兒旣介冑
길게 읍하며 상관에게 이별 고하네.	長揖別上官
늙은 아내 길에 누워 우는데	老妻臥路啼
세모에 입은 옷은 홑겹이구나.	歲暮衣裳單

갓 결혼한 부부가 전쟁으로 인해 이별하는 사연을 노래한 「신혼별」도 당시 민중의 신산한 삶의 모습이 가감 없이 드러나 있다.

「신혼별新婚別 −신혼부부의 이별」

새삼이 쑥과 마에 붙으면	兎絲附蓬麻
넝쿨이 뻗어서 자라지 못하네.	引蔓故不長
출정할 사내에게 시집보내는 것은	嫁女與征夫

길가에 버림만도 못하지요.　　不如棄路傍

머리 얹고 지아비의 아내 되었으나　　結髮爲夫妻

임의 잠자리 따뜻할 새도 없이　　席不暖君床

저녁에 결혼하고 아침에 이별하였소.　　暮婚晨告別

너무 급한 것 아닌가요　　無乃太悤忙

부모님 나 기르실 때　　父母養我時

밤낮으로 나를 보호하셨지요.　　日夜令我藏

딸 낳으면 시집보내는 법이라　　生女有所歸

닭과 개도 짝 있다 하시고.　　雞狗亦得將

이제 당신은 사지로 떠나시니　　君今往死地

침통함이 오장에 사무칩니다.　　沈痛迫中腸

임 따라 가고 싶지만　　誓欲隨君去

형편이 딱하고 슬플 따름입니다.　　形勢反蒼黃

신혼이라 생각하지 마시고　　勿爲新婚念

힘써 병무를 돌보세요.　　努力事戎行

아녀자가 군중에 있으면　　婦人在軍中

병사의 사기 높지 못하겠지요.　　兵氣恐不揚

비록 가난한 집안의 딸이나　　自嗟貧家女

오랜만에 비단 옷 마련했건만　　久致羅襦裳

비단 저고리 다시 입지 않고　　羅襦不復施

당신 앞에서 화장 지웁니다.　　對君洗紅粧

새삼은 줄기가 덩굴져 자라나는 만생蔓生 식물로 다른 식물에 기생하여 생장하는 특징이 있다. 여자가 결혼해서 지아비에 의지해 사는 것을 비유한 말이다. 쑥과 마는 키가 작은 초본草本 식물인데 새삼이 거기에 붙어 있으니 덩달아 자라지 못하는 것이다. 사지로 가는 지아비를 바라보며 비단 저고리를 벗고 화장을 지우는 새색시의 모습은 눈물보다 더 가슴을 아프게 한다.

두보가 묘사하는 고통과 슬픔 뒤에는 호탕한 기개가 숨어 있다. 그러기에 오히려 그의 시는 고통이 고통으로만 슬픔이 슬픔으로만 머물러 있지 않고 가혹한 세상을 향한 외침이 된다.

늙고 병들어도 글쓰기를 계속하다

건원乾元 2년 759년, 관중關中(섬서성 일대)에 지독한 가뭄으로 대기근이 덮쳤다. 두보는 화주의 사공참군직을 그만두고 가족을 데리고 진주秦州(감숙성 천수天水)로 갔다. 흉년이 들어 물가가 올라 화주에서 받는 봉록으로 일곱 식구를 먹여 살리기에는 턱 없이 부족했다. 두보는 성실하게 일했지만, 화주 자사는 늘 그를 못마땅하게 여기고 못 잡아먹어 안달이었다. 게다가 부자지간이 황제의 자리를 놓고 다투고 소인배가 득세하는 황실과 조정에 그는 전에 없이 실망했다. 마침 진주는 가뭄이 없어 농사하기에 좋은 곳이라는 사촌 동생의 말을 듣고 그리로 갔던 것이다. 그러나 진주에서의 생활은 여전히 배고프고 추웠다. 두보는 하는 수 없이 진주에서 석 달을 있다가 토란과 죽순이 많이 생산된다는 동곡同曲(감숙성 성현成縣)으로 이

사를 했다. 어쩌면 그렇게 힘들기만 한 것인지, 동곡의 형편은 더말이 아니었다. 날씨는 춥고 먹을 것은 없고 식구들은 도토리로 겨우 연명해 나갔다. 자신을 동곡으로 부른 현령은 두보를 피하기만했다. 두보는 음력 12월 겨울이 한창일 때 다시 가족을 데리고 성도로 갔다.

그 한 해 동안 두보는 낙양에서 화주로, 화주에서 진주로, 진주에서 동곡으로, 다시 성도로 배고픔과 추위의 날들을 보냈지만 또 시를가장 많이 쓴 해이기도 했다. 진주에 머물렀던 석 달 동안 80수가 넘는 시를 썼고, 동곡으로 가면서 여러 편의 기행시를 남겼다. 표류하듯 떠돌았던 팍팍한 한 해였지만 두보는 시인으로서의 책무를 잊지않고 변새 지방의 풍물과 습속을 상세히 기록하고 길 위에서의 감회를 시에 담았다. 어떤 힘이 그를 지탱하게 만들었던 것일까? 보통 사람이라면 절망과 원망으로 시름했을 나날이었을 텐데, 어쩌면 그는이미 너무도 많은 고통과 슬픔을 보았기에 불행에 대한 감각이 마모磨耗되었는지도 모르겠다. 여하튼 그의 정신적 수용력은 보통 사람의것을 훌쩍 뛰어넘는다. 말하자면 그는 우거지상을 한 낙천주의자인셈이다. 고통의 현실을 바라보되 희망은 버리지 않는다.

「월야억사제」는 진주에 있을 때 쓴 것으로, 정처 없이 헤매는 처지에도 형제들을 걱정하는 마음이 깊고 애틋하다.

「월야억사제月夜憶舍弟 **- 달밤에 아우를 그리워하다」**

오늘 밤부터 이슬은 하얗게 내리고 　　　　　　露從今夜白

저 달은 고향에도 밝게 떠 있겠지.	月是故鄉明
아우들 있으나 모두 뿔뿔이 흩어져	有弟皆分散
생사를 물어볼 집도 없구나.	無家問死生

「몽이백」 2수 역시 같은 해에 쓴 것으로, 이백을 걱정하고 그리워하는 마음이 잘 드러나 있다.

「몽이백夢李白1」

사별은 울음마저 삼켜버리나	死別已吞聲
생이별은 그저 서럽기만 하오.	生別常惻惻
강남은 열병이 많은 땅인데	江南瘴癘地
귀양 간 그대는 소식도 없소.	逐客無消息

두보 일가는 꼬박 1년을 걸어서 성도에 왔다. '揚一益二양일익이' 양주揚州가 첫 번째, 익주益州가 두 번째라는 말이 있을 만큼 당시 성도는 인구 20만의 양주에 버금가는 번화한 도시였다. 익주는 성도의 다른 이름이다. 안사의 난으로 양주는 많이 파괴되었지만, 성도는 멀리 떨어져 다행히 전란의 화마를 비껴갈 수 있었다. 현종이 난리를 피해 몸을 숨겼던 곳도 성도였다. 두보는 성도에 대한 희망으로 잔뜩 부풀어 있었다.

이듬해 두보는 봄 성도 서쪽에 있는 완화계반莞花溪畔에 보금자리를 마련했는데, 그곳이 바로 그 유명한 두보 초당이다. 두보 초당은 제갈량을 기념하는 무후사武侯祠와 함께 관광객들이 많이 찾는 곳이 되었다. 촉중에서 벼슬을 하고 있던 사촌 동생 왕십오王十五가 도움을 주었고, 성도와 가까운 팽주彭州에서 자사를 하던 고적도 자주 초당으로 두보를 찾아왔다.

다음 시는 초당에서 지은 것으로, 봄밤에 내린 비를 반가운 마음으로 노래하고 있다. '식물성의 몽롱한 희열'을 두보도 감지했던 것일까? 시인은 언제나 섬세하게 그 희열을 포착하고 온 몸으로 느낀다. 인공과 기교가 없는 '스스로 그러한' 자연의 본래 의미를 생각한다면 '과학과 개발'이라는 이름의 논리가 얼마나 파괴적인 것인지 새삼 깨닫게 된다.

「춘야희우春夜喜雨」

좋은 비는 시절을 알아   好雨知時節

봄이 되니 바로 내리는구나.   當春乃發生

바람 따라 살며시 밤에 찾아와   隨風潛入夜

만물을 적시는 가는 비는 소리도 없네. 潤物細無聲

들길은 온통 검은 구름   野經雲俱黑

강 배는 홀로 밝은 등불.   江船火獨明

새벽녘 붉게 보이는 빗물 젖은 곳   曉看紅濕處

꽃들 속에 선 금관성이로다.   花重錦官城

다음은 두보의 한가롭고 느슨한 일상에 정겨움마저 느껴진다.

「**강촌**江村」

맑은 강물 한 굽이 마을을 감싸 흐르고   清江一曲抱村流

긴 여름의 강촌은 일마다 한가롭다.   長夏江村事事幽

지붕 위 제비는 저 홀로 오가고   自去自來堂上燕

물 속 갈매기는 서로 친하고 가깝네.   相親相近水中鷗

늙은 아내는 종이에 바둑판을 그리고   老妻畫紙爲碁局

어린 아들은 바늘로 낚시를 만드네.   稚子敲針作釣鉤

병 많아 얻고자 하는 것은 오직 약물뿐   多病所須唯藥物

하찮은 이 몸이 무엇을 더 바라리오.   微軀此外更何求

「**객지**客至 - 손님이 오시다」

집의 남북 온통 봄의 물결인데   舍南舍北皆春水

보이는 건 날마다 떼 지어 오는 갈매기뿐이었죠.   但見群鷗日日來

꽃길은 손님 오신다고 쓸어본 적 없고   花徑不曾緣客掃

사립문도 오늘에서야 그대 위해 처음 열어두었죠.   蓬門今始爲君開

저자 멀어 맛있는 찬도 없고   盤飱市遠無兼味

독에 가득한 술도 막걸리뿐입니다.   樽酒家貧只舊醅

이웃 노인과 더불어 마시고 싶으시다면   肯與鄰翁相對飲

울타리 넘어 불러와 남은 술잔 다 비우시지요.   隔籬呼取盡餘杯

「**강반독보심화**江畔獨步尋花 －강변을 홀로 걸으며 꽃을 찾다」

강가에 복숭아꽃 흐드러졌는데	江上桃花惱不徹
알릴 곳 없으니 미칠 것만 같아.	無處告訴只顚狂
서둘러 남쪽 고을로 술친구 찾아갔더니	走覓南鄰愛酒伴
열흘 전 술 마시러 나가고 덩그러니 침상만 있네.	經旬出飮獨空床

다음은 두보가 흠모했던 제갈량의 사당 무후사를 찾아가 쓴 것
이다.

「**촉상**蜀相 －촉나라 승상」

승상의 사당 어디인가	丞相祠堂何處尋
금관성 밖 잣나무 우거진 곳.	錦官城外柏森森
계단에 비치는 푸른 풀은 스스로 봄빛이고	映階碧草自春色
나뭇잎 건너 꾀꼬리는 부질없이 소리만 곱네.	隔葉黃鸝空好音
세 번 찾은 끝에 천하를 도모하니	三顧頻煩天下計
조정을 도운 것은 늙은 신하의 마음이었네.	兩朝開濟老臣心
출사하여 이기지 못하고 몸이 먼저 죽으니	出師未捷身先死
길이 영웅의 옷깃에 눈물 가득 젖게 하네.	長使英雄淚滿襟

두보는 늙고 병들어도 글쓰기를 멈추지 않았다. 문학에 대한 열정
마저 없었다면 그 난세를 어찌 견디며 건너왔겠는가? 여기 글쓰기에

대한 두보 자신의 고백을 들어보자.

사람됨이 괴팍해 아름다운 글 탐내니	爲人性僻耽佳句
놀라게 할 시 쓰지 못하면 죽어도 멈추지 않으리.	語不驚人死不休
늘그막에도 시를 마음가는 대로 쓰고 있으니	老去詩篇渾漫與
봄이 와 꽃 피고 새가 울 듯 근심일랑 마라.	春來花鳥莫深愁
어찌하면 도연명과 사령운의 재주를 얻어	焉得思如陶謝手
글을 쓰고 함께 노닐 수 있으려나.	令渠述作與同遊

두보가 성도의 초당에서 지낼 때 북방 지역은 여전히 전란에 휩싸여 있었다. 하지만 이 무렵에 쓴 시들에는 전란의 참혹함은 없고 오히려 생의 한가로움이 느껴진다. 이를 두고 두보가 현실을 외면했다고 비판하는 이도 있다. 하지만 몸이 편하면 마음도 따라 편해지는 것은 인간의 '자연'스러운 변화다. 두보는 꾸미거나 의식하지 않고 자신의 느낌을 글로 적었을 뿐이다. 시인이란 본시 예술적 직관과 정서에 충실한 사람이기 때문이다. 그렇다고 두보가 마냥 강 건너 불구경하듯 지냈던 것도 아니다. 시에서 전란의 현실을 직접 언급하지는 않았지만 마음 한켠은 늘 편치 못한 날들이었다. 다음 시 역시 성도의 초당 시절 쓴 것이다.

「한별恨別 – 이별을 한탄하다」

낙양을 떠나온 곳 사천 리 밖	洛城一別四千里

오랑캐 말굽에 쫓긴 지 오륙 년	胡騎長驅五六年
초목이 쇠하는 시절 검문 밖에 와서	草木變衰行劍外
전란으로 두절된 채 강변에서 늙는구나	兵戈阻絶老江邊
집 생각으로 서늘한 밤 달빛 속에 서고	思家步月清宵立
아우 생각으로 밝은 낮 구름 보며 존다	憶弟看雲白日眠
듣자하니, 하양에선 관군이 승세를 탄다는데	聞道河陽近乘勝
사도는 유연 땅을 뚫는 일이 급하겠구나	司徒急爲破幽燕

성도 부윤府尹 겸 검남절도사劍南節度使 엄무嚴武도 자주 두보를 보러 왔다. 엄무는 두보보다 열네 살 아래로 두보의 시를 매우 좋아했다. 두보가 봉상에서 방관을 변호하고 나선 일을 엄무는 기억하고 있었다. 엄무는 성도의 수장이고 두보는 평민이었지만, 둘의 만남에 신분이나 지위 따위는 문제가 되지 않았다. 엄무는 두보를 웃어른으로 공경했으며 함께 술을 마시고 시를 논했다. 엄무는 당시 어려웠던 두보를 물심양면으로 도와주기도 했다.

죽음 직전까지 나라를 걱정하다

보응寶應 원년 762년 4월, 현종이 죽자 병을 앓고 있던 숙종은 증세가 더욱 악화되었다. 이를 틈타 황후 장씨와 내시 이보국 간에 치열한 권력 다툼이 벌어졌다. 장황후는 월왕越王 이계李系와 손을 잡고 이보국을 칠 준비를 하고 있었는데, 이를 알아차린 이보국이 먼저 선수를 쳤다. 이보국은 군사를 대동해 숙종의 침궁으로 들어가 황제가 보는 앞에서 황후와 월왕을 끌어내 죽였다. 광경을 본 숙종은 충격으로 다시 일어나지 못했다. 숙종의 뒤를 이어 태자 이예李豫가 끌려가듯 용좌에 앉았으니, 그가 당 대종代宗이다. 황실 대지진의 여파는 순식간에 전국적으로 퍼져나갔고 많은 사람들의 운명을 바꿔놓았다.

그해 6월, 엄무에게 경조윤京兆尹 승진과 함께 현종과 숙종의 능침陵寢 조성 사업을 맡으라는 명이 떨어졌다. 황제 능묘 축조는 그야말로 영예 중의 영예였지만 정치적으로 위험한 일이기도 했다.

엄무가 떠나자 성도 부소윤府少尹 서지도徐知道가 군사를 일으켜 관인官印을 훔치고 스스로 부윤 겸 검남절도사의 자리에 올랐으나 한 달 만에 이충후忠厚에 의해 죽임을 당했다. 이충후는 요즘 말로 하면 사이코패스형 인간이었던 것 같다. 살인을 놀이쯤으로 생각했던 그는 사람이 죽어가는 모습을 보면서 술을 마셨다고 한다. 8월 하순, 고적이 난리를 평정하고서야 비로소 성도의 거리에 피비린내가 없어졌다.

두보는 고적이 성도에 입성하기 전인 7월 말에 사천성 삼태현三台縣인 재주梓州로 갔다. 엄무와 교분이 있던 이자사李刺史와 장자사章刺史의 배려로 두보는 가족과 함께 재주에서 지내게 되었다.

10월, 낙양 북쪽에서 관군과 반군의 교전이 벌어졌다. 전쟁은 관군의 승리로 끝났고 반군은 범양范陽으로 달아났다. 사사명의 아들 사조의史朝義는 하북성 란현灤縣에서 나무에 목을 매고 죽었다. 이로써 7년 넘게 계속되어온 안사의 난은 끝이 났다. 당 제국 인구의 7할이 난리 속에서 비명횡사했다. 다음 시는 두보가 재주에 있을 때 사조의가 범양으로 패주敗走하고 관군이 하남 하북 땅을 수복했다는 소식을 듣고 기쁜 마음에 쓴 것이다. 불안과 외로움의 유랑 생활을 끝내고 고향으로 돌아갈 수 있다는 설렘이 잘 드러나 있다.

「문관군수하남하북 聞官軍收河南河北 — 관군이 하남 하북을 수복한 소식을 전해 듣고」

검각 밖 들려온 계북이 수복되었다는 갑작스러운 소식	劍外忽傳收薊北
처음 들었을 때는 눈물이 옷을 적셨다네.	初聞涕淚滿衣裳
아내와 자식들 바라보니 이제 걱정 없고	卻看妻子愁何在
책을 대충 싸며 기뻐서 미칠 듯하네.	漫卷詩書喜欲狂
백발에 노래 부르고 실컷 술 마시며	白首放歌須縱酒
푸른 봄에 가족과 함께 고향 땅 가리.	青春作伴好還鄉
서둘러 파협에서 무협을 지나	卽從巴峽穿巫峽
곧바로 양양으로 내려가 낙양을 향하네.	便下襄陽向洛陽

성도로 돌아온 엄무는 다시 두보를 불러들였다. 오로지 귀향 생각에 들떠있던 두보는 잠시 머뭇거렸지만 엄무의 청을 받아들여 성도로 돌아갔다. 전란으로 초당의 옛 모습은 온데간데없었다. 엄무의 도움으로 두보는 초당을 새롭게 단장했다. 놀면서 남의 밥 얻어먹는 게 그리 마음 편한 것만은 아닌지라, 두보는 엄무 밑에서 검교공부원외랑 檢校工部員外郎으로 일을 했는데, 두공부 杜工部라는 호칭은 이 때 생긴 것이다.

토번군이 다시 난을 일으켜 한 때 장안이 위험에 빠지고, 잇달아 사천을 공격하자 엄무는 군사 軍事를 돌보느라 바쁜 날을 보냈다. 난리를 평정하고 엄무가 성도로 돌아오자 두보는 사직서를 냈다. 그리고 얼마 안 있어 엄무는 급작스러운 병으로 죽고 만다. 고적이 병을 얻어 죽은 지 불과 석 달 만에 엄무가 죽자 두보의 충격은 말할 수 없이 컸다. 방관을 비롯하여 절친한 친구들의 연이은 죽음으로 두보는 시름에 빠졌다. 슬픔도 슬픔이거니와 당장 먹고살 일도 걱정이 아닐 수 없었다. 그동안 친구들의 도움으로 초당에서 비루하지 않고 최소한의 존엄을 누리며 살 수 있었기 때문이었다.

765년 5월, 두보는 가족과 함께 성도를 떠나왔다. 두보 일가는 배를 타고 기주夔州(중경重慶 봉절奉節 일대)에 간 후 다시 형주荊州로 갈 계획이었다. 미주眉州에서 가주嘉州를 지나 유주渝州까지 오는 데 꼬박 넉 달을 배를 타고 왔다. 미산眉山의 풍광은 시흥詩興을 불러일으킬 만큼 아름다웠지만, 두보는 그곳을 지나오면서 시 한 수도 남기지 않았다. 당시 그의 심정을 알 만하다. 자연의 풍광 대신 늙고 병든 나그네의 피로와 우울을 시에 담고 있다. 「여야서회」는 뱃길로 장강을 따라 충주忠州로 가는 도중 배 위에서 밤을 새며 쓴 것이다. 두보의 자화상 같은 시다.

「**여야서회**旅夜書懷 - 나그네의 밤」

언덕 위의 여린 풀 미풍에 흔들리고	細草微風岸
높은 돛단배 타고 홀로 있는 밤.	危檣獨夜舟
별들은 너른 들판으로 쏟아져내리고	星垂平野闊
달은 솟아오르고 큰 강물 흐르네.	月涌大江流

어떻게 문장으로 이름 날릴까	名豈文章著
늙고 병들어 벼슬도 그만뒀다오.	官應老病休
떠도는 이 신세 무엇과 비할까	飄飄何所似
천지간 한 마리 갈매기로다.	天地一沙鷗

두보는 기주에서 약초를 캐서 팔아 가족을 먹여 살렸다. 기주에 머물렀던 두 해 동안, 이사도 다섯 차례나 했다. 두보는 기주 시기에 늙고 병들고 생활마저 곤궁했지만 시에 대한 열정만은 여전하여 4백여 편이 넘는 시를 썼다. 칠언시, 오언시, 율시, 고체시 등 다양한 장르와 형식을 넘나들며 시 쓰기에 몰두했다. 다음은 기주의 풍속을 노래한 시다.

「부신행負薪行 - 땔감 메는 노래」

기주의 처녀는 머리칼 하얗게 세고	夔州處女髮半華
사오십이 되도록 지아비도 없네.	四十五十無夫家
전란으로 사내들 죽어나가니 시집갈 데 없어	更遭喪亂嫁不售
신세 한탄하며 눈물로 세월 보내네.	一生抱恨長咨嗟
이 곳 풍속은 남자는 앉아 있고 여자는 밭일하고	土風坐男使女立
남자는 집안 지키고 여자는 나가 일하는 것이라네.	男當門戶女出入
열에 여덟아홉 집은 여자가 땔감 해오고	十有八九負薪歸
땔감 내다 팔아 식구 먹여살리네.	賣薪得錢應供給
......	

| 무산의 여자들이 추하고 못생겼다면 | 若道巫山女粗醜 |
| 어찌하여 이곳에 왕소군 촌이 있는가? | 何得此有昭君村 |

「등고」는 767년 중양절에 쓴 것으로, 두보는 이 시를 쓰고 왼쪽 귀가 완전히 청력을 잃었다고 한다. 그해 두보의 나이는 쉰여섯으로 당뇨병과 폐병, 관절염 등 지병으로 한참 고생하던 때였다.

「등고登高 – 높은 곳에 오르다」

바람 세차고 하늘은 높은데 원숭이 울음소리 애달프고	風急天高猿嘯哀
물 맑고 모래 흰데 새는 날아 돌아오네.	渚清沙白鳥飛蚘
끝없이 늘어선 나무들 나뭇잎 우수수 떨어뜨리고	無邊落木蕭蕭下
그침 없는 장강은 도도히 흘러오네.	不盡長江滾滾來
만 리 먼 곳 서글픈 가을 나그네 신세	萬里悲秋常作客
한평생 병 많은 몸 홀로 누대 올랐네.	百年多病獨登臺
고통과 괴로움에 귀밑머리 다 희어지고	艱難苦恨繁霜鬢
몸은 늙고 쇠약해 탁주마저 끊었네.	潦倒新停濁酒杯

768년, 두보는 뱃머리를 동쪽으로 돌렸다. 강릉에서 행군사마行軍司馬로 있는 사촌동생에게 의탁하기 위해서였다. 그러나 사촌동생은 얼굴도 볼 수 없었다. 두보는 다시 친구를 찾아 공안현公安縣으로 갔으나 살 만한 곳이 못됐다. 두보는 하는 수 없이 지금의 형양衡陽인 형주衡州로 발길을 옮겼다.

「등악양루」는 같은 해 두보가 악양루에 올라 동정호를 바라보고 그 감회를 쓴 것으로 형식상 오언 율시에 해당한다. 동정호의 굳센 기상에 압도되어 두보는 늙고 병든 몸으로 방랑하는 자신의 신세와 전란 중에 있는 나라에 대한 걱정으로 새삼 눈물을 흘린다. 자연과 인간, 기쁨과 슬픔을 선명하게 대비시켰다.

「등악양루登岳陽樓 - 악양루에 올라」

예부터 들어온 동정호	昔聞洞庭水
오늘에야 악양루에 올랐네.	今上岳陽樓
오나라와 초나라 동남으로 나뉘어 있고	吳楚東南坼
하늘과 땅에 낮과 밤이 뜨네.	乾坤日夜浮
친한 친구는 소식 한 자 없고	親朋無一字
늙고 병든 나는 외로운 배 한 척뿐이네.	老病有孤舟
관산 북쪽은 아직도 전쟁이라	戎馬關山北
난간에 기대어 눈물 흘리네.	憑軒涕泗流

형주에 있는 줄로만 알았던 위지진韋之晉이 담주潭州의 자사로 임명되어 갔다는 말을 듣고 두보는 다시 그를 찾아 담주로 향했다. 아들들에게 작은 일자리라도 찾아줄 생각에 먼 길에 또 먼 길을 마다않고 갔지만 위지진도 그만 병사하고 말았다. 두보는 절망하지 않았다. 다행히 외숙과 자신의 시를 좋아하는 소환蘇渙이 있어 두보는 담주에 터를 마련할 수 있었다. 전란의 와중에서 가족이 무사할 수 있다는 것만으

로도 두보는 기뻤다. 하지만 기쁨도 잠시, 담주에서 다시 병란兵亂이 일어났다. 병마사兵馬使와 자사 사이에 전쟁이 벌어지자 백성들은 난을 피해 황망히 길을 떠났고, 두보 일가도 피난의 대열에 함께 했다.

두보 일가는 다시 형주로 가 배를 타고 뢰양현耒陽縣으로 갔다. 가는 도중 하필이면 7월 대홍수를 만나 뢰양에서 40리 떨어진 작은 섬에 배를 정박하고 비가 멈추기를 기다렸다. 두보는 뢰양으로 가기 전에 미리 현령에게 서신을 보내놓은 터였다. 기일이 다 되었는데도 사람이 오지 않자 현령은 부하를 시켜 두보를 찾도록 했다. 두보를 찾았다는 소식에 현령은 위로의 뜻으로 고기와 술을 두보에게 보냈다. 닷새를 굶은 터라 정말 마파람에 게 눈 감추듯 음식을 순식간에 먹어 치웠다. 현령은 다시 사람을 보내 두보를 찾았으나 두보 일가가 탔던 배가 보이지 않는다는 소식을 듣고 대성통곡했다. 현령은 성 북쪽 2리 밖에 묘를 세워 자신이 흠모해 왔던 시인의 죽음을 애도했다. 사실 현령이 통곡할 때 두보는 배를 타고 낙양으로 가고 있었다. 하지만 그는 심한 복통과 관절염으로 일어서지도 못한 채 자신의 최후의 시「풍질주중복침서회호남친우삼십육운風疾舟中伏枕書懷三十六韻奉呈湖南親友 ─ 병으로 배에 엎드려 쓴 감회를 호남의 절친한 벗에게 바침」을 쓰고 있었다. 죽음을 앞두고도 친구를 그리워하고 나라를 걱정했던 그가 한없이 갸륵하고 가여울 뿐이다. 두보는 그렇게 배 위에서 고통의 생애를 마감했다. 그의 나이 쉰아홉이었다. 우리는 두보를 기꺼이 시성詩聖으로 부르지만, 단순히 그의 문학적 성취 때문만은 아니다. 민중을 향한 사랑과, 밥과 시에 성실했던 삶의 태도, 그리고 고통을 견디는 그 우직함이 두보를 생활의 시인으로, 다시 위대한 시성으로 진화시켰다.

마지막으로 세상의 만남과 이별을 노래한 시를 보자. 759년 봄 무렵, 두보가 사공참군으로 화주에 있을 때 친구 위 씨의 집에 가서 지은 것 같다. 벼슬하지 않고 은거하는 선비를 가리켜 처사處士라고 한다. '서로 사는 일에 얽매여 소식도 막막하겠지'라는 말 속에 시인의 쓸쓸함이 느껴진다.

「증위팔처사贈衛八處士 − 위팔처사에게」

살아가며 서로 만나지 못함이	人生不相見
마치 삼성과 상성 같소.	動如參與商
오늘 밤은 또 어떤 밤이기에	今夕復何夕
이 등불 아래 함께 있는가?	共此燈燭光
젊은 시절 얼마나 되는지	少壯能几時
귀밑머리 벌써 하얗게 셌구려.	鬢髮各已蒼
옛 친구 찾으면 이미 반은 귀신이라	訪舊半爲鬼
놀라 소리치니 간장이 다 뜨거웠소.	驚呼熱中腸
어찌 알았겠소, 이십 년 만에	焉知二十載
다시 그대 집 찾을 줄을.	重上君子堂
그 옛날 이별할 때 결혼하지 않았는데	昔別君未婚
어느새 자식들이 줄을 이었구려.	兒女忽成行
……	
내일이면 산을 두고 떨어지리니	明日隔山岳
서로 사는 일에 얽매여 소식도 막막하겠지.	世事兩茫茫

뛰어난 애정시 「장한가長恨歌」는 애정 결핍의 산물이다. 첫사랑 상령과의 애틋한 추억이 없었다면 패륜적 사랑을 그토록 곡진하게 노래할 수는 없었을 것이다. 백거이의 신악부 50수는 사회적으로 큰 반향을 불러일으켰다. 예술성과 평민성을 동시에 획득한 신악부는 황실과 조정, 권문호족을 겨냥한 것들이 대부분이었다. 수탈과 징병으로 운영하는 황실과 조정의 정치에 과연 창생구제가 가능한 것인지 백거이는 묻고 있다.

귀족과 평민을 오간 문학 거장

白居易

백거이 중당 772~846

임금의 귀는 오직 당상관의 말만 들을 뿐이고

임금의 눈은 대궐 문 앞의 일도 보지 못한다.

탐관오리들은 백성을 해침에 꺼리는 바가 전혀 없고

간악한 신하들은 임금을 가리고도 두려움이 전혀 없다.

임금이시여, 임금이시여, 이 말씀을 들으십시오.

막히고 가린 것을 열고 백성의 마음에 이르려면

먼저 백성의 노래와 시에서 풍자를 찾으십시오.

욕망과 절제 사이의 줄다리기

두보가 죽고 2년 후에 백거이가 태어났다. 그는 두보와 같은 하남河南 출신으로 부친은 일찍이 현령을 지냈다. 두보는 중년에 안록산의 난을, 백거이는 어린 시절 이희열李希烈의 난을 겪었다. 이희열은 중원에서 군사를 일으켜 하남 10군郡을 할거割據한 지방의 군벌이었다. 호인의 반란과 토번족의 침략, 군벌의 난까지 잇단 전란戰亂과 조정의 내홍으로 당 제국은 쇠락의 길로 접어들고 있었다. 병든 거인이 되어버린 당 제국은 쇠락에서 멸망까지 백 년이 넘는 시간이 걸렸다. 백거이는 당시로서는 장수에 속하는 75년을 살다 죽었으니 중당中唐의 시종을 함께 한 셈이었다. 백거이가 죽고 그를 위해 묘비명을 쓴 이상은李商隱은 만당晩唐의 시인으로 분류된다. 백거이는 생전에 원진元稹과 이름을 나란히 하며 '李杜이백과 두보'처럼 '元白'으로, 원진이 죽은 후에는 유우석劉禹錫과 함께 '劉白'으로 불렸다.

원진과 백거이는 함께 진사 시험을 본 고시 동기생으로, 둘은 평생을 두고 우정을 나누었다. 문학적 재능이 높고 자부심이 강했던 원진은 백거이보다 일찍 명성을 날렸는데, 재미있는 것은 그의 이름이 알려지게 된 계기가 '풍류 사건'때문이었다는 사실이다. 가난한 서생이 귀족 대가의 아름다운 규수 최앵앵崔鶯鶯과 사랑에 빠진 것이다. 가문의 격차로 그들의 사랑은 좌절을 겪었고, 원진은 자신의 이야기를 『앵앵전鶯鶯傳』이라는 전기傳奇 소설로 발표했다. 주인공 장생張生과 앵앵이 보구사普救寺에서 만나 사랑을 나누는 장면은 가슴을 설레게 한다.

> 달 아래 서쪽 별당에서 문 반쯤 열어두고 그대 기다리니, 담장에 꽃 그림자 어른거려 혹여 당신께서 오셨나 하였답니다. 待月西廂下, 迎風戶半開, 拂牆花影動, 疑是玉人來.

원조元朝의 극작가 왕실보王實甫는 『앵앵전』을 잡극 『서상기西廂記』로 각색했다.

당은 '시의 나라'로 불릴 만큼 시가와 시인들이 사랑받았다. 중당 시기에는 특히 많은 문인들이 활동했는데, 한유韓愈, 두목杜牧, 유종원柳宗元, 위응물韋應物 등이 원진, 백거이와 동시대를 살았다. 당시 문인은 글로 밥을 먹고 사는 '직업 문인'은 아니었으며, 대부분 관료 사회의 일원으로 봉록을 받으며 창작 활동을 했다. 그렇다고 해서 그들이 '황제에게 보여주기'용이나 '관료 입문'용으로 문학을 이용했던 것은 아니었다. 백거이도 40년이 넘게 관료로 생활했다. 그는 자신의 시처럼 청렴하고 자비로운 정사政事를 폈다. 백거이가 당조의 문단에서 세운 공로는 시를 귀족의 음악이 아니라 서민의 노래로 만들었다는 점이다. 그는 이로 인해 가난에 시달리기도 했다. 백거이는 평생 욕망과 절제 사이에서 줄다리기를 했다. 그는 철저히 서민으로 살고자 노력했지만, 또 늘 출세욕에 시달리기도 했다. 그래서 더욱 그의 시에서는 삶의 진정성이 느껴진다.

눈부신 글재주

하남에서 병란이 일어나자 백거이는 고향 신정新鄭을 떠나 모친과 함께 강남으로 갔다. 오吳와 월越 각지를 전전하다 친척집에 머물렀으나 사정이 여의치 않아 다시 북쪽으로 가 한단邯鄲과 태행太行 등지에도 잠깐 있었다. 백거이는 당시의 처지를 '전원은 전쟁으로 쓸쓸하고, 골육은 길에서 흩어졌다.田園寥落干戈後, 骨肉流離道路中'고 시에 적고 있다.

병란이 끝나자 백거이는 다시 고향으로 돌아왔다. 부친이 현령으로 있던 공鞏에서 서주徐州 별가別駕로 발령을 받고 백거이 일가는 부리符離로 이사했다. 백거이는 열여섯에 장안으로 가서 당시 시인으로 이름을 날렸던 고황顧況의 집을 방문했다. 고황은 '白居易'라는 이름을 듣더니 '장안은 쌀값이 비싸니 살기가 쉽지 않을 것居不易'이라며 농담반 진담반으로 은근슬쩍 백거이를 조소했다. 하지만 전세는 곧 역전되었다. 백거이가 쓴 시를 받아 읽은 고황의 표정이 변했기 때문이었다.

"자네 글재주가 이 정도니 장안에서 사는 건 문제 없겠네."

이 일로 백거이라는 이름 석 자가 장안의 지식인 사회에 알려지게 되었다. 그 때 백거이가 고황에게 바친 시가 바로 우리가 잘 아는 「부득고원초송별賦得古原草送別 – 옛 언덕의 풀 위에서 시를 지어 송별함」이다.

어지럽게 헝클어진 언덕의 풀	離離原上草
해마다 시들었다 또 돋아나고	一歲一枯榮
들불에 타도 없어지지 않고	野火燒不盡
봄바람에 다시 되살아나는구나.	春風吹又生
멀리 향기로운 풀은 옛 길을 덮고	遠芳侵古道
맑고 푸른 빛은 옛 성을 감싸는데	晴翠接荒城
왕손을 다시 또 보내고 나면	又送王孫去
석별의 정만 풀처럼 무성하겠네.	萋萋滿別情

스물도 아직 먼 소년이 쓴 것이라 하기엔 만나고 헤어지는 일의 마음 서늘함을 너무도 자연스럽게 표현했다. 이는 아마도 모친과 함께 기댈 곳을 찾아 유랑했던 유년의 기억과, 그래서 나이보다 훌쩍 자란 소년의 정서 덕분이었던 것 같다.

백거이는 스물일곱에 향시鄕試를 통과하고 스물아홉에 진사 시험에 합격했다. 당시 전국적으로 수천 명이 와서 진사 시험에 참가했는데 백거이는 최연소로 4등을 했다. 다시 3년 후인 서른둘에 이부吏部 서판발체과書判拔萃科에 응시해 장원급제했다. 사실 백거이는 관료로 출세하기 위해 오래 전부터 치밀한 계획을 세우고 정말 열심히 공부했다. 스스로도 '밤에는 부賦, 낮에는 서書를 공부했다. 또 틈틈이 시도 쓰느라 잠을 자지 않아 입 안과 혀에 물집이 잡히고 팔 뒤꿈치에는 굳은살이 생겼다.'고 말하고 있다.

원진에게 앵앵이 있었듯이, 백거이에도 애틋한 첫사랑 상령湘靈이 있었다. 부모의 반대로 사랑의 결실을 이루지 못하고 끝내 헤어지고 말았지만 백거이는 오래도록 그녀를 잊지 못했다. 그녀를 그리워하고 이별의 아픔을 노래한 시가 여러 편 있다.

「동지야회상령冬至夜懷湘靈 — 동짓날 밤 상령을 그리며」

아리따운 자태 볼 수 없어	艷質無由見
차가운 이불 가까이 할 수 없네.	寒衾不可親
기나긴 밤 어찌 견디랴	河堪最長夜
홀로 잠드는 신세.	俱作獨眠人

「기상령寄湘靈 — 상령에게」

눈물은 추위에 얼어붙어 흐르지도 않고	淚眼凌寒凍不流
높은 곳 지날 때마다 고개 돌려 바라보겠지.	每經高處卽回頭
헤어지고 서쪽 누각에 홀로 올라	遙知別後西樓上
난간에 기대어 수심에 젖어 있겠지.	應凭欄干獨自愁

양귀비의 사랑을 노래한 대표 작가

백거이는 서른다섯에 주질현위周屋縣尉에 임명되었다. 주질현은 장안에서 130리 떨어진 곳으로 지금으로 말하면 수도권 지역이었으나 백성의 살림은 빈곤했다. 다음 시는 그가 현위로 부임한 후 백성의 비참한 생활상을 보고 쓴 것으로 그의 유교적 애민愛民 사상을 엿볼 수 있다. 일 년 내내 고생했으나 가혹한 세금 수탈로 굶주리고 고통받는 백성의 삶을 사실적으로 묘사하고, 조정의 녹을 받는 관리로서의 부끄러움과 자신의 한계를 솔직하게 적고 있다.

「관예맥觀刈麥 − 보리 베는 것을 보고」

농가에 한가한 달 드물지만	田家少閑月
오월은 사람들이 곱절로 바쁘다.	五月人倍忙
밤이 오면 남풍 불어오고	夜來南風起
밭 덮은 보리는 황금빛이네.	小麥覆隴黃
시어미와 며느리는 음식을 이고	婦姑荷簞食
아이는 장 담긴 병을 들고	童稚攜壺漿
함께 와서 밭으로 새참을 나르니	相隨餉田去
사내들 남쪽 언덕에 앉아 있다.	丁壯在南岡
발을 찌는 뜨거운 흙의 열기	足蒸暑土氣
등을 태우는 불꽃같은 햇빛	背灼炎天光
지쳐서 더운 줄도 모르고	力盡不知熱
긴 여름날을 아쉬워한다.	但惜夏日長
또 가난한 아낙네	復有貧婦人

아이 업고 그 곁에 서서	抱子在其傍
오른손은 떨어진 이삭 줍고	右手秉遺穗
왼팔은 헌 광주리 걸쳐 들었다.	左臂懸弊筐
그들 서로 나누는 말 들으니	聽其相顧言
듣는 사람 마음 슬퍼지네.	聞者爲悲傷
전답은 세금으로 다 날리고	家田輸稅盡
이런 것 주워서 주린 창자 채운다네.	拾此充飢腸
지금 나는 무슨 공덕 있다고	今我何功德
농사도 양잠도 하지 않았는데	曾不事農桑
관리 봉록이 삼백 석인가.	吏祿三百石
해가 다 가도 식량 남았으니	歲晏有餘糧
이것 생각하면 스스로 부끄러워	念此私自媿
종일토록 잊을 수가 없구나.	盡日不能忘

　백거이는 병무나 형벌을 관장하는 현위縣尉직이 싫었지만, 이제 막 걷기 시작한 벼슬길을 그만둘 수도 없는 노릇이었다. 그래서 그는 전량錢糧을 내지 못하는 백성을 잡는 일 따위의 명령이 내려지면 자주 아프다는 핑계를 대고 일을 나가지 않았다. 현령은 그런 백거이가 못마땅했지만 알고도 모른 척했다. 이는 순전히 백거이의 '서울 인맥' 때문이었던 것 같다. 친구 원진이 조정에서 좌습유로 있었고 백거이가 하급 관리이긴 하지만 명색이 진사인지라 함부로 대하지 못했던 것이다.

　「장한가長恨歌」는 백거이가 주질현위로 재직 중이었던 806년 12

월 왕질부王質夫, 진홍陳鴻과 함께 선유사仙遊寺에 놀러갔을 때 지은 것이다. 진홍의 기록에 따르면 왕질부가 「장한가」를 낳게 한 숨은 공신이다. 당시 술을 마시며 이런 저런 얘기를 나누던 중 왕질부가 백거이에 말했다고 한다.

"현종과 양옥환의 비극적 사랑 이야기만큼 좋은 소재도 없다네. 글로 남겨놓지 않으면 후대에 전할 길이 없을 테니, 낙천 자네가 둘의 이야기를 시로 써보는 게 어떻겠는가? 자네는 사랑도 해봤으니 누구보다 잘 쓰지 않겠나?"

이렇게 백거이가 왕질부의 제안을 받아들여 쓴 장편 서사시 「장한가」는 「비파행」과 함께 그의 대표작으로 꼽힌다. 한 무제와 경국지색의 주인공 이부인의 이야기를 빌려온 「장한가」는 당과 송의 전기문학, 원과 명의 잡극, 청의 희곡, 소설 등에도 많은 영향을 주었다. 또 진홍은 백거이의 권유로 시 「장한가」를 이야기체로 바꾼 전기소설 『장한가전』을 썼다.

양옥환은 열일곱에 현종의 아들인 수왕壽王 이모李瑁와 결혼했다. 그러니까 양옥환은 현종의 '며느리'에서 '부인'으로 파격적 신분 변신을 한 셈이었다. 황제라지만 환갑의 나이에 며느리를 후궁으로 들이는 것이 드러낼 만큼 떳떳한 일은 아니었던지라 현종은 관리들의 눈을 피할 방법을 생각했다. 현종은 양옥환을 여도사女道士로 둔갑시켜 태진太眞이라는 호를 내리고 궁 안에 도교사원 태진궁을 지어 그녀를 불러들였다. 태진궁은 이름만 도교사원이었지 사실상 시아버지와 며느리가 밀회를 나누는 장소였다. 양옥환은 스물일곱에 정식으로 귀비에 책봉되었다. 양귀비는 개원 28년에 입궁해서 천보 14년

안사의 난으로 죽기까지 10년 넘게 현종의 사랑을 독차지하며 실질적인 황후 노릇을 했다.

「장한가」는 내용상 크게 네 단락으로 이루어져 있다. 첫째 단락에서는 황제 현종과 귀비 양옥환이 만나는 과정과 지극한 총애를, 둘째 단락에서는 안록산의 난으로 양귀비가 죽임을 당하는 비극을, 셋째 단락에서는 난이 평정되고 장안으로 돌아와 양귀비를 잊지 못하고 그리워하는 현종의 쓸쓸한 심사를, 마지막 단락에서는 현종과 양옥환의 못다 이룬 사랑의 한을 묘사했다. 사랑하는 여인을 안을 수 없었던 자신의 가슴 아픈 기억 때문이었을까. 백거이는 시아버지와 며느리의 패륜적 사랑을 곡진한 어조로 동정을 가득 담아 노래하고 있다.

「장한가長恨歌」

한나라 황제 여색을 탐해 경국지색 구했으나	漢皇重色思傾國
천하 다스린 지 여러 해 지나도록 찾지 못했네.	御宇多年求不得
양 씨 집안의 딸 이제 막 장성했으나	楊家有女初長成
깊은 규중에 있어 사람들 알지 못했네.	養在深閨人未識
타고난 미모는 묻히기 어려우니	天生麗質難自棄
하루아침에 뽑혀 황제 곁에 있게 되었다네.	一朝選在君王側
고개 돌리고 한 번 웃으면 온갖 교태 가득하니	回眸一笑百媚生
육궁의 미인들 얼굴빛을 잃었다네.	六宮粉黛無顏色
이른 봄 화청지에서 목욕하는데	春寒賜浴華淸池
온천수로 부드러운 살결 씻어내네.	溫泉水滑洗凝脂

곱고 유약한 몸 시녀들 부축해 일으키니　　　　侍兒扶起嬌無力
바로 황제의 은택 처음 받던 날이었네.　　　　始是新承恩澤時
……

봄밤 너무 짧아 해가 중천에 떠야 일어나니　　　春宵苦短日高起
이때부터 황제 조회에 나가지 않았다네.　　　　從此君王不早朝
……

어양의 북소리가 땅을 뒤흔드니　　　　　　　漁陽鼙鼓動地来
놀라움에 황실의 「예상우의곡」도 멈추었네.　　驚破霓裳羽衣曲
……

천자의 깃발 흔들흔들 가다 서다 하니　　　　翠華搖搖行復止
장안성 서문 빠져나와 백여 리 갔다네.　　　　西出都門百餘里
황군이 움직이지 않으니 어찌하리요　　　　　六軍不發無奈何
아름다운 사람 말 앞에서 죽는데　　　　　　宛轉蛾眉馬前死
꽃비녀 땅에 떨어져도 줍는 이 없고　　　　　花鈿委地無人收
취교 금작 옥소두도 버려졌네.　　　　　　　翠翹金雀玉搔頭
황제는 얼굴 가렸을 뿐 구하지 못하고　　　　君王掩面救不得
돌아보며 피눈물만 흘리네.　　　　　　　　回看血淚相和流
……

돌아오니 연못과 동산은 옛날 그대로고　　　　歸來池苑皆依舊
태액의 부용, 미앙궁의 버드나무도 여전하네.　太液芙蓉未央柳
연꽃은 임의 얼굴 버들잎은 당신의 눈썹　　　芙蓉如面柳如眉
이를 보고 어찌 눈물 흘리지 않으리.　　　　對此如何不淚垂
봄바람 부니 복숭아꽃 오얏꽃 피는 시절이요　春風桃李花開日

가을비 내리니 오동잎 나리는 때로다.	秋雨梧桐葉落時
서궁 남쪽 안에는 가을 풀 우거지고	西宮南內多秋草
낙엽이 섬돌에 붉게 쌓여도 쓸지 않는다네.	落葉滿階紅不掃
......	
저녁 궁전에 반딧불 날면 쓸쓸한 생각뿐	夕殿螢飛思悄然
외로운 등불 심지 돋우느라 잠 못 이루네.	孤燈挑盡未成眠
......	
원앙새 기와에 찬 서리꽃 짙게 피고	鴛鴦瓦冷霜華重
비취색 이불 차가운데 뉘와 함께할까나.	翡翠衾寒誰與共
머나먼 삶과 죽음의 이별은 벌써 여러 해	悠悠生死別經年
혼백은 꿈에서조차 찾아오지 않는구나.	魂魄不曾來入夢
......	

여기서 생략된 부분은 양옥환를 잊지 못해 불면의 밤을 보내는 현종을 위해 임공현臨邛縣 출신 도사가 그녀의 혼백을 찾으러 가는 장면과, 죽어서 선녀가 된 양귀비가 황제의 사신이 왔다는 소식에 놀라는 모습이 묘사되어 있다.

한나라 천자의 사신 왔다는 말 전해 듣고	聞道漢家天子使
아홉 겹 꽃 휘장 안 잠에서 놀라 깼네.	九華帳裏夢魂驚
옷자락 끌고 베개 밀어놓고 일어나 서성이는데	攬衣推枕起徘徊
주렴과 은병풍 연이어 열리네.	珠箔銀屛迤邐開
구름 같은 머리 비스듬히 이제 막 잠이 깬 듯	雲鬢半偏新睡覺

화관도 제대로 다듬지 못하고 내려오네.	花冠不整下堂來
바람 불어 선녀의 소맷자락 한들거리니	風吹仙袂飄飄擧
「예상우의곡」을 추는 듯하네.	猶似霓裳羽衣舞
옥 같은 얼굴에 슬픈 눈물 드리우니	玉容寂寞淚闌干
배나무 꽃가지 봄비를 머금은 듯.	梨花一枝春帶雨
정에 사무친 눈빛으로 황제에게 문안의 말 전하는데	含情凝睇謝君王
헤어진 후 임의 목소리와 얼굴 아득하기만 하고	一別音容兩渺茫
소양전에서의 은총 끊어지니	昭陽殿裏恩愛絶
봉래궁의 시간은 길고 지루하기만 하옵니다.	蓬萊宮中日月長
……	
떠나려 함에 간곡한 부탁의 말 거듭 전하니	臨別殷勤重寄詞
말 속에 서약 있으니 두 마음은 알리라.	詞中有誓兩心知
칠월칠석 장생전에서	七月七日長生殿
아무도 없던 깊은 밤 은밀하게 나눈 말	夜半無人私語時
하늘에서는 비익조 되기 원하고	在天願作比翼鳥
땅에서는 연리지 되기를 원했다네.	在地願爲連理枝
영원한 하늘과 땅도 언젠가는 다할 것이지만	天長地久有時盡
이들의 한은 끝없이 계속되리라.	此恨綿綿無絶期

불의를 폭로하다

원화 3년 809년, 백거이는 한림학사로 임명되어 장안으로 갔다. 미관말직에 불과했던 지방의 현위에서, 하루아침에 조정에서 황제의 일을 돕게 된 것이다. 한림학사는 정무와는 거리가 있는 직책이었지만 백거이가 정치적 포부를 펼칠 수 있는 발판을 마련해줄 수 있는 자리였다. 같은 해 백거이는 다시 좌습유에 임명되어 한림학사와 겸직했다. 좌습유는 높은 벼슬은 아니었지만 황제의 정책 결정이나 언행에 대해 시시비비를 간언할 수 있는 권한을 가진 자리였다. 경사가 한꺼번에 오면 겁이 나는 게 사람의 마음인지라 백거이는 '좌습유 자리에 앉고 열흘이 되었는데 밥을 먹어도 맛을 모르겠고 잠을 청할 여유도 생기지 않는다. 분골쇄신하여 황제의 은혜에 보답코자 하나 그럴 기회를 얻지 못하고 있다'고 말하고 있다. 그도 그럴 것이 백거이는 먼저 좌습유를 했던 친구 원진이 권신權臣에게 밉보여 내쫓김을 당한 사정을 익히 알고 있던 터라 임명이 기쁘면서도 한편으론 긴장이 되었던 것이다. 백거이는 좌습유로 3년을 일하며 맡은 직책을 성실하게 수행했다. 좌습유 자리에 석 달을 앉아 있다 방관 사건으로 숙종의 미움을 사서 내침을 당한 두보와 비교하면 아주 양호한 성적이다.

백거이가 좌습유에 임명되고 얼마 후 지방의 군대를 관할하는 진영장鎭營將 출신 왕악王鍔이라는 자가 전공을 세워 장안으로 오게 되었다. 그는 광주 자사도 겸직했는데 상인들을 협박해 재물을 갈취하고 세금 징수라는 명목으로 토지를 수탈해 많은 금품을 착복했다. 그는 막대한 재산으로 장안에 대저택을 짓고 지하에 굴을 파고 금은보화를 숨겨놓았다. 왕악은 또 멀리 광주에서 장안에 있는 아들을 시켜 매일 연회를 열어 조정의 관리들에게 베풀도록 했다. 관리들은 공짜 술과 금전 공세에 입이 벌어져 왕악 부자를 추켜세웠다. 이렇게 왕악의 이름은 황제의 귀에까지 들어가게 되었다. 왕악이 거액의 돈을 주고 명성을 산 목적은 하나, 일인지하一人之下 만인지상萬人之上의 승상 자리에 앉는 것이었다. 일찍부터 왕악 부자의 일거일동을 관찰해 온 백거이는 그들의 위험한 게임에 제동을 걸기로 결심했다. 종8품의 관리가 '돈 많고 백 있는' 종3품의 고관과 맞서는 것은 쉽지 않은 일이었다. 잘못했다가는 외려 험한 꼴이나 당하기 십상이니 그만두라는 친구의 만류에도 백거이는 헌종憲宗에게 상소문을 올려 왕악의 일을 알렸다.

"소신이 듣기로 왕악이라는 자가 재상이 되려고 한다는데 그 까닭을 몰라 의논을 드리려 합니다. 소신이 알기로 무릇 재상은 조정 백관에서 가장 높은 자리로 많은 이들이 우러러봅니다. 그러기에 명망이 맑고 높으며 나라에 큰 공을 세운 자라야 수여할 수 있는 관직입니다. 명망도 높지 않고 공적도 없는 왕악이 재상의 자리에 앉는 것은 불가한 일인 줄로 아옵니다. …… 엎드려 바라옵건대 성상께서는 어리석은 소신의 뜻을 살펴주시옵소서. 삼가 상주문을 올립니다."

종8품이 황제에게 감히 의논하고자 상주문을 올렸다는 것은 좌습유가 이름만 있는 허직虛職이 아니었음을 설명한다. 백거이의 간언諫言으로 왕악의 재상 임명건은 6년 동안 보류되었다. 그러나 이 일로 백거이는 '친 왕악계' 조정 관료들한테 미움을 사고 말았고, 그 후로 그의 관료 생활도 순탄치만은 않았다.

백거이는 좌습유에 임명되던 그해 당시로는 다소 늦은 서른일곱의 나이에 부인 양 씨와 결혼했다. 부인 양 씨는 친구인 양여사楊汝士의 사촌 동생으로, 양 씨 집을 드나들며 자연스럽게 가까워지게 되었다. 시 「장한가」를 쓴 이력으로도 알 수 있듯이 백거이는 다정다감한 애처가형 남자였다. 첫사랑의 아픔을 털어버리려는 듯이 그는 부인 양 씨를 깍듯하게 대했으며 깊이 사랑했다. 백거이는 아내에게 바치는 시도 여러 편 썼는데, 「증내」는 앞으로 함께 할 시간에 대한 약속과 부유하지는 않지만 소박한 행복을 추구하며 살자는 바람을 담고 있다. 청렴한 관료로 살겠다는 다짐과 안빈낙도의 가치관도 엿볼 수 있는 시다.

「증내贈內 – 아내에게 바침」

살아서는 한 방에서 사랑하고	生爲同室親
죽어서는 한 무덤의 먼지 되리라.	死爲同穴塵
남들도 서로 사랑하고 노력하거늘	他人尙想勉
나와 그대는 더할 나위 없을 거요.	而况我與君
검루는 가난한 선비였지만	黔婁固窮士
어진 아내는 그의 가난함을 잊었고,	妻賢忘其貧
기결은 한낱 농부였으나	冀缺一農夫
아내는 그를 손님처럼 공경했으며,	妻敬儼如賓
도연명은 생계도 책임을 못 졌으나	陶潛不營生
부인 적씨는 스스로 살림을 꾸렸고,	翟氏自爨薪
양홍은 벼슬을 물리쳤으나	梁鴻不肯仕
아내 맹광은 베옷에 만족하였소.	孟光甘布裙
당신 비록 글은 읽지 못해도	君雖不讀書
이런 이야기는 들어 알고 있겠지요.	此事耳亦聞

당신 집안에 내려오는 가르침에도　　　　　　　　　　君家有貽訓

청렴결백을 자손에게 전하라 하였다지요.　　　　　　淸白遺子孫

나 또한 고지식한 선비로　　　　　　　　　　　　　我亦貞苦士

그대와 결혼하여 부부가 되었으니　　　　　　　　　與君新結婚

바라건대, 가난과 소박함을 지키며　　　　　　　　　庶保貧與素

함께 늙어가는 기쁨을 누리고 싶소.　　　　　　　　偕老同欣欣

당대 최고의 실천 문인

　백거이가 활동했던 시기의 통치자는 헌종 이순李純이었다. 그는 당의 제11대 황제로 중당 시기의 황제들 중 재위 기간(805년~820년)이 가장 길었다. 헌종은 당 제국의 중흥을 위해 야심찬 정책을 폈으나, 밖으로는 번진藩鎭(절도사를 최고 권력자로 하는 지방의 지배 체제―역자 주) 절도사에게 안으로는 환관宦官들에게 휘둘림을 당한 불운의 황제였다. 앞선 현종의 말년의 실정과 안사의 난으로 당 제국은 원기를 상실하면서 황실의 권한은 점점 약해지고 있었다. 황권의 약화는 바로 번진 절도사의 세력 강화라는 결과를 낳았다. 절도사는 군대를 장악하고 막대한 사유재산을 형성하면서 조정에 대항하기 시작했다. 헌종은 즉위하면서 강경책을 시행해 한때 절도사의 세력을 눌렀으나 얼마 가지 못했다.

　원화元和 4년, 성덕成德(지금의 하북성 정정正定 일대) 절도사 왕사정王士貞이 죽자, 왕승종王承宗이 아버지의 '바통'을 물려받으려고 장군들에게 조정에 상서를 올리도록 했다. 왕승종이 쓴 방법은 사실 이미 오래 전부터 번진에서 중앙을 압박해 인사권을 받아내는 수단으로 통용되어 왔던 것이다. 헌종은 번진의 동정을 살피는 한편 군대를 움직일 준비를 했다. 조정의 분위기를 알아챈 왕승종이 먼저 인사권 비준을 조건으로 번진에 속한 두 개의 주를 중앙에 귀속시킨다는 내용의 '강화'를 요청해 왔다. 헌종은 일단 왕승종의 손을 들어주었다. 백거이는 황제의 명을 받들어 분쟁을 만들지 말고 백성을 편안하게 살도록 하라는 조서를 작성했다. 왕승종은 자신의 뜻대로 성덕 절도사의 자리에 앉았다. 조정은 왕승종이 내놓은 두 개의 주에 새로운 자사를 임명했다. 그러나 왕승종이 당초의 약속을 어기고 주관州官을 인질로 잡아 두자, 크게 노한 헌종은 사로대군四路大軍을 소집해 성덕 정벌을 명했다. 문제는 절도사 네 명이 각각 사로대군을 다스리는 상황에서 병마총수兵馬總帥의 자리에 누구를 앉히느냐였다. 번진의 반란을 토벌한답시고 오히려 절도사의 힘만 더 키워주는 꼴이 될 수 있기 때문이었다. 또 한 명의 왕승종이 나오지 않으리라는 법이 없었다. 헌종은 심복인 환관 토돌승최吐突承崔를 북벌군 총사령인 제장도총制將都總에 임명해 왕승종 토벌을 명했다. 황제의 명령이 떨어지자 조정 백관들은 군사軍事에 대해 전혀 아는 바가 없는 이족異族 환관에게 황실의 군대를 맡기는 것은 말도 안 되는 일이라며 반대하고 나섰고, 백거이도 상주문을 올려 간언을 했다. 환관 토돌승최는 출정을 했고, 천자의 대군과 왕승종의 군대는 반 년 넘게 싸웠지만 승부가 나지 않았다. 소의昭義(지금의 광서성) 절도사 노종의盧從義마저 왕승종 편에 서자, 황제의 체면은 말이 아니었다. 황실과 조정에 자신의 힘을 과시한 왕승종은 신하의 예로 받들어 모시겠다는 상서를 올렸다.

결국 2년을 싸웠지만 헌종은 아무런 소득도 얻지 못하고 왕승종의 승리로 끝났다. 절도사의 자리도, 중앙에 귀속시키겠다는 두 개의 주도 그대로 다시 왕승종의 차지가 되고 말았다.

간관으로서 부정부패와 사회의 부조리를 고발하는 시를 많이 썼던 백거이는 신악부新樂府 운동을 제창하기도 했다. 문학의 사회적 역할에 주목한 신악부 운동은 『시경』의 민중성과 현실주의를 계승했는데, 백거이와 함께 이 운동을 주도한 원진과 장적張籍 등은 현실을 고발하거나 정치를 풍자하는 시를 많이 창작했다. 백거이는 신악부 50수 서문에서 '자고로 문학이란 임금과 신하, 백성, 만물을 위해 봉사해야 하며, 문자의 유희를 위해 존재하는 것이 아니다'라고 운동의 정신을 밝혔다.

신악부 50수에는 황제에게 올바른 정치의 중요성을 일깨우는 시들도 많이 있는데, 「해만만」은 장생불사를 꿈꾸며 국고를 낭비한 진시황과 한 무제의 실정을 풍자했다. 신선 사상에 빠져 백성의 노동력을 수탈하고 혈세를 날리는 일은 당조의 제왕들도 마찬가지였다. 신선에서 불교로 바뀌었을 뿐 헌종도 사찰을 건축하고 불교 행사를 벌이는 일에 백성을 동원했다. 이로 인해 많은 수의 승려와 도사들이 조정의 돈으로 먹고 마시며 부유한 생활을 했다. 형식과 수사에 치중하는 변려문駢儷文에 반대하며 선진先秦·양한兩漢 시대의 문장 형식과 내용의 전통을 회복하자는 고문운동을 주도한 한유韓愈는 불교에 빠진 헌종에게 간언을 했다가 사형에 처할 위기까지 겪기도 했다. 이와 같은 환경에서 간언을 하고 풍유시諷諭詩를 쓴다는 것은 개인적 리스크가 큰 일이었다.

「해만만海漫漫」

가없이 넓은 바다	海漫漫
깊이도 없고 끝도 없네.	直下無底旁無邊
구름의 파도 안개의 물결 가장 깊은 곳	雲濤煙浪最深處
사람들은 그곳에 삼신산이 있다 하네.	人傳中有三神山
산에 있는 장생불사 약	山上多生不死藥
먹으면 날개 돋아 하늘 나는 신선 된다 하네.	服之羽化爲天仙
진시황 한 무제 이 말을 믿고	秦皇漢武信此語
해마다 방사에게 약 캐오라 보냈다지.	方士年年采藥去

......

| 바다는 끝이 없고 바람은 몰아치는데 | 海漫漫風浩浩 |
| 눈 뚫어져라 봐도 봉래섬은 보이지 않네. | 眼穿不見蓬萊島 |

......

그대는 보시오	君看
여산의 진시황과 무릉의 한 무제 무덤을	驪山頂上茂陵頭
결국은 슬픈 바람이 덩굴 흔들지 않나.	畢竟悲風吹蔓草
하물며	何況
현원성조 노자의 도덕경에는	玄元聖祖五千言
장생불사 약과 신선을 말한 적 없으니	不言藥不言仙
백일승천의 말은 더욱 하지 않았다네.	不言白日昇靑天

「상양인」의 서문을 보면 '평생을 외롭게 지낸 궁녀에 대한 연민의

마음을 담아 쓴 시다. 천보 5년 후 양귀비가 현종의 총애를 독차지하고 다른 후궁을 가까이하지 못하게 하고 황궁으로 뽑혀 들어온 예쁜 궁녀를 다른 곳에 보내 가뒀는데 상양궁도 그런 곳 중의 하나였다'라고 기록되어 있다. 백거이는 헌종에게 상소문 「청간방후궁인장請諫放後宮人奬」을 올려 나이 많고 성은을 입을 가능성이 없는 궁녀들을 민간에 돌려보내라는 간언을 했다. 헌종은 백거이의 간언을 받아들여 장안과 낙양에 있는 궁녀들을 일부 돌려보냈다. 일단 입궁한 궁녀는 다시 민간으로 돌아갈 수 없다는 황실의 원칙을 깬 파격적 단행이었던 만큼, 일은 조용히 진행되었다. 「상양인」은 여성의 시각에서 궁녀의 문제를 바라본 시로, 후궁 제도의 반여성성을 풍간諷諫하고 있다.

「상양인上陽人」

상양궁의 궁녀여	上陽人上陽人
홍안은 이미 늙고 백발만 새로워	紅顏暗老白髮新
푸른 옷의 궁지기가 궁문을 지킨다.	綠衣監使守宮門
상양궁에 갇힌 세월 그 얼마이던가	一閉上陽多少春
현종 말년에 처음 뽑혀	玄宗末歲初選入
열여섯에 입궐하여 지금은 육십이라.	入時十六今六十
같은 때, 뽑힌 궁녀 백여 명이었으나	同時采擇百餘人
시들고 늙어 죽어 이 몸만 남았구나.	零落年深殘此身
지난 슬픔 삼키며 친척과 이별할 때	憶昔吞悲別親族
수레에 오르는 나를 잡아주며 울음 달래며	扶入車中不敎哭

입궐하면 임금의 총애 받으리라 사람들은 말했다.	皆云入內便承恩
얼굴은 부용 같고, 젖가슴 옥과 같았는데	臉似芙蓉胸似玉
미처 황제의 눈에 들기도 전에	未容君王得見面
이미 양귀비의 눈 흘김 질투를 받았다.	已被楊妃遙側目
그녀의 질투로 상양궁에 갇히어서	妒令潛配上陽宮
일생을 독수공방으로 지냈었다.	一生遂向空房宿

꾀꼬리와 제비가 돌아가니, 오래도록 외로웠고	鶯歸燕去長悄然
봄 가고 가을 와도 세월을 기억 못하였다.	春往秋來不記年
오직 깊은 궁궐에서 밝은 달만 바라보며	唯向深宮望明月
보름달 뜨고 지고, 사오백 번은 되었었다.	東西四五百廻圓

「신풍절비옹」은 징병을 면하기 위해 스스로 자신의 팔을 못 쓰게 만든 노인의 입을 통해, 영토 확장의 야망으로 무모한 전쟁을 일으키고 그 고통은 고스란히 백성의 몫이 되는 현실을 고발한 시다. 신풍은 지금의 섬서성 임동현臨潼縣에 속한 곳이다.

「신풍절비옹新豊折臂翁 ─ 신풍의 팔 부러진 노인」

신풍의 여든여덟 된 노인	新豊老翁八十八
머리카락 눈썹 수염 모두 눈같이 희다.	頭鬢眉須皆似雪
현손이 부축해 점포 앞으로 가는데	玄孫扶向店前行
왼팔은 어깨에 있으나 오른팔은 없다.	左臂憑肩右臂折

마을에 울음소리 애처로우니	村南村北哭聲哀
아들은 부모와 작별하고 남편은 아내와 헤어지네.	兒別爺孃夫別妻
예전부터 남쪽으로 출정나간 사람은	皆云前後征蠻者
천만 명 중 한 명도 돌아오지 못했다 하오.	千萬人行無一回
그때 내 나이 스물 넷	是時翁年二十四
병부 명단에 이름 있어	兵部牒中有名字
깊은 밤 아무에게도 알리지 않고	夜深不敢使人知
몰래 큰 돌로 팔을 쳐 부러뜨려	偸將大石槌折臂
활을 당기거나 기를 들지 못하게 만들어	張弓簸旗俱不堪
비로소 운남 출정군에서 빠졌다오.	從茲便免征雲南
뼈가 부서지고 근육이 상해 고통스럽지만	骨碎筋傷非不苦
징병에서 면제받아 고향으로 돌아왔오.	且圖揀退歸鄕土
이 팔이 잘려나간 지 60년	此臂折來六十年
팔 한 쪽은 망가졌지만 몸은 성하다오.	一肢雖廢一身全
지금도 비바람 부는 차가운 밤에는	至今風雨陰寒夜
아파서 날 새도록 잠도 못 자오.	直到天明痛不眠
아파서 잠은 못 드나 끝내 후회하지 않소	痛不眠終不悔
늙은 몸이라도 홀로 남아 있음이 기쁠 뿐.	且喜老身今獨在

신악부 제32편인 「매탄옹」은 궁시宮市 때문에 고통받는 백성을 대변한 시다. 궁시는 궁중에서 필요한 물자를 강제로 싼 값에 수매하는 기관으로 주로 환관이 담당했다.

「매탄옹 賣炭翁 − 숯 파는 노인」

숯 파는 노인	賣炭翁
땔감 베어 남산에서 숯을 굽는다.	伐薪燒炭南山中
얼굴은 연기에 그을려 재투성이고	滿面塵灰煙火色
두 귀밑머리는 하얗고 열 손가락은 까맣다.	兩鬢蒼蒼十指黑
숯 팔아 번 돈 어디에 쓰나	賣炭得錢何所營
몸에 걸칠 옷과 입에 풀칠할 식량 사려네.	身上衣裳口中食
딱하게도 몸에 걸친 것은 홑옷뿐이나	可憐身上衣正單
숯 값 내릴까 걱정해 날이 춥길 바라네.	心憂炭賤願天寒
밤새 성 밖에는 눈이 한 자나 내려	夜來城外一尺雪
새벽에 숯 수레 끌고 빙판길 가네.	曉駕炭車輾冰轍
해는 이미 높이 떠 소는 지치고 사람은 허기져	牛困人饑日已高
시장 남문 밖 진흙 구덩이에서 쉬고 있네.	市南門外泥中歇
날 듯 달려오는 두 말 타고 오는 이 누군가?	翩翩兩騎來是誰
황색 옷의 사자와 흰 옷의 시동.	黃衣使者白衫兒
손에 문서 들고 칙령이라 외치면서	手把文書口稱敕
수레 돌려 소를 몰고 북쪽으로 끌고 가네.	回車叱牛牽向北
수레에 가득한 숯은 천 근이 넘지만	一車炭, 千余斤,
궁궐의 사자가 몰고가버리니 아까워도 할 수 없네.	宮使驅將惜不得
붉은 명주 반 필 능라 한 길	半匹紅紗一丈綾
소 머리에 던져 놓고 숯 값이라 하네.	繫向牛頭充炭值

백거이의 신악부 50수는 사회적으로 큰 반향을 불러일으켰다. 예술성과 평민성을 동시에 획득한 신악부는 황실과 조정, 권문호족들을 겨냥한 것들이 대부분이었다. 수탈과 징병으로 운영하는 황실과 조정의 정치에 과연 창생구제가 가능한 것인지 백거이는 묻고 있다. 아래의 시 「도주민道州民」을 보면 사람까지 공납貢納의 대상이 되는 인권 말살의 현실을 통렬하게 비판하고 있다.

「도주민道州民」

도주에는 난쟁이들이 많은데	道州民，多侏儒
키가 큰 사람도 삼 척이 되지 않네.	長者不過三尺餘
관청에서 난쟁이를 매년 공물로 진상하니	市作矮奴年進送
이를 도주 임토공이라 한다네.	號爲道州任土貢
......	

도주는 호남湖南 경내에 있는 곳으로 『구당서』에도 '도주 사람들은 대개가 키가 많이 작아서 매년 집집마다 난쟁이 남자를 공납하니 이를 왜노矮奴(난쟁이 노예)라 불렀다'라고 기록되어 있다. 백거이는 사람이 지방의 특산품으로 둔갑해 사랑하는 손자와 아들을 떠나보내며 눈물 흘리는 노인과 어미의 모습을 보면서 가족을 생이별시키는 공납제도의 잔인함을 고발했다.

백거이는 통치 집단의 사치와 향락이 결국 백성의 노동력에 의존하는 것임을 보고 격분한다. 다음은 시 「홍선담」의 일부다. 선주는 지금의 안휘성 선성宣城으로 당시에 붉은 양탄자가 특산물로 유명했다. 선주 태수 유찬劉贊은 다양한 방법을 동원해 양잠농민의 노동력을 착취해 공납품의 생산량을 늘려 황실과 조정의 환심을 사는 일에 혈안이 되어 있었다.

「홍선담紅線毯 - 붉은 양탄자」

선주의 태수는 아는가 모르는가?	宣州太守知不知?
한 장의 양탄자는 명주실 천 냥이라네	一丈毯, 千兩絲,
땅바닥은 추위를 몰라도 사람은 따뜻해야 하거늘	地不知寒人要暖,
사람 옷 빼앗아 땅 옷 만드는 일일랑 하지 마소	少奪人衣作地衣!

「채시관」은 직접 군왕에게 소리치고 있다.

「채시관采詩官」

임금의 귀는 오직 당상관의 말만 들을 뿐이고	君耳唯聞堂上言
임금의 눈은 대궐 문 앞의 일도 보지 못한다.	君眼不見門前事
탐관오리들은 백성을 해침에 꺼리는 바가 전혀 없고	貪吏害民無所忌
간악한 신하들은 임금을 가리고도 두려움이 전혀 없다.	奸臣蔽君無所畏
임금이시여, 임금이시여, 이 말씀을 들으십시오.	君兮君兮願聽此
막히고 가린 것을 열고 백성의 마음에 이르려면	欲開壅蔽達人情
먼저 백성의 노래와 시에서 풍자를 찾으십시오.	先向歌詩求諷刺

『한서漢書·예문지藝文志』에는 '옛날 주나라에는 채시관이라는 제도가 있었는데 군왕이 풍속을 관찰해 바로 다스리기 위함이었다'라고 기록되어 있다. '말하는 자는 죄가 없으며 다만 듣는 사람에게 경계가 될 뿐이다. 아랫사람의 말을 윗사람이 듣고 따른다면 천하가 태평할 것이다 言者無罪, 聞者誡, 下流上通上下泰'라는 백거이의 말은 채시관 제도의 본뜻을 잘 설명하고 있다.

백거이는 신악부 50수에 이어 진중음秦中吟 10수를 지었다. 역시 조정의 반향은 컸다.

『여원구수與元九書』에는 '진중음을 본 권문세가와 호족들의 얼굴색이 변했다'라고 기록하고 있다.

810년 4월, 백거이는 좌습유 임기가 만료되자 바로 경조부호조참군京兆府戶曹參軍에 제수되었다. 관품官品은 정7품으로 올라가 경조부의 호적과 조세 등 업무를 관장하는 '떡고물이 많은' 자리였지만 백거이한테는 심리적으로 큰 타격이었다. 민중에 대한 깊은 사랑과 바른 정치에 대한 신념으로 처신했지만 결국 헌종의 재신임을 받지 못한 꼴이 되어버렸기 때문이었다.

그 이듬해 어머니가 우물에 빠져 돌아가시자 모친상을 치르기 위해 벼슬에서 물러나 하규下邽로 가서 3년상을 치렀다. 814년, 태자좌찬선대부太子左贊善大夫에 임명되어 다시 장안으로 올라왔다. 태자좌찬선대부는 정치와는 무관한 놀고먹는 한직이었다. 그저 태자나 쫓아다니며 시나 읊조리고 부나 지으면 편안하게 부귀와 영화를 누릴 수 있는 자리니, 어용문인이라면 사실 그만한 벼슬도 없었다. 좌습유와 감찰어사 노릇을 하다가 밉보여 내침을 당한 후 변절하여 성공적으로 조정에 복귀한 원진 같은 인물이라면 달게 받을 자리였다. 원진도 신악부 운동에 동참하고 시를 썼지만, 그는 기본적으로 민중의 정서를 이해하지 못하는 사람이었다. 입장이 모호한 사람은 언제든 개인의 이익을 위해 위치를 바꿀 준비를 하고 있다.

좌천의 시련을 겪다

원화 10년인 815년 여름, 장안에 재상 무원형武元衡이 백주대낮에 암살되는 사건이 터졌다. 누가 죽였는지, 살인 동기는 무엇인지, 조정의 배후가 있는 것은 아닌지 등등, 재상 암살 사건을 두고 장안성은 시끌벅적했고 조정의 분위기도 긴장 국면으로 치달았다. 무원형의 정적政敵은 정적대로 맹우盟友는 맹우대로 사람들의 주목을 받았다. 재상이 죽으니 권력 구조에 변화가 생길 것은 분명했다. 정치적 계산이 빠른 관료들은 그 변화의 움직임을 파악하느라 바쁘게 움직였다.

백거이는 재상이 암살되자 곧장 상소문을 올렸다. 일국의 재상이 백주대낮에 암살된 것은 나라의 수치가 아닐 수 없으니 사건을 철저히 조사해 범인과 막후의 배후자를 색출해야 한다고 호소했다. 그러나 태자좌찬선대부의 신분으로 상소문을 올리는 것은 월권행위라며 오히려 비난을 받았다. 사료에 따르면 당시 무원형의 암살 사건으로 첫 상소문을 올린 사람이 백거이라고 한다. 간관인 좌습유나 어사대부도 입을 열지 않고 있는데 백거이가 먼저 나선 것이다. 관료들은 그런 백거이를 고운 눈으로 바라볼 리 없었다. 신악부니 풍유시니 하면서 황실과 조정의 체면을 구겨놓더니, 이제는 자신의 권한도 아닌 일까지 나서려 한다며 백거이야말로 나라의 질서를 어지럽히는 인물이라며 입을 모아 맹공을 퍼부었다.

결국 백거이는 상소문 하나 때문에 강주사마江州司馬로 좌천되는 수모를 겪었다. 이때 그의 나이 마흔넷이었다. 다음 시는 강주의 사마 관사官舍를 노래한 것인데 좌천 후의 서러운 심경을 늦가을의 풍경에 담아냈다.

「사마택司馬宅」

비 내리니 오솔길에 푸른 풀 우뚝우뚝	雨徑綠蕪合
서리 지나니 뜰 안에 붉은 낙엽 우수수	霜園紅葉多
사마 씨 저택은 적막하고 쓸쓸하여라.	蕭條司馬宅
집문 앞 길 다니는 이 하나 없고	門巷無人過
보이는 것은 오직 큰 강물뿐	唯對大江水
아침저녁 불어오는 가을바람에 물결만 출렁.	秋風朝夕波

「방도공구택」은 심양에 있는 도연명의 옛 집을 방문한 후 느낀 소회를 적은 시다. 시의 서문에는 '산뽕나무와 밤나무 길 지나 그 사람 생각하며 그 집을 갔다. 묵묵히 있을 수 없어 이 시를 지었다'라고 적혀 있다.

「**방도공구택**訪陶公舊宅 — 도연명의 옛 집에 와서」

그대 죽고 내가 태어났으니　　　　　　　　我生君之後

오백 년의 거리 있네요.　　　　　　　　　相去五百年

오류선생전 읽을 때마다　　　　　　　　　每讀五柳傳

곡진한 마음 됩니다.　　　　　　　　　　目想心拳拳

술 있는 항아리 바라지 않고　　　　　　　不慕樽有酒

줄 없는 거문고 바라지 않으나　　　　　　不慕琴無弦

그대 남기신 깊은 뜻 닮고 싶어라.　　　　慕君遺容利

이 언덕에서 늙어 죽었구나　　　　　　　老死此丘園

도씨 성 가진 사람 만날 때마다　　　　　每逢姓陶人

내 마음 의연해지네.　　　　　　　　　使我心依然

「감정」은 백거이가 강주사마로 좌천되었을 때 지은 시이니 부인 양 씨와 결혼하고 여덟 해가 지나고 쓴 것이다. 가만히만 있었으면 장안에서 안락하고 풍족한 생활을 누릴 수 있었을 것을, 오지랖 넓은 남편 때문에 먼 길을 떠나온 양 씨는 백거이에게 자주 불만을 터뜨렸다. 백거이는 백거이대로 그렇지않아도 심란한데 부인마저 냉랭한 표정이니 옛 사랑이 그리웠던 모양이다.

「감정感情」

뜰에 나와 옷과 장신구 말리는데   中庭曬服玩

고향서 가져온 신발이 보이네.   忽見故鄕履

그 옛날 내게 선물준 이 누구였더라   昔贈我者誰

동쪽 이웃집 어여쁜 계집아이였지   東鄰嬋娟子

건네며 내게 했던 말 생각이 나네.   因思贈時語

"특별히 맺은 인연 처음과 끝 같이 하며   特用結終始

이 들메끈처럼 영원히   永願如履綦

함께 걷고 함께 멈춰요."   雙行復雙止

나는 강주로 귀양 오면서   自吾謫江郡

삼천 리 길을 떠돌았다네.   漂蕩三千里

사랑하는 그대 생각하며   爲感長情人

신발을 여기까지 가지고 왔지.   提攜同到此

오늘 아침 밀려오는 서글픔에   今朝一惆悵

하염없이 보고 또 보고.   反覆看未已

사람은 혼자거늘 신발만 짝 있구나   人隻履猶雙

언제는 함께 한 적 있었던가   何曾得相似

그저 슬프고 또 슬플 뿐.   可嗟復可惜

자수가 아름답던 비단꽃신   錦表繡爲裏

긴 장맛비 지나고 나니   況經梅雨來

색은 빛을 잃고 무늬는 사라져버렸네.   色黯花草死

「비파행」은 816년 백거이가 강주사마로 있을 때 쓴 것으로 「장한가」와 함께 가장 사랑받는 시다. '행'은 악부의 제명을 가리키는 말이다. 백거이는 '손님을 배웅하기 위해 나온 강가에서 비파 타는 소리를 들었는데, 그 가락이 장안의 음이라 궁금한 마음에 소리를 따라가 보았다. 비파를 연주하던 사람은 장안의 기생이었다. 그녀는 늙고 시들어 장사꾼의 아낙네가 되어 강주까지 오게 되었다며 자신의 초라한 신세를 털어놓으니, 나 또한 귀양살이의 서러움이 새삼 가슴을 치고 올라왔다. 그녀를 위로하는 뜻으로 「비파행」을 지어 바치고자 했다.'고 서문에 시를 쓰게 된 동기를 밝히고 있다.

「비파행琵琶行」

(1)

심양강 어귀에서 밤에 손님 보내니	潯陽江頭夜送客
단풍잎 갈대꽃에 가을이 쓸쓸하다.	楓葉荻花秋瑟瑟
주인은 말에서 내려오고 손님은 배 안에 있고	主人下馬客在船
잔 들어 이별주 마시려 하나 음악이 없네.	擧酒欲飮無管弦
취해도 흥겨움 없고 이별만이 슬프고	醉不成歡慘將別
헤어질 때 망망한 강에는 달이 물에 잠겼어라.	別時茫茫江浸月
문득 강물 위로 비파소리 들려오니	忽聞水上琵琶聲
주인은 돌아가는 것 잊었고 손님은 떠나지를 못하네.	主人忘歸客不發
소리 찾아 비파 타는 이 누구인가 물었으나	尋聲暗問彈者誰
비파 소리 그치고 말할까 머뭇거리네.	琵琶聲停欲語遲

배를 옮겨 가까이 가 서로 얼굴 보자 청하며 　移船相近邀相見

술 더하고 등불 돌려 다시 주연을 베푸네. 　添酒回燈重開宴

천 번 만 번 불러 비로소 나오니 　千呼萬喚始出來

여전히 비파 안고 얼굴은 반을 가렸더라. 　猶抱琵琶半遮面

(2)

축을 돌려 두세 번 줄 퉁기니 　轉軸撥弦三兩聲

가락 타기도 전에 벌써 정이 흐르네. 　未成曲調先有情

타는 줄마다 그 소리가 유정하니 　弦弦掩抑聲聲思

평생의 불우함을 호소하는 듯하네. 　似訴平生不得志

고개 숙이고 손 가는 대로 계속 연주하니 　低眉信手續續彈

가슴에 맺힌 무한한 사정을 다 말하는 듯하네. 　說盡心中無限事

가볍게 눌렀다 살짝 비틀고 다시 퉁기며 　輕攏慢捻抹復挑

처음은 「예상우의곡」 이어서 「육요」를 연주한다. 　初爲霓裳后六么

큰 줄은 후드득 소나기 듣는 듯하고 　大弦嘈嘈如急雨

작은 줄은 절절하여 은밀한 말 속삭이는 듯하네. 　小弦切切如私語

큰 소리 작은 소리 엇섞어 줄을 타니 　嘈嘈切切錯雜彈

크고 작은 구슬이 옥반에서 구르는 듯하네. 　大珠小珠落玉盤

찬물이 얼어붙은 듯 비파줄 잠시 멈추니 　冰泉冷澀絃凝絶

멈추는 그대로 소리 내지 않으니 숨죽인 듯하네. 　凝絶不通聲漸歇

깊은 슬픔과 원한 새삼 솟아오르니 　別有幽愁暗恨生

소리 없음이 있음보다 더욱 애절하여라. 　此時無聲勝有聲

(3)

스스로 하는 말이 본래 서울 여자로	自言本是京城女
하마릉 아래 살았다 하네.	家在蝦蟆陵下住
열셋에 비파를 배워	十三學得琵琶成
교방에서 제일이었고	名屬敎坊第一部
곡조를 끝내면 일류 악사들 탄복하고	曲罷曾敎善才服
화장하면 아름다운 기녀들도 질투했지요.	妝成每被秋娘妒
오릉의 젊은이 다투어 추파 던지니	五陵年少爭纏頭
한 곡조마다 붉은 비단이라 다 헤아리지 못했지요.	一曲紅綃不知數
금비녀와 은빗 가락 치다 부서지고	鈿頭銀篦擊節碎
핏빛 비단 치마 술 쏟아 얼룩졌지요.	血色羅裙翻酒汚
금년에 기뻐 웃고 명년에도 또 웃으며	今年歡笑復明年
가을 달 봄바람을 한가로이 보냈지요.	秋月春風等閑度

문 앞은 썰렁하니 찾아오는 수레와 말도 적어지고	門前冷落車馬稀
나이 들어 시집가 장사치 아내가 되었지요.	老大嫁作商人婦
상인은 돈만 중히 여기고 이별은 가벼이 하니	商人重利輕別離
지난달 부량으로 차 사러 떠났지요.	前月浮梁買茶去

(4)

나는 비파 소리 듣고 탄식했는데	我聞琵琶已嘆息
또 이 말 듣고는 안타까워 거듭 혀를 찼네.	又聞此語重喞喞
같이 하늘 아래 떨어진 사람들	同是天涯淪落人

만났으니 지난날 알아 무엇하겠는가.	相逢何必曾相識
나는 지난해 서울을 떠나와	我從去年辭帝京
심양성에 귀양살이하는 병든 몸이오.	謫居臥病潯陽城
심양은 외진 땅이라 음악도 없고	潯陽地僻無音樂
해 다가도록 관현악 소리 한 번 못 들었소.	終歲不聞絲竹聲
사양 말고 다시 앉아 한 곡조 타면	莫辭更坐彈一曲
그대 위해 비파의 노래 지으리라.	爲君翻作琵琶行
내 말 듣고 감격한 듯 한참을 섰더니	感我此言良久立
다시 앉아 현을 조이고 급히 타네.	卻坐促弦弦轉急
그 처량한 소리 아까와는 다르고	凄凄不似向前聲
앉았던 이들 듣고 모두 얼굴 가리며 눈물 흘리네.	滿座重聞皆掩泣
눈물 흘리는 좌중에서 누가 가장 많이 울었는가	座中泣下誰最多
강주사마의 푸른 적삼 눈물에 다 젖었다오.	江州司馬靑衫濕

책임질 말도 없고 걱정할 일도 없노라

주부州府의 관리들은 각종 규제와 제도에 묶여 있는 몸이었다. 자사刺史는 관할 지방을 마음대로 이탈하면 곤장을 맞아야 했다. 『당율唐律 · 직제職制』를 보면 자사가 관할 구역을 이탈하면 곤장 백 대, 숙직을 하지 않으면 채찍 스무 대를 맞는 체벌 규정이 있었다고 기록하고 있다. 절도사나 관찰사가 수시로 사람을 파견해 근무 현황을 조사했다.

이에 비하면 백거이는 강주에서 사마로 있는 4년 동안 꽤 한가하고 자유로운 시간을 보냈던 것 같다. 「강주사마청기江州司馬廳記」를 보면 '오직 사마 직만 한가로워 자연 속에서 시와 술을 벗하며 지낼 수 있었다. …… 은일의 즐거움을 누릴 수 있는 벼슬, 이은吏隱에 뜻 있는 자라면 이 자리 말고 무엇을 구할까? 이 한 몸 의탁하고 가족을 먹여 살리기에 족하다. 백성의 안녕은 사마의 공이 아니며 정치의 타락은 사마의 죄가 아니다. 책임질 말도 없고 걱정할 일도 없노라'고 적고 있다. 많은 학자들은 백거이의 '이은' 생활을 두고 지식인의 책무를 버리고 일신의 안일을 추구했다고 비판한다. 완전히 틀린 말은 아니지만 당시의 정치적 상황 속에서 그가 택할 수 있는 길은 사실 많지 않았다. 세속적 권력을 위해 지식인의 양심을 버릴 수도 없었고, 또 부양해야 할 가족이 있는 가장으로서 벼슬을 버리고 완전한 은일隱逸의 삶을 선택할 수도 없었다.

두보가 성도에서 초당을 지었던 것처럼 백거이도 강주사마 시절 문만 열면 여산의 향로봉이 보이는 곳에 초당을 마련하고 유유자적한 일상을 즐겼다. 그 무렵 쓴 「여산초당기廬山草堂記」에는 초당의 풍경이 잘 묘사되어 있다.

초당 앞에 길이와 넓이가 각각 10장丈(1장이 10척—역자 주)쯤 되는 평지가 있고, 그 가운데로 평지의 반만 한 평대平臺가 있다. 평대의 남쪽으로 산죽과 들풀로 둘러싼 연못이 있어 백련白蓮과 뱅어를 키웠다. 다시 남쪽으로 가면 석간石澗이 나오는데 시내를 끼고 늙은 소나무와 삼나무가 있다. 장정 열 명이 둘러서야 겨우 안을 수 있을 만큼 굵고 키가 큰 것들이었다. 是居也, 前有平地, 輪廣十丈；中有平臺, 半平地；台南有方池, 倍平臺. 環池多山竹野卉, 池中生白蓮, 白魚. 又南抵石澗, 夾澗有古松, 老杉. 大僅十人圍, 高不知幾百尺.

다음 시는 비온 뒤 봄이 성큼 다가온 호수의 풍경을 노래했다.

「남호조춘南湖早春 – 남쪽 호수의 이른 봄」

바람이 구름 보내고 비 멈추니 날은 맑게 개고	風回雲斷雨初晴
호숫가 비추니 따사롭게 다시 밝아오네.	返照湖邊暖復明
붉은 개살구꽃 흐드러지게 피어나고	亂點碎紅山杏發
푸르게 펼쳐진 물결 위로 부평초 떴어라.	平舖新綠水蘋生
흰 기러기는 힘겹게 어린 날개 퍼덕이고	翅低白雁飛仍重
꾀꼬리는 혀가 짧아 아직 노래 부르지 못하네.	舌澁黃鸝語未成

유유자적悠悠自適의 삶은 누구나 동경하지만 아무나 실천할 수 있는 경지는 아니다. 넉넉한 도량을 가져야만 즐길 수 있는 게 여유라는 점에서 우리는 고대 문인들에게 한참을 배워야 한다. 그들은 자연을 품고 때론 자연에 기대며 음풍농월吟風弄月하는 맛과 멋을 잘 알고 또 실천했지만, 요즘의 우리는 도무지 그런 걸 기대할 수가 없다. 여유를 모른다고 탓만 할 수도 없는 게 또 현실이다. 휘몰아치는 경쟁 속에서 어느새 여유는 도태나 패배의 동의어가 되어버렸기 때문이다. 어쩌다 여유로운 시간이 주어지더라도 늘 전전긍긍하는 일상과

마주하다보니 오히려 '여유 갖기'가 더 어려운 지경이 되어버렸다. 어디 그 뿐인가? 자본주의 시장체제는 '여유'도 한낱 소비해야 할 상품으로 둔갑시켰다. 돈이 있어야 여유를 살 수 있는 참으로 서글픈 현실이 된 것이다. 물론 우리의 '소비 강박증'도 한 몫 한다. 소비하지 않아도 즐길 수 있는 여유가 많음에도 우리는 늘 돈타령을 하며 그 소중한 시간을 무료와 싸우며 '소비'하고 마는 것이다.

819년, 백거이는 강주를 떠났다. 처음 강주에 당도했을 때는 좌천되어 온 터라 산도 물도 낯설고 이런 곳에 정이 들까 싶더니만, 이제 막상 떠나려니 아쉽고 섭섭한 마음마저 들었다.

다음 시는 충주자사로 임명을 받고 부임지로 떠나는 도중에 쓴 것들이다.

「제악양루題岳陽樓 － 악양루에 부치다」

악양성 아래 강물은 끝 간 데 없이 흐르고	岳陽城下水漫漫
홀로 높은 누각 올라 굽은 난간에 기대었네.	獨上危樓憑曲闌
봄 언덕의 푸름은 운몽택으로 이어 흐르고	春岸綠時連夢澤
어스름 핏빛 노을 물결 이는 곳에 장안성 가까워라.	夕波紅處近長安

「과소군촌過昭君村 － 소군촌을 지나며」

진귀한 진주는 특이한 종이 없고	靈珠産無種
미색 구름은 특별한 곳에서 나오지 않듯	彩雲出無根

젊고 아리따운 여인의 출생도 그러하여	亦如彼姝子
여기 궁벽한 촌에서 태어났다네.	生此遐陋村

대북 먼 곳에 뼈가 묻히니	竟埋代北骨
그 혼은 고향 파동으로 돌아가지 못하네.	不返巴東魂
아름다운 모습 사라진 지 벌써 오래나	妍姿化已久
그녀의 이름만 마을에 남아 있구나.	但有村名存

옛 사람들은 용, 봉황, 뱀, 조개가 모두 진주를 생산한다고 여겼다. 『술이기述異記』의 기록에 의하면 월나라 사람들은 진주를 최고의 보물로 생각해 딸을 낳으면 주낭珠娘, 아들을 낳으면 주아珠兒로 불렀다고 한다. 왕소군은 지금의 내몽고 자치구인 후허호트 시 남쪽에 묻혀 있다. 그녀가 태어난 호북성 자귀현은 옛날에는 파동군 관할 지역이었다. 일찍이 두보도 소군촌을 지나면서 절세미인을 나은 고장에 미인이 많지 않다는 사실을 발견하고 놀라기도 했다.

백거이는 충주자사로 1년 남짓 일했다. 짧은 시간이었지만 지방행정을 정돈하고 균세법均稅法을 확대 실행했으며 생산 장려책을 폈다. 균세법이란 특권을 누리는 관료지주계층도 백성과 똑같이 납세의무를 지는 제도다. 중당 이후 대지주들은 관부官府와 결탁해 토지를 겸병하고 탈세를 일삼았으며, 갖가지 명목으로 부세賦稅의 짐을 중하급계층에게 전가시켰다. 백거이는 지방행정 장관으로 자신의 정치적 이상을 과감히 실천했다. 백거이 부임 후 충주의 범죄율은 줄어들었고 곡물 생산량은 늘어났다.

충주자사의 임기가 다 차기도 전에 조정에서 백거이를 장안으로 불러들였다. 황제를 가까이서 모시며 조령詔令 등을 작성하는 중서사인中書舍人에 임명된 것이다. 그러나 당시 조정의 상황은 헌종 재위 시절보다 더 혼란스러웠다. 헌종이 죽고 환관 세력에 의해 옹립된 목종穆宗은 우유부단하고 주관이 없었다. 황제가 그러니 당쟁은 더욱 치열해졌고, 번진에서는 다시 반란의 움직임이 일고 있었다. 백거이는 위태로운 군사 상황을 목종에게 알리기 위해 수차례 상소문을 올렸으나 쓸모없는 일이었다. 현실정치에 회의를 느낀 백거이는 822년에 외직을 자청해 항주자사로 임명돼 장안을 떠났다. 그는 항주에서 서호西湖의 수리시설을 축조하고 수로를 준설하는 등 민정을 펼쳤다. 다음 시는 그가 항주에 있을 때 쓴 것들이다.

「억강남憶江南 1 − 강남을 추억하며」

강남은 아름다웠지	江南好
옛 풍경 눈에 선하네.	風景舊曾諳
해 뜨면 불꽃보다 더 붉은 강꽃	日出江花紅火
봄 오면 쪽빛보다 더 푸른 강물	春來江水綠如藍
어찌 강남을 그리워하지 않으리.	能不憶江南

「전당호춘행錢塘湖春行 − 전당호로 봄나들이 가다」

고산사 북쪽 가정의 서쪽	孤山寺北賈亭西

수면은 잔잔하고 구름은 낮게 깔렸네.　　　　水面初平雲脚低

여기저기 철 이른 꾀꼬리들 양지 쪽 나뭇가지 다투고　幾處早鶯爭暖樹

뉘 집 제비인지 봄 진흙 쪼는구나.　　　　誰家新燕啄春泥

꽃은 어지러이 사람의 눈을 사로잡고　　　亂花漸欲迷人眼

짧기만 하던 풀이 어느덧 말발굽을 덮었네.　淺草纔能沒馬蹄

동쪽 호수는 아무리 보아도 부족하니 가장 좋아라　最愛湖東行不足

푸른 버드나무 그늘 아래는 백사장 둑길.　綠楊陰裡白沙堤

눈물 많고 인정 많았던 문학 거인

824년 5월, 백거이는 다시 태자좌서자분사동도太子左庶子分司東都에 임명되어 낙양으로 거처를 옮겼다. 분사동도에서 '동도'란 낙양을 가리키며 '분사'란 중앙관리가 지방에 파견되어 업무를 분담하는 것을 의미한다. 목종이 죽고 경종이 황제의 자리에 올랐다. 당시 겨우 열여섯이었던 경종은 놀기 좋아하고 성격도 괴팍했다. 종묘사직에는 관심도 없던 경종은 일찌감치 조정을 환관들에게 넘겨주고 말았다.

이듬해 3월, 백거이는 다시 소주자사로 임명돼 낙양을 떠났다. 오나라 땅 소주는 유년 시절 어머니와 함께 떠돌이 생활을 했던 곳이라 추억과 정이 깃든 지방이었다. 쉰이 넘은 그는 지병까지 있었지만 백성을 위해 열심히 일했다. 826년, 백거이는 안병과 폐질환으로 소주를 떠났다. 떠나는 백거이를 환송하기 위해 나온 소주 백성들은 하나같이 눈물을 흘렸다. 그들의 눈물은 떠나는 이에 대한 석별의 정과 봉건 통치 하에서 백성 노릇하는 고단함을 담고 있었다. 낙양으로 가는 도중 경종이 환관 세력에 의해 암살되었다는 부고訃告가 날아들었다. 백거이는 길에서 울었다. 황제를 위해 울었고 기울어져가는 당제국을 위해 더 많이 울었다.

문종 이앙李昻은 황제 등극 후 환관 세력을 몰아내기 위해 재상에게 밀령密令을 내렸다. 그러나 암살 계획이 환관들에게 발각되면서 오히려 재상의 목숨만 위태로워졌다. 문벌세력과 신진사대부들의 당파싸움으로 조정은 일대 혼란에 빠졌다. 역사에서는 이 두 세력 간의 당파싸움을 우이牛李 당쟁으로 기록하고 있다. 우당은 진사과 출신의 우승유牛僧孺와 이종민李宗閔이, 이당은 재상의 아들로 고관의 자제라는 특권을 이용해 조정에 들어온 이덕유李德裕가 우두머리였다. 변절을 선언하고 환관 세력과 결탁해 승진을 거듭한 원진은 이덕유가 이끄는 이당에 속해 있었다. 당쟁에는 관심도 없고 어느 쪽에도 끼고싶지 않았던 백거이는 최대한 두 세력과 거리를 두었다. 835년, 백거이는 종2품인 태자소부太子小傅에 임명되었다. 봉록은 많았지만 할 일은 없는 그야말로 '땡 보직'이었다. 백거이는 전원의 농부를 꿈꾸면서 현실에서는 금의옥식錦衣玉食의 상류층 생활에 어느새 익숙해진 자신의 모습을 자조하는 시를 쓰기도 했다. 이 무렵 정치에 환멸을 느낀 백거이는 더욱 시 쓰기에 몰입했고, 직접 시집을 여러 권으로 묶어 내기도 했다.

829년, 그는 쉰여덟의 나이에 늦둥이 아들 최아崔兒를 얻었다. 하지만 아들 최아는 세상에 난 지 3년 만에 병으로 죽고 말았다. 자식잃은 아비의 심정이 오죽할까. 첫 딸도 어린 나이에 곁을 떠나더니집안의 후사인 아들마저 요절하자 백거이는 통곡했다. 같은 해, 평생을 두고 우정을 나누었던 벗 원진도 53세를 일기로 세상을 떠났다. 백거이는 원진의 죽음을 슬퍼하며 묘비명을 썼다. 원진의 가족들은 백거이에게 사례금을 주려 했으나 한사코 받지 않았다. 유우석劉禹錫이 나서서 유가족의 마음을 생각해서 받으라고 권하자, 사례금을 받아 그가 자주 들르던 낙양의 향산사 보수 비용으로 기증했다.

당시 문인들은 경제적 여건만 허락되면 집에 가기家妓를 둘 수 있었다. 백거이도 집에 기생을 두고 낭만과 풍류를 즐겼는데, 그는 68세에 중풍으로 쓰러진 후 거동이 불편해지자 애첩 번소樊素와 소만小蠻을 놓아주고 아끼던 말도 팔아버렸다. 병든 몸으로 젊은 그녀들을 붙잡아 두는 것은 시인의 양심이 허락하지 않았던 모양이다. 제 손 안에 있어 충분히 욕망할 수 있는 것을 탐하지 않는 삶의 자세야말로 달관이 아닐까? 다음 시는 10년 넘게 정을 나눠 온 번소와 소만을 떠나보내기 전 마지막으로 그녀들의 춤과 노래를 감상하면서 쓴 것이다.

「**별류지**別柳枝 – 버드나무를 보내고」

버드나무 두 그루 작은 누각에서	兩枝楊柳小樓中
하늘하늘 여러 해 취옹과 함께 했지.	嫋嫋多年伴醉翁
내일이면 모두 돌아가리니	明日放歸歸去後
세상의 봄바람 필요 없어라.	世間應不要春風

백거이는 2800여 수의 시를 우리에게 남겼다. 백거이는 두보의 시 정신을 계승하고 있지만, 두보 시의 웅혼한 기상은 배우지 못했

다. 용기 있게 시대적 폐단을 지적하고 군왕에게 풍간하는 풍유시를 많이 썼지만, 그가 바라본 삶의 고단함과 세상의 불평등도 두보의 그것과는 달랐다. 어쩌면 출사와 은일의 중간에서 늘 갈팡질팡하며 벼슬을 버리지 못한 까닭에 그만큼 세상을 보는 눈이 무뎌졌을 수도 있다. 그렇다고 그가 지식인으로서의 양심과 책무를 저버린 것은 아니었다. 신악부 50수와 진중음 10수는 사회의 모순을 고발하는 현실참여문학으로 손색이 없으며, 또 그러면서도 거친 구호 같지 않고 문학의 미학성을 충분히 획득하고 있다. 그의 대표시 「장한가」와 「비파행」을 비롯한 많은 작품들은 중국 대륙을 넘어 멀리 당시의 조선, 일본, 인도 등 해외에서도 큰 인기를 모았고, 그가 엮어낸 시집들을 돈을 내고 사가는 이들도 많았다.

백거이는 정 많고 그래선지 조금은 감상적인 사람이었던 것 같다. 그는 죽기 전에 사재를 털어서 낙양 용문의 팔절탄八節灘의 물길을 넓히는 확장 공사를 했다. 팔절탄은 물살이 험해 배가 전복되는 등 인명 사고가 자주 발생했던 곳이었다. 힘겹게 살아가는 백성에 대한 연민이 없다면 못했을 일이다. 846년, 백거이는 일흔다섯으로 생을 마감했는데, 그의 유언대로 묘비명은 이상은이 썼고 후한 사례금을 주었다고 한다. 백거이는 "이상은은 재능이 있으나 고집이 세서 살림이 가난하고 고달프니 사례금을 받으면 생활에 보탬이 될 것이므로 꼭 나의 묘비명을 그가 쓰도록 하라"는 유언을 남겼다고 한다. 죽음을 앞두고도 사람을 챙기는 그 마음 씀씀이는 인정 많은 백거이의 성격을 잘 말해 준다.

정치나 권력에는 관심도 소질도 전혀 없던 이욱이 왕이 된 것은 운명의 비극이다. 평범한 가정에서 태어났더라면 그의 바람대로 사랑하는 여인과 함께 시를 쓰고 그림을 그리며 삶을 즐기는 보통 남자가 되었을 것이나 운명은 그에게 보통의 삶을 허락하지 않았다.

사인詞人은 갓난아이의 마음을 잃어버리지 않은 사람이다. 고로 깊은 궁궐에서 태어나 부인의 손에서 길러진 것이 임금으로서는 이욱의 단점이 되었지만, 사인으로서는 이욱의 장점이 되었다. 니체는 '모든 문학 중에서 나는 피로 쓴 것을 좋아한다'고 했는데, 이욱의 사詞는 진실로 피로 쓴 것이다.

어질고 따뜻했던 국왕 시인

李 煜

이욱 남당 937~978

지난 일은 그저 슬프기만 하고

아름다운 풍경을 접하니 잊기 어려워라

정원엔 가을바람 불고 계단엔 이끼 끼었네

주렴 드리우고 걷어 올리지 않으니

종일토록 누가 찾아온다고.

황금 찰깊이 묻힌 지 이미 오래

장한 기백도 사그라졌지

혼란의 틈바구니에 선 평화주의자

폭이 세 척도 안 되는 옥좌를 둘러싸고 벌어진 궁정 안팎의 암투와 잔혹의 역사는 모질고 길고 또 빈번했다. 일국의 군주로 천하를 신나게 주무르고 싶은 권력에 대한 욕망은 그 권력의 크기만큼 위험천만한 것이었고, 그래서 많은 피를 흘리게 했다. 하지만 군주는 꿈에서도 바라지 않았던 한 남자가 있었으니, 그가 바로 남당南唐 후주後主 이욱李煜이다. 정치나 권력에는 관심도 소질도 전혀 없는 그가 왕이 된 것은 정말 운명의 비극이다. 평범한 가정에서 태어났더라면 그의 바람대로 사랑하는 여인과 함께 시를 쓰고 그림을 그리며 삶을 즐기는 보통 남자가 되었을 것이나, 운명이 그에게 허락하지 않았다.

남당은 오대십국五代十國의 분열시기에 화남 일대에 있었던 지방정권의 하나였다. 당의 멸망부터 조광윤趙匡胤이 송 왕조를 세우기까지 약 60년간 화북 지역에서 흥하고 망한 후량後梁, 후당後唐, 후진後晋, 후한後漢, 후주後周 다섯 왕조를 가리켜 5대라고 한다. 그리고 장강 중하 유역을 중심으로 많은 지방 정권이 난립했는데, 대표적인 것이 10개여서 5대10국이라 불렀다. 분열과 혼란의 시기에 주변 제국은 호시탐탐 상대를 칠 궁리를 하고 있었으나 이욱은 청맹과니였다. 그가 사랑과 예술에 빠져 있을 때 북방의 적군은 장강의 천험天險을 뚫고 금릉金陵(지금의 남경南京으로 남당의 도읍지였음—역자 주)으로 돌진해 왔다. 결국 이욱은 포로가 되어 변경汴京(북송의 수도)으로 끌려가 2년 여의 오욕의 세월을 보내다 송 태종 조광의에 의해 암살되었다. 이욱은 42년의 길지 않은 생애를 살다가 자신이 태어난 날에 죽었다.

이욱의 부친 이경李璟은 남당의 두 번째 황제로 남당 중주中主라 불린다. 남당 삼천리 땅 산하는 오늘의 강소성, 강서성, 호남성, 안휘성 일대로 산수가 아름답고 부유한 영토를 가지고 있었다. 당 말기 황소黃巢의 난으로 북방 지역은 다시 전란에 휩싸였다. 안사의 난 평정 후 번진 절도사의 세력은 더 확대된 반면, 조정은 당쟁과 환관들의 횡포로 중앙 집권력은 그 힘을 잃어가고 있었다. 뿐만 아니라 백성에 대한 가혹한 수탈로 토호나 상인층도 당 왕조에 심각한 불만을 품게 되었다. 이런 와중에 전국에 대기근이 들자 사회적 불안은 절정에 달했고 수탈을 견디다 못한 병사와 농민들이 곳곳에서 들고 일어났다. 874년에 일어나 10년 간 중국을 휩쓴 황소의 난은 당 제국의 멸망에 최후의 결정타를 날린 셈이었다. 난리를 피해 부호와 문인들이 남쪽으로 이주해오면서 남당의 도시들은 전에 없는 번영을 누리게 되었다.

이욱이 시와 예술에 심취했던 것은 순전히 부친 이경한테 물려받은 유전자 덕분이었다. 이씨 부자가 통치했던 남당 30여 년 동안, 국토는 해마다 줄었고 이웃 강국과의 화친을 위해 내놓는 선물은 해마다 늘어났다. 남당 개국 군주 이승李昇은 제국을 소탕하고 이씨 당조의 깃발을 다시 세우려는 뜻을 품었으나 아들과 손자 대에 와서 중원

제패의 꿈은 그저 꿈으로만 남고 말았다. 그러나 이경, 이욱 두 부자의 문학적 성취는 광활한 영토와 비교할 수 없다. 중국을 수천 년간 지배한 봉건의 역사는 피로 세운 것이었다. 예술이란 살성殺性을 없애고 대신 생명의 힘을 영혼의 가치로 이끄는 것이니, 침략과 지배가 판치는 물질과 폭력의 세계와 어울리지 못하는 건 당연하다. 그러므로 이욱을 '갓난아이의 마음을 잃지 않은 사람不失赤子之心者也'이라 했던 왕국유王國維 선생의 말은 깊이 음미해 볼 만하다.

이욱은 937년 칠월칠석에 태어났다. 자가 중광重光인데 한 쪽 눈에 동공이 두 개라 그렇게 지었다고 한다. 중국의 옛말에 쌍동공은 제왕이 될 상으로, 치수治水를 한 하나라 우왕과 초나라 패왕 항우도 한 쪽 눈에 동공이 두 개였다고 한다. 십형제 중 여섯째인 그는 외모가 가장 출중했다. 또 서화와 음악에 조예가 깊고 특히 예민한 언어적 감각을 가지고 있었다. 이욱의 친형인 문헌태자文獻太子 홍기弘翼는 그런 그를 매우 질투했다. 홍기는 황권을 이어받을 태자였지만 동궁에서 그는 늘 좌불안석이었다. 당시 병권을 장악하고 있던 숙부 경수景遂와 부친의 총애를 받던 동생 이욱의 존재 때문이었다. 결국 홍기는 숙부를 독살하고 이욱의 목숨마저 노렸다. 이욱은 괴로웠다. 그는 골육상잔의 비극을 원치 않았기에 태자의 자리를 놓고 다툴 뜻이 없음을 여러 차례 밝혔지만 홍기는 믿지 않았다. 본디 심성이 곱고 총명했던 이욱은 화를 피하기 위해 더욱 예술 속으로 침잠했던 것 같다.

그러나 형 홍기가 갑작스러운 병을 얻어 죽자 이욱은 자신의 의지와 상관없이 동궁의 주인이 되었다. 남당의 후주가 된 이욱은 매년 북송에 조공을 바치며 평화를 유지했다. 송 태조 조광윤은 원래 후주에서 황제 친위부대인 금군禁軍을 이끌던 장군이었는데, 960년 진교陳橋에서 반란을 일으키고 부하 장수로 하여금 자신에게 황포黃袍를 입히도록 함으로써 황제에 옹립되었다. 역사에서는 이 사건을 '진교병변'으로 기록하고 있다. 이욱은 국주國主로 있는 15년 동안 자포紫袍를 입고 북송의 황제를 섬기는 신하 나라임을 스스로 천명했다. 조정의 기구도 명칭을 바꿔 중서문하성中書門下省을 좌우내사부左右內史府로, 한림원을 문관文館으로 고쳐 불렀다. 이욱은 그렇게 해서라도 전쟁보다는 구차한 평화를 원했다.

그는 봉건 국가의 통치 군주로서는 드물게 온화한 사람이었다. 군주의 성정 덕분인지 상호 비방과 암투로 긴장이 감돌던 조정도 더 이상 치열한 당쟁은 없었다. 그는 조세와 요역의 부담을 줄였고 억울한 죄인은 풀어주었다. 백성의 삶은 편안했고 문화는 꽃을 피웠다. 이욱을 치국治國에 무능하고 향락만을 탐한 군주로 평가하는 것은 그로서는 좀 억울한 일이다. 모든 것이 풍요로운 황실에서 태어나 귀족적 안락주의가 내면화된 그에게 거안사위居安思危를 바라는 것이 오히려 무리다.

처와 처제를 사랑하다

이욱의 삶에는 앞뒤로 두 명의 여자가 있었다. 요 임금의 두 딸과 이름이 같은 아황과 여영이 그녀들인데, 둘 역시 자매간이었다. 성이 주周라 역사에서는 그녀들을 대주후大周后, 소주후小周后라 부른다.

『십국춘추十國春秋』를 보면 소혜국후昭惠國后 주씨는 어릴 때 이름이 아황으로 열아홉에 황궁으로 들어왔다. 역사에 능통하고 춤과 노래를 잘했으며 특히 비파 연주 솜씨가 뛰어났다. 원종元宗 이경의 생일을 축하하는 뜻에서 비파를 연주하니 원종이 그 솜씨에 감탄해 그녀에게 궁중보물인 소조비파燒槽琵琶를 하사했다는 기록이 있다. 이욱은 제위를 계승한 이듬해인 961년에 주아황을 황후로 맞이했다.

「완계사浣溪沙」

붉은 해는 벌써 높이 떠 투명하게 빛나고	紅日已高三丈透
금향로에는 동물 모양의 향탄이 하나씩 타 들어가고	金爐次第添香獸
붉은 비단 양탄자는 내딛는 발자국 따라 주름이 지네.	紅錦地衣隨步皺
가인이 춤출 때마다 금비녀는 흘러 떨어지고	佳人舞點金釵溜
술에 취해 꽃 들어 향기를 맡고	酒惡時拈花蕊嗅
저 멀리 별전에도 피리와 북 소리 들리누나.	別殿遙聞簫鼓奏

「옥루춘玉樓春 – 옥루의 봄」

저녁 화장을 막 끝내니 피부가 눈 같이 희어라	晚妝初了明肌雪
봄의 궁전에 아름다운 궁녀들이 가지런히 늘어서 있네.	春殿嬪娥魚貫列
생황과 통소 불다 그치니 구름은 한가롭고	笙簫吹斷水雲閑
어디선가 다시 '예상우의곡' 이 울려 퍼지네.	重按霓裳歌遍徹
바람 앞에서 누가 더 많은 향 가루를 휘날리려나?	臨風誰更飄香屑
술에 취해 난간을 두드리는 마음 간절하구나.	醉拍欄干情味切

| 돌아갈 때 붉은 촛불 밝히지 말지니 | 歸時休放燭光紅 |
| 달 밝은 밤에 말 타고 돌아보려네. | 待踏馬蹄清夜月 |

『남당서南唐書』의 기록에 따르면 예상우의곡은 안사의 난 후에 그 악보가 많이 유실되었는데 아황이 악공 조생曹生과 이욱을 도와 완전한 곡으로 재탄생시켰다고 한다. 미모와 재능을 겸비하고 한 남자의 지극한 사랑을 받던 그녀는 오래 살지 못하고 964년 10월, 병으로 죽고 말았다. 아황을 잃은 슬픔으로 이욱은 살이 빠지고 기력이 쇠해져 반년을 넘게 지팡이 신세를 졌다고 한다.「사신은」은 그녀의 죽음을 애도하며 쓴 것이다.

「사신은謝新恩」

진루에 피리 불던 여인은 보이지 않고	秦樓不見吹簫女
텅 빈 상원의 풍경만 남았구나.	空餘上苑風光
어지러이 섞인 꽃봉오리들 고개 떨구고	粉英金蘂自低昂
동풍이 나를 침노하니	東風惱我
옷깃에선 향기가 나는구나.	才發一衿香
옥색 창가에서 꿈을 꾸고 피리 소리 지는 해를 붙잡으니	瓊窗夢笛留殘日
그해의 원한은 얼마나 깊었던가!	當年得恨何長
푸른 난간 밖으로 버드나무 드리우고	碧闌干外映垂楊
짧은 만남은	暫時相見
꿈에서뿐이니 이제 그리움도 지쳤어라.	如夢懶思量

아내를 잃고 상심에 빠진 이욱의 마음을 어루만져준 사람은 아황의 여동생 여영이었다. 여영은 아황보다 열다섯이나 어리다.「보살만」은 여영과의 '남몰래 사랑'을 묘사한 작품이다.

「보살만菩薩蠻 1」

꽃은 밝고 달은 어두워 안개 옅게 깔렸으니	花明月黯籠輕霧
오늘밤은 임 계신 곳으로 가기 좋아라.	今霄好向郞邊去
옷 차려입고 향기로운 계단 오르니	衩襪步香階
손에는 금실로 수놓은 꽃신을 들었구나.	手提金縷鞋
화당의 남쪽에서 만나며	畫堂南畔見
잠시 누구라도 볼까 무서워 떨고 있네.	一向偎人顫
저는 나오기가 어려우니	奴爲出來難
임께서 마음껏 사랑을 주소서.	敎君恣意憐

「보살만 2」

봉래원에 하늘의 선녀를 가두어놓고	蓬萊院閉天台女
화당에서 낮잠을 자며 아무도 말이 없네.	畫堂晝寢無人語
던져진 베개는 푸른 구름 빛 돌고	抛枕翠雲光
수놓은 옷은 특이한 향내 나네.	繡衣聞異香
몰래 와 구슬 자물쇠 움직이니	潛來珠瑣動
놀라 은빛 병풍 아래서 꾸던 꿈 깨었네.	驚覺銀屛夢

| 얼굴에는 웃음 가득하고 | 臉慢笑盈盈 |
| 마주보니 한없는 정 흐르네. | 相看無限情 |

시에서는 언니에 대한 미안함과 두려움, 그러나 숨길 수 없는 사랑의 모순된 양가감정이 잘 표현되어 있다. 병으로 누운 언니를 돌보기 위해 궁으로 들어왔다 형부와 눈이 맞았으니 그 마음이 편치만은 않았을 것이다. 여영은 임을 만나러 가기 위해 예교의 속박을 벗듯 신을 벗는다. 눈을 피해 밤에 몰래 찾아간 임에게 마음껏 사랑해달라고백하는 대담함은 벗은 발이기에 가능했을 용기가 아니었을까?

한 맺힌 망국의 군주

971년, 남한南漢을 멸망시킨 조광윤의 10만 대군은 한양漢陽에 주둔하면서 남당을 칠 기회를 찾고 있었다. 다급해진 이욱은 화친을 청하는 친필서신과 많은 조공과 함께 동생 종선從善을 변경으로 보냈다. 그러나 조광윤은 종선을 붙잡아둠으로써 남당과 화친할 뜻이 없음을 밝혔다. 가장 아끼는 동생이 포로로 잡히자 화가 난 이욱은 앞으로 북송에 조공을 바치지 않겠다고 선언했다. 조광윤의 의도는 분명했다. 군사에 밝은 유일한 인물인 종선을 억류시켜 남방의 손발을 묶어두겠다는 것이었다. 전쟁이라면 도가 튼 조광윤은 처음부터 이욱의 상대가 아니었다. 육유陸游는 당시의 상황을 '후주가 종선을 보내달라는 수소手疏를 올렸지만 태조는 허락하지 않았다. 후주가 이를 슬퍼하고 높은 곳에 올라 북쪽을 바라보며 눈물을 흘렸다. 국주의 눈물이 옷깃을 적시니 좌우의 신하들이 감히 올려다보지 못했다'라고 기록했다.

나라가 위태로워지자 이욱은 불교에 매달리는 한편 전쟁 준비를 명령했다. 조광윤은 변경에 와서 자신을 배알할 것을 명했으나 이욱은 듣지 않았다. 그는 오히려 전에 없이 격양된 어조로 말했다.

"제왕의 군대가 쳐들어온다면 짐은 친히 군사를 이끌고 나가 마지막까지 사력을 다해 싸워 종묘사직을 보존할 것이오. 승리하지 못하고 죽는 한이 있더라도 타국의 귀신이되지는 않을 것이오."

제왕의 기술은 이욱이 습득할 수 있는 게 아니었다. 삶과 예술을 사랑하는 그에게 칼을 들고 진두지휘하는 모습을 바라는 것은 애초부터 무리였다. 북송의 대군이 국경까지 치고 들어왔지만 이욱은 밤마다 풍악을 울리고 노래를 불렀다. 주연도 횟수만 줄었을 뿐 없애지 않았다.

975년 초, 북송의 군대는 채석기采石磯에서 장강을 넘어 금릉성으로 돌진해 왔다. 반년을 넘게 공략했으나 금릉은 쉽사리 함락되지 않았다. 목숨 걸고 성을 지키는 남당의 군사와 백성에게 조씨 형제도 적잖이 놀랐다. 하지만 금릉을 손 안에 넣는 것은 시간문제기에 조광윤은 서두르지 않았다. 불력佛力으로 위기에 빠진 나라를 구하겠다던 고승도 몸을 숨긴 지 이미 오래였다. 짐승 같은 적군들이 몰려와 살인과 방화, 약탈을 일삼으며 조국을 유린하는 꼴을 보느니 차라리 먼저 죽겠다며 스스로 목숨을 끊는 이들도 많았다. 백성은 임금이 계신 궁궐을 바라보며 눈물을 흘렸고 하늘을 보며 탄식했다.

금릉성 전체가 온통 곡성으로 잠겨 있는데, 한 곳만 아무 일도 없다는 듯 유별나게 조용했다. 그곳은 황궁 옆에 있는 정덕암淨德庵으로 80여 명의 젊은 비구니들이 살았다. 정덕암에 있는 비구니들은 대개가 궁녀 출신이었다. 주지승 이진휘李進暉는 윤주潤州가 고향이었다. 그녀는 원래 재모才貌를 겸비한 부잣집 딸이었는데 무슨 사연이 있어 삭발을 하고 정덕암으로 들어왔는지 몰랐다. 이진휘는 붓글씨 솜씨가 뛰어났다. 이욱이 새로운 시를 지을 때마다 그녀는 매번 써서 벽에 걸어 두었다. 이욱은 부처를 모시는 속가俗家의 제자로 호를 연봉거사蓮峰居士라 정했다. 그는 시간이 날 때면 이따금 정덕암에 들러 이진휘의 서예와 시사詩詞를 칭찬하곤 했다. 차가운 겨울밤 이진휘는 후주가 있을 징심당澄心堂을 향해 불을 밝히고 비구니들과 함께 불경을 외고 있었다. 그녀들은 불경이 끝나고 불이 꺼지면 집단 분신으로 스러져가는 나라와 함께 생을 마감할 것이었다.

한편 궁에서는 이경의 비였던 황비黃妃가 남당 3대 군주가 수집했던 수만 권의 책과 서화들을 모아 소각할 준비를 하고 있었다. 종요鍾繇, 왕희지王羲之, 안진경顏眞卿, 이옹李邕, 두보, 유공권柳公權, 구양순歐陽詢 등 내로라하는 서예가들의 작품을 모조리 불태우라는 이욱의 명령 때문이었다. 칼과 창으로 살육을 일삼는 조광윤 따위에게 귀중한 보물을 내줄 수 없다는 생각에서였다. 황궁에서 전가의 보물들이 불속에 던져지는 것과 거의 동시에 정덕암에서도 불길이 치솟았다. 이진휘는 불길 속에서 합장한 채 미동도 없이 앉아 있었다. 얼마나 지났을까? 마침내 북송의 군사가 금릉성을 뚫고 들어왔다. 송나라 장군 조빈曹彬은 사람을 보내 이욱을 설득했다. 이욱은 타국의 귀신이 되지 않겠다 했지만 자신만 바라보고 있는 소주후 여영과 형제들, 문무백관이 마음에 걸렸다. 여영은 이제 겨우 열여덟이 아닌가? 결국 이욱은 스스로 포로가 되어 변경으로 압송되었다. 백의를 입은 그는 석두성石頭城을 돌아보며 눈물의 시를 써내려 갔다.

「도중강망석성읍하渡中江望石城泣下 - 강 건너며 석성을 바라보고 눈물 흘리다」

강남 강북의 옛 고향 땅	江南江北舊家鄕
삼십 년 세월이 한 바탕 꿈이런가.	三十年來夢一場
오나라 궁궐 대문 이제 쓸쓸하고	吳苑宮闈今冷落
광릉의 대전 이미 황량하네.	廣陵臺殿已荒涼
구름 낀 먼 산엔 시름뿐이고	雲籠遠岫愁千片
빗속 돌아가는 배엔 눈물만 흘리나니.	雨打歸舟淚萬行
사형제 삼백 명의 식솔을 생각하니	兄弟四人三百口
차마 앉아 있을 수 없노라.	不堪閒坐細思量

다음 시는 변경에 당도해 쓴 것으로 망국의 군주가 된 슬픔을 노래하고 있다.

「파진자破陣子」

사십 년을 이어온 조국	四十年來家國
삼천리 땅의 산하	三千里地山河

봉각과 용루는 하늘로 이어지고 鳳閣龍樓連?漢

아름다운 나무는 안개 낀 넝쿨을 이루니 玉樹瓊枝作煙蘿

언제 전쟁이 일어날 줄 알았는가? 幾曾識干戈

하루아침에 포로의 몸이 되어 一旦歸爲臣虜

심약沈約처럼 야위고 반악潘岳처럼 백발 되어 슬픈 나날 보내네.

沈腰潘鬢銷磨

황망히 종묘에 이별을 고하던 날 最是倉皇辭廟日

교방의 악사는 이별가를 연주하고 敎坊猶奏離別歌

눈물을 흘리며 궁녀와 마주쳤네. 垂淚對宮娥

「**연지루**胭脂淚 **– 연지 바른 얼굴의 눈물**」

숲의 꽃들 시들어 봄빛을 잃으니, 너무 빠르네요.

林花謝了春紅, 太匆匆

아침의 찬 비와 저녁의 바람을 어찌하겠어요?

無奈朝來寒雨晚來風

연지 바른 얼굴엔 눈물, 서로 아쉬워 술에 취하니, 언제 다시 만날 수 있을지?

胭脂淚, 相留醉, 幾時重

그저 생이 한스럽고 강물만 동쪽으로 흘러갑니다.

自是人生長恨水長東

소동파는 궁녀에게 눈물을 보인 이욱을 두고 '망국의 군주로서 마땅히 백성 앞에 나가 사죄해야 했다'고 비난했지만, 그는 순전히 조 씨 송조의 입장에서 말을 했을 뿐이다. 송에서 사詞가 크게 유행했지만 사를 서정시로 완성하는 데 큰 역할을 한 남당의 이경, 이욱 부자에 대해서는 말을 아낀 것도 북송 문인들이었다. 말하기 좋아하는 그들은 남송에 와서야 이민족의 침략을 받은 치욕에 대한 기억 때문인지 말투가 변했다.

조광윤은 이욱을 위명후違命侯에 봉하고 최대한 예우를 갖춰 대했다. 조광윤은 이욱을 위해 자주 주연을 베풀었으며 그때마다 새로 쓴 시가 없는지 묻곤 했다. 조광윤은 개국 초기부터 무인 세력을 억제하는 정책을 폈다. 무장 출신인 그는 무인 세력의 힘이 세지면 어떤 결과를 초래하는지 누구보다 잘 알았다. 당나라 중·말기의 번진 할거와 5대 10국의 빈번한 교전, 그 모든 전란의 뿌리는 모두 무인 세력의 병권 장악에 있었다. 조광윤은 개국 무신들의 군사 지휘권을 없애고 그들을 고향으로 돌려보냈다. 이른바 제왕의 기술에서 한 고조 유방의 토사구팽만큼 효과적인 방법도 없었다. 조광윤은 무인 세력의 힘을 빼놓고 문신관료 체제를 수립했다. 북송에 유난히 문인 출신의 명신名臣들이 많았던 것도 조광윤의 문치주의와 관련이 있다.

송 황실의 주연과 풍악이 결코 남당의 것만 못하지 않았으나, 이욱은 술이 맛있고 음악이 좋을수록 잃어버린 조국의 모든 것이 더욱 그리웠다. 다음 시들에서는 고향에 대한 그리움과 가볼 수 없는 안타까움과 서러움이 짙게 묻어 있다.

「청평락淸平樂」

이별 후 봄은 벌써 반이 지나고	別來春半
홀로 마주하니 창자가 끊어질 듯.	觸目柔腸斷
계단 아래 매화는 눈처럼 어지러이 떨어져	砌下落梅如雪亂
내 몸을 쓸더니 다시 휘감네.	拂了一身還滿
기러기는 날아오나 소식은 없고	雁來音信無憑
길이 멀어 돌아올 꿈도 이루기 어렵다네.	路遙歸夢難成
이별의 정한은 봄의 풀과 같아	離恨恰如春草
가면 갈수록 더욱 멀리 새롭게 자란다네.	更行更遠還生

「상견환相見歡 – 만남의 기쁨」

말없이 홀로 서편 누대에 오르니	無言獨上西樓
달은 갈고리 같은 초승달.	月如鉤
오동나무 적막한 깊은 뜰 안에 맑은 가을 갇히니	寂寞梧桐深院鎖淸秋
잘라도 끊어지지 않고 정리해도 어지럽기만 하네.	剪不斷理還亂
이것이 헤어짐의 시름인가	是離愁
마음 끝에 자리 잡은 이별의 정한.	別是一般滋味在心頭

어질고 따뜻했던 왕

조광윤이 병으로 죽자 조광의趙光義는 태후가 남긴 금궤유조金櫃遺

詔의 뜻에 따라 황위에 오르고 송 태종이 된다. 그는 포악하고 거칠었으며 여색을 탐했다. 일찌감치 여영과 이욱이 데리고 온 궁중 무녀 요낭窅娘에게 눈독을 들였지만 형의 주의로 마른 침만 삼키고 있었다. 이제 궁에서 그를 제어할 수 있는 사람은 아무도 없었다. 조광의는 기다렸다는 듯 요낭을 궁중으로 불러들여 무녀를 가르치도록 했고 여영을 정국부인鄭國夫人으로 봉했다. 여영은 가타부타 아무 말도 하지 않았고 이욱이 대신 감사의 인사를 올렸다.

조광의의 일차 목표는 요낭이었다. 세 치밖에 안 되는 작은 발로 춤을 추는 요낭의 모습은 그를 성적으로 자극시켰다. 전족은 요낭의 작은 발에서 시작되었다고 한다. 요낭의 작은 발에 반한 궁녀들이 먼저 고통도 마다않고 전족을 하던 것이 민간에 유행이 되며 하나의 풍습으로 자리잡은 것이다. 전족은 그 발이 연꽃잎처럼 작고 아름답다고 해서 금련金蓮이라고도 불렀다. 조광의는 요낭에게 자신을 위해 금련무를 출 것을 명령했다. 요낭은 금련무는 황금으로 만든 연꽃 대좌에서 추어야 하는데 북송에는 금련대가 없으니 출 방법이 없노라며 거절했다. 요낭은 잠자리 시중을 요구하는 조광의에게 금련무를 추고 나면 주상의 청을 받들겠다고 했다. 요낭은 금련대가 없으니 아무리 조광의라도 더는 무리한 요구를 하지 않으리라 순진한 생각을 했던 것이다.

977년 7월 초, 송나라 황궁의 연지蓮池 옆에 황금 연꽃 대좌가 보란 듯이 세워졌다. 게다가 연못 안에는 강남에서 가지고 온 연꽃들이 수줍은 듯 입을 벌리고 있었다. 요낭은 조광의의 청을 거절할 핑계를 찾으며 연꽃 대좌 앞으로 다가가보았다. 그것은 징심당에서 이후주를 위해 춤을 췄던 바로 그 금련대였다. 요낭이 절망의 한숨을 내쉴 때 바로 뒤에서 음흉한 웃음소리가 들려왔다. 조광의가 득의에 찬 얼굴로 성큼 요낭 앞으로 다가왔다.

"짐의 능력이 어떤가?"

요낭은 칠월칠석에 금련무를 선보이겠노라 약속했다. 칠월칠석은 이욱이 태어난 날이었다. 그날 밤 황궁 전체가 등불로 환하게 밝혀지고 곱게 차려 입은 요낭이 어좌를 등지고 금련대 위에서 날아갈 듯 춤을 추었다. 조광의가 몸을 돌리라 명했지만 그녀는 듣지 않았다. 요낭이 바라보고 있는 방향은 이후주가 있는 곳이었다.

"국주님의 마흔한 번째 생신을 감축 드리고자 요낭이 금련무를 추고 있습니다."

춤이 절정에 달하고 조광의가 환호성을 지르는 순간, 요낭은 연못 속으로 몸을 던졌다.

이욱은 송나라 황궁에서 벌어진 비극을 나중에야 전해 들었다. 여영은 요낭이 조광의의 부름을 받고 입궁한 후부터 줄곧 불길한 예감에 시달렸다. 그녀는 조광의가 요낭에게 던지던 눈빛을 기억했다. 자신을 무슨 부인에 봉하고 이욱에게 돈을 줄 때부터 그의 속셈을 알았지만, 망국 군주의 아내로 그녀가 할 수 있는 일은 아무 것도 없었다. 이욱은 정원을 배회하며 자주 상심에 잠겼다. 이즈음에도 이욱은 시를 썼지만 노래를 부르지는 않았다. 여영과 이욱의 형제들은 그가 쓴 시를 읽고 서로 부둥켜안고 우는 일이 많았다.

「낭도사浪淘沙1」

창밖으로 비가 주룩주룩   簾外雨潺潺

봄기운도 시들하다   春意闌珊

비단 이불로도 새벽 추위를 견디지 못하네   羅衾不耐五更寒

꿈에서는 이 몸이 나그네인줄 모르고   夢裏不知身是客

잠시나마 기쁨을 탐했었지   一饷貪歡

홀로 난간에 기대지 마오   獨自莫凭欄

강산은 끝이 없으니   無限江山

헤어지긴 쉬워도 만나기는 어려워라   別時容易見時難

강물은 흐르고 꽃은 지며 봄은 가노니   流水落花春去也

이곳이 천상이더냐   天上

이곳이 인간세상이더냐   人間

다음 시는 이욱이 청명절에 아황을 추도하는 제사를 지내며 쓴 것
이다.

「경루자更漏子」

머리엔 금작비녀 꽂고 얼굴엔 붉은 분 바르고   金雀釵, 紅粉面,

꽃 속에서 잠시나마 마주 대하네.   花裡暫時相見

내 마음 알면 임께서 어여삐 여길 테지만   知我意, 感君憐,

이 속정은 하늘에 물어보아야만 하네.   此情須問天

향은 타서 이삭이 되고 초는 녹아 눈물이 되니	香作穗, 蠟成淚,
두 사람의 마음 같아라.	還似兩人心意
산호 베개도 때가 끼고 비단 이불도 차가우니	珊枕膩, 錦衾寒,
어느덧 날이 밝아오누나.	覺來更漏殘

조광의는 자신의 북원北苑에 강남의 원림園林을 모방한 정자와 누각, 연못을 만들어놓고 이욱을 불러 구경하도록 했다. 이욱은 온통 새로운 것들이라 생경한 느낌을 주고 북원 본래의 거칠지만 원시적인 자연미가 훼손되었다고 조심스럽게 말했다. 조광의는 비웃었다.

"그대가 원림 조경에 밝은 덕에 조국 강산을 잃은 것이오."

이욱은 말없이 북원을 거닐었다. 때는 여름이 끝나고 가을로 들어서는 무렵이라 남쪽으로 떠나는 기러기 떼가 많이 보였다. 남쪽 고향이 더욱 그리워진 시인은 노래한다.

「망강매望江梅 1 – 고향의 봄을 보다」

꿈속에서 먼 옛날을 보았네	閒夢遠
남국은 맑은 가을이 한창일 테지	南國正淸秋
천리 강산은 서늘하고 아득하여라	千裡江山寒色遠
갈대꽃 깊은 곳에 배 한 척 저 홀로 서 있고	蘆花深處泊孤舟
달빛 아래 누각에서 피리 소리 들려오네	笛在月明樓

「자야가 子夜歌 − 자야의 노래」

인생에 시름과 원한이 어찌 없을 수 있나	人生愁恨何能免
넋을 잃고 나는 홀로 이 마음 어찌 추스를까.	銷魂獨我情何限
꿈에서나마 고국으로 돌아가 보았지만	故國夢重歸
깨어나니 두 줄기 눈물만 흘러라	覺來雙淚垂
높은 누각을 누구와 함께 올랐던가.	高樓誰與上
기억컨대 가을이 맑아 멀리 바라보았지	長記秋晴望
옛일은 이미 헛것이 되었으니	往事已成空
그저 모두 꿈같기만 하여라.	還如一夢中

「낭도사 浪淘沙 2」

지난 일은 그저 슬프기만 하고	往事只堪哀
아름다운 풍경을 접하니 잊기 어려워라	對景難排
정원엔 가을바람 불고 계단엔 이끼 끼었네	秋風庭院蘚侵階
주렴 드리우고 걷어 올리지 않으니	一任珠簾閒不卷
종일토록 누가 찾아온다고.	終日誰來
황금 칼 깊이 묻힌 지 이미 오래	金劍已沉埋
장한 기백도 사그라졌지	壯氣蒿萊
밤은 서늘하고 하늘 맑으니 달빛이 드러나네	晩涼天淨月華開
아름다운 누각과 궁전을 생각하니	想得玉樓瑤殿影
진회 강물에 허무하게 비치는구나!	空照秦淮

조광의는 이욱의 강산을 빼앗았지만 어떤 결락감이 목에 자꾸 걸리는 게 늘 못마땅했다. 사실이 그랬다. 출생 신분이나 용모, 문화적 품성과 재능 모든 면에서 조광의는 이욱보다 한참 못한 인물이었다. 조정의 신하들에서 궁녀들까지 모두 이욱의 시를 줄줄 외웠고, 그의 고아한 기품에 반한 듯했다. 요낭이 연못에 빠져 죽은 칠월칠석이 이욱의 생일이었다는 것을 나중에 안 조광의는 얼굴을 심하게 일그러뜨렸다. 아마 그때 이욱의 운명은 결정되었을 것이다. 『강남록江南錄』을 보면 조광의는 요낭이 죽은 후 여영을 자주 궁으로 불러들였는데 한 번 입궁하면 며칠씩 걸렸다고 기록되어 있다. 그때마다 여영은 돌아와서 울며 후주를 원망했고, 그 소리가 바깥까지 들렸다고 한다. 나라를 빼앗은 원수에게 욕을 당했으니 그 심정이 오죽했겠는가. 다음 시는 아황이 병중에 있던 그해, 가까이 두고도 만나지 못하는 여영을 그리워하며 쓴 것이다.

「장상사長相思 - 긴 그리움」

자청색 머리끈에 옥비녀 하나	雲一緺, 玉一梭,
산뜻한 적삼에 얇은 비단 걸치고	澹澹衫兒薄薄羅
검은 두 눈썹 살포시 찡그리네.	輕顰雙黛螺
가을바람 세찬데 비마저 내리니	秋風多, 雨相和,
창밖의 파초나무 두세 그루	簾外芭蕉三兩窠
기나긴 밤을 어이할까나.	夜長人奈何

이제는 사랑스러운 그녀를 가까이 두고도 보호할 수 없는 처지가 되었으니 이욱은 여영의 눈물과 원망을 그냥 받아낼 뿐이었다.

「**망강남**望江南**2 − 고향을 그리며**」

얼마나 많은 눈물을 흘렸던가.	多少淚
얼굴을 닦아도 또 다시 볼 아래로 흐르고	斷臉複橫頤
가슴 속 사연일랑 눈물로 말하지 말고	心事莫將和淚說

「**망강남**望江南**3**」

얼마나 많은 한이 있었던가.	多少恨
간밤의 꿈에 나는	昨夜夢魂中
아직도 그 옛날 상원에서 사냥을 했지	還似舊時游上苑
수레는 흐르는 물처럼 말은 용처럼 길게 늘어섰고	車如流水馬如龍
때는 바야흐로 꽃 피고 달 밝은 봄이었네.	花月正春風

이욱의 시는 궁중에서 민간으로 전파되었다. 사대부들도 이욱의 시를 즐겨 암송했고, 그의 시를 노래로 만들어 부르는 이들도 많았다. 조광의는 황제인 자기보다 이욱의 영향력이 더 큰 것에 질투했다. 그는 미뤄왔던 일을 할 때가 되었다고 생각했다. 육유의 「피서만초避暑漫鈔」에는 '978년 칠월칠석, 이욱은 예년과 다름없이 형제들과 생일을 지냈다. 어젯밤 작은 누각엔 동풍이 또 불었는데, 밝은 달 아

래 고국의 땅을 생각하니 차마 견딜 수 없다는 기녀들의 노랫소리가 울려 퍼졌다. 태종 조광의는 이를 듣고 크게 노해 이욱에게 사약을 내렸다'라고 기록되어 있다. 다음이 바로 그 유명한 이욱의 절명시絶命詩 「우미인」이다.

「우미인虞美人」

해마다 피고 지는 봄꽃과 가을 달, 언제면 그 끝을 알 수 있는지.

春花秋月何時了

옛일은 얼마나 알고 있는지.　　　　　　　　　　往事知多少

어젯밤 작은 누각엔 동풍이 또 불었는데　　　　小樓昨夜又東風

밝은 달 아래 고국의 땅을 생각하니 차마 견딜 수 없어라.

故國不堪回首月明中

아름다운 옥섬돌은 아직 남아 있을 테지　　　　雕闌玉砌應猶在

다만 젊은 얼굴이 변했겠지.　　　　　　　　　只是朱顏改

그대에게 묻노니, 얼마나 많은 시름 있었나.　　問君能有幾多愁

봄의 강물이 동쪽으로 흘러가는 것 같다 하네.　恰似一江春水向東流

후주 이욱이 죽었다는 소식이 전해지자 금릉의 백성은 거리로 나와 울었다. 왕조나 영웅 중심적 사관에서 본다면 이욱은 실패한 군주였지만, 백성에게 그는 어질고 따뜻한 왕이었다. 그는 혼군昏君도 폭군도 아니었고, 황음荒淫에 빠진 임금은 더욱 아니었다. 그는 다만 몸에 맞지 않는 옷을 입고 불편한 생애를 살다 갔을 뿐이다. 이욱의 문학적 성과에 대한 평가는 왕국유 선생의 말로 대신하고자 한다.

사인詞人은 갓난아이의 마음을 잃어버리지 않은 사람이다. 고로 깊은 궁궐에서 태어나 부인의 손에서 길러진 것이 임금으로서는 이후주의 단점이 되었지만, 사인으로서는 이욱의 장점이 되었다. 객관적 시인은 세상 경험을 많이 하지 않을 수 없다. 경험이 깊을수록 소재는 더욱 풍부해지고 변화한다. 주관적 시인은 세상 경험이 많을 필요가 없다. 경험이 얕을수록 그 성정은 더욱 진실하니 이욱이 그 예다. 니체는 '모든 문학 중에서 나는 피로 쓴 것을 좋아한다'고 했는데, 이욱의 사詞는 진실로 피로 쓴 것이다.

소식은 한 인간으로서, 관리로서 그리고 시인으로서 모든 것을 마음에 맡겼다. 무엇을 하든 억지로 하는 일이 없었고 마음이 가 닿는 곳을 따라 함께 걷는 삶을 살았다. '소동파'식 낭만과 달관, 자유정신은 정치적 역경 속에서 다져진 수련의 결과였다. 두보의 우울의 시정신과 이백의 자유분방을 배울 수 없는 것처럼 시인은 시인만의 삶의 정신을 구축한다. 소식의 시 세계는 노장老莊과 불교와 만나면서 인생의 순간성과 자연의 영원성을 깨닫는 허무적 낭만주의 경향을 다소 보이게 된다. 혹자들은 소식이 유배 이후 허무적 달관에 빠져 소극적 인생관을 가지게 되었다고 평하는데, 이는 명백한 폄하요 허무 사상에 대한 오해에서 비롯된 생각이다. 허무는 모든 가치를 긍정하는 우주적 낙관주의다. 만약 소식의 긍정적 달관이 없었더라면 소동파라는 대문호는 탄생할 수 없었을 것이다.

불운을 이겨낸 천재 문장가

蘇東坡

소동파 북송 1036~1101

늙은이가 젊음의 기개 발동하여

왼손엔 누런 사냥개를 끌고

오른손에 푸른 매를 들고

비단 사냥모에 표범 가죽옷 걸쳤다.

일천 기마병이 언덕을 에워쌌는데

태수를 따라온 성의 온 백성들에 보답하기 위해

내 직접 호랑이를 화살로 쏘아

손권의 기개를 보여주리라.

지식인 집안의 탁월한 문장가

소동파의 고향은 사천성 천서川西 평원에 자리한 미산眉山이다. 그가 살았던 고택은 나의 집에서 몇 걸음이면 닿을 만큼 지척에 있었다. 덕분에 나는 동파 문학의 숨결 속에서 자랐다. 정원이 유독 아름다운 삼소사三蘇祠에는 소순蘇洵, 소식蘇軾, 소철蘇轍 삼부자의 소상塑像이 모셔져 있다. 이들 모두가 당송팔대가唐宋八大家로 꼽힐 정도로 소씨 삼부자의 문학적 성취는 대단했다.

유복하진 않지만 지식인 가정에서 태어났던 만큼 유년 시절 그의 교육 환경은 전통 유가 문화의 훈도薰陶를 받기에 충분했다. 모친 정씨程氏도 교양과 학식을 갖춘 대가의 규수 출신으로 아들 소식에게 『후한서後漢書』와 『범방전范滂傳』을 가르쳤다. 조부 소서蘇序는 사료에 기록될 만큼 미산에서 이름난 괴짜 노인이었다. 기함할 만큼 주량이 셌던 소서는 신선 장과張果를 좇아 나귀를 거꾸로 타고 노상 뭔가를 중얼거리며 마을을 휘젓고 다녔다. 오지랖 넓은 그는 관에서 제대로 민의를 살피지 못하면 바로 관아로 달려가 주관州官과 현관縣官이 옴쭉달싹도 못하게 논박을 하기 좋아했다. 그는 풍년이 들면 매번 곡식을 대량으로 사들였는데, 마을 사람들은 '영감이 흉년에 한몫 잡을 요량으로 사재기를 한다'고 수군댔다. 두 해가 지나고 갑작스런 기근이 들자 그는 자기 집 대문에 삐뚤빼뚤한 필체로 그동안 사두었던 곡식을 이재민들에게 푼다는 방문榜文을 써 붙였다. 그로부터 삼십여 년 후 손자 소식은 항주의 지주知州가 되어 잇단 재해로 전역에 전염병이 돌 때 중안교衆安橋에 진료소 안락방安樂坊을 세웠다. 안락방은 민관합자로 건립된 중국 최초의 무료 진료소였다. 백성을 사랑하는 제민濟民 정신이 조부에서 손자로 대를 이어 유전되어온 것이다.

북송은 천하를 통일했지만 그 세력이 성당盛唐에 미치지는 못했다. 이에 송 태조 조광윤趙匡胤은 무인 세력을 누르고 문인을 숭상하는 문치주의로 국가를 재정비하는 전략을 세웠다. 과거제도를 통한 중앙집권적 관료체제가 확립되고 문인들이 권력의 핵심층에 자리 잡으면서 북송의 조정에는 문단의 거인이 출현했다.

소순은 청년기에 도처를 유람하다 스물일곱에 뜻을 세우고 학업에 매진한 끝에 문장으로 유명해진다. 소순이 북송 문단에 이름을 알리게 된 것은 당시 한림학사로 있던 구양수의 눈에 띄었기 때문이었다. 구양수를 태두로 한 문학 살롱에는 매요신梅堯臣, 증공曾鞏, 장선張先, 사마광司馬光, 왕안석王安石 등 북송 정계와 문단에서 내로라하는 인물들이 포진해 있었다. 일개 포의布衣인 소순이 이런 세력가들과 교류할 수 있었던 것은 그의 문학적 재능도 한몫했지만 당시 문인 사회의 분위기가 비교적 자유로웠기에 가능한 일이었다. 소순의 문학적 발분發憤과 주유舟遊는 큰아들 소식에게 학업 의지와 함께 천하를 향한 꿈을 키우는 자양분이 되었다.

북송 인종仁宗 가우嘉祐 원년인 1056년, 소씨 형제는 과거 응시를 위해 스무 해 동안 자신을 키워준 미산을 떠나 수도 변경汴京으로 향했다. 그해 8월 소식과 소철 형제는 나란히 진사시進士試에 합격했다. 당시 소식은 과거시험 답안지로 제출하는 글「형벌과 상은 충후한 것이 지당함刑賞忠厚之至論」에서 자신의 인정仁政 사상을 포부 있게 밝혔다.

과거 급제로 두 형제가 희열에 들떠 있을 때 고향 미산에서 비보가 날아들었다. 어머니 정씨 부인이 두 아들의 기쁨을 나눠보지도 못하고 그만 병으로 세상을 떴다는 소식이었다. 소식과 소철은 상사喪事를 치르기 위해 황망히 짐을 꾸려 미산으로 돌아갔다. 봉건시대 중국의 상례喪禮 제도는 지위 고하를 막론하고 매우 엄격했다. 소식은 모친 삼년상을 마치고 다시 변경으로 향했다. 이번에는 식솔들을 모두 데리고 수로를 이용했다. 그들은 사천의 가주嘉州, 투주渝州, 기주夔州를 거쳐 형문荊門의 삼협三峽을 지나 수도 변경으로 들어갔다. 수로를 이용해 변경까지 가는 여정은 장강과 무산, 충주의 굴원탑, 기주의 팔진도 등 산천 문물과 명승고적을 두루 볼 수 있는 좋은 기회였다. 소씨 삼부자는 배를 타고 오르내리며 여행지에서의 감흥을 수십 편의 시에 담았다.

변경에 당도한 소식은 조정에서 문서 처리 등의 사무를 보는 현주부縣主簿에 부임하라는 명을 받았지만 이를 사양하고 송 인종이 직접 주관하는 제과制科에 응시하여 장원급제했다. 제과의 장원은 '제과3등'이라고 하는데 1, 2등은 이름만 있는 형식상의 등급일 뿐이므로 사실상 3등이 수석 합격이나 다름없었다. 북송 시대를 통틀어 제과3

등에 합격한 이가 네 명뿐이니 제과의 장원급제는 대단한 영예였다. 동생 소철은 제과4등에 합격해 두 형제가 수석과 차석을 모두 차지했다. 인종이 황후에게 '나는 자손을 위해 두 재상을 얻었다'고 말할 만큼 소씨 형제는 이미 조정에서 주목받는 신인이었다. 소식의 문장을 본 구양수 역시 '30년 후에는 나를 일컫는 사람들이 없을 것'이라며 감탄했다.

소식은 경관대리평사京官大理評事의 신분으로 봉상鳳翔 첨판簽判의 관직을 제수除授 받았다. 임기 3년의 첨판은 공문 결제와 안건을 판결하는 업무를 주로 하는 관직이다. 섬서陝西에 있는 봉상은 수도 변경에서 천이백 리나 떨어진 곳이었다. 가우 6년인 1061년 겨울에 소식은 부친, 동생과 헤어지고 봉상으로 가는 길을 서둘렀다.

소식은 관직에 오르자마자 상사와 불협화음을 이루기 시작했다. 당시 봉상의 태수로 있던 진희량陳希亮은 미산 청신현靑神縣 사람으로 소순의 옛 친구이자 소식의 처 왕불王弗과는 동향이었다. 인정대로라면 자식 같은 소식을 챙겨줌직도 하건만 진희량은 그러질 않았다. 봉상에 부임한 소식은 고을 백성과 관아 동료들 사이에서 소현량蘇賢良으로 불리며 꽤나 인기가 좋았던 모양이다. 진희량이 앞으로는 누구도 소식을 소현량이라 부르는 일이 없도록 하라는 명령을 내리자, 세상 무서울 게 없는 스물일곱의 동파는 그 일을 매우 불쾌하게 여겼다. 황제도 자신을 후대하는데 괴팍한 노인네가 생트집을 잡으며 자기의 재능을 질투한다고 내심 진희량을 깔보았던 것이다. 어느 날 소식은 자기를 잘 따르던 구실아치가 태수에게 붙들려 매질을 당하고 있는 장면을 목격했다. 이유인즉 아전이 '소현량' 석 자를 입에 올렸다는 것이었다. 소식은 참지 못하고 다짜고짜 태수의 손에 들린 채찍을 뺏으려 했다. 굳이 말하자면 하극상을 당한 셈이니 태수 진희량도 잔뜩 성이 나 소리를 버럭 질렀다.

"네가 감히 어찌 이리도 불경한 것이냐!"

그리고 얼마 안 있어 중추절을 맞이해 지부知府(일급 행정 수장) 저택에서 정기 연회가 열렸는데 소식은 참석하지 않았다. 의무적으로 참석해야 할 연회에 가지 않으면 적잖은 벌금을 내야 했지만 소식은 도무지 마음이 내키지 않았다. 남편 대신 지부에게 벌금을 내고 온 왕불은 태수가 일부러 엄격하게 구는 것일 뿐 악의는 없을 거라며 소식을 달랬다.

"제가 보기에 태수님은 좋은 분 같더이다. 봉상 열 개의 현이 모두 그분의 관리 덕에 질서도 잡히고 살 만한 곳이 되었잖습니까."

하지만 소식은 왕불의 말을 듣지 않았고 봉상에 있던 삼 년 동안 시종 진희량과 사이가 좋질 못했다. 나중에야 소식은 봉상 시절을 떠올리며 자신이 젊어서 혈기만 왕성했지 어리석었다고 소회를 털어놓았다.

소식의 이런 태도는 아내 왕불에게도 비슷했던 것 같다. 소식이 봉상에서 수도 변경으로 돌아간 영종英宗 치평治平 2년인 1065년에 왕불은 서른 해도 못 살고 스물일곱에 그만 세상을 뜨고 말았다. 왕불이 죽고 십 년이 지나서야 소식은 자신의 일상 면면을 챙겨주던 아내의 살뜰함을 깨달았다. 다음 시는 희녕熙寧 8년인 1075년 소식이 밀주密州 태수에 임명되고 쓴 것이다.

「**강성자**江城子 · **을묘정월이십일야기몽**乙卯正月二十日夜記夢 － 을묘년 정월
스무날 밤의 꿈을 적다」

삶과 죽음으로 갈라선 아득한 십 년	十年生死兩茫茫
생각지 않으려 해도	不思量
잊을 수가 없구려.	自難忘
천리 밖 먼 곳 외로운 무덤에서	千里孤墳
처량한 심사 하소연할 곳도 없을 테지.	無處話凄凉
설사 만난다 한들 서로 알아보지도 못할 게요.	縱使相逢應不識
얼굴엔 먼지가 가득하고	塵滿面
살쩍은 서리처럼 희었으니.	鬢如霜
지난밤 꿈엔 문득 고향으로 돌아갔었지.	夜來幽夢忽還鄉
작은 방 창가에서	小軒窗
마침 화장을 하던 당신	正梳妝
돌아보며 말없이	相顧無言
그저 눈물만 흘리더군.	惟有淚千行
해마다 애끊는 곳을 알겠나니	料得年年腸斷處
달 밝은 밤	明月夜
작은 소나무 언덕이었소.	短松岡

왕불이 죽고 얼마 되지 않아 소순도 병으로 아들 곁을 떠났다. 불
과 몇 년 사이에 자신을 가장 아끼고 이해해주던 처와 아버지를 연달
아 잃은 소식의 슬픔은 실로 컸다. 부친상을 치르기 위해 미산으로

떠나는 소씨 형제를 위해 황제 영종과 조정 관료들이 조의금을 내놓았지만 소식은 일절 받지 않았다. 대신 소식은 황제 영종에게 선친에게 관작官爵을 추서追敍해달라고 요청했다. 자식으로서 아비의 생전 소원을 사후에라도 풀어드리고 싶다는 바람이었다. 이에 영종은 소순을 광록시승光祿侍丞에 봉하고 육품을 제수했다.

신법 주도자들과의 첨예한 대립

신종神宗 희녕 1년, 그 유명한 변법 운동을 일으킨 왕안석은 소식보다 열다섯 살 위로 그의 자는 개보介甫지만 사람들은 보통 형공荊公이라 불렀다. 소식이 봉상 첨판일 때 왕안석은 한림학사와 지방장관을 겸직하고 있었다. 변법의 대개혁을 꿈꾼 왕안석은 때를 기다리고 기회를 만드는 데 능한 정치가였다. 송 인종이 수차례 조정으로 그를 불렀지만 왕안석은 매번 구실을 들어 입궐을 사양했다. 1043년 범중엄范仲淹의 주장으로 경력신정慶曆新政을 통해 북송의 개혁을 시도했으나 일 년도 못 되어 흐지부지 끝나고 말았다. 개혁을 끝까지 추진하기엔 너무 늙어버린 송 인종은 국가의 대수술에 대한 의지도 그만큼 약할 수밖에 없었던 것이다. 왕안석은 인종의 그런 한계를 잘 알았다. 인종 후 즉위한 영종도 나이가 어리고 몸이 허약해 조태후曹太后가 수렴청정으로 조정을 장악하고 있었다. 황실의 상황이 이러하니 개혁은 더 어려웠다.

1067년 영종이 죽자 신종이 보위에 올랐다. 젊고 패기 넘치는 신종은 일찍부터 개혁의 필요성을 절감하고 있었던 터라 왕안석을 불러들였다. 왕안석은 이상적 개혁가 혹은 폭정을 일삼는 간신으로 엇갈린 판단을 받아왔다. 변법의 공과功過도 역사학계에서 시비 논쟁의 단골 메뉴가 될 만큼 그는 희대의 기인이었다. 왕안석이라는 인물에 대해서는 따로 자세히 논하도록 하겠다.

당시 북송은 표면적으로는 번영을 유지하는 듯 보였으나 사실상 도처에 위기가 숨어 있었다. 당조唐朝가 최고로 번성했을 때 급격히 나라의 기운이 쇠해졌던 역사적 사실을 북송의 사대부들은 기억했다. 북송의 국가 재정은 그 세력이 날로 방대해지는 관료 계층과 황실을 겨우 지킬 뿐, 정작 국경을 지키는 본연의 임무엔 무능한 백만 군사를 먹여 살리느라 점점 바닥을 드러냈다. 티베트 계통의 탕구트 왕족이 세운 서하西夏가 해마다 감숙과 섬서 지역을 치고 들어왔지만 그때마다 북송 조정은 금은을 쥐가며 화친을 청하는 형편이었다. 뿐만 아니라 관료의 각종 특권이 낳은 부패와 비리 문제가 곪을 대로 곪아가는데도 누구 하나 분연히 일어서지 않았다. 조정의 관료들은 서로 눈감아주며 오로지 자기 잇속을 채우는 일에만 관심을 두었다. 이러한 상황에서 범중엄의 개혁이 실패한 지 이십 년 만에 다시 변혁을 외치는 목소리가 커지기 시작했다. 혈기왕성한 신종과 기인 왕안석의 만남으로 북송 전역에 신법新法의 새바람이 불어온 것이다. 소식도 허울뿐인 번영의 이면과 도탄에 빠진 백성의 삶을 목도하고 변혁을 역설했다. '천하에 세상이 잘 다스려져 평안하다는 이름은 있으나 잘 다스려지고 있는 실상은 없다天下有治平之名, 而無天下之實'고 사회적 위기를 우려하며 정치 혁신을 요구하던 그가 왜 왕안석과는 대립각을 세우게 되었을까?

봉상에서 돌아온 소식은 궁정사무를 관장하는 전중승殿中丞에 제수되었다. 그 후 얼마 안 있어 아내 왕불과 부친이 차례로 죽자 미산으로 돌아가 삼년상을 치른다. 소식은 다시 환경還京하여 국사편수기관의 관리에 해당하는 직사관直史官에 임명됐지만 조정의 상황은 어수선하기만 했다. 그해 2월 신종은 왕안석을 기용하여 신법 운동을 일으켰다. 개혁이 본디 그렇듯 기득권 계층의 격렬한 반대가 일어났다. 변법이 시행되자마자 한기韓琦, 구양수 등 원로대신들이 반대하면서 조정은 신구 세력 간의 갈등으로 시끄러웠다. 범중엄의 경력신정이 실패한 이유가 조정 내의 세력 다툼에서 밀렸기 때문이라고 본 왕안석은 과감하고 철저한 단행만이 개혁을 성공시킬 수 있다고 믿었다. 그는 일단은 세게 밀어붙이고 개혁 과정에서 드러나는 문제들은 나중에 고치면 된다는 공격적이고 급진적인 전략을 채택했다.

중앙 재정 강화라는 측면에서 볼 때 신법 단행의 효과는 컸다. 적자 상태를 면치 못하던 재정이 흑자로 돌아섰으며 지방 재정도 충실해졌다. 경쟁력 없는 중소 상인에게 저리로 자금을 빌려주는 시역법市易法을 실시하여 대상인 중심의 유통 구조를 개선하기도 했다. 그러나 농민 부담을 덜어줄 목적으로 실시했던 청묘법靑苗法은 실효성을 거두지 못했다. 그 전에 농민들은 대지주나 고리대금업자에게 평균 6~7할에 해당하는 높은 이자를 물어야 했으므로 그 부담이 너무 가혹했다. 청묘법의 내용은 매년 춘궁기에 관청에서 농민들에게 전곡錢穀을 빌려주고 추수기에 2할의 이자를 받도록 하는 것이었다. 하지만 실적 올리기에 혈안이 된 관료들이 강제적으로 전곡 대여를 함으로써 많은 농민들의 반발을 샀다.

왕안석이 단행한 신법의 목적은 국가의 재정 확보와 국방력 강화 중심이었지 민생 안정이 아니었으므로 조정 관료가 이끈 개혁의 태생적 한계성이 그대로 드러날 수밖에 없었다. 구양수, 부필富弼 등 조정 중신들과 밀접한 왕래를 해왔던 소식은 기본적으로 보수적 정치관을 갖고 있었으며 게다가 개혁의 수혜 대상이어야 할 백성을 도외시하는 신법에 대해 회의적이었다.

희녕 2년 겨울, 소식은 개봉부開封府의 대리 추관推官(중죄인을 신문하는 관리)인 권개봉부추관權開封府推官으로 임명되고 「상신종황제서上神宗皇帝書」와 「재상황제서再上皇帝書」를 써서 신법의 반대론을 전개했다. 소식은 신종에게 지나치게 졸속한 정사 처리와 성급한 인사 등용, 무분별한 의견 수렴 등의 문제점을 조목조목 지적했다. 왕안석을 기용하고 그의 개혁 방안을 전폭적으로 지지해온 신종으로서 소식의 지적은 불편했지만 그렇다고 귀를 닫고 있을 수도 없는 노릇이었다. 당 헌종憲宗처럼 중흥 군주가 되어 국운을 다시 일으키려면 신변에 다양한 인재의 보필이 필요했다. 신종은 왕안석에게 소식을 중용重用할 뜻을 내비쳤다. 하는 일마다 사사건건 시비를 따지며 걸고넘어지는 소식이 왕안석에게 곱게 보일 리 없었다. 그는 신종의 제안을 일언지하에 거절했다.

왕안석은 신법을 주도하는 기관으로 제치삼사조례사制置三司條例司를 세우고 소철에게 신법의 기초起草 작업을 담당하도록 했으나, 의견 차이를 극복하지 못한 소철은 스스로 사직서를 제출하였다. 신종의 만류에도 사마광司馬光, 범순인范純仁, 부필, 범진范鎭 등 일군의 중신들은 지방관을 자청하며 조정을 떠났다. 이를테면 신법 개혁에 반대하는 내각이 결의하여 집단 사퇴를 하는 셈이었다. 사마광은 조정에서 물러나 낙양에서 15년을 머무르며 역사 대작인 『자치통감資治通鑑』의 저술에 매진했다.

소식도 개혁의 필요성을 누구보다 절감했지만 왕안석이 주도하는 방식은 효과보다 문제를 더 많이 양산할 것이라고 보았다. 청묘법, 면역법免役法, 시역법 등 일련의 신법들은 짧은 시간에 국고를 채웠지만 백성의 살림은 오히려 더 피폐해졌다. 신법이 실시되면서 많은 백성들은 조상 대대로 운영해오던 가업이 망했으며 전답을 잃고 정처없이 떠도는 유랑민의 신세로 전락하고 말았다. 소식은 「재상황제서」에서 '오늘의 정치는 작게 쓰면 작게 실패하고 크게 쓰면 크게 실패하니 이대로 계속 강행하면 큰 혼란으로 망하게 될 것'이라며 강한 어조로 신법을 공격했다.

신법당과 구법당 간의 치열한 정치 투쟁과 알력 싸움에서 소식도 자유로울 순 없었다. 왕안석의 동서인 사경온謝景溫은 부친 소순의 복상服喪 기간에 소금을 밀매했다고 날조하여 소식을 탄핵했다. 소식의 탄핵 사건은 그렇잖아도 바람 잘 날 없는 조정에 한바탕 진통을 일으켰다. 한기, 범진, 구양수 등 원로대신들이 나서서 소식을 변호했다. 당시 부친상을 치르기 위해 미산으로 돌아가는 소식에게 영종과 대신들이 내놓은 조의금도 모두 마다했는데, 하물며 복상 중에 사염私鹽을 판다는 게 말이나 되는 소리냐는 것이었다. 사실무근이고 증거도 없어 무죄 판결을 받았지만 이 일로 정세는 소식에게 불리하게 흘러갔다. 조정의 분위기를 파악한 신종은 소식에게 지방 태수로의 전출을 명했지만 그것마저도 순조롭지 않다. 지방최고행정관인 태수의 자리에 소식을 앉히는 것을 원치 않은 왕안석의 제지 때문이었다. 결국 신종 희녕 4년인 1071년 8월 소식은 수도 변경을 떠나 11월 항주杭州에서 지주知州의 부관인 통판通判으로 부임하였다.

문학적 감수성을 회복하다

조정에서 중앙관으로 재직하던 시절 소식은 당쟁의 험한 분위기 탓인지 시인으로서의 면모를 발휘하지 못했으나 항주통판으로 부임 하면서 문학적 감수성을 회복하기 시작했다. 뿐만 아니라 지방관으로 재직하면서 백성의 곤곤한 살림살이를 세심히 살피는 위민관爲民官으로서의 면모를 보여주었다.

「유금산사遊金山寺 - 금산사를 유람하고」

......

이때 강 위로 달은 막 떠올라	是時江月初生魄
깊은 밤에 달이 지니 하늘은 더욱 어둡다.	二更月落天深黑
강 한가운데는 마치 횃불이 있는 듯 밝고	江心似有炬火明
나는 듯한 불빛 산을 비추니 산새들이 놀란다.	飛焰照山棲烏驚
서운함을 안고 돌아와 누운 내 마음 알 수 없고	悵然歸臥心莫識
귀신도 사람도 아닌 것이 무엇인가.	非鬼非人意何物

......

심립沈立이란 자는 왕안석에게 낙점되어 강남 제일의 도회지인 항주의 태주로 부임하여 순식간에 주목받는 몸이 되었다. 그는 신법당과 구법당 사이에서 처신의 지혜를 발휘하여 신중하게 일을 처리했으며 백성을 사랑하고 직무에 충실하여 소식과도 잘 지냈다. 사실 통판은 한직閑職에 가까웠지만 주부州府의 모든 일에 관여할 수 있는 권한을 가진 자리라 태수들 대부분은 통판을 경계했다. 소식과 심립 두 사람은 신법 실시 과정에서 발생하는 문제점을 최대한 줄이고자 노력했다. 당시의 지방관은 조정의 명령을 집행할 때 일정한 재량권이 허용되었다. 영주潁州 태수로 있던 구양수는 자기 관할 지역에서는 아예 신법이 적용되지 못하도록 했다. 비록 지방의 태수였지만 구양수는 여전히 조정과 재야에서 영향력 있는 삼조三朝 원로 중신이었기에 신종도 함부로 하지 못했다. 제자였던 왕안석도 스승 구양수에게는 공손했다.

소식의 우려대로 청묘법이 항주에 시행되고 얼마 있지 않아 곧 부작용이 드러났다. 관에 빚을 져 옥살이를 하는 농민들의 수가 점점 늘어난 것이다. 섣달 그믐날 밤이면 관아에서는 옥중에 있는 죄인의 수를 점검했다. 그날 밤 소식은 대청 위에서 해질 대로 해져 옷을 입었다기보다는 천 조각을 걸친 편에 가까운 백성들의 초췌한 얼굴을 보았다. 소식은 관리로서 부끄럽고 가슴이 아팠다. 다음 시는 소식이 임안臨安, 오잠於潛, 신성新城 등 각 지역을 순시하며 목격한 청묘법의 폐해를 그린 것이다.

「산촌5절山村五絶」

지팡이 짚고 밥을 싸서 서둘러 갔으나	杖藜裏飯去忽忽
청묘법으로 대출받은 돈도 다 써버리고	過眼靑錢轉手空
얻은 거라곤 아이가 대처 말 잘 배운 것뿐	贏得兒童語音好
일 년의 반을 어쩔 수 없이 도회지에 머무른다네.	一年強半在城中

절강 동쪽과 서쪽 지방에서는 염법鹽法의 엄격한 시행과 단속으로 짧은 시간에 사염 판매 현상이 두절되었다. 관청이 강압적으로 저가 수매를 하자 연해 지방의 소금 제조업자들은 분을 참지 못하고 염효鹽梟라는 무장 조직을 만들어 관군에 대항했다. 소식은 상소문에서 양절兩浙 지방에 소금 때문에 범법자가 된 백성의 수가 1만 7천 명이 넘는다고 고했다. 그 한 해에 염법으로만 잡아 가둔 사람이 거의 2만 명이었다. 관염官鹽의 가격 폭등으로 중앙의 재정 수입은 크게 늘었으나 백성들은 턱없이 비싼 소금을 사 먹을 엄두도 내지 못했다.

신법 때문에 평온을 희구하는 소박한 꿈조차 산산조각 난 백성들을 보자 소식은 괴로웠다. '이곳의 자연과 풍물이야 아름답기 그지없지만 신법으로 바람 잘 날이 없으니 감상하는 그 맛도 좋지 않다네'라며 그는 당시의 답답하고 괴로운 심정을 친구에게 편지로 토로하기도 했다.

비록 신법의 소용돌이가 있었지만 사실 항주 통판으로 시작된 8년의 첫 지방관 재직 시절은 소식이 문학적으로 완성도 있는 시를 많이 저작한 시기였다. 또 소식 본래의 낙천주의가 그를 문학적으로 자유롭게 호흡하도록 했다.

소식은 서호西湖 근처의 망호루望湖樓에서 혼자만의 시간을 만끽하곤 했다. 무리에서 떨어져 나와 오롯이 자기와 마주하는 고독의 시간이야말로 시인으로서의 감수성을 향유하기 가장 좋은 순간이었다. 자고로 시인은 고독을 생의 밑천으로 삼는 사람이 아니던가.

어느 날 소식은 호수를 둘러싼 산들이 저만치 하늘가로 닿고 끝도 없이 펼쳐질 것만 같은 만경萬頃의 서호를 내려다보고 있었다. 칠월의 하늘이 갑자기 큰 비를 쏟아붓기 시작했다. 소식은 누각의 난간에 기대서서 고향 미산의 말씨로 저도 모르게 시를 읊조렸다.

「망호루취서望湖樓醉書 – 망호루에서 술에 취해 쓰다」

먹물 흘러넘치는 듯 검은 구름 아직 산 덮지 않았는데	黑雲翻墨未遮山
구슬 튀어 오르듯 하얀 빗방울 어지러이 배로 들이치고	白雨跳珠亂入船
땅을 말아갈 듯 바람 불어와 홀연 흩어버리니	卷地風來忽吹散
망호루 아래 호수는 하늘과 같아라.	望湖樓下水如天

서호를 묘사한 시 가운데 사람들의 입에 가장 자주 회자되며 사랑을 받는 시는 다음의 7언 절구다.

「음호상초청후우飮湖上初晴後雨 – 서호에서 술 마시는데 비가 내리다」

출렁이는 물빛이라 맑은 날이 좋더니	水光瀲灩晴方好

산색이 자욱한 게 비 또한 기이해라	山色空濛雨亦奇
서호를 서시와 비교하면	欲把西湖比西子
옅은 화장, 짙은 분이라 하면 맞겠네.	淡妝濃抹總相宜

서호는 유난히 이름이 많다. 그만큼 관련 전설도 많고 아름답기로 소문난 명승지다. 아주 옛날 금으로 된 소가 호수에 출몰하곤 했는데 이를 명군明君이 나타날 상서로운 기운이라 여겨 사람들은 그때부터 금우호金牛湖, 명성호明聖湖라 불렀다. 당대唐代 때는 호수가 전당현錢塘縣 내에 있어 전당호, 또 성의 서쪽에 있다 하여 서호라고도 했다. 당의 이심李沁이라는 자가 호수에 물을 뿜는 석함갑石函閘을 만들어 석함호라는 별칭도 있었다. 백거이가 강의 범람을 막고 호수 물을 저장하여 서서히 밖으로 흐르게 할 목적으로 제방을 쌓았는데 둑의 안쪽에 있는 호수를 상호上湖라 이름 지었다. 또 한때는 방생호放生湖라고도 불렸는데, 이는 송 진종 때 군주 왕흠약王欽若이 서호를 방생 연못으로 삼아 물고기 잡는 일을 금하도록 황제에게 요청했다는 데서 붙여진 이름이다. 그 후 소동파가 이 시에서 서호를 서시와 견주면서 서자호西子湖라는 이름으로 정착되어 오늘날까지 불리고 있다.

백성을 사랑한 관리

희녕 7년인 1074년 밀주密州 태수로 승진한 소식은 오늘의 산동山東 땅으로 떠났다. 태수 자리에 앉고 얼마 안 있어 메뚜기 떼 습격으로 농가들이 심각한 피해를 입자, 그는 재해 복구를 위해 각 현으로 뛰어다녔으며 조정에 글을 올려 밀주 지방의 조세 감면을 요청했다. 소식이 밀주에 도착하자마자 이 마을에서 저 마을로 뛰어다니고 공문도 현장에서 바로 처리하는 일이 많아 백여 일이 지날 때까지 아전들의 반은 새로 부임한 태수의 얼굴도 몰랐다. 밀주에서는 도적들이 자주 출몰했는데 소식은 메뚜기를 잡았으니 이제 큰 벌레를 소탕할 차례라며 대대적인 토벌 작업을 벌였다. 한편 연이은 기근으로 백성 대부분이 입에 풀칠이나 겨우 하는 실정인지라 아이를 낳아 풀숲에 내다 버리는 영아 유기 사건도 많이 발생하였다. 이를 안타깝게 여긴 소식은 관아에서 버려진 아이들을 최대한 입양하고 특별 재정을 마련하여 아이를 기를 형편이 안 되는 가정을 지원하도록 했다. 적어도 아이가 첫돌이 될 때까지는 엄마의 품에서 자랄 수 있어야 한다는 생각에서였다. 이와 같은 일련의 조치로 밀주에서 갓난아이가 버려지는 일이 크게 줄어들었다. 소식은 밀주 시절에 지은 시에서 공무가 번거롭고 생활도 빈궁하지만 조정에서 당쟁으로 치이는 생활보다는 훨씬 낫다고 쓰고 있다.

바빴던 부임 첫해를 보내고 그 이듬해 가을, 소식은 군사를 이끌고 사냥을 나갔다. 다음 사는 그때의 사냥 풍경을 노래한 것인데 다소 과장됐지만 호탕한 기세가 느껴진다. 마지막 구절에는 북송의 변경을 자주 침략하며 괴롭혔던 서하와 요나라를 향해 활시위를 당기는 자신의 모습을 그리고 있는데, 이는 나라를 위해 중요한 쓰임이 되고 싶은 관리로서의 소망을 피력한 것이다.

「강성자江城子 · 밀주출렵密州出獵 – 밀주에서 사냥을 나가다」

늙은이가 젊음의 기개 발동하여	老夫聊發少年狂
왼손엔 누런 사냥개를 끌고	左牽黃
오른손에 푸른 매를 들고	右擎蒼
비단 사냥모에 표범 가죽옷 걸쳤다	錦帽豹裘
일천 기마병이 언덕을 에워쌌는데	千騎卷平崗
태수를 따라온 성의 온 백성들에 보답하기 위해	爲報傾城隨太守
내 직접 호랑이를 화살로 쏘아	親射虎
손권의 기개를 보여주리라	看孫郎
술에 취해 가슴이 활짝 열리니	酒酣胸膽尙開張
살쩍에 서리 좀 내린다고	鬢微霜
또 무슨 상관 있겠나?	又何妨
언제 부절*을 가지고 운중**으로	持節雲中
풍당을 보낼 것인가?	何日遣馮唐
보름달처럼 활시위를 당겨	會挽雕弓如滿月
서북쪽을 바라보고	西北望
천랑성***을 쏘리라	射天狼

---

* 주로 사신들이 가지고 다니던 것으로 대나무나 돌 따위로 만들어 둘로 가른 후 하나는 조정에 보관하고 하나는 신분 증명을 위해 휴대했던 물건.
** 한 문제 때 운중 태수 위상(魏尙)은 흉노와의 전쟁에서 공을 세웠으나 전공을 사실대로 보고하지 않은 죄로 삭탈관직당했다. 이때 풍당이라는 자가 나서서 위상을 위해 간하였다. 문제는 풍당의 간언을 받아들여 그를 운중으로 보내 위상의 죄를 사면하고 태수로 복직하게 했다.

소식이 친구에게 밀주에서의 근황을 알리는 다음 편지를 보자. 문학을 향한 그의 욕심과 성격이 엿보이는 대목이다.

　근자에 사를 몇 수 지어보았습니다. 유영의 사와 같은 맛은 없지만 나름 일가를 이루었지요. 하하! 수일 전엔 교외로 사냥을 나갔는데 노획물이 꽤 많았습니다. 동주의 장사들이 손뼉을 치고 발을 구르며 내가 지은 사를 노래 부르고 피리와 북으로 곡조와 박자를 맞추는 그 모습은 장관이었습니다. 웃으시라고 몇 자 적어 보냅니다近作小詞, 雖無柳七郎風味, 亦自是一家, 呵呵! 數日前獵於郊外, 所種頗多. 作得一闋, 今東州壯士抵掌頓足而歌之, 吹笛擊鼓以爲節, 頗壯觀業, 寫呈取笑.

　소식은 밀주 부임 후 설계와 자재 선택, 시공까지 모두 자신이 직접 관여하여 초연대超然臺를 세웠다. 당시 동생 소철과 일곱 해나 만나지 못했던 소식은 중추절이 되어 초연대에서 보름달을 바라보니 멀리 떨어진 형제가 더욱 그리워졌다. 온 가족이 함께 모이는 명절이건만 하나뿐인 동생의 얼굴도 볼 수 없으니 안타까운 그리움이 가슴에 사무쳤다. 만남과 헤어짐으로 반복되는 생의 슬픔과 기쁨, 형제간의 깊은 정을 노래한 다음 사는 중학생들도 줄줄 외울 만큼 중국인들에게 널리 사랑받는 소동파의 대표작 중 하나다. 원래의 제목은 「병진년 중추절을 맞이하여 새벽까지 흔쾌히 마시고 크게 취하여 이 사를 짓고 아울러 자유를 그리워하다丙辰中秋, 歡飮達旦, 大醉, 作此篇, 兼懷子

*** 서하(西夏)를 가리킨 말.

由」이다. '자유子由'는 동생 소철의 자로, 당시 그는 제주장서기齊州掌書記로 부임해 지금의 산동성 제남濟南에 있었다.

「수조가두水調歌頭・명월기시유明月幾是有」

밝은 달은 언제부터 있었느냐고	明月幾時有
술잔을 들고 푸른 하늘에 물어본다.	把酒問靑天
천상의 궁궐 오늘 이 밤은	不知天上宮闕
어느 해인지 모르겠네.	今夕是何年
바람을 타고 돌아가고 싶지만	我慾乘風歸去
옥구슬로 만든 달의 궁전	又恐瓊樓玉宇
높으니 추위를 못 이길까 두렵기도 하네.	高處不勝寒
일어나 춤추며 맑은 그림자를 희롱하니	起舞弄淸影
어찌 인간 세상에 있는 것 같으리오?	何似在人間

달은 붉은 누각을 돌고 비단 창문에 내려와 잠 못 이루는 나를 비추는구나.

轉朱閣, 低綺戶, 照無眠

달은 한이 없을 터인데 어찌하여 늘 헤어져 있을 때만 둥근 것인지?

不應有恨, 何事長向別時圓

인생이란 슬프다가도 기쁘고 헤어졌다가 또 만나는 것	人有悲歡離合
달이란 흐렸다가도 맑고 찼다가 또 기우는 것	月有陰晴圓缺
이런 일이야 예부터 온전하기 어려우니	此事古難全
다만 바라기는 우리 오래 살아서	但願人長久

천 리 밖에서나마 저 아름다운 달 함께 볼 수 있기를. 　　千里共嬋娟

희녕 10년 소식은 서주徐州 태수로 부임하였다. 한데 소식이 서주
로 오고 두 달쯤 지났을 때 대홍수가 났다. 단주澶州의 황하 제방이
터지는 바람에 하룻밤 사이에 서주성에 물이 엄청 불었던 것이다. 소
식은 우선 군마軍馬를 가진 부호들이 피난을 가지 못하도록 엄격하게
막았다. 돈 많은 부자들이 떠나면 그렇잖아도 갑작스러운 물난리로
흉흉해진 민심이 더욱 황폐해질 것을 우려한 조치였다. 소식은 직접
금병禁兵을 이끌고 방재防災 작업을 인솔했다. 사실 태수는 군사 지휘
권이 없었으나 폭우를 다 맞으며 처소까지 찾아온 소식을 보자 평소
오만하던 금병 수령首領도 감동하여 앞으로 일체의 수재 복구 작업은
태수의 말을 따르라는 명령을 내렸다.

소식의 치수 공적을 전해 들은 송 신종은 크게 기뻐하고 조서를
내려 그의 노고를 치하하였다.

'내 황하의 물이 서주성 아래까지 들이찼다는 소식을 들었는데,
그대가 친히 관병을 이끌고 성벽을 보호해 나라 살림과 백성의 목숨
을 지켰으니 심히 기쁘오.'

후에 소식이 서주를 떠나 다른 곳으로 이임移任할 때 그곳 백성들
은 물심양면으로 자신들을 보살펴준 그를 떠나보내는 게 아쉬워 성
밖 수십 리까지 배웅을 나와 눈물을 흘렸다. 소식은 밀주에서 초연대
를 세웠듯 서주에서도 누각을 세웠다. 누각의 이름은 흙이 물을 이긴
다는 오행五行의 상극相剋 이론에 따라 황루黃樓라고 지었다.

다음은 어제와 오늘을 비교하며 소박한 술상에도 만족할 줄 아는

넉넉함과 흥겨움이 느껴지는 시다.

「구일황루작九日黃樓作」

작년 중양절은 말할 수도 없었지	去年重陽不可說
한밤중에 서주 남성 천 군데에서 물거품이 일어나고	南城半夜千漚發
홍수로 성 아래가 뚫려 천둥 같은 소리를 내고	水穿城下作雷鳴
진흙이 성곽 위까지 가득한데 비까지 날려 미끄러웠지	泥滿城頭飛雨滑
국화주 한 잔 챙겨주는 이도 없이	黃花白酒無人問
해 저물녘 돌아와 신발을 씻었지	日暮歸來洗靴襪
올해 다시 중양절이 되어	豈知還復有今年
국화꽃 마주한 채 술잔 들고 마실 줄 어찌 알았으리?	把盞對華容一呷
술맛이 나쁘다 기생이 못생겼다 타박을 말세	莫嫌酒薄紅粉陋
그래도 진흙 속에서 삽질하던 작년보단 나으니	終勝泥中千柄鍤
황루가 새로 지어진 후 아직 벽도 마르지 않았는데	黃樓新成壁未乾
벌써 청하의 수위는 낮아지고 서리도 내려 녹았다	清河已落霜初殺

신종 원풍元豐 원년인 1078년 서주는 봄 가뭄이 심각했다. 소식은 태수로서 석담石潭에서 기우제를 지냈는데 얼마 후 과연 비가 내렸다. 이에 소식은 단비를 감사하며 다시 하늘에 제사를 올렸다. 다음은 제사를 마치고 돌아오는 길에서 활기를 되찾은 농촌의 모습을 보고 지은 시다. 원제는 「서주 성문에 있는 석담에서 비에 감사드리는 제사를 올리고 돌아오는 길 위에서 5수를 지었다徐門石潭謝雨, 道上作五

首」이다.

「완계사浣溪沙」

서둘러 치장한 고운 아낙들 태수를 보겠다고	旋抹紅妝看使君
삼삼오오 짝을 지어 사립문에 있다가	三三五五棘籬門
서로 밀치며 밟더니 붉은 비단 치마 찢어놓네.	相排踏破蒨羅裙
노인과 아이는 손 맞잡고 마을 제사 구경하고	老幼扶攜收麥社
까마귀와 솔개도 제사 지내는 마을로 날아오는데	烏鳶翔舞賽神村
해질녘 술 취한 노인은 길에 누웠네.	道逢醉叟臥黃昏

삼 잎은 겹겹층층 어저귀 잎은 반짝반짝	麻葉層層檾葉光
뉘 집이 고치 삶기에 마을이 온통 향기로 가득한가?	誰家煮繭一村香
울타리 너머 실 짜는 아가씨의 아리따운 말소리.	隔籬嬌語絡絲娘
백발 노인은 지팡이 짚은 채 취한 눈을 치켜뜨고	垂白杖藜抬醉眼
청보리를 찧어 볶은 가루로 굶주린 배 달래며	捋靑搗麨軟饑腸
콩잎은 언제 누렇게 익는가 물어본다네.	問言豆葉幾時黃

옷과 갓엔 떨어진 대추 꽃이 수북	簌簌衣巾落棗花
남쪽 북쪽 마을엔 물레 소리 가득	村南村北響繰車
늙은 버들 옆엔 덕석 뒤집어쓴 오이 장수.	牛衣古柳賣黃瓜
술에 취해 졸리고 길은 머니 자고만 싶은데	酒困路長惟欲睡
해는 높고 목마르니 차 생각도 간절하여	日高人渴漫思茶

시골집 문 두드려 있는가 물어보네.　　　　　　　　敲門試問野人家

연한 풀과 사초는 비 온 뒤 새롭고　　　　　　　　軟草平莎過雨新

가벼운 모래 일던 큰길엔 먼지 하나 없는데　　　　輕沙走馬路無塵

땅을 가는 이 신세는 언제나 끝날는지?　　　　　　何時收拾耦耕身

따스한 햇빛은 뽕잎과 마잎 위로 쏟아지고　　　　日暖桑麻光似潑

바람 따라온 쑥 향기는 은은한데　　　　　　　　　風來蒿艾氣如薰

사군은 본시 이 마을 사람이었네.　　　　　　　　使君元是此中人

조정을 뒤흔든 필화 사건

1079년 소식은 호주湖州 태수로 부임하라는 명을 받지만 관례에 따라 쓴 사표謝表가 백성들의 신망을 쌓고 있던 그에게 큰 화를 초래했다. 당시 조정에는 왕안석이 재상에서 물러나고 없었다. 자신의 제자 여혜경과의 정치 싸움으로 아들 왕방王雱이 죽자 상심하고 재상 직을 그만두고 고향으로 돌아갔던 것이다. 그 일로 여혜경도 조정에서 쫓겨났지만 그가 기용한 소인배들은 소식을 일찌감치 또 다른 희생양으로 눈독 들이고 있었다. 끊임없이 희생양을 만들어냄으로써 자신들의 입지를 유지하는 것이 정치판 소인배들의 생존 방식이었다.

소식을 끝내 궁지로 몰아넣은 필화 사건의 전말은 이랬다. 소식이 항주 통판으로 있던 시절 심괄沈括이라는 자가 항주에서 그의 시집을 베껴와 조정을 비방하고 신법에 반대한다며 감찰부에 넘긴 것이다.

심괄은 『몽계필담夢溪筆談』을 지은 뛰어난 과학자였지만 정치적으로는 오로지 줄서기에만 매달린 소인이었다. 그런 그가 왕안석의 눈에 들어올 리 없었기에 심괄의 밀고 사건은 당시엔 조용히 끝났지만 결국 몇 년 후 소식에게 사형을 당할 위기까지 불러오고야 말았다.

권감찰어사리행權監察御使里行인 하정신何正臣과 서단舒亶, 국자박사國子博士 이의李宜, 군어사중승權御使中丞 이정李定 등이 네 번에 걸쳐 소식을 탄핵했다. 하정신은 소식의 일부 시문이 '조정을 우롱하고 스스로 잘났다고 여기며 물난리나 도적 떼의 출몰 등의 변이 일어나는 것을 모두 신법 탓으로 돌리고 있다'고 주장했다. 사실 그들의 심기를 결정적으로 건드린 것은 호주 사표였다. 소식은 사표에서 신종에게 '폐하께서 아시듯이 소신은 어리석어 부적절하니 새로운 세력과 일하기 어렵고 또 살피시듯이 제 연로함이 문제를 만들지 않으니 능히 백성들을 다스릴 수 있을 것입니다陛下知其愚不適時, 難以追賠新進, 察其老不生事, 能牧養小民'라고 말했던 것이다. 행간의 의미인즉 조정의 신진 세력들이 문제만 만들고 백성을 괴롭힌다는 것이었다.

이들의 탄핵 주장을 받아들인 신종은 소식을 즉시 잡아들여 어사대에서 심리하라는 명령을 내렸다. 이 사건을 역사는 '오대시안烏臺詩案'으로 기록하고 있다. '오대烏臺'는 어사대를 가리키는 말로, 어사대에 있는 잣나무 위에 수천 마리의 까마귀가 서식하여 그렇게 불렀다고 한다.

1079년 7월 하순, 소식은 관청 후원에서 한 해 전에 병으로 세상을 뜬 친구 문동文同의 서화들을 그늘에 말리고 있었다. 소식, 미불米芾, 황정견黃庭堅 등은 대나무 그림으로 유명했던 문동의 서화에 늘 감탄하곤 했었다. 소식이 문동의 유작들을 펼쳐놓으며 얼마간의 상념에 젖어 있을 때 갑자기 다급한 발소리가 들려왔다. 어사대 관리 황보준皇甫遵이 어명을 받고 소식을 잡으러 달려온 것이었다. 소식은 바로 체포되어 수도 변경으로 압송되었다. 심문을 맡은 이정은 소식의 죄명을 만들기 위해 그의 글이라면 한 자도 빼놓지 않고 보았다. 소식과 몇 차례 서신 왕래를 한 이들까지 모두 증인으로 어사대에 불려갔다. 이 필화 사건에 연루된 사람만 스무 명이 넘었는데 범진, 사마광, 장방평張方平 등 대부분이 신법 반대파들이었다. 결국 오대시안은 신법 세력이 반대파를 숙청하려는 정치적 모함이었다. 부마駙馬 왕선王詵은 소식과는 친구였는데, 심지어 이정은 소식이 왕선에게 서화 표구를 부탁하고 값을 지불하지 않은 것까지 죄명으로 집어넣었다.

한편 소식을 위한 구명 운동도 활발히 이루어졌다. 먼저 동생 소철이 황제에게 자신이 관직에서 물러나는 것으로 형의 죄를 대속代贖하겠다는 상소문을 올렸다. 태자소사太子少師로 있다가 치사致仕한 장방평은 금릉金陵에 머물고 있었는데, 아들 장서張恕를 수도로 보내 탄원서를 제출하도록 시켰다. 그러나 장서는 아버지가 쓴 탄원서를 신종에게 올리지 않았다. 장서는 소식이 기재奇才이자 뛰어난 관리라는 내용의 탄원서가 완고한 신종의 심기를 건드려 오히려 더 노하게 할 수 있다고 생각했다. 뛰어난 신하를 몰라보고 죽인다는 것은 결과적으로 황제가 현명하지 못한 혼군昏君이라고 질책하는 것이나 다름없기 때문이었다. 형부시랑刑部侍郎으로 치사한 범진도 가족의 반대를 무릅쓰고 소식의 목숨만이라도 살려달라는 상소문을 올렸다. 그렇게 형세는 소식에게 유리하게 돌아가 최소한 사형은 면할 수 있었다. 탄핵 사건이 자신들의 예상과는 다른 방향으로 흘러가자 이정과 서단 등은 긴장했다. 소식의 재능을 일찌감치 알고 아끼던 신종의 마음도 돌아서자 소식이 죽지 않으면 큰 화근이 될 거라고 생각한 그들은 소식에게 불리한 증거를 찾느라 혈안이 되었다. 서단은 소식의 「왕복수재소거쌍회王復秀才所居雙檜」를 베껴 우승상 왕규王珪에게 가지고 갔다. 왕규는 바로 신종에게 '고목 뿌리가 구천의 굽이 없는 곳까지 이르니 세상에서 오로지 칩룡만이 그 마음 알겠네根到九泉無曲處, 世間惟有蟄龍知'를 보여주었다.

"하늘을 나는 비룡이신 폐하께서 자신을 몰라본다며 지하의 칩룡에게 지음知音을 구하는 것을 보면 필시 소식에게 불신不臣의 뜻이 있는 게 분명하옵니다."

"어찌 시를 그렇게 이해하는가? 그는 노송나무를 읊었을 뿐이거늘 짐과 무슨 상관이 있겠는가?"

왕규가 다시 억지를 부리려 하자 옆에서 잠자코 있던 장돈章惇이 입을 열었다.

"우승상과 같이 시문을 읽으면 죄 없는 사람이 없을 줄로 아옵니다."

신법당 장돈조차 소식의 편을 들자 마음이 다급해진 이정은 왕안석의 동생 왕안례王安禮를 찾아갔다.

"소식은 신법을 반대해온 사람이니 공은 그를 변호해서는 안 될 것이오."

왕안례는 이정의 말엔 관심도 없다는 듯 소매를 털고 지나갔다.

그는 신종을 알현하고 소식에 대해 좋은 말을 많이 했다. 신종의 할머니인 태황태후太皇太后 조씨도 병중에서 손자에게 소식을 풀어줄 것을 요청했다.

왕규와 이정 등은 수단 방법을 가리지 않았다. 심지어 그들은 조정의 대신들을 매수하고 협박하기까지 했다. 조정 안팎의 여론이 소식의 목숨을 놓고 다시 갈라지자 신종은 결단을 내리지 못했다. 이정은 '소식의 죄는 사형죄에 해당하니 조상들의 죄까지 거슬러 추급追及해 그 죄를 물어야 한다'고 했다. 북송 형법제도에 따르면 이정의 말은 틀린 말이 아니었다.

옥중에서 바깥의 돌아가는 형편을 전혀 전해 들을 수 없었던 소식은 답답하기만 했다. 그렇게 속만 끓이던 어느 날 죄수들의 밥을 담당하는 옥리가 소식에게 생선 한 마리를 갖다주었다. 투옥되기 전 큰아들 소매蘇邁에게 사형을 면하기 어려울 경우 생선을 사식으로 보내라고 말해둔 터였기에 소식은 절망했다. 소식은 이 생각 저 걱정에 잠을 이루지 못했고 명료한 의식 속에서 동생 소철이 사무치게 그리웠다.

「절명시絶命詩」

성군은 하늘과 같아 봄처럼 만물을 소생시키나	聖主如天萬物春
소신은 어리석고 어두워 패가망신하였소.	小臣愚暗自亡身
백 년도 못 되어 먼저 빚을 갚고	百年未滿先償債
열 식구는 돌아갈 곳도 없이 오히려 누만 끼쳤소.	十口無歸更累人

내 이곳 청산에 뼈를 묻으려니	是處靑山可埋骨
그해 밤, 비 내리면 홀로 마음 상할 테지.	他年夜雨獨傷神
그대와 더불어 대대손손 형제가 되어	與君世世爲兄弟
이생에서 다 못한 인연을 다시 맺을까 하오.	又結來生未了因

이즈음 퇴직하고 금릉에서 사태를 관망하고 있던 왕안석이 나섰다. 신종에게 보낸 상소문에서 그는 '어찌 성세에 재능 있는 선비를 죽이는 일이 있어야겠습니까安有盛世而殺才士乎?'라고 했다. 왕안석의 이 한마디로 북송 조정을 뒤흔들었던 필화 사건은 종지부를 찍었다. 소식이 투옥된 지 130일 만이었다. 소식은 사형은 면했지만 유배를 가야 했고, 사건에 연루된 이들도 경중에 따라 벌금형이나 유배형에 처해졌다. 당시에 소식의 필화 사건을 다룬 『동파오대시안』이란 책까지 간행되었으니 그 영향력을 가히 알 만하다 하겠다.

온 성이 폭죽 터지는 소리로 가득 찬 새해 겨울, 소식은 아들 소매와 함께 눈보라를 맞으며 수도 변경을 떠나 호북의 황주黃州로 향했다. 소식은 다음 시에서 어이없는 모함으로 하루아침에 유배지에 묶이는 몸이 된 자신의 처지를 조롱하면서도 나라에 보탬이 되고 싶다는 바람 또한 버릴 수 없음을 담담히 밝히고 있다.

「초도황주初到黃州 **– 황주에 막 도착해서」**

입 때문에 바빴던 평생이 우습더니	自笑平生爲口忙
늘그막에 일마저 황당하게 되었다.	老來事業轉荒唐

장강이 성을 감도니 고기 맛 좋을 것이고	長江繞郭知魚美
대죽이 산을 이으니 죽순도 향기롭겠지.	好竹連山覺筍香
쫓겨나 원외랑 된 것이야 괜찮지	逐客不妨員外置
시인이 수조의 관리를 지낸 예도 있었으니.	詩人例作水曹郎
다만 부끄럽기는 나랏일에 조금의 보탬도 못 되고	只慚無補絲毫事
그저 관가의 술 주머니나 축내는 것이라네.	尙費官家壓酒囊

곤궁한 삶을 시로 달래다

소식의 유배 생활은 매우 곤궁했다. 그는 친구 진관秦觀에게 보낸 편지에서 '매달 쓸 돈을 30등분하여 각각 작은 꾸러미를 만들어 대들보 위에 걸어놓고 아침마다 꺼내 쓰곤 하는데, 하루 지출을 하고 남은 돈은 따로 모았다가 손님을 접대하는 데 쓴다'고 적기도 했다. 유배 생활이 그렇듯 마음도 평온하지 않았다. 소식의 처지를 딱하게 여긴 황주 지주 서군유徐君猷는 황주 성 동쪽 언덕의 버려진 작은 땅을 그에게 내주었다. 소식은 그 땅을 '동파東坡'라고 이름 짓고 거기서 밭을 일구어 먹으며 스스로를 동파거사東坡居士라 불렀다.

서군유의 호의에도 불구하고 소식의 유배 생활은 경제적 궁핍함에 더하여 정치적 환경도 좋지 않았던 것 같다. 친구 이지의李之義에게 보낸 편지 「답이서숙서答李瑞叔書」에 그의 유배 생활이 잘 드러나 있다.

죄를 얻은 이래로 스스로 깊이 밀폐된 생활을 하고 있습니다. 배를 타고 짚신을 신고 산과 들을 다니며 어부나 나무꾼들과 어울립니다. 가끔은 술 취한 이에게 욕을 먹기도 하지만 문득 사람들이 점점 알아주지 않는 것을 홀로 기뻐합니다. 일생의 친했던 벗들로부턴 소식 한 자 없으며 제가 편지를 해도 답장하지 않습니다 得罪以來, 深自閉塞, 扁舟草履, 放浪山水間, 與漁樵雜處, 往往爲醉人所推罵, 輒自喜漸不爲人識. 平生親友無一字見及, 有書與之亦不答.

소식은 황주 성내에 있는 안국사安國寺라는 절을 자주 드나들면서 불교에 심취했는데, 어쩌면 유배 생활의 고독을 종교라는 울타리 속에서 위로받으려 했는지도 모르겠다.

서군유의 배려로 소식은 임고정臨皐亭이라는 거처에서 살 수 있게 되었다. 사실 임고정은 관 소속의 건축물로 죄를 지은 신하가 들어가 살 수 없는 곳이었지만 소식의 처지를 딱하게 여긴 서군유가 각별히 배려한 것이었다. 임고정은 크진 않았지만 주변 풍광이 좋고 무창武昌과는 강을 사이에 두고 있었다. 소식은 범진의 아들 범자풍范子豐에게 보낸 편지에서 '임고정에서 팔십여 걸음 정도 내려가면 바로 큰 강입니다. 강물의 반은 아미산의 눈이 녹아 흘러내린 것입니다. 제가 먹고 마시고 씻는 물은 모두 이 강에서 얻는 것이니 굳이 고향으로 돌아갈 필요가 있겠습니까. 강과 산, 바람과 달은 본디 주인이 없고 한가로운 사람이 바로 그 주인입니다 臨皐亭下八十餘步, 便是大江, 其半是峨嵋雪水, 吾飲食沐浴皆取焉, 何必歸鄕哉. 江山風月, 本無常主, 閑者便是主人'라고 썼다.

황주에서의 4년 동안 소식은 자신의 문학 생애에서 큰 수확을 얻었다. 그의 유배 생활은 정치적으론 암울했지만 문학적으론 빛났던 시기였다. 소식의 사는 호탕하고 자유분방하며 낭만적이다. 다음은 소식의 호방사豪放詞(호방한 기개와 풍모가 주된 정서를 이루는 사―역자 주) 중 손꼽히는 대표작이다. 저 옛날 삼국시대 치열한 싸움이 벌어졌던 옛 싸움터에 와서 영웅호걸을 회상하는 이 사는 장엄하고 웅장한 힘이 넘치는 남성의 노래다.

「**염노교**念奴嬌 · **적벽회고**赤壁懷古 **- 적벽에서 옛일을 추억함**」

장강은 동으로 흘러가	大江東去
그 물결이 모조리	浪淘盡
천고의 멋쟁이들 쓸어갔도다.	千古風流人物
옛 보루 서편은	故壘西邊
사람들이 말하길	人道是
삼국시대 주유의 적벽이라네.	三國周郎赤壁
어지러운 바윗돌은 구름을 뚫고	亂石崩雲
놀란 파도는 강 언덕을 찢으며	驚濤裂岸
천 무더기 눈 더미를 말아 올린다.	捲起千堆雪
그림 같은 이 강산에	江山如畵
한때는 호걸들이 얼마나 많았을까.	一時多少豪傑
아득한 그때 주유의 모습 생각한다	遙想公瑾當年
소교가 막 시집을 왔을 때	小喬初嫁了
장부다운 풍채에선 영웅의 기개 넘치는데	雄姿英發

깃털부채 들고 두건을 썼었지.	羽扇綸巾
담소하는 사이에	談笑間
강한 적들도 먼지 되어 날아가고 연기 되어 사라졌지.	強虜灰飛煙滅
옛 시절 그 나라로 마음이 달려가면	故國神遊
다정하게 나를 보고 웃을 테지.	多情應笑我
흰머리가 일찍도 났다면서	早生華髮
인간 세상은 꿈같은 것이라	人間如夢
강물 위로 뜬 달에 술 한잔 따라주네.	一尊酹江月

소식은 한 인간으로서, 관리로서 그리고 시인으로서 모든 것을 마음에 맡겼다. 무엇을 하든 억지로 하는 일이 없었고 마음이 가 닿는 곳을 따라 함께 걷는 삶을 살았다. '소동파'식 낭만과 달관, 자유정신은 정치적 역경 속에서 다져진 수련의 결과였다. 두보의 우울의 시정신과 이백의 자유분방을 배울 수 없는 것처럼 시인은 시인만의 삶의 정신을 구축한다. 소식의 시 세계는 노장老莊과 불교가 만나면서 인생의 순간성과 자연의 영원성을 깨닫는 허무적 낭만주의 경향을 다소 보이게 된다. 혹자들은 소식이 유배 이후 허무적 달관에 빠져 소극적 인생관을 가지게 되었다고 평하는데, 이는 명백한 폄하요 허무사상에 대한 오해에서 비롯된 생각이다. 허무는 모든 가치를 긍정하는 우주적 낙관주의다. 만약 소식의 긍정적 달관이 없었더라면 소동파라는 대문호는 탄생할 수 없었을 것이다.

「적벽부」는 소식의 노장적 달관 정신과 불교의 제행무상諸行無常, 자연친화 사상이 잘 드러나 있는 작품으로 전후 두 부로 나뉘어 있는

데 7월 중순과 10월 중순에 적벽 아래로 흐르는 장강長江에서 뱃놀이를 하면서 쓴 것이다. 시 안에서는 주인과 손님이 서로 말을 주고받고 있지만 실제 화자는 소동파 자신으로, 내적 정서의 변화와 기복을 표현하기 위해 대화체 형식을 빌려 쓴 것이다.

「전적벽부前赤壁賦」

임술년 가을 칠월 십육 일에	壬戌之秋七月旣望
소씨가 손님과 함께	蘇子與客
배를 띄워 적벽 아래서 노니	泛舟遊於赤壁之下
맑은 바람은 서서히 불어오고	淸風徐來
물결도 일지 않는 가운데	水波不興
술잔 들어 손님에게 권하고	擧酒屬客
명월의 시를 읊으며	誦明月之詩
요조의 구절을 노래했다.	歌窈窕之章
잠시 후	少焉
달이 동쪽 산 위로 나와	月出於東山之上
북두성과 견우성 사이를 서성이니	徘徊於斗牛之間
하얀 이슬은 강을 가로지르고	白露橫江
물빛이 하늘에 가 닿았다.	水光接天
조각배 가는 대로 내버려두고	縱一葦之所如
한없이 넓어 아득한 강을 헤쳐나가니	凌萬頃之茫然
하도 넓어 허공에 기대 바람을 부리는 듯하고	浩浩乎如馮虛禦風

그 머무를 바를 몰라	而不知其所止
나부끼는 것이 마치 세상을 버리고 홀로 서	飄飄乎如遺世獨立
날개 돋고 하늘 오른 신선인 듯하여라.	羽化而登仙
……	
하루살이 목숨을 하늘과 땅에 맡기니	寄蜉蝣於天地
아득히 푸른 바다에 뜬 좁쌀 한 알 같구나.	渺滄海之一粟
나의 생이 순간임을 슬퍼하고	哀吾生之須臾
장강의 무궁함을 부러워하노라.	羨長江之無窮
하늘 나는 신선 만나 즐겁게 노닐고	挾飛仙以遨遊
밝은 달 안고서 오래 살다 가고 싶지만	抱明月而長終
얻을 수 없음을 아니	知不可乎驟得
여운을 슬픈 바람에 실려 보내리.	託遺響於悲風
……	
무릇 천지간에	且夫天地之間
만물은 각각 주인이 있고	物各有主
진실로 나의 소유가 아니니	苟非吾之所有
터럭 하나라도 취하지 말 것이라.	雖一毫而莫取
다만 강 위의 맑은 바람과	惟江上之淸風
산과 산 사이의 밝은 달은	與山間之明月
귀에 들리면 소리로 삼고	耳得之而爲聲
눈에 담기면 색을 이루니	目遇之而成色
취하여도 금함이 없고	取之無禁
써도 다함이 없을 것이라.	用之不竭

| 이는 조물주의 무진장이니 | 是造物者之無盡藏也 |
| 나와 그대가 함께 즐기는 것이라. | 而吾與子之所共適 |

후적벽부는 전적벽부보다 허무주의 색채가 더 짙은데, 이는 유배 생활의 처량한 심정과 그런 괴로움을 주는 티끌 같은 세상을 초월하고픈 소망이 강렬하게 반영되었기 때문이다.

「후적벽부後赤壁賦」

......

이에 술과 생선을 들고	於是攜酒與魚
다시 적벽 아래에 가서 노는데	復遊於赤壁之下
강물 흐르는 소리가 있고	江流有聲
깎아 세운 듯한 언덕이 천 척이며	斷岸千尺
산은 높고 달은 작고	山高月小
물이 떨어져 돌이 드러나니	水落石出
해와 달은 얼마나 되었을까?	曾日月之幾何
강산을 다시 알아볼 수 없네.	而江山不可復識矣

......

소식은 호방사뿐 아니라 완약사婉約詞(남녀 간의 사랑과 이별의 정한, 개인의 서정을 부드럽고 섬세한 표현으로 노래한 사—역자 주)도 잘 지었는데, 다음 사는 그 대표작 중 하나다.

「접련화蝶戀花」

붉던 꽃 바랜 후 파란 살구 작게 열리고	花褪殘紅靑杏小
제비 날아오는 시절	燕子飛時
푸른 물결 인가를 감도는데	綠水人家繞
가지 위 버들개지 바람에 날려 적어도	枝上柳綿吹又少
하늘가 어딘들 향기로운 풀 없겠는가.	天涯何處無芳草
담장 안엔 그네 담장 밖엔 길	牆裏鞦韆牆外道
담장 밖엔 길 지나는 사람	牆外行人
담장 안엔 아름다운 여인의 웃음소리	牆裏佳人笑
웃음소리 점점 작아져 들리지 않으니 서운하고	笑漸不聞聲漸悄
정 많은 당신 무정한 임 때문에 근심하는구나.	多情卻被無情惱

황주에서의 생활은 소식에게 은둔적 인생관을 심어주었다. 시인은 다음 사에서 세상을 등짐으로써 정치적으로 유배당한 자신의 처지에서 벗어나고 싶은 마음을 비치며 강과 바다에 여생을 맡기겠다고 적고 있다.

「임강선臨江仙·야귀임고夜歸臨皐 − 밤에 임고정으로 돌아와서」

| 동파*에서 밤술 마시니 깨었다 다시 취했지 | 夜飮東坡醒復醉 |

---

* 소식이 황주 성 동쪽에 있는 황무지를 개간해 만든 농장의 이름.

돌아오니 아마도 삼경은 된 듯한데   歸來彷彿三更

머슴아이는 천둥같이 코를 골며 벌써 잠들고   家童鼻息已雷鳴

문 두드려도 도무지 대꾸가 없어   敲門都不應

지팡이에 의지하여 강물 소리 듣는다.   倚杖聽江聲

이 몸이 내 것이 아님을 길게 탄식하고   長恨此身非我有

악착같은 이 생, 언제나 잊으려나?   何時忘卻營營

밤 깊어 바람은 고요하고 물살도 잔잔하다.   夜闌風靜縠紋平

작은 배 타고 이곳을 떠나   小舟從此逝

강과 바다에 남은 생을 맡기리라.   江海寄餘生

노래를 전해 들은 서군유는 깜짝 놀라 소식의 집으로 달려갔다. 소식이 정말 조각배를 타고 떠난 줄로 알았기 때문이다. 하지만 막상 가보니 소식은 천하태평하게 코를 골며 잠에 취해 있었다. 자신의 관할 지역에서 유배형을 받은 죄인이 도망갔다는 게 알려지면 사달이 날 게 분명하니 지주로서 당황하는 것은 당연한 일이었다.

「서강월西江月」

들판을 비추며 질펀하게 흐르는 얕은 강물   照野瀰瀰淺浪

허공을 가르며 떠 있는 은은한 층구름.   橫空隱隱層霄

말다래도 풀기 전에 옥총마는 날뛰고   障泥未解玉驄驕

나는 향기로운 풀숲에서 취해 잠들고 싶었네.   我欲醉眠芳草

계곡에 잠긴 밝은 달이 애틋하니   可惜一溪明月

저 아름다운 옥구슬 밟아 깨트리지 말길.　　　莫敎踏碎瓊瑤

푸른 버들 다리 위에 안장 풀고 누우니　　　解鞍欹枕綠楊橋

두견새 소리가 봄의 새벽을 알리네.　　　杜宇一聲春曉

이 사는 1082년 봄 황주 부근의 기수蘄水를 유람하다가 술에 취해 다리 위에서 노숙하고 깨어나서 쓴 것이다. 사에 붙인 자서自序를 보면 '술집에 들러 술을 마시고 취한 채 달빛을 따라 개울가의 다리 위에 가서 말의 안장을 풀어놓고 팔을 베고 잠시 쉬었다. 깨어보니 벌써 새벽이었다. 험준한 산엔 초목이 무성하니 인간 세상이 아닌 것 같아 다리 기둥에 이 사를 썼다過酒家, 飮酒醉, 乘月至一溪橋上, 解鞍曲肱少休. 及覺已曉. 亂山葱籠, 不謂人世也. 書此詞橋柱上'고 기록하고 있다.

나이 쉰을 바라보는 나이에 소동파는 시첩 왕조운王朝雲과의 사이에서 아들을 얻었다. 소식은 이미 아들이 셋이나 있으니 딸을 낳아도 좋겠다고 했지만 조운은 소식과 눈썹이 꼭 빼닮은 아들 둔遯을 낳았다. 다음 시는 장난삼아 썼다고는 하지만 자식의 행복을 바라는 아비의 마음을 솔직하게 담고 있다.

「세아희작洗兒戲作 – 세아회洗兒會*를 맞이해 장난삼아」

남들은 모두 자식이 총명하길 바라지만　　　人皆養子望聰明

나는 총명해서 일생을 망쳤으니　　　我被聰明誤一生

---

* 아이가 태어난 지 사흘째 되는 날 아이의 몸을 씻겨주고 잔치를 벌여 축복하는 일.

오로지 아이가 어리석고 미련하여 惟願孩兒愚且魯

아무 탈 없이 고관대작에 오르기만 바랄 뿐이네. 無災無難到公卿

왕안석과의 화해

신종은 소식을 재기용할 뜻이 있었지만 재상 왕규의 계속되는 반대로 번번이 기회를 놓치고 말았다. 원풍 5년에는 소식을 정사政事를 기록하고 사서를 편찬하는 업무를 담당하는 수국사修國史로 임명하려 했으나 왕규가 반대하여 실패했다. 후에 신종은 다시 소식을 강녕태수江寧太守 자리에 앉히려 했지만 역시 왕규가 반대하고 나서 중도에 포기하고 말았다.

원풍 7년 신종은 급기야 조정을 거치지 않고 황제 친서親書를 내리는 방법을 동원하여 소식을 황주에서 불러냈다. 1084년 반백의 소식은 여주汝州 단련부사團練副使, 본주안치本州安置로 옮겨 황주를 떠나게 되었다. 여주는 지금의 하남성河南省 임여臨汝로 수도 변경과는 가까운 거리에 있었다. 소식은 여주로 부임받고 떠나는 도중에 여산廬山과 명승지를 두루 유람했는데, 다음은 여산을 둘러보고 느낀 감회를 적은 것으로 '대상 안에 있을 때는 사물의 진상을 정확히 인식할 수 없다'는 철리哲理를 설파한 명시다. 그는 여산을 두루 돌아본 뒤 그 소감을 여산 기슭에 있는 서림사 벽에 써놓았다.

「제서림벽 題西林壁 － 서림사 벽에 쓰다」

가로로 보면 산줄기, 옆으로 보면 봉우리	橫看成嶺側成峰
멀리서 가까이서 높은 데서 낮은 데서	
보는 곳에 따라 그 모습도 제각각이구나.	遠近高低各不同
여산의 진면목을 알 수 없는 건	不識廬山眞面目
내 몸이 이 산중에 있기 때문이겠지.	只緣身在此山中

어떤 조건에 있느냐에 따라 인식이 달라지고 때에 따라 오류가 생길 수 있음을 깨달은 까닭일까? 소식은 신법에 대해 취했던 자신의 생각에 얼마간 오류가 있었음을 인정했다. 그는 신법이 폐해가 많지만 긍정할 부분도 있다는 사실을 알았고 이는 왕안석과의 관계를 새롭게 하는 계기가 되었다. 재상에서 물러나 금릉에 머물고 있던 왕안석을 찾아간 것도 그런 인식의 변화 때문이었다. 동파가 찾아온다는 말을 전해 들은 왕안석은 직접 강가로 마중을 나갔고 소식도 예의를 갖추어 대했다. 둘은 우애 좋은 형제처럼 금릉 일대를 함께 유람하며 나랏일에서부터 소소한 집안일까지 흉금을 터놓고 깊은 대화를 나누었다. 왕안석은 소식에게 자신이 사는 금릉으로 거처를 옮기는 것이 어떻겠냐는 제안을 했고, 소식도 이를 흔쾌히 받아들여 살 만한 곳을 물색해보았지만 여의치 않아 이주 계획은 실현되지 못했다. 그리고 일 년쯤 후 왕안석의 죽음으로 이 두 거인의 특별한 우정도 역사 속으로 사라졌다.

소식이 금릉에 머무는 동안 돌도 안 된 막내아들 둔이 그만 죽고 말았다. 소식은 어린 아들을 잃은 후 조용히 밭이나 일구며 은거하고 싶다는 생각을 했다. 소식의 그런 뜻이 전해지자 동파의 재능과 사람됨을 알고 흠모해오던 사람들은 모두 자신이 살고 있는 곳이 좋다며 추천하였다. 예부터 사람들은 '복거卜居'라고 해서 풍수지리에 따라 살 만한 곳을 가려 정했다. 자연의 섭리에 순응할 수 있는 터에 살아야 흉화를 피하고 길복을 맞이할 수 있다는 소박한 믿음 때문이었다. 사는 곳뿐 아니라 함께 어울려 사는 이들의 기운도 중요하므로 동파 같은 사람과 이웃이 되는 것은 더없이 좋은 일이었다. 범진은 소식을 허창許昌으로 불렀고 왕공王鞏은 양주揚州가 좋다고 했으며 장방평張方平은 남부로 오라고 했다. 소식은 오랜 벗인 장지기蔣之奇가 있는 상주常州의 의흥宜興에다 전답을 마련하고 조정에 요청을 하였다. 다음은 이 무렵에 지은 것으로 황주 시절 쓴 「한식첩寒食帖」과 함께 소식 서예 작품의 대표작으로 꼽힌다. 「한식첩」은 현재 타이완의 고궁박물관에 소장되어 있다.

「초송첩楚頌帖」

나는 본성이 심고 기르는 것을 좋아하고	吾性好種植
과실수 접붙이기를 아주 잘하는데	能手自接果木
특히 귤나무를 잘 가꾼다	尤好栽桔
의흥은 동정호 위에 있어	陽羨在洞庭上
감귤을 심으면 쉽게 얻을 수 있다	柑桔栽至易得
조그만 과수원을 하나 사서	當買一小園

감귤나무 삼백 그루를 심었다　　　　　種柑桔三百本

굴원이 귤송을 지었듯　　　　　　　　屈原作桔頌

내 과수원이 만들어지면　　　　　　　吾園若成

정자 하나를 지어　　　　　　　　　　當作一亭

이름을 초송이라 하리.　　　　　　　名之曰楚頌

　상주에 살고 싶다는 소식의 요청은 어렵지 않게 받아들여졌다. 아래 사는 원풍 8년인 1085년 의흥에 거처를 마련하고 지은 것이다.

「**보살만**菩薩蠻」

밭을 사고 내 장차 의흥에서 늙으려 하오.　　買田陽羨吾將老

예부터 자연만이 나를 좋아했으니　　　　　從來只爲溪山好

빈 배를 타고 오가며　　　　　　　　　　來往一虛舟

세상 바깥을 따라 즐기며 놀려 하오.　　　聊從物外遊

책은 많으나 글 쓰는 일엔 게을러지고　　　有書仍懶著

수조가를 부르며 돌아가려 하오.　　　　　水調歌歸去

근력은 시 쓰기를 마다하지 않겠지만　　　筋力不辭詩

바람 풀고 비 올 때가 되어야겠소.　　　　要須風雨時

또 한 번의 정치투쟁에 휘말리다

상주에서 밭을 일구며 유유자적 살고 싶다는 소식의 소망은 오래지 않아 부서지고 말았다. 상주에 온 지 얼마 뒤 등주登州로 가라는 명을 받은 것이다. 하지만 등주 부임 후 닷새 만에 이번에는 사마광의 추천으로 변경으로 불려가게 되었다. 소식은 영문도 모른 채 수도로 향했지만 그를 기다리고 있는 것은 조정에 다시 불어 닥친 정치투쟁의 회오리였다.

1085년 3월, 신법을 지지하던 신종이 죽자 그의 어린 아들 철종哲宗 조후趙煦가 옹립되었다. 영종의 비인 고태후가 수렴청정으로 실권을 장악하면서 연호도 원우元祐로 바꾸었다. 연호를 원우로 바꾼 것은 인종 가우嘉祐 시절에 대한 그리움의 표현이었다.

조정의 권력이 구법당으로 재편되면서 재상이 된 사마광은 소식을 예부낭중禮部郎中과 황제의 언행을 기록하는 기거사인起居舍人의 자리에 앉혔다. 그리고 반년 후 소식은 황제의 칙서를 작성하는 한림학사지제고翰林學士知制誥로 승진했다. 쾌속정만큼 빠른 승진에 동파 자신도 어지러울 지경이었고 조정 백관들도 놀랐다. 조정에서는 '연로하고 건강이 좋지 않은 사마광을 대신해서 동파가 재상의 자리에 앉는 것은 시간문제가 아니겠냐'는 여론이 들끓었다. 조정의 분위기가 그러면 그럴수록 소식한테는 불리할 수밖에 없었다. 지방으로만 돌던 소식이 조정에 돌아온 지 불과 일 년도 되지 않아 '재상감'으로 관심의 대상이 된다는 것은 분명 부담스럽고 위험한 일이었다. 당시 북송 조정의 복잡한 정국 상황으로서는 더욱 그랬다.

사마광은 고태후의 지원을 받아 신종 재위 기간에 실시해온 신법을 전면 폐지하고 인종 시절의 구제도를 회복시켰는데 이를 '원우경화元祐硬化'라 한다. 사마광은 '온공溫公'이라 불릴 만큼 온화한 사람이었지만 왕안석 못지않게 완고했다. 왕안석의 신법은 공功도 있고 과過도 있었건만 사마광은 이 모든 것을 부정했다. 사마광의 그런 태도는 조정 정책의 연속성을 훼손할뿐더러 관료의 단결에도 도움이 되지 않았다. 당시 추밀원樞密院의 우두머리로 있던 장돈章惇은 사마광과 전면전을 벌였다. 사마광이 면역법의 5대 폐해를 지적하자 장돈은 수천 자에 달하는 상소문을 올려 반박하였다. 둘의 싸움을 지켜보는 소식의 입장은 난처했다. 재상 사마광의 기대를 한 몸에 받고 있었고 또 한편으로 장돈은 같은 해에 진사시에 합격한 동기생이자 '오대시안' 사건 때 재상 왕규의 반대편에 서서 자신을 변호한 인물이었다. 소식은 사마광과 장돈 사이를 오가며 둘의 갈등을 해소하고자 노력했다. 그러나 소식을 더욱 곤란하게 한 것은 사마광과 대치되는 정치적 입장이었다. 소식은 희녕 신법을 전면 폐기하자는 사마광의 견해에 동의하지 않았고 또 원칙과 소신과 관계된 것은 양보할 수 없는 문제라 생각했다. 왕안석의 신법을 반대했던 당시 소식은 작은 벼슬아치에 불과했지만 이제는 조정에서 주목을 받는 위치에 있었기에 문제는 더욱 복잡했다. 조정에서 국사를 논할 때마다 소식이 매번 반대표를 던지니 사마광도 골치가 아프긴 마찬가지였다. 더욱이 소식은 사마광 자신이 추천하여 세운 사람이 아니던가. 사마광의 완고함에 질려버린 소식은 그를 '사마우司馬牛'라 불렀다. 1086년 9월 사마광이 과로로 병을 얻어 죽자 고태후와 연합하여 야심차게 추진했던 '원우경화'도 '현인정치'도 모두 힘을 잃고 말았다.

지식인 사회의 스타

소식은 당시 지식인 사회의 스타였다. 진관과 황정견은 소식의 문하생이었고 미불米芾(북송의 서예가이자 화가로 글씨로는 송4대가의 하나로 꼽힘－역자 주)은 그의 추종자였다. 고태후의 사위인 왕선王詵과 장방평의 사위 왕공은 소식과 평생을 함께한 친구였다. 재상의 손자로 어릴 때부터 곱게만 자란 귀공자 왕공은 오대시안 사건에 연루되어 말라리아 같은 전염병이 창궐하는 유주柳州로 쫓겨나 유폐나 다름없는 십 년의 세월을 보내고도 소식과의 우정을 버리지 않았다. 왕공에게는 시첩 유노柔奴가 있었는데, 그녀는 평생을 왕공 곁에서 머물며 갖은 고초를 겪었지만 불평 한번 하지 않았다. 소식은 유노의 깊은 사랑과 헌신에 감동하여 특별히 그녀를 위한 사를 짓기도 했는데 다음은 그 일부분이다.

「**정풍파** 定風波」

......

만 리 먼 곳에서 더욱 젊어져 돌아온 그대	萬里歸來年愈少
살포시 웃음을 짓는데	微笑
웃을 때 영남의 매화 향기 나는 듯	笑時猶帶嶺梅香
영남이 살기 좋진 않았지요, 물으니	試問嶺南應不好

이 마음 닿는 곳이 제 고향이지요, 대답하네.　　　　却道此心安處事吾鄉

……

소식은 「문설文說」에서 자신의 작품을 분석한 글을 쓰기도 했는데, 이 글을 통해 그의 문장론을 엿볼 수 있다.

나의 문장은 만 섬이나 되는 샘의 원천과 같아서 땅을 가리지 않고 나온다. 평지에서는 도도하게 흘러 하루에 천 리를 가는 것이 어렵지 않다. 산의 돌들과 어울려 구불구불 흐를 때는 사물에 따라 모양을 바꿔 알 수가 없다. 알 수 있는 것은 마땅히 가야 할 곳으로 항상 가고 멈추지 않으면 안 될 곳에서 항상 멈추는 것, 이와 같을 뿐이다. 그 밖에 다른 것은 내가 알 수가 없다吾文如萬斛泉源, 不擇地皆可出. 在平地, 滔滔汨汨, 雖一日千里無難. 及其與山石曲折, 隨物賦形, 而不可知也. 所可知者, 常行於所當行, 常止於不可不止, 如是而已矣. 其他, 雖吾亦不能知也.

동생 소철은 황주 유배 시절 이후의 동파 문장을 보고 '내가 좇아도 나는 늘 그의 뒤에 서 있었다'라며 형의 문학적 재능에 찬탄하곤 했다. 또 소식은 '내 평생 즐거운 일이 없었다. 다만 문장을 짓는 데 그 뜻이 닿고 글의 힘에 곡절이 있어 뜻을 다 표현하지 못하는 것이 없으니 세상에서 즐거운 일이 이것 말고는 없다某平生無快意事, 惟作文章, 意之所至, 則筆力曲折, 無不盡意, 自謂世間樂事, 無踰此者'라고 했다.

서예에도 뛰어난 기량을 보였던 소식은 글씨를 쓰면 너도나도 서로 달라는 사람들이 많아서 쉽게 붓을 들지 않았다. 소식의 약점을 아는 사람들은 좋은 붓이나 종이를 구해다 주거나 좋은 술을 청해 마시게 해서 붓을 들게 하기도 했다. 술에 취해서도 전혀 흐트러짐 없는 소식의 서예 솜씨에 사람들은 혀를 내둘렀다. '내가 취한 후 흥에 겨워 수십 자를 썼는데 마치 술기운이 손가락 사이에서 나가는 것 같은 느낌이었다吾醉後乘興作數十字, 覺酒氣沸沸從指間出矣'라고 적고 있는 것으로 보아 아마도 자주 술을 마시고 붓글씨를 썼던 모양이다.

거듭된 음해

원우 4년인 1089년 소식은 용도각龍圖閣 학사 신분으로 항주 태수로 부임하여 지방관으로서 백성의 살림을 보살피는 제민濟民 업무를 충실히 수행했다. 서호를 준설하고 제방을 쌓는 등 치수 문제를 해결했으며 무료 진료소인 안락방을 열어 질병으로 고통받는 백성들에게 병을 고칠 수 있는 기회를 주었다. 원우 6년 고태후는 소식을 조정으로 불러들였다. 그러나 소식을 배척하는 조정 내의 세력들 때문에 석 달 만에 동파는 다시 수도를 떠나 영주潁州에서 양주로, 양주에서 정주定州로 2년여를 전전하게 되었다.

소식은 병부상서로 임하라는 조정의 부름을 받고 변경으로 갔다. 그는 단명전端明殿 학사 겸 시독侍讀 자리까지 맡으면서 황제 철종의 스승으로 일약 조정의 요인이 되었다. 당시 소철도 부재상 격인 문하시랑의 자리에 있었다. 소식, 소철 형제가 고태후의 두터운 신임을 받으며 부상하자 조정의 다른 관료들은 긴장하기 시작했다. 소씨 형제가 재상이라도 되면 조정에서 자신들의 입지가 좁아질 게 뻔하다고 생각했던 것이다. 일단 먼저 손을 쓰는 게 유리하다고 판단한 그들은 갖가지 음해 전술을 동원하여 소식을 공격했다.

수도에 입성한 소식은 병부상서 자리를 사양했다. 이에 고태후는 다시 예부상서로 임명하려 했으나 동파는 이도 사양하고 지금의 소흥紹興인 월주越州 행을 요청했다. 권력을 둘러싼 암투와 모략의 소용돌이에 다시 휘말리고 싶지 않았던 것이다. 그러나 고태후의 만류로 결국 변경에 남아 철종의 스승이 되었다. 철종은 더 이상 어린 황제가 아니었다.

"어좌에 앉으면 짐이 보이는 것은 조모의 등뿐이오."

열일곱의 그는 친정親政에 대한 욕심을 숨기지 않았다. 고태후가 신임하는 사람이라면 무조건 좋아하지 않았던 철종은 소식이 정성들여 준비한 수업도 전혀 듣지 않았다. 문인들에게 황제의 스승이 된다는 것은 가장 큰 꿈이었다. 스승으로서 훌륭한 황제를 키워내는 것은 재상 자리에 백 년을 앉아 있는 것보다 더 큰 영광이었다. 하지만 할머니 고태후에 대한 철종의 견제 심리 때문에 소식의 노력은 결실을 볼 수 없었다.

소식의 말년은 고태후와 철종의 갈등 그리고 조정 내 반대파들의 공격으로 순탄치 못했다. 원우 8년인 1093년, 간관諫官 황경기黃慶基는 소식을 탄핵하는 상소문을 일곱 번이나 올렸다. 그는 '소식은 천성이 음험하고 의리를 돌보지 않는 자입니다. 말은 거짓으로 가득하고 행동은 괴팍하여 백성을 미혹하고 자신에 대한 비방과 과실을 덮기에 충분하니 소인배들의 우두머리요 군자들의 적이옵니다'라며 소식을 공격하였다. 이에 재상 여대방呂大防이 나서서 소식을 변호하자 고태후가 기회를 놓치지 않고 황경기를 파면하는 것으로 사건은 일단락되었다. 그리고 같은 해 9월 고태후가 죽고 소식은 당시 군사적 요충지였던 정주로 부임했다. 큰아들 소매는 구양수의 종손녀와 결혼하고 상주 지역의 현위로 부임했고 예순을 눈앞에 둔 소식은 지주로서의 소임을 다하며 평온하고 나른한 말년을 보내고 있었다. 그러던 어느 날 사십 년 지기 장돈이 소식을 향한 칼을 들었다. 철종은 친정 후 신종의 정책을 계승한다는 뜻에서 연호를 소성紹聖으로 바꾸고 구법당 세력인 원우元祐 골간들을 숙청하기 시작했다. 장돈이 처음부터 소식에게 칼을 들이밀 생각을 가진 건 아니었던 것 같다. 하지만 재상 자리에 누가 앉을 것이냐 하는 문제를 놓고 조정의 여론이 분분해지자 장돈은 잠재적 정적이자 경쟁자가 될 수 있는 소식을 제거하기로 결심했다. 결국 소식은 정주 태수 관직에서 해임되고 지금의 광동성廣東省 영덕英德인 영주英州로 좌천되면서 직급도 6품상으로 강등되었고 얼마 뒤 6품하로 재강등되었다. 같은 해 6월 소식은 영주로 가는 길목인 안휘성 당도當塗에서 다시 건창군建昌軍 사마, 혜주 안치로 유배령을 받았다. 소식이 하루아침에 죄인이 되어 관직을 박탈당한 일과 세 번의 좌천에 이은 재강등, 유배령은 모두 장돈의 지시 하에서 이루어졌다. 동생 소철도 장돈에 의해 수도 변경에서 축출되었다. 소식은 끝도 없이 펼쳐진 황무지를 보며 가족을 모두 데리고 혜주까지 가는 건 무리라고 생각했다. 그래서 다른 식구들은 의흥으로 보내고 막내아들 소과蘇過만을 데리고 대유령大庾嶺을 넘어 혜주로 갔다. 그는 대유령의 험준한 다섯 고개와 여덟 봉우리들을 넘고 10월 초에 혜주에 당도했다.

혜주에서 유배 생활을 하는 소식에게 오랜 벗인 불인佛印 선사가 소식을 전해왔다.

자첨이 대과에 급제한 후 입궐하여 조정에 나가고 적막한 물가를 멀리하니 권신들이 그대가 재상이 될까 저어하였지요. 사람의 생이란 흰 망아지가 지나가는 것을 문틈으로 보듯 너무도 빨리 가버리는 것입니다. 이삼십 년의 공명과 부귀가 눈 깜박하는 사이에 '공空'이 되니 마땅히 모든 것을 청산하고 자신의 본모습을 찾아야 만겁의 세월 속에서도 상주하며 영원히 타락하지 않을 수 있는 것입니다. …… 예전에 스승님께 불법이 어디에 있는지를 여쭌 적이 있습니다. 스승께선 사람이 다니고 머물고 앉고 눕는 곳에, 옷을 입고 밥을 먹는 곳에, 배설하는 곳에, 어찌할 바를 모를 때, 막다른 골목에 서 있을 때 불법이 있다고 말씀하셨습니다. 자첨의 가슴엔 만 권의 책이 있고 문장엔 조금의 티끌도 없습니다. 그만한 수준에 이르러서도 생명이 있는 곳을 모른다면 일생의 총명이 무슨 소용 있겠습니까. 과거와 현재, 미래를 관장하시는 삼세제불도 혈기 있는 대장부였습니다. 자첨이 만약 이 노납의 말을 받아들인다면 일이십 년의 부귀공명을 진흙으로 여기고 힘껏 앞으로 나아가기 바랍니다. 부디 자중자애하십시오.

「기유송풍정記游松風亭 ─ 송풍정에서」

혜주 가우사로 거처를 옮긴 후 송풍정 아래를 걷노라면 다리 힘이 빠지고 누워서 쉬고 싶은 생각이 들곤 했다. 정자를 올려다보니 아직 높은 곳에 있어서 한참 후 "여기서 쉬지 못할 이유가 뭐 있겠는가?"라고 말했다.

그렇게 말하고 나니 낚싯바늘에 걸려 있던 물고기가 풀려난 것처럼 마음이 문득 자유로움을 얻었다. 만약 사람이 이 같은 이치를 깨닫는다면, 양쪽 진영이 맞서 싸우는데 우레 같은 북소리에 나가면 적이 죽고 물러서면 내가 죽는 바로 그러한 때에 쉬어도 무방하지 않겠는가余嘗寓居惠州嘉祐寺, 縱步松風亭下, 足力疲乏, 私欲就床止息. 仰望亭宇, 尙在木末. 意謂如何到得. 良久忽曰:「此間有甚麼歇不得處?」 由是心若掛勾之魚, 忽得解脫. 若人悟此, 雖兩陣相接, 鼓聲如雷霆, 進則死敵, 退則死法, 當恁麼時, 也不妨熟歇.

민중의 지팡이가 되다

유배 생활은 소식에게 기층 민중의 생활상을 더욱 가까이서 지켜보고 삶으로 체험하는 계기가 되었는데, 이는 자연스레 그가 백성을 사랑하고 나랏일에 관심을 갖도록 해주었다. 혜주 사람들은 역병의 유행으로 고통받고 있었지만 의약에 대해 아는 이들이 없어 거의 무방비 상태였다. 소식은 약초를 재배하고 현지에서 구하기 어려운 약재는 사람을 시켜 광주廣州에서 사오도록 해 병든 사람들에게 약을 나눠주었다. 또한 다리를 세워 통행에 불편함이 없도록 했으며 모심기를 돕는 앙마秧馬를 발명하고 대나무통 수로를 만들어 식수 문제도 해결했다.

병으로 고생하는 사람들을 위해 많은 약초를 심고 연구했던 소식은 정작 가장 가까운 사람은 살리지 못했다. 스무 해 넘도록 곁에서 자신을 돌보며 사랑했던 시첩 조운이 어이없게도 장독瘴毒이 들어 죽고 만 것이다. 그녀가 떠나고 지은 다음 사는 영매사詠梅詞(매화의 절개와 아름다움을 노래한 사—역자 주)이지만 실제로는 조운을 그리워하는 도망사悼亡詞(죽은 이에 대한 그리움과 사별의 슬픔을 노래한 사—역자 주)다.

「서강월西江月」

매화가 어찌 축축한 안개를 두려워하랴	玉骨那愁瘴霧
빙설같이 차가운 너 신선다운 기개 있거늘	冰肌自有仙風
바다의 신선 수시로 사신을 보내 꽃들을 탐색하는데	海仙時遣探芳叢
푸른 깃털의 작은 봉황이었구나	倒掛綠毛幺鳳

곱디고운 맨얼굴은 단장이 필요 없어	素面常嫌粉涴
연지를 지워도 입술의 붉은빛 바래지 않는다네	洗妝不褪唇紅
높고 맑은 기운은 벌써 새벽구름을 따라가고 없으니	高情已逐曉雲空
이제 다시 꿈속의 배꽃구름 같은 매화를 보진 못하리라*	不與梨花同夢

「종필縱筆 — 붓 가는 대로」

흰머리 흩어지고 서릿바람 가득한데	白頭蕭散滿霜風
작은 누각의 등나무 침상에 병든 얼굴 기대고	小閣藤床寄病容
선생이 봄잠을 달게 잔다는 것 알고서	報導先生春睡美

---

* 왕창령(王昌齡)의 시 「매화(梅花)」의 일부 '외롭고 적막하여 길도 분명치 않아 꿈속에서 배꽃구름을 부르네(落落寞寞路不分, 夢中喚作梨花雲)'를 인용한 것.

도인이 오경 알리는 종을 가볍게 치네.　　　　　　道人輕打五更鐘

    소식은 외로운 유배지에서 사랑하는 시첩까지 떠나보내는 슬픔을 겪으면서도 그 특유의 낙천성만은 잃지 않았다. 그는 혜주로 쫓겨온 지 삼 년 째 되는 해 백학봉白鶴峰에 새 거처를 마련했다. 아들 소매와 소과도 각자 처자식을 데리고 혜주로 왔다. 앞의 시는 그 무렵에 지은 것인데 장돈은 이 시를 보고 소식이 유배 생활을 편하게 하고 있다며 그를 더 먼 곳인 해남 담주儋州로 보내버렸다. 백학봉의 새 집에 들어가 산 지 두 달여 만에 일가가 다시 짐을 꾸려야 했으니 소식이 받았던 정치적 박해가 얼마나 심했는지 짐작이 간다.

    담주는 혜주보다 더 멀고 황량했다. 「담현지儋縣志」를 보면 '푹푹 찌는 더위에 해풍이 매섭게 차다. 비와 안개가 많으며 숲이 울창하여 축축하고 습한 기운이 멀리 가지 못하고 증발하면 구름이 되고 멈추면 물이 되니 독이 없는 것이 없다'라고 담주의 열악한 기후를 설명하고 있다.

    육로도 아닌 그 먼 길을 노구를 이끌고 갔으니 몸이 축나지 않을 도리가 없었다. 몸이 어느 정도 회복되자 소식은 다시 글을 쓰기 시작했는데, 다음은 담주에 온 지 얼마 안 되어 쓴 것으로 낯선 땅에서의 쓸쓸함이 묻어난다.

    7월 13일 담주에 당도한 지 십여 일이 지났건만 아무런 일도 없다. 배움의 도는 아직 이루지 않았는데 고요함이 지극하니 근심이 절로 난다七月十三日, 至儋州十餘日矣, 淡然無一事. 學道未至, 靜極生愁, 夜夢如此, 不免以書自怡.

하지만 그 후 쓴 해남의 풍토에 대해 논한 글 「서해남풍토書海南風土」에는 담주에서 찾은 새로운 발견과 깨달음이 녹아 있다.

영남嶺南의 하늘 기운은 습하고 땅의 기운은 눅눅한데 해남이 특히 심하다. 여름이나 가을의 밤이 되면 썩지 않는 것이 없다. 사람은 쇠나 돌이 아니니 어찌 오래갈 수 있으랴만 담주엔 노인들이 많은데 백 세를 넘긴 노인네도 왕왕 있고 팔구십 노인들은 아주 많다. 오래 살고 일찍 죽는 데는 정해진 규칙이 없는 것을 알겠나니 이를 익혀서 편안케 하면 빙잠氷蠶과 화서火鼠도 모두 살 수 있을 것이다.

담주에서 소식이 살던 관사는 말이 집이지 비바람은 말할 것도 없고 나뭇잎까지 안으로 떨어져 들어올 만큼 형편없었다. 어느 이른 아침 비바람의 찬 기운에 잠이 깨어보니 축축한 나뭇잎이 소식의 온몸을 감싸고 있는 게 아닌가. 이를 알게 된 담주 태수 장중張中이 도저히 그냥 보고 있을 수가 없어 위험을 감수하고 관전官錢을 들여 관사를 고쳤지만, 후에 죄인을 도왔다는 이유로 파면당하고 말았다.

먹을 게 귀했던 담주에서 매 끼니를 배불리 먹기란 어려운 일이었다. 해상 기후가 험악하면 심지어 몇 달씩 양식 운반이 되지 않는 경우도 있어서 있을 때 먹어두는 것은 정말이지 생존의 지혜였다. 소식 부자는 단전호흡법의 일종인 구식법龜息法을 익혀 몸을 단련했는데, 특히 소식은 아침에 막 떠오르는 태양을 바라보며 심호흡을 해 몸 안으로 들어온 열량을 에너지로 바꾸는 훈련을 꾸준히 했다. 먹을 게 부족했던 상황에서 모색한 양생법이었다.

다음 사에서는 거듭되는 정치적 역경 속에서도 꿋꿋한 기상만큼은 잃지 않았던 소식의 인생관을 볼 수 있다. 원제는 「3월 7일 사호로 가는 도중 비를 만났는데 우비를 가진 사람들이 앞서가니 동행한 이들은 모두 낭패감을 보였으나 나만 홀로 느끼지 않았다. 곧 날이 개어서 이 사를 짓는다三月七日, 沙湖道中遇雨, 雨具先去, 同行皆狼狽, 余獨不覺, 己而逐晴, 故作此詞」이다. '비바람만 있는 것도 아니고 맑은 날만 있는 것도 아니어라也無風雨也無晴'라는 마지막 구절에 담긴 그의 철학적 발견은 삶의 희비를 넘어선 자의 여유와 사색 없인 불가능한 것이리라.

「**정풍파** 定風波」

숲을 뚫고 잎 때리는 빗소리는 듣지 말지니	莫聽穿林打葉聲
시 읊조리며 천천히 걷는 것도 괜찮지 않은가	何妨吟嘯且徐行
대지팡이와 짚신이 말 탄 것보다 가벼우니	竹杖芒鞋輕勝馬
누군들 두려우랴!	誰怕
도롱이 쓰고 안개비에 이 한평생 맡기리라.	一蓑煙雨任平生
차가운 봄바람이 술기운을 날려 보내니	料峭春風吹酒醒
서늘한데	微冷
산머리에 걸린 석양이 이 몸을 맞이한다.	山頭斜照卻相迎
고개 돌려 지나왔던 소슬한 곳 바라보니	回首向來蕭瑟處
돌아가버리고	歸去
비바람만 있는 것도 아니고 맑은 날만 있는 것도 아니어라.	
	也無風雨也無晴

소식은 담주에서 여족黎族 사람들에게 글을 가르쳤고 그 결실로 해남 유사 이래로 첫 진사를 배출했는데 그가 바로 강당좌姜唐佐다. 강당좌는 원래 경주瓊州 사람이었으나 동파의 가르침을 받기 위해 바다를 건너 담주로 왔다. 그가 과거를 치르기 위해 떠나면서 시 한 수를 청하자, 소식은 '바다가 언제 지맥을 끊은 적이 있더냐? 네 지금은 비록 포의의 몸이나 반드시 새로운 세상을 열 것이다滄海何曾斷地脈, 白袍端合破天荒'라는 두 구절을 써 건네주며 진사 시험에 붙으면 나머지 두 구절을 마저 써주겠노라 약조했다고 한다. 후에 강당좌가 진사가 되었을 때는 소식이 이미 구천九泉으로 떠난 뒤였다. 그리하여 동생 소철이 이어서 시를 완성했다.

'금의환향한 그대 모습 훗날 많은 이들 보았지, 처음 그댈 믿고 알아본 동파의 안목 영원하여라錦衣他日千人看, 始信東坡眼力長.'

조정에서는 또 한 차례 변고가 일어났다. 서른도 안 된 젊은 황제 철종이 죽고 휘종徽宗이 보좌에 오르면서 물갈이가 시작된 것이다. 이번에는 소식을 유배 보냈던 재상 장돈이 탄핵되어 뇌주雷州로 쫓겨났다. 1100년 6월 소식은 사면되어 광서성廣西省 염주廉州로 옮겨갔다. 그해 8월 소식은 자신이 가장 자랑스러워했던 제자 진관秦觀의 부음을 듣고, 9월에 제자를 잃은 슬픔을 추스를 겨를도 없이 지기의 죽음을 맞이했다. 동파의 오랜 지기였던 도사 오복길吳復吉은 소식을 만나러 오는 도중 길 위에서 죽고 말았다. 이 소식을 들은 동파는 한동안 밥알도 넘기지 못할 만큼 가슴 깊이 슬퍼했다.

이듬해 5월 소식은 배를 타고 상주常州로 향했다. 긴 여행길에 병을 얻은 소식은 상주의 친구 집에 머물렀다. 칠순을 바라보는 나이에 뱃길 여행이 무리가 되었는지 소식의 병세는 쉽게 호전되지 않았다. 그는 누워서 이공린이 그려준 자신의 초상화를 바라보았다. 다음은 그가 상주로 오는 도중 금산에 들렀을 때 직접 초상화에 써 넣은 시다.

「자제금산화상自題金山畫像」

마음은 이미 다 타버려 재가 된 나무 같고	心似已灰之木
이 몸은 매어놓지 않아 정처 잃은 배와 같구나.	身如不繫之舟
묻노니 네 평생의 업적은 어디에 있는가?	問汝平生功業
황주인가, 혜주인가, 담주인가.	黃州惠州儋州

소식은 열독熱毒이 악화되어 병상에서 일어나지 못하고 1101년 7월 28일 세상을 떠났다. 동파의 시와 사, 문장이 거의 유실되지 않고 현전하는 것은 송대 인쇄술의 발달 덕분이다. 북송 이후 문인들 중 동파의 글을 읽지 않은 사람은 없었다. 하지만 안타깝게도 동파가 쓴 유교 경전의 주석서『역전易傳』과『논어설論語說』은 전해지지 않고 있다.

나는 소식을 삶의 현실에 천착하고 생을 통찰한 문인으로 평가한다. 보이는 생의 모습뿐 아니라 보이지 않는 생의 이면까지 보았던 그 섬세한 관찰의 힘은 삶에 대한 열정과 상상력에서 나온 것이었다. 동파가 보았던 삶이란 결국 후설Husserl(독일의 철학자이자 현상학의 창시자—역자 주)이 말한 생활 세계일 것이다. 몽매한 나 역시 '세계화'라는 그럴싸한 이름의 일방적 서구화가 불러온 생활 세계의 위기를 도처에서 감지한다. 그럴수록 나는 우리가 살고 있는 이 세계를 조망하고 대안을 제시해줄 동파 같은 혜안을 가진 이가 더욱 그립다.

유영의 사는 남녀 간의 사랑과 이별의 슬픔을 많이 그리고 있지만 연정의 부드러운 섬세함보다는 오히려 강건하고 힘찬 인상이 돋보인다. 일생을 화류계의 기녀들과 교류하며 그녀들의 생활과 도시 풍경을 노래한 그의 노랫말은 끈적이거나 외설적이기보다 오히려 상쾌하고 청명하다. 평범하기 이를 데 없는 생활의 언어와 속된 사랑 이야기도 유영의 붓 아래서는 맑은 가을 하늘 위의 태양처럼 상큼한 빛을 발한다.

속세와 동거한 방랑객

柳 永

유영 북송 987?~1053?

마름 캐며 부르는 노랫소리 밤을 채우고

고기 낚는 늙은이와 연 따는 처녀 모두 즐거워하네。

취흥에 젖어 퉁소와 북소리 들으며

고요한 산수의 경치 감상하고 시를 읊는다。

후일이 아름다운 풍경 그려내어

조정에 돌아가 자랑하리라。

나그네 같은 삶

「팔성감주八聲甘州」

세찬 저녁 비가 강과 하늘에 내리니	對瀟瀟暮雨灑江天
맑은 가을이 한바탕 씻겨나간다.	一番洗清秋
서릿바람 점차 싸늘해지니	漸霜風淒緊
마주한 산하는 썰렁한데	關河冷落
해질녘의 잔광이 누각으로 떨어진다.	殘照當樓
도처에 꽃 지고 잎 떨어지니	是處紅衰綠減
아름다운 경치는 점점 사라져가고	苒苒物華休
오직 장강의 물줄기만	唯有長江水
말없이 동으로 흘러가도다.	無語東流

유영의 「팔성감주」는 읽을 때마다 매번 새로운 느낌으로 다가온다. 소년기에 읽으면서 어렴풋하게 가슴을 흔들었던 그 느낌과 청년 시절 받았던 감동, 그리고 중년이 되어 다시 읽는 지금도 여전히

유영의 노래는 좀처럼 가시지 않는 여운을 안겨준다. 여기에 별도의 해석이나 분석을 덧붙이는 것은 무의미한 일이라 본다.

유영의 사는 남녀 간의 사랑과 이별의 슬픔을 많이 그리고 있지만 연정의 부드러운 섬세함보다는 오히려 강건하고 힘찬 인상이 돋보인다. 일생을 화류계의 기녀들과 교류하며 그녀들의 생활과 도시 풍경을 노래한 그의 노랫말은 끈적이거나 외설적이기보다 오히려 상쾌하고 청명하다. 평범하기 이를 데 없는 생활의 언어와 속된 사랑 이야기도 유영의 붓 아래서는 맑은 가을 하늘 위의 태양처럼 상큼한 빛을 발한다.

「우림령雨霖鈴」

매미 소리 처량하고	寒蟬淒切
길가의 정자에 날이 저물더니	對長亭晚
갑작스런 소나기 비로소 그쳤구나.	驟雨初歇
성문 밖 천막에서 정신없이 술 마시며	都門帳飮無緒
이별을 아쉬워하는데	方留戀處
배는 어서 떠나자 재촉을 하네.	蘭舟催發
손잡고 바라보는 눈엔 이슬 맺히고	執手相看淚眼
끝내 말도 못하고 목이 메이네.	竟無語凝噎
가도 가도	念去去
천 리 안개 물결	千里煙波
저녁 안개 자욱하니 남녘 하늘 더욱 아득하여라.	暮靄沉沉楚天闊

정이 많으면 헤어짐은 슬프게 마련인데	多情自古傷離別
더 쓸쓸한 이 가을 어찌 견딜까!	更那堪冷落淸秋節
오늘 밤엔 어디에서 술이 깰는지?	今宵酒醒何處
버드나무 기슭엔 새벽바람 일고 달빛은 희미한데	楊柳岸曉風殘月
이렇게 떠나 세월이 흐르면	此去經年
호시절 좋은 경치도 소용없을 것을	應是良辰好景虛設
그윽한 정취가 천 가지인들	便縱有千種風情
누구에게 그 마음을 전하겠소?	更與何人說

「우림령」은 유영이 한 여인과 이별하는 정황을 노래한 것이다. 유영은 한곳에 오래 머무르지 않았다. 구속을 거부하는 자유분방한 성격 탓에 그는 평생 이별을 반복하며 살았다. 아마 유영이 공명功名을 추구했다면 수도에 남았을 것이다. 하지만 그는 시종 낯설고 먼 곳을 바라보았기에 늘 떠나는 길 위에 서 있었다. 이백과 유영 모두 길 위의 나그네였지만 실상 둘의 떠남은 완전히 다른 것이었다. 이백의 원유遠遊가 출세욕의 다른 이름이었다면 유영의 유랑은 목적도 정처도 없고 하늘 위 구름 같은 나그네의 떠돎이었다. 특히 유영의 유랑이 생소한 재미를 주는 것은 그가 떠돌았던 공간에서 기인한다. 문인들의 유랑이란 대개 명산대천을 유람하며 그 감회를 시나 화폭에 담는 것이었는데, 그는 인간의 욕망이 살아 숨 쉬는 도시와 도시의 골목길을 누비며 노래했다.

세속의 길을 걷다

유영의 본명은 유삼변柳三變이지만 일곱째로 태어나서 유칠柳七로
많이 불렸다. 그가 태어난 곳은 복건성福建省 무이산武夷山이다. 부친
유의柳宜는 후주 이욱 시기의 남당南唐에서 감찰어사를, 북송에서는
공부시랑工部侍郎을 지냈다. 유의가 죽었을 때 유영은 열세 살이었다.
유학을 신봉한 사대부 가문 자제가 그렇듯 유영도 청년 시절엔 과거
급제를 입신의 길로 알고 학업에 매진했다. 그러나 두 번의 고배를
연거푸 마시면서 유영은 좌절했고 공명이란 본디 헛된 것이라며 다
음의 사를 썼다. 낙방생의 푸념 섞인 불만이라며 웃고 넘어가도 될
일이었지만 황실과 조정의 반응은 그렇지 않았다. 따로 죄를 묻지는
않았으나 결국 이 사로 유영은 조정에서 뜻을 펼 기회를 얻지 못했
다. 세 번째 과거시험에 합격했음에도 송 인종은 합격자 명단에서 유
영의 이름을 삭제하라고 명령하며 다음과 같이 말했다고 한다.

"이자는 바람과 달빛 아래서 술 마시고 노래 부르기를 좋아하니,
어찌 헛된 명성 따위를 구하겠는가? 평생 사나 지으라고 하게!"

「학충천鶴衝天」

과거 합격자 명단 보니	黃金榜上
장원 급제의 꿈은 사라져버렸네.	偶失龍頭望
맑은 시대가 현자를 내치니	明代暫遺賢
이를 어찌할꼬?	如何向

풍운의 뜻 이루지 못했으니	未遂風雲便
어찌 마음껏 놀아보지 않을 수 있으리.	爭不恣狂盪
이해득실은 따져 무엇 하랴?	何須論得喪
재자사인 재능 있는 사인은	才子詞人
본디 포의 입은 고관이었다네.	自是白衣卿相
봄의 풍취 물씬 나는 거리에서	煙花巷陌
예전처럼 단청 병풍에 둘러싸여 있어야지.	依約丹靑屛障
다행히 마음에 품은 사람 있으니	幸有意中人
찾아가보려 하오.	堪尋訪
붉은 치마 푸른 저고리에 기대어	且恁偎紅倚翠
풍류나	風流事
평생 즐기리라.	平生暢
청춘의 시간은 짧으니	靑春都一餉
헛된 명리를 버리고	忍把浮名
조용하게 술 마시며 노래 부르는 일과 맞바꾸었네.	換了淺斟低唱

시험이란 제도가 본디 그렇듯 일 등만 모든 영광을 누리는 체재는 태생적으로 많은 문제점을 가지고 있다. 십 년 공부를 한 번의 시험으로 평가한다는 것은 너무도 가혹한 처사가 아닌가. 그래서 과거 시험이 끝나면 수도의 크고 작은 숙소 어디에서나 의기소침한 얼굴을 한 수험생들을 만날 수 있었다. 그들은 모여서 술을 마시거나 청루靑樓(창기娼妓나 창녀들이 있는 집—역자 주)를 찾아 낙방의 괴로움과 서러움을 달랬으며 심지어 저자에서 군중을 모아 소란을 피우는 일도 심심

치 않게 있었다. 말하고 싶어도 '실패자'에 대한 외부의 편견과 시선, 자격지심 때문에 쏟아내지 못한 그들의 울분을 유영이 대신 말한 것이었다.

아무튼 본의 아니게 「학충천」으로 이름을 날리게 되면서 유영의 문학적 재능과 풍류를 흠모한 기녀들은 금전을 제공하면서까지 그의 사를 받기를 원했다고 한다. 특히 노래를 부르는 가기들은 유영으로부터 곡의 품평이나 사를 받으면 등급이 올라가 더 좋은 대우를 받을 수 있었다고 하니, 화류계에서 유영은 인기가 꽤나 좋았던 모양이다.

나엽羅燁의 『취옹담록醉翁談錄』에도 이와 같은 기록이 남아 있다.

유영은 서울에 머물며 한가한 날에는 기생집을 두루 돌아다녔다. 가는 곳마다 기생들은 사로 유명하고 음조를 바꾸는 데 능한 그를 좋아하였다. 일단 그의 품평을 거치면 몸값이 열 배나 뛰었으므로 많은 기생들이 그에게 물자를 주었다 柳耆卿居京華, 暇日遍游妓館, 所至, 妓者愛其有詞名, 能移宮換羽, 一經品題, 身價十倍, 妓者多以物資給之.

북송 변경은 성당盛唐의 수도 장안이 누렸던 왕년의 호시절 못지않게 번영을 구가했다. 특히 시민사회의 발달은 유영 문학이 꽃필 수 있는 토대가 되었다.

「망해조望海潮」

동남 땅의 명승지   東南形勝

삼오* 지역의 도회지	三吳都會
전당**은 예부터 번화한 곳.	錢塘自古繁華
안개 머금은 버들과 그림 같은 다리	煙柳畫橋
바람 막는 문발과 비취색 장막	風簾翠幕
들쭉날쭉 늘어선 십만 호인가.	參差十萬人家
모래톱 따라 나무들 구름같이 이어지고	雲樹繞隄沙
성난 파도 물보라를 일으키니	怒濤捲霜雪
천연의 참호 전당강은 끝도 없어라.	天塹无涯
저자엔 진주와 보석들이 널려 있고	市列珠璣
집집마다 화려한 비단옷 넘쳐나니	戶盈羅綺
서로 호사스러움을 다투는구나.	競豪奢
두 호수와 늘어선 산봉우리 맑고도 아름다워라	重湖疊巘淸嘉
가을에는 계수나무 꽃향기	有三秋***桂子
십 리를 덮은 연꽃	十里荷花
맑은 하늘엔 피리 소리	羌管弄晴
마름 캐며 부르는 노랫소리 밤을 채우고	菱歌泛夜
고기 낚는 늙은이와 연 따는 처녀 모두 즐거워하네.	嬉嬉釣叟蓮娃
수많은 깃발 뒤로 장관을 호위하는 무리 따르고	千騎擁高牙
취흥에 젖어 퉁소와 북소리 들으며	乘醉聽簫鼓

---

* 옛 도읍인 오흥(吳興), 오군(吳郡), 회계(會稽)를 함께 일컫는 말로 지금의 강소성 남부와 절강성 북부에 해당된다.
** 지금의 항주로 옛날에는 오군에 속했다.
*** 삼추(三秋) – 음력 7월부터 9월까지 가을의 석 달이나 세 번째 달인 음력 9월을 가리킨다.

고요한 산수의 경치 감상하고 시를 읊는다.　　　　吟賞煙霞

후일 이 아름다운 풍경 그려내어　　　　　　　　異日圖將好景

조정에 돌아가 자랑하리라.　　　　　　　　　　歸去鳳池誇

　　유영은 복건, 하남, 강소, 호남, 호북, 산동, 섬서 등 많은 지역에
서 머물렀다. 그가 한곳에 정착하지 않고 남에서 북으로, 동에서 서
로 돌아다닌 것은 생계 문제 때문이었던 것 같다. 유행의 속성이 그
렇듯 한 지역에서 계속 '팔아먹고' 살 수는 없는 노릇이었다. 역사의
식과 백성에 대한 연민을 가슴에 품었던 문인 사회에서 유영은 철저
한 주변인으로 살았다. 신흥 시민계급의 심미적 기호에 부합했던 유
영의 사는 그 철저한 '세속성'으로 사대부의 엄숙주의를 비꼬았다.
물론 유영이 처음부터 어떤 '의식'을 가지고 사대부의 경건주의나
엄숙주의에 대항한 것은 아니었다. 오히려 거듭된 실패와 정치적 좌
절이 유영을 문학의 세속화와 시민화의 노선으로 가게 했다고 말하
는 편이 더 맞을 것이다. 그럼 유영의 '속'으로 들어가보자.

「브라만령婆羅門令 – 어젯밤 옷을 입고 잠이 들다」

어젯밤 옷을 입고 잠들었는데　　　　　　　昨宵裏恁和衣睡

오늘밤도 옷 입은 채 잠이 들었네요.　　　　今宵裏又恁和衣睡

술 마시고 돌아오니 벌써 일경이 지나고　　小飮歸來, 初更過

취기도 얼큰했지요.　　　　　　　　　　　醺醺醉

한밤중에 무슨 일인지 문득 놀라 일어나니　中夜後, 何事還驚起

서리 내리는 밤하늘이 썰렁하고	霜天冷
바람은 고요해	風細細
창을 바라보니	觸疏窓
등잔불 흔들리더군요.	閃閃燈搖曳
당신 없는 빈자리서 뒤척이며 다시 생각했어요.	空床輾轉重追想
사랑을 나눴던 그 정도 베개가 기울면	雲雨夢
계속하기 어렵겠지요.	任敧枕難繼
가슴에 품은 정이 만 갈래이듯	寸心萬緖
지척에 두고도 천 리나 떨어진 듯하니	咫尺千里
아름다운 경치와 좋은 시절이 무슨 소용인가요?	好景良天
피차간	彼此
서로 가엾게 여기는 마음만 있을 뿐	空有相憐意
서로 만날 엄두도 낸 적 없으니.	未有相憐計

다음은 유영의 사 중 드물게 아사雅詞의 분위기가 느껴지는 작품이지만 남녀 간의 염정艷情과 이별 뒤 그리움 등의 내용은 여전하다.

「**야반락**夜半樂」

구름도 얼어붙은 음침한 날씨	凍雲黯淡天氣
일엽편주에 몸을 싣고	扁舟一葉
흥도 싣고 강가를 떠났네.	乘興離江渚
수많은 계곡과 바위산을 지나	渡萬壑千巖

월계 깊은 곳에 이르니	越溪深處
성난 파도 점차 사그라지고	怒濤漸息
순풍이 일어나	樵風乍起
상인들 서로 인사하는 소리 들린다.	更聞商旅相呼
돛을 높이 올려	片帆高擧
익조 그려 넣은 배 띄우고*	泛畫鷁
경쾌하게 남쪽 포구를 지나네.	翩翩過南浦
저 멀리 나부끼는 주막의 깃발	望中酒旆閃閃
연기 피어오르는 마을에	一簇煙村
줄지어 선 서리 맞은 나무들 보이네.	數行霜樹
석양 아래	殘日下
어부는 뱃전을 두드리며 돌아가는구나.	漁人鳴榔歸去
말라 떨어진 연꽃잎	敗荷零落
시든 버들 서로 어울리고	衰楊掩映
물가에는 둘 셋씩 모여	岸邊兩兩三三
빨래하는 여인들	浣紗遊女
지나는 나그네를 피해	避行客
부끄러움 머금고 웃으며 이야기하네.	含羞笑相語
이제 와 생각하니	到此因念
아름다운 누각 너무 쉽게 떠나와	繡閣輕抛
물결 따라 떠도는 부평초처럼 정착하기 어려워라.	浪萍難駐

---

* 옛날에는 바람에 강하다는 익조(鷁鳥)의 모양을 뱃머리에 새기거나 그려 넣었다고 한다.

후일의 기약 믿고 의지할 것은 정녕 무엇인가!	嘆後約丁寧竟何據
이별의 정한은 가슴 아프고	慘離懷
해는 저물고 돌아갈 날 막막하여 부질없이 탄식한다.	空恨歲晚歸期阻
이슬 맺힌 눈으로 바라보니	凝淚眼
서울 가는 길은 멀고도 멀고	杳杳神京路
기러기 소리는 저녁 하늘 속으로 멀리 사라져가네.	斷鴻聲遠長天暮

방랑 문인의 초라한 말년

유영은 마침내 쉰을 앞에 둔 마흔 일곱의 나이에 진사시에 합격했다. 반백의 나이에 겨우 사모紗帽를 쓴 그는 여항餘杭의 현령 등 지방의 말단 관직을 지냈고 둔전원외랑屯田員外郎으로 짧은 관직 생활을 마쳤다. 경관京官과 지방관의 대우 차이는 상당히 컸다. 지방에서 수도로 자리를 옮기거나 지방에 있으면서 이름이라도 수도에 걸어놓는 것을 개관改官이라 하는데, 수도에서 벼슬아치를 해보는 것이 평생 꿈이었던 유영은 개관을 위해 많은 돈을 썼다. 심지어 미인계를 동원하기도 했다. 지체 높은 양반 집 문턱을 넘기가 어디 쉽겠느냐만 유영은 운이 좋았던 편이었는지 우여곡절 끝에 재상집 문을 두드릴 수 있게 되었다. 당시 재상이었던 안수晏殊는 아들 안기도晏幾道와 함께 북송 문단을 이끌던 쌍웅雙雄이었다. 다음 사는 안수의 대표적 작품 중 하나다.

「완계사 浣溪沙」

새 노래 한 곡조에 술 한 잔	一曲新詞酒一杯
작년 그 날씨 그 연못 그 누대에서	去年天氣舊池臺
석양은 서편으로 지면 언제 다시 돌아올까?	夕陽西下幾時回
꽃잎 떨어지는 것이야 어찌할 수 없지	無可奈何花落去
눈에 익은 제비가 돌아온 것 같아	似曾相識燕歸來
정원의 꽃길을 홀로 서성인다네.	小園香徑獨徘徊

유영이 안수를 자신을 이끌어낼 구원투수로 선택한 것은 나름의 계산에서 나온 것이었다. 안수가 재상이긴 하지만 문단의 대문호가 아니던가. 글재주 하나를 밑천 삼아 강호를 떠돌던 방랑 문인의 고달픔을 안수라면 알아주리라는 막연한 기대 심리가 작용했을 터이다. 재상 집 문은 의외로 쉽게 열렸지만 유영을 대하는 안수의 태도엔 재상으로서 손님을 차마 박대할 수 없어 억지로 맞이하는 심기가 여실히 드러났다.

"현준賢俊께선 곡자사曲子詞를 짓습니까?"

"상공相公처럼 저도 사를 짓습니다."

"본인은 사를 짓습니다만 '바느질이나 하며 당신 곁에 붙어 있을 걸' 따위의 사는 지어본 적이 없소이다."

유영은 아무 말 없이 재상 안수의 저택을 빠져나왔다. '헛된 명리를 버리고 술이나 마시며 노래를 부르겠다'고 해 황제 인종에게 밉보였던 그때처럼 유영은 안수의 조롱을 뒤로한 채 수도를 떠나올 수밖에 없었다. 안수는 글쟁이를 알아봐줄 거라는 유영의 기대를 무참히 저버렸다. 그는 애초에 유영을 같은 길을 가는 사람으로 보지 않았다. 안수의 이런 생각은 당시 사대부들을 대표하는 것이었다. 안수가 비웃었던 그 구절은 바로 다음의 사 「정풍파」에 나온다. 「정풍파」는 남편을 멀리 떠나보낸 젊은 아내의 쓸쓸함과 회한, 그리움 등의 정서를 솔직하고 대담하게 묘사한 작품이다. 유영의 대표적 속사俗詞(주로 남녀 간의 연정과 이별의 고통을 일상의 언어로 솔직하고 대담하게 노래한 사─역자 주) 중 하나지만, 당시의 사대부들은 그의 창작 기법에 수긍하지 않았다.

「**정풍파**定風波」

봄이 왔건만	自春來
푸른 잎 붉은 꽃엔 시름뿐이고	慘綠愁紅
모든 일이 마음에 없다.	芳心是事可可
해는 꽃가지 끝에 올라앉고	日上花梢
앵무새 버드나무 길을 지나는데	鶯穿柳帶
아직도 이불 덮고 누워 있네.	猶壓香衾臥
화장도 지워지고 머리도 풀어진 채	暖酥消, 膩雲嚲
종일토록 머리 빗기도 귀찮아라.	終日厭厭倦梳裏
어찌하나!	無那
무정한 임은 떠난 뒤로	恨薄情一去
소식 한 자 없으니.	音書無個

진작 이리 될 줄 알았더라면   早知恁麼

애당초 말고삐 묶어두고 보내지 말걸.   悔當初, 不把雕鞍鎖

글방 창문으로 종이와 붓 주고   向雞窗, 只與蠻箋象管

글공부나 하라며 붙잡아둘걸.   拘束教吟課

버리고 가지 못하도록 종일을 따라다니고   鎮相隨, 莫拋躲

바느질이나 하며 당신 곁에 붙어 있을걸.   針線閑拈伴伊坐

나와 함께 지내며 젊은 날을 헛되이   和我, 免使少年光陰虛過

보내지 못하게 할걸.

여성만의 전유물로 알았던 애정사愛情詞를 적극적으로 수용한 문인은 유영이 처음은 아니었다. 만당晩唐 오대五代 화간파花間派 온정균溫庭筠, 풍연사馮延巳는 애정사의 대표적 사인이다. 아래 「경루자」는 온정균의 작품이다.

「**경루자**更漏子」

옥로의 향은 타고   玉爐香

붉은 초는 눈물 흘리며   紅燭淚

유독 그림 같은 방 안에서 가을 사색에 빠진 이를 비추네.   偏照畫堂秋思

검푸른 눈썹 엷어지고   眉翠薄

검은 살쩍 헝클어지니   鬢雲殘

기나긴 밤 금침은 서늘하여라.   夜長衾枕寒

오동나무로 떨어지는   梧桐樹

삼경의 빗방울	三更雨
이별의 괴로움도 아랑곳 않고	不道離情正苦
잎새마다	一葉葉
툭툭	一聲聲
빈 섬돌 위로 떨어지네, 날이 밝도록.	空階滴到明

사실 유영의 창작 경향을 덮어놓고 세속화 혹은 퇴폐적 운운하며 평가하는 것은 순전히 기성 문단의 편파적 시각일 뿐 당사자로선 매우 억울한 일일 것이다. 유영의 다른 사들, 이를테면 앞서 소개한 「팔성감주」와 「우림령」, 그리고 아래의 「척씨」 등은 그만의 독특한 풍격이 느껴지는 뛰어난 작품이다. 만년의 작품으로 추정되는 「척씨」는 늦가을 길 위에 선 나그네의 서러움과 고독을 젊은 시절의 자유 그리고 낭만과 대비해놓았다.

「척씨戚氏」

늦은 가을날	晚秋天
갑자기 이슬비가 뜰 안 정자에 내린다.	一霎微雨灑庭軒
난간 앞 국화는 시들어지고	檻菊蕭疏
우물가 오동잎 어지러이 떨어지며	井梧零亂
안개는 아스라이 흩어진다.	惹殘煙
괜스레 쓸쓸하여	淒然
강의 관문을 바라보니	望江關

어두운 석양 속으로 구름이 난다.　　　　　　飛雲黯淡夕陽間

당시 송옥*이 느꼈을 비애가　　　　　　　　當時宋玉悲感

나그네 되고 보니 가슴에 사무친다.　　　　向此臨水與登山**

길이 멀고 힘드니　　　　　　　　　　　　遠道迢遞

행인은 쓸쓸하고 괴로워　　　　　　　　　行人凄楚

졸졸 흐르는 물소리도 귀에 거슬린다.　　倦聽隴水潺湲

매미는 시든 잎에서 울고　　　　　　　　正蟬吟敗葉

귀뚜라미는 마른 풀에서 울며　　　　　　蛩響衰草

서로 대꾸하듯 시끄럽게 우네.　　　　　　相應喧喧

객사는 외로워서 하루가 일 년 같은데　　孤館度日如年

바람과 이슬은 점차 변해　　　　　　　　風露漸變

어느새 밤도 깊었다.　　　　　　　　　　悄悄至更闌

넓고 깨끗한 하늘에　　　　　　　　　　長天淨

은하수는 맑게 흩어 있고　　　　　　　　絳河清淺

하얀 달이 곱게 빛나네.　　　　　　　　皓月嬋娟

시름은 끝이 없는데　　　　　　　　　　思綿綿

긴긴 밤에 그윽한 정경과 마주하니　　　夜永對景

손을 꼽고 남몰래　　　　　　　　　　　那堪屈指

---

* 중국 전국시대 말기 초나라의 궁정 시인으로 굴원과 함께 '굴송(屈宋)'으로 불리며 「구변(九辨)」, 「초혼(招魂)」 등 많은 작품을 남긴 인물.

** 臨水與登山(임수여등산) – 원뜻은 '물가에 이르고 산에 오르다'이다. 이 구절은 송옥의 「구변」에 있는 '처량하고 슬픈 것이 마치 먼 길에 오른 듯한데, 산에 오르고 물가에 이르러 상한 마음을 떠나 보내려 하네(憭慄兮若在遠行, 登山臨水兮送將歸)'를 인용한 것으로, 「구변」의 주된 내용은 '벼슬을 잃고 뜻을 펼치지 못하는 불우한 선비의 비애'다.

지난 일 돌이켜본다.	暗想從前
명성도 봉록도 없던 시절	未名未祿
기방의 거리를 서성이며	綺陌紅樓
세월을 보냈더랬지.	往往經歲遷延
서울의 풍광 좋아서	帝里風光好
젊었던 그때는	當年少日
저녁의 연회를 아침까지 즐겼었지.	暮宴朝歡
하물며 그땐 제멋대로 놀던 괴짜 친구들까지 있어	況有狂朋怪侶
노래를 부르고	遇當歌
다투어 술 마시며 일어설 줄 몰랐지.	對酒競留連
헤어지고 세월은 쏜살처럼 지나	別來迅景如梭
옛날에 놀던 일은 꿈만 같은데	舊遊似夢
안개 속 물길은 끝도 없어라.	煙水程何限
명예와 이익을 좇아	念利名
초췌하게 오래도록 얽매여 있었지.	憔悴長縈絆
지난 일 돌아보니	追往事
근심 서린 얼굴 공연히 비참해진다.	空慘愁顏
시간이 지나	漏箭移
가벼운 한기를 느끼고	稍覺輕寒
점점 커지는 울음소리에	漸鳴咽
호각 소리 잦아드네.	畫角數聲殘
멍하니 창가에서	對閑窗畔
등불 끄고 새벽을 기다리며	停燈向曉

그림자를 끌어안고 잠 못 이루네.　　　　　　　　　抱影無眠

　　유영은 방랑 문인답게 길 위에서 죽었다. 그가 사망한 원인이나 연도도 정확하지 않다. 시신을 거둬줄 가까운 친지도 옆에 없었고 장례를 치를 돈은 더더욱 없었다. 유영을 흠모했던 기녀들이 나중에 소식을 듣고 장례비를 마련해 지금의 강소성 진강鎭江인 윤주潤州에 묘를 썼다고 하니 초라한 말년이었겠거니 짐작만 할 뿐이다. 강호의 의리를 소중히 생각한 기녀들은 해마다 유영의 기일이 되면 모여서 그의 사를 부르며 애도했는데, 이 모임은 '조유회弔柳會'라는 이름으로 거의 백 년 동안 유지되었다. 조유회는 신분 계급 사회였던 당시 가장 비천한 집단으로 멸시를 받아온 자신들과 기꺼이 인격적 교류를 맺은 유영에 대한 고마움의 표현이었다. 또한 동시에 거리의 여인으로 살아가는 고달픈 생에 대한 자기 연민을 풀어내는 의식이기도 했다.

대중의 하위문화를 주도한 인물

　　북송 진종眞宗과 인종 통치기의 사회는 상대적으로 풍족했고 문화도 발달하였다. 인구 백만이 넘는 수도 변경에는 온갖 인간 군상들이 다 모여 살았다. 삼교三敎(유교, 불교, 도교—역자 주)와 구류九流(반고班固가 자신의 책 『한서漢書』에서 분류한 유가·도가·음양가·법가·명가·묵가·종횡가·잡가·농가의 9학파—역자 주)의 모든 종교와 사상들이 꽃을 피웠고 상업과 수공업이 발달했다. 도시의 물질적·문화적 번영은 성매매 시장과 기녀 집단의 확대로 이어졌다. 안수 부자와 장선, 구양수 등도 도시의 유흥 문화를 묘사한 작품을 지었으며 사마광과 왕안석도 기녀들을 언급하였다.

시민사회가 발전하면서 그에 어울리는 문학 형식의 출현이 필요했던 시기에 유영은 문화적 수요를 읽고 그것에 호응했다. 다시 말해 안수와 구양수 등이 주류 문단에서 순수 문학을 이끌었다면 유영은 도시 대중의 하위문화를 주도했다고 할 수 있다. 그러나 한편으로 안타까운 것은 유영이 문인으로서 태평성세의 바깥 혹은 이면에 엎드려 있는 위기, 통치 집단의 부패와 타락을 보지 못했다는 사실이다. 북송 관료 사회의 사치와 향락은 이미 일상화되어 있었다. 북송 초기의 명재상 여몽정은 닭의 혀로 국물을 낸 탕 한 그릇을 먹기 위해 매일 닭 백 마리를 잡았다고 한다. 명재상으로 존경을 받았던 인물이 이렇게 도가 넘는 사치를 했으니 더 말해 무엇 하랴. 안수도 하루가 멀다 하고 주연을 열어 먹고 마셨다. 대체 그 돈이 다 어디서 왔겠는가?

'헛된 명리' 운운했지만 유영은 방랑 문인으로서의 유랑 의식은 철저하지 않았던 것 같다. 도시와 도시의 골목길을 누비면서도 그는 도시 하층민의 지난한 삶과 어쩔 수 없이 몸을 팔며 생을 영위하는 기녀들의 고단함은 보지 못했다. 어쩌면 유영의 욕망은 자신이 그토록 속하고 싶었던 권력자들, 백성의 등허리를 밟고 올라선 지체 높은 양반네들의 그것에 가깝지 않았을까? 유영을 연구하는 당대 학자들 중엔 유영을 전통에 도전하고 시민문학을 개척한 기수로 평가하면서 두보나 백거이의 애민 정신과 같이 논하기도 하는데, 이는 터무니없는 말이다. 유영 문학은 스스로의 존재 이유를 가지는 것이거늘, 왜 모든 문학을 '우국'이나 '애민' 따위의 틀에 가둬야만 하는지 나는 도무지 이해할 수 없다. 문학이 고상해야 한다는 엄숙주의에 찌든 문단의 편견이 사라지지 않는 한 우리는 유영 문학의 소중한 가치를 영원히 발견하지 못할 것이다.

「옥호접玉蝴蝶」

비 그치고 구름 끊긴 곳 바라본다.	望處雨收雲斷
난간에 기대어 시름겨워하며	憑闌悄悄
가을 경치 물끄러미 바라본다.	目送秋光
저녁 풍경 쓸쓸하니	晚景蕭疏
송옥의 슬픔과 쓸쓸함이 느껴지는데.	堪動宋玉悲涼
바람은 수면 위로 가볍게 불고	水風輕
부평초는 점점 시들어가고	蘋花漸老
달빛 담은 이슬은 차갑고	月露冷
오동잎은 떨어져 누렇구나.	梧葉飄黃
이 마음 아파오네.	遣情傷
그 사람은 어디에 있을까?	故人何在
안개 속 물길 아득하여라.	煙水茫茫
잊을 수 없네	難忘
함께 모여 시를 짓고 술 마시던 그 시절	文期酒會
청풍명월을 몇 번이나 지나치고	幾孤風月
세월은 또 얼마나 흘렀는지	屢變星霜

바다는 넓고 산은 멀어

어느 곳이 소수와 상수인지 알 수 없구나.

제비 한 쌍을 떠올려보지만

믿고 먼 곳으로 소식 전할 수 없네.

저녁 하늘 가리키며

그이 돌아오는 배인가 하여 공연히 맘 설네.

낙담하여 바라보며

기러기 소리와 함께

해가 다 질 때까지 서 있네.

海闊山遙

未知何處是瀟湘

念雙燕

難憑遠信

指暮天

空識歸航

黯相望

斷鴻聲裡

立盡斜陽

북송 문단의 영수였던 구양수는 일찍이 한유가 주창했던 고문운동을 다시 일으키며 시문 혁신론을 폈다. 시문 혁신론은 쓸데없이 어렵고 화려한 문사에서 벗어나 생활 언어로 사색하고 표현하자는 것이었다. 구양수가 이끈 시문 혁신 운동은 일군의 문화 엘리트를 양성하며 후대 문인들에게 많은 영향을 끼쳤다.

새로운 시풍을 개척한 사람

歐陽修

구양수 북송 1007~1072

붉은 나무 푸른 산에 해는 기울고

너른 들판의 풀빛, 끝없는 푸름이여.

유람객들은 봄이 가는 것도 아랑곳 않고

정자 앞을 오가며 떨어진 꽃을 밟는다.

시문 혁신 운동의 주창자

　구양수는 섬세한 감성의 소유자다. 그는 풍경과 감정에 쉽게 도취되었으며 예민한 만큼 상처도 잘 받았다. 의도했든 안 했든 그는 일생 동안 많은 염문을 뿌렸는데 그중 두 번의 스캔들은 조정 안팎을 떠들썩하게 했다. 「접련화」는 구양수 특유의 시적 감수성이 느껴지는 사로, 처음의 달떴던 기분도 얼마 못 가 저버리는 봄을 안타까워하는 상춘傷春의 노래다. 조정 대신으로서 늘 번다한 정무에 시달리면서도 봄의 풍경 앞에서 누구보다 예민한 촉수를 드러낸 그는 천성적인 시인이었다.

「접련화蝶戀花」

정원은 깊고도 깊어 그 깊이가 얼마인지	庭院深深深幾許
버드나무들 사이로 안개는 빼곡하고	楊柳堆烟
주렴도 겹겹이 늘어져 그 수를 알 수 없네요.	簾幕無重數
당신은 아름다운 말을 타고 노는 곳에 가 있건만	玉勒雕鞍遊冶處

높은 누각에서 장태로는 보이지 않는군요.   樓高不見章台路

비바람이 매서운 삼월의 끝자락   雨橫風狂三月暮

해질녘 문은 굳게 닫혀 있지만   門掩黃昏

봄을 붙잡아둘 순 없네요.   無計留春住

눈물을 머금고 꽃에 물어보지만 꽃은 아무 말도 없고요.   淚眼問花花不語

붉은 꽃만 어지러이 그네를 지나 날아갑니다.   亂紅飛過秋千去

북송 문단의 영수였던 구양수는 일찍이 한유가 주창했던 고문운동을 다시 일으키며 시문 혁신론을 폈다. 시문 혁신론은 쓸데없이 어렵고 화려한 문사에서 벗어나 생활 언어로 사색하고 표현하자는 것이었다. 구양수가 이끈 시문 혁신 운동은 일군의 문화 엘리트를 양성하며 후대 문인들에게 많은 영향을 끼쳤다.

다방면에 재주가 많았던 구양수는 고금古琴 연주와 바둑에 수준급의 실력을 보였고 '구양수체'라는 서체가 있을 만큼 서예에도 조예가 깊었다. 또 역사서 『신당서新唐書』와 『신오대사新五代史』를 편찬하기도 했다.

구양수는 체구가 왜소하고 얼굴은 창백했으며 지독한 근시였다. 외모 열등감 때문이었는지 그는 다소 신경질적인 성향이 있었던 것 같다. 그의 자는 영숙永叔으로 사천四川 면양綿陽에서 태어나 젖먹이일 무렵 강남 태주泰州로 이주했다. 그의 부친 구양관歐陽觀은 향년 59세를 일기로 생을 마감했는데, 그때 구양수는 겨우 네 살이었다. 스물아홉에 혼자가 된 모친 정씨는 개가하지 않고 일남일녀를 키웠다. 당시 수주隨州에서 구양수의 셋째 숙부 구양엽歐陽曄이 추관推官을 지냈는데 정씨는 아이들을 데리고 그리로 가서 의탁했다.

구양수는 수주에서 유년기와 청소년기를 보냈다. 당시의 소년들이 대부분 그랬듯 구양수도 벼슬에 오르는 것을 미래의 유일한 좌표로 삼고 학업에 몰두했다. 과거시험에서 두 번의 고배를 마신 그는 수주에서 삼백 리나 떨어진 한양漢陽의 서언胥偃이라는 자를 찾아갔다. 그러고는 백거이가 장안의 고황顧況을 찾아가 자신의 시를 보여줬던 것처럼 한림학사 겸 한양 지주知州였던 서언에게 공들여 쓴 글을 보여줬다. 송대의 과거제도는 당대와 마찬가지로 시와 부가 주요한 선발 기준이었고 추가된 시험 과목은 시정時政을 논하는 책론策論 하나뿐이었다. 예나 지금이나 개인이 능력 하나만으로 성장할 수 있는 길은 많지 않다. 그래서 사람들은 어떻게든 자신을 밀어줄 누군가를 찾기 위해 동분서주한다. 과거에 응시하는 수험생들도 영향력 있는 관료나 명사의 추천을 받기 위해 노력했는데, 당시의 천거는 수긍할 만한 타당성을 가진 제도였다. 재능이 있고 그 재능을 알아봐줄 사람만 있다면 배경이 좋든 나쁘든 추천받을 수 있었으니 요즘처럼 뇌물이 오가는 질 낮은 '줄타기'와는 한마디로 차원이 달랐다.

문단의 길에 들어서다

구양수의 문장에 감탄한 서언은 삼백 리 길을 마음 졸이며 왔을 청년 구양수에게 융숭한 대접을 했다. 그는 기꺼이 구양수를 문하생으로 받아들였다. 사도仕途로 나가는 지름길이 되었던 문하생은 일종의 사회적 신분이었다. 문전박대를 당하지는 않을까 걱정했던 구양수는 기대 밖의 호의를 받고 기쁘고 들뜬 나머지 집으로 돌아와 잠을 이루지 못했다.

서언에겐 아직 출가하지 않은 둘째 딸이 있었다. 이따금 정원을 거니노라면 그녀의 그림자가 보이곤 했지만 구양수는 말 한마디 건넬 용기가 나지 않았다. 그는 가진 거라곤 내세울 것 없는 가문과 보잘것없는 외모뿐인 자신의 처지를 잘 알고 있었다. 어쩌다 그녀와 마주치기라도 하면 어찌할 바를 모르고 당황해했다. 서언이 둘째 딸 사윗감은 가문을 보지 않고 장래가 촉망받는 인재를 물색 중이라며 넌지시 구양수의 속을 떠보는 말을 했지만, 구양수는 그 인재가 자신이 될 수도 있다는 생각은 미처 하지 못했다.

서언이 승진하여 수도 변경으로 떠나게 되자 구양수가 수행원으로 함께했고 서언의 둘째 딸도 따라 나섰다. 두 해 가까이 구양수를 곁에서 지켜본 그녀도 아버지 서언과 같은 생각이었다. 그녀는 구양수가 외모야 좀 떨어지긴 하지만 인품과 학식 모두 호감을 살 만한 매력적인 인물이라 여겼다. 결국 일 년 후 진사시에 합격한 구양수는 서언의 둘째 딸을 아내로 맞아들였다. 구양수는 낙양洛陽의 추관으로 부임하라는 명을 받고 아내와 함께 떠났다.

북송 당시 수도 변량이 동경으로 불리고 낙양은 서경으로 불렸다. 낙양은 서쪽 수도라는 이름에 걸맞게 인구가 많고 번화한 지역이었다. 낙양 지주는 오월왕吳越王 전숙錢俶의 아들 전유연錢惟演이었는데 고위 관료이자 시인으로 명성이 있던 그의 문하로 많은 시인들이 모여들었다. 양억楊億이 엮은 『서곤수창집西崑酬唱集』엔 전유연과 유균劉筠 등 시인 17명이 쓰고 노래한 250수의 시가 수록되어 있다. 이 수록집은 북송 초기 시단을 풍미했던 서곤체西崑體의 대표 시집이다. '서곤'은 곤륜산崑崙山에 있다는 서왕모西王母의 거처를 가리키는 말로, 옛날 제왕들의 장서가 이곳에 묻혀 있다는 전설의 도움을 받아 책 이름을 지었다. 수록집 제목에서도 알 수 있듯이 서곤파는 태평성세를 노래하는 전형적인 궁정 문학 집단이었다.

「남향자」南鄉子

사랑스러운 당신	好個人人*
입술은 짙게 뺨은 연하게 화장했네요.	深點唇兒淡抹腮
우리는 꽃 아래서 만나고	花下相逢
사람들의 눈이 두려워 서둘러 헤어졌지요.	忙走怕人猜
당신은 비단 신발을 벗어놓고 가	遺下弓弓小繡鞋
버선발로 다시 왔지요.	剗襪重來
어깨까지 늘어뜨린 추마계 위에 꽂은 금봉황 비녀	半綰烏雲**金鳳釵
우리는 바라보고 웃으며 걷다 껴안고	行笑行行連抱得
서로의 몸에 기대었지요.	相挨
당신은 교태를 부리며 내 가슴에 안겨 있지요.	一向嬌癡不下懷

「남향자」 속의 남녀는 사람들의 이목을 피해 만났지만 함께하고

* 인인(人人) – 친밀한 사람에 대한 애칭으로 송대의 유행어였다고 한다.
** 반타오운(半綰烏雲) – 머리카락을 틀어 묶은 후 어깨까지 늘어뜨린 쪽머리의 일종으로 '추마계(鬒馬髻)'라고도 한다.

싶은 욕망을 숨기지 않고 드러낸다. 구양수는 낙양에서 삼 년을 머물렀다. 전유연을 중심으로 한 일단의 낙양 문인 단체 속에서 구양수는 술과 노래, 여자에 취했다. 관아에선 관복을 입은 관리로, 등불 아래선 책을 읽는 선비로, 기루妓樓에선 풍류를 아는 사내로 고대의 문인들은 욕망과 윤리 사이에서 자유로웠다. 그들은 개인적 욕망의 실현이 사회적 윤리의 실천에 위배된다고 보지 않았던 것이다. 공자로 대표되는 유가적 규범들이 있긴 했지만 그의 제자들은 스승이 만들어 놓은 욕망의 경계를 훌쩍 뛰어넘었다. 그들은 윤리적 원칙을 버리지 않되 개인의 욕망이라는 문제에 대해 융통과 탄력으로 대응했다. 일부 학자들은 당송 문인들의 이런 태도를 두고 이중인격 운운하며 비판하지만 나는 이것이 억압된 심리의 투사에 불과하다고 본다. 북송의 기방 문화는 당조 때보다 훨씬 성행했으나 사회 윤리나 도덕의 타락 문제가 발생했던 적은 없었다. 개인의 욕망을 자연스럽게 받아들이는 태도가 한 사회의 성숙을 평가하는 지표임은 두말할 필요도 없다. 억압하는 곳에서 오히려 왜곡이 나타난다는 단순한 사실을 그들은 일찌감치 알았던 것이다.

다음 시는 구양수가 아내 서씨를 잃고 애도하면서 쓴 것이다. 서씨는 아들을 낳고 한 달도 안 되어 병으로 그만 죽고 말았는데, 당시 그녀의 나이 겨우 열일곱이었다. 서씨가 낳은 아들마저 5년 뒤에 죽자 구양수는 한동안 깊은 슬픔에 빠졌다. 만물이 무르익는 여름날, 열매를 맺은 기쁨을 누리지도 못하고 세상을 떠난 어린 아내를 생각하며 술을 마시는 구양수의 쓸쓸한 심사가 느껴지는 듯하다.

「녹죽당독음 綠竹堂獨飮 – 녹죽당에서 혼자 술 마시며」

......

내가 말을 몰아 집을 나섰던 　　　　　　　　　憶予驅馬別家去

그때 버드나무 길엔 동풍이 높게 불었었지. 　　去時柳陌東風高

천 리 길 먼 곳 초나라 땅에 머물다 　　　　楚鄕留滯一千里

돌아와보니 자두와 복숭아가 다 떨어져버렸더군. 　歸來落盡李與桃

시든 꽃조차 단 하루도 함께 볼 수 없었으니 　殘花不共一日看

동풍에 애고애고 울음소리만 실려 보낸다. 　　東風送哭聲嗷嗷

낙양의 연못엔 푸른 봄의 빛깔도 보이지 않고 　洛池不見靑春色

백양나무엔 바람 소리만 쓸쓸하여라. 　　　白楊但有風蕭蕭

......

잇따른 파면

　서씨가 죽고 그 이듬해인 1034년 구양수는 간의대부諫議大夫를 지낸 양대아楊大雅의 딸과 재혼한다. 하지만 혼인 생활의 단꿈도 잠시, 양씨마저 열여덟 꽃다운 나이에 요절을 하고 만다. 구양수는 2년 동안의 홀아비 생활을 청산하고 다시 호부시랑戶部侍郞을 지낸 바 있는 고위 관료의 딸 설씨와 백년가약을 맺었다. 1036년 두 번의 상처喪妻를 당하는 아픔이 있었지만 벼슬길만은 순탄했던 구양수에게 한 차례 먹구름이 끼는 사건이 터졌는데, 발단은 이부원외랑吏部員外郞으로 있던 범중엄과 재상 여이간呂夷簡 사이의 충돌이었다.

당시 여이간은 자격이나 능력에 상관없이 자신과 가까운 사람을 등용하여 붕당을 만들고 조정의 전권을 장악하고자 했다. 이를 간파한 범중엄은 언사소言事疏를 올려 여이간을 비난했다. 범중엄은 백관도百官圖까지 그려 조정에 공개했는데, 이름과 초상이 있는 백관도는 재상 여이간의 권력망을 총망라한 것이었다. 하지만 이 일로 정작 피해를 입은 것은 범중엄 자신이었다. 여이간은 범중엄이 직분을 망각하고 월권하는 언행으로 조정을 어지럽힌다고 반격하였고, 인종은 재상의 손을 들어주었다. 사실 결정적으로 인종이 범중엄에게 등을 돌린 이유는 따로 있었다. 백관도 사건으로 어수선한 가운데, 범중엄은 다시 천도론遷都論을 들고 나와 조정을 시끄럽게 했다. 범중엄은 인종에게 낙양으로 천도할 것을 건의했다. 낙양이 지세가 험하고 수비가 견고한 데 반해 변량은 그렇지 못하고 사방이 뚫려 있어 적의 공격에 노출되기 쉽다는 것이었다. 태평치세라면 변량을 수도로 삼는 것이 마땅하지만 지금은 나라에 일이 있으니 반드시 낙양으로 천도해야 한다는 것이 범중엄의 주장이었다. 군사 전문가다운 일리 있는 견해였지만 황제로서 결코 듣기 좋은 말은 아니었다. 인종이 크게 노하자 여이간은 기회를 놓치지 않고 범중엄을 수도에서 쫓아냈다.

평소 범중엄의 인물됨을 존경했던 구양수는 간관 고약눌高若訥이 무조건 재상의 편만 드는 것을 못마땅하게 여기고 인종에게 범중엄을 폄관貶官한 조치는 억울하고 부당한 일이라며 상소했다. 결국 간관 고약눌의 비방으로 구양수마저 이릉현령夷陵縣令으로 폄적貶謫되었다. 이릉은 협주峽州의 작은 산촌으로 민심이 순박한 곳이었다.

조정의 부당한 권력에 대항하다 좌천되었다는 경력은 구양수에게 오히려 득이 되었다. 이릉의 촌민들은 구양수를 존경했으며 그의 직속 상사는 따로 재정을 마련하여 구양수 일가가 살 집을 지어주었다. 경우景祐 3년(1036년) 12월 구양수는 호북湖北 강화光化에 있는 건덕乾德 현령으로 전출 명령을 받고 부인 설씨와 함께 이릉을 떠났다.

1040년 구양수는 3여 년의 폄적 생활을 끝내고 조정의 부름을 받고 환경還京한다. 그리고 같은 해 6월 관각교감館閣校監에 임명되어 숭문총목崇文總目의 편수 작업에 참여하고 10월에는 태자중윤太子中允에 임명되어 예서禮書를 편수했다. 이 무렵 설씨가 아들을 출산하면서 구양수 일가는 모처럼 안락한 생활을 누리게 된다. 수도 변량은 낙양보다 훨씬 더 즐길 만한 유흥이 많았지만 구양수는 지난 낙양 시절 기루를 들락거리며 술과 노래에 취해 있던 자신의 모습을 반성하고 관리, 학자로서 충실하고자 노력했다.

경력慶歷 3년인 1043년 서하西夏와의 전쟁에서 크게 패한 후 인종은 국력 쇠퇴의 근본 원인이 조정 관료의 무능과 부패에 있음을 깨달았다. 무엇보다 관료 사회의 정돈이 시급했다. 한림학사지제고翰林學士知制誥로 있던 구양수는 상소문을 올려 범중엄과 한기韓琦를 세워 조정의 기풍을 바로잡고 그간 전횡을 일삼은 여이간을 탄핵해야 한다고 주장했다. 구양수의 상소문을 받은 인종은 얼굴이 화끈거렸다. 24년 동안 재상의 자리에 앉아 조정을 주물러온 여이간의 탄핵은 물론 당연한 조치였지만 황제로서의 책임도 그만큼 크기 때문이었다. 결국 인종은 여이간을 파면하고 범중엄을 부재상격인 참지정사參知政事로, 한기를 섬서선무사陝西宣撫使로, 부필을 추밀부사樞密副使로 임명했다. 이로써 범중엄 등은 인종의 지지 하에 조정을 개혁하는 경력신정을 통해 부패하고 무능한 관료를 척결하는 동시에 부세賦稅 제도를 개혁하여 권문호족의 세력을 억제해나갔다. 구양수는 지간원知諫院에 임명되어 언로言路를 바로잡고 경력신정을 이론적으로 뒷받침하는 역할을 했다. 그는 「붕당론朋黨論」을 써서 현인정치의 필요성을 역설했다.

신은 붕당이라는 말이 예부터 있었다고 들었습니다. 군자는 군자와 더불어 도道를 함께 추구하며 무리를 만들고, 소인은 소인과 더불어 이利를 함께 좇으며 무리를 지으니 이는 자연의 이치라 하겠습니다臣聞朋黨之說, 自古有之, 大凡君子與君子以同道爲朋, 小人與小人以同利爲朋, 此自然之理也.

구양수의 말대로 소인배들은 기득권을 빼앗기지 않으려고 일치단결하여 개혁파에 대항하기 시작했다. 그들은 범중엄 등이 붕당을 만들어 조정을 장악하려 한다며 음모론을 퍼뜨리고 집중 공격했다. 당시 재상은 안수였는데 노련한 정치가인 데다 권력 관계도 복잡했던 그는 사태의 추이를 관망만 할 뿐 시종 모호한 태도로 일관했다. 결국 경력 5년인 1045년 인종은 장득상章得象과 진집중陳執中의 참언을 믿고 범중엄, 부필, 한기를 차례로 파면시켰다. 같은 해 구양수도 스캔들에 휘말려 조정에서 떠밀려 저주滁州로 폄적되었다. 반개혁 세력은 구양수가 생질녀인 장씨와 사통했다며 탄핵을 주장했다. 생질녀 장씨는 구양수의 여동생 남편과 그 전처 사이에서 난 딸이었다. 여동생은 남편이 죽자 전처 소생의 딸을 데리고 구양수에게 의탁하였다. 구양수는 생질녀 장씨를 조카 구양성歐陽晟에게 시집보냈는데,

그녀가 종복과 간통한 일로 관아에서 심문을 받게 되었다. 때마침 구양수에게 질책당하고 원한을 품고 있던 양일엄陽日嚴은 옥리를 매수하여 구양수가 생질녀인 장씨와 사통한 것으로 사건을 확대했다. 호시탐탐 구양수를 칠 기회를 찾고 있던 반개혁 세력들도 합세해 이 일을 조정으로 들고 갔다. 조카딸과의 사통은 기생을 끼고 노는 풍류와는 전혀 성격이 다른 문제였다. 이를테면 패륜 행위였으므로 반개혁 세력들에게 더할 나위 없이 좋은 빌미였던 것이다. 생질녀 장씨마저 부인하지 않는 통에 구양수는 억울하고 난처하기 그지없었지만 나서서 해명할 수도 없는 처지였다. 인종은 이 일을 믿지 않았으나 그렇다고 구양수를 도와줄 묘수도 딱히 없었다. 이로써 경력신정의 개혁은 일 년 만에 막을 내렸고 조정에는 다시 구세력이 창궐하게 되었다.

이번 파면은 이릉으로 폄적되어 변량을 떠날 때와는 상황이 달랐다. 마흔에 접어든 나이에, 그것도 중앙의 관리로 인종의 신임을 얻고 있던 때에 입에 올리기도 민망한 성추문으로 조정으로부터 내침을 당해 떠나는 길이었기에 구양수는 그저 답답하기만 했다. 하지만 저주에 당도한 후 그는 곧 평상심을 되찾고 저주의 아름다운 풍광을 즐겼다. 인구 십만의 부요한 산촌인 저주에는 푸른 산과 맑은 시냇물이 있고 학이 한가롭게 노닐었다. 그야말로 선경仙境이 따로 없었다.

'중상모략을 당하고 조정에서 쫓겨나면 어떠랴. 내 본시 일신의 영달榮達과 사리사욕을 좇지 않았거늘.'

이렇게 마음을 풀고 사물을 대하니 자연의 아름다움이 눈에 들어왔다. 미감美感을 아름다움을 보고 느낄 수 있는 능력으로 정의한다면 탐욕이란 결국 눈을 멀게 만들어 미추美醜에 대한 판단 능력을 상실케 하는 마음의 장애다. 그러니 탐욕은 채워지지 않으면 불행할 수밖에 없는 운명인 것이다.

백성의 신망을 얻다

구양수는 저주에 온 후 성 남쪽의 풍산豐山 아랫자락에 풍락정豊樂亭을 지었다. 훗날 매요신에게 보낸 편지를 보면 풍락정을 짓게 된 배경이 나와 있다.

작년 여름 중순 저주의 물을 마셔보니 유난히 달았습니다. 성 동쪽으로 백 보쯤 가면 샘이 있다기에 가보니 과연 산골짜기 가운데에 있었습니다. 산세를 살펴보니 일면은 높은 봉우리이고 대나무가 삼면을 둘러싼 형국이었습니다. 또 예부터 아름다운 나무 십여 그루가 샘을 감싸듯 두르고 있다 했는데 정말 아름다웠습니다. 그 샘물을 끌어다가 석지石池를 만들었는데 물맛이 정말 시원하고 달았습니다. 샘이 있는 터에 정자를 하나 세우고 풍락정이라 이름 지었습니다.

「풍락정유춘豊樂亭游春 – 풍락정에서 봄을 놀다」

붉은 나무 푸른 산에 해는 기울고	紅樹靑山日欲斜
너른 들판의 풀빛, 끝없는 푸름이여.	長郊草色綠無涯
유람객들은 봄이 가는 것도 아랑곳 않고	游人不管春將老
정자 앞을 오가며 떨어진 꽃을 밟는다.	來往亭前踏落花

아래의 「취옹정기」에는 저주 낭야산瑯琊山의 아름다움과 더불어 그곳 백성들과 놀며 즐기는 모습이 담겨 있다. 글에 묘사된 풍경 속 사람들과 정자, 산과 샘, 그리고 그 안에서 함께 노니는 새들 모두 뭔가에 홀린 듯, 취한 듯하다. 산문이면서도 '者'와 '也'의 반복적 운율로 리듬감까지 획득하고 있다.

「취옹정기醉翁亭記」

저주를 빙 두르니 모두 산이로구나. 서남쪽 봉우리들 숲과 골짜기 더욱 아름다운데 나무 무성히 우거져 깊고 높게 솟은 것이 낭야산이다.

環滁皆山也. 其西南諸峰, 林壑尤美, 望之蔚然而深秀者, 瑯琊也.

산으로 육칠 리 길 걸어 들어가면 졸졸 흐르는 물소리 점차 들리는데 두 봉우리 사이에서 흘러나오는 것이 양천이다.

山行六七里, 漸聞水聲潺潺, 而瀉出於兩峰之間者, 釀泉也.

봉우리를 끼고 길을 따라 돌아 올라가면 정자 한 채가 날개를 펼친 모양으로 양천 가에 서 있는데 바로 취옹정이라.

峰回路轉, 有亭翼然臨於泉上者, 醉翁亭也.

정자를 세운 이는 누군가? 산속의 승려 지선이다. 정자에 이름을 지은 자는 누군가? 태수가 스스로 호를 따서 지었다.

作亭者誰? 山之僧智仙也. 名之者誰? 太守自謂也.

태수는 손님과 함께 이곳에 술 마시러 오는데 조금만 마셔도 쉽게 취하고
또 나이도 가장 많은 고로 스스로 호를 취옹이라 지어 불렀다.

太守與客來飮於此, 飮少輒醉, 而年又最高, 故自號曰醉翁也.

취옹의 뜻은 술에 있지 않고 산수에 있다. 산수의 즐거움이란 마음으로
얻는 것이며 술을 구실 삼는 것이다.

醉翁之意不在酒, 在乎山水之間也. 山水之樂, 得之心而寓之酒也.

대개 해가 나오면 숲의 안개는 걷히고 구름이 돌아오면 바위동굴은 어두
워지니 밝음과 어둠으로 변화하는 것은 산간의 아침과 저녁이고

若夫日出而林霏開, 雲歸而巖穴暝, 晦明變化者, 山間之朝暮也.

들의 꽃과 풀은 그윽한 향기 품고 아름다운 나무는 높이 솟아 짙은 녹음
만드네, 바람은 높이 불고 서리는 깨끗하며 물이 줄어 돌이 드러나는 것
은 산간의 사계절이라.

野芳發而幽香, 佳木秀而繁陰, 風霜高潔, 水落而石出者, 山間之四時也.

아침이면 나갔다가 저녁이 되어 돌아오는 것은 사시의 풍경이 서로 다름
이라 그 즐거움 또한 무궁하다.

朝而往, 暮而歸, 四時之景不同, 而樂亦無窮也.

짐 진 자는 길 위에서 노래 부르고 길 지나는 사람은 나무 아래서 쉰다네,
앞서가는 자가 부르면 뒤에 오는 이가 답하고 몸을 굽혀 손잡고 서로 끌

고 당기며 오가는 발길이 끊이지 않는 것은 저주 사람들이 놀러 오는 것이다.

至於負者歌於塗, 行者休於樹, 前者呼, 後者應, 傴僂提攜, 往來而不絶者, 滁人遊也.

계곡에서 낚시하니 물은 깊고 고기는 살쪘네, 양천 샘물로 술을 빚으니 물이 맑고 차서 술맛 좋아라. 산나물 안주와 푸성귀 어지러이 앞에 차려 놓은 것이 태수가 베푸는 주연이다.

臨谿而漁, 谿深而魚肥, 釀泉爲酒, 泉冽而酒香. 山肴野薪, 雜然而前陳者, 太守宴也.

잔치가 무르익는 즐거움은 음악에 있지 않고, 활 쏘는 자는 과녁을 맞히려 하고 바둑 두는 사람은 이기려 하네, 벌주를 담은 잔과 산가지가 섞여 어지럽고 일어났다 앉았다 하며 시끄럽게 떠드는 것은 모인 손님들이 즐거워하는 것이다.

宴酣之樂, 非絲非竹*, 射者中, 弈者勝, 觥籌交錯**, 起坐而諠譁者, 衆賓歡也.

푸른 얼굴에 백발로 그 가운데 쓰러진 자 있으니 이는 태수가 술에 취한 것이라.

蒼顔白髮, 頹然乎其間者, 太守醉也.

---

* 비사비죽(非絲非竹) - '絲'는 현악기, '竹'은 관악기를 나타낸다.
** 굉주교착(觥籌交錯) - '벌로 먹이는 술의 잔과 그 잔 수를 세는 산가지가 뒤섞이다', 즉 연회가 흥겹고 성대함을 비유한 말.

어느새 석양은 산에 걸리고 사람들 그림자도 어지러이 흩어지니 태수는 돌아가고 손님들이 따르네.

已而夕陽在山, 人影散亂, 太守歸而賓客從也.

나무숲에 저녁 구름 내려 어두운데 새소리가 위아래로 퍼짐은 노닐던 사람들 떠나자 새들이 즐기는 것이네.

樹林陰翳, 鳴聲上下, 遊人去而禽鳥樂也.

새들이 산림의 즐거움은 알아도 사람들의 즐거움은 모르며, 사람들은 태수를 좇아 놀고 즐길 줄 알지만 태수가 그 즐거움을 즐기는 것은 모른다.

然而禽鳥知山林之樂, 而不知人之樂, 人知從太守遊而樂, 而不知太守之樂其樂也.

술에 취해서 그 즐거움을 같이할 수 있으나 깨어서 문장을 서술하는 자는 태수이다.

醉能同其樂, 醒能述以文者, 太守也.

태수란 누구를 말하는가? 바로 여릉의 구양수다.

太守謂誰? 廬陵歐陽修也.

구양수는 저주에 있으면서 수리 시설을 축조하고 성내의 배수 설비를 정비하는 한편, 조정에 상소하여 세금 감면과 부패하고 무능한 관리의 척결을 요청했다. 관리로서의 소임을 다하는 구양수의 모습에 저주 백성은 크게 감동받았고 그가 즐겨 찾는 풍락정과 취옹정은 저주의 명소가 되었다. 이 무렵 구양수는 무려 총 74권에 달하는 기

전체 사서 『신오대사』의 저술 작업에도 착수했다.

경력 8년인 1048년, 구양수는 2년여의 저주 생활을 마치고 양주 태수로 발령을 받고 떠났다. 회남淮南 동쪽에 위치한 양주는 남북 교통의 중심지이자 군사 요충지로 예부터 매우 번화한 곳이었다. 구양수는 양주에서 정무政務로 바쁜 나날 중에도 짬을 내어 직접 설계하고 시공을 지휘하여 평산당平山堂을 지었다. 촉강蜀岡의 높은 언덕에 세워진 평산당은 뒤쪽으로 고목이 울울하게 서 있고 앞에는 들판이 시원하게 펼쳐져 건물과 자연이 아름답게 어우러진 곳이었다. 다음 사는 구양수가 양주를 떠나며 지은 것인데 소동파가 가장 좋아하는 사 중 하나다.

「조중조朝中措 · 평산당平山堂」

평산당 난간이 맑은 하늘가에 닿으니	平山欄檻倚晴空
산색은 있는 듯 없는 듯하여라.	山色有無中
평산당 앞에 심은 버들 드리워지고	手種堂前垂柳
이별 후 봄바람은 몇 번이나 불었을까?	別來幾度春風
나 문장가 태수는	文章太守
붓을 휘두르면 만 자를 쓰고	揮毫萬字
술 한 번 마시면 천 잔이었지.	一飲千鍾
노는 것도 젊어야 할 수 있는 것이니	行樂直須年少
그대여, 술잔 앞의 이 쇠잔한 늙은이를 보시게나.	尊前看取衰翁

1049년 구양수가 영주穎州로 떠나고 후임자로 설씨라는 사람이 양주에 오게 되었다. 설씨는 구양수가 평산당 앞에 손수 심은 버드나무를 양주 사람들이 '구공류歐公柳'라 부르며 구양수를 존경한다는 말을 태수 발령을 받기 전부터 익히 들었다. 그래서 양주에 오자마자 버드나무를 심고 '설공류薛公柳'라 부르도록 했으나 따르는 이는 없었다. 양주 태수로 복무한 겨우 일 년이라는 기간 동안 구양수는 바른 정치로써 이와 같은 민심을 얻을 수 있었다.

영주에는 항주에 버금가는 서호가 있었는데, 구양수는 곧 그곳의 풍경에 매혹되었다. 「채상자」는 영주 서호의 절경絶景을 묘사한 것으로 풍경만큼 탁월한 구양수의 문장력이 돋보인다. 총 13수 중 제1수와 제3수, 제4수를 차례대로 감상해보자. 1수와 3수에는 배를 타고 서호로 가는 도중 바라본 주변 풍경이, 4수에는 서호의 아름다움, 완상玩賞 후의 쓸쓸함과 고요함이 묘사되어 있다.

「채상자采桑子」

가벼운 배의 짧은 노를 저으며 서호로 가니 아름다워라	輕舟短棹西湖好
푸르른 물은 구불구불 흘러가네.	綠水逶迤
향기로운 풀은 둑 위로 길게 웃자랐고	芳草長堤
은은한 생황 소리 곳곳에서 들려온다.	隱隱笙歌處處隨
바람 없는 수면 위는 유리처럼 미끄러지듯 하니	無風水面琉璃滑
배가 움직이는 것도 알지 못하네.	不覺船移
살포시 움직이는 잔물결에	微動漣漪

놀라 일어난 새가 언덕을 스치듯 날아간다.　　　　　　　驚起沙禽掠岸飛

화려하게 채색한 배에 술을 싣고 서호로 가니 좋아라　　　畫船載酒西湖好
급박한 관악기와 격렬한 현악기의 곡조 들려온다.　　　　急管繁弦
옥 술잔을 재촉하듯 돌리니　　　　　　　　　　　　　　玉盞催傳
잔잔한 물 위에 뜬 채로 술에 취해 잠이 드네.　　　　　穩泛平波任醉眠
움직이는 구름이 물에 비쳐 배 아래를 지나는 듯하니　　行雲卻在行舟下
하늘과 물은 맑고도 깨끗하여라.　　　　　　　　　　　空水澄鮮
굽어보고 우러러보아도 이어진 것만 같으니　　　　　　俯仰流連
어쩌면 호수 안에 또 다른 하늘이 있는 듯도 하여라.　　疑是湖中別有天

꽃들이 지고 난 후의 서호는 아름다워라　　　　　　　　群芳過後西湖好
붉은 꽃잎만 남아 어지러이 흩어 있다.　　　　　　　　狼籍殘紅
버들개지 가랑비처럼 날리고　　　　　　　　　　　　　飛絮濛濛
버들 늘어진 난간엔 온종일 바람만.　　　　　　　　　垂柳欄幹盡日風
생황 연주와 노래가 끝나고 놀던 사람들도 떠나니　　　笙歌散盡遊人去
이제야 봄날의 한적함을 알겠다.　　　　　　　　　　始覺春空
창의 주렴을 내리니　　　　　　　　　　　　　　　　垂下簾櫳
제비 한 쌍이 가랑비 맞으며 돌아오는구나.　　　　　　雙燕歸來細雨中

충실한 관리로서의 삶

구양수가 마흔여섯이 되는 해에 그의 모친 정씨가 향년 72세의 나이로 생을 마감했다. 1045년 구양수는 복상 기간이 끝나자 수도로 돌아와 인종을 알현했다. 인종은 구양수를 이부吏部의 유내전流內銓에 임명하였다. 유내전은 관리의 임면任免과 상벌 등 인사권을 장관하는 자리였다. 정직하고 업무에 충실한 구양수의 재기용이 탐관오리에게 반가울 리 없었다. 정적들은 곁에서 황제를 시중하는 환관들을 이용해 구양수를 다시 궁지에 몰아넣었다. 이에 결국 구양수는 유내전에 임명된 지 엿새 만에 강제 사직을 당하고 동주同州로의 좌천 명령을 받았지만 다행히 범진范鎭과 유항劉沆의 간언과 요청으로 변경을 떠나지 않고 신당서의 편찬 작업에 참여할 수 있게 되었다.

당시 재상은 진집중陳執中이라는 자였는데 그의 가족들은 부정한 방법으로 많은 재물을 축적했다. 게다가 진집중이 데리고 있던 여종을 살해하고도 무마하려 하자, 이를 안 구양수가 나서서 재상 일가의 비리와 진집중의 죄상을 파헤치고 탄핵을 주장하였다. 인종은 진집중의 파면을 보류하고 대신 구양수를 거란의 국모생신사절國母生辰使節로 보내려 했으나 구양수는 사절 출국을 뒤로 미루고 집요하게 진집중의 탄핵을 요구하였다. 마침내 진집중이 재상의 자리에서 물러나자 구양수는 왕복 6천 리나 되는 망망한 사막길을 따라 북쪽의 거란으로 떠났다. 구양수는 거란의 사내아이들이 능숙하게 말을 타고 아녀자들도 활을 쏘는 것을 보고 놀랐다.

1056년 구양수는 거란 사절 임무를 순조롭게 마치고 돌아왔다. 그해 5월 변량과 하북 일대에 황하가 범람할 만큼 큰 물난리가 났다. 계속되는 폭우로 종묘사직의 제단까지 무너지자 크게 놀란 인종은 백관들에게 조정의 실수나 부주의로 인한 잘못이 없는지 살필 것을 명했다. 고대사회에서는 천재지변을 사람이 불러온 재앙으로 인식하는 경향이 있었다. 이런 태도는 일견 미신적 신앙처럼 보이지만 실은 자연을 경외하는 세계관에서 비롯된 것이다.

1058년 지예부공거知禮部貢擧로 임명된 구양수는 과거 시험의 출제 유형을 바꿨다. 기존의 난삽하고 화려하기만 한 변려문駢儷文 대신 그가 줄곧 주창해온 고문을 선발의 기준으로 삼았다. 북송의 전통적 과거 시험은 시와 부, 책문으로 나뉘었는데 그중 부는 당시 태학체太學體로 칭했던 사륙변려문이 주를 이루었다. 태학체는 험운險韻(고체시를 지을 때 벽자僻字나 운목韻目의 글자가 적어서 운을 달기 어려운 글자로 압운한 운—역자 주)과 벽자를 즐겨 쓰는 것으로 사마상여로 대표되는 화려한 한부漢賦를 추구하였다. 지예부공거는 3년마다 한 번씩 시행되는 예부시禮部試를 주관하는 업무를 담당했는데, 과거 출제 유형이 고문으로 바뀌고 합격한 이들 중에는 증공曾鞏과 소식, 소철 형제가 있었다. 구양수가 소순을 천거한 일화는 미담으로 전해진다.

소순은 장방평張方平의 추천서를 들고 구양수를 찾아갔다. 장방평과 구양수는 경력 연간에 정견이 달라 반목한 이후로 10년간 왕래 한 번 하지 않은 사이였다. 구양수에게 장방평은 완고하고 불같은 성격에 술 좋아하는 괴팍한 영감일 뿐이었다. 그럼에도 장방평이 추천서를 손에 쥐여주며 소순에게 구양수를 찾아가도록 한 것은 그의 사람됨을 잘 알고 믿기 때문이었을 것이다. 예상대로 구양수는 소순의 재능을 알아보고 천거했고 이 일로 장방평과의 관계도 회복되었다. 당의 한유韓愈와 유종원柳宗元 그리고 북송의 구양수, 삼소 부자, 증공, 왕안석이 그 유명한 당송팔대가인데 삼소부자와 증공, 왕안석은 모두 구양수가 키운 제자였다.

1059년 구양수는 용도각학사 겸 지개봉부_{知開封府}로 임명되었다. 건강과 『신당서』 편찬 작업을 이유로 처음에는 사양했지만 인종의 거듭된 권유를 결국 받아들였다. 그 후로 몇 년간 구양수는 승진에 승진을 거듭하여 가우 5년인 1061년 11월에는 추밀부사로, 이듬해 가을에는 참지정사에 임명되면서 조정 지도부의 위치까지 올랐다. 정무와 사서 편찬으로 바쁜 나날을 보내면서도 그는 시작과 서화, 금석문 연구, 탄금彈琴 등 문인으로서의 활동도 게을리 하지 않았다.

다음은 구양수가 52세가 된 가을의 어느 날 밤 들려오는 바람 소리에 일어난 감흥을 문답 형식에 담아 쓴 것이다. 가을밤의 바람 소리만큼 흔한 것도 없으련만 시인의 감수성은 그냥 흘려보내는 법이 없다. 동자를 시켜 무슨 소린가 보고 오라고 하지만 동자의 대답은 지극히 '현실'적인 것일 뿐이다. 그는 다시 잠든 동자를 깨우지도 못하고 홀로 탄식한다. 바람 소리 하나에서 우주 만물이 쇠락하는 기운을 감지하고 결국 인생도 그렇게 덧없이 질 것이라는 깨달음까지 얻고 있다.

「추성부秋聲賦 – 가을의 소리」

구양수가 밤에 책을 읽다 문득 서남쪽에서 어떤 소리가 들려오니 소름이 오싹하여 그 소리를 듣고 말하였다. 이상도 하네!

歐陽子方夜讀書, 聞有聲自西南來者, 悚然而聽之曰, 異哉!

처음에는 빗소리 같기도 하고 차가운 바람 소리 같기도 하다가 또 갑자기 솟아올라 거세게 이는 물결인 듯도 하더니 다시 파도가 밤에 놀라 바람과 비가 몰려오는 듯하였다.

初淅瀝以蕭颯, 忽奔騰而澎湃, 如波濤夜驚, 風雨驟至.

그것은 물건에 부딪쳤는지 쟁쟁 쟁쟁하는 것이 쇠붙이가 우는 듯하고 또 마치 적군을 향해 나아가는 병사가 재갈을 물고 질주하는 것처럼 호령도 들리지 않고 다만 사람과 말이 지나가는 소리만 들린다.

其觸於物也, 鏦鏦錚錚, 金鐵皆鳴, 又如赴敵之兵, 銜枚*疾走, 不聞號令, 但聞
人馬之行聲.

나는 동자에게 말했다. "이게 무슨 소리냐? 나가서 보고 오너라."

余謂童子, 此何聲也? 汝出視之.

동자는 대답했다. "별과 달은 밝고 맑고 은하수는 하늘에 있는데 사방에 사람 소리는 없고 소리는 나무들 사이에 있더이다."

童子曰, 星月皎潔, 明河在天, 四無人聲, 聲在樹間.

나는 말했다. "슬프고 슬프구나! 이것은 가을 소리인데 어찌하여 왔단 말인가?"

余曰, 噫嘻, 悲哉! 此秋聲也, 胡爲乎來哉?

---

* 함매(銜枚) - 행진할 때 떠들지 못하도록 군사의 입에 나무 막대기를 물리는 것.

대개 가을의 모습은 그 빛이 참담하여 안개가 오르고 구름은 걷히며, 그 모양은 청명하여 하늘은 높고 해는 환하니, 그 기운은 소름 돋듯 차가워 사람의 살과 뼈를 찌르고, 그 뜻은 몹시 쓸쓸하여 산천이 적막하고 고요하다.

蓋夫秋之爲狀也, 其色慘淡, 煙霏雲斂, 其容清明, 天高日晶, 其氣慄冽, 砭人肌骨, 其意蕭條, 山川寂寥.

고로 그 소리는 처절하며 부르짖듯 세차게 일어난다. 풀은 우거져 초록을 만들고 무성함을 다투며 아름다운 나무 온통 푸르게 뒤덮어 즐길 만하더니, 풀들은 스치고 지나는 가을에 색이 변하고 나무는 가을을 만나 잎이 떨어진다. 꺾여 시들고 말라 떨어지는 까닭은 가을 기운이 맵고 세차기 때문이네.

故其爲聲也, 凄凄切切, 呼號憤發, 豐草綠縟而爭茂, 佳木蔥籠而可悅, 草拂之而色變, 木遭之而葉脫, 其所以摧敗零落者, 乃其一氣之餘烈.

무릇 가을은 형관이니 시절은 음의 기운이고 또한 무기의 형상이다. 오행은 금으로 이를 천지의 기라 하니 항상 쌀쌀한 기운으로 나무와 풀을 말려 죽이는 것이 그 마음이다.

夫秋, 刑官也, 於時爲陰, 又兵象也, 於行爲金, 是謂天地之義氣, 常以肅殺而爲心.

하늘은 만물에 대하여 봄엔 생장하고 가을엔 열매 맺도록 한다. 고로 그것이 음악에서는 상성*이 서쪽의 음을 주관하고 이칙**은 칠월의 율이 된다.

天之於物, 春生秋實. 故其在樂也, 商聲主西方之音, 夷則爲七月之律.

상商은 상하게 하는 것이라 만물은 이미 늙어서 슬프며, 이夷는 살육하는 것이라 만물이 번성기를 지나면 마땅히 죽게 된다.

商, 傷也, 物旣老而悲傷, 夷, 戮也, 物過盛而當殺.

슬프다! 초목은 무정하여 때가 되면 떨어져 흩날리고, 사람은 동물로 오직 만물의 영장이다.

嗟乎, 草木無情, 有時飄零, 人爲動物, 惟物之靈.

온갖 근심으로 그 마음을 느끼며 만사로 그 몸을 힘쓰게 하니 그 안에 움직임이 있으면 반드시 그 정신도 움직이게 된다.

百憂感其心, 萬事勞其形, 有動于中, 必搖其精.

하물며 그 힘이 미치지 못하는 바를 생각하고 그 지혜로 할 수 없는 바를 근심하니, 윤기 나며 붉던 것이 메마른 나무가 되고 칠흑같이 검던 것은 희끗희끗하게 되는 것이라.

而況思其力之所不及, 憂其智之所不能, 宜其渥然丹者爲槁木, 黟然黑者爲星星.

어찌하여 금석의 재질도 아닌 것이 초목과 더불어 번성을 다투려는가? 생

---

* 궁상각치우 오음의 하나로 철로는 가을, 오행으로는 금, 방위로는 서쪽을 뜻한다.
** 동양 음악에서 12율의 아홉째 음으로 절후는 음력 7월에 해당한다.

각건대 누가 이것을 해롭게 한다고 또 어찌 가을의 소리를 원망하겠는가!

奈何以非金石之質, 欲與草木而爭榮? 念誰爲之戕賊, 亦何恨乎秋聲!

동자는 대답도 않고 머리를 떨어뜨린 채 잠이 들고, 사방 벽에서 들리는 벌레 소리만이 나의 탄식을 더해주는 것 같네.

童子莫對, 垂頭而睡, 但聞四壁蟲聲唧, 如助余之歎息.

편안하고도 고독한 말년

구양수의 노년은 편안하고 행복했다. 그는 채주蔡州의 태수로 있던 말년에는 취옹醉翁이라는 호를 두고 스스로를 육일거사六一居士라 불렀다.

구양수의 사는 대중적인 사랑을 받았다. 아래의 「접련화」만 해도 부르는 계층에 따라 저마다 다른 창법이 있어서 궁정과 시정市井, 문사文士의 곡조가 다 달랐다.

「접련화」

누가 한가한 마음을 버린 지 오래라 말하는가?	誰道閑情抛棄久
해마다 봄이 오면	每到春來
쓸쓸한 마음이야 예전 그대로인 것을	惆悵還依舊
날마다 꽃 앞에서 술에 취하곤 했지	日日花前常病酒
거울 속의 붉은 얼굴 야위는 것도 마다하지 않았다.	不辭鏡裏朱顏瘦

강가에 무성한 푸른 풀과 둑 위의 버드나무에	河畔靑蕪堤上柳
왜 새로운 근심들이	爲問新愁
해마다 생기냐고 물었지	何事年年有
홀로 작은 다리에 서 있으니 소매에 바람 가득하고	獨立小橋風滿袖
사람들 돌아간 숲에는 새 달이 떠오르네.	平林新月人歸後

어린 나이에 아버지를 여의고 모친 밑에서 외롭게 자란 구양수는 누구보다 화목한 가정을 갖기를 소망했지만, 아내와 두 번이나 사별하는 불행을 겪어야 했다. 상처 후의 외로움을 기방의 여인과 사랑을 나누며 달래곤 했으나 그렇다고 비워진 자리가 채워지지는 않았으리라. 조정과 문단에서 칭송받는 그였지만 사 속에서 보이는 그의 모습은 한없이 외로운 남자일 뿐이다. 나는 구양수의 이런 모습에서 오히려 더욱 인간적인 친근감이 느껴진다.

「낭도사浪淘沙」

술잔을 들고 봄바람에 비노니	把酒祝東風
떠나지 말고 더불어 곁에 머물러주오	且共從容
낙양성 동쪽 큰길가엔 봄버들이 한창인데	垂楊紫陌洛城東
작년 이맘때 우리는 늘 손잡고	總是當時攜手處
꽃들 속을 거닐며 놀았더랬지.	遊遍芳叢
만남과 헤어짐은 언제나 너무 급작스러워	聚散苦匆匆
이별의 한은 끝이 없네	此恨無窮

올해 핀 꽃은 작년보다 더 붉은데	今年花勝去年紅
안타깝게도 내년에 필 꽃은 더욱 아름답겠지	可惜明年花更好
누가 있어 나와 함께 즐길 것인가	知與誰同

아래 사는 구양수와 왕래하던 기녀가 즐겨 불렀던 노래라고 한다. 사랑에 대한 구양수의 그리움과 이별의 아픔이 드러나 있다.

「생사자 生査子」

작년 정월 보름밤	去年元夜時
화시의 등불은 대낮같이 밝았었지요.	花市燈如晝
버들가지 끝에 걸린 달을 보며	月上柳梢頭
그대와 황혼의 훗날을 기약했지요.	人約黃昏後
올해 정월 보름밤에도	今年元夜時
달과 등불은 그대로인데	月與燈依舊
작년에 함께했던 그대는 보이지 않아	不見去年人
눈물이 소매에 가득합니다.	淚滿春衫袖

추문을 뒤로하고 은퇴하다

1067년 3월 구양수는 다시 한 차례 성추문에 휘말리게 된다. 이번에는 며느리 오씨와 사통했다는 소문이 삽시간에 퍼지면서 박주毫州로 떠났는데, 이 역시 구양수에게 원한을 품은 이가 조작한 사건이었다. 구양수의 처사촌인 설종유薛宗孺가 관직에 있을 때 물의를 일으켜 파면 위기에 처하자 도움을 청했으나 구양수가 거절한 것에 앙심을 품은 것이었다. 구양수와 숙원 관계였던 장지기蔣之奇가 연일 상소를 올리며 탄핵을 주장했지만 조정의 대신들과 신종은 구양수의 인품을 의심하지 않는다며 변호하고 나섰다. 그러나 구양수는 터무니없는 생질녀 장씨와 성추문 사건으로 고생했던 기억까지 떠올라 더는 수도에 머물고 싶지 않았다. 그리하여 신종과 조정 대신들의 만류와 위로를 마다하고 거듭 외관직을 청해 수도를 떠났다.

희녕熙寧 원년인 1068년 구양수는 경동동로안무사京東東路按撫使의 신분으로 청주靑州 지주로 임명된다. 박주에 있을 때부터 그는 은퇴의 뜻을 수차례 밝혔지만 신종은 이를 허락하지 않았다. 연로한 데다 지병인 당뇨와 안질까지 심해져 몸이 노쇠했음에도 그는 은퇴마저 뜻대로 하지 못했다. 이 무렵 왕안석이 신종의 지지를 얻고 변법을 단행하여 관에서 농민에게 대출을 해주는 청묘법이 실시되었는데, 구양수는 시행 과정의 폐단을 주장하며 줄곧 이를 반대했다. 그는 안무사의 권한으로 자신이 다스리고 있는 경동 동로에서 청묘법 시행 금지령을 내렸다. 구양수에 대한 조정의 신임이 없어진 것은 아니었지만 명령을 어긴 것이었으므로 신종으로선 상당히 난처했다. 왕안석도 스승이니 자신을 지지해줄 것이라 믿었던 터라 많이 섭섭해했다. 결국 변법 시행의 분위기와 구양수의 요청에 따라 신종은 구양수를 지금의 하남성 여남汝南에 해당하는 채주 지주로 보냈다. 희녕 4년인 1071년 마침내 구양수의 은퇴 의사가 받아들여져 관문전학사태자소사觀文殿學士太子小師로 관직 생활을 마치고 같은 해 여름 영주로 돌아갔다. 퇴직 당시 그의 나이는 65세였다. '마침내'라는 표현을 쓴 것은 구양수가 신종에게 은퇴할 뜻을 밝히며 무려 26번이나 상소문을 올렸기 때문이다. 영주의 서호를 사랑했던 구양수는 아름다운 풍광 속에서 시를 쓰고 노래를 부르며 일 년간 그토록 바랐던 유유자적한 생활을 보내고 세상을 떠났다. 「채상자」는 퇴직 후 영주 시절 때 지은 것이다.

「채상자」

하늘 모습과 물빛이 아름다운 서호는	天容水色西湖好
구름 낀 풍경도 곱고 뚜렷하다.	雲物俱鮮
한가로이 잠에 빠진 갈매기와 백로는	鷗鷺閑眠
관현악 소리도 자주 들어 익숙하다.	應慣尋常聽管弦
바람 맑고 달도 희니 밤은 아름다워	風淸月白偏宜夜
수면은 한 조각 옥 같구나.	一片瓊田
누가 난새*를 타고 노는 것을 부러워하는가?	誰羨驂鸞
배 안에 있는 사람이 바로 신선이라네.	人在舟中便是仙

스러지는 저녁놀과 석양 아래 아름다운 서호에	殘霞夕照西湖好
꽃밭과 개구리밥풀 핀 물가 보인다.	花塢蘋汀
십 경이나 되는 수면 위로 물결은 잔잔한데	十頃波平

---

* 중국 전설에 나오는 상상 속의 새로 난조(鸞鳥)라고도 한다.

기슭엔 사람은 없고 배만 저 홀로 가로누워 있다.	野岸無人舟自橫
서남쪽에 달이 떠오르고 뜬구름 걷히자	西南月上浮雲散
난간이 서늘해지네.	軒檻涼生
연꽃과 마름 향기는 맑은데	蓮芰香清
물 위로 불어오는 바람에 술에서 깨어나네.	水面風來酒面醒

평생을 두고 사랑했던 아름다운 서호에	平生爲愛西湖好
호위대의 붉은 바퀴 수레가 당도했다.	來擁朱輪
부귀는 뜬구름과 같은 것을	富貴浮雲
굽어보고 우러러보면서 흘러간 세월이 이십 년이네.	俯仰流年二十春
돌아와 보니 요동 학*과 흡사해	歸來恰似遼東鶴
성곽은 그대로나 사람은 옛사람이 아니구나.	城郭人民
눈에 보이는 모든 것이 새로우니	觸目皆新
누가 있어 그 시절 옛 주인을 알아보겠는가?	誰識當年舊主人

---

* 도연명의 저작으로 전해지는 『수신후기(搜神後記)』에 요동 사람 정영위(丁令威)가 신선의 도를 배운 뒤 학으로 변해 고향으로 돌아가 보고 '성곽은 전과 변함없는데 사람은 옛사람이 아니 다'라고 말했다는 이야기가 수록되어 있는데, 후에 고향의 모습은 그대로인데 인심의 변화가 큼을 개탄하는 말로 쓰였다.

왕안석의 신법 개혁은 그 규모와 파급력이 전무후무한 '천지개벽의 변화'였다. 지금까지도 역사학자들 사이에서는 그가 이끈 변화가 북송 왕조의 수명을 단축했느냐, 연장했느냐 하는 문제를 두고 의견이 분분하다. 실제로 왕안석이 꿈꿨던 부국의 이상이 실현되지 않은 것은 아니었다. '희녕, 원풍 시기 중앙과 지방 관청의 부고府庫에는 곡식이 가득했다'는 각종 사료 기록을 보더라도 신법 개혁이 나라 살림을 늘린 것은 부인할 수 없는 사실이다.

천하를 뒤흔든 개혁가

王安石

왕안석 북송 1021~1086

온종일 산을 보아도 산이 싫지 않아

산을 사서 마침내 산속에서 늙는다.

산의 꽃이 다 떨어져도 산은 언제나 그대로니

산의 물은 부질없이 흘러도 산은 스스로 한가롭다.

격변의 시기에 출현한 개혁 정치가

　왕안석의 자는 개보介甫이지만 말년에 형국공荊國公에 봉해져 흔히 형공이라 불린다. 그는 송 진종 때인 천희天禧 5년 1021년에 강서江西 임천臨川에서 태어났다. 송 진종은 송 왕조의 세 번째 황제로, 그의 뒤를 이어 인종이 24년간 재위에 있었다. 왕안석이 세인의 주목을 받았던 시기는 인종 통치 후기와 신종 통치 전기로, 그는 약 30년간 정계에서 활약했으며 은퇴 후에는 금릉金陵의 종산鐘山에서 살았다. 조광윤이 개국한 송 왕조는 백 년 동안은 태평치세를 구가하였다. 북송 개국 이전의 만당晚唐과 오대십국 시기는 사방에서 전란이 일어나며 분열과 혼란을 거듭했는데 그 기간도 역시 백 년이었다. 북송 개국을 전후로 이백 년간 난세와 치세로 분명하게 나뉘지만, 봉건 왕조의 역사는 이와 달리 태평성세를 지나쳐 각종 모순이 심화되는 격변기로 이행하는 것이 일반적 흐름이다. 북송 역시 태평시기를 마감하고 사회가 동요와 혼란의 국면으로 접어들기 시작했는데, 이때 왕안석이라는 걸출한 개혁 정치가가 출현했다.

　북송은 인종 통치기에 이른바 '삼용三冗'이라 하여 관료와 군대의 유지 비용과 황실의 재정 낭비 문제가 매우 심각했다. 황제 중심의 통치 체제 확립을 위해 편성된 관료 기구는 갈수록 비대해져갔다. 황실에서 관료의 사치 생활을 부추긴 측면도 많았는데, 이는 황제 일가가 소비하는 재정 지출이 각급 관료의 지원과 지지 없이는 불가능했기 때문이다. 다시 말해 관료들이 사치해야 황실도 마음 놓고 돈을 쓸 수 있으니 그야말로 '누이 좋고 매부 좋은' 셈인 것이었다. 황권을 지탱하는 또 하나의 힘은 단연 군대이다. 조정의 권력자들에게 두려운 것은 '외침'보다 '내란'이었다. 백만이 넘는 군대가 수도와 핵심 주군州郡에 주둔하며 황실과 조정을 수비했으며 전국의 삼백 개나 되는 주를 감시했다. 또한 반란을 막을 목적으로 인사이동이 빈번하게 이루어지도록 하여 군대 내의 의사소통을 막고 군부의 권력을 견제했다. 이와 같은 조치는 결과적으로 군사력의 약화를 가져왔다. '삼용'의 문제는 어제오늘 일이 아니었지만 국고는 바닥을 보이는데 황실은 안이하기만 했다. 거란과 서하가 그렇게 썩어가는 북송을 칠 기회를 호시탐탐 노리는 것은 어쩌면 당연한 일이었다. 이 격변의 시기에 북송의 조정에서는 왕안석과 사마광의 격돌 드라마가 상영 중이었다.

통판通判이었던 부친 왕익王益을 따라 왕안석은 유년 시절을 강서, 사천, 광동 등 여러 지역을 전전하며 보냈다. 안석은 형제자매가 많았는데 여동생이 세 명, 남동생이 세 명 있었다. 어릴 적 안석은 한 번 본 것은 절대 잊지 않는 천재 소년으로 통했다. 육유陸游는 『노학암필기老學庵筆記』에서 '왕형공의 눈은 마치 용의 것과 같다'고 묘사하고 있고 『전씨사지錢氏私志』라는 책에 '안석은 사물을 마치 뚫어질

듯 쏘아본다'라는 기록이 있는 걸 보아 눈빛이나 눈매가 비범했던 모양이다. 귀가 크고 등허리 선이 호랑이를 닮은 그는 고개를 숙이고 잰걸음으로 걷는 습관이 있었는데, 갑자기 고개를 쳐들 때면 길을 가던 사람들이 놀라곤 했다. 그는 잘 씻지도 않고 옷도 자주 갈아입지 않았다. 주위 친구들이 돌아가며 안석이 씻고 옷 갈아입는 것을 챙겨야 할 정도였다. 아마도 안석의 이런 생활 습관은 오랜 기간 부친을 따라 이곳저곳을 전전하면서 생긴 것 같다.

안석이 아홉 살 되던 해 부친을 따라 촉蜀 지방으로 갔는데, 촉으로 가는 길목에 재동梓潼 신묘神廟라는 사당이 있었다. 예부터 영험하다고 소문난 그곳에는 선비가 사당을 지나갈 때 비바람이 불면 필시 재상이 된다는 말이 전해오고 있었다. 당시 제형관提刑官으로 있던 왕익은 일부러 길을 돌아 재동 신묘에 들러 향을 피우고 절을 했다. 부자가 무릎을 꿇자 갑자기 바깥에서 바람이 불더니 빗방울이 후드득후드득 떨어지는 소리가 들려왔다. 왕익은 놀랍고 기쁜 마음에 신령에게 거듭 감사의 절을 하고는 아들의 손을 잡고 사당을 빠져나왔다. 그리고 조용히 때를 기다렸지만 학수고대하던 조정의 부름은 끝내 없었다. 훗날 사람들은 왕안석의 빠른 출세를 보며 그날 재동 신묘에 내렸던 비바람은 제형관 왕익이 아닌 그의 아들을 위한 것이었다는 말을 했다.

1043년 스물둘의 왕안석은 진사시에 장원 급제했지만 추밀사樞密史 안수의 수작으로 4등이 된다. 그 이듬해 범중엄, 구양수, 한기 등 조정의 중신들이 십대개혁방안을 제시하고 경력신정을 단행하는데, 그들은 조정에서 지방까지 관료 사회를 정돈하는 것을 개혁의 시작이라고 보았다. 그러나 경력신정은 일 년도 못 가서 막을 내리고 만다. 범중엄 등이 방대한 기득권 세력과의 힘겨루기에서 밀리자 개혁에 대한 의지와 확신이 부족했던 송 인종이 개혁파들을 조정에서 내친 것이다. 경력신정이 중동무이로 끝나버린 뒤 왕안석은 친구에게 '임금이 밝지 못하고 신하가 어질지 못하여 좋은 기회를 얻지 못하는 것이 안타깝다'는 말을 했다.

왕안석은 과거 급제 후 판관判官으로 임명되어 양주揚州로 갔는데 직속 상사 태수가 한기였다. 고관대작의 자제 출신인 한기는 군사적 재능을 겸비한 북송의 명신名臣 중 하나로 재상으로 10년간 조정을 다스린 인물이다. 그에게는 아랫사람을 품는 구양수의 넉넉함이 없었다. 양주의 번화가에는 놀고 마실 만한 유흥가가 많았는데, 왕안석이 어쩌다 아침에 늦어서 의관도 제대로 갖추지 못하고 관아로 들어서면, 한기는 쏘아보며 차갑게 말했다.

"젊고 힘 있을 때 책이라도 몇 권 더 보게!"

이는 왕안석이 왕성한 정력을 전부 기녀들한테나 쏟고 있다고 탓하는 말이었다. 그럴 때면 왕안석은 얼굴이 벌게져 관아의 담벼락만 바라볼 뿐이었다. 사실 왕안석은 밤늦도록 책을 읽다 그대로 잠이 들어 눈뜨자마자 급하게 출근한 것이었다. 여색이라곤 전혀 관심도 없던 왕안석으로선 한기의 오해가 억울할 만도 하건만 그는 어떤 해명도 하지 않았다. 왕안석의 성격이 그랬다. 그에게 상사의 오해를 푸는 일 따위는 필요하지 않았다. 그는 그저 자신이 중요하다고 여기는 것만 생각하고 일할 뿐이었다. 그런 왕안석의 무신경함과 외골수는 그가 변법을 단행하면서 보여주었던 단호하고 철저한 집정執政 방식과 태도에 직접적인 영향을 주었을 것이다. 왕안석이 한기의 눈 밖에 난 일은 또 있다. 외모가 준수했던 한기는 의관을 갖춰 입는 것을 좋아했으며 공식 행사라도 있는 날에는 옷차림에 더욱 신경 썼다. 한기의 그런 성격을 잘 아는 양주의 관리들도 행여 입성이 초라하다는 핀잔을 듣지 않을까 봐 입고 꾸미는 일에 열심이었다. 그러나 유독 왕안석만 늘 하던 대로 씻고 입는 일에 게을렀다. 한기는 그런 그를 매번 흘겨보았지만 그렇다고 안석이 달라지는 것도 아니었다.

왕안석은 모든 일을 꼼꼼하게 기록하고 정리하길 좋아했는데, 그의 이런 면에서도 삶에 대한 진지하고 치열한 태도를 엿볼 수 있다. 왕안석의 서체는 비범한 힘이 있어 황정견과 미불 등이 좋아하였다. 장방기張邦基의 『묵장만록墨庄漫錄』을 보면 '왕형공의 서체는 세련되고 선이 날카로우며 마치 날아오를 듯한 것이 비범한데, 세인들은 그의 독특한 필체를 옆으로 몰아치는 바람 속에서 세차게 내리는 비의 형상을 닮아 횡풍질우橫風疾雨라고 말했다'는 기록이 있다.

양주 통판으로 삼 년을 보내고 스물여섯이 된 왕안석은 수도 변량으로 돌아와 오랜 시간 대기 발령 상태로 있어야 했다. 상사였던 한기의 평가가 그에게 불리하게 작용한 결과였다. 속절없이 두 해가 흘러갔다. 부친 왕익은 세상을 떴고 수도에 관료들이 넘쳐났지만 정작 그를 도와주겠다고 나서는 사람은 없었다. 발령을 기다리는 젊은이들은 여름날 파리처럼 많았다. 그 시절 왕안석은 책 읽기에 빠졌는데 그를 사로잡은 것은 요순시대의 '치세의 도'였다. 왕안석은 『상장태전서上張太傳書』에서 '나는 사물의 변화를 모른다. 다만 옛사람들의 말씀을 믿을 따름이다. 들은 바로는 저 옛날 요순 임금의 도가 지극히 공정하고 치우치지 않아 늘 그 도를 행하였다고 한다. 그 책을 얻어 문을 닫아걸고 읽고 있자면 근심과 즐거움이 있는지조차 잊어버린다'라고 말했다. 고문과 선인들의 사상에 심취한 그는 세속의 풍조에 찌든 사람을 '유속지인流俗之人'이라 부르며 경멸했다. 요순의 도를 가슴에 품은 그에게 일반 사대부들이 떠받드는 공맹의 도도 더 이상 지고무상至高無上의 진리는 아니었다.

스물여덟 되는 해에 안석은 다시 관모를 썼다. 그 후로 안석은 몇 년 동안 은현鄞縣과 서주舒州 등 지방에서 현령과 통판을 지내면서 말단 관리로서의 현장 경험을 착실히 쌓았다. 그는 수리 시설 축조와 학교 건립, 관료 사회 정돈, 농민 처우 개선 등에 관심을 갖고, 그동안 축적해온 실무 능력과 관료로서의 감각을 십분 발휘하여 많은 업적을 이뤘다. 지방관 시절 왕안석은 오씨와 결혼하여 아들을 하나 얻었는데 그가 장남 왕방王雱이다. 어릴 적부터 총명하고 인물도 좋았던 왕방은 안석에게 많은 기쁨을 주었다.

개혁의 꿈을 묻어두다

1056년 지방관으로 있던 왕안석은 조정의 부름을 받아 군목판관群牧判官으로 임명되어 수도로 갔다. 지방관에서 경관으로 승진하는 것은 매우 어려운 일이었다. 당시 조정의 중신이자 문단의 영수였던 구양수의 천거 덕분에 안석은 이른바 '로비 활동'을 하지 않고 비교적 쉽게 중앙 정계로 진출할 수 있었다.

안석은 가족을 잘 보살피려고 노력했다. 부친이 일찍 돌아가시고 동생들이 많은 가정환경에서 그는 가장으로서의 책임 의식이 유달리 강했던 것 같다. 수도로 오고 얼마 안 있어 동생들의 벼슬길과 혼사를 염려했던 안석은 식구들을 모두 데리고 왔다. 동생 왕안국王安國과 왕안례王安禮가 차례대로 관료 사회로 진출하였다. 안국과 안례는 형 안석의 변법 주장에 반대하고 견해를 달리하여 한때 형제간의 반목이 있기도 했다. 안석 형제들의 이런 모습은 직업 관료들의 정치 행태와는 상당히 다른 것이었다. 삼형제 모두 조정의 관리라면 작당하여 사리사욕을 챙기기에 더할 나위 없이 좋은 조건을 갖춘 셈이기 때문이다.

사제 지간, 친구 지간일지라도 인정은 잠시 뒤로하고 원칙을 놓지 않은 예는 적지 않다. 구양수는 안석의 재능을 익히 알고 조정에 거듭 천거했지만 안석이 변법을 단행하자 단호히 반대를 하고 나섰다. 이는 나라의 장래와 백성의 안녕을 위해 자신이 옳다고 믿는 신념과 원칙 앞에서 사사로운 정은 과감히 무시하는 처사인데, 구양수의 그런 행동은 파면당할 위험을 무릅쓴 것이었기에 가히 존경할 만하다.

안석은 수도에서 두 해를 지내고 자청해서 다시 지방 상주常州로 갔다. 그 후 상주 지사로 일 년 남짓을 보내고 지방 감찰관에 해당하는 제점강동형옥提點江東刑獄으로 임명되어 강서 파양波陽으로 자리를 옮겼다. 하지만 같은 해 10월 삼사탁지판관三司度支判官에 임하라는 조정의 명령을 받고 수도로 갔다. 그렇게 해서 안석은 양주를 시작으로 은현, 서주, 상주, 파양에서 총 16년의 지방관 생활을 마치고 1059년, 서른여덟의 나이에 본격적인 중앙 관료 생활을 시작하게 된다. 안석이 오랜 세월 지방관으로 전전한 것은 순전히 그가 자원한 것이었다. 지방관으로 있는 것이 가족을 뒷바라지하는 데 더 보탬이 됐기 때문이다. 탁지판관은 국가 재정 수지를 담당하는 관직이었다. 안석은 북송 황실과 조정의 재정 상태를 파악하고 민생 경제를 살리는 데 깊은 관심을 갖고 연구하기 시작했다. 이때 그는 『주서周書』의 상당 부분이 나라의 재정 문제에 대해 논하고 있다는 사실을 발견했다. 이는 아성亞聖이라 불리는 맹자가 주장한 중의경리重義輕利와는 완전히 다른 것이었다.

군목판관으로 수도에서 일할 무렵 안석은 소씨 삼부자를 알게 된다. 그는 성격이 불같은 소순을 처음부터 좋아하지 않았던 반면, 성정이 온화한 소철에게는 호감을 가졌다. 하지만 훗날 변법을 추진하면서 소철에게 중임을 맡겼을 때 둘의 정견이 서로 달라 관계가 틀어졌다. 소순, 소식, 소철 모두 하나같이 안석에겐 골치 아픈 존재였다. 특히 소순은 「변간론辯奸論」을 써서 안석을 속으로는 누구보다 간악한 마음을 품고 있으면서도 기괴한 행동거지로 세상 사람을 속이는 위군자偽君子라며 대놓고 비판했다. 구양수가 이끄는 문인들의 모임에 불려갈 때마다 안석은 소순의 얼굴과 마주해야 했다. 일개 포의인 소순은 조정 재정부의 각료인 안석을 본체만체했고, 안석도 그런 소순을 없는 듯 대했다. 구양수가 중간에서 둘의 관계를 회복시키고자 애써도 소용없었다. 소순은 언제나 잔뜩 발톱을 세우고 안석을 비꼬았고 안석은 언제나처럼 눈을 감거나 귀를 닫아버렸다.

그 시절 안석은 사마광도 알게 되었는데 둘은 만나자마자 오랜 벗처럼 가까워졌다. 둘은 서로의 학식과 인품을 칭찬했으며 왕래를 자주 했다. 그들은 만나면 시간 가는 줄도 모르고 이야기꽃을 피웠다.

한번은 왕안석이 포청천으로 유명한 포증包拯에게 좌상객座上客으로 초대를 받았다. 포증이 여러 차례 술을 권했지만 안석이 끝까지 술잔에 입도 대지 않자 자리에 있던 사람들이 다들 고개를 저으며 한마디씩 했다. 사마광도 초대를 받아 함께 있었는데 평소 그도 술을 그다지 즐기지 않았지만 분위기에 호응하는 차원에서 마시는 시늉이라도 했다. 사마광은 집에 돌아와서 그날의 일기에 '개보는 자리가 파할 때까지 술을 마시지 않으니 포공도 강권할 수 없었다. 오늘 일로 그가 고집스러운 데가 있음을 알았다'라고 썼다.

축첩蓄妾 제도가 공인될 만큼 당시 사대부들에게 첩이나 가기家妓를 두는 것은 당연하고 일반적인 일이었지만, 안석은 여색을 좋아하지 않았다. 한번은 오씨 부인이 안석의 생일 밤에 선물이라며 젊고 고운 여자를 그의 방으로 들여보냈다. 하지만 부인의 선심은 바로 거절당하고 말았다.

안석은 의식주 같은 일상적인 것들과 주변 사물뿐 아니라 타인의 감정에도 매우 무심한 사람이었다. 미련해 보이기까지 하는 그의 천성적인 무심함은 사람들로부터 '배려를 전혀 모르는 불손한 사람'으로 오해받게끔 했다. 한번은 인종이 낚시를 하면서 시를 짓고 노는 조어연釣魚宴을 신하들에게 베풀었는데, 안석은 잡으라는 고기는 잡지 않고 낚시 미끼만 먹었다. 인종이 잔뜩 미간을 찌푸리고 미끼를 먹는 안석을 쳐다보았지만, 그걸 아는지 모른지 그는 미끼를 하나도 남기지 않고 모조리 먹어 치웠다. 대체 무슨 생각을 하고 살았기에 황제 앞에서도 그렇게 무신경할 수 있었을까?

중앙의 관리로 근무하게 된 왕안석은 구천 자가 넘는 「만언서萬言

書」를 인종에게 바쳤다. 언로 개방은 조광윤이 북송을 개국하면서 내세운 치국의 본이었다. 말을 잘못했다고 죄를 묻지 않았으며 심지어 간관諫官들이 사실 관계 여부를 확인하지 않고 말을 해도 그에 대한 문책을 당하지 않았다. 다양한 의견을 수렴하여 바른 통치를 하겠다는 개국 황제의 신념이 언론의 자유를 제도적으로 보장한 것이었다. 왕안석은 16년 동안 지방관으로 근무하면서 몸소 체험했던 현실의 문제와 대안을 「만언서」에 모두 담았다. 하지만 인종은 안석이 심혈을 기울여 쓴 「만언서」에 아무런 반응도 보이지 않았다. 그로써 안석은 인종이 원하는 것은 현상 유지이지 개혁이 아니라는 것을 알았다. 변혁을 주장하는 왕안석의 뜻에 동의도 부정도 하지 않았지만 그렇다고 인종이 안석을 신임하지 않은 것은 아니었다. 인종은 「만언서」에 회답하는 대신 안석을 사신으로 임명하여 요나라로 파견하였다. 왕안석은 꼬박 일 년 동안 황하를 건너 하북의 땅으로 향했다. 그는 험한 여정 중에도 변방의 이색적 풍광을 감상하며 많은 시들을 썼다. 사신 일정을 마치고 돌아온 안석은 황제의 곁에 머물며 언행을 기록하는 동수기거주同修起居注로 임명되었다. 황제의 은총으로 중임을 맡았으니 마땅히 기뻐할 일이었건만 안석은 달랐다. 그는 수차례 사퇴서를 제출했다. 하지만 조정도 이번만큼은 안석의 뜻을 들어주지 않았다. 심지어 안석은 임명장을 들고 찾아온 조정의 사자를 피해 화장실에 숨은 적도 있었다. 무조건 강행할 수 없다고 판단한 조정은 안석을 동수기거주 대신 한림학사지제고로 재임명하는 것으로 양보안을 내놓았다. 사퇴서를 열두 번이나 모두 거부당한 안석도 더 이상 거절할 이유를 찾지 못해 이를 수락하였다.

늙은 황제는 궁궐 깊은 곳에 거처하면서 이따금씩 백관의 조배朝拜를 받을 뿐이었다. 황제의 건강 상태는 국가 기밀이었다. 안석은 초조했다. 나라는 점점 기울어가는데 마냥 허송세월을 보내는 것이 답답했던 것이다. 인종을 알현할 기회가 적었던 그는 시정 개혁을 요구하는 「상시정소上時政疏」를 다시 올렸다.

신이 보기에 현재 조정의 처지는 현명한 인재를 얻었다고 말할 수 없고 정책이 실시되는 바도 법도에 부합한다고 하기 어렵습니다. 위로는 관료 사회가 어지럽고 아래로는 백성이 빈곤에 처해 있습니다. 풍속은 날이 갈수록 경박해지고 재정도 날이 갈수록 궁핍해지고 있습니다. 그러나 폐하께선 높은 곳에 머무시면서 팔짱만 끼고 계시니 강구책을 찾을 뜻이 아직 없으십니다.

「만언서」를 올렸을 때와 마찬가지로 이번에도 인종은 묵묵부답이었다.

1063년 3월, 구중궁궐에 들어앉아 있던 늙은 황제 인종이 죽었다. 인종의 죽음은 안석의 개혁 시대가 열리는 예고적 사건인 셈이었다. 같은 해 8월 안석의 모친 오씨도 세상을 떴다. 안석은 지제고를 사퇴하고 강녕으로 가서 모친상을 치렀다. 효자였던 그는 효를 다하지 못하고 떠나보낸 어머니를 그리워하며 일심으로 모친상을 지내고, 삼 년 동안 어머니의 영당靈堂에서 짚을 깔고 잠을 잤다. 복상 기간에 편하게 지내는 것은 효의 도리가 아니라는 생각 때문이었다. 겨울이라고 다르지 않았다. 잠자리에 들기 전 작은 촛불과 읽을 책 몇

권을 준비할 뿐이었다. 삼 년을 그렇게 한결같이 어머니 곁을 지켰으니 몸은 비쩍 마르고 얼굴은 검게 변했지만 눈빛만큼은 여전히 형형했다.

복상 기간이 끝나자 조정은 다시 왕안석을 지제고로 임명해 불렀지만 그는 건강 악화를 이유로 거절했다. 재차 보내온 소환장에도 안석은 요지부동이었다. 인종 사후 즉위한 영종은 병약한 황제였다. 조정의 전권은 영종의 모후에게 모두 넘어간 상태였다. 그런 조정의 상황을 잘 아는 안석은 돌아가고 싶지 않았다. 그는 강녕에 계속 머물면서 서당을 열고 도제를 받아들여 가르쳤다. 그 후로도 몇 차례 조정의 부름이 있었지만 그는 응하지 않았다. 그러면 그럴수록 안석의 명성은 더욱 높아져갔다. 조정의 중임을 마다하고 한가하게 지방에서 학생들이나 가르치는 일이 누구나 할 수 있는 선택은 아니었기 때문이다. 그즈음 안석도 지천명을 바라보는 나이가 되어 있었다. 시간은 누구에게나 공평하지만 각자가 가진 시간관에 따라 완전히 다른 삶의 시간을 보낼 수 있다. 안석에게 일이십 년은 기다릴 수 없을 만큼 긴 시간이 아니었다. 자신의 이상을 성취할 수 있다면 얼마든지 기다릴 수 있다고 그는 생각했다. 강녕에 있는 동안 안석이 앞날에 대한 아무런 준비 없이 때만 기다린 것은 아니었다. 안석은 알고 있었다. 만약 영종의 수명이 길어 재위에 오래 있게 된다면 자신이 꿈꾸는 정치 이상을 실현할 기회는 어쩌면 영원히 오지 않을 수 있다는 것을. 그가 강녕에 있으면서 서당을 열고 학생들을 가르친 것도 학문과 문화를 선도하는 한 시대의 종사宗師로서의 생애를 염두에 두었기 때문이다.

역사는 과연 안석의 편이 되어주었다. 영종이 죽고 신종이 황제로 등극한 것이다. 안석은 강녕에서 아래의 의미심장한 시를 써내려 갔다.

「**고송**古松」

곧게 뻗은 소나무 가지 백여 자나 되어	森森直干百餘尋
푸른 하늘에 가 닿으니 뭇 나무 중 저 홀로 우뚝하다.	高入青冥不附林
산골짜기에 불어온 바람은 밤의 메아리 만들고	萬壑風生成夜響
달빛 비춘 천산에는 가을 먹구름 걸려 있다.	千山月照掛秋陰
어찌 땅에 거름 주는 일로 생명을 기를 수 있으리	豈因糞壤栽培力
천지간의 조화와 덕으로 얻을 수 있을 뿐이네.	自得乾坤造化心
종묘에 좋은 목재가 없다면 마땅히 쓰임을 얻어야 하나	廊廟乏材應見取
솜씨 좋은 장인이 없다면 그냥 두고 베지 마시오.	世無良匠勿相侵

천고의 기다림

신종 조욱趙頊은 어려서부터 학업에 매진했다. 혈기왕성한 스물의 나이로 보좌에 오른 그는 나이 들고 의지도 없는 백관들을 마주하고 있노라면 한숨이 절로 나왔다. 태자 시절 조욱은 아버지 영종의 병약한 모습이 싫었다. 장차 자신이 짊어질 나라의 앞날을 보는 것 같았다. 송 태종이 거란족에게 쫓겨 화살을 두 대 맞고도 요행히 도망을 쳐 목숨을 건졌을 때 그를 수행하던 빈비嬪妃들은 포로로 잡히고 말았다. 신종은 조정에서 그때 당시의 수모를 이야기하면서 눈물을 흘렸다.

"참을 수 없는 국치를 당하고도 여전히 해마다 거란과 서하에게 강화를 청하는 신세이니 백만이 넘는 군사가 무슨 소용이오!"

신종의 국정 쇄신 의지는 조정의 중신들에게 외면당했다.

"폐하께서는 보위에 오른 지 얼마 되지 않으니 먼저 은택恩澤을 베푸는 것이 마땅한 줄로 아옵니다. 원컨대 이십 년 동안 병사兵事를 입에 올리지 마시옵소서. 전쟁은 한번 일어나면 그 화가 작지 않을 것입니다."

부필의 말을 들은 신종의 얼굴색이 어두워졌다. 자신의 감정을 숨길 줄 몰랐던 젊은 황제에게 부필은 이어서 말했다.

"군주는 좋고 싫음을 다른 사람이 알아차리도록 해서는 아니 됩니다. 만약 쉽게 알 수 있다면 간사한 사람이 그 뜻을 견강부회하려 들 것입니다. 폐하께선 마땅히 하늘의 거울처럼 사람의 선과 악을 모두 스스로 취하신 후 그에 따른 상벌을 내리셔야 합니다. 그리하면 공은 공대로, 죄는 죄대로 그 사실에 따라 다스려질 것입니다."

신종은 조용히 고개를 끄덕였다. 부필의 말은 삼조三朝를 거치며 황제를 보좌해온 노련한 중신의 경험담이자 실로 효과적인 제왕의 기술이었다. 늙은 여우답게 부필은 젊은 황제를 어떻게 요리해야 하는지 잘 알고 있었다. 사실 부필이 틀린 말을 한 것은 아니었다. 나라를 통치하는 군주라면 쉽게 감정을 드러내지 않고, 예측하기 어려운 깊이를 가지고 있어야 했다.

신종은 한 번도 만난 적 없지만 왕안석의 이름을 익히 들어 알고 있었다. 한유韓維가 국사를 논할 때마다 '친구 왕안석의 견해를 빌려 말씀 올린다'는 말을 자주 하던 터라 신종은 '그가 대체 어떤 인물이 기에 명성이 이리도 크단 말인가' 하고 궁금했다. 그리하여 왕안석을 조정으로 불렀지만 완곡하게 거절을 당했다. 신종은 의아했다.

'왕안석이라는 사람은 정말 이상하지 않은가. 선제先帝의 부르심 도 마다하더니만 짐한테도……. 정말 속을 알 수 없는 사람이야.'

고수란 본디 그 모습을 쉽게 드러내지 않는 법. 유비가 공명을 청 할 때도 산속의 초가를 세 번이나 가지 않았던가. 신종은 화를 내는 대신 왕안석을 강녕 태수로 재임명했다. 왕안석은 이번에는 임명장 을 받아들였다. 이는 실로 고수다운 결정이었다. 아쉬운 사람이 나선 다고 신종이 두 번이나 먼저 손을 내밀게 함으로써 안석은 주동적 위 치를 선점하면서도 신하된 자의 분수와 도리를 지킨 것이다. 만약 재 임명마저 거절했다면 신종의 미움만 사고 말았으리라. 고수란 상식 과 상규를 초월하면서도 그 정당성을 인정받는다. 강태공과 제갈량 이 그랬듯이 안석도 조정의 일반적 인사 임용 절차 따위와는 무관한 길을 걸었다. 그는 충분히 기다렸고 이제 높이 비상할 차례였다.

내가 왕안석의 관련 자료를 찾아 읽으면서 발견한 것은 그가 명석 한 정치적 두뇌의 소유자였다는 사실이다. 그는 강녕에서 북송 제국 의 기세를 다시 일으킬 미래의 그림을 조용히 그리고 있었다.

역시나 먼저 움직인 쪽은 신종이었다. 그는 조정의 대신들을 불러 놓고 물었다.

"왕안석, 그는 어떤 사람이오?"

신종의 말뜻은 왕안석이 과연 재상 자리에 앉을 만한 능력자이냐는 것이었다. 물론 조정은 찬반 의견으로 분분했지만 대세는 찬성 쪽으로 기울어졌다.

"현재 천하의 여론은 금릉의 왕안석이 정사에 참여하지 않는 것은 실로 아깝고 억울한 일이라고 하옵니다."

사마광은 직접 안석에게 편지를 썼다.

개포의 큰 이름이 천하에 널리 알려진 지 벌써 삼십여 년이오. 재능이 높고 학식이 풍부하니 들어가긴 어렵지만 물러나긴 쉽소. 멀고 가까운 선비들은 그대를 알든 모르든 개포가 일어나지 않을 뿐이지 한 번 일어서면 천하가 바로 태평해지고 백성의 삶은 윤택해질 것이라고 모두 말하고 있소.

좌승상 한기가 말했다.

"왕안석은 한림학사로 쓰기에 충분한 자이지만 보필의 자리에 앉히는 것은 불가하옵니다."

참지정사 당개唐介도 거들었다.

"왕안석은 학문은 좋아하나 옛것에 집착하는 자입니다. 만약 그가 정무에 관여하게 된다면 필시 많은 변화가 있을 것입니다. 그러면 천하가 곤경에 처할 것이 분명합니다."

조정 대신들은 왕안석을 정확하게 파악하고 있었다. 수도 변량에서 멀리 강녕 땅에 사는 안석을 그 정도로 알고 있었다는 것만 보아도 그의 명성을 가히 짐작할 만하다.

재밌는 것은 황제의 스승인 시독侍讀으로 있던 손고孫固의 대답이었다. 신종은 손고에게 안석의 재상 기용 문제를 논의했으나 매번 똑같은 답이었다.

"재상이란 모름지기 스스로 도리와 한계를 깨닫고 있는 자라야 합니다. 왕안석은 성급하고 포용력이 적은 인물입니다. 현명한 재상을 구하고자 하신다면 사마광, 여공저, 한기 등이 적절한 인선입니다."

더 재밌는 것은 손고가 마지막엔 아예 신종의 물음에 대한 답을 종이에 적어서 제출했다는 것이다. 이렇게 해서 신종의 안석 등용 의지는 시작부터 사방의 저지에 직면하게 된다. 신종은 자신의 의중을 뻔히 알면서도 반대표를 던지는 신하들이 못마땅하고 불쾌했다. 하지만 자신과 의견이 다르다고 전부 내칠 수는 없었다. 언로가 열려 있지 않으면 국정의 바른 운영도 불가능하기 때문이었다.

1068년 신종은 중재안을 선택했다. 우선 안석을 조정으로 불러내는 일이 중요했다. 한림학사에 임하라는 조정의 명을 받은 안석은 세월아 네월아 시를 쓰고 소원했던 벗을 만나 잔을 기울이고 풍광을 감상하며 그렇게 몇 달을 걸려 수도에 당도했다. 도착 보고를 끝낸 안석은 편전便殿에서 신종을 알현했다. 그렇잖아도 옷차림 따위에는 도통 관심이 없는 데다 길 위에서 몇 달을 보냈으니 안석의 꼴은 그야말로 말이 아니었다. 신종은 안석의 그 행색을 보고 이해한다는 듯 웃음을 지어 보였다. 신종이 자리에 앉으라는 손짓을 하자 안석도 사양하지 않고 어좌 앞에 앉았다.

"치국의 우선은 무엇인가?"

"치국의 우선은 통치술을 선택하는 것에 있사옵니다."

"당 태종은 어떠한가?"

"폐하께선 마땅히 요순 임금의 통치술을 본받아야 하옵니다. 당 태종은 말할 것이 못 되옵니다."

"상세한 내용을 듣고 싶네."

"요순의 도는 지극히 간단하고 번잡하지 않으며, 지극히 요긴하고 멀지 않습니다. 또 지극히 쉬우며 어렵지 않습니다. 다만 말세의 학자들이 요순의 도를 제대로 알지 못하고 높아서 다다를 수 없는 것이라고만 합니다."

신종은 앞으로 몸을 기울이며 말했다.

"경은 계속 말해보시오."

안석이 수염을 만지며 웃었다.

"폐하께선 급히 서두르실 필요가 없습니다. 오늘날 천하의 크기와 백성의 많음으로 백년 태평을 누리는 것이 불가하다고 말할 학자는 많지 않습니다. 그러나 통치를 보좌할 사람이 없어 근심입니다. 이는 폐하께서 통치술을 분명하게 선택하시지 않고 정성을 다하시지 않은 까닭입니다. 이런 상황에서는 설사 현인이 있다 하더라도 소인들에게 가려 그 재능을 숨기고 떠날 것입니다."

안석의 눈은 그 어느 때보다 빛났고 목소리에 힘이 넘쳤다. 그는 황제 앞의 신하라기보다는 차라리 청중을 설득하는 웅변가였다. 그렇게 열변을 토하던 안석이 갑자기 일어나 퇴청하려 하자 신종이 급하게 그를 불러 세웠다. 해가 저물어 퇴청할 때가 되었지만 어전의 문을 나서는 안석의 뒷모습을 보고 있자니 신종은 불안해졌다. 안석마저 그 재능을 숨기고 떠날까 두려웠다. 안석은 나머지는 서면으로 대신하겠노라며 자리를 떴다. 그 이튿날 안석은 「본조백년무사차자

_{本朝百年無事箚子}」를 제출하였다. 안석의 글은 말보다 더 힘차고 신랄했다. 북송 개국 이래 백 년이 넘는 천하태평을 지속한 것은 사람이 한 일이라기보다는 하늘의 도움이 더 컸다는 안석의 지적은 통치자 황제로서 매우 듣기 거북하고 불쾌한 말이었다. 그럴수록 신종은 안석이라는 인물에 매료되었다.

'삼가 공손히 엎드려 바라옵건대 폐하께서는 천명天命이 한결같지 않음과 인사人事는 급하게 서둘러서는 아니 됨을 아시옵소서. 큰일을 도모할 수 있는 때는 바로 지금이옵니다!'

'풍속을 바꾸고 법도를 세우는 것이 급선무이며, 황실과 중앙의 재정을 튼튼히 하는 것이 중요합니다.'

젊고 영민한 황제 신종은 하루라도 빨리 개혁을 원했다. 안석에겐 오랜 세월 기다렸던 치국의 이상을 실현할 기회가 도래하고 있었다. 삼십 년 전 부친의 손에 이끌려 다녔던 어린 안석이 이젠 그때의 아버지보다 더 늙은 나이가 되어 같은 장소를 찾았다. 드디어 평생의 포부를 펼칠 기회를 앞둔 사람이 쓴 시치곤 담담하기 그지없지만 그러기에 더욱 안석답다.

「제서태일궁벽題西太一宮壁 **– 서태일궁 벽에 쓰다」**

삼십 년 전 이곳에서	三十年前此地
아버님과 형님은 나를 데리고 동으로 서로 다니셨지.	父兄持我東西
흰머리로 오늘 다시 와서	今日重來白首
지난 발자취 찾아보려 하나 그저 아득하기만 하다.	欲尋陳跡都迷

그해 8월 조정은 관례대로 수도 교외에서 하늘과 땅에 제사를 지내는 교사제郊祀祭를 지냈고 신종도 전례를 좇아 중서성과 추밀원 두 부서에 하사하였다. 보위에 오른 황제가 정무와 군사를 주관하는 양대 기구에 하사를 하는 의미는 그간의 노고를 치하하고 앞으로도 자신을 보좌해 국정 운영을 잘해달라고 다독이는 의미였다. 국고 상황이 좋지 않더라도 이날만큼은 황실에서 조정 관료들에게 넉넉한 인심을 베풀어야 했다. 늘 해왔던 관례여서 이제껏 누구도 문제 삼지 않았고 전혀 중요해 보이지 않는 이 일은 사마광과 왕안석의 첫 번째 대전對戰의 빌미가 되었다.

때는 마침 황하 이북 지역인 하삭河朔이 재해를 입어 조정이 구제금 마련을 위해 골머리를 앓고 있는 상황이었다. 사마광이 '관료들에게 줄 하사금을 수재민을 위해 써야 한다'고 주장하자 신종이 왕안석의 의견을 물었다. 이에 안석은 '국고 부실은 잘못된 재정 운용이 원인이므로 절약으로는 근본적인 문제를 해결할 수 없다'며 사마광의 주장에 반대표를 던졌다.

사마광은 냉소했다.

"재정 운용을 잘한다고 해야 고작 조세를 늘리고 토지를 수탈하는 것 아니오?"

왕안석은 뭘 모른다는 듯 고개를 가로저었다.

"그대의 말은 실로 틀렸소. 효율적 재정 운용이란 백성에게 조세 부담을 주지 않고도 국고를 충실하게 채우는 것이오."

사마광은 격분했다.

"말도 안 되는 소리! 하늘과 땅에서 난 것들은 본디 한정되어 있는 법이란 걸 모르오? 갖은 수단을 동원해서 백성의 재물을 약탈했다가는 조세를 늘리기보다 그 해악이 더 클 것이 분명하오."

오랜 친구였던 왕안석과 사마광은 치국의 방법론을 두고 완전히 대립했다. 양보할 수 없는 원칙의 문제였으므로 개인적 의리나 우정을 생각할 여유가 둘에겐 없었다. 몇 달 전까지만 해도 안석을 지지하고 환호했던 사마광이 철저하게 등을 돌리는 순간이었다. 사실 사마광은 누구보다 근검절약하고 '신독愼獨'을 실천한 사람이었다. 반가운 친구가 찾아와도 술상은 지나치게 싫게 간소했으며 심지어 초 한 자루도 아낄 만큼 검소했다. 겨울에는 사마광의 집을 찾는 사람들의 발길이 눈에 띄게 줄었는데, 그 까닭인즉 손님이 추워해도 불을 지피지 않았기 때문이라 한다.

안석도 사치와는 거리가 멀었다. 그는 술도 즐길 줄 몰랐고 여색도 가까이하지 않았다. 당시 북송 관료 사회에서 주색을 멀리한다는 것은 곧 고관대작들이 노는 사교계와 담을 쌓겠다는 뜻이나 다름없었지만 안석은 아랑곳하지 않았다.

본격적으로 시작된 개혁 신법

희녕 2년 2월 신종은 효율적 재정 운용을 자신하는 안석에게 희망을 걸고 그를 참지정사로 임명하였다. 안석은 취임 후 곧바로 신법을 주도할 기관으로 제치삼사조례사制置三司條例司를 세웠다. 삼사는 재정부에 해당하는 기관이었다. 신법을 추진할 기구를 재정부에 배치한 것은 신법의 주된 목적이 국가 재정 확보에 있음을 천명하는 것이었다. 삼사조례사는 독립된 기구로서 중서성과 추밀원의 어떤 제약도 받지 않고 직접 황제의 명을 받았다. 개혁 대상에는 군사도 포함되었는데 최고군사장관인 추밀사에겐 간섭할 권한도 주어지지 않았다.

왕안석의 변법은 정당성이 충분했고 여론의 지지도 받고 있었다. 변법은 대세였고 문제는 변화의 방법론이었다. 온건파와 급진파는 평행선을 그어놓은 채 한 발짝도 물러나지 않고 서로를 향해 으르렁거렸다. 확고부동한 온건파였던 소동파는 '변화란 낮이 밤이 되는 줄도 모르게 점진적으로 진행되는 것이 가장 바람직하다'고 주장했다. 반면 왕안석은 '변혁은 급센 물살을 타듯이 힘차게 빠른 속도로 진행되어야 그 효과를 얻을 수 있다'고 보았다. 누구의 방법이 옳고 그른지를 두고 수백 년 동안 학자 간의 논쟁 또한 치열했다.

같은 해 7월, 안석은 균수법均輸法을 실시하며 신법의 시작을 알렸다. 매년 삼사가 조정에서 필요한 물자와 수량을 계획하여 발운사發運使에게 통보하면 발운사는 계획에 따라 수도의 가장 인접한 지방에서 물자를 조달하고, 조정에서 남는 물자는 그것을 필요로 하는 다른 지방에 운송하는 역할을 담당한다. 균수법은 필요 물자의 유통 관리를 중앙에서 직접 관여하는 것이라 유통 가격의 상승과 하락에 따른 불필요한 낭비도 막고 물자 수송도 훨씬 편리해지는 장점이 있었다.

균수법을 시작으로 개혁 신법은 속속 선을 보여 9월에는 청묘법靑苗法이, 11월에는 농전수리법農田水利法이 실시되었다. 부역을 가는 대신 면제금을 내는 면역법免役法, 중소상인을 보호하는 시역법市易法,

향촌의 민병 자위군을 조직하는 보갑법保甲法 등도 차례를 기다리며 긴박하게 준비되고 있었다. 안석이 황권을 등에 업고 신법을 단행하고 있을 때 조정의 원로대신들은 뭘 하고 있었을까?

칠순의 고령을 넘긴 증공량曾公亮은 오랜 기간 재상 노릇을 해온 사람답게 느긋하고 노련하게 대처했다. 신법당과 구법당의 치열한 투쟁 속에서 민감한 정치적 후각을 가지고 있던 그는 시종일관 모호한 태도를 취하며 사태를 관망했다.

반면 병중에 있던 부필은 왕안석을 반대하고 나섰다. 그는 소인이란 본시 일을 일으키길 좋아한다며 신법 추진을 반대했지만 신종의 귀에 그런 말은 들어오지 않았다. 신종은 삼조 중신인 부필이 자신을 지지하지 않는 것이 내심 서운했고, 부필은 황제가 안석의 말만 듣고 나라를 신법의 소용돌이 속으로 몰아넣는 것이 염려스러웠다. 한편 부필은 다리 통증이 출입도 할 수 없을 만큼 악화되자 재상 자리에서 물러나고 싶다는 상소문을 몇 차례 올렸고, 더는 붙잡을 수가 없었던 신종은 사직서를 수리했다. 부필이 물러나고 진승지陳昇之가 재상으로 임명되었다.

당개는 공개적으로 신법 추진의 문제점을 비판하며 시비를 걸었지만 그는 안석의 적수가 되지 못했다. 매번 논쟁을 벌일 때마다 안석에게 패했고 그때마다 불같이 화를 내며 집으로 돌아가곤 했다. 화병의 부작용인지 알 수는 없지만 당개는 어이없게도 등에 욕창이 생겨 죽고 말았다.

오랜 친구였던 사마광도, 은사인 구양수도 마치 모두 약속이라도 한 것처럼 신법을 단행하는 안석에게서 등을 돌렸다. 도대체 왕안석의 신법은 왜 이토록 많은 사람들의 반대에 부딪쳐야 했던 것일까?

먼저 그 영향이 가장 컸던 청묘법부터 보자. 농민들은 매년 봄이 되면 지주에게 돈을 빌려 여름이나 가을에 갚는데 반년의 이자가 3할이 넘었다. 청묘법은 농민의 고리대금 부담을 덜어주고 국가 재정을 늘릴 목적으로, 관아에서 농민들에게 필요한 돈을 빌려주고 대신 2할의 이자만을 받는 것이었다. 사실 청묘법은 안석이 지방관 재직 시절 시범적으로 실행해 상당히 성공을 거둔 제도였다. 그러나 전국 단위로 청묘법이 적용되어 실행되자 많은 문제가 나타났다. 우선 지방관은 실적 쌓기에만 혈안이 되어 강제적으로 돈을 빌려주었고 심지어 몰래 이자를 더 늘려 받아 뒷주머니를 챙기는 일도 빈번히 일어났다. 돈을 갚지 못한 농민은 고향을 떠나 유랑민이 되었고 관청은 그들을 붙잡아 옥에 넣었다. 도망가는 농민들이 점점 많아지자 농가 십 호를 일 보保 단위로 묶어 그중 도망호逃亡戶가 생기면 나머지 농호들이 연대 책임을 지고 대신 빚을 갚도록 했다.

조정의 재정 수익을 가장 많이 끌어올린 제도는 시역법이었다. 수도 변경은 상품의 집산지로, 규모가 크든 작든 상인들은 매매를 통해 적지 않은 수익을 올렸다. 왕안석은 시역무市易務를 설치하고 상인들에게 반드시 이곳을 통해 현금이나 기타 자산을 저당하고 물건을 사들이도록 했다. 물자 공급과 가격을 모두 관에서 직접 통제하므로 상인들이 이윤을 챙길 수 있는 공간은 크게 줄어들었다.

또 왕안석은 소금, 철, 차, 술, 비단, 벼루 등 전매專賣 품목을 확대하여 관의 엄격한 통제 하에 두었다. 이전에도 이들 품목의 전매가 이루어졌지만 민간 판매가 훨씬 많아서 조정의 관리 자체가 불가능해 알면서도 그냥 두고 볼 수밖에 없었다. 왕안석은 각 지방의 주둔 군을 동원하여 밀매업자를 철저히 단속하고 전매권을 중앙으로 귀속시켰다.

보갑법은 민병제도로 십 호를 일 보保로, 오십 호를 일 대보大保로, 십 대보를 일 도보都保로 정하고 일정한 재력이 있는 사람을 보장保長, 대보장大保長, 도보정都保正으로 선발하였다. 매 호마다 장정 한 명을 뽑아 농한기에 군사 훈련을 시키고 대보별로 순찰 5인조를 편성하여 도둑을 잡는 등 촌락의 치안을 담당하도록 했다. 또한 보 안에서 살인 등의 범죄 사건이 일어난 것을 알고도 알리지 않으면 불고지 죄의 책임을 묻는 연좌제까지 적용시켰다. 왕안석은 전국적으로 민병대를 조직하면 평화 시기에는 치안 유지를 담당하고 전쟁이 발발했을 때 정규군으로 보충할 수 있다고 생각했다. 일련의 신법 단행으로 북송 황실의 재정이 늘어나자 신종은 기뻐했다.

「원일元日」

폭죽 소리와 함께 묵은해 보내고 새해를 맞는다 　　爆竹聲中一歲除
봄바람은 따스한 기운을 도소주*에 불어넣고 　　　春風送暖入屠蘇
온 마을 사람들 동 터오는 햇살을 환호하며 　　　千門萬戶瞳瞳日
헌 부적을 떼어내고 새것을 문 입구에 걸어놓는다. 　總把新桃換舊符

* 설날 아침 나쁜 기운을 물리친다 하여 마시는 술.

1070년 정월 초하루 왕안석은 시를 썼다. 신법 실행의 효과는 빨랐다. 반대하는 목소리가 적지 않다는 것 또한 잘 알았지만, 만사에 정正이 있으면 반反도 있게 마련이라며 그는 대수롭지 않게 여겼다. 안석은 개혁 과정에서 일부 집단의 이익이 줄어드는 것은 지극히 자연스러운 일이라고 생각했다.

'저 옛날 성왕을 보좌했던 주공단도 소인배들의 험담과 모략을 당하지 않았던가.'

왕안석은 스스로를 주공에 견주며 우쭐해했다. 신종의 지원 하에 조정의 권력을 손에 쥔 몸이었지만 안석의 일상적 모습은 변함이 없었다. 그는 여전히 너덜너덜해진 옷을 입고 다녔으며 머리 모양도 단정하지 않았고 얼굴은 씻지 않아 늘 거무튀튀했다. 하루는 여혜경이 쥐엄나무 즙을 내어 얼굴을 씻으면 깨끗해질 거라고 하자, 안석은 짐짓 공자 흉내를 내며 "하늘이 내게 흑黑을 주었거늘, 쥐엄나무 따위가 어찌한단 말이냐?"라고 응수했다. 이 말은 송나라에서 환퇴桓魋에게 살해당할 위기에 처해 있던 공자가 말한 "하늘이 내게 덕을 주었거늘, 환퇴 따위가 나를 어찌한단 말이냐?"의 안석 판본인 셈이다.

천하를 유속流俗이라 비웃을 만큼 그는 세상에 두려울 것도 거리낄 것도 없었다. '천변은 두려워할 것이 못 되고, 뭇사람의 말은 좇을 것이 못 되고 조상의 법도는 지킬 것이 못 된다天變不足畏, 衆言不足從, 祖宗之法不足守'는 삼부족三不足은 정치라는 전투에 임하는 안석의 구호였다. 관료들에게 천명과 여론, 조상의 법도란 때론 황명보다 더 신성한 것이었지만 안석에게 중요한 것은 현재였다.

끊이지 않는 대립

왕안석의 신법은 대지주와 대상인의 이익을 직접적으로 침해했다. 당시 토지 겸병은 보편적인 현상이었고 상업 경쟁도 치열했다. 향촌의 부호와 도시의 거상은 빠른 속도로 성장하고 있었다. 왕안석은 국가 재정 문제를 풀 수 있는 열쇠가 이 두 집단에 있다고 보았다. 천자의 나라가 부실해서는 안 되었다. 하늘의 아들은 만민을 다스리는 통치 군주로서 땅 위의 모든 것의 주인이므로 그 누구도 천자 앞에서 소유권을 주장할 수 없다고 안석은 생각했다. 안석의 변법 사상은 범중엄의 그것과 달랐다. 관료의 향유권을 인정했던 왕안석은 범중엄의 경력신정 실패 원인이 관료 사회에 먼저 칼을 들이댔기 때문이라고 보았는데, 사실 그의 분석이 틀린 것은 아니었다. 관료의 향유권 인정은 어쩌면 변법 저항 세력의 무마용으로 안석이 선택한 전략일 수도 있다. 안석 자신은 관료로서 청렴하고 엄격한 자기 규율을 지켰고, 휘하의 하위 관료들에게는 보고도 못 본 척 넘기곤 했다. 또 그 자신은 일 말고 다른 것에는 도통 관심을 두지 않으면서도 부하들은 정시에 퇴근시켰다.

그의 인재관은 '사람'보다 '재능'이 우선이었다. 안석이 신법 추진을 위해 기용한 인물들만 보아도 그랬다. 여혜경은 그 스스로도 말했듯 조정의 관료들이 모두 등을 돌릴 만큼 인심을 잃었지만 안석은 그의 능력을 인정해주었다. 이정은 모친상을 치르지 않아 여론의 총공세를 받았으며, 심괄은 박학다식했지만 아부를 일삼는 재승박덕한 인물의 전형이었다. 결국 안석의 잘못된 인재 등용은 부메랑이 되어 돌아왔다. 유일하게 소철만 청묘법 시행 초기에 폐단이 많음을 지적하면서 안석과 대립했다. 소식이 불이라면 소철은 물이었다. 둘은 형제였지만 싸움의 방식이 달랐다. 소식과 소철 모두 높지 않은 관직에 비해 그 영향력은 컸는데 특히 소식이 그랬다. 신법 초기 조정에서 가장 바빴던 사람은 안석이 아니라 소식이었다. 소식은 신법의 폐단을 따지고 제동을 걸기 위해 불철주야 동분서주했다. 그는 황제에게 상소를 올리고 재상을 찾아가고 신법의 문제점을 공론화하고 반대파를 결성해 안석과 싸웠다. 사마광은 안석이 발탁한 인물들이 나중에는 안석을 팔고 배신할 것이라며 경고했지만 안석은 귀담아듣지 않았다.

다음은 신법을 반대하는 사마광의 서신에 대한 회답인데, 단순한 편지이지만 한 편의 훌륭한 산문이라 독자들과 함께 읽어보아도 좋을 것 같다. 당시 사마광은 한림학사와 간의대부를 겸하고 있었다.

「답사마간의서答司馬諫議書」

공과 더불어 우의를 나눈 세월이 오래되었건만 국사를 논할 때마다 매번 의견이 갈리는 것은 정치적 주장과 문제를 처리하는 방법이 서로 매우 다르기 때문입니다. 강변하고 싶은 마음 없진 않으나 제 의견을 받아들이지 않으실 것 같아 간단한 서신으로 대신하며 저를 위한 해명은 하지 않으려 하였습니다.

하나 가만히 다시 헤아려보니 공께서 제게 보여주시는 관심이 두텁고 서신 왕래라 하여 소홀하게 할 수는 없다는 생각을 하였습니다. 그래서 이제 서신으로나마 제가 그렇게 하는 이유를 상세히 말씀드리고자 하니 공께서는 너그럽게 보아주시기 바랍니다.

무릇 학문하는 선비가 중히 여기는 것은 명분과 실제입니다. 명분과 실제의 관계가 명확하면 천하의 큰 이치도 분명해지는 것이요. 공께서는 저에게 관리의 직권을 침해하고, 일을 만들고, 백성의 이익을 수탈하고, 다른 의견 듣기를 거부하여 사람들의 원한과 비방을 사고 있다고 지적하셨습니다. 하지만 저는 황제 폐하의 명을 받들어 법령과 제도를 만들고 조정에서 결정한 후 해당 관리에게 업무를 맡기고 있으니 권리를 침해하였다고는 말할 수 없습니다. 고대의 어질고 밝은 군주의 정책을 빌려다 천하를 이롭게 하는 일을 하고 갖가지 폐단을 없애는 것을 가리켜 '일을 만든다'고 말할 수는 없는 것입니다. 또한 천하를 바로 다스리기 위해 국가 재정을 정돈하는 것을 두고 '백성의 재물을 빼앗는다'고 말해서는 아니 됩니다. 부정확한 말과 이론을 공격하고 교묘한 논쟁이나 일삼는 악인을 배척하는 것을 '타인의 권유와 가르침을 받아들이길 거부한다'고 말할 수도 없습니다. 그리고 저에 대한 세인들의 원한과 비방은 일찌감치 예상했던 일이기도 합니다.

사람들이 구차안일에 습관이 된 것은 하루 이틀의 일이 아닙니다. 많은 사대부들이 나랏일은 돌보지 않고 세상의 풍속에 영합하는 것을 잘하는 일이라 생각합니다. 황제 폐하께서는 이와 같은 세태를 바꾸고자 하시는 것입니다. 그러기에 저는 반대파의 세가 크고 작음을 가늠하지 않고 황제 폐하께서 그런 세력들을 억누르시고자 하는 일에 제 힘을 보태려는 것입니다. 그런데 그 무리들은 왜 저한테 와서 소란을 피우지 않는 것일까요? 반경盤庚(은나라 제17대 임금—역자 주)이 천도하고자 할 때 백성들뿐 아니라 조정의 사대부들도 반대를 하였습니다. 하지만 반경은 반대자들 때문에 자신의 계획을 변경하지는 않았습니다. 그것은 그가 수도를 옮기는 것이 합당하다고 생각했기에 계획대로 실천에 옮긴 것이며 또 후회할 만한 어떤 까닭도 없다고 보았기 때문입니다.

만약 공께서 저더러 오랜 재임 기간에도 불구하고 황제 폐하께서 큰일을 도모하시는 데 도움이 되지 못하고 백성에게 혜택을 주지 못했다며 책망하신다면 저도 죄가 있음을 인정하겠습니다. 하나 아무런 일도 하지 않고 그저 선조의 구습과 법도를 지키는 것이 옳다고 말씀하신다면 저는 그런 가르침은 받아들일 수 없습니다.

공을 직접 뵙지 못하니 실로 제 마음은 그립기 그지없습니다.

왕안석과 사마광의 첨예한 대립은 계속되었다. 사마광은 천하의 백성을 구제하기 위해 신법에 반대하는 것이라 했고, 왕안석은 신법 시행이 곧 백성에게 은혜를 베푸는 것이라 했다. 이 해에 신종은 왕안석을 재상으로 정식 임명했고 사마광을 추밀부사로 승진시켰다. 이를테면 균형적 인사인 셈이었다. 신종의 입장에선 국정 운영의 효율성을 위해서도 잡음을 막을 필요가 있었다. 하지만 사마광은 추밀부사 임명을 거절하였다.

'폐하께서 제치삼사조례사를 폐지하시고 청묘법 등 일련의 신법을 시행하지 않으신다면 신을 쓰지 않으시더라도 신이 입는 황상의 은혜는 실로 클 것입니다.'

신종은 정면으로 답하는 대신 재차 사마광에게 추밀부사로 임하라는 명을 내렸다. 사마광도 다시 사퇴의 뜻을 밝히는 상소문을 올렸다.

'작금에 나타난 청묘법의 폐해라고 해봐야 주현州縣을 혼란에 빠뜨리는 정도로 이는 오늘의 근심거리가 될 뿐입니다. 다만 신이 우려하는 바는 십 년 후의 상황이 오늘과는 다를 것이라는 것입니다.'

결국 사마광은 떠났다. 그는 낙양에서 15년을 머무르며『자치통감』저술에 몰두했다. 조정의 문무백관은 사마광이 떠나는 것을 조용히 지켜보았다. 조례사의 신법당 일당들만 신이 나서 축배를 들고 난리법석이었다. 하지만 왕안석은 이 자리에 참석하지 않았다. 최대의 적수이자 30년 지기인 친구를 쫓아 보낸 마음이 좋지만은 않았기 때문이다. 골칫거리가 사라져 후련한 기분도 없지는 않았지만 그보단 쓸쓸하고 허전한 마음이 더 컸다. 그는 조례사의 축하연에 가는 대신 혼자 길을 걸었다. 안석은 몇 달 전 어사중승 여회呂誨가 자신의 재상 임명을 반대하며 탄핵 상소를 올렸던 일을 기억했다. 여회의 말은 사마광보다 더 신랄했다.

'신이 보기에 참지정사 왕안석은 겉으로는 소박한 듯하나 안으로는 간사한 속임수를 품고 있고 음험하여 사람을 해칩니다. 이자는 그릇되게 꾸미는 말로 위로는 황상을 속이고 아래로는 백성을 업신여기니 신은 실로 이것을 걱정하는 것입니다. 천하의 억조창생을 그르치게 할 자가 있다면 그는 반드시 이 사람입니다. 만약 왕안석이 오래 종묘사직에 머문다면 평안한 날이 없을 게 분명합니다.'

신종은 사마광이 낙양으로 떠나기 전 불러 그에게 여회를 대신할 간관諫官을 천거해줄 것을 청했다. 사마광은 그 자리에서 당시 사관으로 임직하고 있던 소식을 추천했다. 이에 대한 의견을 묻는 신종에게 안석은 일언지하에 반대 의사를 밝혔다. 여회보다 더 다루기 어려운 소식을 간관에 앉힐 수는 없는 노릇이었다. 안석은 소식을 간관에 앉히지 않는다고 해서 그의 목소리마저 가둘 수 있다고는 생각하지 않았다.

소식은 안석의 재상 임명 전후로 신종에게 두 차례 상소를 올렸다. 개혁을 지지했던 소식이 구법당이 되어 왕안석을 반대한 이유가 무엇인지 그의 글을 통해서 알아보자.

국가의 존망은 도덕의 깊고 얕음에 있지 강함과 약함에 달려 있는 것이 아닙니다. 역사적으로 장수한 나라와 단명한 나라를 살펴보아도 국가의 수명은 풍속의 두터움과 천박함에 있지 부귀에 달려 있지는 않았습니다. 도덕이 실로 깊고 풍속이 참으로 두터우면 비록 가난하고 힘이 약할지라도 국가의 오랜 번영에는 해가 되지 않습니다. 그러나 도덕이 실로 얕고 풍속이 참으로 천박하면 비록 부유하고 힘이 강할지라도 국가의 빠른 패망을 구할 수는 없는 것입니다.

무릇 재물을 불리어 이익을 늘리는 것은 신하에게는 이로움이 되나 종묘사직의 복은 아니며, 절약하여 재물을 관리하는 것은 종묘사직에 복은 되나 신하에게는 이로움이 되지 않는 것입니다.

소식이 부국강병에 반대한 것은 아니었다. 그는 민간의 자유 교역을 옹호하고 관방 자본이 시장을 독점하는 것에 반대한 것이었다. 또한 그는 장사하는 사람이 이윤을 보는 것은 당연하다고 생각했다. 팔은 안쪽으로 굽는다고, 소식의 이런 생각은 그의 집안이 대대로 비단

장사를 해온 가문이라 상인의 세력을 억제하고 직접적인 피해를 주는 시역법 시행을 그토록 반대했을 수도 있다.

또 청묘법 시행 전에는 상평창常平倉과 광혜창廣惠倉이 있어 춘궁기가 되면 조정은 비축해둔 곡식을 방출하여 농민을 구제하고 물가를 안정시켰다. 그러나 청묘법 시행 후 국고만 늘었을 뿐 부농, 빈농을 막론하고 모두 제도의 피해를 입었다. 소식과 사마광은 황실과 조정에서 먼저 허리띠를 졸라매는 근검절약의 풍토를 만들어야 한다고 주장했지만 사리사욕을 채우기에 바쁜 관료들의 귀에 그런 말이 들어올 리 없었다.

본디 이기적인 동물인 인간의 욕망이란 밑 빠진 독처럼 영원히 채울 수 없는 것이다. 사회와 문화가 담당해야 할 가장 큰 역할 또한 바로 그런 인간의 사적인 욕망을 일정하게 제한하는 일이다. 기실 사회의 조화와 화합은 개인의 행복을 실현하는 데 지대한 영향을 미친다. 더 가질 수 있는 지위와 능력이 있음에도 그렇지 못한 다른 이들을 위해 자기 것을 내려놓을 때, 도덕은 도덕으로, 풍속은 풍속으로 그 참된 의미를 회복한다. 모두가 의를 버리고 오로지 돈을 위해 달려간다면 우리 앞에 놓인 현실은 '만인의 만인에 대한 투쟁'이 무자비하게 펼쳐지는 살벌한 전쟁터가 되고 말 것이다. 우리가 만물의 영靈이라면 과연 지금 그 '영'은 어디에 있는지 살펴볼 일이다.

소식은 신종에게 국가 재정의 운영 방식이 잘못되었음을 지적하면서 다음과 같이 말했다.

"빨리 들어온 것은 그만큼 나가는 것도 빠른 법입니다."

소식은 재차 신종에게 상소를 올렸다. 그의 상소문은 마치 목숨을 걸고 쓴 것처럼 비장하여 황제에게 일말의 체면도 세워주지 않았다.

폐하께서 작년부터 행하신 신정新政은 모두 치도治道와는 다른 길이었습니다. 조례사를 세우고 청묘사青苗使를 파견하고 조역전助役錢을 거둬들이고 균수법을 시행한 후로 온 세상에 소동이 일어나고 길가에는 원성이 자자합니다. …… 오늘의 정치는 적게 쓰면 적게 패하고 크게 쓰면 크게 패하니 만약 계속 억지로 강행한다면 장차 혼란과 패망이 있을 것입니다.

신종도 화를 내지는 않았다. 그는 진작 마음의 준비를 하고 있었다. 신정 추진 이후 거의 매일 비난에 가까운 상소문과 마주해야 했으니 말이다. 소식은 벽과 마주선 것 같은 답답함을 느꼈다. 벌써 상소문을 세 번이나 올렸지만 신종은 태도를 바꾸지 않았다. 소식은 증공량을 찾아갔다. 전 재상이었던 증공량이 나서서 신종을 설득해주길 바라는 마음에서였다.

증공량은 한숨만 깊게 내쉬었다.

"황상께서는 이미 안석과 한 배를 타셨으니, 하늘에 맡길 도리밖에 없소이다."

지간원知諫院 범진도 왕안석을 탄핵하고 몇 차례 안석과 설전을 벌였지만 결국 스스로 짐을 꾸려 떠났다. 떠나는 범진을 배웅하러 나온 소식이 말했다.

"공께서는 비록 물러나시지만 그 명성은 갈수록 더 커질 것입니다."

"온 천하가 신법의 폐해를 입고 있는 마당에 내 어찌 그 명성을 누릴 수 있겠소이까."

북송에서는 관리가 사직할 때 대신할 사람을 추천해야 했다. 범진은 자신의 뒤를 이을 사람으로 공문중孔文仲을 천거했다. 공문중은 그해에 제과에 응시했는데 통상적으로 제과 합격은 바로 승진으로 이어졌다. 공문중은 과거 시험장에서 신법의 부당성을 따지는 내용으로 구천 자에 달하는 글을 써 제출했고 당시 시험관 송민구宋敏求는 공문중의 변론이 매우 우수하다며 합격시켰다. 이 사실을 안 왕안석은 크게 노하여 공문중과 송민구를 퇴출시켰는데, 소식이 공문중의 글 일부를 베껴 백관들에게 읽히면서 그 내용은 모두에게 공개되었다. 결국 이 일로 소식은 자의 반, 타의 반으로 항주 통판에 부임하여 수도를 떠나게 되었다.

이렇듯 안석에겐 동지는 없고 사방으로 온통 적들뿐이었다. 다행히 황제 신종이 자신을 믿고 후원해주었지만 안석의 내면에도 이따금 고독과 불안이 교차하곤 했다. 그럴 때면 안석은 잠을 이루지 못하고 정원을 배회하거나 동이 터오는 것을 보면서 젊은 황제에게 편지를 썼다. 편지의 내용은 중요한 때이니만큼 여색에 미혹되지 말라는 늙은 신하의 당부와, 임금과 신하가 협력하여 신법 개혁을 완수하길 바란다는 재상의 충정을 담고 있었다.

신념이 없었다면 시작도 하지 않았을 일이었다. 그는 신법 개혁만이 북송 황실을 구하고 백성의 삶을 윤택하게 만들 것이라고 굳게 믿었다.

속출하는 적들

안석이 육조六朝*의 옛 수도인 금릉을 노래한 「계지향」은 같은 소재를 다룬 송사 중 으뜸으로 꼽힌다. 고도古都의 풍경 속에 역사와 시정詩情을 담아낸 솜씨가 일품이다.

「계지향桂枝香」

높은 곳에 올라 바라보니	登臨送目
옛 금릉 땅은 마침 늦가을이라	正故國晚秋
날씨도 이제 서늘하다.	天氣初肅
천 리를 흐르는 장강은 하얀 명주 같고	千里澄江似練
비취빛 산봉우리는 화살촉 같다.	翠峯如簇
배는 석양 속으로 노를 저으며 돌아가는데	征帆去棹斜陽裏
서풍을 등에 지고 주점의 깃발은 비스듬히 서 있다.	背西風酒旗斜矗
화려하게 채색한 배는 희뿌연 구름 속에 나타나고	彩舟雲淡
은하수로 백로가 날아오르니	星河鷺起
그림으로도 그려내기 어려워라.	畵圖難足
화려함을 다퉜던 지난날을 생각하고	念往昔繁華競逐
망국의 서러움을 한탄하니	歎門外樓頭**

---

* 후한 멸망 이후 수(隋)의 통일까지 건업(建業). 지금의 남경(南京)에 도읍한 오(吳), 동진(東晉), 송(宋), 제(劑), 양(梁), 진(陳) 왕조의 총칭.

슬픔과 한이 함께 밀려온다.   悲恨相續

그 먼 옛날부터 높은 곳에 기대어 멀리 바라보면   千古憑高

이 같은 풍경이라 영욕의 세월을 탄식한다.   對此漫嗟榮辱

육조의 옛일은 흐르는 물처럼 사라졌고   六朝舊事如流水

차가운 안개와 시든 풀만 초록을 머금고 있다.   但寒煙衰草凝綠

지금도 상녀는   至今商女

시시때때로 노래하니   時時猶唱

후정화***는 전해 내려오는 그 곡조라네.   後庭遺曲

안석은 정무로 바쁜 나날을 보내면서도 틈틈이 사를 지었는데 하나같이 가작으로 평가받는다. 아마도 그는 금릉을 돌아보며 북송은 무슨 일이 있어도 육조의 비극을 재연해서는 안 된다는 생각을 했을 것이다. 안석은 신법 반대파들을 도무지 이해할 수 없었다.

'신법 개혁으로 국고는 충실해졌고 관료들의 봉록도 늘어났건만 그들은 왜 한사코 반대만 하는 것인가?'

'설마 내가 제국을 잘못된 길로 끌고 간단 말인가?'

** 문외루두(門外樓頭) - 남조(南朝)의 진(陳) 후주(後主)는 음악과 주색을 탐하고 정사를 게을리해 나라를 잃은 인물이다. 수나라 장군 한금호(韓擒虎)가 정예 철기군 오백을 이끌고 주작문(朱雀門)까지 쳐들어오자 후주는 자신이 총애하던 귀비(貴妃) 장려화(張麗華)와 함께 우물 안에 숨었다고 한다. 만당(晚唐)의 시인인 두목(杜牧)의 시 「태성곡(台城曲)」을 보면 '문 밖엔 황금호, 다락 위엔 장려화(門外韓擒虎, 樓頭張麗華)'라는 구절이 있는데, 후에 '門外樓頭'는 군주의 황음(荒淫)으로 나라가 패망하는 것을 일컫는 말로 쓰였다.

*** 남조의 진 후주가 지은 「옥수후정화(玉樹後庭花)」, 두목의 시 「박진회(泊秦淮)」에 '상녀는 망국의 한을 알지도 못하고 강 건너에서 후정화를 부른다(商女不知亡國恨, 隔江猶唱後庭花)'라는 구절이 있다.

왕안석은 오만했다. 그는 자신의 사고 체계에 오류가 없다고 믿었고, 또 누구보다 역사를 잘 안다고 자신했기에 진리 또한 자신의 것이라고 확신했다. 그에게 중요한 것은 신법에 대한 신종의 확고부동한 태도와 변법파 내부의 단결이었다.

변법파의 핵심 인물인 증포會布는 증공의 동생으로 제치삼사조례사 성립 초기부터 왕안석 밑에서 일하여 변법파의 젊은 원로라 불렸다. 형 증공이 안석과 관계가 틀어졌지만 그게 문제 되지는 않았다. 신법 시행 초기에 의론이 분분한 가운데도 여혜경과 증포는 시종일관 묵묵히 일을 추진했다며 안석은 그들을 칭찬했다. 그러나 희녕 7년에 시역법이 수도에서 시범적으로 2년간 실시된 후 전국적으로 시행되자 증포는 그간의 태도를 바꿨다. 증포는 신종에게 올리는 상소에서 '진한秦漢 이래의 역사를 보면 지금과 같이 세상이 어지러움으로 고통받은 시절은 없었다'며 성토했다. 또 증포는 직접 민정民情을 살피기 위해 거리로 나서기도 했는데, 시역법은 관의 힘을 빌려 겸병하는 것이라며 눈물을 흘리는 백성들이 적지 않았다고 신종에게 자신이 목도한 신법의 폐해를 보고하였다. 왕안석은 증포가 자신을 거치지 않고 직접 황제에게 상소를 올린 것을 알고 크게 화를 냈다. 증포는 안석이 자신을 자르기 전에 먼저 조례사를 떠났다. 소식, 소철 형제에 이어 증공, 증포 형제까지 안석에게서 등을 돌린 것이다. 게다가 철석같이 믿었던 두 아우마저 자신과 대립각을 세우자 안석은 머리가 뜨거워졌다. 안례와 안국은 맏형인 자신의 손에서 자라 벼슬길까지 오르지 않았던가. 정적들의 맹공격에 시달리다 보면 집에서라도 가족들과 함께 담소를 나누며 긴장을 풀고 싶었지만 안석은 그렇게도 할 수 없었다. 두 아우는 틈만 나면 안석과 논쟁을 하려 들었다. 우애가 깊었던 형제끼리 반목하는 상황이 되자 안석은 정말 가슴이 아팠다.

구법당의 반대 여론이 더욱 거세지자 신종도 조금씩 흔들리기 시작했다.

재상에서 물러나 하북에 있던 한기가 청묘법의 폐지를 주장하는 상소를 올렸다.

"관에서 이자를 받는 것은 토지 겸병을 억제하고 빈농을 구제하겠다는 처음 취지와는 상반되니 이것으로 민심을 얻을 수는 없을 것입니다."

"한기가 멀리 하북 땅에서도 황실과 조정을 잊지 않으니 참으로 충신이오. 짐은 신법이 백성을 이롭게 할 것이라 말했으나 오히려 이토록 해가 될 줄은 생각하지 못했소."

신종의 말을 들은 안석은 불같이 화를 냈다.

"폐하께서 마음을 정하지 못하시고 이토록 흔들리시니 어찌 천하의 일을 도모할 수 있겠습니까?"

안석의 힐난에 신종이 침묵으로 응수하자 안석은 급기야 사직이라는 최후의 수단을 썼다. 전국적으로 신법이 시행되고 있는 마당에 왕안석이 중도하차해버리면 그야말로 큰일이었다. 신종은 안석을 달랠 요량으로 재상의 집에 직접 왕림하는 수고도 아끼지 않았다. 결국 임금과 신하의 힘겨루기는 신하 왕안석의 한판승으로 끝나고 말았다. 신법은 계속 추진되었다. 도시에도 청묘법 대출이 시행되었고 관리들은 이자를 수금하거나 돈을 내지 못하고 도망간 사람들을 잡으러 다니느라 바빴다. 도처에서 유랑민이 속출하였다. 대상인들도 맥을 못 추었고 소상인들은 아예 장사를 포기했다. 국고는 늘었지만 백성의 삶은 갈수록 황폐해졌다.

희녕 6년인 1073년, 화주華州에서 산사태가 나자 문언박文彦博은 이것이 신법에 하늘이 노했기 때문에 일어난 일이라며 다시 반대 여론을 일으켰다. 신종은 이번에도 동요했다. 왕안석이 어전 앞으로 걸어갔다. 그는 신종의 얼굴을 정면으로 응시한 채 손가락으로 하늘을 가리켰다.

"누가 과연 하늘의 뜻을 알 수 있겠습니까? 사람이 하는 일을 하늘의 뜻에 맞출 필요는 없습니다."

온 세상이 경악할 만한 말이었지만 오히려 신종의 놀란 가슴은 안석의 한마디에 진정되었다. 문언박은 하양河陽으로 떠났고 신법은 계속되었지만 그에 따라 민심도 갈수록 악화되어갔다. 나랏돈을 갚지 못해 고향을 등진 채 떠돌이 삶을 사는 농민들의 수는 걷잡을 수 없이 늘어났다. 세상에 대한 안전감을 잃어버린 그들은 언제고 들고 일어날 게 분명했다. 늘어나는 국고도 더 이상 기쁨이 되지 않았다. 전쟁의 불길은 하북 땅까지 타들어오고 있었고 신종의 귀에 들리는 것이라고는 사졸들의 통곡 소리뿐이었다.

신종이 흔들릴 때마다 왕안석이 황소처럼 버티어주었지만 황소의 힘도 다할 때가 조용히 다가오고 있었다. 이즈음 역사에 중요한 두 인물이 나타났는데 그들의 출현으로 왕안석의 정치 생애도 종지부를 찍게 되었다.

주먹을 모르는 진정한 협객 정협鄭俠은 왕안석의 제자로, 전혀 눈에 띄지 않는 수도 안상문安上門의 문리門吏였다. 복건福建 복청福清 사람이었던 그는 박학다식하고 어질고 후덕한 인품의 소유자였다. 가난한 그의 집 식구들은 벼슬길에 오른 정협을 마치 구세주 보듯 하였다. 정협의 재능과 인물됨을 알아본 왕안석은 몇 차례 그를 기용할 뜻을 비쳤으나 번번이 거절당하고 말았다. 정협이 왕안석의 청을 거절한 이유는 아주 간단했다. '백성을 해치는 신법의 괴수' 왕안석의 수하에서 일할 수 없다는 판단에서였다. 명색이 성현의 책을 읽은 선비라면 최소한 자신의 양심에 위배되는 일은 하지 않을 정도의 용기와 결단은 있어야 하는 것이라 그는 생각했다. 그는 왕안석과 일하는 대신 자신이 목도한 참혹상을 알릴 방법을 고민했다. 평범한 상소문으로는 신종의 마음을 움직일 수 없을 것이라 계산한 것이다. 그는 백성의 모습을 그림 속에 담기로 마음먹었다. 자신이 본 참상을 황제도 볼 수 있어야 호소력을 얻을 수 있을 것이라는 생각이었다. 정협의 「유민도流民圖」 속에는 뼈만 앙상하게 남은 노인과 하늘을 향해 울부짖는 사내, 봉두난발한 처녀, 그리고 쓰레기더미에서 먹을 것을 찾는 어린아이의 모습이 담겨 있었다. 가장 비참한 그림은 관군이 죄수들을 오랏줄에 묶어 호송하는 모습을 묘사한 것이었는데 그들은 관아에 빚을 갚지 못하고 도망을 가다 붙잡혀온 일가족인 듯했다. 맨발에 옷은 다 해지고 굶어서 휑뎅그렁한 눈을 가진 가장은 힘에 부친 듯 서까래를 메고 있었다. 집을 헐고 남은 서까래가 그의 유일한 가산인 셈이었다. 그는 눈물을 흘리며 그림을 그렸다. 그는 지금 자신이 하고 있는 이 일이 평생의 일이 될 것이라 예감했다. 왕안석을 향한 이 일격은 반드시 성공해야 했다. 그는 도탄에 빠진 천하의 백성을 구하기 위해 사제 지간의 의리도, 자기 하나만을 바라보며 고생한 가족에 대한 미안함도 모두 버리기로 결심했다.

「유민도」는 반드시 왕안석의 손을 거치지 않고 곧바로 신종의 손에 들어가야 했다. 정협은 거짓으로 급한 일이 있어 직접 상소문을 올려야 한다고 속여 역마驛馬를 타고 신종을 찾아 알현하였다.

「유민도」를 본 신종은 눈물을 흘렸고 태황태후 조씨와 태후 고씨도 신종을 질책하였다. 이 일은 바로 재상부로 전해졌다. 왕안석은 길게 한숨을 쉬었다. 정협을 잡아 대령하겠다는 수하의 말에 안석은 그럴 필요 없다며 고개를 저었다. 그러나 여혜경이 왕안석 모르게 역마를 사사로이 썼다는 죄목으로 정협을 잡아 옥에 가두었다. 매일 곤장을 맞고 돼지 여물을 먹었지만 그는 오히려 마음이 편했다.

평생을 과한 자신감으로 살았던 여혜경은 자기가 숭배하는 인물은 고인古人 중에는 공자가 있으며 금인今人 중에는 왕안석밖에 없다고 말했지만 결국 스승을 배신한 정치적 협잡꾼이었다. 여혜경은 「유민도」 사건 이후 신법 개혁에 대한 의지를 점차 잃고 있는 신종의 동요를 놓치지 않았다. 그는 왕안석이 자신에게 보낸 편지를 신종에게 보여주며 둘의 사이를 갈라놓기 시작했다. 여혜경이 건네준 편지에는 '황제가 알도록 하지 말라勿使上知'는 안석의 글씨가 선명하게 쓰여 있었다.

안석도 점차 지쳐갔다. 몸도 마음도 피로했고 꼭 자신이 아니라도 개혁을 지속할 후임들이 있지 않은가. 안석은 여섯 번의 사임 요청 끝에 겨우 신종의 허락을 받고 강녕 지사로 부임하여 조정을 떠났다.

「유민도」 사건 이후 정협은 지방으로 좌천되었고 여혜경은 신종의 마음을 얻지 못했다. 비록 출발점은 전혀 달랐지만 안석을 조정에서 퇴출시키려는 둘의 목적은 안석의 사임으로 이뤄진 셈이었다. 안석이 물러난 후 한강韓絳이 재상이 되고 여혜경은 부재상이 되어 개혁 노선을 계속 이어갔다.

자연 속에서 깨달음을 얻다

희녕 8년인 이듬해 2월, 55세의 안석은 신종의 부름을 받고 재상으로 복귀하였다. 내키지는 않았지만 거절할 수도 없는 상황이었다. 그는 신종과 손을 잡고 어지러운 정국을 수습하고 개혁에 다시 새로운 바람을 일으키고자 했다.

희녕 9년 7월, 장남 왕방이 아버지보다 먼저 세상을 뜨고 말았다. 서른셋의 한창 혈기 왕성한 나이였다. 아들 방이 죽자 안석은 상심을 안겨준 이 땅에 한시도 머물고 싶지 않았다. 왕방은 어릴 때부터 총명했다. 왕방이 다섯 살 무렵 손님이 노루와 사슴을 몰고 안석의 집을 방문했다. 손님이 왕방에게 어느 것이 노루고 어느 것이 사슴이냐고 물었다. 어린 왕방은 노루와 사슴을 생전 처음 보는 것이라 구별할 수 없지만 이렇게 대답했다.

"사슴 옆에 있는 것이 노루고, 노루 옆에 있는 것이 사슴입니다."

다섯 살배기 아이의 답이라고는 믿을 수 없는 그 영특함에 손님은 감탄했다. 왕방은 신경증을 앓고 있었던 것 같다. 그는 결혼하여 아들을 하나 얻었는데 생김이 자신과 닮지 않았다며 죽이려고 했다. 결국 그는 어린 아들을 놀라게 해 심장병으로 죽게 했다. 또 그는 의처

증 증세도 있어 아내가 다른 사내와 정을 통했다며 자백하라고 들들 볶았다. 아들 내외의 사이가 점점 악화되자 보다 못한 안석이 나서서 이혼을 시키고 며느리를 재가시켰다.

왕방은 아버지 안석의 든든한 협력자로서의 역할을 훌륭히 수행해냈다. 『시경』과 『서경』, 『주례』를 독자적으로 해석하고 주석을 단 『삼경신의三經新義』의 편찬 작업을 책임지고 주도했는데, 『주례신의周禮新義』만 안석이 주석을 달았을 뿐 『시경신의詩經新義』와 『서경신의書經新義』의 주석은 모두 왕방이 직접 작업한 것이다. 신법 시행 초기 조정 대신들의 반대로 안석과 신법당이 고민을 하자 옆에 있던 왕방은 '한기와 부필을 잡아다가 한 칼에 베어버리면 그만이지 걱정할 일도 참 없다'고 말하여 자리에 있던 사람들을 놀라게 하기도 했다. 당시 왕방의 이런 냉정하고 괴팍한 성격 탓에 안석의 신법 중 백성을 고통스럽게 한 정책의 상당수가 왕방의 머리에서 나왔을 것이라는 말이 돌기도 했다.

아들 왕방이 죽은 그해 10월 안석은 재상에서 물러나 강녕으로 돌아갔고 그 후로 다시 조정에 나가지 않았다. 이로써 안석의 정치 생애는 끝이 났다.

안석이 떠나고 얼마 안 지나 신종은 국호를 원풍元豊으로 바꾸었다. 국운이 전환되어 백성들이 넉넉히 먹고 입기를 바라는 마음에서였다.

안석은 하룻밤 사이에 폭삭 늙은 얼굴을 하고 있었다. 그의 머리칼은 하얗게 셌고 이는 흔들렸으며 보는 사람이 답답할 만큼 느린 걸음에 눈도 침침해진 모양인지 사람을 알아보는 데 한참 걸렸다. 얼핏 보면 노인성 치매증을 앓고 있는 것도 같았다. 마치 '느리게 살기'로 작정한 사람처럼 보였지만 실은 그런 행동은 신법 개혁을 향해 숨 가쁘게 달려오느라 소진한 원기를 회복하는 안석만의 방법이었다.

안석은 자신의 호 반산半山을 따 이름 붙인 작은 장원莊園(한나라 이후 근대까지 존속한 궁정·귀족·관료의 사유지―역자 주)에서 살았는데, 그곳은 금릉 성 밖에서 십여 리 떨어져 있었다. 그는 나귀를 타고 출행할 때도 성 안으로 들어가지 않았다. 동생 안례가 금릉의 태수로 있었지만 형제 사이의 틀어진 감정이 아직 회복되지 않아 만나길 꺼렸던 것 같다. 보기만 하면 으르렁대니 아예 피하는 게 상책이라고 생각했던 것이다.

따스한 봄볕이 나른하게 비추는 날이면 안석은 산길을 천천히 걷거나 나귀를 타고 돌곤 하였다. 늙은 사병이 말없이 그의 뒤를 따를 뿐이었다. 간혹 안석은 나귀나 사병이 길을 잡는 대로 어디를 가는지 묻지도 않고 그들의 뒤를 따를 때도 있었다. 어느 날에는 산바람이 부는가 싶더니 난데없이 비까지 쏟아져 노인이 된 안석의 흰 머리칼이며 수염까지 모두 적셔놓았다. 안석은 피할 생각도 않고 고개를 들어 구름과 안개를 바라보며 십 년 전 격동의 역사와 함께했던 자신의 모습을 떠올렸다. 그때 안석은 신념대로 살았고 그것이 옳다고 믿었다. 그런데 어쩐 일인지 그의 내면에도 의구심이 일기 시작했다.

'나의 선택은 정말 옳았던 것인가?'

안석은 반신반의하며 중얼거렸다.

"그해 공명은 무슨 일을 이루었나? 평생 와룡으로 지내는 게 맞았을 것을."

결론적으로 말하면 안석도, 공명도 큰일은 이뤄내지 못했다. 어쩌면 안석도 알고 있었으리라. 그는 더 이상 생각하고 싶지 않은 듯 고개를 흔들었다. 감히 누가 역사를 말할 수 있는가? 그는 일편단심 황실과 조정을 위해 일했을 뿐인데 인심을 얻지 못하고 고립되고 말았다. 주변 사람들이 모두 자신에게서 등을 돌리고 떠나는 것은 정말 괴로웠다.

안석은 신법 개혁으로 미움을 산 조정의 동료들과 친구들에게 편지를 쓰기로 했다. 그는 단숨에 수십 통의 편지를 썼지만 그들이 과연 자신을 용서하고 친구로 받아들일는지 확신이 서지 않았다. 괜한 짓이라는 것에 생각에 미치자 그는 쓴 편지들을 불태워버렸다.

「즉사 2수 卽事2首」

구름은 종산에서 나와서	雲從鐘山來
다시 종산으로 들어갔다.	卻入鐘山去
산사람에게 묻노니	借問山中人
구름은 이제 어디에 있는가?	雲今在何處
구름은 무심한 곳에서 와서	雲從無心來
다시 무심한 곳으로 가버렸다오.	還向無心去
무심하여 찾을 곳도 없으니	無心無處尋
무심한 곳을 찾으려 마오.	莫覓無心處

푸른 산 맑은 물, 자연의 아름다움은 수십 년간 쌓아온 원한의 감정마저 무화시키는 놀라운 치유의 힘을 갖고 있다. 안석은 그간 자신의 가슴속에서 퇴적과 침식을 거듭하며 형성된 세속의 상처들이 조금씩 풍화되어 흔적도 없이 사라지는 내면의 변화를 감지했다. 그는 자연의 힘이 그저 놀랍기만 했고, 놀라운 만큼 마음도 자유로워짐을 느꼈다.

「유종산遊鐘山 – 종산에 노닐다」

온종일 산을 보아도 산이 싫지 않아	終日看山不厭山
산을 사서 마침내 산속에서 늙는다.	買山終待老山間
산의 꽃이 다 떨어져도 산은 언제나 그대로니	山花落盡山常在
산의 물은 부질없이 흘러도 산은 스스로 한가롭다.	山水空留山自閑

원풍 8년 서른여덟의 나이에 신종이 죽었다. 안석은 침묵했으나 아무것도 삼킬 수 없었다. 신종은 유달리 승부 근성이 강한 황제였다. 그는 수차례 명을 내려 서하를 치도록 했다. 영악성永樂城 전투에서 병사 사십만을 잃었다는 소식을 전해 듣고 신종은 조정에서 체면도 버리고 목 놓아 울었다. 결국 그게 화근이 되어 몸져눕더니만 그 뒤로 일어나지 못하고 세상을 뜨고 만 것이다. 안석은 변량 쪽을 바라보며 눈물을 흘렸다. 말은 하지 않을 수 있었으나 흐르는 눈물은 그도 어찌할 수 없었다.

신종이 죽고 이제 겨우 열 살인 어린 철종이 보위에 올랐다. 조모인 선인태후宣人太后가 수렴청정을 하고 사마광을 다시 조정으로 불렀다. 사마광이 조정으로 복귀했다는 소식을 전해 들은 안석은 담담하게 한마디했다.

"사마광이 재상을 하겠군."

사마광이 입성하자 성의 백성들이 모두 나와 환호하며 재상 나리를 보겠다고 지붕 위로, 나무 위로 올라간 자들이 부지기수라는 얘기를 하인이 전하자 안석은 그만 입을 다물어버렸다.

'정말 신법이 백성을 고통스럽게 했단 말인가?'

선인태후와 사마광은 희녕 신법을 모조리 폐기처분했다. 면역법마저 폐지되었다는 소식이 들리자 안석은 침통했다.

"면역법은 선제先帝와 두 해에 걸친 논의 과정을 거쳐 시행하여 빠뜨린 것이 없는 세심한 정책이거늘……."

실제로 그랬다. 면역법은 시행 후에도 오류가 발견되면 곧 시정하여 각 지방에서 정책의 효과가 나타나 관과 민에서 모두 좋은 제도라는 평을 들었다. 일관되게 신법 개혁을 반대했던 소동파도 나중에는 면역법은 좋은 제도라며 시행에 찬성했다.

또 사마광은 안석이 말년에 공들여 쓴 역작 『자설字說』을 일고의 가치도 없다며 금서로 정해 선비들이 읽지 못하도록 하였다. 『자설』은 한자의 연원과 제자製字의 원리를 밝힌 책이다. 안석은 분통을 터뜨리고는 하인에게 지필묵을 가져오라 했다. 사마광에게 편지를 쓸 생각이었다. 편지를 쓰는 안석의 몸은 온통 땀으로 젖어 있었다. 그는 편지를 쓰다 말고 붓을 던지고 기둥에 기대어 앉았다. 한동안 말 없이 앉아 있던 그는 탄식하며 조용히 말했다.

"사마광은 군자 같은 사람이지."

하인은 곤혹스러운 얼굴로 그런 안석을 옆에서 지켜보았다.

쓸쓸한 귀천길

사마광은 재상이 되고 소동파는 승진했다. 황주에서 출발한 소동파가 금릉으로 길을 잡았다는 서신이 전해졌다. 안석은 기뻤다. 금릉에 온 지 일고여덟 해가 지났건만 자신을 보러 온 사람은 손으로 꼽을 만큼 적었다. 그는 강변으로 나갔다. 배를 타고 오는 소동파를 맞이하기 위해서였다. 소동파도 예의를 갖추어 대했다.

"심히 외람된 줄 알면서도 이렇듯 야복野服을 입고 승상 어른을 뵙고자 왔사옵니다."

안석은 크게 웃었고 소동파의 손을 반갑게 잡으며 말했다.

"격식이란 것이 어디 나 같은 사람을 위해 있겠습니까?"

큰 인물은 큰 인물을 알아보는 것일까? 왕안석과 소동파는 오랫동안 격조했던 친구 사이인 듯 함께 종산을 오르고 사찰을 유람하며 선종과 문학에 대한 생각들을 나누었다. 물론 정치적인 이야기도 언급되었다. 소동파가 사마광이 신법을 전부 부정하고 폐지한 것은 적절치 않은 조치였다고 말하자, 안석의 늙은 눈에 눈물방울이 맺혔다. 소동파는 황망히 고개를 돌리고는 안석을 못 본 척했다.

소동파는 수도로 다시 길을 잡고 떠났다. 증공과 증포가 늙은 안석의 쓸쓸함을 달래려 방문하였고, 동생 안례도 형을 만나기 위해 찾아왔다. 안석은 많이 늙어 있었다. 그는 몸도 많이 쇠약했고 앓고 있는 병도 많았다.

1086년 봄, 뜰 안의 꽃들은 붉었고 풀들은 쪽빛으로 반짝거렸다. 바야흐로 봄이 온 것이다. 안석은 오랜만에 붓을 들었다. 봄의 감흥을 시로 적고 싶었다. 그렇게 늙고 병든 몸으로 쓴 「신화」는 안석의 절명시가 되고 말았다.

「신화新花」

노년에 기쁘고 즐거운 일 없는데	年無忻豫
더구나 병까지 다시 얻어 누워 있다.	況復病在床
물을 길어오게 해 봄의 새 꽃을 두고	汲水置新花
흐르는 향기로 위안을 삼는다.	取慰以流芳
향기도 잠시일 뿐이니	流芳只須臾
나 또한 어찌 오래갈 수 있으리?	吾亦豈久長
새 꽃과 예전의 나도	新花與故吾
둘 다 잊을 수 있다면 그것으로 족하네.	已矣可兩忘

시를 쓰고 며칠 후 안석은 향년 66세를 일기로 세상을 떠났다. 장례는 조용하고 쓸쓸히 치러졌다. 안석이 권력의 중심에 있을 때 그를 받들었던 사람들은 단 한 명도 조문을 오지 않았다. 철종은 사마광의 건의에 따라 안석을 태부太傅로 추서했다. 사마광은 여공저에게 보낸 편지에서 '개보의 죽음은 불행한 일이거늘, 변덕스러운 무리들이 필시 온갖 구실을 들어 비방할 것입니다. 조정에서 후한 장례를 준비함

으로써 부박한 바람을 잠재워야 할 것입니다'라고 했다. 신종이 죽은
후 안석의 신법 개혁은 전면 폐지되었지만 조정과 사마광은 왕안석
의 죽음을 진심으로 애도했으며 안석 개인에 대한 평가만큼은 절하
하지 않았다. 사마광은 재상으로 일 년 남짓 일하다가 과로로 죽었는
데, 그는 죽기 전 여공저에게 보낸 편지에서 '몸은 의원에게 맡기면
되고 집안일은 자식에게 맡길 수 있으나 나랏일은 아직 부탁할 사람
이 없었는데, 이제 공이 있으니 다행이오'라고 말했다.

철종은 사마광이 죽자 원우元祐 대신들을 배격하고 조정을 장돈,
채확蔡確, 여혜경 등에게 맡겼다. 여혜경 일파의 등장으로 북송 조정
은 원우 당쟁의 불길에 휩싸이게 된다. 이 무렵 북쪽에서는 여진족이
남하 준비를 하고 있었다. 북송은 30년 후 역사 속으로 사라질 운명
에 처해 있었지만 그들은 전혀 알지 못했다.

왕안석의 신법 개혁은 그 규모와 파급력이 전무후무한 '천지개벽
의 변화'였다. 지금까지도 역사학자들 사이에서는 그가 이끈 변화가
북송 왕조의 수명을 단축했느냐, 연장했느냐 하는 문제를 두고 의견
이 분분하다. 실제로 왕안석이 꿈꿨던 부국의 이상이 실현되지 않은
것은 아니었다. '희녕, 원풍 시기 중앙과 지방 관청의 부고府庫에는
곡식이 가득했다'는 각종 사료 기록을 보더라도 신법 개혁이 나라 살
림을 늘린 것은 부인할 수 없는 사실이다.

그렇다면 신법 개혁이 실패한 가장 큰 원인은 무엇일까? 그것은
늘어난 나라의 부를 백성의 윤택한 삶으로 연결시키지 못했다는 데
있다. 상하가 조화롭고 화목한 요순시대의 태평성세를 정치적 이상
향으로 추구했던 왕안석이 백성의 삶을 도탄에 빠뜨리고자 신법을

단행했다고 말할 수는 없다. 그렇게 말하는 것은 왕안석에겐 너무도 억울한 일일 것이다.

사실 문제는 신법 자체의 오류나 결함보다는 법을 집행하는 관리들의 부족한 자질에 있었다. 민생에는 관심 없고 업적주의와 향락주의에만 몰두하는 관리들이 법이라는 이름으로 수단과 방법을 가리지 않고 백성들의 재물을 갈취하기 시작한 것이다. 공리功利가 모든 것을 지배하는 논리 앞에서 인심은 갈수록 사나워졌고 풍속도 험악해져만 갔다. 북송 황실이 존숭尊崇하는 맹자가 일찍이 무겁게 경고하지 않았던가. 상하가 서로 이利를 다투면 그 나라는 위태로워지게 마련이라고.

왕안석의 가장 큰 실책은 신법 개혁에서 관료들의 기득권을 존중한 것이다. 그가 무슨 생각으로 그랬는지는 모르지만 관료들의 '제 살 깎기' 없이 백성의 살만 깎으려 했으니 민심의 지지와 호응을 얻어내지 못한 것이다. 휘종 때 와서는 사치와 부패의 만연 정도가 극심하여 백성의 원성이 높았지만 황실과 조정의 관료는 민심의 이반을 전혀 읽어내지 못했다. 북송 말기는 지배층의 부패와 수탈을 참지 못한 민중들이 곳곳에서 봉기하기 시작했다.

방랍方臘은 1120년 지배층의 수탈을 참지 못한 농민 세력들을 규합하여 강남에서 봉기했다. '방랍의 난'으로 기록된 이 사건은 소설 『수호지』의 모태가 되었다. 그 이듬해인 1121년 『수호지』의 주인공이자 실존 인물인 송강宋江이 회남淮南에서 농민 세력을 이끌고 기의起義했다. 그리고 북쪽에서는 여진족이 남하 준비를 하며 이미 기울 대로 기운 북송을 칠 결정적 기회를 기다리고 있었다.

나의 개인적 생각으로는 왕안석이 일상적 생활에 무심했던 것도 그의 치국 방식에 큰 영향을 주었다고 추정된다. 왕안석의 경우 감성은 부족하고 이성은 차고 넘쳐 삶의 세밀한 곳을 살피는 눈이 어두웠다. 그는 결국 '생활의 세계'를 이해하지 못했던 것이다. 도덕, 풍속, 민심 등 한 나라의 장기적 안녕에 지대한 영향을 미치는 유연한 힘을 왕안석은 전혀 파악하지 못했다. 그보다 열 살 넘게 어린 소동파가 삶의 작은 결까지 포착하는 세심함과 그것들을 끌어안는 포용력을 지니고 있었다.

　또한 왕안석은 움직임과 고요함, 빠름과 느림의 변증법적 관계에 대한 사유가 부족했던 것 같다. 강철 의지로 몰아붙이는 추진력은 그만큼 많은 맹점을 가져오는 법이다. 구양수가 왕안석의 문장을 두고 '지나치게 논리적이고 주지적이라 서정성은 많이 부족하다'고 비평한 것도 나의 이러한 생각과 같은 맥락일 것이다.

　부귀를 구하지 않고 여색도 탐하지 않은 그의 성격도 장점이자 단점이 되었다. 만약 안석이 저 아득한 고대의 이상적 사회를 꿈꾸는 동시에 일상의 소소한 쾌락도 즐길 줄 아는 풍류가였다면 그의 신법 개혁은 실패보다 성공이 더 많았을 것이다. 이를테면 그에겐 누구나 다 있는 상식과 상정常情이 다소 부족한 사람이었던 것 같다.

　내가 중국 고대 문인들의 삶과 문학이라는 주제로 인물을 선정하고 이 글을 쓰면서 발견한 것은 대부분의 문인들이 문학적 성취는 높았지만 정치적으로는 좌절을 무수히 겪었다는 사실이다. 그중 유일하게 왕안석만이 북송의 명운을 쥐락펴락하는 엄청난 영향력을 가진 정치 문인이었다. 하지만 그런 그도 세월이 흐른 뒤에는 풍류를 무심하게 내버려두었던 자신의 인생이 조금은 서운했던 모양이다. 다음 사는 안석이 재상에서 물러나 강녕에서 은거할 때 쓴 것인데, 읽고 있자니 그가 개인으로서의 평범한 행복과 재미를 알지 못한 것만 같아 더욱 유감스럽다.

「**천추세인**千秋歲引」

차가운 객지 여관방에서 들리는 다듬잇돌 소리	別館寒砧
외딴 성에서 들려오는 화각* 소리	孤城畵角
가을의 소리가 텅 빈 성곽을 가득 메운다	一派秋聲入廖廓
동에서 돌아온 제비는 바다로 떠나고	東歸燕從海上去
남에서 온 기러기는 모래섬을 배회하네	南來雁向沙頭落
초 양왕의 바람**과 유량의 달***은 어제와 변함이 없도다	
	楚颱風, 庾樓月, 宛如昨
한 줌의 명리에 묶인 신세 어찌하랴	無奈被些名利縛
세정世情에 끌려 놓친 세월 어찌하랴	無奈被它情擔閣
늘 뒷전으로 미뤘던 풍류만 안타깝다	可惜風流總閑卻
그때 떠나며 돌아와 함께하겠다고 맹세했으나	當初漫留華表語****

---

* 고대 군중(軍中)에서 쓰이던 관악기로 소리가 맑고 애절하다.
** 송옥(宋玉)의 「풍부(風賦)」를 보면 난대(蘭臺)에 머물던 초 양왕(襄王)이 문득 바람이 불고 지나가자 옷깃을 여미며 '상쾌하도다! 이 바람'이라고 말했다는 전고가 있다.
*** 『세설신어(世說新語)·용지(容止)』를 보면 남북조 시대 진(晉)의 유력가였던 유량(庾亮)이 무창(武昌)에서 무리들과 남쪽 누각에 올라 달을 감상했다는 전고가 있다.

오늘 나는 그대와의 약속을 저버렸네.　　　　　而今誤我秦樓約

깊은 밤, 술에 깨어 나는 생각하네.　　　　　夢闌時, 酒醒後, 思量著

**** 화표어(華表語) – 『수신후기』에 보면 정영위가 신선의 도를 배우고 학이 되어 고향으로 돌
　　아와 성문의 화표주에 내려 앉아 '집을 떠난 지 천년 만인 오늘 돌아와 보니 성곽은 옛 모습
　　그대로인데 사람은 옛사람이 아니다'라고 말했다고 한다. 여기서는 '떠나고 돌아오다'라는
　　의미로 쓰였다.

임안에서 벌어진 남송의 비극은 바로 산음 땅까지 전해졌다. 조국 반쪽의 산하가 적의 손에 넘어가고, 나라를 지키고자 싸웠던 명장이 비명에 가는 시절……. 곧 새해를 맞을 때라 집안 곳곳에 켜놓은 등불이 화려했지만, 육유는 먹을 수도 잘 수도 없었다. 참을 수 없는 분노에 치가 떨렸고 도무지 그들을 이해할 수 없어 곤혹스러웠다. 육유는 눈물을 흘리며 악비가 지은 「만강홍滿江紅」을 써 내려갔다.

통일을 염원한 애국 시인

陸 游

육유 남송 1125~1210

역사 밖 끊어진 다리께

주인도 없이 외로이 꽃을 피웠네.

저물녘 저 홀로 수심에 잠겼는데

그 위에 비바람마저 더하였구나.

힘겹게 봄을 다툴 뜻 없으니

뭇 꽃들의 시샘도 내버려두네.

떨어져 진흙 되고 바스러져 먼지 되어도

향기만은 예전 그대로라네.

먹구름 드리운 시대

육유는 물에서 태어났다. 회하淮河 중류를 표류하던 작은 배는 육유가 처음 이 세상과 마주한 곳이었다. 남송南宋과 여진족이 세운 왕조 금나라가 회수를 경계로 하고 있다는 점에서 육유의 출생지는 어떤 의미심장한 운명을 담고 있는 듯하다. 회수는 중원이 함락되는 오욕의 역사의 증인이었다. 육유가 나던 날, 바람과 비로 하늘은 어두웠고 회수의 흰 파도는 그 모든 어둠을 덮을 기세로 몸부림쳤다. 마치 중화 민족의 거대한 아픔에 오열이라도 하는 것처럼. 송 황실과 조정은 여진족의 쇠발굽 소리를 들으며 산하를 두고 황망히 남하하여 강남의 임안으로 숨듯이 자리를 잡았다.

숙명처럼 망국의 치욕을 떠안았던 시인 육유에게 나라 잃은 설움은 평생의 화두가 되었다. 그러면 애국 시인으로 불리는 육유가 살았던 시대적 배경을 자세히 살펴보자.

북송 아홉 명의 황제 중 휘종徽宗은 문인이자 예술가로서 훌륭한 재능의 소유자였지만 일국의 군주로서는 망국을 재촉한 자격 미달의 왕이었다. 북송 말년 휘종은 퇴폐적 탐미주의에 빠져 온갖 쾌락과 유희를 즐기느라 바빴고 조정은 간신 채경에게 내맡긴 채 나 몰라라 했다. 한편 팔십이 다 된 채경은 아예 조정의 전권을 자신의 세 아들에게 넘긴 상태였다. 채경 일가는 휘종을 '정치적 금치산자'로 만들고 자신들만의 세계를 구축하기 위해 일군의 간신 집단을 양성했다. 환관 동관童貫과 휘종을 주색에 빠지게 한 이방언李邦彦, 고구高俅 등이 바로 북송을 멸망시킨 대표적 간신 주자들이다.

원래 북송은 황권을 제한할 수 있는 제도가 있었다. 중서성에서 황제의 뜻에 반대하거나 대간臺諫에서 간신을 탄핵하는 등 황제의 잘못된 권력 행사에 제동을 걸 수 있었다. 그러나 휘종은 채경을 위시한 간신 집단과 손잡고 견제 제도를 없애거나 유명무실하게 만들어 버렸다. 결국 절대 권력은 절대 부패를 낳았고, 절대 부패는 북송을 멸망의 길로 데리고 갔다.

여진족은 아무르강黑龍江 유역의 유목 민족으로 거란이 세운 요나라의 지배를 받았다. 씨족 사회로 계급 질서가 엄격했으며 호전적인 민족성 덕택인지 여성들도 무예에 능했다. 씨족 중 가장 강성했던 완안씨完顏氏의 추장 아구다阿骨打가 금나라를 세우고 요나라의 야율대석耶律大石과 대립하였다.

휘종 통치 후기, 북송은 개국 백오십 년이었고 금나라는 이제 건국 십 년을 걸어오고 있었다. 송과 금이 연합하여 북쪽의 요를 격파하고 연운燕雲 16주를 수복하자 휘종은 태종이 이루지 못한 대업을 완성했다며 자만했다. 북송 황실이 축배를 들 때 금은 비옥한 땅을 차지하기 위한 준비를 몰래 하고 있었다. 결국 1125년 10월 7일 금은 북송을 공격해 아주 쉽게 지금의 북경인 연경燕京을 점령하고 태원太原까지 진출하였다. 두려움에 떠는 조정 백관에게 휘종은 '변경의 일을 함부로 말하지 말라'는 명을 내렸다. 육유는 금의 군사가 연경을 함락한 날로부터 꼭 열흘 뒤인 1125년 10월 17일에 태어났다.

같은 해 12월 두 길로 나눠 진군해온 금의 군사가 변량 성 아래까지 치고 들어오자, 휘종은 서둘러 황위를 내려놓고 태상황이 되어 일선에서 물러났다. 휘종 퇴위 후 태자 조환趙桓이 즉위하고 연호를 정강靖康으로 고쳤다. 변량성 함락이 순조롭지 않아 금의 군대는 고전 중이었지만, 잔뜩 겁을 집어 먹은 휘종과 흠종은 토지 할양을 약속하며 화친을 청하고 나섰다. 한편 태학생들은 부패하고 무능한 황실과 조정에 분노했다. 태학생의 영수 진동陳東이 조정이 나라를 팔아넘기려 한다며 일어섰고, 이에 많은 태학생들과 군중들이 합세하여 이방언 등 간신 무리들을 향해 돌을 던졌다. 사태의 심각성을 깨달은 흠종은 채경과 동관 등을 파면하고 수도에서 멀리 쫓아냈다.

1126년 8월 금 태종은 다시 대군을 이끌고 개봉을 공격하여 이듬해인 정강 2년 4월에 변경성을 완전히 손아귀에 넣음으로써 북송 왕조는 결국 멸망하였다. 금 태종은 북송 주화파主和派의 우두머리였던 장방창張邦昌을 괴뢰 황제로 세우고 수만 명의 포로와 함께 북으로 철수했다. 당시 금으로 잡혀간 포로 대열에는 휘종과 흠종 두 황제, 왕공대신, 빈비와 궁녀들, 부녀자들, 광대, 병사, 각종 장인들까지 있었다. 역사는 북송 멸망의 치욕을 '정강의 변'으로 기록하고 있다. 길고 긴 포로 대열에는 마르고 껑충한 몸으로 구부정하게 길을 걷는 사내가 있었는데, 그가 바로 훗날 남송의 재상 진회秦檜다.

금의 군사 공격을 피해 남경의 응천부應天府로 가 있던 흠종의 동생 강왕康王 조구趙構가 황위 계승을 선포하고 연호를 건염建炎으로 고쳤는데, 그가 송 고종高宗이다.

육유의 운명은 고종과 진회 두 사람과 긴밀하게 연결되어 있었다. 이에 대한 자세한 이야기는 뒤에서 하겠다.

1127년 5월 고종 조구는 지금의 항주인 임안臨安을 도읍지로 삼았는데, 이때부터 남송南宋 시기로 분류된다. 항주를 임시 거처라는 뜻의 임안으로 부른 것은 다시 중원을 회복한다는 의미를 담고 있었던 것 같다. 1131년 송 고종은 연호를 다시 소흥紹興으로 고쳤다. '소紹'는 시작한다는 뜻이고, '흥興'은 중흥한다는 의미니 이 역시 '다시 일어서겠다'는 부흥의 의지를 보여주는 연호다. 그러나 사실상 연호란 민심 무마용의 의미밖에 없는 것이었다.

책 향기로 가득한 유년 시절

육유의 부친 육재陸宰는 당시 병참보급 업무를 담당하는 경서로전운부사京西路轉運副使로 일하고 있었다. 전란 중에 육씨 일가가 남쪽으로 흩어졌을 때 육유는 아직 돌도 안 된 아기였다. 훗날 육유는 다음 시에서 당시의 피난살이를 회상한다.

「삼산두문三山杜門 − 삼산에서 문을 닫아걸고」

내가 나서 막 걸음마를 배울 무렵 난리를 만나　　　　我生學步逢喪亂
집을 중원에 두고 피난 생활을 했지　　　　　　　　家在中原厭奔竄

밤에 회수 가에서 적군의 말 울음소리 들려오면	淮邊夜聞賊馬嘶
첫닭이 울기도 전에 도망을 가야 했지	跳去不待雞號旦
⋯⋯	
오호라	嗚呼
난리 중에도 식구가 모두 무사하니,	亂定百口俱得全
하느님이 아니라면 누가 이 일을 했을까?	孰爲此者寧非天

육씨 집안은 대가족이었다. 백 명이나 되는 식구들과 함께한 피난 생활은 여간 힘들지 않았을 것이다. 모친 당씨는 신종 때 재상을 지냈던 당개唐介의 손녀였다. 육씨와 당씨 집안은 명실상부한 관료 세족이었다.

당씨가 육유를 낳기 전에 꿈을 꿨는데 송사의 대가인 진관秦觀이 나타났다. 그녀는 남편과 의논하여 아들의 이름을 진관의 자인 '소유少游'를 따서 육유라고 지었다 한다. 당씨가 육유를 낳을 무렵의 나이가 서른 즈음이었으니 휘종 초기에 죽은 진관을 알았을 리는 없다. 다만 그녀가 진관의 시와 사를 유달리 사랑하여 꿈에까지 보았던 것 같다. 육재 또한 나름의 명성이 있던 학자 겸 시인이었는데, 그가 소장한 서적의 양이 실로 많아 사림士林에서도 유명했다고 한다.

변경성이 아직 함락되기 전인 정강 원년에 육재는 백이나 되는 식구들을 전부 데리고 남쪽으로 먼저 피난길에 올랐다. 일가의 안녕을 책임져야 할 가장으로서 그는 어떤 선견지명이 있었던 것 같다. 그리고 일 년 후 고종이 금의 군사를 피해 도망치듯 강을 건너 남쪽으로 떠날 때 그의 뒤에는 수십만이 넘는 중원의 백성들이 따르고 있었다.

당시 피난 도중 가족을 잃은 사람들이 셀 수 없이 많았다.

육재의 벼슬길은 순탄하지 않았다. 마흔도 되지 않은 나이에 도교 사원을 관리하는 제거궁관提擧宮觀 직을 하겠다고 자청했으니 벼슬아치 노릇이 꽤나 녹록치 않았던 모양이다. 육재는 회계산 북쪽에 있는 산음山陰(지금의 절강성 소흥)을 피난처로 택했다. 그는 성 남쪽에 집을 짓고 청풍명월을 벗 삼아 책을 읽으며 자녀들을 교육했다. 육유는 책 향기로 가득한 유년 시절을 보냈는데, 이는 송대 사대부 가문의 자녀라면 누릴 수 있는 일반적 성장 환경이었다. 『송사宋史』(중국 원元나라 때의 사서―역자 주)를 보면 육유가 열두 살부터 시문에 능했다는 기록이 있다. 육유가 직접 쓴 글에도 책을 읽고 공부하기를 좋아했던 유년 시절의 기억이 드러나 있다.

열서너 살 쯤, 우연히 등나무 침대 위에 도연명의 시집이 놓여 있는 것을 보고는 바로 가져다 읽기 시작했는데 시 속의 뜻이 마음에 와 닿으니 기뻤다. 어느덧 해가 저물어 집 식구들이 밥 먹으라 불렀지만 시 읽는 재미에 푹 빠져 늦은 밤이 될 때까지 먹지 않았다. 이제 와 생각해도 마치 며칠 전의 일 같다.

요즘 청소년들이 게임과 연예인에 열광하는 것처럼 소년기의 육유는 도연명, 왕유, 잠삼 등의 시에 심취했다. 시대마다 유행하는 문화가 다르고 개성과 기호도 제각각이니 어떤 것이 옳다고 가치 판단할 수는 없지만, 현대인에게 삶에 대한 진지함이 부족하다는 것은 안타까운 사실이다. 진지하고 치열하며 드넓은 가슴으로 자유를 추구했던 옛사람들과 달리, 현대인들은 자신의 삶을 모조리 '돈'에 저당 잡히고도 그것이 최고인 줄로 알고 살아간다. 그렇게 물질만을 향해 달려가는 삶 속에서 '의미 찾기'란 처음부터 불가능한 일이 되어버렸고, 그럴수록 타인과의 관계는 전에 없는 위협을 받게 되었다. 중국 고대 문인들이 추구했던 삶의 지혜란 곧 '이利'를 항상 경계하는 것이었다. 그 참된 의미에 대한 사색이 절실히 필요한 시기다. 육유는 천천히 성장했다. 영아기, 유아기, 아동기, 청소년기, 청년기 모든 통과 의례를 거치며 느리지만 단단하게 자랐다. 한편 요즘 아이들은 어떠한가? 오늘날의 부모들은 아이들이 차근차근 성장하도록 두지 않는다. 모든 게 속도전인 세상 속에서 우정과 의리보다는 경쟁과 독주를 먼저 배우고 자란 아이들에게 자유 따위를 사색할 여유는 없다. 일찍 늙어버린 그들의 얼굴에는 권력과 금전, 욕망에 기민하게 반응하느라 지쳐버린 생의 피로만이 가득하다.

육유는 아주 어린 나이에 검술을 배웠다. 정원의 큰 홰나무 아래서 낭창한 검이 바람을 가르는 소리가 들리곤 했는데, 얼마 못 가 흥미를 잃었는지 그의 검 소리가 더 이상 들리지 않았다. 육재는 그런 육유를 말없이 지켜만 보았다. 그러나 나중에 육유가 시에서 적은 바로는 검술을 40년 배웠다고 했으니, 그가 다시 검술에 흥미를 느끼고 전념하게 된 어떤 계기가 있었던 것 같다.

당시 육재의 친구들은 대부분 조정의 주전파主戰派들로, 그들은 반드시 북방의 영토를 수복修復해 수도 변경으로 돌아갈 것을 주장했다. 하지만 정작 황제인 고종의 생각은 달랐다. 북방은 잃었지만 남방이 아직 남아 있지 않느냐는 것이었다. 사실 그가 변경으로 가고 싶지 않은 이유는 다른 데 있었다. 만약 잃은 영토를 되찾고 금으로 끌려간 휘종과 흠종이 돌아오기라도 하는 날에는 지금 앉아 있는 용평상이 더 이상 자신의 것이 될 수 없다는 판단에서였다. 노회한 진회는 그런 고종의 심사를 누구보다 잘 알았기에 주화파의 우두머리로 재상을 20년 가까이하며 남송 조정을 쥐고 흔들었다.

휘종과 흠종 두 황제와 함께 포로로 끌려갔던 진회가 극적으로 금을 탈출해 남송으로 돌아온 일을 두고 조정에서는 말이 많았다. 포로로 잡혀갔다 탈출해 돌아온 사람이 아내와 첩 가솔들을 모두 데리고 온 데다 금은보화까지 바리바리 싸가지고 왔기 때문이었다. 사람들은 진회가 여진족에게 매수되어 첩자 노릇을 하기 위해 돌아온 것이라며 수군댔다.

임안에 온 지 석 달 만에 부재상으로 임명된 진회는 '북쪽 사람은 북으로, 남쪽 사람은 남으로'라는 구호를 내걸고 적극적으로 금에 투항했다. 심지어 고종은 금이 보낸 사신 앞에서 무릎을 꿇고 신하의 예를 갖추면서 그 모든 것이 송의 종묘사직을 위한 일이라 떠들어댔다. 고종과 진회는 그렇게 서로의 이익을 위해 손을 잡고 주전파를 탄압했다.

어린 육유의 가슴에도 아버지가 손님들과 나누는 대화 속에서 간간이 들리는 분노와 탄식의 말들이 화살처럼 박혔다.

당시 금의 내부 정세도 안정과는 거리가 멀었다. 전쟁이 오래 지속되면서 군사의 사기도 많이 떨어진 상황이었고 통치 정권 내부의 분열로 완안씨 부족끼리의 상잔까지 일어나고 있었다. 한편 북쪽의 함락 지역에서는 침략자 여진족에게 저항하자며 의용군이 들고 일어섰다. 장수 장준張浚, 유기劉錡, 오개吳玠, 악비岳飛, 한세충韓世忠 등 조정의 주전파들은 여러 번에 걸친 전투로 여진족의 약점을 파악하여 머지않아 잃은 영토를 수복할 수 있다는 자신이 있었다. 문제는 황제 고종이 영토 수복을 결코 원하지는 않는다는 사실이었다. 고종 조구는 말하자면 명석한 혼군昏君이었다. 그는 자신이 원하는 것이 무엇이며 그것을 얻기 위해서 어떻게 해야 하는지 분명하게 알고 있었다. 조국과 부모의 원수 따위는 그에게 중요하지 않았다. 친 생모가 금의 포로로 잡혀가 욕을 당하고 아이까지 낳았지만 황제 자리만 지킬 수 있다면 그런 일쯤은 무시할 수 있다고 그는 생각했다. 결국 그는 재상 진회의 손을 빌려 주전파 세력을 탄압했고 명장 악비를 독살하는 일까지 자행하고 말았다. 그리고 1141년에 금나라를 신하의 예로 섬기겠다는 굴욕적인 소흥화의紹興和議 조약을 맺었다.

당시를 회상하는 육유의 기록을 보자.

소흥 초 아직 아이였던 나는 당시 사대부들이 국사를 논하면서 어떤 이는 치를 떨고 어떤 이는 눈물을 흘리며 통곡하는 모습을 직접 보았다. …… 재상 진회가 권력을 장악하자 조정의 대금 정책은 영토 수복에서 오랑캐 무리들과 화친하는 화융和戎으로 바뀌었다. …… 뜻있고 어진 선비들 중 분노를 안고 죽은 자들이 아주 많았다.

육유는 칠 척 장신에 기골이 장대했다. 자신의 우상 악비처럼 문무를 겸비한 청년이 된 그의 머리맡에는 언제나 시집과 함께 병서가 놓여 있었다. 육유의 무공이 예사롭지 않다는 것이 사람들 입을 타고 전해지자 간혹 한판 붙자며 찾아오는 이들도 있었다. 싸움이란 게 늘 이길 수만은 없는 법인지라 얼굴에 시퍼런 멍 자국을 달고 들어오는 날도 더러 있었지만 부친 육재는 전혀 개의치 않았다.

명장의 죽음을 한탄하다

육유가 열일곱이 되던 해인 1142년, 그에게 잊을 수 없는 사건이 일어난다. 악비가 황제가 내린 독주를 마시고 죽은 것이다. 몸과 마음을 다해 나라에 충성했던 신하, 백전백승 불패의 신화를 만든 장군이 어이없게 죽었다.

고종에게 악비는 진작부터 눈엣가시였다. 악비가 조정에서 휘종과 흠종 두 황제의 존재를 상기시키며 늘 자신을 불편하게 만들기 때문이었다. 악비가 이끄는 악가군岳家軍은 어디서나 백성의 환대를 받았다. 규율이 엄격했지만 장수와 병사들은 악비에게 충성을 맹세했다. 고종이 가장 두려운 것은 자신을 위해 충성할 군대가 없다는 사실이었다. 병권을 장악하지 못하면 불안할 수밖에 없는 게 자신의 처지였던 것이다.

악가군은 회하를 건너 계속 진격하여 주선진朱仙鎭까지 나갔다. 금통수統帥 올출兀朮의 핵심 전술을 모두 무너뜨린 악가군은 수도 변경을 목전에 두고 있었다. 마음만 먹으면 언제고 북쪽의 옛 영토를 수복할 수 있는 전세였다. 그러나 남송의 조정은 군부의 영향력이 커지는 것을 두려워한 나머지 승리를 목전에 둔 악비에게 남으로의 철군을 명령했다. 계속되는 명령에 어쩔 수 없이 악비는 군대를 남쪽으로 철수시켰다. 임안의 조정으로 돌아온 악비는 추밀부사로 임명됨과 동시에 병권을 회수당했다. 악비를 죽이기 위한 고종과 진회의 음모였던 것이다. 악비는 사실상 병권을 잃어 고종에게 어떤 위협도 되지 않을 것이었다. 문제는 진회였다. 『송사宋史』의 「악비전岳飛傳」을 보면 '진회는 악비가 죽지 않으면 후에 필시 자신이 화를 입을 것이라 걱정하여 그를 죽이려고 했다'는 기록이 있다. 당시 남송의 군대는 연이은 승전보를 울렸지만 진회는 금과 화친을 논하고 있는 상황이었다. 군사적 열세에 놓여 있던 금은 진회와의 담판에서 '악비를 죽이지 않으면 화친은 없는 일로 하자'며 협박을 하고 나왔다. 악비에 대한 미움에 금의 협박까지 더해지자 진회는 빨리 손을 쓰지 않으면 안 된다는 생각에 사로잡혔고 결국 갖가지 죄목으로 악비를 모함하여 체포했다.

소흥 11년인 1142년, 악비가 죽기 한 달 전 남송 조정은 금과 체결한 '소흥화의'에 따라 동쪽으로는 회하, 서쪽으로는 섬서 대산관大散關을 경계로 북방의 632개 현縣을 모두 금에게 넘겨주었다. 게다가 매년 금에 신하의 예를 갖춰 조공을 바쳐야 했다. 진회가 무슨 짓을 하든 그 죄를 묻지 않을 것도 금이 내세운 조건 중의 하나였다.

임안에서 벌어진 남송의 비극은 바로 산음 땅까지 전해졌다. 조국 반쪽의 산하가 적의 손에 넘어가고, 나라를 지키고자 싸웠던 명장이 비명에 가는 시절……. 곧 새해를 맞을 때라 집안 곳곳에 켜놓은 등불이 화려했지만, 육유는 먹을 수도 잘 수도 없었다. 참을 수 없는 분노에 치가 떨렸고 도무지 그들을 이해할 수 없어 곤혹스러웠다. 육유는 눈물을 흘리며 악비가 지은 「만강홍滿江紅」을 써내려갔다.

관을 뚫을 듯한 성난 머리칼로 홀로 난간에 기대서니 소슬했던 비바람 그치고

고개 들어 하늘을 우러르며 크게 울부짖으니 장사의 가슴이 끓어오른다.

삼십 년 공명이 흙먼지 이듯 팔천 리 길도 그저 구름과 달이어라.

헛되지 보내지 말라, 소년의 머리가 하얗게 될 때는 텅 빈 슬픔만 있으리니.

怒髮衝冠, 憑欄處, 瀟瀟雨歇

抬望眼, 仰天長嘯, 壯懷激烈

三十功名塵與土, 八千里路雲和月

莫等閒, 白了少年頭, 空悲切

정강의 치욕도 아직 씻지 못했으니 신하의 한은 언제 가실 것인가?

전차를 몰고 가 하란산을 무너뜨리리라!

사나이 배고프면 오랑캐의 살로 끼니 하고 목마르면 흉노의 피를 마시리.

조국의 옛 산하 다시 찾는 그날 하늘을 향해 절하리라.

靖康恥, 猶未雪

臣子恨, 何時滅

駕長車, 踏破賀蘭山缺

壯志飢餐胡虜肉, 笑談渴飲匈奴血

待從頭, 收拾舊山河, 朝天闕

이루지 못한 사랑

육유는 애국의 시인이기도 하지만 사랑의 시인이기도 하다. 공적인 사랑의 대상이 조국이었다면 사적인 사랑의 영역에는 연인 당완唐琬이 있었다. 당완은 육유 외숙의 딸이었다. 당완의 외조부가 재상을 지낸 당개唐介로 그녀도 명문가의 자녀였다. 당완 집안도 육씨 집안과 함께 전란을 피해 중원에서 산음으로 이주했다. 두 집안의 왕래가 잦아지면서 자연스럽게 사랑을 키워온 육유와 당완은 백년가약을 맺고 행복한 혼인 생활을 시작했다. 한데 둘의 혼담이 오갈 때만 해도 온화했던 육유의 모친은 아들이 혼인을 하자 태도가 돌변했다. 아들을 며느리에게 빼앗겼다는 시어머니의 박탈감 때문이었을까? 당완에 대한 시어머니의 구박이 점점 심해지면서 결국 한집에서 살 수 없는 지경에까지 이르자 육유는 당완을 위해 따로 거처를 마련해주었다. 육유는 그렇게 해서라도 당완과의 혼인 생활을 유지하고 싶었지만 어머니의 방해로 그마저도 뜻대로 할 수 없었다. 결국 어머니의 강요에 육유는 당완과 헤어지고 만다. 당완은 조사성趙士誠이라는 사람에게 개가를 하고 육유도 왕씨를 새 아내로 맞이하면서 둘은 이제 완전히 상관없는 사람들이 되었다.

심원沈園에서의 우연한 해후 이후 둘은 얼마간 이루지 못한 사랑에 대한 그리움과 슬픔으로 가슴을 쓸어내려야 했으리라. 육유는 이제 다른 남자의 아내가 되어 서 있는 파리해진 당완의 모습을 보고 있자니 안타까움이 사무쳤다. 조사성이 먼저 알아보고 인사를 해와 피할 수도 없어 육유는 짐짓 담담한 표정으로 예를 갖춰 답인사를 했다. 술까지 마시고 가라는 권유에 어색하고 불편했을 그의 심사가 능히 짐작되고도 남는다. 그날 육유가 심원의 담벼락에 쓴 시 「차두봉」에는 가슴 아팠던 해후의 당시 풍경이 담겨 있다.

「차두봉釵頭鳳」

그대 붉고 고운 손으로	紅酥手
황봉주* 따를 때	黃縢酒
도성엔 봄빛 물씬하고 궁궐엔 버들이 한창이었지.	滿城春色宮牆柳
모진 봄바람	東風惡
우리의 사랑을 갈라놓아	歡情薄
가슴 가득 시름으로	一懷愁緒
몇 해를 헤어져 살았구나	幾年離索
내 탓이지, 내 탓이지, 모두 내 탓이야!	錯錯錯
봄빛은 옛날과 다름없는데	春如舊
그대는 수척해지고	人空瘦
연지에 붉게 물든 눈물만 손수건을 적시는군요.	淚痕紅浥鮫綃透
복숭아꽃 떨어지는	桃花落
한적한 연못의 누각	閑池閣
굳은 맹세 남았건만	山盟雖在

---

* 궁중에서 마시던 술로 황색 종이나 명주로 봉했다 하여 황등주 또는 황봉주라 불렀다.

편지 한 장 보낼 수 없다니　　　　　　　　錦書難託

어찌하나, 어찌하나, 어찌하나!　　　　　　莫莫莫

육유가 벽에 남긴 시를 보고 당완도 동명의 제목으로 화답시를
썼다.

세상인심 야박하고　　　　　　　　　　　世情薄

인정은 모질어　　　　　　　　　　　　　人情惡

비 내리는 황혼녘에 꽃은 쉬이 집니다.　　雨送黃昏花易落

새벽바람에 눈물은 마르고　　　　　　　　曉風乾

그 자국만 남았습니다.　　　　　　　　　淚痕殘

마음의 편지 한 장 쓰고 싶어도　　　　　　欲箋心事

그저 난간에 기대어 혼잣말합니다.　　　　獨語斜闌

어렵고, 어렵고, 어려울 뿐입니다!　　　　難難難

당신은 당신의 길로 가시고　　　　　　　　人成各

이제 오늘은 더 이상 어제가 아닌 것을　　今非昨

내 상처받은 영혼만 그네 줄처럼 흔들립니다.　病魂嘗似秋千索

뿔나팔 소리에 마음 서늘하고　　　　　　　角聲寒

밤은 쓸쓸히 져가는데　　　　　　　　　　夜闌珊

누가 물을까 무서워 눈물 삼키며 억지 미소 짓습니다.　怕人尋問咽淚裝歡

숨기고, 숨기고, 숨길 뿐입니다!　　　　　瞞瞞瞞

육유와의 우연한 해후 이후 당완은 마음에 병이 들어 시름시름 앓다가 자신이 쓴 시의 황혼녘 내리는 비에 져버린 꽃처럼 그 짧은 생애를 마감하고 만다. 서른도 안 된 나이였다. 당시 그녀의 안타까운 죽음을 설명한 기록이 있다.

심원에서 당완이 육유와 마주친 후 얼마 지나지 않아 시름에 겨워 앓다가 그만 죽었는데, 그 일을 듣고 사람들이 슬퍼하였다. 심씨 정원은 후에 허許씨로 바뀌었다. 순희淳熙 연간에 육유의 시가 쓰인 벽이 남아 있어 한 호사가가 그 주위를 대나무를 심어 보호했다.

당완과의 이루지 못한 사랑과 그 안타까운 죽음을 육유는 오래도록 가슴 아파했다. 사십 년이 넘는 세월이 흘러도 그녀에 대한 상심과 자책은 그의 가슴에 계속 남아 시시때때로 탄식하게 만들었다. '관계와 사랑'에 대한 육유의 진지한 사유가 없었다면 아마 그의 시도 오늘과 같은 칭송을 받지는 못했을 것이다.

「십이월이일야몽유심씨원정十二月二日夜夢遊沈氏園亭 - 꿈에 심원에서 노닐다」

성 남쪽*에 가까이 갈수록 두려움이 일어   路近城南已怕行
심씨 정원 안으로 들어서면 가슴은 더욱 저미는데   沈家園裡更傷情
춘수정과 향수정 사이로 매화꽃은 흐드러지고   香穿客袖梅花在

* 심원은 소흥 우적사(禹跡寺) 남쪽에 있다.

| 녹잠사 다리 밑엔 봄물이 불었다 | 綠蘸寺橋春水生 |

성 남쪽 작은 길가엔 다시 봄이 찾아와	城南小陌又逢春
매화꽃은 보이건만 당신의 모습은 볼 수 없네	只見梅花不見人
그대는 벌써 저기 황천 깊은 곳에 묻힌 지 오래	玉骨久沉泉下土
심원 벽에 써놓았던 시는 먼지 속에서 흔적만 보인다	墨痕猶鎖壁間塵

애국 시인의 깊어가는 탄식

몇 차례 낙방의 고배를 마신 후 육유는 스물아홉에 쇄청시鎖廳試에 응시하여 장원 급제하였다. 그리고 그 이듬해에 다시 예부시禮部試에서 좋은 성적을 받았으나 진회가 자신의 손자인 진훈陳塤을 합격시키기 위해 '중원 수복을 논했다'는 이유를 들어 훼방을 놓아 결국 낙방됐다. 최종 관리 선발에서 탈락한 육유는 산음으로 돌아가 시를 쓰고 병서를 읽으며 지냈다.

육유는 남송 강서江西 시파의 원로인 증기曾幾로부터 시를 배웠다. 북송의 황정견이 세운 강서 시파는 시의 기교를 강조하여 참신한 표현과 음악성, 언어의 조탁 등에 각별한 신경을 썼다. 육유는 증기, 여본중呂本中, 범성대范成大, 양만리楊萬里 등 일군의 남송 시인들과 함께 시가의 형식에 치중하면서도 두보의 시정신과 이백의 호방한 풍격을 계승하고자 노력하였다.

또 검과 창 등 무예 연마를 계속하면서 병서도 꾸준히 읽었다. 언젠가는 잃은 영토를 되찾아 오욕의 역사를 청산하겠다는 그의 신념 때문이었다. 아래는 육유가 예부시에서 탈락하고 산음으로 돌아와 서른두 살 되던 해인 소흥 26년(1156년) 가을에 지은 것으로 그가 쓴 최초의 애국시다.

「야독병서夜讀兵書 - 밤에 병서를 읽다」

서리 내리는 밤 등불 홀로 빛나는데	孤燈耿霜夕
깊은 산에서 병서를 읽는다	窮山讀兵書
만 리 강산 되찾겠다는 평생의 마음은	平生萬里心
창을 들고 임금 앞에서 말을 달린다	執戈王前驅
전장에서 죽는 것이 사나이의 일이니	戰死士所有
처자를 계속 지키겠다고 있는 것은 부끄러워라	恥复守妻孥
공을 이루는 것도 우연의 일이니	成功亦邂逅
예측할 수 있다면 곧 스스로 소홀하리라	逆料政自疏
못에서는 배고픈 기러기 우는데	陂澤號飢鴻
세월이 가난한 선비를 속이는구나	歲月欺貧儒
거울 속의 얼굴 보고 탄식하노니	嘆息鏡中面
어찌해야 계속 젊음을 유지할 수 있을까?	安得長膚腴

1158년 육유는 서른넷에 복주영덕현주부福州寧德縣主簿에 임명되면서 관료 생활을 시작했다. 문음門蔭을 통해 벼슬길로 들어서기가 어려워지자 보천保薦으로 길을 뚫은 것이었다. 사실 송의 관제官制 하에서는 관료 집안 출신의 자제라면 관리가 되는 방법은 많았다. 육유는

영덕에서 일 년 있다가 복주로 발령을 받았으나 1160년에 다시 법령 기초를 담당하는 칙령소산정관勅令所刪定官으로 부임했다. 그 무렵 육유는 주필대周必大라는 자를 알게 되는데 둘은 서로의 재능과 인물됨에 매료되어 왕래를 자주 하며 교분을 쌓았다. 훗날 주필대는 관직이 재상까지 올랐다. 둘은 일생을 두고 우정을 나누었는데, 육유는 자기보다 나이가 어렸던 주필대가 먼저 죽자 그를 위한 제문을 쓰기도 했다.

소흥 31년인 1161년 금의 해릉왕海陵王 완안량完顔亮은 남침을 하여 회수를 건너왔다. 완안량의 60만 병사는 두 갈래로 나뉘어 천섬川陝과 형양荊襄, 회남淮南 땅을 동시에 공격하였다. 고종은 추밀사 장준張浚의 설득 끝에 내키지 않았지만 금의 군사에 맞서 대전對戰할 것에 동의하였다. 진회가 죽자 조정에서 주전파主戰派가 조금씩 힘을 얻기 시작한 것이다. 천섬에서는 오린吳璘이, 형양에서는 유기劉琦가 버티고 있어 금에 큰 위협이 되었지만 적의 공세도 만만치 않았다. 송군宋軍의 왕권부王權部가 합비合肥에서 패했다는 전보戰報가 날아들자 겁에 질린 고종은 도망갈 채비부터 했다. 재위에 오른 정강 초기 양주로 피신하여 주색에 빠져 있던 고종은 금군이 목전까지 진격해오고 있다는 소식을 듣고 대경실색하여 그 후로 성기능을 영구 상실했다고 한다. 그 끔찍했던 기억 때문이었는지 고종은 필요하다면 조정을 해산하더라도 피난을 가겠다고 하다가 재상 진백강陳伯康의 만류로 겨우 안정을 되찾았다. 당시 전쟁의 상황은 완안량의 군대에 결코 유리한 국면이 아니었다. 금의 군사들은 출신 성분이 복잡해 군대 내 불화가 자주 일어나 30년 전 변경 땅을 밟을 때와는 비교도 안 되게 전투력이 떨어져 있었다. 반면 송의 군대는 원수를 갚고 영토를 되찾겠다는 투지로 그 어느 때보다도 사기가 높았다. 완안량이 남하에 주력하느라 중원이 텅 비자 각처에 있던 의병들이 때를 놓치지 않고 힘을 합쳐 반격하였다. 의병들이 한때 서경 낙양 땅을 수복했다는 소식이 임안까지 전해지자 조정과 재야 모두 크게 기뻐하였다.

1162년 육유는 추밀원편수관樞密院編修官으로 임명된다. 그는 각처에서 날아드는 전황戰況 소식을 하나도 놓치지 않고 보고받았다. 삼일 안에 강을 건너 공격하겠다는 완안량의 계획이 전해지자 임안에서는 유기의 군대가 과연 금군을 막을 수 있겠느냐는 회의적인 분위기 속에서 의견이 분분했다. 육유도 내색은 하지 않았지만 걱정되기는 마찬가지였다. 완안량은 군사 지략이 뛰어나고 과단성 있는 인물이었기에 더욱 불안했다. 이렇게 중요한 때에 유기가 갑자기 피를 토하고 죽는 일까지 생기자 불안감은 더욱 증폭되었고 임안의 조정은 참담한 분위기에 휩싸였다. 고종은 다시 도망을 계획했고 왕공 귀족들도 제 살길을 찾느라 분주하게 움직였다. 육유는 잠을 이루지 못했다. 이때 강 건너 저편에서 뜻밖의 희소식이 날아들었다. 완안량이 그의 부하 완안옹完顏雍에게 죽임을 당해 금군이 북쪽으로 철수하고 있다는 것이었다.

강남의 백성은 송의 군대가 적군이 와해된 틈을 타 동서 양선兩線에서 반격하여 중원의 땅을 되찾길 바랐다. 그러나 순진한 백성들이 통치자의 심사를 어찌 알겠는가. 정작 고종이 염려하는 바는 병권이 다른 사람의 손에 넘어가는 것이었다. 송군의 동선東線 주력 부대를 통솔하는 강회선무사江淮宣撫使의 인선人選 문제가 당시 조정의 최대

관심사였는데 여야에서 모두 장준을 적임자로 인정하고 있었다. 장준은 주전파의 원로로 인망人望이 높았다. 그러나 투항을 하더라도 현상 유지를 원했던 고종이 장준 대신 자신의 심복인 양존陽存을 선무사로 임명하려 하자 조정 백관이 모두 반대하고 나섰다. 당시에는 조칙詔勅을 심의하는 급사중給事中 네 명이 만장일치로 같은 의견을 내면 황제의 조령을 부결할 수 있었다. 양존을 선무사에 앉히려는 고종의 의도는 급사중들에 의해 수포로 돌아갔지만 고종은 끝끝내 장준을 북으로 보내지 않았다. 조정이 결정을 내리지 못하고 시간만 버리다가 결국 중원을 되찾을 절호의 기회를 놓치자, 육유는 탄식했다.

같은 해 고종은 자리에서 물러나 태상황이 되고 효종이 즉위하였다. 효종은 고종의 친아들이 아니었다. 하나뿐인 아들을 일찍 저세상으로 보낸 고종은 피난 도중 성 기능을 상실해 더 이상 자손을 생산할 수 없게 되자 조신趙愼을 양자로 삼았다. 조신은 황실의 혈통을 가졌을 뿐 벼슬이라곤 일개 현승縣丞의 미관말직이 전부인 가문의 출신이었다. 고종이 그런 조신을 태자로 낙점한 것은 순전히 자신의 노후보장을 위해서였다. 비천한 출신이니 함부로 나대지 않을 것이고 태자로 삼아준 자신에게 효를 다하리라 계산한 것이었다.

효종은 자질과 품성으로 본다면 이른바 무늬만 황제지 깡패의 저질 습성을 두루 갖췄던 철종이나 휘종, 고종과는 다른 부류의 인물이었다. 북송 신종과 닮은 구석이 많았던 그는 태자로 있던 십여 년간 학업에 열중했다. 효종은 연호를 융흥隆興으로 고치고 장준을 우승상 겸 대도독으로 기용해 군대를 통솔하도록 했다. 이로써 임안의 조정에는 주전파의 목소리가 커지기 시작했다. 1163년 융흥 원년에 장준은 군대를 이끌고 북벌을 시도했으나 열흘 만에 실패로 끝나고 말았다. 태상황 고종 쪽의 사람이었던 소굉연邵宏淵이 주장主將인 이현충李顯忠의 명령을 듣지 않아 불화가 일어나자 금이 이 틈을 이용해 반격한 것이었다. 장준의 북벌 실패로 좌승상 탕사퇴湯思退가 중심이 된 주화파가 다시 힘을 얻게 되었다.

이 무렵 육유는 전략적 요지였던 진강鎭江의 통판으로 승진했다. 통판은 군정軍政에 참여하며 태수를 감독하는 직책이었다. 융흥 2년 3월 초 장준은 강회江淮의 방어 병력 배치를 순시했는데, 이때 육유는 하루도 빠지지 않고 따라다녔다. 육재와 일찍이 교분이 있던 장준도 육유를 따뜻하게 대했다. 육유는 장준에게 항금 결사 항전에 대한 자신의 의지와 그간 쌓아온 군사적 재능을 보여주었고, 장준은 그런 그를 격려해주었다. 효종 또한 육유의 재능을 인정해주었다. 마흔을 앞두고 이제야 관운이 제대로 열린다 싶은 순간이었다. 그런데 소흥 10년 고종이 변경 수복을 눈앞에 둔 악비를 불러들였던 그때처럼, 융흥 2년 역시 고종이 막후 조정으로 장준을 파면하고 금과 융흥화의隆興和議를 체결하였다. 같은 해 8월 장준은 파면되어 고향으로 돌아가던 도중에 죽는다. 다음은 장준이 죽고 22년이 지난 후 육유가 당시의 울분을 기억하며 적은 것이다.

「서분書憤」

| 젊은 시절 세상사 어려운 줄 어찌 알았겠는가 | 早歲哪知世事艱 |
| 북의 중원을 바라보던 기개는 산이었어라. | 中原北望氣如山 |

눈 내리는 밤 과주* 나루에서 누선을 탔고	樓船夜雪瓜洲渡
가을바람 맞으며 대산관**에선 철마를 달렸었지.	鐵馬秋風大散關
변방의 장성이 되리라 공연히 자부했건만	塞上長城空自許
거울 속 힘없이 늙은 귀밑머리 벌써 희끗해졌구나.	鏡中衰鬢已先斑
출사표로 후세에 참 이름을 날렸으니	出師一表眞名世
천년 세월 그와 버금할 자 누구인가?	千載誰堪伯仲間

짓밟힌 수복의 꿈

1166년 육유도 장준의 북벌을 지지했다는 이유로 파면당하고 산음으로 돌아가 은거하였다. 마흔이 넘은 나이에 벼슬을 잃고 자신의 뜻을 이루지 못하자 육유는 억울한 분노 때문인지 마음고생이 심했는데, 다음 사 속의 매화가 마치 그의 모습 같다. 진흙이 되고 먼지가 되어도 향기만은 그대로인 매화처럼 자신도 끝까지 잃어버린 나라를 되찾고야 말겠다는, 그 애국의 마음만은 변치 않겠다는 굳은 결의가 느껴진다.

「**복산자**卜算子·**영매**詠梅」

역사 밖 끊어진 다리께	驛外斷橋邊
주인도 없이 외로이 꽃을 피웠네.	寂寞開無主

---

* 지금의 강소성 양주 남쪽 나루로 진강과 마주보고 있으며 당시에 군사적 요새였다.
** 섬서성(陝西省) 진령(秦嶺) 산맥 대산령(大散嶺)에 있는 관문.

저물녘 저 홀로 수심에 잠겼는데	已是黃昏獨自愁
그 위에 비바람마저 더하였구나.	更著風和雨
힘겹게 봄을 다툴 뜻 없으니	無意苦爭春
뭇 꽃들의 시샘도 내버려두네.	一任群芳妒
떨어져 진흙 되고 바스러져 먼지 되어도	零落成泥碾作塵
향기만은 예전 그대로라네.	只有香如故

다음은 1167년 봄에 산음에서 지은 시다. 벼슬도 잃고 가진 것도 없는 그였지만 없으면 없는 대로 그 가볍고 소박한 삶을 즐기지 못했더라면 이런 시는 쓰지 못했을 것이다.

'유有'가 '무無'에서 나오는 것처럼 아름다운 자연, 그리고 순박한 인정과 풍속을 세밀하고 풍부하게 관찰하는 힘도 결국 시인의 마음이 비어 있어야 가능한 것이 아닐까? 채우려 애쓰기 전에 먼저 자신을 비워야 하는 진리의 힘을 육유는 이미 깨달았던 듯하다.

「유산서촌遊山西村 – 산서촌에서 노닐다」

농가의 섣달 술이 탁하다 웃지 마시오	莫笑農家臘酒*渾
풍년이라 손님을 접대할 닭과 돼지가 풍성하오.	豊年留客足鷄豚
산에 또 산이고 물에 또 물이라 길이 없나 했더니	山重水復疑無路

---

* 납주(臘酒) – '납(臘)'은 섣달을 의미하며, 음력 12월에 담가서 해를 묵히고 떠내 마시는 술을 납주라 한다.

막다른 곳에서 한 마을이 보이는구려.	柳暗花明[*]又一村
연이은 통소와 북소리에 춘사가 가까웠음을 알고	簫鼓追隨春社近
의관은 소박하여 옛 풍속이 남아 있네.	衣冠簡樸古風存
앞으로 한가로이 밤마을 나가도 된다면	從今若許閑乘月
지팡이 짚고 밤에라도 무시로 문을 두드리겠네.	拄杖無時夜扣門

육유는 '융흥화의' 후 파면되어 산음에서 5년 가까이 보내고 1170년에 기주 통판으로 부임하기 위해 떠난다. 기주는 촉중蜀中에 있는 먼 곳이었다. 그는 소주를 지나 황주, 형주를 거쳐 다섯 달 반을 길 위에서 보내고 12월 말에 기주에 도착하였다. 1172년 육유는 기주에서 일 년 남짓 있다가 다시 섬서 지방의 최남단인 남정南鄭으로 갔다. 사천선무사로 있던 왕염王炎이 자신의 막부로 와서 북벌 계획을 돕는 참모로 일하라며 불렀기 때문이었다. 관중에 수십만 병사를 집결해놓고 호시탐탐 금을 칠 순간만 기다리고 있었지만 조정에서는 이러저러한 이유를 들어 명령을 내리지 않았다. 조정의 내막을 알았던 왕염은 앞으로의 상황이 염려스러웠지만 그 내막을 모르는 육유는 북벌로 잃은 땅을 되찾을 수 있다는 희망에 부풀어 있었다. 다음 시는 육유가 장안의 종남산을 바라보며 북벌군이 오기만을 기다리고 있을 그곳 백성들의 모습을 상상하며 하루빨리 북의 땅을 밟고 싶다는 자신의 소망을 노래한 것이다.

---

* 사전적 의미는 '버드나무가 그늘을 이루고 꽃이 눈부시게 아름답다'이지만 흔히 '막다른 곳에서도 길이 열린다', '어려운 환경 속에서 새로운 희망이 생긴다'는 뜻으로 많이 쓰인다.

「**추파미**秋波媚 · **칠월십륙일만등고흥정망장안남산**七月十六日晚登高興亭望長

安南山 − **7월 16일 고흥정에 올라 장안의 종남산을 바라보며**」

가을 되어 변방 성의 호각 소리 애달픈데	秋到邊城角聲哀
봉화는 높은 누대를 비춘다.	烽火照高臺
슬픈 노래 부르며 축을 타다가	悲歌擊筑
높은 곳에 기대어 술을 뿌리니	憑高酹酒
이 흥도 한가롭다.	此興悠哉
그 누가 종남산의 달처럼 정 많을까	多情誰似南山月
특별히 저녁 구름까지 걷어주었다네.	特地暮雲開
파교는 안개와 버들이 드리워지고	灞橋煙柳
곡강지 여관에서는	曲江池館
사람이 오길 기다리겠지.	應待人來

1172년 왕염이 조정의 부름을 받고 임안으로 가자 막부도 해산되었다. 군정을 살피기 위해 시찰을 떠났다 돌아온 육유는 막부의 동료들이 굳은 얼굴로 짐들을 정리하는 것을 보았다. 영문을 모르고 의아해하는 육유에게 왕염은 하늘을 보며 장탄식만 할 뿐 아무런 설명도 해주지 않았다. 왕염은 추밀원의 우두머리로 승진하여 조정으로 가는 것이었지만 전혀 기쁘지 않았다. 추밀사의 위치라는 게 기껏해야 은퇴 전에 있는 예우적 차원의 인사일 뿐이라는 걸 잘 알고 있었기 때문이다. 왕염의 막부가 해산되고 육유도 성도부안무사참의관成都府 按撫使參議官으로 부임하라는 명을 받고 성도로 갔다. 다음 시는 나귀

를 타고 성도로 가는 도중에 검문산을 지나면서 지은 것이다. 북벌을 준비하며 조국을 침범한 오랑캐를 몰아내겠다는 평생의 염원을 풀 날만을 기다렸으나 계획은 물거품이 되고 후방으로 가는 자신의 신세가 육유는 몹시도 처량했던 모양이다. '이 몸은 시인이나 되어야 하는 걸까'라는 자조적인 회의에 빠져 미려한 강산을 보면서도 슬프지 않은 곳이 없게만 느껴졌나 보다.

「**검문도중우미우**劍門道中遇微雨 − **검문관 지나는 길에 가랑비를 만나다**」

옷은 먼지와 술로 얼룩덜룩	衣上征塵雜酒痕
멀고 먼 길에 슬프지 않은 곳 없어라	遠遊無處不消魂
이 몸은 시인이나 되어야 하는 걸까?	此身舍是詩人未
가랑비 속에 나귀 타고 검문관으로 들어간다	細雨騎驢入劍門

죽어서라도 통일된 조국을 보리

범성대范成大가 성도의 제치사制置司로 부임해온 후 둘은 지위 고하 등의 예속에 구애받지 않고 시인으로서 교분을 나눴다. 성도에서의 생활은 한가롭고 편했으나 육유의 마음은 편하지 않았다. '오랑캐를 멸하지 않으면 마음이 평온할 수 없고 잠자리 밑에 세워둔 외로운 검의 소리는 여전히 힘차다逆胡未滅心未平, 孤劍床頭鏗有聲'며 술을 마시고 시를 짓는 유흥의 나날 속에서도 이따금 북쪽을 바라보며 눈물을 흘리곤 하던 그였다.

육유는 성도에서 세월을 마시며 맘껏 방탕했다. 너무 방종하는 것 아니냐는 사람들의 비난에도 오히려 스스로를 방옹放翁이라 부르며 아랑곳하지 않았다. 가주嘉州 지주로의 부임을 앞두고 있던 어느 날, 육유는 조정으로부터 부임 취소 처분을 받는다. 지나치게 방탕하여 지주 인사로 적절하지 않다는 게 이유였다. 이 일은 육유에게 큰 타격이 되었다. 남정에서 북벌을 준비하던 시절의 육유와 비교한다면 성도에서의 모습은 확실한 타락이었지만 그런 그의 고통을 헤아리는 이는 없었다.

다음 시는 1173년 가을 무렵에 쓴 것으로 나이 쉰이 되어가건만 여태 꿈을 실현하지 못하고 있는 스스로에 대한 부끄러움과 비애가 담겨 있다.

「금착도행金錯刀行」

황금 입히고 백옥으로 장식한 칼	黃金錯刀白玉裝
밤이면 창문 뚫고 빛이 나간다.	夜穿窗扉出光芒
대장부 오십에 여태 공도 못 세우고	丈夫五十功未立
칼 잡고 홀로 서서 팔방을 살펴본다.	提刀獨立顧八荒
서울서 사귄 이는 모두 뛰어난 선비들	京華結交盡奇士
의기투합하여 생사를 함께하자 기약했지.	意氣相期共生死
천년 이을 역사책에 이름자 하나 없음이 부끄러우니	千年史冊恥無名
일편단심 천자께 보답할 생각뿐이네.	一片丹心報天子
근래에 한수漢水 가에서 종군했는데	爾來從軍天漢濱

새벽에 눈이 내린 종남산은 높이 솟은 옥산이었네.　　南山曉雪玉嶙峋

오호라!　　嗚呼

초나라는 세 집만 있어도 진을 멸망시킬 수 있다는데　　楚雖三戶能亡秦

어찌 이 넓은 중국 땅에 사람이 없겠는가?　　豈有堂堂中國空無人

1177년 6월에 범성대가 승진하여 임안으로 떠난 후에도 육유는 계속 성도에 머물렀다. 그 무렵 육유는 양씨라는 여인을 만나게 된다. 양씨의 신분에 대한 정확한 기록은 남아 있지 않지만 그녀는 시와 그림에 능하고 노래도 잘했던 것 같다. 미모와 재능을 겸비한 양씨를 육유는 첩으로 받아들였다. 양씨는 육유와의 사이에서 딸을 하나 낳았는데, 안타깝게도 육유가 엄주嚴州의 지주로 발령받아 떠나는 길에 돌도 안 된 어린아이는 그만 죽고 말았다.

1178년 효종은 육유를 제거복건상평다염공사提擧福建常平茶鹽公事로 임명했다. 그 후로 몇 년 동안 육유는 강서와 엄주에서 지방관 생활을 했고 예순다섯에는 예부랑중에 임명되었다. 그간에 육유의 오랜 벗인 범성대와 주필대가 차례로 승상을 지냈다. 육유는 엄주 지주 시절 서른여덟에 지었던 만팔천 수에 달하는 시들 중 선별하여 구백 수를 수록한 시 20권을 간행하였다.

다음은 1181년 4월, 육유가 제거강남서로상평다염공사提擧江南西路常平茶鹽公事로 전임되어 무주撫州에 있다가 참소를 당해 파직을 당한 후 산음에서 지낼 때 지은 시다.

「소원小園 – 작은 정원」

작은 정원의 안개 속 풀들 이웃집과 접해 있고   小園煙草接鄰家
뽕나무 빽빽한 오솔길은 굽어 있다.   桑柘陰陰一徑斜
누워서 도연명의 시를 읽다 다 보지도 못하고   臥讀陶詩未終卷
또 가랑비 내리는 틈에 오이밭으로 김매러 간다. 又乘微雨去鋤瓜

위기를 다 겪고 광란의 휴식을 보내고 나니   歷盡危機歇盡狂
말년에 남은 거라곤 누에치는 일뿐이다.   殘年惟有付耕桑
보릿가을 날씨는 아침마다 다르니   麥秋天氣朝朝變
양잠 농가는 어디를 가나 바쁘다.   蠶月人家處處忙

비를 맞으며 밭일을 하러 가는 노인이 된 육유의 모습이 어쩐지
조금은 낯설고 서글프다. 그는 호미를 내려놓고 쉴 때면 늘 북쪽을
바라보았다. 침략자의 말발굽 밑에서 고통받을 북방의 백성들을 생
각하면 여전히 가슴이 저몄다.

1209년 12월 29일, 육유는 세상을 떠난다. 이어지는 시는 그가 죽
기 전에 아들들에게 남긴 유언이자 절필시가 되었는데, 죽어서라도
조국이 잃은 영토를 되찾는 날을 보길 바라는 그의 마음이 절절하다.

「시아 示兒 – 아들, 보아라」

죽으면 모든 일이 헛된 것임을 알지만   死去原知萬事空

다만 중국의 통일을 보지 못하는 것이 슬프구나	但悲不見九州同
임금의 군대가 북쪽으로 중원을 평정하는 날	王師北定中原日
집안 제사 때 네 아비에게 알리는 것을 잊지 마라.	家祭無忘告乃翁

의술에도 조예가 깊었던 육유는 약상자를 둘러멘 채 나귀를 타고 마을을 돌아다니곤 했는데, 그를 보고 반갑게 달려오는 이들이 많았다. 그들은 육유에게 꼼짝없이 죽을 줄만 알았는데 덕분에 살았다며 고마움을 표했으며 아들을 낳으면 '육陸'이라 이름 짓겠다는 이도 있었다.

육유는 늙어서도 책을 손에서 놓지 않았다. 한 친구가 그의 서재를 묘사한 재미있는 글이 있다.

육유는 거의 모든 생활을 서재에서 했다. 먹고 마시고 잠자는 일은 물론이고 몸이 아파 끙끙 앓는 소리를 내면서도 서재를 떠날 줄 몰랐다. 앉아 있다 일어나기라도 할라치면 사방이 온통 책이라 발을 딛고 걸어 다닐 수 없을 정도였다. 찾아온 손님이 그것을 보면 안으로 들어가지를 못했다. 설사 들어가더라도 나올 수 없을 만큼 책이 많았기 때문이다. 둘은 서로 바라보며 크게 웃었다.

육유는 자신의 서재를 '노학암老學庵'이라 불렀는데, 늙어서도 배움에 힘쓴 그에게 꼭 어울리는 이름이다. 육유는 영종寧宗을 옹립하고 조정을 장악한 외척 세력이었던 한탁주韓侂胄의 명으로 『남원기南園記』 저작에 관여하게 되면서 한때 여론의 뭇매를 맞기도 했다. 말년에 절개를 지키지 못하고 권세에 영합한다는 것이었다. 그를 위해 내가 대신 변명을 하자면 육유는 주전파主戰派였던 한탁주와 일찍부터 왕래를 하던 사이였기에 단순히 친구의 부탁을 거절하지 못한 것일 뿐 다른 목적은 없었던 것 같다. 또 말년의 육유가 자손들의 뒤를 봐줄 인맥 관리 차원에서 그랬을 수도 있는데, 나는 그 정도의 일탈(?)은 질끈 눈 감고 봐줄 수 있을 것 같다.

한편 늙은 노인네의 거처가 너무 낡고 허름한 것이 안쓰러워 신기질辛棄疾이 살 집을 새로 지어주겠다며 여러 번 제안했으나 육유는 매번 거절했다고 한다. 적어도 그는 일신의 안일을 위해 살지는 않았으며 늙어서도 욕심 부리지 않고 소박한 삶에 만족할 줄 아는 인물이었다.

오늘날 학자들로부터 비판의 대상이 되는 강서시파는 전고典故를 즐겨 쓰고 시의 기교를 중시했다. 문학에서 수사와 기교를 강조하는 것이야 탓할 수 없는 것이지만 강서시파가 활동했던 당시의 시대적 배경, 그러니까 북송 말기에서 남송 초기의 전란 상황이 그들을 문학에 빠져 허우적대며 국난은 나 몰라라 한 사람들처럼 왜곡한 측면이 없지 않다. 강서시파의 시조인 황정견의 다음 말은 그가 문학인으로서의 순수성을 잃지 않고자 했음을 보여준다.

"나는 제자들에게 선비가 세상에 태어나서 무슨 일이든 다 해도 되지만 결코 '속俗'되어서는 안 된다는 말을 자주 했는데 '속함'은 고칠 수 없기 때문이다. '속되지 않음'이 어떤 것이냐고 내게 묻는다면 설명하기가 어렵다. 다만 어떤 이가 큰일을 당해도 그의 '속되지 않음'이 바뀌지 않는다면 그는 속된 사람이 아닌 것이다."

황정견의 이 말을 바꿔 해석하자면 속되지 않음, 그 순수성을 지
킨다면 비록 나라는 멸망해도 그 문화는 침탈되지 않고 영원할 수 있
다는 뜻일 것이다. 육유도 초기에 강서시파의 엄격한 글쓰기 훈련 속
에서 그들로부터 많은 영향을 받았다. 다음 칠언 율시는 육유가 엄주
지사로 부임 명령을 받고 효종을 알현하기 위해 임안에 와 있던 1186
년 봄에 쓴 것으로, 봄의 정경을 묘사한 제3구, 4구는 사람들에게 널
리 사랑받아온 명구名句다.

「임안춘우초제臨安春雨初霽 – 임안의 봄비가 막 개다」

요즘 세상 재미 깁처럼 얇으니	世味年來薄似紗
누가 말 타고 서울 나그네 노릇하라 했는가?	誰令騎馬客京華
작은 누각에서 밤새 봄비 소리 들리더니	小樓一夜聽春雨
이튿날 아침 깊은 골목에선 살구꽃을 팔겠구나.	深巷明朝賣杏花
작은 종이에 비스듬히 붓을 놀려 한가롭게 초서를 쓰고	矮紙斜行閑作草
비 갠 창가에서 작은 거품을 보며 심심풀이로 차를 품평한다.	
	晴窗細乳戲分茶
일개 포의일 뿐이니 바람이 일어 먼지 묻는다 탓 마라	素衣莫起風塵嘆
그래도 청명절에는 집에 갈 수 있을 테니.	猶及淸明可到家

신기질은 중국 문학사에서 보기 드문 무인 출신의 문인이다. 조조가 있다고는 하지만 그는 무인과 제왕으로서의 이미지가 더 강하다. 무장이면서 송사 문단에서 소동파와 쌍벽을 이루는 문인은 신기질이 유일하다. 소동파의 호방豪放이 화평 시대의 삶에서 배우고 연마해 얻어진 것이라면 신기질의 호방은 전쟁의 시대가 안겨준 고통 속에서 탄생한 것이었다.

넘치는 기개의 호방 사인

辛棄疾

신기질 남송 1140~1207

취해서 웃고 떠들기를 즐기니

근심하고 싶어도 그럴 시간 어디 있나

요즘에 와서야 비로소 알았네, 옛 사람의 책을

믿는 것은 모두 틀렸다는 사실을

어젯밤 취해서 소나무 가에 쓰러져

내 취한 꼴이 어떠냐고 소나무에게 물었지

소나무가 움직여 나를 부축하려는 듯하여

손으로 소나무를 밀며 물러가라 했지

호방한 북방의 사내

「보살만菩薩蠻 · 서강서조구벽書江西造口壁 − 강서 조구벽에 쓰다」

울고대 아래 맑은 강물	鬱孤臺下淸江水
그 가운데로 얼마나 많은 나그네 눈물 흘렸을까.	中間多少行人淚
서북쪽으로 장안 땅 바라보지만	西北望長安
가로막은 수많은 산들 애석하구나!	可憐無數山
청산도 막지 못할 것이니	靑山遮不住
강물은 끝내 동쪽으로 흘러가겠지.	畢竟東流去
저녁 무렵의 강은 나를 수심케 하고	江晚正愁予
깊은 산 자고새 울음소리 들려온다.	山深聞鷓鴣

「보살만」은 사에서 가장 짧은 곡조인 소령小令으로 가볍고 부드러운 서정곡이지만 신기질의 붓에서 격앙과 비통을 담은 장중한 곡조로 새롭게 탄생했다. 그런 까닭에 「보살만」은 '이처럼 웅장한 울림을 주는 사는 전에 없었다'는 평가를 받았다. 강서성 감현贛縣에 있

는 울고대는 강에 이르러 홀로 우뚝 솟아 멀리 내다보는 장관이 마치 비통에 잠긴 거인의 모습 같아 그렇게 이름이 붙여졌다고 한다. 어쩌면 시인은 자신의 처지를 울고대에 비유했는지도 모르겠다.

건염建炎 원년인 1126년 금의 병사가 강서까지 치고 들어오자 북송 황실은 급히 감주贛州로 도망을 갔고 백성들도 강에 눈물을 뿌리며 피난을 떠났다. 신기질은 장안이 함락된 지 꼭 반세기 만인 1176년에 「보살만」을 썼다. 당시 제점강서형옥提點江西刑獄이었던 그는 일로一路의 사법을 관장하며 군대를 통솔했다. 로路는 송대 때 주 이상의 행정구역을 가리키는 명칭으로 지금의 성省급에 해당한다. 뛰어난 무예와 출중한 지략을 가졌음에도 신기질은 남송 조정에서 배척당한 탓에 오랜 세월 아까운 재능을 썩혀야 했다. 군사를 논한 그의 저서 『미근십론美芹十論』을 보면 신기질의 비범한 군사 전략이 잘 드러나 있다.

신기질은 1140년에 태어났다. 북송이 패망하고 십여 년이 지난 후였으니 그가 태어났을 때 이미 중원은 함락된 상태였다. 산동山東 제남濟南의 사봉갑四鳳閘은 신기질의 생가가 있는 곳이다. 조부 신찬辛贊은 위현僞縣에서 현관을 지냈다.

금의 완안량은 연경으로 천도한 후 과거 시험을 거행했다. 신기질은 열여덟에 연경으로 가서 진사시에 응시해 떨어지고, 삼 년 후에 재도전했으나 또다시 낙방했다.

1125년 중원을 침략한 여진족은 한족을 억압하고 유린했다. 그들은 한족을 각종 부역에 동원하고 무덤을 파헤쳤으며 노략질과 강간을 일삼는 등 온갖 악행을 서슴지 않았다. 그리하여 분을 삭이지 못한 농민들이 보습 대신 창과 칼을 들고 먼저 일어났다. 예부터 북방의 사내들은 그 기상이 씩씩하고 호방하다 했던가. 과거의 재도전에 실패하고 고향으로 돌아온 신기질은 그 이듬해에 2천이 넘는 의병을 이끌고 군사를 일으켜 금과 유격전을 벌였는데, 이 일로 금은 예상 외의 타격을 입었다. 신기질이 짧은 시간 안에 의병을 모을 수 있었던 것도 북방 사람 특유의 기질이 한몫했을 것이다.

신기질은 자신이 이끌던 무리들을 데리고 당시 산동에서 가장 큰 의병 조직의 우두머리였던 경경耿京의 막부에 합류했다. 수적으로 열세에 처하면 금과의 전투에서 승산이 어렵다는 판단 때문이었다. 신기질이 경경과 합류하고 얼마 안 되어 의서義瑞라는 파계승이 경경의 인장을 훔쳐서 금의 군영으로 달아난 사건이 터졌다. 의서라는 자는 작은 의병 조직의 우두머리로 신기질과 함께 경경의 막부로 들어온 사람이었다. 산중 생활의 고초를 견디지 못한 파계승이 금과 몰래 내통하여 원수元帥인 경경의 인장을 훔쳐 달아난 것이었다. 이를 안 경경은 크게 화를 내었고 신기질에게 그 책임을 물었다. 신기질은 인장을 찾아오지 못하면 달게 처형을 받겠노라는 군령장을 써서 경경에게 주었다. 그러고는 곧장 한 대오를 이끌고 의서를 쫓아 금의 군영까지 쳐들어갔다. 붙잡힌 의서는 무릎을 꿇고 용서를 빌었지만 신기질은 다짜고짜 칼을 들어 그의 머리를 내리쳤다. 이 일을 두고 사람들은 신기질은 목석간장木石肝腸이라 사람을 파리 죽이듯 하니 큰 권력을 잡기에는 적당한 인물이 아니라며 수군거렸다.

1161년 완안량이 군대를 이끌고 남하했으나 양주에서 그의 부하인 완안옹에게 죽임을 당한다. 완안옹이 금의 국주 자리에 오르고 북으로 철수하자 중원, 화북 등지에 있던 의병 조직들은 위협을 받게 되었다. 금이 산을 근거지로 활동하는 농민 의병군을 와해할 목적으로 하산하는 사람은 양민으로 간주하겠다며 회유책을 펴자 신기질이 발 빠르게 대책을 내놓았다. 조정에 사람을 보내어 의병 조직을 송군에 귀속시키고 지휘 통제를 받도록 하자는 것이었다. 신기질은 장강을 건너 지금의 남경인 건강建康으로 갔다. 모든 게 순조로웠다. 신기질은 조정의 환대를 받았으며 고종 조구趙構는 의병 조직의 대두령인 경경을 천평군절도사天平軍節度使로 임명했다. 그러나 산동의 상황은 신기질이 떠나올 때와는 너무도 달랐다. 금과 내통해오던 경경의 부하 장안국張安國이 소진邵進이라는 자와 힘을 합쳐 경경을 죽여 수급首級을 들고 금군의 막사로 간 것이었다. 신기질이 산동에 당도했을 때 매국노 장안국은 이미 지금의 거야巨野인 제주濟州의 지주가 되어 있었다. 신기질은 화급하게 의병군 50기騎를 이끌고 제주로 갔다. 장안국은 신기질이 자신에게 몸을 의탁하려 찾아온 줄 알고 득의해했다. 신기질이 검을 허리에 찬 채 들어와 자신을 생포할 때까지, 장안국은 술에 취해 있었다.

신기질은 회수를 건너 장안국을 남송 조정으로 압송했다. 장안국은 요참형腰斬刑에 처해졌고 경경은 영웅으로 추대되고 그를 위한 위령제가 행해졌다. 신기질은 공을 인정받아 강음군첨판江陰軍簽判으로 임명되었다. 이 일은 신기질의 친구인 홍매洪邁가 쓴 『가헌기稼軒記』에 기록되어 있다. 스스로를 '농촌의 작은 집'이라는 뜻의 '가헌稼軒'이라 불렀던 신기질은 말을 타고 검과 창을 휘두르는 무장武將에서 시작하여 말단 관리부터 고위 관료로, 그리고 다시 농촌의 촌부로 곡절

많은 생을 살았다.

꺾일 줄 모르는 영웅의 기개

「파진자破陣子·위진동보부장사이기지爲陳同甫賦壯詞以寄之 - 진량을 위해
굳센 기상의 사를 써서 보내다」

취중에 등잔 심지 돋우고 검을 들여다보는데	醉裏挑燈看劍
꿈결인 듯 들려오는 군영의 호각 소리	夢回吹角連營
소를 잡아 부하들에게 구워 먹으라 나누어주고	八百里分麾下炙
오십 줄 거문고로 변방의 노래 연주하고	五十弦翻塞外聲
가을날 모래사장에서 군대를 사열한다.	沙場秋點兵
말은 적노처럼 나는 듯 빠르고	馬作的盧飛快
활은 벽력같은 소리를 낸다	弓如霹靂弦驚
군왕의 중원 수복 위업을 이루고	了卻君王天下事
살아서든 죽어서든 이름 얻으려 했으나	贏得生前身後名
가련하게도 백발만 성성하구나.	可憐白髮生

『세설신어世說新語』를 보면 서진西晉의 왕개王愷가 아끼는 소가 있었
는데, 그 이름이 '팔백리박八百里駁'이었다고 한다. 왕개가 손님과 활
겨루기를 하면서 시합에 지면 자신이 아끼는 소 팔백 리를 내놓겠다
고 했다. 활 겨루기에서 패한 왕개는 약속대로 소 팔백 리를 잡아 통
째로 구워서 나눠 먹었다.

오십현五十弦은 고대의 거문고로 줄이 오십 개였는데 주로 군악을 연주할 때 사용했다. 적로的盧는 삼국시대 유비가 탔던 말로 폭이 3 장丈이나 되는 단계檀溪를 한 번에 뛰어넘어 유비를 위기에서 벗어날 수 있도록 도왔다고 전해지는 명마 중의 하나다.

진량陳亮은 남송의 사상가이자 문학가로, 자는 동보同甫인데 동보同父라 쓰기도 한다. 신기질처럼 중원 수복을 바라는 주전파였던 진량은 국가 정책, 국방, 민생 등 사회 정치적 문제 해결이 그의 주된 관심사였다. 실사실공實事實功을 주장했던 그는 사공파事攻派 계열의 하나인 영강학파永康學派의 대표로 소박한 유물론적 사고를 가졌다. 진량은 신기질과 오랜 세월을 두고 깊은 우정을 쌓았는데 서로 주고받은 사도 여러 수 된다.

북방에서 창과 칼을 들고 전장을 누비던 신기질은 관료 생활에 적응하는 데 시간이 좀 걸렸다. 북방의 서늘한 바람을 등에 지고 식은 밥에 푸성귀만 늘 먹다가 폭신한 보료에 앉아 이밥과 고깃국을 먹을라치면 편안하다 못해 안일함마저 느껴졌을 것이다. 특히 신기질처럼 별 볼일 없는 집안의 출신이라면 그 낙차가 더욱 갑작스럽고 생경했으리라.

북방 시절 신기질의 작품은 거의 없으나, 남방에서 관료 생활을 시작한 후로도 몇 년의 침체기를 겪고 나서야 비로소 분출하는 용암처럼 다채롭고 화려한 문장을 쏟아내기 시작했다. 이렇게 본다면 결국엔 남방의 편안한 관료 생활이 신기질을 문학적으로 완성시켰다고 말해야 할 것 같다.

「모어아摸魚兒·동관왕정지치주소산정위부同官王正之置酒小山亭, 爲賦 - 동관 왕정지가 소산정에서 연회를 베풀어 이 사를 지었다」

몇 차례의 비바람을 어찌 다시 견딜 것인가	更能消幾番風雨
봄은 총총히 왔다 또 급히 돌아가노니	匆匆春又歸去
봄을 아껴 꽃이 일찍 피는 것을 늘 두려워했건만	惜春長怕花開早
하물며 떨어지는 꽃잎 무수한 지금이야 오죽하랴	何況落紅無數
봄아, 잠시 머물러라	春且住
듣자 하니	見說道
하늘 끝까지 향기로운 풀이라 돌아갈 길도 없다 하거늘	天涯芳草無歸路
원망스럽게도 봄은 한마디 말도 없구나	怨春不語
다만 그윽하고 은밀하게	算只有殷勤
처마 밑 거미줄에 남아	畫簷蛛網
진종일 흩날리는 버들 솜이 붙어 있다	盡日惹飛絮

장문궁에 무제의 총애를 잃은 황후 진아교가 사는데	長門事
좋은 기약 또 어그러질 것 분명하다	准擬佳期又誤
아름다운 여인을 질투하는 이 있었으니	蛾眉曾有人妒
천금을 주고 사마상여의 부를 산다 한들	千金縱買相如賦
가슴에 맺힌 이 마음 누구에게 하소연할까	脈脈此情誰訴
그대 춤추며 좋아하지 말라	君莫舞
그대는 보지 못했는가	君不見
양귀비와 조비연 모두 티끌처럼 사라진 것을	玉環飛燕皆塵土

쓸데없는 근심 걱정일랑 접어두고	閑愁最苦
위험한 난간에 기대지 마라	休去倚危欄
석양이 지금 바로	斜陽正在
안개 속 버드나무에 걸려 애간장을 끊어놓네	煙柳斷腸處

원래 신기질은 호북전운부사湖北轉運副使였는데 이 무렵 호남전운
부사로 발령을 받았다. 전운사는 도로를 열고 양곡 등을 운반하는
일을 맡은 관리를 말한다. 이 사는 신기질의 오랜 친구였던 왕정지
가 떠나는 그를 위해 주연을 베풀고 환송하는 것에 대한 고마움으로
지은 듯하다. 서른아홉이라는 나이를 무색하게 만드는 시인의 감수
성이 참으로 감탄스럽다. 요즘 청소년들이 몰두하고 있는 인터넷 게
임이라든지 온갖 대중매체를 생각하면 신기질의 이러한 문학적 감
수성이 더욱 진귀하게 여겨진다.

금포錦袍를 하사받은 장군이었지만 남방에서는 나가 싸울 전쟁이
없자 신기질은 군사 저서를 집필하는 일에 몰두했다. '어융십론御戎
十論'이라고도 부르는 『미근십론』은 송과 금의 군사력을 상세하게 비
교 분석한 책으로 '여진족이 강대해 보이지만 내부적으로 많은 모순
을 안고 있어 완전히 격파할 수 있다'는 것을 주된 논지로 하고 있다.
신기질은 산동으로 진군할 것을 건의했다. 화북 지역에 거주하는 한
족들은 금의 타 종족에 대한 억압과 핍박으로 이를 갈고 있는 상황이
라 분위기만 조성된다면 언제든 죽창이라도 들고 적진으로 돌격할
사람들이었다. 반면에 산동은 금군의 군사력이 상대적으로 약했기에
승산이 있었다. 따라서 우선 산동에서 승리의 발판을 다진 후 중원을

도모하자는 것이 신기질의 계획이었다. 이제 막 북방의 전장에서 돌아온 터라 누구보다 적군의 상황에 대해 잘 알았던 신기질은 세밀한 전략을 세워 조정에 건의하였지만 송 효종의 주목을 받지 못했다. 1163년 장준張俊의 북벌 실패 후 조정에서 주화파가 다시 주도권을 잡았고, 효종 역시 덕수궁에 거하는 태상황 고종의 눈치를 살펴야 하는 상황에서 신기질의 미근십론은 관심조차 받을 수 없었던 것이다. 신기질은 답답한 심정으로 하루하루를 기다렸다. 그러나 조정의 사대부라는 자들이 저들끼리 주고받는 말을 듣고 있자면 울분이 터졌다. 남북의 형세가 이미 기정사실화되었고, 또 남방의 군사력은 취약하여 중원을 두고 승패를 다투기에는 역부족이라는 것이 그들의 생각이었다. 그들은 신기질을 마음만 앞서 상황 판단을 제대로 하지 못하는 사람 취급을 했다.

그 후 신기질은 남방을 떠나 건강建康 통판으로 부임하였다. 건강은 강남의 군사 요충지로 군정 요원들이 많았다. 신기질은 그들과 접촉하며 상류사회의 생활이 어떤 것인지 알게 되었고 그 무렵 혼인을 하고 아들도 얻었다. 1170년 효종은 연화전延和殿으로 신기질을 불러들였다. 신기질에겐 중원 수복에 대한 계획과 포부를 밝힐 더할 나위 없이 좋은 기회였다. 하지만 『송사宋史』의 자료에 의하면 신기질은 남북의 정세를 논하면서 강직한 어조로 일관하고 효종의 비위를 맞추지 않아 황제의 마음을 얻지 못했던 것 같다. 그랬다. 당시 효종이 직면한 조정의 상황은 너무나 복잡하여 무조건 수복 전쟁을 외칠 수 있는 분위기가 아니었다. 효종의 마음을 헤아리지 못한 그였지만 그렇다고 내침을 당한 것도 아니었다. 알현 후 신기질은 사농사주부司

農寺主簿로 임명되어 조정에 남았다.

우윤문虞允文이 승상이 되자 신기질은 다시 「구의九議」를 써 올렸다. 우윤문은 일찍이 채석기采石磯(안휘성 동부 장강 동쪽 끝에 있는 작은 읍 - 역자 주)에서 금의 해릉왕이 이끄는 대군을 격파한 강경파였다. 신기질은 우윤문에게 큰 희망을 걸었지만 원하는 답을 듣지는 못했다. 머리보다 몸이 더 빠르게 움직여야 하는 싸움터에서 잔뼈가 굵은 신기질로서는 복잡한 정치 문제나 정치인들의 심리를 이해하기가 어려웠다.

「**태상인**太常引·**건강중추야위여숙잠부**建康中秋夜爲呂叔潛賦 - **건강 중추절 밤에 여숙잠을 위해 짓다**」

둥근 가을 달은 금빛 물결 뿌리고	一輪秋影轉金波
하늘을 나는 거울 또다시 닦는다	飛鏡又重磨
술잔 들고 항아에게 묻노니	把酒問姮娥
백발이 일부러 나를 속이는지 어찌 늘어만 가는가?	被白髮欺人奈何

바람 타고 가기 좋으니	乘風好去
먼 하늘 만 리 날아올라	長空萬里
쏟아져 내리는 달빛 아래 산하를 바라보리	直下看山河
계수나무 가지 칠수록	斫去桂婆娑
사람들은 달빛이 더욱 맑아졌다 한다네	人道是淸光更多

비경은 전설 속의 '하늘을 나는 청동 거울'로 달을 비유한 것이고, 항아는 '달의 궁전에 사는 여신'으로 '상아嫦娥'라고도 한다.

이 사는 순희淳熙 원년인 1174년에 부임을 앞둔 친구 여숙잠과 함께 술을 마시고 쓴 것이다. 청춘은 벌써 등을 보이며 떠나가고 머리칼도 이젠 백발이 더 많아졌으나 사내대장부의 웅대한 뜻만은 혈기 왕성한 그때와 변함이 없다. 바람 타고 가기 좋으니 지금이라도 다시 일어나 조국을 위해 뛰어야 하는 것은 아닌지 시인은 스스로에게, 또 벗에게 묻고 있는 것이다. 계수나무 가지를 쳐낸 오강처럼 시인은 하얗고 밝은 달빛, 광명을 인간 세상의 대지 위에 뿌리고 싶은 것이다. 달을 노래하는 순간에도 자신의 꿈을 잃지 않으려는 시인이 무척 사랑스럽다. 신기질의 사를 읽고 있노라면 강함과 부드러움의 조화를 뜻하는 '강유상제剛柔相濟'라는 말이 떠오른다. 영웅의 기개를 아름다운 시어 속에 부드럽게 녹아 흐르게 하는 힘이 실로 놀랍다. 계속해서 다음 두 편의 사를 감상해보자.

「**수룡음**水龍吟 · **위한남윤상서갑신세수**甲辰歲壽韓南澗尚書 – 갑신년 한남윤 상서의 생신을 축하하며」

북송 황실이 강을 건너 남으로 온 이래	渡江天馬南來
진실로 천하를 다스릴 인재 몇이나 있었던가?	幾人眞是經綸手
장안의 어르신들은 조국의 잃은 땅 되찾길 바라건만	長安父老
남경南京 신정의 풍경은	新亭風景
예전과 그대로니 가련하다	可憐依舊

조정의 왕연*같은 자들이야	夷甫諸人
중원이 함락되었어도	神州沉陸
언제 고개라도 돌려 보았겠는가?	幾曾回首
오랑캐 만 리 땅 평정하여	算平戎萬裡
공을 세우고 이름을 떨치는 것이 본래	功名本是
진정한 선비의 일임을	眞儒事
공은 아십니까?	公知否

하물며 공은 태산북두 같은 문장 실력에	況有文章山斗
오동세가梧桐世家라 일컫는 한씨 명문가의 자제로	對桐陰
반듯한 가정교육을 받으셨지요	滿庭淸晝
공이 태어나고 정사에 참여했던 그해 이래로	當年墮地
이제 와 보니	而今試看
풍운의 조국을 위해 바쁘게 뛰셨지요	風雲奔走
녹야당綠野堂의 풍경	綠野風煙
평천장平泉庄의 풀과 나무	平泉草木
동산에서의 노래와 술 모두 마다하고	東山歌酒
훗날 중원을 회복하여	待他年整頓
천하의 위업을 이룬 후에	乾坤事了
선생을 위해 다시 축수하리라	爲先生壽

---

* 서진(西晉) 시대 사람으로 벼슬이 재상까지 올랐으나 청담(淸談) 사상에 심취하여 국정을 돌보
지 않아 서진의 멸망을 불러왔다. 이보(夷甫)는 그의 자이다.

「수룡음水龍吟·등건강상심정登建康賞心亭 – 건강 상심정에 올라」

남쪽 하늘 천 리는 맑은 가을이라	楚天千里淸秋
강물이 하늘 따라 흐르니 가을빛도 끝없다	水隨天去秋無際
아득한 산봉우리 멀리서 바라보니	遙岑遠目
근심과 한이 일어나는데	獻愁供恨
옥비녀 찌른 소라 모양의 상투머리 같다	玉簪螺髻
해는 떨어져 누각 머리에 걸려 있고	落日樓頭
외기러기 울음소리에	斷鴻聲裏
강남을 떠도는 나그네	江南游子
오구*를 만지며	把吳鉤看了
난간을 두드리는데	欄杆拍遍
아는 이 아무도 없구나	無人會
높은 곳에 오른 뜻을	登臨意
농어가 회 쳐 먹을 만하다고 말하지 말라	休說鱸魚堪鱠
가을바람 분다고	盡西風
장한張翰**이 고향으로 돌아갈 수 있을까?	季鷹歸未
밭과 집을 사고 일신의 안일을 도모하는 자라면	求田問舍
필시 보기 부끄러울 것이다	怕應羞見

---

* 춘추시대 오나라에서 만든 굽은 모양의 칼.
** 동진(東晉) 시대의 인물로 가을바람이 이는 것을 보고는 고향의 별미가 그리워 바로 벼슬을 그만두고 고향으로 돌아갔다는 고사의 주인공으로 그의 자가 계응(季鷹)이다.

유비의 기백이	劉郎才氣
헛되이 흐르는 세월만 애석하다	可惜流年
근심 걱정과 비바람에	憂愁風雨
나무도 이와 같거늘	樹猶如此
누구에게 청하여	倩何人
노래와 춤을 하는 여인을 불러 와	喚取紅巾翠袖
영웅의 눈물을 닦을 것인가	搵英雄淚

순탄한 벼슬길

신기질은 서른둘에 안휘성 동쪽에 있는 저주滁州의 태수로 임명받았다. 사람 살기 좋았던 저주는 금의 철기군이 밟고 지나간 후 하루아침에 더없이 황량한 곳이 되어버렸다. 구양수가 노래했던 아름다운 저주의 모습은 그 어디에서도 찾아볼 수 없었다. 신기질은 태수 부임 후 반년 만에 저주를 정돈하여 전답을 버리고 떠났던 이들을 돌아오도록 했고, 농한기에는 농민들에게 간이 군사 훈련을 시켜 민병 조직을 만들었다.

신기질의 벼슬길은 순탄했다. 1175년 서른다섯의 신기질은 강서 일로一路 지역의 사법을 관장하는 강서제점형옥江西提點刑獄으로 승진하였다. 신기질의 빠른 승진에는 당시 강서와 호남 일대를 위협했던 다상군茶商軍의 존재가 한몫했다. 송에서 소금과 차의 민간 판매를 금지하자 밀매 조직이 조정에 대항하며 무장 세력을 만들었는데 이를 다상군이라고 한다. 차를 마시는 문화가 보편화되면서 송의 차 소비량은 급격히 늘어났다. 막대한 이윤을 포기할 수 없는 상인들은 위험을 무릅쓰고 무장 세력까지 동원하여 차를 밀매해 조정의 전매 정책을 우습게 만들었다. 강서와 호남의 차 밀매업자들은 심지어 금에까지 몰래 차를 팔았다. 이에 분노한 효종은 신기질을 등용하여 다상군을 소탕하고자 했다. 이에 신기질이 이끄는 관군은 다상군의 수령인 뢰문정賴文正을 잡아 죽였고 군소 무장 조직도 궤멸시켰다. 소식을 전해 들은 효종은 '신기질이 도적 떼를 소탕하는 데 공을 세웠으니 마땅히 상을 내려서 짐의 기쁨을 표하고자 한다'며 크게 기뻐하였다. 신기질은 강서제점형옥을 유임하면서 황실의 문서를 관리하고 기록하는 비각수찬秘閣修撰이라는 관직을 겸하게 되었다.

이전 신기질의 관직명 앞에는 '우右'가 붙어 있었다. 조정에서 일반 사대부들이 지위가 높다는 뜻의 '좌左'를 쓰는 데 반해 비천하다는 의미가 있는 '우右'를 신기질의 관직명 앞에 붙인 것이다. 이는 신기질이 귀정인歸正人의 신분으로 남송 조정에서 오랜 세월 배척을 당해왔으며 또 투항파와 타협하지 않고 자신의 소신을 굽히지 않았기 때문이었다. 결국 신기질은 십여 년의 분투 끝에 '우右' 자 딱지를 떼어냄으로써 정식으로 남송 통치 집단의 일원이 될 수 있었다. 참고로 설명하자면 '귀정인'이란 북방 함락 지역에서 남송으로 귀하한 사람을 일컫는 말로 사호史浩가 남송 순희 5년 1178년에 우승상에 취임하면서 처음으로 썼다고 한다.

봉록이나 정치·사회적 지위는 많이 달라졌지만 남송 임안 조정에서의 신기질의 영향력은 여전히 약했다. 따라서 중요한 정책 결정에 대한 발언권이 그에게는 없었다. 열혈남아의 가슴 끓는 열정이 번

번이 좌절당하기 일쑤였다. 다음 사는 이 무렵에 쓴 것이다. '전장의 깃발 아직 거두지 못했거늘 머리가 먼저 새버렸다'는 한탄이 가슴에 와 박힌다.

「만강홍滿江紅·**강행, 화양제옹운**江行, 和楊濟翁韻 − **강을 지나며 양염정**楊炎正**의 운에 화답하다」**

눈에 들어오는 계곡과 산들	過眼溪山
이상하게도 모두 예전에 본 듯하여라	怪都似舊時曾識
꿈속에서 두루 돌아다녔다	是夢裡尋常行遍
강남과 강북을	江南江北
아름다운 곳이라면 마땅히 지팡이 짚고서라도 가 볼 일	佳處徑須攜杖去
평생 나막신을 몇 켤레나 닳아 없앴을까	能消幾兩平生屐
먼지 속에서 고달팠던 서른아홉 해의 헛됨이 우습구나	笑塵勞三十九年非
언제나 나그네였으니	長爲客
오와 초나라의 땅 동남쪽으로 펼쳐 있다	吳楚地東南坼
조조와 유비가 맞서 싸웠던 영웅의 일	英雄事曹劉敵
서풍에 모두 흩날리고	被西風吹盡
흔적도 없이 사라졌다	了無陳跡
누각이 세워지자 사람은 벌써 떠나고 없고	樓觀才成人已去
전장의 깃발 아직 거두지도 못했거늘 머리가 먼저 샜다	旌旗未卷頭先白
탄식하노니 인간사 슬픔과 기쁨은 돌고 도는 것이라	嘆人間哀樂轉相尋

| 지금이 옛날과 같구나 | 今猶昔 |

이어지는 사는 1178년 강서 안무사按撫使 재임 중에 조정의 부름을 받고 임안으로 가는 길에 쓴 것이다. 동류촌東流村은 안휘성 동부에 있는 현으로 후에 지덕현至德縣과 합쳐져 동지현東至縣이 되었다. 아마도 강서에서 배를 타고 내려오면서 장강 유역에 있는 동류촌을 지나다 감상에 젖어 쓴 것 같다. 사 속에서 언급되는 상황은 대략 1165~1167년 무렵의 일로, 그때 알게 된 기녀와의 만남을 추억하며 적은 것이다. 당시 신기질은 강음첨판江陰簽判의 임기를 마치고 안휘성에 있는 광덕廣德의 군통판軍通判으로 재임하고 있었다.

「염노교念奴嬌·서동류촌벽書東流村壁 - 동류촌 벽에 쓰다」

해당화 꽃 떨어지니	野棠花落
또 총총히 지나가네	又匆匆過了
청명의 좋은 시절	清明時節
괜스레 동풍은 나그네 꿈을 깨우고	剗地東風欺客夢
한밤중에 운모 병풍에 싸늘한 기운 보낸다	一枕雲屏寒怯
굽이진 강기슭에서 술잔을 들고	曲岸持觴
수양버들에 말을 매어둔 채	垂楊系馬
이곳에서 이별을 했었지	此地曾輕別
사람 떠난 누각은 텅 비어	樓空人去
그 옛날 일일랑 제비나 말하겠지	舊遊飛燕能說

듣자 하니 번화한 동쪽 거리에서	聞道綺陌東頭
지나가는 사람이 보았다지	行人長見
주렴 밑 초승달 같은 그녀의 발을	簾底纖纖月
지난날의 한도 봄의 강물처럼 끝없이 흐르건만	舊恨春江流未斷
새로운 한이 구름 낀 산처럼 첩첩 쌓이네	新恨雲山千疊
생각건대 내일 아침	料得明朝
그대를 다시 본다 하더라도	尊前重見
거울 속의 꽃처럼 꺾기 어려울 것이네	鏡里花難折
그대도 놀라 물으시겠지	也應驚問
요사이 흰머리 얼마나 더 늘었냐고	近來多少華髮

신기질은 백거이, 구양수처럼 오랜 세월 기녀를 축양蓄養하며 그녀들과 교류했던 것으로 보인다. 송조의 축기蓄妓 풍조는 당시 사대부들 사이에서 유행했던 매우 보편화된 일종의 풍류 문화였다. 재색을 겸비한 그녀들은 사대부들에게 마음을 나누고 근심을 함께 달래주는 지우知友였다. 먹고사는 기본적인 욕구의 문제를 제외하고 삶에서 또 하나 중요한 것이 뭐냐고 묻는다면 아마 많은 사람들이 '사랑'이라 답할 것이다. 그 대상이 무엇이든 사랑이 없다면 그 삶은 죽어버린 삶이기 때문이다. 봉건적 예교가 지배하는 사회에서 사랑에 대한 욕망과 행복한 삶에 대한 동경, 핍박받고 좌절당한 슬픔과 원한을 주된 내용으로 삼고 노래한 것이 완약사다. 그러면 '송사의 거두'라는 평가를 받는 신기질의 완약사를 몇 편 이어서 감상해보자.

「청옥안靑玉案·원석元夕」

동풍 부니 밤의 등불들 마치 천 그루 나무에 꽃을 피운 듯	東風夜放花千樹
바람에 불려 비처럼 쏟아지는 불빛	更吹落星如雨
화려한 마차 지나가니 길 위는 온통 향기로 가득	寶馬雕車香滿路
퉁소 소리 울리고	鳳簫聲動
옥색 달빛 흔들릴 때	玉壺光轉
물고기와 용의 모양을 한 등불은 밤을 새워 춤추네	一夜魚龍舞
화려하게 치장한 여인들	蛾兒雪柳黃金縷
그윽한 향기와 함께 웃고 떠들며 지나가네	笑語盈盈暗香去
많은 사람들 틈에서 수천 수백 번 그녀를 찾다	眾裏尋他千百度
문득 고개 돌려보니	驀然回首
그 사람 홀로 서 있네	那人卻在
등불도 없는 쓸쓸한 그곳에	燈火闌珊處

「만강홍滿江紅」

이별의 수심으로 마음은 부서지고 깨졌는데	敲碎離愁
창밖의 바람마저 푸른 대나무 흔들어놓네	紗窗外風搖翠竹
그 사람 떠난 후 퉁소 소리 끊기고	人去後吹簫聲斷
누각에 홀로 기대어 있다	倚樓人獨
눈 한가득 들어오는 늦봄의 정경도 견딜 수 없는데	滿眼不堪三月暮
고개 들어 보니 벌써 온 산이 푸르렀구나	舉頭已覺千山綠

보내온 편지 한 장 들고	但試將一紙寄來書
처음부터 다시 읽는데	從頭讀
'그립다'라는 글자만	相思字
부질없이 종이에 가득하여라	空盈幅
서로를 그리워하는 마음	相思意
언제나 채워지려나?	何時足
비단 옷깃엔 떨어진 눈물 방울방울 맺히고	滴羅襟點點
두 손엔 구슬 같은 눈물 가득하여라	淚珠盈掬
향기로운 풀은 길 떠나는 사람 미혹하지 않는데	芳草不迷行客路
수양버들이 떠나는 그대 바라보는 내 눈만 가리는구나	垂楊只礙離人目
가장 괴로운 것은	最苦是
달이 뜨는 황혼녘	立盡月黃昏
난간 구석에 한없이 서 있는 일이라네	闌干曲

다음은 신기질의 대표적인 완약사다. 봄의 풍광을 묘사한 많은 사들이 있지만 비유와 의인의 수사를 사용한 이 사는 봄이 가는 것을 안타까워하는 마음이 유독 잘 표현되어 있다.

「분접아粉蝶兒·화조진신부문부락매和趙晉臣敷文賦落梅 - 조진신이 떨어지는 매화를 보고 읊은 것에 화답하다」

어제의 봄은	昨日春如
열세 살 계집아이가 자수를 막 배울 때처럼	十三女兒學繡

가지마다 꽃송이 탐스럽지 않은 것 없더니	一枝枝不敎花瘦
정말 무정하고도	甚無情
모질게	便下得
바람과 비를 내려 못살게 굴어	雨僝風僽
뜰 숲에	向園林
붉게 주름진 담요를 깔았다	鋪作地衣紅縐

오늘의 봄은	而今春似
경박한 탕자처럼 오래 머물려 하지 않네	輕薄蕩子難久
기억하건대 전에 봄을 보낸 후	記前時送春歸後
봄물을 가지고	把春波
모두 술을 빚어	都釀作
강은 온통 진한 술이 되었지	一江醇酎
맑은 수심과 약속해	約淸愁
버드나무 강가에서 만나자고 했다	楊柳岸邊相候

모리배의 모략에 파면당하다

신기질의 벼슬은 계속 올라 지금으로 따지면 성급省級 최고 행정장
관인 호남안무사와 군구사령軍區司令을 겸직하였다. 그가 호남으로 부
임했을 때 관군은 그야말로 오합지졸이었다. 군사 훈련은 엉망이고
군대 장비도 허술했으며 장교들은 개인적 일을 보는 데 사병들을 시
켰다. 반면 호족의 통제 하에 있는 향사鄕社의 전투력은 막강하였다.

향사에 속한 향정鄕丁은 그 수가 적게는 일이백 명, 많게는 사오백 명에 달했는데 막대한 이익을 두고 관부에 맞서고 있었다. 이동만 하지 않을 뿐이지 조직의 성격상 이를테면 다상군과 유사했다. 호남의 전임 안무사들은 향사의 무장 조직 때문에 골머리를 앓았지만 별다른 방법이 없었다. 그러던 차에 신기질이 부임하면서 상황은 완전히 달라졌다.

신기질은 우선 관군을 정돈하고 군의 규율을 엄격하게 했으며 군사 훈련을 강화하였다. 장교 중 태만한 자가 있으면 일벌백계로 다스렸다. 그는 매일 군영을 순시했으며 문제가 있으면 바로바로 처리하였다. 관군이 어느 정도 군사 조직으로의 모습을 갖춘 뒤에는 한 향사에 향정이 오십 명을 넘지 않도록 제한했다. 신기질은 호남에서 내로라하는 호족들을 불러 관군 영지를 참관하도록 했는데, 그 자리에서 백보천양百步穿楊의 활솜씨를 보여주었다. 평소에 목에 힘깨나 주던 호족들은 기가 죽어 향사의 인원을 감축한다는 협의서에 도장을 찍었다.

신기질은 또한 비호군飛虎軍이라는 특공 군대를 조직할 계획을 세우고 조정에 비준을 구하는 상소문을 올렸다. 효종은 바로 신기질에게 모든 것을 위임한다는 조서를 내렸다. 신기질의 지휘 하에 사병들은 병기를 제조하고 군마를 사들이고 막사를 세우는 일에 일사분란하게 움직이기 시작했다. 그리고 한 달 후 군영을 시찰해보니 기왓장 수가 턱없이 부족하여 막사 건축이 제대로 진행되지 않고 있었다. 신기질은 각 민호民戶마다 스무 개의 기왓장을 내라는 명령을 내렸으며, 영지에서 돌이 많이 필요하자 옥에 있는 죄수들을 동원하여 옮기게 하고 실적에 따라 대신 감형을 해주겠다고 했다. 신기질이 무리하게 일을 강행한다며 조정의 추밀원에 고발까지 하는 이도 있었다. 결국 추밀원에서 사람을 파견하여 백성을 괴롭히는 군영 건설을 중단하라는 황제의 칙서를 전달했다. 그러나 신기질은 황제의 조서를 숨기고 계속 일을 진행해 비호군을 창설하고 영지가 완공된 후에야 칙서를 꺼내 사람들 앞에서 읽었다.

비호군 창설 과정만 보더라도 신기질은 사람들에게 호감을 주는 성격은 아니었던 것 같다. 특히 조정 내에서 그에 대한 여론은 좋지 않았다. 주화파들은 대개가 그를 피했으며 성품이 유약한 관리들도 그를 무서워했다. 대간大諫은 신기질이 백성의 재물을 약탈하여 돈을 물 쓰듯 쓰고 사람을 초개처럼 죽이는 잔인하기 이를 데 없는 사람이라며 공격했다. 그러나 그들은 신기질이 백성의 재물을 개인적으로 사용했다는 증거를 찾지 못했다. 신기질이 돈을 많이 쓴 것은 맞지만 전부 비호군 창설 비용으로 들어간 것이었다. 그렇게 말 많고 탈 많은 과정을 거쳐 창설된 조직이었지만 비호군은 30년 넘게 장강 이북에 있는 금의 병사들이 그 소리만 듣고도 간담이 서늘해질 만큼 용맹스러운 군대로 활약했다. 하지만 신기질의 힘이 확대되는 것을 두려워한 조정은 비호군의 지휘권을 박탈하였다. 그리고 신기질의 관직명 앞에는 다시 그 반갑지 않은 '우右'자가 붙었다.

후에 신기질은 강서 안무사 겸 융흥隆興의 지부知府(군수)에 제수되어 혁혁한 공적을 세운 호남을 떠났다. 융흥에 도착하자마자 신기질은 가뭄이라는 난제에 봉착했다. 대상인들이 대량으로 곡식을 사재기하면서 쌀 가격이 폭등한 데다 흉년까지 겹쳐 인심은 날로 흉흉해졌다. 먹을 것이 없어 남의 것을 훔치는 자들이 속출하는 상황까지 벌어졌다. 신기질은 '곡식을 매점매석하는 자는 귀양 보내고, 곡식을 훔치는 자는 참수한다'는 내용을 반포하였다. 이에 따라 그동안 곡식을 대량 매점한 상인들은 어쩔 수 없이 저가에 곡식을 내놓았으며 곡식을 훔치는 자들도 눈에 띄게 줄었다. 한편 신기질은 자금을 마련하여 호남 등지에서 곡식을 사와 시장에 방출함으로써 물가를 안정시켜 흉년을 넘길 수 있었다.

지방관으로서 민정에 힘을 쏟았지만 신기질이 열심일수록 조정은 그에게 더욱 배타적으로 굴었다. 급기야 과거에 그를 공격하고 모함했던 간관諫官 왕린王蘭이 다시 신기질에게 탄핵의 화살을 겨누었고, 결국 주화파에 의해 신기질은 파면되고 말았다. 회남을 건너온 지 이십 년, 마흔을 넘긴 신기질은 충성을 다했으나 돌아온 것은 냉대뿐이었다.

「서강월西江月·견흥遣興 – 흥취를 풀다」

취해서 웃고 떠들기를 즐기니	醉裏且貪歡笑
근심하고 싶어도 그럴 시간 어디 있나	要愁哪得工夫
요즘에 와서야 비로소 알았네, 옛 사람의 책을	近來始覺古人書
믿는 것은 모두 틀렸다는 사실을	信著全無是處

어젯밤 취해서 소나무 가에 쓰러져	昨夜松邊醉倒
내 취한 꼴이 어떠냐고 소나무에게 물었지	問松我醉何如

| 소나무가 움직여 나를 부축하려는 듯하여 | 只疑松動要來扶 |
| 손으로 소나무를 밀며 물러가라 했지 | 以手推松曰去 |

이 사는 송 영종寧宗 경원慶元 연간인 1198~1200년 사이 관직에서 파면된 후 연산鉛山 표천瓢泉에서 한거閑居할 때 지은 것이다. 취흥을 빌려 마음속 울분을 토로하고 있다. 선인들의 책이 모두 틀렸다는 말은 실상 고서古書와 전훈典訓의 가치를 부정한다기보다 옳고 그름조차 분별하지 못하는 혼란 상태에 빠진 당시의 조정 정치에 대한 신기질 특유의 반어이자 풍자, 절망의 표현인 셈이다. 성현의 가르침에 따라 치국의 이상을 펼치고자 했던 자신의 노력이 오히려 배척과 모함의 대상이 되는 현실을 향해 믿고 의지했던 진리와 신념이 거짓이었느냐며 불만과 울분을 터뜨리고 있는 것이다.

신기질은 장수 출신이었지만 사실 그의 몸은 그다지 건강하지 않았다. 어릴 때 자주 병을 앓아 자를 유안幼安이라 하고 이름도 질병을 버린다는 뜻의 기질棄疾로 지을 만큼 병약했다. 다음 사는 1186년 무렵 연산 동북쪽에 있는 아호산鵝湖山을 유람하고 돌아와 지은 것인데 여독으로 병을 앓았던 것만 보아도 그가 건강한 체질은 아니었음을 알 수 있다.

「자고천鷓鴣天·아호귀, 병기작鵝湖歸, 病起作 - 아호에서 돌아와 병에서 일어나 짓다」

| 계당의 대자리에 누우니 서늘한 가을 느낌 | 枕簟溪堂冷欲秋 |

물 위의 조각구름 저녁 무렵에야 걷히는데	斷雲依水晚來收
붉은 연꽃들 서로 몸을 기댄 것이 술에 취한 듯하고	紅蓮相倚渾如醉
흰 새는 말 없는 것이 필시 수심이 있는 듯하다	白鳥無言定自愁

돌돌괴사咄咄怪事*나 쓰느니	書咄咄
차라리 또 쉬며 즐기겠네	且休休
언덕 하나 골짜기 하나에도 풍류가 있으니	一丘一壑也風流
근력이 얼마나 쇠했는지 모르겠으나	不知筋力衰多少
다만 요사이 누대에 오르기가 귀찮아진다	但覺新來懶上樓

소박한 은거 생활

단순한 우연인지, 아니면 완고하고 괴팍한 자신의 성격 탓에 언젠가는 사모관대를 벗게 되리라 예감하고 준비한 것인지 알 수 없으나 신기질이 파면될 즈음 강서 신주信州에 마련한 그의 집도 준공이 완료되었다. 그는 강남에서의 관직 생활 20년을 마치고 신주에서도 20년을 은거하였는데, 대호帶湖와 표천瓢泉 두 곳에서 살았다. 대호와 표천은 신기질이 직접 이름 붙인 것이다.

다음 사는 1182년 관직에서 파면된 후 신주로 내려와 대호에서 머물던 첫해 봄에 쓴 것이다. 대호의 아름다운 풍광에 대한 사랑과

---

* '참으로 괴이한 일'이라는 뜻으로 진(晉)의 은호(殷浩)라는 사람이 무고로 유배된 후 하루 종일 허공에 대고 이 넉 자만 썼다고 한다.

은거 생활의 여유를 노래하고 있지만 시인의 가슴 한편에 부는 씁쓸한 기운도 느껴진다.

「수조가두水調歌頭 · 맹구盟鷗 - 갈매기에 맹세하다」

내 대호를 무척 사랑하는데	帶湖吾甚愛
천 길이나 되는 비취색 경대가 열려 있다	千丈翠奩開
선생은 할 일 없어 지팡이 짚고	先生杖履無事
하루에도 천 번을 걸어 다닌다네	一日走千回
나와 약속한 갈매기와 새들아	凡我同盟鷗鳥
오늘 이렇게 맹세를 하였으니 앞으로는	今日既盟之後
왕래하는 데 서로 의심하지 말자	來往莫相猜
백학은 어디에 있나?	白鶴在何處
모두 함께 와보세	嘗試與偕來

푸른빛 개구리밥을 헤치고	破靑萍
비취색 마름도 밀치고	排翠藻
이끼 낀 물가에 섰다	立蒼苔
물고기를 엿보려는 어리석은 꾀가 우스워	窺魚笑汝痴計
내 술잔을 들 줄 모른다	不解擧吾杯
예전엔 황폐한 못과 언덕이었는데	廢沼荒丘疇昔
오늘 밤엔 밝은 달과 맑은 바람이로다	明月淸風此夜
인간 세상의 애환은 얼마나 될는지?	人世幾歡哀

| 동쪽 기슭에 녹음이 성기니 | 東岸綠蔭少 |
| 버드나무를 또 심어야 하리 | 楊柳更須栽 |

아래 사 역시 대호 은거 시절에 쓴 것으로, 구체적인 창작 시기는 신주로 내려온 지 삼 년째 되는 해 무렵으로 보인다. 초라하지만 소박한 농가만이 가진 정겨운 풍경이 신기질만의 탁월한 기법으로 생생하게 그려져 있다. 시골에 사는 모습을 이토록 자연스럽게 묘사할 수 있는 것은 시적 구상이나 수사적 기교를 최대한 자제하고 발길 닿는 대로 걷는 나그네처럼 붓 가는 대로 편안하고 자유롭게 눈앞의 정경을 그려냈기 때문이다.

「**청평락**清平樂·**촌거**村居」

나지막한 띠 집 처마	茅檐低小
시냇물에는 푸르디푸른 풀들	溪上青青草
취하여 듣는 오 지방 사투리가 정겹구나	醉裡吳音相媚好
하얗게 센 머리털은 뉘 집 할배 할매의 것인가	白髮誰家翁媼

큰아이는 시냇가 동쪽 콩밭의 김을 매고	大兒鋤豆溪東
둘째 아이는 닭장을 엮는데	中兒正織鷄籠
제일 예쁜 막내 녀석은 장난꾸러기라	最喜小兒無賴
시내 어귀에 누워서 연밥을 벗긴다	溪頭臥剝蓮蓬

다음 사는 신기질의 농촌사農村詞 중 손에 꼽히는 작품으로, 농촌 한여름 밤의 풍경 변화와 시적 화자의 정서 묘사가 탁월하다. 상편에 서는 산야의 고요한 풍경 묘사를 통해 시인 자신의 유유자적한 심리 상태를 드러내고 있다. '밝은 달빛'과 '맑은 바람', '놀란 까치'와 '매미 울음' 등 상관물의 대구를 통해 화자의 한적한 심사를 두드러 지게 표현했다. 비가 내리기 전 산의 광경을 표현한 하편의 내용은 자못 긴박한 느낌을 준다. 풀이하자면 '달빛이 하도 밝아 까치도 놀 라 날아오를 만큼 대낮같이 환하더니, 어느새 하늘에는 열 손가락으 로 세고도 남을 만큼의 별들만 남아 겨우 반짝거리고 있다'는 내용 이다.

「서강월西江月 ·야행황사도중夜行黃沙道中 – 밤에 황사 고개로 가는 길 위에서」

밝은 달빛에 놀란 까치 나뭇가지 위로 날아오르고	明月別枝驚鵲
한밤에 불어오는 맑은 바람에 매미가 운다	淸風半夜鳴蟬
벼꽃 향기 속에서 풍년을 말하는데	稻花香裡說豐年
들리는 것은 온통 개구리 울음소리	聽取蛙聲一片
저 하늘 밖에는 별들이 예닐곱 개	七八個星天外
산 앞에는 빗방울이 두세 개	兩三點雨山前
예전에 와 봤던 촌에는 초가 몇 칸	舊時茅店社林邊
길을 도니 시내 다리 홀연 나타났다	路轉溪橋忽見

'아는 만큼 보인다'는 말은 실로 만고불변의 진리다. 이 말은 삶의 가능성이란 그 생을 살아가는 사람의 인격 수양에 의해 결정된다는 뜻을 내포하고 있다. 자연은 누구에게나 동일하게 그 아름다움을 선사하나, 그것을 어떻게 받아들이냐는 순전히 각자의 몫이다. 자연의 아름다움에 감응하는 영적 감수성이야말로 현대인의 병든 마음을 고쳐줄 명약이 아닐까? 고전이나 문학을 찾아 읽고 그 속에서 진리를 발견하려는 인문학적 노력도 필요할 것이다. 그런 의미에서 고대 문인들의 삶과 문학의 자취를 구석구석 더듬어보는 것은 참으로 요긴한 일이리라.

다음 사는 1187년 무렵에 쓴 것으로 짐작된다. 이청조의 사체는 민중의 살아 있는 언어가 그녀만의 독특한 문학적 담금질을 거치면서 사의 새로운 미 세계를 창조하였다고 평가받은 바 있다. 이 사는 이청조의 사체를 본뜬 것들 중 가장 성공작이라는 평을 얻은 작품이다.

「추노아근醜奴兒近·박산도중효리역안체博山道中效李易安體 – 박산으로 가는 도중 이청조 사체를 본떠 짓다」

천 개 봉우리에 구름 일어	千峰雲起
한바탕 소나기를 삽시간에 퍼붓더니	驟雨一霎兒價
저 멀리 나무들 위로 쏟아지는 석양의 풍경	更遠樹斜陽風景
어찌 그려낼 수 있을까	怎生圖畫
푸른 깃발 나부끼는 주막	靑旗賣酒

산 저편에는 또 다른 세상	山那畔別有人家
다만 산수 풍광 속에서	只消山水光中
아무런 근심 걱정 없이 이 여름을 보내고 싶어라	無事過這一夏

낮술에서 깨어나니	午醉醒時
창밖의 소나무와 대나무	松窗竹戶
천만 그루 그 맑고 깨끗한 기운에	萬千蕭灑
들새가 날아드니	野鳥飛來
또 하나의 한가로운 정경	又是一般閑暇
괴이한 흰 갈매기	却怪白鷗
사람을 엿보며 내려앉으려다 그만둔다	覷着人欲下未下
옛 맹세 모두 그대로 있는데	舊盟都在
이제 와서 설마	新來莫是
다른 소리를 하진 않겠지	別有說話

진량과 깊은 우정을 나누다

진량과의 만남도 신기질이 신주로 내려와 은거하던 이 시기에 이루어졌다. 진량은 일찍부터 신기질의 명성을 들어온 터라 말을 타고 수백 리를 달려 신주로 그를 만나러 왔다. 그는 아마 신기질보다 성격이 더 괴팍하고 성급했던 모양이다. 한 기록에 따르면 진량이 탄 말이 석공교石拱橋를 건너지 못하고 머뭇거렸는데 세 번을 뛰었는데도 말이 건너뛸 엄두를 못 내고 뒤로 물러서자 화가 난 그가 그 자리에서 칼을 빼 말의 목을 벴다고 한다. 말의 목을 베고 성큼성큼 대자 걸음으로 자신의 집 안으로 들어서는 진량의 모습을 보고 신기질은 감탄하며 '저 사람과는 꼭 친구가 되어야겠다'고 말했다 한다. 더욱 재밌는 것은 그다음의 이야기다.

진량은 신기질과 만나 밤새 술을 마시며 남북의 정세를 논하고 조정에 대한 불만을 토로했다. 사람을 잘 믿지 않았던 진량은 술에 깨어나 생각해보니 간밤에 그저 고개만 끄덕이고 별 말을 하지 않았던 신기질의 태도가 석연치 않았다. 급기야 신기질이 자신을 죽일 거라는 의심까지 품게 된 진량은 몰래 신기질의 말을 훔쳐 달아났다. 그뿐이 아니었다. 그렇게 몰래 도망을 간 후 진량은 말을 훔친 일에 대해서는 사과 한마디 않고 신기질에게 돈을 빌려달라는 편지를 써 보냈다. 보통 사람이라면 자신을 우롱하는 처사라며 크게 화를 냈을 테지만 신기질의 반응은 달랐다. 신기질은 오히려 진량의 그런 모습에서 호걸다운 풍모를 발견했다고 하니, 가히 명실상부한 지음知音이라 할 만하다.

진량은 성품이 강직하고 입바른 말을 거침없이 해서 조정의 벼슬아치들에게 미움을 산 일이 한 두 번이 아니었고, 그런 탓에 모함을 받아 백 일 동안 옥살이를 하면서 거의 죽을 지경까지 갔다고 한다. 신기질과의 첫 만남에서 의심을 하고 도망쳤던 이유도 옥살이의 끔찍한 경험 때문이었다.

1188년 겨울, 신기질이 신주의 상요上饒에서 은거하고 있을 때 진량이 동양東陽에서 찾아와 열흘을 함께 머물며 둘은 함께 아호鵝湖를 유람하였다. 신기질과 진량은 주회암朱晦庵(주희)과 자계紫溪에서 만나기로 했으나 주희가 오지 않아 하는 수 없이 그냥 돌아왔다. 둘은 헤어진 후 그립고 섭섭한 마음이 커 하신랑貿新郎을 지었는데, 그러고 닷새 후에 진량이 편지를 보내와 신기질의 사를 청했다. 신기질은 비록 몸은 멀리 떨어져 있으나 벗을 그리는 마음이 같은 것을 생각하니 기뻐 웃으며 다음 사를 썼다고 한다.

「**하신랑**貿新郎」

장정에서 술잔을 잡고 말했었지	把酒長亭說
진량 자넨 도연명 같은데 풍류로 보면	看淵明風流酷似
제갈량과 꼭 닮았다고	臥龍諸葛
어디서 날아왔는지 숲 속의 까치	何處飛來林間鵲
소나무 가지 위에 남은 눈을 발로 차	蹙踏松梢殘雪
해진 모자 속 백발을 보태준다	要破帽多添華髮
물은 메마르고 산은 초라하여 볼품없었는데	剩水殘山無態度
성긴 매화가 아름다운 풍경을 만들었구나	被疏梅料理成風月
기러기 두세 마리	兩三雁
처량하다	也蕭瑟

아름다운 당신 약속을 중히 여겨 오셨다 했는데 또 훌쩍 떠나시네	
	佳人重約還輕別
날이 추워 강을 건너지 못하여 근심하니	恨淸江天寒不渡
물은 깊고 얼음이 얼었다	水深冰合

길도 끊기고 수레바퀴에 뿔이 네 개 났으니	路斷車輪生四角
이곳에서 나그네는 상심하여 뼈가 녹는 듯하네	此地行人銷骨
묻노니 누가 그대를 시름겹게 하였나?	問誰使君來愁絶
이제 그리움의 칼을 만들었으니	鑄就而今相思錯
처음 그때 세상의 철을 다 써버릴 것을	料當初費盡人間鐵
긴 밤의 피리 소리	長夜笛
제발 이 가슴을 찢지 말아라	莫吹裂

'이제 그리움의 칼을 만들었으니 처음 그때 세상의 철을 다 써버릴 것을鑄就而今相思錯, 料當初費盡人間鐵'이라는 구절에 대한 몇 가지 설명을 덧붙여야겠다.

당나라 말기에 위주魏州의 절도사 나소위羅紹威는 군사 반란을 막기 위해 주전충朱全忠을 불렀다. 주전충이 이끄는 군대는 반년간 위주에 주둔하면서 막대한 물자를 소비했다. 주전충의 군대를 불러들임으로써 군사적 위기는 해결했지만 그로 인해 군사력 쇠퇴라는 결과를 가져오게 되자, 나소위는 '6주 43현의 것을 합한 철을 이렇게 섞을 수는 없다合六州四十三縣鐵, 不能爲此錯也'며 후회했다고 한다. 위의 구절에서 '착錯'은 '착도錯刀'와 '착오錯誤' 두 가지 의미를 가리키지만 신기질은 벗에 대한 깊은 그리움과 우정을 나타내기 위해 착도錯刀의 의미만을 취하여 썼다.

「하신랑賀新郎·동보견화, 재용운답지同父見和, 再用韻答之 — 진량이 화답해 와 다시 화운하여 보내다」

늙어가는 것이야 어찌 말할 것이 되랴만	老大那堪說
그대는 여전히 원룡*의 호방한 기운과 멋을 풍기고	似而今元龍臭味
사람을 만나고 대접하길 좋아하는 맹공**과 닮았구려	孟公瓜葛
내 아플 때 그대가 와서 크게 노래 부르고 술을 마셔	我病君來高歌飲
누각 위로 날리는 눈이 놀라 흩어졌지요	驚散樓頭飛雪
천 균***이나 되는 부귀도 터럭처럼 가벼이 여기며 웃으니	
	笑富貴千鈞如發
기개 넘치는 격양된 말을 누가 와서 들었으랴만	硬語盤空誰來聽
기억하기론 그때 서쪽 창가에 비친 달뿐이었답니다	記當時只有西窗月
다시 술을 권하고	重進酒
곡을 바꿔가며 계속 거문고를 울렸지요	換鳴瑟
이치는 하나지만 사람 마음이 둘로 갈라졌으니	事無兩樣人心別
그대에게 묻습니다	問渠儂
신주는 결국	神州畢竟
몇 번이나 나뉘고 합쳐지겠소?	幾番離合

---

* 후한 말의 정치가인 진등(陳登)의 자.
** 서한(西漢)의 명사인 진준(陳遵)의 자로 그는 호방하고 의협심이 강했으며 술 마시고 사람 사귀는 것을 좋아했다.
*** 옛날의 무게 단위.

피를 흘린다는 명마가 소금 수레를 끄나 아무도 거들떠보지 않아

汗血鹽車無人顧

천 리 밖에서 말의 **뼈**만 헛되이 거두어들인다지요   千里空收駿骨

멀리 바라보니 중원으로 가는 길은 이미 끊겼더이다   正目斷關河路絶

밤중에 닭 울음소리 듣고 깨어나 춤을 췄던 그대를 존경하니

我最憐君中宵舞

사내대장부 죽어도 그 마음은 강철 같다 말하겠소   道男兒到死心如鐵

바라건대 그대 솜씨를 부려   看試手

찢어진 하늘을 깁는 것 보고 싶다오   補天裂

찢어진 하늘을 깁는 모습을 보고 싶다는 말은 진량이 재능을 펼쳐 중원을 수복하길 바란다는 친구에 대한 기대와 자신의 염원을 담은 것이다.

참된 애국의 마음

신주에서 은거하는 20년 동안 신기질은 서원書院 건립을 위해 갖은 애를 썼다. 싹이 보이는 선비를 양성하겠다는 생각에서였다. 상요의 대호에서 연산의 표천까지는 백 리나 떨어져 있었지만 신기질은 병든 노구를 이끌고 각 처의 서원을 돌아다니며 수고를 마다하지 않았다. 늙어서도 그 열정만은 식지 않았던 것이다. 다음 사는 대호에 은거하던 시기에 지은 것으로 여정 중에 만난 암자에서 묵었던 일을 적고 있다. 산중에서 홀로 밤을 보내며 만감이 교차했으리라. 나라를

위한 걱정으로 변방과 강남을 전전하며 보냈으나 이제는 늙고 병든 몸만 남은 시인은 평생의 소원을 끝내 성취하지 못한 서글픈 심정을 이 사에 토로하고 있다.

「**청평락**淸平樂·**독숙박산왕씨암**獨宿博山王氏庵 351 – 박산의 왕씨 암자에서 홀로 묵다」

굶주린 쥐들이 침대를 맴돌고	繞床飢鼠
박쥐는 펄럭이며 등불 앞에서 춤춘다	蝙蝠燈舞
지붕 위 솔바람이 급작스런 비를 뿌리니	屋上松風吹急雨
찢어진 문풍지가 창문 틈에 대고 혼잣말을 하네	破紙窗間自語
평생 북쪽 변방과 강남을 전전하다	平生塞北江南
돌아오니 머리는 새고 얼굴은 늙었다	歸來華髮蒼顏
가을밤 베 이불 아래서 꿈이 깨니	布被秋宵夢覺
눈앞이 만리강산이어라	眼前萬里江山

1207년 9월 10일 신기질은 연산에서 숨을 거두었다. 그의 대표작인 「영우악·경구북고정회고」는 1205년 진강鎭江의 지부로 잠시 부임해 있을 때 지은 것이다. 당시는 재상 한탁주韓侂冑가 북벌 준비에 한창이었던 터라 신기질은 기대와 흥분 속에 있었다. 그러나 원가년에 있었던 북벌의 패인이 제대로 된 준비 없이 성급히 이루어진 출병에 있다고 판단한 신기질은 한탁주가 혹여 전철을 다시 밟지는 않을

까 우려했다. 그러면서도 그는 이 사에서 중원 수복은 결코 포기할 수 없는 조국의 위업이기에 비록 늙었지만 자신도 보탬이 되고 싶다는 마음을 넌지시 내비친다. 안타까운 점은 다음 사의 하편 마지막 부분에서 춘추전국시대 조나라의 명장이었던 염파 장군과 자신을 비교하며 이제는 늙어 누구 하나 와서 물어보지 않는다며 서글픈 심경을 토로하고 있는 것이다. 염파 장군은 노년의 나이에도 한 끼에 밥 한 말과 고기 열 근을 먹을 만큼 왕성한 식욕과 노익장을 과시한 인물이다.

「**영우악**永遇樂・**경구북고정회고**京口北固亭懷古 **－경구 북고정에서 옛일을 생각하다**」

천고의 강산은 그대로이거늘	千古江山
영웅은 찾을 수 없네	英雄無覓
손권이 천하를 도모했던 그곳	孫仲謀處
춤추고 노래하던 누각도	舞榭歌臺
당시의 풍류도 모두	風流總被
비바람에 사라져버렸다	雨打風吹去
석양이 비낀 풀과 나무	斜陽草樹
여염집들이 늘어선 거리는	尋常巷陌
사람들이 말하길 기노가 살았던 곳이라네	人道寄奴曾住
그때를 생각하면	想當年
날카로운 쇠창을 휘두르고 무쇠 같은 군마를 달리던	金戈鐵馬

그 기세 범과 같아 만 리 땅도 삼킬 듯했지	氣吞萬里如虎
원가*년에 경솔히	元嘉草草
낭거서에 축대를 쌓고 제사를 지내더니	封狼居胥
결국 북벌에 실패하고 황망히 돌아보는 꼴 되었더라	贏得倉皇北顧
강남에 온 지 벌써 사십삼 년	四十三年
바라보면 아직도 기억에 생생한데	望中猶記
봉홧불 타오르던 양주 길	烽火揚州路
어찌 고개 돌려 다시 볼 수 있으랴	可堪回首
불리사 아래에는	佛貍祠下
사당의 북소리를 듣고 젯밥을 먹으러 날아든 까마귀 떼	一片神鴉社鼓
누가 물어보기나 하려나	憑誰問
염파가 늙어서	廉頗老矣
아직도 밥을 잘 먹는지를	尚能飯否

신기질은 중국 문학사에서 보기 드문 무인 출신의 문인이다. 조조
가 있다고는 하지만 그는 무인과 제왕으로서의 이미지가 더 강하다.
무장이면서 송사 문단에서 소동파와 쌍벽을 이루는 문인은 신기질이
유일하다. 소동파의 호방豪放이 화평 시대의 삶에서 배우고 연마해
얻어진 것이라면 신기질의 호방은 전쟁의 시대가 안겨준 고통 속에
서 탄생한 것이었다. 송사와 당시가 문학사에서 제 지위를 획득한 것
처럼 소동파와 신기질도 각자의 문학 세계를 구축했다. 따라서 남송

---

* 남송의 문제(文帝) 유의륭(劉義隆)의 연호.

이래 중국 문학계에서 계속되어온 소신蘇辛의 우열을 가리는 논쟁은 의미도 소득도 없는 소모전일 뿐이라고 하겠다.

다음 사 역시 신기질 말년의 작품으로 진강 지부 시절인 1205년 무렵에 쓴 것이다. 자문자답의 형식을 취하고 옛사람의 말투를 빌려 쓴 이 작품은 간결하고 명쾌하며 막힘이 없고 자연스러운 풍격으로 일찍이 중원의 패권을 다퉜던 손권의 영웅적인 기개를 동경하는 마음을 담고 있다.

「남향자南鄕子·등경구북고정유회登京口北固亭有懷 **- 경구 북고정에 오른 감회를 적다」**

중원의 옛 땅이 어드메인가 바라보나	何處望神州
눈 한가득 들어오는 건 북고정 누각의 풍광	滿眼風光北固樓
천고의 세월 속 흥망사가 얼마나 될까 하니	千古興亡多少事
유유하게	悠悠
다함 없이 흘러가는 장강의 물결이라네	不盡長江滾滾流
젊어서는 만 명의 군사를 이끌고	年少萬兜鍪
동남 땅을 얻기 위한 전쟁을 그치지 않았지	坐斷東南戰未休
천하의 영웅 그 누가 적수가 되겠는가?	天下英雄誰敵手
조조와 유비라네	曹劉
아들은 마땅히 손권 같은 아들을 낳아야지	生子當如孫仲謀

살면서 환영보다는 배척을 더 많이 당했던 그였지만 신기질은 꿋꿋이 자신이 가진 본연의 모습 그대로 살았다. 참되어 거짓이 없는 순수한 애국의 마음으로 생을 산 것이다. 정치적 좌절을 겪고 중년의 전반을 은거하며 쓸쓸한 노년을 보내면서도 호방함만큼은 결코 잃지 않은 그는 기개 넘치는 희대의 호방 사인이었다.

이청조는 여성성으로 남성 중심의 문단에서 입지를 굳혔다. 그녀는 스스로 여성성을 포기하거나 왜곡하지 않고 여성 특유의 우아함과 부드러움으로도 충분히 걸출한 작품을 창작할 수 있다는 진정한 여성의 힘을 보여주었다.

시대를 뛰어넘은 여류 작가

李淸照

이청조 남송 1084~1155?

어젯밤엔 비 뿌리고 바람도 세찼지

깊은 잠도 남은 술기운을 걷어내지 못하네。

발 걷는 아이에게 물었더니

도리어 해당화는 그대로라고 대답한다。

모르겠는가? 모르겠는가?

분명 푸름은 짙어지고 붉은 빛은 시들었을 텐데。

천진한 감수성의 소유자

중국 고대사회에서 여성의 지위는 낮았다. 고대 역사를 다룬 책만 보아도 남성의 이름은 헤아릴 수 없이 많지만 여성의 이름은 새벽별처럼 드물다. 송조 이전에는 여성의 이름이 책에 기록되는 경우가 거의 없었다. 이백이나 두보의 부인도 그녀들의 성씨만 알 수 있을 뿐이다. 5대10국의 후촉 마지막 황제인 맹창孟昶의 황후 화예花蕊 부인은 문장과 미모가 뛰어나 당시 명성이 컸지만 사람들은 성씨와 이름은커녕 그녀가 어느 지방 출신인지조차 모른다. 아니, 실상은 별 관심이 없는 것이다. 『전당서全唐書』 구백 권 중 여성 작가의 작품이 아홉 권이고, 『송시기사宋詩紀事』 백 권 중 한 권에만 여성 작가의 작품이 수록되어 있다. 명·청 시대의 시詩·사詞·문文 선집에는 심지어 연대순과 상관없이 여성 작가들의 작품을 무명씨 뒤에 배열해놓았다. 이와 같은 고대 문단의 성 차별적 분위기 속에서 이청조가 문학사에 남긴 뚜렷한 족적은 가히 칭송할 만하다. 그러기에 일찍이 정전둬鄭振鐸 선생은 이청조를 '중국 문학사상 가장 위대한 여성 시인'으로 평가했다. 이청조를 '위대하다'라고 형용한 것은 그녀가 여성 시인으로서 위대한 것이 아니라 그녀의 문학적 재능이 이백과 두보, 소동파와 신기질의 뒤를 이어 완약파 계열로 송사宋詞의 최고 수준을 보여주었기 때문이다. 이청조는 여성성으로 남성 중심의 문단에서 입지를 굳혔다. 그녀는 스스로 여성성을 포기하거나 왜곡하지 않고 여성 특유의 우아함과 부드러움으로도 충분히 걸출한 작품을 창작할 수 있다는 진정한 여성의 힘을 보여주었다.

산동 제남 사람인 이청조는 송조 신종 때인 원풍元豊 7년(1084년)에 태어나 유복하고 교양 넘치는 가정에서 행복한 어린 시절을 보내며 자랐다. 부친 이격비李格非는 소식 문하의 후사학사後四學士 중 한 명이었다. 예부원외랑을 지낸 이격비는 강직한 성품의 소유자였다. 그가 남긴 저술은 매우 많으나 전란으로 대부분 유실되고 서경 낙양에 있는 열아홉 곳 정원의 조경을 상세히 묘사한 『낙양명원기洛陽名園記』가 전해진다. 북송 말년 혼군 휘종은 국사를 간신 재상 채경에 맡기고 호화스러운 정원을 조영造營했으며 향락과 사치를 즐겼다. 당시 변량과 낙양에 있는 일반 정원의 면적이 천 평 정도 되었다고 하니 크고 호사로운 정원의 수가 상당히 많았음을 알 수 있다. 낙양의 번성과 쇠퇴가 곧 천하의 치란治亂을 나타내는 징후라고 했던 이격비의 말을 증명이라도 하듯, 훗날 금의 침입으로 낙양의 화려한 정원들은 모두 불에 타 재가 되었다. 이청조의 모친 왕씨도 명문가의 규수로 『조국명원록祖國名媛錄』에 그녀가 시문에 능했다는 기록이 있다.

「**여몽령**如夢令」

계곡의 정자에 해 질 때야 늘 알고 있었건만	常記溪亭日暮
술에 취해 돌아가는 길도 모르겠구나.	沉醉不知歸路
흥이 다하고 늦게 배를 돌리니	興盡晚回舟
연꽃 깊은 곳으로 잘못 들었네.	誤入藕花深處
어서 건너자, 어서 건너자 하니	爭渡, 爭渡
여울의 갈매기와 해오라기 놀라 날아오른다.	驚起一灘鷗鷺

제남은 천성泉城으로 불릴 만큼 이름난 천들이 많은데 총 72개의 천이 있다. 그중 계정溪亭은 제남 서북쪽의 대명호大明湖 가까이에 있는 명천名泉이다. 불교 성지인 천불산天佛山과 시성 두보가 다녀간 역하정歷下亭도 제남에 있다. 역하정은 당시 북해北海 태수로 있던 이옹李邕과 두보가 만난 곳으로도 유명하다. 성당盛唐 시절 이옹은 천하제일의 서예가로 불릴 만큼 그의 서체는 많은 이들의 사랑을 받았다. 그가 쓴 서예 작품을 사기 위해 왕공대신과 부호들이 아낌없이 돈을 내놓는 일도 많았다. 이옹은 글씨를 써 받은 돈으로 가난한 선비들을 돕는 일에 썼다. 이청조는 두보의 시를 좋아했고 이옹의 기품을 존경했다. 그녀는 부모의 영향으로 일찍부터 문학에 눈을 떴으며 금석학과 서화에도 깊은 관심을 보였다. 학문적 교양을 쌓아나가면서도 그녀는 천진한 감수성을 잃지 않았다.

「**완계사**浣溪沙」

맑고 따스한 봄빛의 한식날	淡蕩春光寒食天
옥향로 침수향의 남은 연기 하늘거리는데	玉爐沈水裊殘煙
꿈에서 깨어보니 베개가 꽃비녀를 가리고 있네.	夢回山枕隱花鈿

바다제비 아직 오지 않았는데 사람들은 투초*를 하고	海燕未來人鬪草
강가의 매화는 벌써 철 지났고 버들은 솜털 날리는데	江梅已過柳生綿
해 저물녘의 성긴 비는 그네를 적시네.	黃昏疏雨濕鞦韆

당시 사람들은 음력 3월 3일 상사절上巳節(삼사三巳, 중삼重三, 원사元巳 등으로 불리는 중국의 전통적인 명절－역자 주)에 물가에 가서 몸을 닦으며 상서롭지 못한 기운을 없애고 교외로 나가 화초를 보고 즐기는 답청踏靑 놀이를 했다. 또 남녀가 모여 술을 마시며 화초를 가지고 노는 투백초鬪白草 놀이를 하기도 했다. 이런 풍습과 놀이는 단오절까지 계속되었다.

「**완계사**」

| 잔에 호박색 술을 가득 채우진 마세요 | 莫許杯深琥珀濃 |
| 취하기도 전에 마음이 먼저 녹는답니다 | 未成沈醉意先融 |

---

* 풀과 꽃으로 승부를 겨루는 놀이.

멀리서 종소리 저녁 바람 따라 들려옵니다.　　　　　　　疏鐘己應晚來風

서뇌향 사그라지고 꿈에서 깨어보니　　　　　　　　　瑞腦香消魂夢斷
벽한금 꽂아 틀어 올린 머리 헝클어졌네　　　　　　　辟寒金小髻鬟松
잠에 깨어 멍하니 붉은 불꽃 바라봅니다.　　　　　　　醒時空對燭花紅

　　서뇌향은 당대 개원開元과 천보天寶 연간 시기 페르시아의 조공품
으로, 매우 진귀하여 현종이 양귀비에게 특별히 열 개를 하사했다는
물건이다. 벽한금도 당시 곤명국昆明國에서 온 희귀품이다. 곤명국에
서 조공으로 바친 수금조嗽金鳥는 생김이 참새와 흡사하고 부드러운
황색 깃털이 촘촘했다. 수금조는 유난히 서리와 눈을 무서워해 온실
에서 살았는데 그곳을 벽한대辟寒臺라 불렀으며, 이름에서 알 수 있듯
이 새는 밤톨 같은 금덩이를 뱉어내는데 그것을 녹여 만든 금붙이를
벽한금이라 불렀다.

「여몽령」

어젯밤엔 비 뿌리고 바람도 세찼지　　　　　　　　　昨夜雨疏風驟
깊은 잠도 남은 술기운을 걷어내지 못하네.　　　　　濃睡不消殘酒
발 걷는 아이에게 물었더니　　　　　　　　　　　　試問卷簾人
도리어 해당화는 그대로라고 대답한다.　　　　　　　卻道海棠依舊
모르겠는가? 모르겠는가?　　　　　　　　　　　　知否　知否
분명 푸름은 짙어지고 붉은 빛은 시들었을 텐데.　　　應是綠肥紅瘦

꽃들이 만개한 봄날, 밤에 내린 비바람에 시인은 문득 마음이 어지러워 잠을 청하지 못하고 술을 찾는다. 남은 숙취를 털어내며 시인이 가장 먼저 떠올리는 것은 꽃의 안녕이다. 왜냐하면 그 꽃은 곧 시인 자신의 모습이기도 하기 때문이다. 비와 바람이 꽃잎을 떨어뜨리고 시들게 하듯 자신의 젊음, 모든 아름다운 것들도 그렇게 하루아침에 사라지는 것 아니겠냐며 시인은 해당화를 통해 말하고 있다.

「**점강진**點絳唇」

그네뛰기를 그만두고	蹴罷秋千
내려와 서니 가녀린 두 손 가지런히 하기도 귀찮아라	起來慵整纖纖手
이슬방울 메마른 꽃가지에 맺히고	露濃花瘦
땀방울은 얇은 옷을 적셨네	薄汗輕衣透
홀연 걸어오는 이 보여	見有人來
버선발로 급히 가느라 금비녀를 떨어뜨리고도	襪鏟金釵溜
부끄러워 가기 바빠라	和羞走
문에 기대어 고개 돌리고	倚門回首
청매 향기를 맡아보았네	卻把靑梅嗅

이 사는 이제 막 사랑이라는 감정을 배우며 설레고 부끄러운 소녀의 마음을 솔직하고 생기 있게 표현한 것으로 이청조 초기의 작품이다. 멈춤과 움직임의 대조와 대구를 통한 시적 화자의 심리 묘사가

탁월하다. 상편의 화자는 그네를 타다 멈추고 내려선 후 힘에 겨워 손도 까딱 하기 싫은 데다 옷까지 땀으로 젖어 있다. 그런데 갑자기 손님이 들어오는 것을 보고 화들짝 놀라 신발을 찾아 신을 엄두도 내지 못하고 떨어진 금비녀도 줍지 못한 채 부끄러운 마음에 버선발로 급히 몸을 피한다. 천진하고 귀여운 소녀의 모습은 하편 마지막 두 구에서 절정을 이룬다. 부끄럽기도 하지만 궁금함도 숨길 수 없는지라 문에 이르러서는 그만 고개를 돌리고 청매 향기를 맡는 척하며 손님의 얼굴을 엿보는 것이다.

「접련화蝶戀花」

따뜻한 비 갠 뒤 부는 바람 비로소 얼음을 풀고	暖雨晴風初破凍
눈매 같은 버들잎과 뺨 같은 매화 꽃잎에	柳眼梅腮
봄의 마음이 움직임을 벌써 느꼈건만	已覺春心動
술 생각과 시흥을 누구와 함께할까?	酒意詩情誰與共
눈물로 화장은 범벅이 되고 꽃비녀는 무겁기만 하여라.	淚融殘粉花鈿重

금실로 바느질한 저고리 입어보고	乍試夾衫金縷縫
베개에도 비스듬히 기대어보지만	山枕斜欹
베개에 봉잠 꽂은 머리 모양만 헝클어질 뿐	枕損釵頭鳳
홀로 깊은 시름 안고 좋은 꿈도 꾸지 못해	獨抱濃愁無好夢
밤이 다하도록 타오르는 심지를 잘라 불꽃을 만드네.	夜闌猶翦燈花弄

이 사는 외지에 나가 있는 남편을 그리워하는 마음을 담은 노래다. 솔직하고 대담한 필치 속에서 은근하고 부드럽게 에둘러 자신의 심사를 표출하는 것이 이청조의 창작 스타일이다.

화창한 날씨와 아름다운 풍경이 있지만 함께 즐길 임이 곁에 없어 눈물 흘리고 잠도 못 이루는 애절함이 묻어난다. 등화燈火는 등잔불이나 촛불의 심지 끝이 타서 맺힌 불똥인데, 예부터 사람들은 이것을 좋은 소식을 알리는 길조라 생각했다. 이리 뒤척, 저리 뒤척거리던 사 속 화자는 아예 잠들기를 포기하고 일어나 앉아 등불의 심지를 잘라 불꽃을 만든다. 멀리 떨어져 있는 남편이 하루빨리 돌아오길 바라는 마음으로 좋은 소식을 '만들고' 있는 것이다. 독수공방의 외로움과 그리움을 이보다 더 잘 표현할 수 있을까?

고독한 혼인 생활

이청조가 열여섯이 되자 집안에서는 여러 명문가 자제들과 혼담이 오갔지만 이청조는 모두 마음에 차지 않아 거절했다. 당시 권세가 쩌렁쩌렁했던 가문의 자제도 마다한 바람에 제남성 어디를 가든 그녀의 혼담 이야기가 화젯거리가 되었다.

그러던 어느 날 매파가 찾아왔다. 당시 관계官界에서 잘나가던 조정지趙挺之 집안에서 먼저 혼담을 제의한 것이다. 이청조는 처음에는 무심하게 부친과 매파가 주고받는 이야기를 듣고 있었다.

"조씨 집안의 공자님은 금석학에 조예가 깊고 언행이 바른 분이시랍니다. 또 성정이 온유하여 여자를 아낄 줄 아시는 분이지요."

옆에서 잠자코 듣고만 있던 이청조가 입을 뗐다.

"그 조공자라는 분의 이름이?"

"조명성이라고 합지요."

들어본 이름이었다. 규방에서 계집아이들끼리 모여 수다를 떨 때 자주 거론되던 이름이 바로 조명성이었다. 그는 이청조보다 네 살이 많았다. 조정지는 채경蔡京과 교분이 두터웠던 덕에 관운이 순조롭게 풀려 벼슬이 상서우부사尚書右仆射까지 이르렀다. 상서좌부사의 자리는 조정 안팎에서 권력을 휘둘렀던 채경이 차지하고 있었다. 집안 배경이나 성장 환경, 관심사 등 여러 면에서 공통점을 가지고 있었던 조명성이 이청조는 마음에 들었다. 그렇게 해서 이청조는 열여덟에 조명성과 혼인을 했다.

「감자목란화減字木蘭花」

꽃을 메고 와 팔기에	賣花擔上
막 피려는 봄을 한 가지 샀지요	買得一枝春欲放
눈물로 옅은 화장은 얼룩져	淚染輕勻
붉은 노을에 새벽이슬의 흔적이 남은 듯합니다.	猶帶彤霞曉露痕
어쩌면 당신도 그리 생각하실는지?	怕郞猜道
제 얼굴이 꽃보다 곱지 못하냐고	奴面不如花面好
귀밑머리에 비스듬히 찌르고	雲鬢斜簪
당신께 견주어보시라 하겠습니다.	徒要敎郞比並看

'막 피려는 봄(春欲放)'의 '春'은 다양한 의미로 해석할 수 있다. 봄의 색春色, 봄의 빛春光, 봄의 정취春意, 봄의 하늘春天, 그리고 봄에 핀 꽃 자체를 대신하기도 한다. '春'을 쓰고 '花'를 쓰지 않는 것은 탁월하다. '花'로는 이렇게 다양한 의미를 풀어낼 수 없기 때문이다. '눈물로 얼룩진 화장'은 의인법을 사용해 가지가 꺾인 자신의 모습이 너무도 처량하고 서글퍼 눈물짓는 꽃을 표현한 것이다. 또 '붉은 아침노을과 새벽이슬'이라는 표현을 보자. 이제 막 따내어 이슬을 머금고 있는 싱그러운 꽃의 빛깔과 붉은 아침노을이 있는 배경이 무척 청신淸新하고 곱다. 이제 갓 결혼한 부부의 달콤한 사랑과 기쁨을 색깔로 표현하면 이럴 것이다. 하편에서는 이청조 특유의 대담함과 천진함이 드러난다. 꽃을 앞에 두고 그 아름다움에 자못 질투심을 느낀 화자는 남편에게 누가 더 예쁘냐고 물으며 괜한 투정을 부려본다. 즐기되 음탕하지 않고 가볍되 속되지 않은 것이 이 사의 미덕이다.

혼인 후 이청조는 남편 조명성과는 더할 나위 없이 궁합이 좋았으나 시부媤父 조정지와는 사이가 좋지 못했다. 혼인을 하고 시댁으로 들어간 첫날부터 그녀는 조정지를 좋아하지 않았다. 권력욕을 부끄러워하지 않고 변신에 변신을 거듭하며 조정을 농단하는 채경과 한배를 탄 시아버지가 이청조는 조금도 존경스럽지 않았다. 조정지 역시 자신에게 고분고분하지 않은 며느리가 마음에 들지 않기는 마찬가지였다. 이청조의 성격을 잘 아는 조명성은 아버지의 편을 드는 대신 고부 관계라도 좋아야 한다는 생각에 어머니에게 아내가 실은 장점이 많은 사람이라며 자주 칭찬을 했다.

이청조가 시부 관계를 위해 노력하지 않은 것은 아니었다. 조정지가 소식을 탄핵하고 이어서 부친 이격비까지 탄핵하는 일이 있었음에도 그녀는 남편의 입장을 생각해서 시아버지와의 갈등을 최대한 피하고자 애를 썼다. 이청조를 더욱 힘들게 한 것은 남편과 떨어져 지내야 하는 일이었다. 조명성이 정식으로 관계에 발을 들여놓기 시작하면서 벼슬을 따라 이리저리 떠도는 환유宦游의 길을 떠나게 되었다. 송조에서는 처음 관직을 맡고 부임지로 떠날 때 혼자 가는 것이 일반적이었다. 결혼하고 이삼 년 밖에 되지 않았으니 남편과 떨어지는 게 쉬운 일일 수 없었다.

「**어가오**漁家傲」

눈 속에서 봄의 소식이 왔음을 보았네	雪裏已知春信至
겨울 매화 구슬 같은 가지 곱게 장식하고	寒梅點綴瓊枝膩
어여쁜 꽃잎 반쯤 벌리니 어여뻐라	香臉半開嬌旖旎
뜰의 가장자리에 핀 네 모습	當庭際
방금 목욕하고 새 단장한 여인의 그것이어라	玉人浴出新粧洗
조물주가 특별히 어여삐 여겨	造化可能偏有意
일부러 달빛을 더욱 영롱하게 비추는가	故敎明月玲瓏地
금잔 높이 들어 술 마시며 함께 완상하세	共賞金尊沉綠蟻
술에 취한다고 사양일랑은 하지 마시라	莫辭醉
이 꽃은 뭇꽃과는 비교할 수 없으니	此花不與群花比

이 사는 영매사다. 상편에서는 이제 막 피어난 매화의 아름다움을 묘사했다. 겨울과 봄 사이에 피는 매화는 사람들의 시간관념을 깨우고 새로운 희망을 품게 하는 꽃이다. 차가운 눈발을 이겨내고 추위를 온몸으로 맞이하며 꽃을 피워 봄을 알리는 매화의 모습을 그리고 있다. 하편에서는 매화의 아름다움에서 더 나아가 그 아름다움을 적극적으로 즐길 것을 요구한다. 조물주의 편애를 받는 매화이니 술을 사양할 생각은 접어두고 꽃의 아름다움을 맘껏 즐기란다. 완곡한 은유로 말하고는 있지만 이 정도면 거의 도발에 가깝다. 뭇꽃과는 비교도 되지 않는 매화는 물론 청조 자신을 빗댄 것이다. 아름다운 젊음에 대한 자신감의 표현도 과감하지만 그런 자신을 사랑해달라는 고백이 참으로 대담하다.

송대는 성리학의 시대였으며 성리학은 예교禮敎를 강조했다. 봉건적 예교로 여성을 억압했던 당시의 사회적 분위기에서 이청조는 가히 혁명적인 존재였다. 기실 자신의 욕망을 숨기지 않고 드러내는 일이란 현대 여성이라도 그리 쉽지 않은 행동이다. 사회적 요구가 그렇기도 하지만 여성 스스로도 자신의 욕망을 들여다보고 보살피는 일의 중요성을 깨닫지 못하기 때문이다.

「봉황대상억취소鳳凰臺上憶吹簫* – 봉황대 위에서 시름에 잠기다」

금사자 향로 속의 향이 차가우니 　　　　　　　　香冷金猊

---

* 한자 성어에 '제 생각대로 억지 추측을 하다'라는 뜻의 억취소악(憶吹簫樂)이 있다.

붉은 파도 같은 이불 걷어 젖히고	被翻紅浪
일어났지만 머리 빗기도 귀찮아라.	起來慵自梳頭
먼지 가득한 화장대에 기대어 보니	任寶奩塵滿
해는 주렴 거는 고리에 걸려 있네.	日上簾鉤
가장 두려운 건 이별의 괴로움	生怕離懷別苦
많은 사연들 말하려다 그만둡니다.	多少事欲說還休
요즘 들어 더 야윈 것은	新來瘦
술병이 나서도 아니고	非幹病酒
가을을 슬퍼해서도 아니랍니다.	不是悲秋

그만두지요, 그만두지요	休休
이렇게 가셨으니	這回去也
천만 번 양관*곡을 불러도	千萬遍陽關
붙잡을 순 없었겠지요.	也則難留
멀리 무릉으로 떠나신 당신 생각하는데	念武陵人遠
안개가 진루**를 가두었네요.	煙鎖秦樓
오직 누각 앞으로 흐르는 물만	惟有樓前流水
종일 먼 곳 응시하는 저를 알아주네요.	應念我終日凝眸
눈길 머무는 저곳에	凝眸處

---

* 왕유(王維)의 이별시 「송원이사안서(送元二使安西)」.
** 진(秦)의 목공(穆公)이 딸 농옥(弄玉)과 사위 소사(蕭史)를 위해 지은 누각으로 봉루(鳳樓)라고도 한다. 피리를 잘 불렀던 소사는 피리로 봉황의 소리도 낼 수 있었는데 훗날 둘은 진루로 날아든 봉황을 타고 하늘에 올라갔다고 전해진다. 이 고사는 유향(劉向)의 『열선전(列仙傳)』에 기록되어 있다.

오늘부터 또 하나를 보태려니　　　　　　　　從今又添

그것은 새로운 시름입니다.　　　　　　　　一段新愁

　　이별의 정한을 노래한 시들은 대개 이별할 당시의 떠나는 이와 보내는 이 사이에서 벌어지는 애달픈 장면을 담는 게 보통이지만, 이 사에는 헤어지는 모습이 나와 있지 않다. 대신 이별 전의 상황과 그 후의 심정을 노래한다.

　　상편을 여는 소재는 차가운 향과 걷어 젖힌 이불이다. 차갑고 서늘한 이미지의 소재를 사용해 이별을 앞둔 이의 서글프고 처량한 심사를 표현했다. 시적 화자는 이불 개는 것도 싫고 머리 빗기도 귀찮다. 화장대 앞에도 잘 앉지 않는지 먼지가 가득히 내려 앉아 있다. 사랑하는 이가 곁을 떠날 판국이니 도무지 일상을 챙길 의욕이 생기지 않는 탓이다. 가슴속 켜켜이 쌓인 사연들 많지만 떠나는 이의 마음만 공연히 무겁게 할 뿐이란 걸 알기에 말하려다 입을 다문다. 그래서 속만 끓이니 지쳐가는 마음만큼 몸도 야위어가는 것이다.

　　하편은 임이 떠난 후의 상황이다. 제법 담담하게 임을 보냈지만 그리움이야 어찌할 수 없는 까닭에 종일 먼 곳만 응시하며 시름겨워하는 모습이 애처롭다. 물은 그저 흘러갈 뿐 이별한 화자의 심정을 알아줄 리 만무하건만 누각 앞으로 흐르는 물만이 자신을 알아준다며 공연한 억지를 부리는 모습이 위로받을 곳 없는 그녀의 쓸쓸한 심사를 더해주는 것 같다.

「일전매—剪梅」

붉은 연꽃 향기 아련하고 대자리는 옥처럼 차가우니 가을이라

紅藕香殘玉簟秋

비단 치마 살짝 벗어놓고 　　　　　　　　　　　輕解羅裳

홀로 목란배에 올랐네. 　　　　　　　　　　　　獨上蘭舟

구름 속에 누가 있어 편지를 보내올까? 　　　　　　雲中誰寄錦書來

기러기 떼 돌아올 때니 　　　　　　　　　　　　雁字回時

서쪽 누각에는 달이 꽉 찼구나 　　　　　　　　　月滿西樓

꽃은 스스로 떨어져 물 따라 흘러가는데 　　　　　　花自飄零水自流

하나의 그리움으로 　　　　　　　　　　　　　一種相思

두 곳에서 슬퍼하는 우리 　　　　　　　　　　兩處閑愁

떨쳐낼 길 없는 이 심정 　　　　　　　　　　此情無計可消除

겨우 눈썹 아래로 내려갔나 했더니 　　　　　　才下眉頭

도리어 마음이 위로 올라왔네 　　　　　　　　卻上心頭

　　원나라 사람 이세진伊世珍이 지은 『낭현기瑯嬛記』에 인용된 외전外傳에 따르면 결혼 후 얼마 안 되어 조명성이 환유의 길을 떠나자 헤어짐을 슬퍼한 그녀가 비단 손수건에 위의 사 「일전매」를 써주었다고 한다. 하지만 왕학초王學初는 『이청조집교주李淸照集校注』에서 이청조가 조명성을 만났을 때 양가는 모두 동경東京(북송의 수도를 일컫는 말—역자 주)에 있었으며 명성은 아직 태학생의 신분으로 환유를 떠난 일

이 없어 낭현기에 나온 것은 사실이 아니라고 지적했다. 이를 미루어 보건대 이 사의 창작 시기는 이청조가 조명성이 멀리 떠난 후에 쓴 것으로 짐작된다.

바깥에 있는 붉은 연꽃 향기와 규방에 있는 옥처럼 차가운 대자리, 이 안팎의 소재를 사용해 시인은 맑은 가을을 시각과 촉각의 이미지로 표현했다. 꽃이 피고 지는 자연현상을 만남과 헤어짐, 기쁨과 슬픔의 인간사에 비유한 글이다. 하편의 마지막 세 구는 오랜 세월을 두고 사람들의 입에 회자되는 구절이다. 눈썹 아래와 마음 위, 내려감과 올라옴 등 대구법의 사용이 아주 탁월하다.

「취화음醉花陰」

옅은 안개와 짙은 구름에 시름도 깊은 오후	薄霧濃雲愁永晝
서뇌향이 금수 화로에서 타들어가네.	瑞腦消金獸
좋은 시절 다시 중양절이 되어	佳節又重陽
옥침에 비단 휘장 있으나	玉枕紗廚
한밤중의 냉기가 스며드네.	半夜涼初透
동쪽 울타리 국화꽃 아래서 술 마시며 황혼을 보내니	東籬把酒黃昏後
그윽한 꽃향기 소매에 가득하네.	有暗香盈袖
영혼을 상하게 않는다고 말하지 마시길	莫道不消魂
주렴 걷고 서풍 맞으니	簾卷西風
사람이 국화보다 더 야위었네.	人比黃花瘦

깊어진 가을에 느끼는 고독과 쓸쓸함을 적고 있지만 실은 중양절重陽節을 맞이하여 멀리 있는 남편을 그리워하는 정을 표현한 것이다. 아침부터 밤까지 하늘에는 온통 안개와 구름뿐인 음침한 날씨는 그녀의 마음에 시름만 더해준다. 바깥 날씨가 안 좋아서 나갈 생각을 접고 방 안에 들어앉아 향불을 태우고 있자니 정말이지 무료하기 짝이 없다. 게다가 중양절이라 날도 제법 서늘하니 옥침에 비단 휘장이 있다 한들 몸과 마음으로 스며드는 냉기를 막을 도리가 없다.

하편은 시적 화자가 중양절의 풍습인 국화주를 마시며 꽃을 감상하는 장면으로 시작된다. 가을의 풍광이 아름다울수록 쓸쓸함은 더욱 깊다. 함께할 임이 곁에 없기 때문이다. 그녀가 할 수 있는 일이란 국화보다 더 야윈 모습으로 홀로 시간을 견디는 것뿐이다. 이 사는 이청조가 이름을 얻는 계기가 된 작품인데, 여기에 얽힌 이야기 한 토막을 소개하겠다.

이청조는 「취화음」을 써서 멀리 있는 조명성에게 보냈다. 조명성은 사를 읽고 감탄하면서도 지고 싶지 않은 마음이 들었던지라 같은 사패명詞牌名으로 「취화음」 50수를 지어 아내의 것과 함께 들고 친구 육덕부陸德夫를 찾아갔다. 육덕부는 당시 문단에서 명망이 높은 평론가였다. 그는 말없이 조명성이 건네준 종이더미를 받아들고 읽기 시작했다. 세 번쯤 읽었을까, 육덕부는 조명성에게 말했다.

"쓸 만한 것은 딱 세 구로군."

"어느 구절인가?"

"영혼을 상하게 않는다고 말하지 마시길, 주렴 걷고 서풍 맞으니 사람이 국화보다 더 야위었네."

육덕부가 이청조의 「취화음」을 읽고 호평을 했다는 이야기는 수도 변량에서 빠르게 퍼져나갔고 이때부터 그녀의 이름이 문단에 알려지기 시작했다. 그해에 이청조는 스물하나였다.

조명성이 벼슬길에 들어서면서 부부가 함께한 날보다 헤어져 있는 날들이 더 많았지만 그 시간은 이청조가 문학적으로 성숙하는 밑거름이 되어주었다. 아내의 인격을 존중하고 재능을 높게 샀던 남편 조명성의 지지도 한몫했다. 송대 문단의 일각에서는 이청조의 사를 두고 '부끄러움을 모르고 품행이 방정하지 않다'며 비난하는 목소리도 있었다. 하지만 이청조는 아랑곳하지 않았다. 그녀는 그런 식의 평가에 흔들릴 정도로 심약하지 않았고 글을 써야 하는 이유가 분명했기 때문이었다.

자주와 평등을 노래한 큰언니

남편 조명성이 돌아왔다. 기뻤지만 마냥 기뻐할 수는 없는 일이었다. 순조롭던 벼슬길이 갑자기 막혀버린 것이었다. 이청조가 까닭을 물었다. 원흉은 시아버지 조정지였다. 권력을 농단하다가 결국에는 그 화가 아들한테까지 미치고 만 것이었다. '소인은 이익 때문에 사귀다가 나눌 이익이 없어지면 절교한다'더니, 한통속이 되어 조정을 쥐락펴락하던 조정지는 채경이 세를 잃자 언제 그랬냐는 듯 배신했고, 그 후로 일 년 뒤 채경이 다시 세를 모아 권토중래捲土重來하자 조정지는 조정에서 쫓겨나 얼마 못 가 울화병으로 죽고 말았다.

높이 날면 떨어질 때 더 아프다고, 세도를 부리던 조정지가 죽자 조씨 집안은 급격하게 기울기 시작했다. 관복을 벗은 조명성은 이청조를 데리고 산동성 익도益都인 고향 청주靑州로 갔다. 이청조는 남편의 벼슬길이 끊어지는 것을 원하지는 않았지만 대신 헤어짐의 고통과는 이별할 수 있었기에 그리 낙심하지 않았다. 자주 우거지상이 되는 남편을 그녀는 부드럽게 달랬다. '사내장부라면 마땅히 천하에 그 뜻을 두어야 하지만, 기왕지사 일이 이렇게 된 것 한숨은 쉬어서 뭐 하겠느냐'며 그녀는 '시간이 많으니 금석학 연구에 몰두할 수 있지 않겠느냐'고 남편을 설득했다. 듣고 보니 아내의 말이 틀리지 않았다. 자신에겐 할 일이 있었다. 조명성은 이전투구泥田鬪狗의 정치판에서 더러운 꼴을 보느니 금석과 서화를 연구하는 것이 훨씬 고상한 일이라고 생각했다. 그렇게 조명성은 이청조의 적극적인 지원과 도움 속에서 십여 년 세월의 공을 들여 『금석록金石錄』을 편찬했다.

청주에서 머물던 십 년 동안 이청조는 창작 활동을 하지 않았다. 그녀에게 문단에서 이름을 얻는 일은 전혀 중요하지 않았다. 공명심 따위가 행복을 만들어주지 못한다는 것을 잘 알았던 것이다. 이청조는 청주에서 의기투합한 벗들을 많이 사귀어 그녀들과 함께 술을 마시고 들로, 산으로 나가 답청과 투초 놀이를 하거나 배를 타고 강으로 나가 연꽃과 연잎을 땄다. 또 함께 수레나 말을 타고 저잣거리를 활보하기도 했다. 그녀들에게 이청조는 다른 세상과 삶이 있다는 것을 알게 해준 큰언니였으며 배울 점 많은 동생이었다. 그녀들 중 몇몇은 아버지한테 자주 자신의 의견을 표명했으며 또 몇몇은 남편에게 평등을 요구했다. 갑자기 변해버린 딸과 아내를 보면서 남자들은 지하의 공자님이 벌떡 일어나실 일이라며 혀를 끌끌 찼다. 심지어

'자주와 평등'이라는 말을 듣고 분통이 터진 한 사내가 관아를 찾아가 '이청조가 여자들을 다 버려놓았다'며 풍기문란죄로 고소하는 사태까지 일어났다. 이 '부덕婦德' 파괴 사건은 이청조의 승리로 끝이 났다. 주부州府의 관리가 조명성의 인물됨을 알아보고 언젠가는 크게 쓰일 인재인데 별스럽지 않은 문제로 괜히 그와 감정을 상하는 일을 만들 필요가 없다고 생각해 고소 사건을 기각해버린 것이었다. 그녀들은 승리의 기쁨을 감추지 않았고 이청조의 사를 흥얼거리며 다시 산과 강으로 나갔고 거리를 마음껏 활보했다.

「쌍조원왕손雙調怨王孫」

호수 위로 바람 불어 물결 아득하고	湖上風來波浩渺
가을은 이미 깊어 붉은 꽃 드물고 향기도 옅어졌다.	秋已暮, 紅稀香少
물빛과 산색이 사람과 친함은	水光山色與人親
말로 다 못하지, 그저 끝없이 좋을 뿐.	說不盡, 無窮好

연밥은 벌써 늙은 연잎 되었고	蓮子已成荷葉老
맑은 이슬은 적시고 있네, 부평초와 물가의 풀을	青露洗, 蘋花汀草
모래톱에서 쉬던 갈매기와 해오라기 돌아보지도 않네	眠沙鷗鷺不回頭
원망스러운 듯, 서둘러 돌아가는 사람이	似也恨, 人歸早

조명성은 래주萊州의 지주로 부임하라는 임명장을 받았다. 이번에 이청조는 남편을 따라나서기로 작정했다. 또다시 이별의 고통을 겪

고 싶지 않았고 마음 한편에 있는 어떤 불안심리 때문이기도 했다. 축첩이 제도화된 남성 중심의 사회였지만 남편 조명성이 자신이 아닌 다른 여자를 사랑한다는 것은 이청조에게는 용납도 감당도 할 수 없는 일이었다. 여하간 현존하는 자료로 보면 조명성이 첩을 두었다거나 기녀를 가까이했다는 기록은 없다.

조명성 부부가 청주를 떠나게 되었다는 소식이 전해지자 이청조를 따랐던 그녀들이 와서 울고불고하는 통에 초상집이 따로 없었다. '자주와 평등'을 가르쳐준 이청조가 떠나면 '꽁생원 같은 선비'들의 등쌀에 숨도 제대로 쉴 수 없을 거라며 그녀들은 울었다. 이청조도 마음이 아프기는 매한가지였다. 십 년의 세월 동안 두터운 정을 쌓았으니 슬프지 않을 재간이 없었다. 그녀가 떠나는 날 때마침 가랑비까지 내려 이별의 장면에 슬픔을 보탰다.

다음 사는 1121년 8월 이청조가 래주로 가는 도중 산동의 창락현에 있는 역참의 숙소에서 머물 때 지은 것이다. 아마도 조명성은 임명장을 받고 바로 먼저 래주로 떠난 것 같다. 남편을 만나러 가는 길이라면 기쁨과 설렘으로 흥분하는 것이 인지상정이거늘, 사를 읽어보면 오히려 슬픔만 자욱하다. 함께했던 자매들을 향한 그리움도 한몫했을 테지만 그보다 더 근본적인 이유는 앞날에 대한 걱정 때문이었다. 이청조는 서른여덟이었다. 이제는 마냥 예쁘고 사랑스러울 나이가 아니었다. 그래서 자신의 기대와는 다르게 혹여 남편이 반가워하지 않을지도 모른다는 두려움에 미리 절망하고 있는 것이다. '산은 길지만 그 산마저 끊어졌다'는 말은 의지할 곳 없는 상태를 은유한다. 화자는 절망감을 이기기 위해 곧 떠나야 할 것도 잊고 술을 마신다.

「접련화蝶戀花·만지창악관기자매晚止昌樂館寄姊妹 - 저녁에 창락관에서 머물며 자매들에게 부치다」

눈물이 비단 옷 적시니 온통 연지와 분가루였고	淚濕羅衣脂粉滿
왕유의 양관곡을	四疊陽關
수천 번 불렀었지.	唱到千千遍
사람들 말이 산은 길지만 그 산마저 끊어졌다고 했지	人道山長山又斷
외딴 여관에서 보슬보슬 가랑비 소리 듣고 있다	瀟瀟微雨聞孤館
이별의 안타까움에 심란하여	惜別傷離方寸亂
곧 떠나야 할 것도 잊고	忘了臨行
술잔만 채웠다 다시 비웠었지.	酒盞深和淺
편지는 기러기 편에 보내도 좋다	好把音書憑過雁
동래는 봉래만큼 멀지 않으니	東萊不似蓬萊遠

피난 행렬에 세월을 맡기다

이청조의 걱정과 달리 남편은 성실했고 여전히 아내를 사랑했다. 래주에서의 생활은 평화롭고 만족스러웠다. 1127년 래주에서의 임기를 채운 조명성은 치주淄州로 부임해 다시 떠났다. 치주는 래주보다 규모가 더 컸으니 승진인 셈이었다. 그러나 조명성이 치주의 지주로 부임하고 며칠 안 되어 금이 북송을 침공해왔다. 전쟁의 불길은 낙양과 수도 변경까지 집어삼킬 듯한 기세로 타들어오고 있었다.

금의 군대가 곧 수도 변경을 포위할 것이라는 소식이 전해지자 이청조와 조명성은 청주로 달려갔다. 둘은 십여 칸을 가득 채우고 있는 금석과 고서화들을 바라보고 있자니 가슴이 타들어는 것 같았다. 그간 쏟아부은 돈과 시간이 아까워서가 아니었다. 그것들은 선조들이 만들어온 역사를 보여주는 문물이요 발자취가 아니던가. 이청조는 당시의 상황과 심경을 『금석록』의 후서後序에 적어놓았다.

금의 도적떼들이 수도까지 쳐들어왔다는 소식을 듣고 나는 망연자실했다. 궤짝이며 상자며 집안 가득 쌓여 있을 금석과 고서화들을 생각하니 애가 타고 슬펐다. 이제 그것들은 더 이상 우리 소유가 될 수 없겠다는 것을 알았다.

같은 해 3월 조명성의 모친이 금릉에서 죽었다. 조명성은 수레 열다섯 대에 금석과 고서화들을 싣고 금릉으로 떠났다. 이때 이청조는 방방에 쌓여 있는 서책과 집기들을 그냥 두고 올 수 없어서 청주에 남았다. 금석과 고서화들에 파묻혀 지냈던 그들에게 전쟁이란 너무도 감당하기 어려운 대재난이었다. 이청조는 살 떨리고 가슴 조이는 하루하루를 견뎠다. 같은 해 겨울 금의 군대가 청주까지 쳐들어오자 이청조는 피난 행렬에 몸을 맡길 수밖에 없었다.

이청조가 금릉에 당도했을 때는 송 고종高宗 건염建炎 2년인 1128년 초봄이었다. 당시 조명성은 강녕江寧에서 지부知府로 부임해 있었다. 생사도 확인할 길 없어 애를 끓였던 이청조와 조명성은 만나자마자 서로를 끌어안고 울었다. 장강이 가로막고 있어 금릉성은 다행히 전쟁의 불길을 피할 수 있었다.

고종 조구趙構는 휘종의 아홉째 아들로 남경의 응천應天에서 즉위하여 국호를 건염으로 고쳤다. 이 시기부터 남송이라 부른다. 고종은 즉위 후 중원을 수복하겠노라 큰소리쳤지만 실은 항전할 의지가 전혀 없었다. 그는 북방을 버리고 남하해 강녕을 행도行都(임금이 궁을 떠나 멀리 나들이할 때 임시로 정한 도읍―역자 주)로 삼고 이름을 건강健康으로 고쳤다.

다음 사는 1128년 상사절의 정경을 적은 것이다. 전란을 겪으며 몸과 마음이 지쳐서일까, 봄이 왔음에도 그녀는 흥겹지 않다. 꽃을 질투하고 경쟁심을 느낄 만큼 자신만만했던 그녀도 어느새 중년을 넘긴 나이가 된 것이다. 술김에 꽃을 머리에 꽂더라도 웃지 말라며, 늙어가는 자신이 가여워서라 말하는 그녀는 어쩐지 낯설기만 하다.

「접련화蝶戀花·상사소친족上巳召親族 ― 상사일에 친족을 초대하다」

긴 밤을 뒤척이고 기쁠 일도 적어서인지	永夜慆慆歡意少
부질없이 꿈에선 장안을 봤는데	空夢長安
장안의 길을 알아보겠더군요.	認取長安道
듣자니 올해는 봄빛이 좋아	爲報今年春色好
꽃과 달이 서로를 비추고 있다지요.	花光月影宜相照
멋대로 차린 술자리 비록 소박하지만	隨意杯盤雖草草
술은 맛있고 매실은 새콤하니	酒美梅酸

당신 마음에 흡족하실 거예요.　　　　　　　　恰稱人懷抱

술에 취해 꽃을 꽂더라도 웃지 마시길　　　　醉裏揷花花莫笑

사람처럼 봄도 장차 늙어 가버릴 것이 가여워서랍니다.　可憐人似春將老

이어지는 사는 1129년 초봄에 지은 것이다. 상편의 마지막 구 '나
는 건강에서 늙고 있다'는 말은 개인적 비애만 담고 있는 말은 아니
다. 중원을 수복할 계획을 세우지 않고 건강에서 흔전만전 나랏돈을
축내며 향락을 일삼는 남송 황실과 조정의 무리에 대한 실망과 비탄
을 드러낸 것이다.

「**임강선**臨江仙」

정원이 깊고 깊으니 얼마나 깊은지　　　　　　庭院深深深幾許

구름 든 창, 안개 낀 누각은 늘 빗장을 걸어놓고 있네.　雲窗霧閣常扃

버들가지 끝과 매화 꽃받침은 조금씩 또렷해지고　柳稍梅萼漸分明

봄은 말릉의 나무에도 돌아왔을 텐데　　　　春歸秣陵樹

나는 건강에서 늙고 있구나.　　　　　　　　人老建康城

달 감상하고 바람을 노래했던 크고 작은 추억들　感月吟風多少事

이젠 늙고 이룬 것도 없으니　　　　　　　　如今老去無成

누가 야위고 시든 나를 가여워할까?　　　　誰憐憔悴更凋零

등불 밝히는 일도 재미없고　　　　　　　　試燈無意思

눈 밟는 것도 마음 없어라.　　　　　　　　踏雪沒心情

남편을 떠나보내다

1129년 5월 건강에 병란兵亂이 일어났으나 곧 평정되었다. 다시 돌아온 고종은 난을 피해 안휘성에 가 있던 조명성을 호주湖州의 지주로 부임하라며 건강으로 불렀다. 조명성은 안휘성 지양池陽에 이청조가 머물 곳을 마련해주고 임명장을 받으러 건강으로 떠났다.

삼복더위가 기승을 부리더니 벌써 칠석이었다. 견우와 직녀도 만난다는데 남편과 다시 떨어지게 된 이청조는 자꾸 방정맞은 생각이 들고 마음이 안정되지 않았다. 그해 칠월 칠석에 쓴 다음 사에는 불길한 운명을 예감한 듯한 그녀의 심정이 담겨 있다

「행향자行香子·칠석七夕」

풀 끝자락에서 우는 귀뚜라미 소리에	草際鳴蛩
놀라 오동잎은 떨어지고	驚落梧桐
세상과 하늘로 갈라졌으니 시름도 깊어라.	正人間天上愁濃
구름 계단과 달의 땅에	雲階月地
문을 잠근 자물쇠는 천 근 같이 무겁구나.	關鎖千重
뗏목이 오고	縱浮槎來
뗏목이 가도	浮槎去
서로 만나지도 못하네.	不相逢
까치가 놓는 오작교는	星橋鵲駕

해가 지나야 여우 볼 수 있으니	經年才見
이별의 정한은 끝도 없어라.	想離情別恨難窮
견우와 직녀가	牽牛織女
헤어지는 중인지	莫是離中
잠시 개었다가	甚霎兒晴
잠시 비 뿌렸다가	霎兒雨
잠시 바람이 부네.	霎兒風

아니다 다를까, 황명을 받드느라 그 폭염에 쉼도 없이 달린 조명성은 건강에 당도하자마자 쓰러지고 말았다. 이청조는 전갈을 받고 옷가지를 대충 챙겨 서둘러 건강으로 떠났다. 탕약을 달포 넘게 썼지만 조명성은 도무지 기운을 차리지 못했다. 소식을 듣고 병문안을 오는 이들도 많았는데, 그중 장여주張汝舟라는 이도 있었다. 장여주는 이청조가 변경에 있을 때 몇 번 본 적 있는 조명성의 친구였다. 변경 시절 부잣집 아들답게 그는 올 때마다 값나가는 고서화를 들고 왔으며 이청조에게도 깍듯해 인상이 좋았던 사람이었다. 그날도 장여주는 조명성에게 선물이라며 진귀한 옥호玉壺를 내밀었다. 조명성은 병석에 누워 미소를 지었지만 눈에는 물방울이 맺혀 있었다. 이청조는 물건을 쥘 기력조차 없는 남편을 대신해 옥호를 들고 이쪽저쪽 돌려가며 보여주었다.

그해 8월 중순, 조명성은 결국 일어나지 못하고 죽었다. 이청조는 남편을 보내고 오래도록 앓았다. 장여주는 매일같이 이청조가 좋아하는 물푸레나무 꽃을 들고 찾아왔다. 그뿐만이 아니었다. 장여주는 직접 부엌에 들어가 닭을 넣고 푹 끓여낸 탕을 갖다 바치고는 해저물녘이 되어서야 조용히 돌아가고는 했다.

날로 성장하는 시인의 붓

겨울이 되면서 이청조의 얼굴에 혈색이 돌고 몸에 살도 좀 붙었다. 장여주가 조심스럽게 여전히 아름답다는 말을 하면 이청조는 고개를 저으며 창밖의 눈꽃을 바라보았다. 떠난 사람은 바라볼수록 자신에게서 점점 멀어져가는 것 같았다. 그러나 산 사람은 또 살아가야 하는 것이 생의 이치가 아니던가.

이청조는 절동浙東(절강성 동해안 일대—역자 주)의 부임지로 가라며 장여주를 채근했다. 장여주는 오래전부터 이청조에게 연정을 품고 있었고 이청조도 이를 모르지 않았다. 사실 그 어느 때보다 남자의 사랑과 보호가 절실하기도 했다. 이청조는 남편을 잃은 과부였지 봉건 예교 따위에서 말하는, '아직 남편을 따라 죽지 않은' 미망인은 아니었다. 그녀는 그저 좀 망설일 뿐이었다.

금의 군대가 장강을 넘어 건강으로 오고 있었다. 성 안은 피난을 가려는 사람들로 들끓었고 장여주도 온다 간다 말도 없이 사라졌다. 이청조는 그가 총망히 부임지로 떠나느라 소식도 못 전하고 갔을 거라 생각했다. 설령 장여주가 다시 돌아오지 않는다 해도 아쉬울 것은 없었다. 그녀에게는 남편과의 추억이 고스란히 담긴 금석과 고서화들이 있었다. 청주에서 불에 타 소실된 것들만 생각하면 아직도 가슴이 다 찢겨나가는 것 같았다.

건강의 행궁에서 들려오는 소식은 한심하기 짝이 없는 내용이었다. 황제라는 작자는 누선樓船을 대기시켜놓고 도망갈 생각만 하고 있었다. 이청조는 분개했지만 상소문을 올릴 수도 없는지라 더욱 답답했다. 아래는 그런 비분의 심정을 적은 회고시다.

「하일절구夏日絶句 – 여름날의 절구」

살아서는 세상의 호걸이 되고	生當作人傑
죽어서는 귀신의 영웅이 되어야지	死亦爲鬼雄
이제와 항우를 그리워함은	至今思項羽
강동을 건너려 하지 않던 그 뜻 때문이네	不肯過江東

싸워보지도 않고 투항해버린 무력한 남송 황실과 조정에 대한 실망과 분노를 짧은 절구 속에 평정한 어조로 담아낸 솜씨가 일품이다. 이청조는 이 시를 시작으로 개인적 서정에만 머물렀던 세계에서 벗어나 사회적 목소리를 내기 시작했다. 남편 조명성과 사별한 후 그녀는 주로 당시의 혼란한 정세와 그 속에서 느끼는 고독을 사실적으로 노래했다.

이청조는 조명성의 매부에게 금석문과 고서화들을 강서의 홍주洪州로 운반해달라고 부탁했다. 당시 병부시랑兵部侍郎이었던 조명성의 매부라면 손실 없이 운반할 수 있을 터였다. 고종의 백모伯母인 융우태후隆佑太后도 홍주로 간다고 하니 강서라면 안전한 피난처가 될 수 있을 거라 생각했다. 하지만 금의 군대는 홍주까지 침공해 들어왔고

태후고 병부시랑이고 모두 제 한 몸 챙기느라 일찌감치 달아났다. 그 와중에 애지중지하던 물건들은 모두 '증발'했다. 이청조는 오열했다. 더 이상 자신에게 남은 것이 없다는 서러움과 외로움이 복받쳐 올라와 걷잡을 수 없이 눈물이 흘러내렸다. 이에 하인이 이렇게 지체했다가는 피난마저 갈 수 없는 지경이 될지 모른다며 길을 나서자고 재촉했다. 그랬다. 떠나는 어가御駕를 따라 피난 행렬에 몸을 맡길 수밖에 없는 상황이었다. 그녀는 남동생 이항李远과 함께 피난길에 올랐다.

『금석록』 후서를 보면 1130년 봄 어느 날 배를 타고 가다 풍랑을 만났다는 기록이 있는데, 다음 사는 아마도 그때 배 위에서 썼던 것 같다. 이청조가 쓴 호방사의 풍격을 감상해보자.

「어가오漁家傲」

하늘은 구름 물결도 만나고 새벽안개도 만난다	天接雲濤連曉霧
은하수가 움직이려 하니 배 천 척이 춤을 추는 듯하다	星河欲轉千帆舞
마치 꿈에서 혼이 상제님 계신 곳으로 돌아간 양	彷佛夢魂歸帝所
하늘의 소리 들리는데	聞天語
나더러 어디로 가느냐고 다정하게 물으시네.	殷勤問我歸何處

나는 갈 길 멀다 답하며 해가 저무는 것을 탄식한다	我報路長嗟日暮
시를 공부해 사람들이 놀랄 만한 구절도 많았었지	學詩漫有驚人句
구만 리 부는 바람에 붕새가 막 날아오르려 하니	九萬裏風鵬正舉

바람이여 멈추지 마라   風休住

쑥풀처럼 가벼운 배 바람 따라 삼산으로 갈 수 있도록   蓬舟吹取三山去

금군의 추격을 피해 강남으로 간 고종은 항주를 임안臨安으로 고치고 도읍지로 정했다. 이청조의 생활도 조금씩 안정되기 시작했다. 다음 사는 남으로 피난 온 이후의 작품인데 피난살이의 서글픔이나 남편 잃은 슬픔 따위는 느껴지지 않는다. 장차 다가올 봄을 느끼며 기분 좋게 잠에선 깬 여인이 있을 뿐이다. 사 속의 여인은 고향이 그리우면서도 마음을 무겁게 하기 싫어 부러 가볍게 넘겨버린다. 사별과 피난, 타향살이 등 한꺼번에 많은 일들을 겪으며 그녀는 더욱 성숙해진 듯하다.

「보살만菩薩蠻」

바람 부드럽고 햇살도 엷지만 봄은 아직 이른데   風柔日薄春猶早

겹저고리 입어보니 기분이 좋다.   夾衫乍著心情好

잠에서 깨니 가벼운 한기 느껴지고   睡起覺微寒

귀밑머리에 꽂은 매화 시들었네.   梅花鬢上殘

고향이 어디였던가?   故鄕何處是

잊으려면 술에 취해야지.   忘了除非醉

침수향을 잠자리에 들며 피웠는데   沈水臥時燒

향기는 사라졌으나 술기운은 아직 가시지 않았네.   香消酒未消

다음 사의 창작 시기는 대략 1138년경, 즉 남송 황실이 임안에 도읍하던 시기 무렵인 것 같다. 원소절이라는 소재를 가져와 명절을 맞이한 심경의 변화를 금석今昔의 대비를 통해 표현하고 있다.

「영우락永遇樂」

지는 해는 금덩이가 녹는 듯하고	落日熔金
저녁 구름은 옥구슬을 뭉쳐놓은 듯한데	暮雲合璧
사람은 어디에 있는 것인가?	人在何處
버드나무 물들인 안개 짙기도 하여라	染柳煙濃
'매화는 지고'* 피리 소리 슬픔과 원망을 실어 보내는데	吹梅笛怨
봄뜻을 얼마나 알고 있는지?	春意知幾許
원소 아름다운 절기라	元宵佳節
따사로운 날씨지만	融和天氣
그렇다고 어찌 바람과 비가 없겠는가?	次第豈無風雨
다들 와서 좋은 수레와 귀한 말 타고 가자 하지만	來相召香車寶馬
사양하고 술 동무와 시 친구를 돌려보내네.	謝他酒朋詩侶
중주**가 번성하던 시절	中州盛日
규중은 많이 한가로웠지만	閨門多暇

---

* 매화락(梅花落) – 피리 곡조명.
** 북송의 수도 변량(汴梁).

원소절만큼은 요란했던 기억이 나네.	記得偏重三五
비취로 장식한 모자에	鋪翠冠兒
금박으로 꼬아 만든 설류* 꽂고	拈金雪柳
예쁘게 치장하고 나가 놀았었지.	簇帶爭濟楚
지금은 초췌하여	如今憔悴
머리는 헝클어지고 빛바래어	風鬢霜鬢
행여 누가 볼까 밤에도 나가기가 두렵구나.	怕見夜間出去
차라리 주렴 아래 서서	不如向簾兒底下
사람들 웃고 떠드는 소리나 듣는 게 낫겠네.	聽人笑語

상편의 '사람은 어디에 있는 것인가?'는 보통 두 가지 의미로 해석되는데, 자신이 어디에 있는지 모르겠다는 뜻도 되고 사별한 남편을 지칭하기도 한다. 명절이 되면 가족이 더 그리운 법이다. 원소절의 풍경은 예전 그대로인데, 사람 사는 모양은 많이 달라져 나라는 예전의 꼴이 아니고 자신은 남편을 잃고 고향을 떠나 외딴 곳에서 사는 처지가 되었다. 그러니 피리 소리도 슬픔과 원망의 한숨처럼 들리는 것이다. 명절이라고 예쁘게 치장할 마음이 내키지 않아 초췌한 얼굴로 주렴 아래 서서 사람들이 웃고 떠드는 소리를 듣는 모습은 읽는 이마저 안타깝게 한다.

『중국역대시가선』에서는 이 사를 높이 평가하면서 '여성적 분위기가 전혀 느껴지지 않고 호탕한 기운이 충만하다'고 했는데, 이청조

---

* 백지를 버드나무의 잎 모양으로 길게 오린 것.

가 들으면 웃을 일이다. 오히려 그녀가 구축하고자 한 것은 '여성적 호방미'였을 것이다. 글의 서두에서도 밝혔듯 이청조가 위대한 것은 여성성을 포기하거나 왜곡하지 않고 여성성의 힘으로 남성 중심의 문단에 족적을 남겼기 때문이다.

「고안아孤雁兒」

등나무 침대, 종이 휘장 속에서 아침에 일어나면	藤床紙帳朝眠起
좋지 않은 생각들 말로 다 할 수 없네.	說不盡無佳思
침향은 끊어질 듯 말 듯하고 옥향로는 차갑게 식어	沈香斷續玉爐寒
물 같은 내 마음을 벗해주는구나.	伴我情懷如水
매화삼농곡을 연주하는 피리 소리에	笛聲三弄
매화가 놀란 듯 꽃망울 터뜨리니	梅心驚破
봄의 정취가 사뭇 있어라.	多少春情意
실바람과 이슬비 땅 위에서 쓸쓸하니	小風疏雨蕭蕭地
천 줄기 눈물을 쏟게 하네.	又催下千行淚
피리 불던 당신 떠나고 옥루는 텅 비었으니	吹簫人去玉樓空
애끊는 이 마음 누구에게 의지할까	腸斷與誰同倚
매화 꽃가지 꺾어 와도	一枝折得
이 세상에도 저 하늘에도	人間天上
건네드릴 분 없어라.	沒個人堪寄

이청조는 자서自序에서 '사람들이 매화사를 많이 짓는데 붓을 댔다 하면 속되었다. 나도 한 편 지어보고 선현의 말씀이 헛되지 않음을 알았다'고 말하고 있지만 겸손의 말일 뿐이다. 이 사는 우선 영물시詠物詩(주변 사물을 소재로 택해 노래한 시—역자 주)가 대부분 소재의 아름다움을 찬양하면서 그것에 매몰되기 쉬운데 그런 오류를 범하지 않았다. 매화에 관한 전고를 빌려오긴 하였으나 완전히 새롭게 활용해 쓴 망부사亡夫詞(지아비를 잃은 슬픔과 그 추모의 마음을 노래한 사—역자 주)다.

「첨자추노아添字醜奴兒·파초芭蕉」

창문 앞 누가 파초를 심었는지	窗前誰種芭蕉樹
짙은 빛이 정원에 가득	陰滿中庭
짙은 빛이 정원에 가득	陰滿中庭
펴진 잎마다 말린 심마다 정취도 듬뿍	葉葉心心舒卷有餘情
상심하여 누우니 한밤중에 비는 내려	傷心枕上三更雨
빗방울이 똑 똑 똑	點滴霖霪
빗방울이 똑 똑 똑	點滴霖霪
시름에 상한 북쪽 사람 일어나서 듣자니 익숙지 않네	愁損北人不慣起來聽

여름날 파초로 뒤덮인 정원의 모습은 북쪽에선 볼 수 없는 풍경이다. 아름답지만 이국적인 풍광이 오히려 타향살이의 낯섦을 더욱 부각시킨다. 그래서 화자는 그 익숙하지 않은 생경함에 향수鄕愁에 시달려 잠도 못 이루고 하릴없이 빗방울이 파초 잎 위로 떨어지는 소리

만 듣고 있는 것이다.

「염노교念奴嬌·춘정春情」

쓸쓸한 정원에	蕭條庭院
다시 바람 비껴 불고 빗줄기 가늘게 내리는데	又斜風細雨
중문*은 닫혀 있네.	重門須閉
사랑스런 버들과 아리따운 꽃으로 한식이 가까움을 아니	寵柳嬌花寒食近
온갖 괴로움을 주는 날씨라네.	種種惱人天氣
어려운 시를 짓고	險韻詩**成
독한 술에 취했다 깨도	扶頭酒***醒
유달리 허전한 마음이어라.	別是閑滋味
먼 길 가는 기러기 다 지나갔으니	征鴻過盡
마음속 천만 가지 사연들 부치기 어렵네.	萬千心事難寄

누대에 며칠 꽃샘추위 드니	樓上幾日春寒
사방에 주렴 드리운 채로	簾垂四面
옥난간에 기대고 서 있기도 귀찮아졌네.	玉欄干慵倚
이불도 차갑고 향도 타버리고 꿈마저 깨어	被冷香消新夢覺
시름 많은 사람 잠도 못 들게 하네.	不許愁人不起

---

* 대문 안에 또 세운 문.
** 험운시(險韻詩) – 많이 쓰이지 않고 압운을 달기 어려운 글자로 지은 시.
*** 부두주(扶頭酒) – 쉽게 취하는 독한 술.

새벽녘 맺힌 맑은 이슬	淸露晨流
이제 막 새잎 틔운 오동	新桐初引
봄의 기운을 즐겨도 좋으리라.	多少遊春意
해 높이 솟으면 안개는 사라지겠지만	日高煙斂
오늘 날이 갤지 흐릴지 더 두고 보아야겠네.	更看今日晴未

이 사는 조명성이 1121년 래주의 지주로 부임해 떠난 후에 쓴 것으로 짐작된다. 곁에 남편도 없이 시댁 식구들과 지내야 하니 외롭고 힘들었을 것이다. 답답한 심사를 달래려 일부러 어려운 시를 짓고 독한 술을 마셔도 허전한 마음은 그대로다. 새벽이슬과 잎 틔운 오동나무를 보면서 화자는 봄의 기운을 즐기고 싶지만 함께할 임이 없어 외롭다. 그래서 선뜻 즐긴다 하지 못하고 날이 갤지 흐릴지 더 두고 보아야겠다며 수동적인 태도를 보이는 것이다.

세찬 배신의 바람

1132년 봄과 여름의 어느 길목, 말도 없이 사라졌던 장여주가 다시 그녀 앞에 나타났다. 낯선 곳에서 만난 오랜 친구란 그 기쁨과 반가움을 배로 만들어주는 법, 이청조는 무척 반가이 그를 맞았다. 둘은 함께 차를 마시고 밥을 먹었으며 길을 걸었다. 이런저런 얘기를 주고받던 중 조명성이 화제가 되자 장여주는 울먹이는 목소리가 되었다. 수레 수십 대는 족히 되는 그 많은 금석과 고석화들이 불에 타거나 유실되었다는 말을 들을 때 그는 더욱 비통한 얼굴이 되었다.

둘에겐 함께 나눌 것들이 있었다. 슬픔이 있었고 한이 있었고 같은 추억이 있었다.

이청조는 장여주의 청혼을 받아들였다. 그간의 친절과 배려가 고마웠고 무엇보다 의지할 사람이 필요했다. 하지만 장여주와의 결혼 생활은 한 달여 만에 끝나고 말았다. 믿었던 사람이었기에 배신감은 더욱 컸다. 장여주는 이청조가 가지고 있는 얼마 되지 않는 물건들을 탐냈다. 벼슬자리를 알아보는 데 필요하다며 어제는 옥호를 가져가더니 오늘은 단선團扇을 달라는 식이었다. 이청조가 내놓지 않자 장여주는 서슴없이 주먹을 휘둘렀다. 그뿐만이 아니었다. 장여주는 결혼한 지 한 달도 되지 않았는데 기녀까지 집 안으로 데리고 와 모욕을 주었다. 도저히 참을 수 없었던 이청조는 관아에 장여주를 고발했다. 송의 법률에 따르면 남편을 고발하는 여자에게도 죄를 내려 2년 동안 옥살이를 해야 했다. 옥살이를 자청할 만큼 그녀는 장여주를 용서할 수 없었다. 결국 장여주에게는 유주柳州로 가라는 유배령이 떨어졌고, 이청조는 미리 사연을 전해둔 한림학사 기숭례綦崇禮의 도움으로 옥에서 9일만 살고 나왔다.

「성성만聲聲慢」

찾고 또 찾아보지만	尋尋覓覓
차갑고 맑기만 하여	冷冷淸淸
쓸쓸함과 비참함, 슬픔만 있네.	淒淒慘慘戚戚
잠깐 따스하다 다시 또 추워지는 때니	乍暖還寒時候

참으로 쉬기도 어려워라.   最難將息

맑은 술 몇 잔   三杯兩盞淡酒

어찌 사양할까, 밤늦도록 바람도 세찰 텐데. 怎敵他晚來風急

기러기 지나가는데   雁過也

마음이 아픈 것은   正傷心

옛날에 서로 알던 그 기러기이기 때문이지. 卻是舊時相識

바닥에 노란 국화 가득 쌓였는데 滿地黃花堆積

초췌하게 시들었으니   憔悴損

이제 누가 따겠는가?   如今有誰堪摘

창가를 지키며   守著窗兒

홀로 어찌 어둠이 올 때까지 기다릴까? 獨自怎生得黑

오동잎에 가랑비마저 내려   梧桐更兼細雨

저물녘까지 똑똑 방울방울 떨어지네. 到黃昏點點滴滴

이 모든 것을   這次第

어찌 '愁' 한 글자로 말할 수 있으리. 怎一個愁字了得

 설명이 필요 없는 이청조 최고의 수작秀作이다. 잠자리에 일어난 그녀는 뭔가를 잃어버린 듯 찾는 일에 몰두한다. '찾기'는 '채우기'를 위한 행동이다. 자신을 기댈 만한 무엇을 찾아보았지만 그 결과는 '혼자'라는 차가운 현실만 새삼 확인했을 뿐이다. 그래서 더욱 쓸쓸하고 비참하며 슬프기 그지없다. '잠깐 따스하다 다시 또 추워지는 때'는 아침에서 저녁으로 하루 동안의 시간과 날씨의 변화를 말한다.

'참으로 쉬기도 어려워라'는 '찾고 또 찾아보지만'에 호응하는 구로, 아침부터 찾아 헤맸지만 아무것도 얻지 못하고 날은 춥고 어두워져 편히 쉴 수도 없는 자신의 신세에 대한 한탄이 담겨 있다. 가을빛이 농염한 국화가 정원 가득 피었지만 차갑게 식은 그녀의 마음은 그 아름다움을 감상할 여유가 없다. 그렇게 꽃은 아무도 와 보지 않는 가운데 시들어 따고 싶어도 이제는 딸 수 없게 초췌해졌다. 날은 어두워지고 오동잎에 가랑비마저 내리니 처량한 심사는 더욱 깊어졌다. '근심'이라는 말로는 그 많은 사연과 심정을 도무지 담을 수 없으니 그 모든 것을 차라리 말하지 않는 것이다.

「무릉춘武陵春」

바람 멈추고 꽃은 지어 흙먼지에 향기로만 남고	風住塵香花已盡
날 저물도록 머리 빗기도 귀찮아라	日晚倦梳頭
만물은 그대론데 사람은 그렇지 않으니 이제 끝이런가	物是人非事事休
말하려니 눈물이 먼저 앞을 가리는구나	欲語淚先流
쌍계의 봄은 아직 좋다는 말 들었는데	聞說雙溪春尚好
가벼운 배도 띄울 수 있겠지	也擬泛輕舟
다만 쌍계의 작은 배가	只恐雙溪舴艋舟
내 많은 시름을 견디지 못할까 걱정이네	載不動許多愁

이 사는 1135년 금화金華로 피신해 있을 때 쓴 것이다. 바람 멈추

고 꽃은 이제 흙먼지에 향기로만 남았다. 자신의 행복했던 생활이 전란의 와중에 모두 끝난 것처럼 그 아름답던 봄도 다한 것이다. 만물은 그대로인데 인간사는 그렇지 못한 것이 모든 근심과 고통의 근원이다. 아직 남아 있는 봄을 감상하며 슬픔을 달래볼까 했지만 그것마저도 자신이 없다. 왜냐하면 자신의 시름이 너무도 많아 배가 그 고통의 무게를 견디지 못할 것이라는 두려움 때문이다. 결국 늦은 봄날, 그녀는 방 안에 홀로 앉아 눈물만 흘린다.

이청조가 정확히 언제 어디에서 생을 마감했는지는 알 길이 없다. 그녀는 전란을 피해 강남의 이곳저곳을 떠돌며 홀로 쓸쓸하게 죽었다. 남편 조명성과의 사별 이후 그녀의 삶은 불행의 연속이었지만 그녀는 강인하게 자신의 생을 이끌었다. 고대사회 여성 대다수가 남성의 부속물쯤으로 취급되며 정치적 거래의 희생양이 되었던 봉건적 사회 분위기 속에서 이청조는 끊임없이 자신의 존재감을 각인시키며 주체적인 삶을 일군 '근대적 신여성'이었다.

유년 시절 누렸던 화려한 부귀와 비교도 할 수 없는 곤궁한 생활 속에서 그를 구원한 것은 문학이었기에 십여 년의 긴 세월을 모두 『홍루몽』에 바칠 수 있었으리라. 그러니까 조설근이 『홍루몽』을 쓴 것은 세상을 깜짝 놀라게 할 대작을 쓰겠다는 야망에서 시작된 것이 아니라 그저 글 쓰는 일이 좋아서, 쓰지 않고는 견딜 수 없어서였던 것 같다.

삶의 허무를 노래한 소설가

曹雪芹

조설근 청대 1715?~1763?

재주 없어 푸른 하늘 기우러 가지 못하고

속세로 들어간 지 몇 해던가

전생과 이승의 기막힌 운명을

누구를 청하여 기록해 전하려나?

여성에 대한 따뜻한 시선

조설근의 본명은 조점曹霑이고 자는 몽완夢阮인데, 훗날 '설근'을 자호로 삼았다. 홍학紅學(홍루몽을 전문적으로 연구하는 학문―역자 주)의 전문가인 저우처쭝周策縱 선생이 저우루창周汝昌의 『조설근소전曹雪芹小傳』에 쓴 서문을 보면 '설근'은 소식이 황주 유배 시절 동파를 노래한 시구에서 따온 것이라고 상세한 논증을 통해 주장한 바 있다. '몽완'은 '완적阮籍을 꿈꾸다'라는 뜻이다. 혜강과 함께 죽림칠현을 이끈 인물 완적은 거칠 것 없는 자유분방한 태도로 세상의 권력을 비웃고 술에 취해 살았다. 조설근이 자신의 자호에 완적과 소식을 담은 것은 그가 바라보았던 삶의 방향이 어디인가를 잘 보여주는 예라 하겠다.

조설근의 조부 조인曹寅은 청조淸朝 강희康熙 연간에 부친의 직위를 승계하여 강녕직조江寧織造(직조는 황실에서 쓰는 직물을 제조 공급하는 일을 담당하는 관직임―역자 주)의 업무를 맡았다. 조설근의 집안은 그의 증조부와 조부, 부친까지 삼대에 걸쳐 강녕직조를 관장하며 남경의 명문가로 화려한 번영을 누리다가 옹정擁正 황제 즉위 후 몰락해갔다.

조인은 시인으로서 문인들과 폭넓은 교류를 하였고 서예에 능했으며 원림園林 건축에도 조예가 깊었다. 야사 소설과 희곡을 좋아했던 그는 『장생전長生殿』*을 쓴 홍승洪昇과 친분이 두터웠다. 그는 관료 신분으로 무대에 올라 연기를 하고 당시 신분이 비천했던 배우들과도 허물없이 지냈다. 조씨 집안은 어마어마한 수의 책을 소장한 것으로 청대에서 손에 꼽히는 가문이었다. 후스胡適(중국의 사상가이자 교육가—역자 주)의 말대로 부귀한 가문은 많지만 그에 걸맞은 수준의 문학과 예술을 이해하고 향유할 줄 아는 가문은 드문 법인데, 조설근은 이 둘을 다 갖춘 집안에서 태어난 행운아였다. 하지만 안타깝게도 그의 행운은 오래가지 못했다. 강희제가 죽고 옹정이 즉위하면서 조씨 일가도 몰락하여 조설근이 열세 살 때 고향인 남경을 떠나 북경으로 이주하여 궁핍한 생활을 하게 되었다.

조설근의 생애에 대한 기록은 매우 적어 홍학을 연구하는 학자들에게 큰 어려움을 주고 있다. 이는 조설근 당대의 상황에서 연유하는 것이다. 청대에 소설이 크게 유행은 했지만 여전히 주류 문학으로서의 대접을 받지 못하고 있는 처지였으므로 소설가를 위한 연보年譜 같은 게 있기 어려웠다.

조설근의 원적은 금릉金陵이다. 조설근은 『홍루몽紅樓夢』** 제1회에서 여러 다른 제목을 소개했는데, 그중 '금릉십이차金陵十二釵'라는

---

* 홍승이 당 현종과 양귀비의 사랑 이야기를 소재로 1679년에 쓰기 시작해 1688년에 완성한 전 50막의 장편 희곡.
** 장회(章回) 소설로, 조설근이 '석두기(石頭記)'라는 제목으로 총 80회의 필사본을 남겼고 후에 고악(高鶚)이라는 자가 수집한 『홍루몽』의 후속 30여 편을 수정 보완하여 총 120회의 활자본 간행을 도왔다.

제목도 있다. 금릉은 지금의 남경이고 십이차는 열두 개의 비녀라는 뜻으로, 풀이하면 '금릉의 열두 여인들의 이야기'쯤이 될 것이다.

2대 독자였던 조설근은 집안의 금지옥엽으로 성장하였다. 그의 아명은 점저아占姐兒였는데 남자아이에게 계집아이 이름을 붙여준 것은 귀한 자손을 '개똥이' 따위로 불렀던 것처럼 오래 살라는 뜻에서였다. 아명도 그렇지만 사내아이에게 계집아이 옷을 입혀 키우는 강남, 서촉 지방의 풍속을 생각하면 조설근은 유년 시절을 여자아이처럼 꾸미고 누이들과 어울려 놀았을 가능성이 높다. 조설근이『홍루몽』에서 보여준 여성적 시각은 그런 유년의 경험과 무관하지 않을 것이다.

『홍루몽』제1회에서 조설근이 어떤 사연과 인물들을 묘사했는지 밝힌 대목을 보면 그가 여성을 바라보는 시선이 매우 따뜻했음을 느낄 수 있다.

지난날 알고 지낸 모든 여인들을 생각해보면 그녀들의 행동거지와 식견이 나보다 훨씬 뛰어났던 것 같다. 수염 난 대장부로서 어찌 치마를 입고 비녀를 꽂은 여자들만도 못했단 말인가 생각하니 나는 정말 부끄러웠다. …… 오늘까지 재주 하나 익히지 못하고 허랑방탕한 반평생을 살아오며 헛되이 보낸 세월 속에서 지은 죄들을 모두 적어 한 편의 책으로 엮어 세상 사람들에게 들려주고자 하는 마음이 생겼다. 비록 내가 저지른 죄는 면할 수 없지만 규중에서 진술한 삶을 살았던 여인들의 이야기가 폄하되어선 아니 될 것이며 단점을 감추려는 내 어리석음 때문에 그 흔적조차 사라지게 할 수는 없는 일이었다.

재자가인才子佳人 류 소설(재주가 뛰어난 젊은 남자와 미인의 연애, 결혼담을 다룬 소설―역자 주)들은 입만 열었다 하면 탁문군卓文君 같은 미녀요 온통 조자건曹子建 같은 미남이 나오는 천편일률이다. 음란하고 상투적인 내용이 주를 이루니 …… 이런 책보다 내가 지난 반평생 동안 직접 보고 들은 몇몇 여인들의 이야기가 오히려 나을 것이다.

안타깝게도 조설근의 친필 원고는 전해지지 않는다. 우리가 알고 있는 『홍루몽』은 모두 필사본이다. 그중 조설근과 가깝게 지냈던 지연재脂硯齋가 옮겨 베끼고 평어評語를 적어 넣은 필사본을 저본底本으로 한 책이 가장 많다. 조설근이 주인공 가보옥賈寶玉으로 화하여 그가 만났던 여인들의 생애를 서술하였다면 지연재는 가보옥이 사랑했던 임대옥林黛玉의 목소리를 취하여 홍루몽을 평가했다. 가보옥이 관료 계층이나 경서經書 따위를 읽으며 입신양명을 위해 관료 사회에 진출하고자 하는 무리들을 '녹이나 축내는 좀벌레'라는 뜻의 '녹두祿蠹'라 부른 것에 대해 지연재는 '녹두라는 표현은 이제껏 들어보지 못한 말이다. 세인들은 이를 두고 비난하지만 나는 오히려 마음에 꼭 든다'는 평을 남겼다. 임대옥이 가보옥을 가장 잘 이해했듯이 지연재도 조설근의 마음을 잘 헤아린 홍안지기紅顏知己였다.

어릴 적부터 누이들과 어울리며 자란 탓인지 조설근은 남성보다 여성의 문화에 더 익숙해하고 어떤 친밀감을 느꼈던 것 같다. 가보옥의 입을 빌려 펼치는 그의 여성 예찬론은 아주 재미있다. 가령 '여자는 천지간의 신령한 기운을 받은 존재이고 남자는 그 찌꺼기일 뿐인 존재'라거나 '여자는 물로 만든 몸이고 남자는 진흙으로 만든 몸이라, 여자를 보면 기분이 상쾌하고 남자를 보면 냄새가 나서 견딜 수가 없다'고 하는 식이다.

불우한 천재

조설근이 세상과 불화하기 시작한 것은 그가 혐오하던 남자의 세계에서 남자로 사는 방법을 터득할 것을 강요받으면서부터였던 것 같다. 관료적 봉건사회였던 당시의 시대적 배경을 감안하면, '녹이나 축내는 좀벌레'라는 말은 아마도 그가 세상과 갈등을 빚으면서 받았던 일종의 심리적 압박 때문에 내뱉은 말인 듯하다.

조설근은 이야기꾼답게 사람을 매혹하는 입담이 있었고 박학다식했지만 자신의 재능을 펼칠 기회를 얻지 못한 불우한 천재였다. 『홍루몽』의 원제인 '석두기'는 '하늘을 깁는 데 쓰이지 못하고 버려진 돌에 관한 이야기'라는 뜻인데, 그 돌이 가보옥이란 이름으로 사람 세상에 태어나 겪은 생의 사연들이 『홍루몽』의 내용이다. 버려진 돌이 가보옥의 전신이라는 점에서 조설근은 자신의 처지를 그렇게 빗대어 표현한 것 같다.

재주 없어 푸른 하늘 기우러 가지 못하고 속세로 들어간 지 몇 해던가
無材可去補蒼天, 枉入紅塵若許年
전생과 이승의 기막힌 운명을 누구를 청하여 기록해 전하려나?
此係身前身後事, 倩誰記去作奇傳

『홍루몽』제1회를 보면 가보옥의 전신이었다는 너럭바위에 속세에서의 구구절절한 사연이 적혀 있었다고 나오는데, 앞의 시도 그 바위에 적혀 있던 것이다.

조설근이 재능을 펼칠 기회를 얻지 못한 것도 맞지만 그의 생애를 보면 그가 출세욕이 있는 사람도 아니었던 것 같다. 황실에서 시와 그림에 뛰어났던 그를 화사畵師로 초빙했지만 거절했고 『홍루몽』이 세상에 나오면서 관료 사회와 민간에서 큰 인기를 얻었지만 그것을 이용해 돈을 벌려고 하지도 않았기 때문이다. 유년 시절 누렸던 화려한 부귀와 비교도 할 수 없는 곤궁한 생활 속에서 그를 구원한 것은 문학이었기에 십여 년의 긴 세월을 모두 『홍루몽』에 바칠 수 있었으리라. 그러니까 조설근이 『홍루몽』을 쓴 것은 세상을 깜짝 놀라게 할 대작을 쓰겠다는 야망에서 시작된 것이 아니라 그저 글 쓰는 일이 좋아서, 쓰지 않고는 견딜 수 없어서였던 것 같다. 한 가지 분명한 것은 조설근이 어린 시절 경험했던 삶의 낙차(『홍루몽』의 무대인 대관원大觀園에서 살아가는 가씨 일가의 호화스러운 생활을 읽어보면 조설근 집안도 엄청난 부귀영화를 누렸던 것을 알 수 있다)와 그가 직접 보고 들었던 여인들의 이야기가 그를 쓰지 않으면 안 되도록 만들었다는 사실이다. 그토록 잘나가던 조설근의 가문은 왜 하루아침에 몰락했던 것일까?

앞에서도 잠깐 언급했지만 조설근의 증조부가 강녕직조를 맡게 되면서 조씨 일가의 번영이 시작되었는데, 이는 증조모 손씨가 강희황제의 유모로 발탁되었기에 가능한 일이었다. 조설근의 조부 조인은 어릴 때 강희황제와 함께 공부를 하며 절친한 사이가 되었고 그

덕에 부친의 직위를 계속 이어받을 수 있었다. 강희가 황제로 재위했던 61년 동안 여섯 번에 걸쳐 남방을 순시할 당시 그중 네 번이나 조인이 직접 어가를 영접하였다. 황제의 행차 때 들어가는 거액의 경비는 모두 황궁의 내무부에서 나왔지만 어가를 영접하는 일을 소홀히 할 수 없다고 생각한 조인은 무리해서 준비를 했고, 결국 공금이 부족한 상황을 초래하게 되었다. 그렇게 공금 부족이 누적되면서 그 모자란 돈은 고스란히 조씨 일가의 빚이 되어버렸다. 강희 황제의 재위 시절에는 문제될 것이 없었지만 옹정이 즉위하면서 상황은 달라졌다. 옹정은 보위에 오른 후 선제 재위 시절 수십 년간 부귀영화와 권세를 누렸던 가문을 숙청의 대상으로 삼았고, 조씨 일가도 옹정의 칼을 피할 도리가 없었다. 그 엄청난 돈을 하루아침에 갚을 길이 없었던 조씨 일가는 결국 가산을 몰수당하고 쫓기듯 남경을 떠나왔다.

부패한 가문의 몰락

『홍루몽』은 18세기 중엽의 중국의 정치, 경제, 사회, 문화, 예술 등을 총망라해 보여주는 사실주의 소설로서 당시의 사회상을 폭넓게 반영하면서도 세밀하게 묘사해 문화사적으로 매우 귀중한 자료를 제공하고 있다. 덕분에 우리는 『홍루몽』이라는 작품 하나를 통해 당대 중국의 음식, 의복, 예교와 풍속, 장례, 점복占卜, 건축, 원림 조경, 교통, 오락 등을 이해하고 그 당시 사람들이 어떻게 살았는지를 알 수 있다.

가보옥과 임대옥의 비극적 사랑 이야기와 가씨 가문의 번영과 몰락의 흥망사를 그린 『홍루몽』은 제목에서도 암시하듯이 '인생은 한

바탕 꿈일 뿐'이라는 덧없음에 대한 깨달음을 담고 있다. 지연재의 설명에 따르면 작가의 본래 집필 의도는 말세를 그리려 했던 것이었다고 한다. 여하간 등장인물만 오백 명이 넘는다는 방대한 장편소설이니 하나의 주제로만 『홍루몽』을 읽는 것은 이야기가 암시하는 수많은 의미를 포착하는 데 방해가 될 것이다.

조설근이 『홍루몽』을 통해 말하고자 한 또 하나의 주제의식은 '개인의 가치'였다. 개인의 가치란 가부장적 통치 체제와 근본적인 모순 관계를 만들어내게 마련이다. 유교적 가치관을 대표하는 인물인 가정賈政과 귀족 가문의 자제이지만 전통적 예교에 반항하며 일탈을 꿈꾸는 가보옥은 부자간이라는 전통적 갈등 구조 속에 놓여 있다. 가부장의 사회가 요구하는 것들은 가보옥에게 개인의 욕망을 억압하는 일종의 폭력이었고, 그는 거세의 위협 속에서 오이디푸스 콤플렉스와 끊임없이 싸워야 했다. 조설근이 개인의 가치를 강조하며 타도하고자 했던 대상은 남성 중심의 질서 맨 위에 있는 황권과 관료 사회의 위선 그리고 부패였다.

『홍루몽』 제4회의 중심 이야기가 되는 가우촌賈雨村의 판결 과정을 보면 서로의 기득권을 비호해주며 결탁했던 지방 호족과 관료들의 부패상이 잘 드러나 있다.

가우촌은 원래 호로묘胡虜廟에 얹혀살던 가난한 선비였으나 과거 급제로 응천부應天府의 지부知府로 부임한다. 부임하자마자 살인 사건을 심의하게 되었는데, 사건의 진상인즉 그 지방에서 내로라하는 대호족인 설씨 가문의 공자 설반薛蟠(보옥과 결혼하는 설보차薛寶釵의 오빠—역자 주)이 시녀를 차지하기 위해 풍연馮淵이란 자와 다투다 그를 때려

죽인 것이었다. 설반은 '바보 같은 깡패 왕초'라는 별명으로 불릴 만큼 소문난 망나니로 가는 곳마다 행패를 부려 원성이 높았지만 누구 하나 감히 나서서 건드리지 못하는 인물이었다. 설반의 살인 사건을 심의하려는 가우촌에게 아전은 응천의 호관부護官符를 보았느냐는 엉뚱한 질문을 한다. 영문을 모르는 가우촌이 아전에게 호관부가 뭐냐고 묻자, 어떻게 그것도 모르고 부임했느냐며 큰일 날 일이라고 되레 혀를 차는데, 아전의 설명인즉 이렇다. 호관부란 지방 호족의 이름을 적은 명단으로, 새로 부임한 관리들은 응당 그들의 이익을 보호해야 자신의 벼슬자리도 보전할 수 있었기에 '관직을 지켜주는 부적'이라는 뜻에서 다들 그렇게 부른다는 것이었다. 가우촌은 처음에는 갈등하지만 결국 아전의 계책에 따라 설반의 살인 사건을 엉터리로 마무리짓는다. 가우촌이라는 이름은 '가어존假語存'의 해음자(동음어를 이용한 언어 수사적 표현으로 음이 같거나 비슷한 말로써 의미를 암유하고자 할 때 사용함)로 '거짓된 이야기가 남아 있다'는 뜻이다. 가우촌의 판결 이야기를 통해서 우리는 '부패하여 가까이 가면 냄새가 나서 견딜 수 없다'고 했던 남성 중심의 권력 사회에 대한 작가의 비판 의식을 엿볼 수 있다.

가보옥 집안의 몰락 과정을 봐도 남성에 대한 조설근의 시각은 매우 부정적이다. 가부賈府의 가장 큰 어른인 가경賈敬은 불로장생의 연단술煉丹術에 빠져 집안을 돌보지 않는다. 그의 아들 가진賈珍도 선조의 작위를 이어받아 그 명망에 기대어 생을 영위하는 인물이다. 게다가 그는 며느리, 처제들과 불륜 관계를 맺는 추잡한 사내다. 가부에서 그나마 어른 역할을 하는 남자는 가보옥의 부친인 가정인데, 그도 지방관으로 집을 떠나 지내는 날이 대부분이라 그 역할을 제대로 하지 못한다. 가모의 손자인 가련賈璉이 실질적으로 집안일을 맡아 처리할 위치에 있지만 그는 도무지 관심도 능력도 없고 오로지 주색잡기에만 능한 한심한 인물일 뿐이다. 이렇게 집안에서 제 역할을 다하지 못하는 못난 사내들에 비해 가부의 여자들은 똑똑하고 야무지게 집안의 대소사를 처리한다. 가정의 장녀인 가원춘이 귀비로 책봉되면서 가부는 최고의 번영을 누린다. 하지만 오르막길이 있으면 내리막길도 있는 법, 원춘의 죽음과 함께 가부는 조금씩 쇠퇴하기 시작해 가씨 집안 남자들의 온갖 횡포와 비리 사건이 하나 둘씩 터지면서 결국 몰락해간다.

비극적 사랑 이야기

『홍루몽』의 비극적 사랑 이야기의 여주인공 임대옥은 가보옥의 고종사촌 동생이다. 일찍 부모를 여의었다는 상실감 때문에 그녀는 기쁜 날보다 슬픈 날이 더 많은 감수성이 지극히 예민한 소녀다. 게다가 몸마저 병약하여 감정 기복도 심하며 자주 삐치고 성미도 까다롭다. 일찍이 부모를 여의고 가씨 집안으로 오게 된 그녀는 외가 형제자매들에게 자신이 군식구로 비칠지도 모른다는 어떤 두려움이 있었던 것 같다. 그래서 늘 행동거지를 조심해야 했고 보옥과 사랑에 빠지게 되면서부터 더욱 자기 존재에 대한 불안감과 부정적인 자기 이미지와 싸워야 했을 것이다. 사랑하지만 그 사랑을 적극적으로 쟁취할 수 없다는 자신의 처지에 대한 비관으로 그녀는 온갖 번뇌와 의심과 질투 속에서 보옥을 힘들게 한다. 한편 보옥은 괜한 구실을 들어 삐치고 울고 성내는 대옥의 투정을 한결같이 받아준다. 사랑하는 사람이라면 마음을 다해 그 사람의 전부를 받아들이고 상대의 입장을 이해해야 하는 법, 가보옥은 진짜 사랑을 할 줄 아는 남자인 것이다.

진짜 사랑을 했다는 점에서는 대옥도 다르지 않다. 대옥은 누구보다 보옥의 정신세계를 이해해준다. 그녀는 보옥에게 벼슬을 하여 출세하라고 강요하지 않는다. 심지어 보옥이 북정왕北靜王이 보낸 선물이라며 건네자 대옥은 어떤 역겨운 사내가 가져온 물건이냐며 본체만체한다. 보옥에 대한 대옥의 사랑은 순수 그 자체다. 사랑은 그 자체가 목적이 될 때 순정한 것이건만 많은 이들이 자신의 욕망을 사랑하면서 그것을 사랑이라 왜곡하지 않는가. 대옥의 사랑이 고귀한 것은 그녀가 사랑을 공리功利의 수단으로 이용하지 않았기 때문이리라. 그녀는 보옥의 친할머니이자 자신에게는 외할머니가 되는 가씨 집안 최고의 어른인 가모賈母나 외숙부인 가정의 환심을 사기 위해 보옥에게 팔고문八股文(중국 명·청대 과거 시험에 출제되던 특별한 형식의 구로, 주로 사서오경에서 문장을 취함) 따위를 외우라며 충분히 설득할 수 있었지만 그렇게 하지 않았다.

이후 대관원에 보옥의 이종사촌 누나가 되는 설보차가 오고 자신과는 대조적인 밝고 활달한 성격의 사상운史湘雲까지 오게 된다. 보옥의 주변에 여자들이 많아지자 대옥은 불안해진다. 급기야 대옥이 보옥의 거처인 이홍원怡紅院으로 가서 몰래 상운과 보옥의 대화를 엿듣는 장면이 나오는데, 여기에 대옥을 향한 보옥의 믿음이 잘 드러나 있다.

보옥이 말했다.

"관둬라, 관둬. 나는 그저 속인 중에서도 더 속된 사람일 뿐이라고. 그런 부류의 사람들과는 정말 왕래하고 싶지 않아."

상운이 웃었다.

"오라버닌 아직도 그 성질을 못 버리셨군요. 이제 나이도 드셨으니 거인擧人이나 진사 시험은 보고 싶지 않다 해도 고관대작들과 자주 만나 벼슬길이나 경국치세經國治世를 논하고 해야지요. 그래야 앞으로 처세하는 데 도움도 되고 좋은 친구를 사귈 수 있지요. 일 년 내내 집에서 지내며 우리들 틈에 껴 놀면 뭐가 나오기나 하겠어요!"

듣고 있자 하니 귀에 거슬린 보옥이 되받아쳤다.

"아가씨, 제발 부탁이오니 다른 방으로 가주세요. 내 이곳이 아가씨처럼 경국치세를 아는 사람 때문에 더러워질 것 같소이다."

보옥의 시녀인 습인襲人이 얼른 끼어들었다.

"아가씨, 도련님께 그런 말씀 마세요. 지난번에 보차 아가씨도 같은 말씀을 하신 적이 있는데, 글쎄 도련님께선 사람 체면은 상관도 하지 않으시고 헛기침 한 번 하시고는 일어나 나가셨는걸요. 보차 아가씨는 말씀도 다 못하셨는데 도련님이 가버리시니 그만 부끄러워 얼굴이 다 빨개지셨답니다. 계속 말을 할 수도 없고 안 할 수도 없게 되신 거죠. 보차 아가씨니 망정이지 대옥 아가씨였다면 모르긴 몰라도 또 한바탕 울고불고 난리가 났을 거라고요."

듣다 못한 보옥이 나섰다.

"대옥이는 한 번도 그런 말한 적이 없어. 만일 대옥이마저 그런 더러운 말을 했다면 우린 진작 사이가 멀어졌겠지."

습인과 상운이 동시에 고개를 끄덕이며 웃었다.

"알고 보니 그런 말이 더럽다는 것이군요!"

『홍루몽』 제27회를 보면 음력 사월 스무엿새 날 망종절芒種節이 되어 화신花神을 송별하는 제사를 지내는 장면이 나온다. '망종'이란 벼나 보리같이 수염이 있는 까끄라기 곡식의 종자를 뿌릴 적당한 시기라는 뜻이다. 이때는 양력 유월 초순쯤인 여름이 시작되는 절기로, 꽃들이 지고 화신도 물러가는 시기라 온갖 제물을 차려놓고 제사를 지냈다.

떨어진 꽃잎들이 혹여 밟히고 더러워질 것이 가여워 땅에 묻어줄 만큼 어린 감수성을 지닌 대옥이 꽃 무덤가에서 흐느끼면서 읊조리는 노랫소리가 바로 그 유명한 「장화사葬花詞」다. 아주 긴 장시이지만 전편을 감상해보도록 하자.

꽃잎 떨어져 날아올라 하늘에 가득한데	花謝花飛花滿天
붉은 꽃잎 지는 향기 가여워할 이 누가 있나요?	紅消香斷有誰憐
봄날 아지랑인 정자에 매달린 듯 살포시 흔들리고	遊絲軟繫飄春榭
버들 솜은 비단 주렴에 살며시 가 붙네요	落絮輕沾撲繡簾
규방의 소녀 저무는 봄이 서글픈데	閨中女兒惜春暮
가슴 가득한 수심을 풀 곳도 없네요	愁緒滿懷無釋處
손에 꽃호미 들고 규방을 나섰으나	手把花鋤出繡閨
차마 떨어진 꽃잎 밟지 못하고 왔다 갔다만 합니다	忍踏落花來復去

버들가지 느릅나무 스스로 향기로우니　　　柳絲楡莢自芳菲

복사꽃 자두꽃 흩날려도 상관 않네요　　　不管桃飄與李飛

복사꽃 자두꽃이야 내년에 다시 필 테지만　　桃李明年能再發

새해에도 이 규방에 누가 있을는지요?　　　明年閨中知有誰

춘삼월 꽃향기로 가득한 둥지를 트는　　　三月香巢已壘成

대들보의 제비들 너무도 무정하네요　　　梁間燕子太無情

내년에 꽃이 피면 다시 물어 오겠지만　　　明年花發雖可啄

사람 떠난 빈집에 둥지인들 남을까요　　　卻不道人去樑空巢也傾

일 년 삼백예순 날　　　　　　　　　　一年三百六十日

칼바람 모진 서리 사정없이 몰아치니　　　風刀霜劍嚴相逼

아름다운 시절이 얼마나 갈는지　　　　明媚鮮妍能幾時

하루아침에 날아 흩어지면 다시 찾기 어렵지요　一朝飄泊難尋覓

꽃이 피면 잘 보여도 지고 나면 볼 수 없지요　花開易見落難尋

섬돌 앞에서 번민하며 꽃을 묻는 소녀　　　階前悶殺葬花人

홀로 꽃호미 들고 남몰래 눈물 흘리니　　　獨倚花鋤淚暗灑

빈 가지에 뿌린 눈물에서 핏빛이 보입니다　灑上空枝見血痕

소쩍새 울음도 그친 해 저물녘　　　　杜鵑無語正黃昏

호미 들고 돌아와서 문을 무겁게 닫고　　　荷鋤歸去掩重門

푸른 등불 비치는 벽에 기대 첫잠을 들려 해도　靑燈照壁人初睡

찬비 창문을 두드리니 이부자리가 서늘합니다　　　　冷雨敲窗被未溫

나는 어찌하여 이리도 쉽게 상심하는지요　　　　怪奴底事倍傷神

봄날은 좋기도 하지만 야속도 하답니다　　　　半爲憐春半惱春

홀연 다가온 봄이 반갑지만 또 훌쩍 가버리니 서럽지요　　憐春忽至惱忽去

또 이렇게 말없이 왔다 소리도 없이 가는군요　　　至又無言去不聞

간밤 뜰 밖에서 슬픈 노랫소리 들렸는데　　　　昨宵庭外悲歌發

꽃의 혼이 울었는지 새의 넋이 울었는지 어찌 알겠어요?　知是花魂與鳥魂

꽃도 새도 그 영혼들은 붙잡아둘 수 없는 것이니　　花魂鳥魂總難留

새는 홀로 말이 없고 꽃은 절로 부끄러운 것이랍니다　　鳥自無言花自羞

바라건대 내 겨드랑에도 두 날개가 돋아서　　　願奴脅下生雙翼

꽃을 따라 저 하늘 끝까지 날고 싶어요　　　　隨花飛到天盡頭

하늘 끝에서도 꽃 무덤이 어디인지 보일까요?　　天盡頭何處有香丘

차라리 비단 주머니에 떨어진 꽃잎 담아　　　未若錦囊收艶骨

작은 꽃 무덤에 풍류를 묻어주겠어요　　　　一抔淨土掩風流

본디 깨끗하게 와서 다시 깨끗하게 돌아가야 할 몸　　質本潔來還潔去

더러운 시궁창에 그냥 버릴 수는 없지요　　　强於汚淖陷渠溝

네가 지금 지고 나면 내가 묻어주지만　　　爾今死去儂收葬

이 몸은 죽으면 어느 날 묻힐 것인지?　　　未卜儂身何日喪

오늘 꽃잎 묻는 나를 사람들은 비웃지만 　　　　　儂今葬花人笑癡

훗날 나를 묻어줄 이 누구인가? 　　　　　　　他年葬儂知是誰

봄이 가고 꽃잎도 점점 떨어지는 걸 보니 　　　　試看春殘花漸落

바로 아름다웠던 청춘이 늙어 죽는 때이겠지 　　便是紅顏老死時

하루아침에 봄이 다하고 아름다운 청춘도 늙어 　　一朝春盡紅顏老

꽃잎은 지고 사람도 죽으면 둘 다 서로 알 길 없겠지 　花落人亡兩不知

　　설보차는 요즘 식으로 말하면 '호감도 10점 만점에 10점'인 아가씨다. 누구에게 얼굴 한번 붉히는 일이 없는 그녀는 윗사람에겐 깍듯하고 아랫사람에겐 친절하며 형제자매들과 우애도 좋다. 밖에서 온갖 행패를 부리고 집에 와서는 포악을 떠는 오빠 설반을 타이르고, 표독스러운 새언니 하금계夏金桂가 설반이 데리고 온 시녀 향릉香菱을 핍박할 때 나서서 돕는다. 모든 일을 정리와 사리에 맞게 처리하니 모두가 그녀를 좋아한다. 한마디로 어디 하나 흠 잡을 데 없는 완벽한 여성인 것이다. 하지만 설보차의 이러한 완전무결한 면모는 실상 욕망을 완벽하게 숨길 줄 아는 냉정성의 다른 얼굴이다. 욕망이란 본디 인간의 본성이니 분출도 억제도 자연스럽게 이뤄져야 하거늘, 설보차는 항시 그것을 보기 좋게 포장하여 감추고만 있다. 해소되지 못한 욕망이 때론 병증으로 나타나기도 하는데, 그럴 때마다 설보차는 냉향환冷香丸이란 약을 먹는다.

　　『홍루몽』 제70회를 보면 설보차가 버들개지를 보고 「임강선臨江仙」의 곡조에 맞추어 노래한 영물사가 나온다.

백옥당 앞에서 봄을 풀 듯 춤을 추니	白玉堂前春解舞
봄바람에 휘날려 골고루 흩어지는데	東風捲得均勻
벌과 나비처럼 어지러워라	蜂圍蝶陣亂紛紛
언제 물을 따라 흘러간 적 있는가?	幾曾隨逝水
어찌 먼지처럼 가라앉겠는가?	豈必委芳塵
천 갈래 만 가닥 한결같아 변치 않으니	萬縷千絲終不改
어디서라도 쉬이 뭉치고 흩어진다네	任地隨聚隨分
뿌리 없다 비웃지 마시길	韶華休笑本無根
내 바람에 힘을 빌려	好風憑藉力
저 푸른 구름 위로 날아오르리	送我上靑雲

대옥의 애상적인 시와 달리 보차의 것은 밝고 희망차다. 비록 뿌리는 없지만 바람을 타고 푸른 구름 위로 날아가겠노라 말하는 대목에서 그녀의 숨겨진 욕망들(보옥과의 결합, 입신양명)이 잘 드러나 있다. 비록 뿌리(보옥의 사랑)는 없지만 보차는 자신의 바람대로 보옥과 결혼한다. 그러나 설보차는 끝내 사랑을 얻지 못하고, 가보옥이 출가한 뒤 유복자를 낳아 기르며 혼자 살아간다.

『홍루몽』 제30회를 보면 가보옥의 모친인 왕부인의 시녀 금천아金釧兒가 보옥과 농담을 주고받았다는 이유로 왕부인에게 뺨을 맞는 장면이 나온다. 제32회에서는 수치심을 이기지 못한 금천아가 우물에 몸을 던져 자살하자 왕부인이 자책하며 눈물을 흘리는데, 다음은 그때 설보차가 와서 왕부인을 위로하는 장면이다.

"이모님은 자애롭고 선량한 분이시니 그렇게 생각하시는 게 당연하지요. 하지만 제가 보기엔 그 아이가 화가 나서 우물에 빠진 게 아니라 집으로 가는 길에 우물가에서 놀다가 실수로 발을 헛디뎌 떨어졌을 거예요. 여기서 구속되어 지내다 나갔으니 이곳저곳 돌아다니며 놀고 싶었겠지요. 아무렴 그렇게 독한 마음을 먹을 이유가 있었겠어요? 설사 독한 마음으로 그랬다 해도 어리석은 바보일 뿐이니 애석해하실 필요는 없어요."

주종관계에서 시종이 희생양이 되는 것은 천고불변의 법칙이다. 왕부인의 죄책감을 말끔히 씻어내는 설보차의 말은 냉정하다 못해 일말의 서늘함까지 느끼게 한다. 그만큼 설보차는 사람을 잘 다루고 처세술에 밝은 여자다.

가모와 왕부인은 예민한 성품에다 몸마저 허약한 대옥이 보옥의 배필로는 적당하지 않다고 생각했다. 그녀들은 나이는 보옥보다 많지만 예법에 밝고 입신출세의 중요성도 아는 설보차라면 천방지축인 보옥을 잘 이끌어줄 것이라는 데 의견을 같이했다. 왕희봉의 계략으로 가보옥은 설보차와 결혼하고 임대옥은 홀로 쓸쓸하게 죽어가는 것으로 세 사람의 사랑은 비극으로 끝난다.

자신과 혼인서약을 맺은 새신부가 대옥이 아니라 보차라는 사실을 알게 된 가보옥은 혼절해 며칠을 병상에서 헤맨다. 사랑하는 사람을 잃고 훌쩍 커버린 보옥은 집안 어른들의 뜻대로 과거 시험을 보고 7등으로 급제하지만 홀연 세상으로부터 사라진다. 그토록 세상 사람이 되고 싶었건만 모든 게 부질없다는 것을 깨닫고 다시 본래의 모습인 돌이 되어 돌아간 것이다.

천생 글쟁이의 자유분방한 삶

집안이 망하고 금릉과 북경에 있던 가택마저 몰수당한 후 조설근은 북경 서산 기슭에 있는 작은 촌락으로 들어가 살았다. 서른 살 무렵 조설근은 황실의 자제들을 교육하는 우익종학右翼宗學에서 자잘한 업무 등을 맡아 처리하는 하급 관리로 잠깐 일했던 것 같다. 당시 그의 생활 형편은 매우 궁핍했다. 빈궁한 삶 속에서도 그는 고고하게 시와 그림을 즐기고 마음이 맞는 벗들을 만나면 밤새 술을 마셨다. 자유분방하고 오만했던 조설근은 남에게 아쉬운 소리를 할 줄 몰랐다. 아마도 그의 글쓰기의 정신(종법 사회와 봉건 통치 계급의 가치 체계를 거부하는 태도)이 그를 그렇게 살도록 이끌었던 것 같다.

우익종학에서 알게 된 돈성敦誠, 돈민敦敏 형제는 조설근과 왕래하며 오랜 우정을 나눴는데, 그들은 장의천張宜泉과 함께 조설근이 『홍루몽』을 집필하는 데 힘을 보탰으며 설근 가정의 어려운 살림을 돕기도 했다.

다음은 돈성이 당시 조설근의 살아가는 모양새를 7율시에 담은 것인데, 쓸쓸하고 초라한 생활이지만 기죽지 않는 글쟁이 특유의 오만함이 느껴진다.

오솔길에 가득 핀 쑥갓은 언제나 시들고	滿徑蓬蒿老不華
식구들은 모두 죽을 먹고 술은 늘 외상으로 마신다	擧家食粥酒常賒
좁다란 골목길 초라한 집에 찾아오는 벗 없고	衡門僻巷愁今雨
폐허가 된 전각과 누대 보며 옛집을 꿈꾼다	廢舘頹樓夢舊家

정건은 소원명의 돈으로 술 마시자 권하고	司業靑錢留客醉
완적은 권세가를 백안시했다 하지	步兵白眼向人斜
돼지 간을 먹으라며 사올 이 누가 있나?	阿誰買與豬肝食
해가 서산을 바라볼 때 저녁노을을 먹는다	日望西山餐暮霞

　청조 지배층의 근간인 만주족 기인旗人들이 당시에 누렸던 특권을 생각하면 기인 계급이었던 조설근이 죽으로 끼니를 때울 정도였다면 거의 극빈층에 속했던 것 같다.

　두보는 시·서·화에 두루 능했던 정건鄭虔이란 자와 친했다. 정건이 국자감에서 광문박사廣文博士로 있을 때 소원명蘇源明이라는 자는 국자감의 학관學官인 사업司業에 재임 중이었다. 술을 좋아했던 정건은 툭하면 소원명에게 술 마실 돈을 구걸했다고 한다. 좋은 술을 마실 수 있다는 이유로 보병교위를 맡을 만큼 술을 좋아했던 완적이 예속을 중시하는 위선적인 권세가들을 만나면 흰 눈으로 흘겨보았다고 해서 '백안시白眼視'라는 말이 생겼다. '돼지 간을 먹으라며 사올 이 누가 있나?'라는 말은 동한東漢 시대 민중숙閔仲叔이라는 자의 일화를 빗대어 한 말이다. 그는 기개와 지조가 있는 사람으로서 노년에 안읍安邑에 살면서 고기를 사 먹을 돈이 없어 매일 돼지 간을 한 조각씩 사다 먹었다고 한다. 또 옛사람들은 속세를 초탈한 신선들의 모습을 두고 '노을을 먹고 이슬을 마신다'는 표현을 썼는데, 돈성은 조설근의 탈속적 삶의 모습을 보고 옛사람들의 말을 빌려 '저녁노을을 먹는다'고 표현했다.

1763년 아들 방아方兒가 천연두로 죽자 조설근은 슬픔을 이기지 못하고 몸져눕더니 얼마 못 가 세상을 뜨고 말았다. 지연재가 쓴 평어에 의하면 조설근은 섣달 그믐날인 제석除夕에 죽었다고 한다. 돈성의 시에서 보이듯 조설근의 말년은 비참했다. 하지만 지연재의 평어에 쓰여 있듯, 그가 한 자 한 자 피로 써내려간 『홍루몽』은 작가의 비참한 말년을 위대한 말년으로 바꾸어놓았다.

루쉰의 반봉건·반전통 투쟁은 당시 중국 사회의 폐부에 대한 날카로운 비판이었다. 길고 긴 봉건제도 하에서 관성화된 불합리성과 비이성, 몰개성과 비인간성은 중국 사회 곳곳에서 독소로 작용하고 있었지만 사람들은 그것을 전혀 '자각'하지 못했다. 그가 공자를 들어 비판한 것은 봉건 권력이 작동하는 전제 통치의 전형을 공격함으로써 딱딱하게 굳어버린 인간의 문명에 숨길을 열어놓기 위함이었다. 2천 년의 봉건 왕조 역사를 해체하기 위해서는 그야말로 억세고 사나운 투쟁이 필요했고, 루쉰은 그 고난의 길에서 한시도 힘을 빼지 않았다.

현대 민중 의식의 개척자

魯迅

루쉰 1881~1936

마음은 큐피드의 화살 피할 길 없는데

비바람은 어둡게 조국을 짓누른다

찬별에 부치는 내 뜻을 향초는 몰라주어도

내 피를 조국에 바치리

일찍이 가장이 되다

루쉰은 19세기 말엽인 1881년 절강성 소흥에서 태어났다. 중국 최후의 봉건 왕조인 청나라가 아직은 그 명맥을 유지하고 있을 때였다. 본명은 저우수런周樹人이고 어머니 루루이魯瑞의 성을 따서 후에 필명으로 '루쉰'을 사용했다. 아명은 장서우樟壽, 자는 위산豫山이었는데, 아이들이 발음이 비슷한 우산雨傘(중국어로 발음하면 '위싼'이 된다—역자 주)으로 더 많이 부르자 위차이豫才로 고쳤다.

그림을 무척 좋아했던 루쉰은 세뱃돈을 받으면 화첩을 사는 데 다 썼다. 화첩을 사오는 날이면 밤새도록 방에 들어앉아 그림을 보고 또 보며 베끼곤 하였다. 루쉰은 어려서부터 독서량이 상당했고 고서도 많이 읽었다. 당시 한림원에서 벼슬을 했던 할아버지 저우제푸周介孚의 가정교육 방침 또한 매우 특별했던 것 같다. 루쉰이 소장했던 당·송조의 시선집『당송시순唐宋詩醇』 뒷면을 보면 루쉰의 조부가 남긴 토막글이 적혀 있다.

처음 공부할 때는 먼저 백거이의 시를 읽어라. 백거이 시는 명백해 알기

쉽고 담백하면서도 깊은 뜻이 있으니 그것을 취해야 한다. 다음에는 육유의 시를 읽어라. 그의 시는 뜻이 높고 글이 힘차면서 내용도 풍부하다. 그 다음에는 필력이 웅장하며 전달하려는 뜻을 충분히 드러내는 소식의 시를 읽어라. 그런 후에는 다시 생각이 참신하고 빼어난 이백의 시를 읽어라. 어렵고 심오한 두보의 시나 기괴하고 까다로운 한유의 시는 배워서도 안 되고 배울 필요도 없느니라.

루쉰은 집에서 멀리 떨어져 있지 않은 곳에 있는 삼미서옥三味書屋이라는 곳에서 공부했다. 삼미서옥의 훈장이었던 서우징우壽鏡吾는 박식하고 단정하며 엄격한 노인이었다. 학비는 소흥에서 제일 비쌌지만 노인은 아주 성실하게 아이들을 가르쳤다. 루쉰은 그곳에서 사서오경을 공부했다.

루쉰이 열세 살 되던 해에 조부인 저우제푸가 과거 시험장 사건으로 감옥에 갇히게 되었다. 소흥에 살던 루쉰 일가에게는 그야말로 마른하늘에 날벼락 같은 일이었다. 봉건 왕조의 통치 하에 있던 당시에는 가족 중 한 사람이 옥살이를 하면 멸문지화滅門之禍를 당할 수 있었기 때문이다. 남은 식구들마저 할아버지 일로 말려들 것을 염려한 루쉰 가족은 소흥을 잠시 떠나 외삼촌 집으로 피신했다. 이로써 온 가족이 몰살되는 끔찍한 일은 피할 수 있었지만, 한 번 든 액운은 결국 루쉰 일가를 망쳐놓고 말았다. 조부의 옥살이가 시작되면서 해마다 가을이 되면 사형 재판이 있을 것이라는 흉보가 날아들었고, 그때마다 루쉰의 아버지는 할아버지 목숨이라도 구해야 한다며 목돈을 마련해 북경으로 보냈다. 그렇게 하기를 여러 해, 루쉰 집안은 점점 가세가 기울어 파산 지경에 이르렀다. 망해가는 집안 꼴을 보며 루쉰의 아버지는 술만 늘어갔고 결국 화병으로 눕고 말았다. 그는 성품이 강직하고 시사時事에 관심이 많은 사람이었다. 할아버지는 감옥에 갇혀 있고 아버지마저 병석에 누웠으니 집안 상황은 정말 참담했다. 루쉰은 아버지 병에 쓸 돈과 약을 구하느라 전당포와 약방을 오가며 소년 시절을 보냈다. 물론 학업도 계속할 수 없었다.

루쉰 아버지의 병을 봐준 의원은 '명의'랍시고 구해오라는 약재들이 하나같이 기괴한 것들이었다. 처음으로 짝을 지은 귀뚜라미 한 쌍 따위는 그나마 구하기 쉬운 것에 속했다. 구하기도 어려운 약재를 쓰고 비싼 진찰비도 치렀지만 아버지의 병세는 전혀 호전될 기미가 보이지 않았다. 그렇게 몇 해를 병석에 있던 아버지가 일어나지 못하고 세상을 뜨자 장남인 루쉰이 집안의 가장 노릇을 하게 되었다. 소흥에서 가장 비싼 학비를 내는 서옥을 다닐 만큼 어려움을 모르고 자란 소년이 한순간에 가장이 되어 가족의 생계를 책임지게 된 것이다. 먹고사는 일의 고달픔을 일찍 알게 된 그였지만 바로 그 덕에 루쉰은 고통 속에서 더 깊이 사유할 줄 아는 의지 강한 사람이 되었다.

길이 아득히 멀고 험해도 나는 오르고 내리며 찾아 헤매리.

路漫漫其修遠兮, 吾將上下而求索

사실 모색과 사유의 열망이 없는 사람에겐 가야 할 길도 없는 법이다. 굴원이 역경 속에서도 끊임없이 길을 찾아 헤매겠노라 노래했다면 루쉰은 '길이란 찾는 것이 아니라 스스로 걸어가며 만드는 것'

이라고 했다.

세상에는 본래 길이 없었다. 걸어가는 사람이 많아지면서 길이 생긴 것이다.

그는 자신의 말처럼 일생을 두고 가야 할 길을 모색하고 사유했다. 개인의 길, 조국의 길 그리고 민족의 길을.

본격적인 문예활동

루쉰은 열여덟에 고향 소흥을 떠나 남경으로 왔다. 학비를 내지 않고도 공부할 수 있는 학교가 있었기 때문이다. 루쉰이 남경으로 왔을 때는 변법자강운동이 고조되기 시작하던 1898년 5월이었다. 청의 제11대 황제 광서제光緖帝는 캉유웨이康有爲, 량치차오梁啓超 등 변법파의 오랜 주장을 받아들여 법과 제도를 고쳐 부국강병을 이루겠다며 개혁의 바람을 일으켰다. 그런 유신개혁의 분위기 속에서 남경의 광로礦路학당에 입학한 루쉰도 새로운 길과 진리에 목말라했다. 그 무렵 옌푸嚴復가 영국의 생물학자 헉슬리Huxley가 쓴 『진화와 윤리Evolution and Ethics』를 '천연론天然論'이라는 제목으로 번역해 출간했는데, 물경천택物競天擇과 적자생존의 원리를 강조하는 진화론은 당시 중국 사회에 큰 반향을 불러일으켜 주목을 받았다. 루쉰도 그 책을 읽으며 진화론적 발전에 깊은 관심을 가지게 되었다.

남경의 겨울은 몹시 추웠다. 루쉰은 소흥을 떠날 때 어머니가 마련해준 돈 8원을 다 쓰고 입는 것도 먹는 것도 형편없는 생활을 해야 했다. 추위를 이기기 위해 매운 고추를 먹다가 그게 습관이 되어 결국에는 그 때문에 위를 버리게 되었다.

루쉰은 광로학당 시절 갱도에 들어가 광부들이 작업하는 모습을 보고 적지 않은 충격을 받았다. 물이 반이나 찬 어두운 갱도에서 일하는 광부들의 비참한 모습은 루쉰에게 오랫동안 깊은 인상으로 남았다.

1902년 3월 루쉰은 광로학당을 졸업하고 국비로 일본 유학의 길에 올랐다. 루쉰은 일본에 가고 얼마 안 되어 변발을 잘랐다. 그는 중국 유학생들 중 가장 먼저 변발을 잘랐는데, 변발이 마치 봉건적 구습의 상징처럼 느껴져 싫었다고 한다.

루쉰은 동경의 홍문弘文 서원에서 2년 넘게 일본어를 공부한 뒤 1904년 9월 센다이仙臺에 있는 의학전문학교에 입학했다. 그는 변발을 자른 후 찍은 사진 뒷면에 아래 시를 적어 동경에 있는 친구 쉬서우상許壽裳에게 보냈다.

「자제소상自題小像 – 자화상」

마음은 큐피드의 화살 피할 길 없는데	靈臺無計逃神矢
비바람은 어둡게 조국을 짓누른다	風雨如磐黯故園
찬별에 부치는 내 뜻을 향초는 몰라주어도	寄意寒星荃不察
내 피를 조국에 바치리	我以我血薦軒轅

루쉰은 1903년 8월 방학을 맞이해 잠시 귀국하는데, 그때 어머니의 뜻을 어기지 못하고 마음에도 없는 여자 주안朱安과 정혼을 하게 된다. 첫째 구는 자신의 그런 답답한 심정을 표현했다. 둘째 구의 비바람은 침략자의 약탈과 무능한 봉건 왕조의 통치 하에서 신음하는 조국의 암담한 상황을 비유하고, 셋째 구의 찬별과 향초는 조국의 민중을 비유하는 말이다. 즉, '조국의 어두움을 걷어낼 이들은 민중이기에 나는 그들에게 희망을 걸어보지만, 인민들은 무지몽매하여 깨닫지 못하고 있다'는 뜻을 담고 있다. 마지막 구는 루쉰의 맹세로, 그래도 자신은 기꺼이 피를 바쳐 조국과 민중을 해방시키겠다는 강한 의지의 표현이다.

센다이 의학전문학교에서 만난 후지노 선생은 엄격하고 자상했다. 루쉰은 그를 평생의 은사로 기억했다. 일본의 군국주의가 중국을 호시탐탐 노리고 있던 시절에도 루쉰은 자신의 서재에 걸어놓은 후지노 선생의 사진을 치우지 않았다. 그는 일본의 군국주의는 통렬히 비판했지만 구체적 개인일 뿐인 일본인에게는 그 어떤 악감정도 갖지 않았다.

아버지의 수종병水腫病이 돌팔이 의원 때문에 더욱 악화되어 일찍 돌아가셨던 일을 겪으며 루쉰은 서양의학을 배워 나라를 구하겠다고 마음먹었다. 하지만 루쉰의 그런 생각은 의학학교에 입학하고 얼마 안 되어 바뀌었는데, 그렇게 마음을 바꾸게 된 작은 사건이 있었다. 루쉰은 학교에서 우연히 러시아와의 전쟁에서 승리한 일본이 자신들의 전적戰績을 선전하는 영화를 보게 되었다. 영화 속에는 러시아 짜르 군대의 스파이 노릇을 하다가 체포되어 일본군에게 총살당하는 중국인이 한 명 등장했는데, 놀라운 사실은 그 주위를 둘러싼 구경꾼들이 대부분 중국인이라는 것이었다. 그들은 모두 우람한 몸을 가지고 있었지만 하나같이 얼빠진 표정으로 동포가 총살되는 것을 아무렇지도 않다는 듯 구경하고 있었다. 물론 일본에서 만든 선전영화이므로 완전히 믿을 수는 없었지만 루쉰은 그때 중국 민중의 우매성과 무감각에 상당한 충격을 받았다고 한다. 그는 그동안 자신이 가고자 했던 길이 조국의 현실을 바꾸는 데 아무런 도움도 되지 않을 것이라는 자괴감이 들었고, 정작 필요한 것은 민족의식을 개조하는 일이라 생각했다. 그리하여 1906년 센다이 의학전문학교를 그만두고 동경으로 가서 혁명문학 활동을 시작했다.

루쉰이 의학을 포기하고 문학의 길로 들어선 후 쓴 글 중에 「문화편지론文化偏至論」이 있는데, 이 글을 통해 당시 그가 고민했던 문제가 무엇인지 알 수 있다.

> 명철한 사람이라면 반드시 세계의 큰 흐름을 통찰하고 이해와 득실을 따져서 편파적인 것은 버리고 합리적인 것을 취해야 한다. …… 밖으로는 세계의 사조에 뒤지지 않고 안으로는 고유의 혈맥을 잃지 말아야 한다. 오늘의 좋은 것을 취하고 옛것의 바른 것을 회복해 새로운 것을 세워야 한다. …… 민중들이 자각하여 개개인의 개성이 자란다면 모래들이 모인 나라가 참사람들이 사는 나라로 바뀔 것이다.

루쉰이 진단한 당시의 중국은 '모래들이 모인 나라'였다. 바람에 이리저리 쓸리고 날리며 제 형상도 간직하지 못하는 모래 같은 사람들에게 '개성'이란 있기 어려웠다. 2000년의 봉건 역사 속에서 절대 권력은 인간의 개성을 말살시켰으며, 그 장구한 시간들은 곧 죽은 민중의 세월이었다. 사실 알고 보면, 자주적이어야 마땅할 개인들이 모래알 같은 존재가 된 것은 비단 옛날이야기가 아니다. 자본주의가 더욱 고도화되면서 '개성 만점'이라 우쭐대는 우리 현대인들도 실은 돈이나 유행 따위에 이리저리 끌려다니기는 매한가지인 모래알일 뿐인 존재들인 것이다.

루쉰은 물질문명에 편향된 서양식 발전 모델의 허위성을 일찌감치 간파한 사람이었다. 그는 물질문명의 필요성을 부정하지는 않았지만 결코 절대적 가치가 될 수 없다는 것과 오히려 물질주의가 만연할수록 인간의 영혼은 더욱 황폐화될 것이라는 현실에 주목하였다. '천지만물을 사물로 만들되 그 바깥의 사물로 인해 물화되지 않는' 장자의 가치관은 루쉰의 시대뿐 아니라 오늘날까지도 여전히 통용되는 것이다.

루쉰은 무엇보다 중국 민중의 우매함과 무감각을 극도로 혐오했다. 그는 누구보다 먼저 중국 민족의 저열한 근성을 폭로했다. 중국이 다시 일어설 수 있으려면 민족성의 개조가 무엇보다 선행되어야 한다고 그는 강조했다.

루쉰은 그때 영화에서 본 충격적 인상을 후에 발표한 소설들 「약」, 「회술레」, 「아Q정전」에서 묘사했다. 어떤 것을 봐도 마음의 움직임이 없는 무감각은 루쉰의 소설 속에서 다양한 징후들로 그 얼굴을 드러냈다. 가장 대표적인 것은 아Q의 정신 승리법이다.

쉬서우상은 의학을 포기하겠다는 루쉰을 처음에는 말렸지만 루쉰의 다음 말을 듣고는 그만 입을 다물 수밖에 없었다.

"자네는 중국의 바보들을 의술로 고칠 수 있다고 생각하는가?"

동경에 온 루쉰은 형무소가 근처에 있는 작고 낡은 여관에 거처를 마련하였다. 환경은 열악했지만 루쉰은 개의치 않았다. 낮에는 친구들과 세계의 정세와 조국의 미래, 혁명 노선의 방향 등을 이야기했고 밤이면 등불 아래 앉아 러시아와 독일의 문학과 철학 서적들을 탐독했다. 그는 책을 읽으며 중국의 우매한 민족을 깨우쳐줄 '정신계의 투사'를 찾았다. 당시 동경은 중국의 진보세력과 보수세력, 혁명파와 반혁명파가 활동한 중심지였는데, 그들은 일본 땅에서 치열한 사상 투쟁을 벌였다. 당시 중국 유학생들 사이에서 신망이 높았던 장타이엔章太炎도 동경에서 혁명단체인 광복회의 기관지 민보民報의 주필로 활동하며 개량파, 보황파保皇派의 우두머리인 량치차오, 캉유웨이 등과 격렬한 논전論戰을 벌였다. 루쉰은 공웨이성龔未生(장타이엔의 사위—역자 주) 소개로 장타이엔을 알게 되었고 광복회에도 가입했다. 그는 장타이엔으로부터 『설문해자說文解字』(중국 후한 시대에 허신이 편찬한 자전字典—역자 주)를 배웠는데, 앉은뱅이책상 가에 둘러앉은 학생들은 몇 시간씩 쉬지 않고 계속되는 강의를 놓치지 않기 위해 용변 보는 일도 참아가며 학업에 열중했다.

한편 중국에서는 루쉰과 동향인 쉬시린徐錫麟이 청 황실의 안휘성 순무사巡撫使였던 언밍恩銘을 암살해 전역이 발칵 뒤집혔다는 소식이 일본 땅 동경에까지 전해졌다. 언밍을 죽인 쉬시린은 즉시 체포되어 처형되었다. 언밍의 호위병들이 쉬시린의 심장을 도려내어 술안주로 볶아 먹었다는 끔찍한 얘기까지 들려왔다. 쉬시린이 처형되고 얼마 안 있어 여성 혁명당원인 츄진秋瑾도 그녀의 고향이자 루쉰의 고향인 소흥에서 망나니의 칼에 죽었다. 동경의 중국 유학생들은 분노 속에서 쉬시린과 츄진의 추도회와 청조 정부를 규탄하는 집회를 열었고, 루쉰도 이에 적극적으로 참여하였다. 다만 루쉰은 민족의식을 개조하는 것이 근본적인 변혁의 길이라 믿었기에 비수보다 더 날카로운 글로 적들의 심장을 찌르고 우매한 민중들을 깨어나게 할 수 있다고 생각했다. 그 무렵 루쉰은 문예 투쟁 활동의 일환으로 계몽지 성격의 잡지 「신생新生」의 출간을 준비하고 있었다. 그러나 글을 쓰고 자금을 대겠다던 사람들이 하나 둘 자취를 감추거나 이러저러한 이유를 들며 발을 빼기 시작해 열정을 안고 준비했던 루쉰의 잡지 출간 계획은 무산되고 말았다.

혁명의 범람 시대

1908년 소흥의 집에서 전보가 왔다. 어머니가 병으로 누웠으니 빨리 귀국하라는 내용이었다. 루쉰은 서둘러 소흥으로 돌아갔다. 집 안으로 들어서니 병석에 누워 계신다는 어머니가 일어서서 루쉰을 맞이했다. 어머니는 주안과의 혼례를 더 이상 미뤄서는 안 된다며 루쉰을 재촉했다. 루쉰은 애정도 없는 여자와 결혼하고 싶지는 않았지만 어머니의 뜻을 거스르기도 어려웠고, 무엇보다 주안의 처지가 딱했다. 소흥의 풍속에서는 만약 루쉰이 정혼을 파기하면 주안은 혼삿길이 막혀 오갈 데 없는 신세가 되는 것은 물론, 생계 문제까지 곤란해질 형편이었다. 루쉰은 결국 어머니가 마음에 들어 하는 며느리를 맞이하되 부부 생활은 할 수 없다는 조건으로 주안과 구식 혼례를 올리고 그녀의 생계를 평생 책임지겠다는 약속을 했다.

루쉰은 주안과 결혼하고 항주로 가서 양급사범학당兩級師範學堂에 교사로 취직했다. 루쉰보다 먼저 귀국한 쉬서우상이 그곳에서 교무처장으로 일하고 있었다. 루쉰은 이곳에서 화학과 생리위생학을 가르쳤으며 박물학의 번역 일도 맡아서 하게 되었다. 가르치는 일에 열정적이고 번역 솜씨도 뛰어난 루쉰은 학생들 사이에서 인기가 좋았다. 그는 밤을 새워가며 수업을 준비하고 책을 읽었으며 과외 시간을 이용해 식물학을 연구했다. 학생들을 데리고 야외로 나가 식물 표본을 채집하기도 했다.

교장 선쥔루沈鈞儒가 면직되고 샤전우夏震武라는 자가 새 교장으로 부임했다. 샤전우는 부임한 첫날 쉬서우상에게 공자묘에 참배하러 가자고 했다가 거절을 당하고 말았다. 샤전우를 좋아하지 않았던 교사들은 그에게 '여름 모과'라는 별명을 붙여주었다. 권위적이고 봉건적인 샤전우는 교사들과 잦은 마찰을 빚다가 결국 완강한 저항에 부딪쳐 스스로 사직하고 떠났다. 루쉰과 교사들은 샤전우의 자진 사퇴를 경축하는 모임을 갖기도 했다. 이때는 혁명의 파고가 일기 시작하던 1910년이었으니, 샤전우의 '공자 운운'은 그야말로 시대에 한참 동떨어진 소리였다.

루쉰은 양급사범학당에서 일 년간 교사로 있다가 1910년 가을 소흥부 중학교의 학감學監을 맡아 고향으로 돌아갔다. 당시 소흥에서도 혁명의 분위기가 무르익고 있었다. 사람들은 3년 전 청조 정부에 의해 죽임을 당한 쉬시린과 츄진의 일을 여전히 기억했다. 학생들은 변발을 자른 짧은 머리의 루쉰이 지나갈 때면 존경의 뜻을 담아 바라보곤 하였다.

바야흐로 '혁명'이 시작되었다.

혁명당원 왕진파王金發가 대오를 이끌고 밤새 달려 항주에서 소흥으로 왔다. 남색 군복 차림을 한 사병들의 사기는 대단했다. 소흥 사람들은 등을 밝혀 그들을 환영했다. 대오가 지나는 골목 곳곳에서 환호성이 터져나왔다.

"혁명 만세! 중국 만세!"

왕진파 입성 후 곧 소흥에 혁명 정부가 들어섰다. 그 무렵 루쉰은 소흥사범학당의 교장을 맡게 되었다. 부임한 첫날 루쉰은 회색 두루마기에 군모를 쓰고 학생들 앞에 섰다. 루쉰의 취임 연설은 짧지만 힘찼고 운동장에 모인 학생들의 반응은 열렬했다.

그러나 얼마 못 가 소흥 사람들은 혁명의 상징적 인물인 왕진파의 변한 모습을 보게 되었다. 왕진파의 몸엔 살집이 올랐고 얼굴엔 개기름이 흘렀다. 소흥에서 돈 좀 있다는 지역 유지들은 자기 조상들이 그렇게 살아왔던 것처럼 혁명 정부의 도독 왕진파에게 잘 보이려 뻔질나게 얼굴을 내밀었다. 오늘은 비단 뭉치를 갖다 바치고 내일은 상어지느러미 찜이 나오는 고급 요리집으로 데려가는 식이었다. 청조의 소흥부에서 혁명군 정부로 현액이 바뀌었지만 드나드는 사람들은 예전 그대로였다. 소흥에서 혁명은 '유행'이 되었다. 사람들은 입만 열었다 하면 '혁명'을 얘기했지만 진짜 혁명을 하는 사람은 없는, 이른바 '혁명의 범람 시대'였다. 심지어 지주나 토호들까지 '혁명'을 한답시고 온갖 당을 조직해 한몫 잡아볼 요량으로 덤볐고 군정부 관청은 한량들로 채워졌다.

츄진을 살해한 망나니를 처벌하라는 청년들의 요구에 왕진파는 '지난날의 죄악은 묻지 않고 다 같이 유신해야 한다'고 말했다. 혁명군의 변질된 모습에 청년들은 분노했고 그들의 변절과 부패를 알리는 전단지를 뿌리고 신문을 발행했다. 루쉰은 청년들의 든든한 후원자가 되었다. 그러고 며칠 후 왕진파가 루쉰을 암살할 것이라는 소문이 나돌았다. 소문을 듣고 놀란 사람은 루쉰의 어머니였다. 그녀는 아들 루쉰에게 잠시라도 소흥을 떠나 피신해 있으라고 했지만 루쉰은 평소와 다름없는 생활을 했다. 일이 있으면 밤이라도 외출했고 나갈 때는 '주周'자를 크게 써 넣은 초롱불을 손에 들고 다녔다.

1912년 봄 루쉰은 임시정부가 들어선 남경의 교육부에서 일하게 되어 소흥을 떠났다. 교육부에서 루쉰이 할 만한 일은 없었다. 일 없이 지내는 것을 싫어했던 루쉰은 국학도서관에서 고서들에 파묻혀 시간을 보냈다. 같은 해 5월 임시정부가 북경으로 옮겨가게 되면서 루쉰도 교육부를 따라 북으로 갔다. 8월 루쉰은 교육부 제2과 과장에서 첨사僉事로 승진했다. 매달 받는 급여도 많아졌고 권력도 상당했지만 출근 도장을 찍는 것 말고는 할 일이 없는 자리였다. 루쉰은 그런 자신의 생활이 싫었지만 가족의 생계를 책임지는 가장으로서 마다할 수도 없는 처지였다. 첨사 어르신을 뵙겠다며 찾아오는 이들도 많았는데 루쉰으로선 전혀 반갑지 않은 사람들이었다. 그들 중 교육부에 정말 용건이 있어서 온 사람들은 거의 없었다. 대개가 자신들이 챙길 잇속을 위해 루쉰에게 잘 봐달라며 뭔가를 내미는 사람들이었다. 루쉰은 그런 류의 사람들을 좋아할 수 없었다. 그런 사람들이 내방하면 루쉰은 언제나 특별한 일이 없으면 실례하겠다며 얼른 자리를 피했다. 루쉰은 북경에서도 고서들을 읽고 베끼고 정리하며 시간을 보냈는데, 그때 위진魏晉 시대의 죽림칠현과 혜강을 새롭게 발견했다. 봉건적 예교가 완강했던 시대에 온 삶을 바쳐 그 위선에 저항했던 그들은 '개인의 자각'을 먼저 깨달은 선각자였다. 루쉰은 자신 또한 봉건적 예교에 과감하게 저항하지 못한 피해자라고 생각했다. 그리고 소흥에서 묵묵히 자신의 어머니를 모시며 있을 주안도.

봉건주의의 추악성을 고발하다

1918년 루쉰은 북경에 집 한 칸을 마련하고 소흥에 있는 어머니를 모셔왔다. 물론 주안도 함께였다. 시간은 계속 흘렀고, 루쉰은 답답했다. 민중의 각성과 해방, 참 혁명을 위해 자신이 할 수 있는 일을 고민할수록 그는 심한 적막감에 시달렸다. 그러던 봄의 어느 날, 첸쉬안퉁錢玄同이 자신이 발행하는 잡지 한 권을 들고 찾아왔다. 그는 루쉰에게 글을 좀 써보면 어떻겠냐고 제안했다. 루쉰은 어떤 흥분도 느껴지지 않는 차분한 목소리로 말했다.

"가령 무쇠로 지은 집이 있다고 하세. 창문도 없고 무너뜨리기도 아주 힘든 그런 집인데, 그 안에 많은 사람들이 깊이 잠들어 있다면 필경 얼마 못 가서 숨이 막혀 죽겠지. 하지만 깊은 잠에 빠져 있다 죽는 것이니 그들은 죽음의 고통도 느끼지 못할 걸세. 그런데 지금 자네가 크게 소리쳐서 그나마 정신이 좀 있는 사람들을 놀라게 해 깨운다면 그 불행한 소수는 어떻게 해볼 수 없는 임종의 고통을 겪고 말 것인데, 그러면 자네는 그들에게 미안한 마음이 들지 않겠나?"

"아닐세, 적은 사람이나마 먼저 깨어났으니 집을 무너뜨릴 희망이 전혀 없다고 할 수는 없지."

루쉰은 다시 희망의 무기를 준비하기 시작했고 1918년 5월, 문예잡지 「신청년」에 백화문으로 쓴 첫 단편소설 「광인일기狂人日記」를 발표했다. 「광인일기」는 일인칭 소설로 피해망상증에 걸린 미친 사람이 주인공으로 등장한다. 1916년에 루쉰에게 소설의 모태가 된 일이 있었다. 루쉰의 외사촌동생이 산서의 한 관청에서 개인 참모 비슷한 막우幕友 일을 했었는데, 어느 날 사람들이 모두 자기를 해치려 들 것만 같아 북경으로 도망을 쳤다. 그는 북경의 한 여관에 방을 잡고 묵었지만 두려움은 없어지지 않았고, 그래서 계속 방을 바꿔가며 옮겨 다녔다. 루쉰은 자신의 거처로 그를 데려와 머무르게 하면서 안심시키고 달래보았지만 소용이 없었다. 하루는 그가 다급한 듯 루쉰의 방을 두드리기에 문을 열어보았다.

"오늘 저들이 나를 끌어다 목을 자를 것이 분명해요!"

그는 공포에 질린 목소리로 말하며 유서를 건넸다.

외사촌동생이 정신착란증에 걸렸다고 생각한 루쉰은 그를 일본인이 운영하는 병원에 데리고 가 치료를 받도록 했다. 병원에서 일주일간 치료를 받았지만 조금도 나아지는 기미가 보이지 않아 루쉰은 다른 이에게 부탁하여 외사촌동생을 고향 소흥으로 데려가게 했다. 소설은 광인의 입을 빌려 2천 년 넘게 지속되어온 '사람을 잡아먹는' 봉건적 예교의 추악성과 잔인성을 고발했다. '광인'이 감각하는 세계란 어떤 것일까?

아침에 나는 잠깐 정좌하고 있었다. 천라오우陳老五가 밥을 가져왔는데 채소 한 접시와 생선 찐 것이 한 접시였다. 생선 눈깔은 하얗고 딱딱했으며 아가리가 벌어진 모양이 사람을 먹고 싶어 하는 저 인간들의 그것과 같았다. 몇 젓가락을 먹다 보니 미끈미끈한 것이 생선인지 사람인지 알수가 없어 배 속의 것들을 전부 토해버렸다.

예부터 사람을 먹어왔다는 것은 나도 기억하고 있지만 그다지 확실하지는 않다. 나는 역사책을 뒤지며 조사해보았다. 하지만 이 역사는 연대도 없었고 책의 페이지마다에는 삐뚤빼뚤하게 인의도덕仁義道德 따위의 몇 글자가 적혀 있을 뿐이었다. 나는 어쨌든 잠을 잘 수 없었으므로 밤 내내 자세하게 책을 살펴보았다. 그랬더니 글자와 글자 사이에 있는 글자가 보였는데, 책에는 온통 '식인食人'이라는 두 글자가 쓰여 있었다.

생각할 수 없게 되었다.

4천 년 이래로 끊임없이 사람을 먹어온 데다 나 역시 오랫동안 살아왔다는 사실을 오늘에서야 알게 되었다. 형이 집안을 관리하고 있을 때 누이동생은 죽었다. 그 자가 몰래 음식에 섞어 내게 먹이지 않았으리라고 말할 수 없다.

나는 나도 모르는 사이에 누이동생의 살점을 먹게 된 것이라고 말하지 않을 수 없게 되어버렸다. 이제 내 차례가 되었다.

4천 년 식인의 역사를 가진 나, 처음에는 몰랐으나 이제는 알았다. 참된 인간을 얻기가 어렵다는 것을.

사람을 먹은 일이 없는 아이가 아직 있는지 모르겠다. 아이를 구하라.

사람을 잡아먹는 봉건적 예교와 위선적 도덕, 이런 역사를 보고 싶어 하는 사람은 아무도 없을 것이다. 아니, 어쩌면 그것을 볼 능력이나 용기 따위가 없는지도 모르겠다. 루쉰의 위대한 점은 바로 여기에 있다. 그는 아무도 보려 하지 않았던 역사를 보고 그것을 폭로했다. 루쉰은 자신의 글 「눈을 똑바로 뜨고 보는 것을 논함論睜了眼看」에서 이렇게 적고 있다.

중국인들이 이제까지 감히 인생을 똑바로 보지 못하고 속임수를 쓰고 사기 치는 것밖에 몰랐기에, 그로써 속임수와 사기의 문예가 생산되었다.

어떤 사람들은 알면서도 대놓고 속이고 사기를 쳤으며 어떤 사람들은 수동적으로, 혹은 몰라서 속이고 사기를 쳤다. 인생을 바로 본 루쉰은 인간의 이처럼 추악한 내면을 드러냈고, 그것들은 스스로 인정하고 싶지 않은 우리 자신의 모습이었다. 루쉰의 글을 읽으면 언제나 불쾌하고 찝찝한 이유가 여기에 있다. '글 쓰는 전사' 루쉰은 이렇게 세상과의 싸움을 시작했다.

루쉰의 대표작 「아Q정전」의 주인공 아Q가 바로 자기기만 속에서 실패를 인정하지 않고 현실을 바로 보지 못하는 비겁자의 전형이다. 사실 아Q는 소설에만 나오는 인물이 아니다. 우리들 중에도 아Q는 많다. 어제도 있었고 오늘도 있고 내일도 있을 것이다. 아Q의 이야기를 읽으며 사람들은 너무 우스워서 울고 싶어 한다. 그러나 눈물도 웃음도 나오지 않는다. 왜냐하면 너무도 많은 우리들이 아Q를 통해 냄새나는 자신을 발견하기 때문이다. 우리는 드러내놓고 말할 수도 없어서 모르는 척하거나 '아Q는 내가 아니라 저 사람'이라며 발뺌도 해보지만, 그럴수록 우리의 모습은 더욱 아Q와 닮아가는 것이다.

중편소설 「아Q정전」은 1921년 주간지 「신보부간晨報副刊」에 처음 연재되었다. 편집장 쑨푸위안孫伏園은 사흘이 멀다 하고 루쉰을 찾아가 원고를 달라며 독촉했다. 「아Q정전」이 연재되자 많은 사람들이 긴장하기 시작했다. 긴장한 그들 중에는 이른바 사회 지도층이라는 사람들이 있었고 신사숙녀들과 지식인들도 있었다. 그들은 어두운 곳에 숨어 있던 자신들의 영혼이 아Q로 인해 만천하에 드러날까 두려워했다. 부정하고 외면하고 싶어도 「아Q정전」 속에는 분명 그들의 모습이 있기 때문이었다.

미장未庄 마을에 사는 아Q는 날품팔이를 하며 생계를 이어간다. 그는 투전으로 돈을 잃고 도무지 이해할 수 없는 일이라며 스스로 자기 뺨을 때려놓고는 다른 사람을 때린 것이라 생각한다. 자기가 다른 사람을 때렸다는 생각에 흡족하고 의기양양해진 그는 아무 일도 없었다는 듯 편하고 깊은 잠에 빠져든다. 이렇듯 아Q의 가장 큰 무기는 '망각'이다. 직시하고 싶지 않은 현실의 고통을 철저히 망각하는 것이 그가 생존해나가는 방식이다. 심지어 아Q는 총살을 앞두고도 '큰일 났다'고 생각하는 순간 갑자기 눈앞이 캄캄해지고 귀가 멍멍해지면서 정신이 혼미해지더니 그 잠깐 사이에 자신의 상황을 또 '망각'한다. 그래도 완전히 정신이 나간 것은 아니어서 그는 인간으로 태어난 이상 이따금 목이 잘리는 경우도 없지는 않을 것이라는 생각을 어렴풋이 떠올린다. 그러다가 아Q는 노래 한 자락도 부르지 못하는 자신의 용기 없음이 부끄럽다고 생각한다. 바로 그 순간, 아Q의 입에서는 저절로 노래가 튀어나온다.

"20년 뒤에도 다시 사내대장부로 태어나서……."

루쉰은 봉건적 억압 통치 하에서 저열한 노예근성만 남은 민중들의 생존방식인 '망각과 자기기만'을 증오했으며 애통해했다. 그는 '병증을 드러내는 것'은 '그것을 치료하도록 주의를 환기시키기' 위한 것이라고 말했다. 하지만 당시 루쉰의 글을 읽은 많은 사람들은 루쉰이 자신들을 욕한 것이라고 불쾌감을 드러냈으며, 대체 누구누구를 욕한 것이냐며 따져 묻는 이들도 있었다.

「아Q정전」이 발표되고 한 평론지에서는 다음과 같은 글을 싣기도 했는데, 비꼬고는 있지만 루쉰 글의 특징을 잘 설명하고 있다.

　루쉰 선생은 길가에 서서 사람들이 걸어가는 모습을 지켜본다. 그들 중에는 키가 큰 사람도 있고 작은 사람도 있다. 뚱뚱한 사람이 있는가 하면 비쩍 마른 이도 보인다. 또 웃으며 지나가는 사람도 있으며 울상이 된 얼굴로 길을 가는 사람도 있다. 온갖 인간 군상들이 그곳에서 꿈틀거린다. 루쉰 선생의 의학 수준이 어느 정도인지 우리는 알 길이 없지만 그에게 세 가지 특징이 있다는 것은 확실히 안다. 그것은 수술 경험이 풍부한 의사가 가진 특징이기도 한데, 첫째도 냉정이고, 둘째도 냉정이요, 셋째도 역시 냉정이라는 점이다.

피로 물든 투쟁

1920년 가을 루쉰은 북경대학에서 중국소설사 강의를 시작했는데 학생들의 열기는 정말 대단했다. 강의실의 2인용 좌석에 서너 명의 학생들이 비집고 앉은 모습은 놀랄 것도 없는 풍경이었다. 루쉰이 강의하는 교실 앞 복도에까지 학생들로 가득 찼으며 다른 대학 학생들도 그의 강의를 듣기 위해 모여들곤 했다. 5·4운동이 중국의 청년들을 역사의 무대로 나서게 했다면 루쉰은 청년들이 희망을 계속 희망하게 하는 '정신'이고 '우상'이었다. 루쉰의 말과 글은 누구보다 선동적이고 가슴을 뜨겁게 만드는 울림과 힘이 있었지만 그의 목소리는 시종일관 차분하고 조용했다.

1923년 루쉰은 북경대학에서 북경여자사범대학으로 옮기면서 서3조 골목으로 이주했다. 루쉰이 이사 오고 그를 찾는 청년들의 발길이 많아지면서 비좁고 어두운 빈민촌의 골목에도 젊음의 활력이 넘치기 시작했다. 청년들은 하루가 멀다 하고 루쉰의 집을 찾았다. 그들은 한 번 오면 반나절씩 머무르며 루쉰과 대화를 나누고 밥을 먹었다.

잡지 「신청년」의 해산은 루쉰에게 큰 실망감을 안겨주었다. 당시 그는 소설집 『방황』을 쓰고 있었다. 『방황』은 지식인의 갈등과 고뇌를 주요 소재로 한 루쉰의 두 번째 단편소설집으로, 1924년 1월부터 1925년 11월까지 쓴 것을 모아 1926년 8월 베이신서국北新書局에서 출간했다. 1932년 루쉰은 동지들의 변절을 보면서 무거운 적막과 고독에 시달렸던 그때의 심경을 시로 적기도 했다.

「방황彷徨」

새 문단은 적막 속에 있고	寂寞新文苑
옛 싸움터는 고요한데	平安舊戰場
나 홀로 두 방 사이에서	兩間余一卒
창을 들고 방황한다	荷戟尙彷徨

사실 그 무렵의 루쉰은 방황 따위는 버리고 얼마든지 편안한 삶을 영위할 수 있었다. 작가로서 문단에서 이름도 날리고 있었고 대학교수로서 안정된 수입도 보장받았으니 말이다. 그러나 그는 현실과 타협하지 않았다.

5·4 신문화운동이 반제국주의·반봉건주의 운동으로 계속 발전하면서 지식인 내에서도 분화가 나타났다. 이때부터 루쉰은 북양 군벌과 제국주의 세력에 동조하는 후스胡適 등 부르주아 지식인들과 치열한 투쟁을 벌여나갔는데, 1925년에 일어난 북경여자사범대학 사건은 이러한 투쟁의 중요한 발단이 되었다.

1924년, 북경여자사범대학의 교장으로 양인위楊蔭榆라는 여자가 부임했다. 당시 권력층과 밀접한 관계를 맺고 있었던 양인위는 처음부터 학생들의 반감을 샀다. 게다가 양인위가 학생운동을 탄압하고 규정에도 없는 비용을 거둬들이자 학생들의 불만은 극에 달했다. 1925년 5월 7일 국치기념일 행사에 학생들의 반대로 참석하지 못한 양인위가 학생자치회 대표들을 제적하려 하자 마침내 학생들은 들고일어났으며 루쉰도 학생들을 지지하는 투쟁을 조직하고 참가했다.

양인위는 자신의 계획이 수포로 돌아가자 북양 군벌 세력의 힘을 빌려 학생들을 더욱 탄압했다. 그러던 중 같은 달 30일에 영국 제국주의자들이 시위행진을 하는 중국인들을 학살하는 사건이 터지자 제국주의와 봉건군벌에 반대하는 투쟁이 중국 전역에서 일어났고 북경 소재 대학들을 중심으로 한 애국학생운동 세력도 결합하여 힘을 보탰다. 제국주의와 북양 군벌 정부의 비호를 받으며 그들을 선전하던 어용 지식인들은 당황했고 권력의 편에 서고자 더욱 몸부림쳤다. 1925년 8월 1일 양인위는 군벌 정부의 지원 하에 무장군인과 경찰, 깡패들까지 동원하여 학교를 포위하고 학생들을 쫓아내려 무력을 행사했다. 그 와중에 학생회 대표 류허전劉和珍이 부상을 입었지만 학생들은 굴하지 않고 끝까지 투쟁했다. 루쉰도 뜻을 같이하는 지식인들과 북경 소재 학교 인사들을 조직하여 '북경여자사범대학은 북양 군벌 산하의 교육부와 관계를 끊을 것'이라는 내용의 성명을 발표했다. 이어 북경 소재 학교들도 군벌 교육부에 반대한다는 성명을 발표했다. 그러나 8월 26일 군벌 교육부는 학풍을 정화한다는 명분으로 북경여사대를 강제 해산시켰다. 거리로 내몰린 학생들은 눈물한 방울이 아깝다며 투지를 다졌고 자비로 교실을 빌려 자신들의 투쟁을 지지하는 교수들을 초청하여 수업을 재개했다. 그 가운데 가장 열정적인 사람은 단연 루쉰이었다. 루쉰의 이런 움직임은 북경의 권력층에게는 눈엣가시일 수밖에 없었다. 힘겨운 과정이었지만 북경여자대 사건은 결국 학생들의 승리로 끝났다. 1925년 11월 30일자로 양인위가 물러난 북경여자사범대학은 다시 학생들에게 문을 열었다.

하지만 비극은 계속되었다. 1926년 3월 12일 일본 군함 두 척이 대고大沽항에서 국민군에 포격을 가했고 16일에는 일본, 영국, 미국, 독일, 이탈리아, 네덜란드, 벨기에, 에스파냐의 8개국이 북양 군벌 정부에 국민군을 철수시키라는 최후통첩을 보냈다. 이에 3월 18일 북경에서 삼만여 명의 학생과 민중들은 중국을 내전의 소용돌이로 몰아넣으려는 제국 열강들에 맞서 싸울 것을 호소하며 군벌 정부의 행정부 청사 앞으로 갔다. 위협을 느낀 군벌 정부는 군중들에게 총을 쏘고 쇠몽둥이와 칼을 휘둘렀다. 그 자리에서 시위 군중 사십여 명이 사망하고 이백여 명이 부상을 입었다. 이때 북경여사대 학생 자치회 대표인 류허전도 학살되었다. 학살이 자행된 이튿날, 군벌 정부는 청원을 하기 위해 온 군중들을 '폭도'로 규정하고 체포령을 내렸으며 신문에 그 명단을 공포했는데, 그중에는 루쉰의 이름도 있었다. 루쉰은 후에 '3월 18일은 민국 이래 가장 암울한 날이었다'고 비통해하며 「류허전 군을 기념하며」와 「꽃 없는 장미 2」를 썼다.

나는 실로 할 말이 없다. 다만 내가 살고 있는 이곳이 사람 사는 세상이 아니라는 것만을 느낄 뿐이다. 사십여 명 청년들의 피가 내 주위로 차고 넘쳐서 숨 쉬는 것도 힘들고 눈뜨고 보는 것도 어려운데 내 무슨 할 말이 더 있겠는가? 소리 높여 추모의 노래를 부르는 일도 마땅히 슬픔을 가라 앉히고 그 고통을 교훈으로 삼은 후에 해야 할 것이다. 그러나 사건이 있은 후 이른바 학자와 문인이라는 몇몇 인간들의 음험한 논조는 나를 더욱 슬프게 만들었다. 나는 이미 분노에서 벗어났다. 나는 이 비인간적인 세상의 어둠과 비애, 처량함을 깊이 음미하고 내 가장 큰 슬픔과 고통을 사람 없는 사람 세상에 보여줄 것이다. …… 이것을 훗날 죽을 사람의 보잘 것없는 제물로 삼아 죽어간 이들의 영전에 받칠 것이다.

　중국이 호랑이와 승냥이의 먹이가 되었는데도 아무도 나서려 하지 않는다. 나서는 이들은 소수의 청년 학생들뿐이다. 그들은 마음 편히 공부만 하면 되지만 시국이 이러하니 마음을 놓을 수가 없는 것이다. 만약 위정자들에게 일말의 양심이 남아 있다면 자신의 책임을 통절하게 반성하고 그 양심을 일으켜야 마땅하거늘 그들은 오히려 청년 학생들을 학살했다.

　설사 청년들을 모조리 죽인다 하더라도 그 도살자는 결코 승리할 수 없다는 것을 알아야 한다. 중국은 애국자의 사멸과 함께 멸망할 것이다. 도살자들은 축적한 재물로 꽤 오랫동안 자손을 번창해갈 테지만 올 것은 반드시 오고야 말 것이다. 그렇게 되면 '자손 번창'이 무슨 기쁨이 되겠는가? 멸망이 더디 올 수도 있지만 그 대신 저 도살자들은 가장 살기 힘든 불모지에서 살고, 가장 깊은 광산의 갱부가 되며, 가정 비천한 생업에 종사하게 되리라.

　만약 중국이 그래도 멸망하지 않는다면 그 미래는 도살자들이 전혀 예상하지 못하는 것이 될 것임을 지난 역사는 우리에게 가르쳐준다. 그것은 사건의 결말이 아니고 사건의 발단이다. 먹으로 쓴 거짓말이 피로 쓴 사실을 감출 수는 없다. 피의 빚은 반드시 같은 피로 갚아야 한다. 그리고 그 갚음이 늦어질수록 이자도 늘어날 것이다.

루쉰은 전사란 피 흘리는 것을 두려워하지 않지만 아무런 결과도 없는 희생은 해서는 안 되고 오히려 적들에게 유리한 것일 뿐이라며 청원 운동을 중단할 것을 고통스럽게 호소했다.

분열된 희망

3월 18일 학살 이후 군벌 정부의 탄압은 더욱 심해져 루쉰은 그들의 감시와 추적을 피해 서3조 빈민촌 골목을 떠났다. 당시 군벌 간의 세력 다툼으로 살벌했던 북경에서 불안정한 도피 생활을 해오던 루쉰은 8월 26일 제자이자 연인이었던 쉬광핑許廣平과 함께 북경을 떠나 상해로 갔다. 그러나 둘은 같이 지낼 형편이 아니었다. 루쉰은 2년 후에 다시 만나자는 약속을 하고 쉬광핑과 헤어졌다. 둘은 2년여를 떨어져 지내며 서신 왕래를 했는데, 그 유명한 「양지서兩地書」는 바로 이 시기에 주고받은 것들이다.

루쉰은 샤먼대학廈門大學의 문학과 교수 겸 국학연구원 교수로 초빙되어 갔고 쉬광핑도 광저우여자사범대학에서 교편을 잡게 되어 떠났다. 샤먼대학은 산을 등지고 바다와 인접한 곳에 있었다. 루쉰은 생물학과대 건물 4층을 혼자서 숙사로 썼는데, 그곳은 밤에 들리는 것이라곤 바람 소리뿐이고 낮에 보이는 것이라곤 망망한 바다뿐인 아주 적막한 곳이었다. 루쉰은 훗날 『삼한집三閑集』에 당시의 고적한 날들의 풍경을 묘사해놓기도 했다.

그 정적은 독한 술처럼 사람을 취하게 했다. 뒤쪽 창문 바깥으로 보이는 뼈만 남은 산들 속에 무수히 박힌 흰 점들은 무덤이고 샛노란 작은 불빛은 남보타사南普陀寺의 남포등이다. 앞에는 하늘바다가 아득하기만 한데, 그 위로 검은 솜을 펼쳐놓은 듯한 어둠이 마치 금방이라도 가슴속으로 달려들 것만 같았다. 돌난간에 기대어 먼 곳을 바라보고 있노라면 내 심장이 뛰는 소리가 들렸는데, 헤아릴 수 없는 비애와 고뇌와 영락과 사멸이 모두 정적 속으로 녹아들고 그 정적을 다시 색과 맛과 향을 더해주는 약술로 만드는 것 같았다.

1927년 1월 18일 루쉰은 혁명의 진원지인 광저우로 가서 교편을 잡았다. 루쉰은 중산대학中山大學에서 유일한 정교수이자 문학과 학과장이었고 쉬광핑은 조교로 그의 일을 도왔다. 루쉰의 사회적 명성이 커지면서 그를 찾는 이들도 많아졌다. 국민당에서 이름깨나 날리는 관료와 정객들이 식사나 한번 하자며 루쉰에게 초대장을 보내기도 했는데, 루쉰은 그때마다 그들의 청을 거절하였다.

국민당은 4월 12일 상하이에서의 백색 테러를 시작으로 광저우에서도 혁명을 지지하는 청년 학생들과 공산당원들을 마구잡이로 잡아 죽였다. 중산대학도 끌려간 학생들을 구할 방법을 논의하는 긴급회의를 열었다. 루쉰은 체포된 학생들을 구하지 못하자 격분하여 중산대학에서 맡은 모든 일을 그만두고 사퇴했다.

청년에 희망을 걸었던 루쉰은 미래를 짊어질 젊은이들이 혁명 진영과 반혁명 진영으로 분열되어 서로 물고 뜯는 현실에 크게 실망했던 것 같다. 그즈음 그가 한 청년에게 쓴 편지를 보면 루쉰이 당시 무엇을 보고 무엇을 생각했는지 짐작할 수 있다.

나는 지금까지 청년들을 억압하고 살육하는 이들은 대개가 늙은 노인네들일 것이라고 생각하고 현실을 낙관하곤 했습니다. 왜냐하면 그런 노인네들이야 결국엔 죽어갈 것이고 중국은 어쨌든 예전보다는 생기를 띠게 될 것이라 믿었던 것입니다. 그런데 오늘 저는 그렇지 않다는 것을 알았습니다. 청년을 살육하는 이들은 대부분 같은 청년들이었습니다. 게다가 그들은 다시 만들 수 없는 타인의 생명과 청춘을 조금도 아끼지 않았습니다. 짐승들한테 그렇게 했어도 잔인무도하다고 해야 할 짓이었습니다.

죽는 날까지 글쓰기에 몰두하다

1927년 10월 루쉰은 쉬광핑과 함께 상하이로 갔다. 중국 공산당이 탄생했던 도시답게 상하이에는 혁명을 지지하는 문인들이 많이 있었다. 우한武漢에 있던 마오둔茅盾도 상해로 옮겨와 루쉰과 이웃이 되었고 궈모뤄郭沫若도 홍콩에서 이주해왔다. 북경 시절부터 알고 지냈던 위다푸郁達夫도 상하이에 있었다. 루쉰은 이들과 만나자마자 곧 친해졌다. 베이신서국은 북경에서 출간하다 정간당한 잡지 「어사語絲」를 상하이에서 다시 출간할 준비를 하고 1928년 2월부터 루쉰을 주필로 초빙하였다. 여러 대학에서 루쉰에게 연설이나 강의를 해달라며 초청하는 일이 잦았지만 루쉰은 거의 응하지 않고 집필과 외국의 문학·이론서 번역에만 전념하였다.

1931년 1월, 루쉰을 따르던 러우스柔石, 인푸殷夫 등 청년 작가 다섯 명이 국민당 쪽 사람들에게 붙잡혀 살해되는 일이 벌어졌다. 루쉰도 쉬광핑과 이제 막 돌이 지난 아들 하이잉海嬰을 데리고 피신할 수밖에 없었다. 젊은 혁명 동지들은 비명횡사하고 자신은 쫓기는 신세가 되어 있는 상황에서 루쉰은 슬픔과 분노로 잠을 이루지 못하고 '중국이 훌륭한 청년들을 잃었다'며 비통에 찬 어조로 시를 썼다.

「망각을 위한 기념」

긴긴 밤 봄 지내기가 이제 익숙해졌는데	慣於長夜過春時
처자식 거느리다 귀밑머리 희었다	挈婦將雛鬢有絲
눈물 젖은 어머니 얼굴 꿈속에서 희미하고	夢裡依稀慈母淚
성 위의 깃발은 변화무쌍하니 예측하기 어렵다	城頭變幻大王旗
벗들이 죽어 귀신 되는 것 차마 볼 수 없어서	忍看朋輩成新鬼
칼 든 놈들을 향해 분노하며 시를 쓴다	怒向刀叢覓小詩
다 읊고 고개 숙이니 써 보낼 곳이 없다	吟罷低眉無寫處
달빛만 강물처럼 검은 옷 적신다	月光如水照緇衣

1931년 9월 18일, 역사에 길이 남을 만주사변이 일어난다. 일본 관동군은 일부러 남만주철도의 선로를 폭파하고 중국에서 도발했다며 만주 점령 작전을 시작했다. 관동군은 단 오 일 만에 랴오둥遼東과 지린吉林 지역을 장악하고 11월에는 동북 3성을 점령했다. 만주 침략으로 더욱 힘을 얻은 일본 군부와 우익은 1932년 3월 1일 괴뢰 정부 만주국을 세우고 청조淸朝의 마지막 황제인 푸이溥儀를 꼭두각시로 앉혔다. 만주사변 후로 일본 군부는 중국에 대한 야욕을 숨기지 않았고, 국민당 정부도 매국 정책을 노골화하며 혁명 인사들을 더욱 악랄하게 탄압했다.

1933년에 루쉰은 쑹칭링宋慶齡, 차이위안페이蔡元培, 양취안楊銓 등과 함께 민중의 권리를 보호하고 체포된 혁명 인사들의 구명 운동을 하는 단체로 중국민권보호동맹을 조직하였다. 그러나 같은 해 6월 18일 중국민권보호동맹의 부회장인 양취안이 암살되는 비극이 또다시 자행되었다. 당시 국민당 정부의 암살자 명단에는 루쉰의 이름도 있었다. 피신을 해야 하는 상황이었지만 루쉰은 피하지 않았다. 그는 양취안의 추도회에 가면서 집을 나설 때 죽을 각오가 되어 있다는 표시로 열쇠를 두고 나갔다. 폭우 속에서 양취안의 장례식이 진행되는 동안 루쉰은 고개 한번 숙이지 않았다.

「양취안을 추모하며」

호방한 정신이야 어찌 예전 같겠는가?	豈有豪情似舊時
꽃 피고 지는 일도 제각각이거늘	花開花落兩由之
강남에서 이렇게 또 눈물을 비처럼 흘릴 줄 어찌 알았으리?	
	無情最是江南雨
민중을 위해 스러져간 건아로 인해 울고 있다	又爲斯民哭健兒

불안정한 도피 생활과 무리한 집필로 늘 피곤을 달고 살면서도 그는 손에서 일을 놓지 않았다. 오히려 몸 상태가 나빠질수록 더욱 일에 매달렸다. 시간이 많이 남지 않았다는 이유도 있었지만 그는 일을 통해서 병마를 이기려고 했던 것 같다. 주변 지인들의 회고에 따르면 루쉰은 지독한 일 중독자였다고 한다. 쉰다고 해봐야 의자 깊숙이 몸

을 기대고 잠시 눈을 감고 있거나 질 나쁜 담배를 피우며 생각을 정리하는 시간이 전부였다. 글 쓰는 전사답게 그는 누구보다 치열하고 부단히 일했다. 1918년 잡지 「신청년」에 「수감록隨感錄」을 발표한 후로 1935년 말까지 18년의 창작 기간에 쓴 잡문의 양만도 팔십만 자가 넘는다. 그의 창작 생애를 전후기로 나누어 보면 후기 9년 동안 쓴 잡문이 전기 9년에 비해 두 배가 넘었고 후기 9년 중에서도 건강이 많이 악화된 상태였던 마지막 삼 년 동안의 집필 양이 그 전과 맞먹었다. 루쉰은 650여 편의 잡문 외에 소설 세 권, 산문회고록 한 권, 산문시 한 권을 창작 발표했다. 또한 그는 외국 문학의 소개에도 깊은 관심을 보이고 많은 양의 책들을 자신이 직접 번역했다. 주로 러시아, 프랑스, 독일, 일본 등의 고전 작가들의 작품과 유럽 십여 개국의 현대 작가 작품이었다. 그가 번역한 것을 대략 꼽아보면 중·장편소설 아홉 권, 단편소설과 동화 78편, 희곡 두 권, 문예이론서 여덟 권, 논문 50편이 있다. 청년들에게 보낸 답장 편지만 해도 3천 5백 통이 넘었다고 하니 그의 성실성을 더 말해 무엇 하겠는가.

루쉰은 엄청난 양의 글을 집필했지만 짧은 글 한 토막도 대충 쓰는 법이 없었다. 글이 가진 힘을 잘 알았던 그는 온 심혈을 기울여 집필을 준비했고 글을 쓸 때는 시종일관 엄격한 태도를 잃지 않았다. 당시 중국의 혼돈과 불안 속에서 조국의 앞날을 염려하는 자라면 누구나 루쉰의 글을 읽고 싶어 했고, 그때마다 루쉰은 성심성의껏 응답했다. 도저히 시간이 모자라 어떤 글을 써야 할지 사색의 실마리를 찾기 어려울 때는 당시 시국과 청탁자의 요청에 적합한 외국 단편을 찾아 번역해 보내는 한이 있더라도 절대 함부로 붓을 들지 않았다.

루쉰의 건강이 극도로 악화된 1935년 말, 그의 벗들과 동지들은 루쉰을 러시아로 데려가 치료를 받도록 하자고 의견을 모았다. 하지만 루쉰은 자신의 몸이 아직은 괜찮은 상태고 또 해야 할 일도 많다며 출국 치료는 천천히 고려해도 될 문제라고 말했다. 게다가 국민당 쪽 사람들이 고의적으로 루쉰이 곧 러시아나 일본으로 갈 것이라는 소문을 퍼뜨리자, 루쉰은 아예 출국에 대한 생각을 접고 말았다.

"저들이 내가 외국으로 나갈 것이라고 생각하는 모양인데 나는 가지 않을 것이오. 그렇게 해서 저들을 좀 불편하게 만들고 싶소."

1936년 3월 병상에 누워 있다가 4월 초쯤 병세가 다소 호전되자 루쉰은 다시 붓을 집어 들었다. 5월 중순에 병이 다시 악화되었음에도 그는 일을 멈추지 않았다. 급기야 5월 말부터는 걷고 말하는 것조차 힘겨울 정도로 루쉰의 몸 상태는 극도로 쇠약해졌다. 루쉰은 그렇게 죽는 날까지 호전과 악화를 반복하는 가운데서 '위급하니 당장 치료를 받지 않으면 얼마 못 살 것'이라는 의사의 경고를 듣지 않고 붓을 들 힘만 생기면 글쓰기에 몰두하며 생애의 마지막을 보냈다. 그리고 10월 19일, 루쉰은 폐병과 천식으로 뜨겁게 사랑했던 중국의 민중들을 두고 영원히 세상을 떠났다. 그의 관에 덮인 흰 베에는 '민족혼'이란 묵직한 묵서가 쓰여 있었다.

루쉰의 반봉건·반전통 투쟁은 당시 중국 사회의 폐부에 대한 날카로운 비판이었다. 길고 긴 봉건제도 하에서 관성화된 불합리성과 비이성, 몰개성과 비인간성은 중국 사회 곳곳에서 독소로 작용하고 있었지만 사람들은 그것을 전혀 '자각'하지 못했다. 그가 공자를 들어 비판한 것은 봉건 권력이 작동하는 전제 통치의 전형을 공격함으로써 딱딱하게 굳어버린 인간의 문명에 숨길을 열어놓기 위함이었다. 2천 년의 봉건 왕조 역사를 해체하기 위해서는 그야말로 억세고 사나운 투쟁이 필요했고, 루쉰은 그 고난의 길에서 한시도 힘을 빼지 않았다.

중국의 장구한 봉건 예교의 역사 속에서 숨죽여 살며 '나'를 잃고 살았던 민중들에게 '개성'과 '인간의 자각'을 일깨우고 사람으로 살 것을 호소했던 루쉰은 위대한 사상가요 문학가로서 여전히 우리와 함께 살아 숨 쉬고 있다.

부 록

* 본문에 실린 시와 사의 음독을 위하여
부록에 별도로 원문과 음독, 페이지 번호를 실었습니다.

굴원屈原

「귤송橘頌」(P. 20)

后皇嘉樹 후황가수 橘徠服兮 귤래복혜 受命不遷 수명불천 生南國兮 생남국혜 深固難徒
심고난사 更壹志兮 경일지혜

「이소離騷」(P. 39)

余固知謇謇之爲患兮 여고지건건위환혜 忍而不能舍也 인이불능사야 指九天以爲正兮 지
구천이위정혜 夫唯靈修之故也 부유령수지고야 初旣與余成言兮 초기여여성언혜 後悔遁而
有他 후회둔이유타 余旣不難不離別兮 여기불난불리별혜 傷靈修芝數化 상령수지수화
民生各有所樂兮 민생각유소락혜 余獨好修以爲常 여독호수이위상 雖體解吾猶未變兮 수
체해오유미변혜 豈余心之可懲 기여심지가징
朝發軔於蒼梧兮 조발인어창오혜 夕余至乎縣圃 석여지호현포 欲少留此靈瑣兮 욕소류차
령쇄혜 日忽忽其將暮 일홀홀기장모 吾令羲和彌節兮 오령희화미절혜 望崦嵫而勿迫 망엄
자이물박 路漫漫其修遠兮 로만만기수원혜 吾將上下而求索 오장상하이구색
老冉冉其將至兮 로염염기장지혜 恐修名之不立 공수명지불립 朝飮木蘭之墜露兮 조음목
란지추로혜 夕餐秋菊之落英 석찬추국지락영
唯夫黨人之偸樂兮 유부당인지투락혜 路幽昧以險隘 로유매이험애 民好惡其不同兮 민호
오기불동혜 惟此黨人其獨異 유차당인기독이 戶服艾以盈要兮 호복애이영요혜 謂幽蘭其不
可佩 위유란기불가패
屈心而抑志兮 굴심이억지혜 忍尤而攘詬 인우이양후 伏淸白以死直兮 복청백이사직혜 固
前聖之所厚 고전성지소후
蘭芷變而不芳兮 란지변이불방혜 荃蕙化而爲茅 전혜화이위모 何昔日之芳草兮 하석일지
방초혜 今直爲此蕭艾也 금직위차소애야
雖九死其猶未悔 수구사기유미회 怨靈修之浩蕩兮 원령수지호탕혜 終不察乎民心 종불찰
호민심
曾歔欷余鬱邑兮 증허희여울읍혜 哀朕時之不當 애짐시지부당 攬茹蕙以掩涕兮 람여혜이
엄체혜 霑余襟之浪浪 점여금지랑랑

750.

「구가九歌 · 상부인湘夫人」(P. 46)

帝子降兮北渚 제자강혜북저 目眇眇兮愁予 목묘묘혜수여 嫋嫋兮秋風 뇨뇨혜추풍 洞庭波兮木葉下 동정파혜목엽하

「애영哀郢」(P. 47)

皇天之不純命兮 황천지불순명혜 何百姓之震愆 하백성지진건 民離散而相失兮 민리산이상실혜 方仲春而東遷 방중춘이동천

「회사懷沙」(P. 47)

知死不可讓 지사불가양 愿勿愛兮 원물애혜 明告君子 명고군자 吾將以爲類兮 오장이위류혜

「동군東君」(P. 49)

暾將出兮東方 돈장출혜동방 照吾檻兮扶桑 조오함혜부상 撫余馬兮安驅 무여마혜안구 夜皎皎兮旣明 야교교혜기명

「소사명少司命」(P. 49)

秋蘭兮靑靑 추란혜청청 綠葉兮紫莖 록엽혜자경 滿堂兮美人 만당혜미인 忽獨與余兮目成 홀독여여혜목성 入不言兮出不辭 입불언혜출불사 乘回風兮載雲旗 승회풍혜재운기 悲莫悲兮生別離 비막비혜생별리 樂莫樂兮新相知 악막악혜신상지

「귤송橘頌」(P. 54)

后皇嘉樹 후황가수 橘徠服兮 귤래복혜 受命不遷 수명불천 生南國兮 생남국혜 深固難徒 심고난사 更壹志兮 경일지혜 綠葉素榮 록엽소영 紛其可喜兮 분기가희혜 嗟爾幼志 차이유지 有以異兮 유이이혜 秉德無私 병덕무사 參天地兮 참천지혜
唯夫黨人之偸樂兮 유부당인지투락혜 路幽昧以險隘 로유매이험애 豈余身之憚殃兮 기여신지탄앙혜 恐皇輿之敗績 공황여지패적
初旣與余成言兮 초기여여성언혜 後悔遁而有他 후회둔이유타 余旣不難不離別兮 여기불난불리별혜 傷靈修之數化 상령수지수화

「이소」(P. 57)

旣莫足與爲美政兮 기막족여위미정혜 吾將從彭咸之所居 오장종팽함지소거

「구가・산귀」(P. 57)

若有人兮山之阿 약유인혜산지아 被薜荔兮帶女羅 피벽려혜대녀라 旣含睇兮又宜笑 기함
제혜우의소 子慕予兮善窈窕 자모여혜선요조

사마천司馬遷

(P. 65) 人固有一死 인고유일사 或重於泰山 혹중어태산 或輕於鴻毛 혹경어홍모

사마상여司馬相如

「봉구황鳳求凰」(P. 114)

鳳兮鳳兮歸故鄕 봉혜봉혜귀고향 遨遊四海求其凰 오유사해구기황 有一豔女在此堂 유일
염녀재차당 室邇人遐毒我腸 실이인하독아장 何由交接爲鴛鴦 하유교접위원앙

혜강嵇康

「하일산중夏日山中」(P. 148)

懶搖白羽扇, 裸體靑林中 라요백우선, 나체청림중 脫巾掛石壁, 露頂灑松風 탈건괘석벽,
노정쇄송풍

도연명陶淵明

「걸식乞食」(P. 175)

飢來驅我去 기래구아거 不知竟何知 불지경하지 行行至斯里 행행지사리 叩門拙言辭 고문졸언사

「화곽주부和郭主簿」(P. 176)

藹藹堂前林 애애당전림 中夏貯淸陰 중하저청음 凱風因時來 개풍인시래 回飆開我襟 회표개아금 息交游閒業 식교유한업 臥起弄書琴 와기롱서금 園蔬有餘滋 원소유여자 舊穀猶儲今 구곡유저금 營己良有極 영기량유극 過足非所欽 과족비소흠 春秫作美酒 용출작미주 酒熟吾自斟 주숙오자짐

「정운停雲」(P. 178)

靄靄停雲 애애정운 濛濛時雨 몽몽시우 八表同昏 팔표동혼 平路伊阻 평로이조

「귀거래사歸去來辭」(P. 179)

歸去來兮, 田園將蕪胡不歸 귀거래혜, 전원장무호불귀 旣自以心爲形役, 奚惆悵而獨悲 기자이심위형역, 해추창이독비 悟已往之不諫, 知來者之可追 오이왕지불간, 지래자지가추 實迷途其未遠, 覺今是而昨非 실미도기미원, 각금시이작비 舟搖搖以輕揚, 風飄飄而吹衣 주요요이경양, 풍표표이취의 問征夫以前路, 恨晨光之熹微 문정부이전로, 한신광지희미 乃瞻衡宇, 載欣載奔 내첨형우, 재흔재분 僮僕歡迎, 稚子候門 동복환영, 치자후문 三徑就荒, 松菊猶存 삼경취황, 송국유존 攜幼入室, 有酒盈樽 휴유입실, 유주영준 園日涉以成趣, 門雖設而常關 원일섭이성취, 문수설이상관 雲無心以出岫, 鳥倦飛而知還 운무심이출수, 조권비이지환 悅親戚之情話, 樂琴書以消憂 열친척지정화, 악금서이소우 農人告余以春及, 將有事于西疇 농인고여이춘급, 장유사우서주 或命巾車, 或棹孤舟 혹명건거, 혹도고주 旣窈窕以尋壑, 亦崎嶇而經邱 기요조이심학, 역기구이경구 木欣欣以向榮, 泉涓涓而始流 목흔흔이향영, 천연연이시류

「귀원전거歸園田居 **1**」(P. 182)

少無適俗韻 소무적속운 性本愛丘山 성본애구산 誤落塵網中 오락진망중 一去三十年 일
거삼십년 羈鳥戀舊林 기조련구림 池魚思故淵 지어사고연 開荒南野際 개황남야제 守拙歸
園田 수졸귀원전 方宅十餘畝 방댁십여무 草屋八九間 초옥팔구간 楡柳蔭後簷 유류음후첨
桃李羅堂前 도리라당전 曖曖遠人村 애애원인촌 依依墟里煙 의의허리연 狗吠深巷中 구
폐심항중 雞鳴桑樹巓 계명상수전 戶庭無塵雜 호정무진잡 虛室有餘閒 허실유여한 久在樊
籠裡 구재번롱리 復得返自然 부득반자연

「귀원전거歸園田居 **2**」(P. 184)

野外罕人事 야외한인사 窮巷寡輪鞅 궁항과륜앙 白日掩荊扉 백일엄형비 虛室絶塵想 허
실절진상 時復墟里中 시부허리중 披草共來往 피초공래왕 相見無雜言 상견무잡언 但道桑
麻長 단도상마장 桑麻日已長 상마일이장 我土日已廣 아토일이광 常恐霜霰至 상공상산지
零落同草莽 영락동초망

「귀원전거歸園田居 **3**」(P. 185)

種豆南山下 종두남산하 草盛豆苗稀 초성두묘희 晨興理荒穢 신흥리황예 帶月荷鋤歸 대
월하서귀 道狹草木長 도협초목장 夕露沾我衣 석로첨아의 衣沾不足惜 의첨불족석 但使願
無違 단사원무위

「이거移居 **1**」(P. 186)

昔欲居南村 석욕거남촌 非爲卜其宅 비위복기택 聞多素心人 문다소심인 樂與數晨夕 낙
여수신석 懷此頗有年 회차파유년 今日從玆役 금일종자역 敝廬何必廣 폐려하필광 取足蔽
床席 취족폐상석 隣曲時時來 인곡시시래 抗言談在昔 항언담재석 奇文共欣賞 기문공흔상
疑義常與析 의의상여석

「이거移居 **2**」(P. 187)

春秋多佳日 춘추다가일 登高賦新詩 등고부신시 過門更相呼 과문갱상호 有酒斟酌之 유
주짐작지 農務各自歸 농무각자귀 閑暇輒相思 한가첩상사 相思則披衣 상사칙피의 言笑無
厭時 언소무염시 此理將不勝 차리장부승 無爲忽去玆 무위홀거자 衣食當須紀 의식당수기

力耕不吾欺 역경부오기

「오류선생전五柳先生傳」(P. 188)

先生不知何許人也, 亦不詳其姓字 선생부지하허인야, 역불상기성자 宅邊有五柳樹, 因以爲號焉 택변유오류수, 인이위호언 閑靖少言, 不慕榮利 한정소언, 불모영리 好讀書, 不求甚解 호독서, 불구심해 每有會意, 便欣然忘食 매유회의, 변흔연망식 性嗜酒, 家貧不能常得 성기주, 가빈불능상득 親舊知其如此, 或置酒而招之 친구지기여차, 혹치주이초지 環堵蕭然, 不蔽風日 환도소연, 불폐풍일 短褐穿結, 簞瓢屢空, 晏如也 단갈천결, 단표루공, 안여야 常著文章自娛, 頗示己志 상저문장자오, 파시기지

「독산해경讀山海經1」(P. 190)

孟夏草木長 맹하초목장 繞屋樹扶疎 요옥수부소 衆鳥欣有託 중조흔유탁 吾亦愛吾廬 오역애오려 旣耕亦已種 기경역이종 時還讀我書 시환독아서 窮巷隔深轍 궁항격심철 頗回故人車 파회고인차 歡然酌春酒 환연작춘주 摘我園中蔬 적아원중소 微雨從東來 미우종동래 好風與之俱 호풍여지구 汎覽周王傳 범람주왕전 流觀山海圖 류관산해도 俯仰終宇宙 부앙종우주 不樂復何如 불악부하여

「계묘세시춘회고전사癸卯歲始春懷古田舍2」(P. 191)

先師有遺訓 선사유유훈 憂道不憂貧 우도불우빈 瞻望邈難逮 첨망막난체 轉欲志長勤 전욕지장근 秉耒歡時務 병뢰환시무 解顏勸農人 해안권농인 平疇交遠風 평주교원풍 良苗亦懷新 량묘역회신 雖未量歲功 수미량세공 卽事多所欣 즉사다소흔 耕種有時息 경종유시식 行者無問津 행자무문진 日入相與歸 일입상여귀 壺漿勞新鄰 호장로신린 長吟掩柴門 장음엄시문 聊爲隴畝民 료위롱무민

「음주시」(P. 194)

一觴雖獨進 일상수독진 盃盡壺自傾 배진호자경 日入群動息 일입군동식 歸鳥趨林鳴 귀조추림명

「음주飮酒 5」(P. 194)

結廬在人境 결려재인경 而無車馬喧 이무거마훤 問君何能爾 문군하능이 心遠地自偏 심원지자편 採菊東籬下 채국동리하 悠然見南山 유연견남산 山氣日夕佳 산기일석가 飛鳥相與還 비조상여환 此間有眞意 차간유진의 欲辨已忘言 욕변이망언

「한정부閑情賦」(P. 195)

願在衣而爲領, 承華首之餘芳. 悲羅襟之宵離, 怨秋夜之未央. 원재의이위령, 승화수지여방. 비라금지소리, 원추야지미앙. 願在裳而爲帶, 束窈窕之纖身. 嗟溫涼之異氣, 或脫故而服新. 원재상이위대. 속요조지섬신. 차온량지이기, 혹탈고이복신. 願在髮而爲澤, 刷玄鬢於頹肩. 悲佳人之屢沐, 從白水而枯煎. 원재발이위택, 쇄현빈어퇴견. 비가인지루목, 종백수이고전. 願在眉而爲黛, 隨瞻視以閑揚. 悲脂粉之尙鮮, 或取毁于華妝. 원재미이위대. 수첨시이한양. 비지분지상선, 혹취훼우화장. 願在絲而爲履, 附素足以周旋. 悲行止之有節, 空委棄於床前. 원재사이위리, 부소족이주선. 비행지지유절, 공위기어상전. 願在晝而爲影, 常依形而西東. 원재주이위영, 상의형이서동 願在夜而爲燭, 照玉容於兩楹. 원재야이위촉, 조옥용어량영

「도화원기桃花源記」(P. 196)

晋太元中진태원중, 武陵人捕魚爲業무릉인포어위업. 緣溪行연계행, 忘路之遠近망로지원근. 忽逢桃花林홀봉도화림, 夾岸數百步래안수백보, 中無雜樹중무잡수. 芳草鮮美방초선미, 落英繽粉락영빈분.

土地平曠토지평광, 屋舍儼然옥사엄연. 有良田美池桑竹之屬유량전미지상죽지속. 阡陌交通천맥교통. 雞犬相聞계견상문. 其中往來種作기중왕래종작. 男女衣著남녀의저, 悉如外人실여외인. 黃髮垂髫황발수초. 並怡然自樂병이연자락. 見漁人견어인, 乃大驚내대경.

「영빈사詠貧士 7」(P. 200)

一朝辭吏歸 일조사리귀 淸貧略難儔 청빈략난주 年饑感仁妻 년기감인처 泣涕向我流 읍체향아류 丈夫雖有志 장부수유지 固爲兒女憂 고위아녀우 惠孫一晤歎 혜손일오탄 腆贈竟莫酬 전증경막수 誰云固窮難 수운곤궁난 邈哉此前修 막재차전수

「만가挽歌3」(P. 201)

荒草何茫茫 황초하망망 白楊亦蕭蕭 백양역소소 嚴霜九月中 엄상구월중 送我出遠郊 송아출원교 四面無人居 사면무인거 高墳正蕉蕘 고분정초요 馬爲仰天鳴 마위앙천명 風爲自蕭條 풍위자소조 幽室一巳閉 유실일이폐 千年不復朝 천년불복조 千年不復朝 천년불복조 賢達無奈何 현달무내하 向來相送人 향래상송인 各自還其家 각자환기가 親戚或餘悲 친척혹여비 他人亦巳歌 타인역이가 死去何所道 사거하소도 託體同山阿 탁체동산아

「귀거래사」(P. 203)

悟已往之不諫，知來者之可追 오이왕지불간, 지래자지가추 實迷途其未遠，覺今是而昨非 실미도기미원, 각금시이작비

이백李白

「영형화詠螢火」(P. 208)

雨打燈難滅 우타등난멸 風吹色更明 풍취색경명 若飛天上去 약비천상거 定作月邊星 정작월변성

「아미산월가蛾眉山月歌」(P. 210)

蛾眉山月半輪秋 아미산월반륜추 影入平羌江水流 영입평강강수유 夜發淸溪向三峽 야발청계향삼협 思君不見下渝州 사군불견하유주

「도형문송별渡荊門送別」(P. 210)

渡遠荊門外 도원형문외 來從楚國游 래종초국유 山隨平野盡 산수평야진 江入大荒流 강입대황류 月下飛天鏡 월하비천경 雲生結海樓 운생결해루 仍憐故鄉水 잉련고향수 萬裡送行舟 만리송행주

「망여산폭포望廬山瀑布」(P. 214)

日照香爐生紫煙 일조향로생자연 遙看瀑布掛長川 요간폭포괘장천 飛流直下三千尺 비유

직하삼천척 疑是銀河落九天 의시은하락구천

「정야사靜夜思」(P. 215)

牀前看月光 상전간월광 疑是地上雪 의시지상설 擧頭望山月 거두망산월 低頭思故鄕 저두
사고향

「황학루송맹호연지광릉黃鶴樓送孟浩然之廣陵」(P. 216)

故人西辭黃鶴樓 고인서사황학루 煙花三月下揚州 연화삼월하양주 孤帆遠影碧空
盡 고범원영벽공진 唯見長江天際流 유견장강천제류

「춘일독작春日獨酌 1」(P. 218)

東風扇淑氣 동풍선숙기 水木榮春暉 수목영춘휘 白日照綠草 백일조녹초 落花散且飛 낙화
산차비 孤雲還空山 고운환공산 衆鳥各已歸 중조각이귀 彼物皆有托 피물개유탁 吾生獨無
依 오생독무의 對此石上月 대차석상월 長醉歌芳菲 장취가방비

「행로난行路難 1」(P. 221)

金樽美酒斗十千 김준미주두십천 玉盤珍羞直萬錢 옥반진수직만전 停盃投筯不能食 정배
투저부능식 拔劍四顧心茫然 발검사고심망연
(P. 20)欲渡黃河氷塞川 욕도황하빙색천 將登太行雪滿山 장등태항설만산 閑來垂釣碧溪
上 한래수조벽계상 忽復乘舟夢日邊 홀부승주몽일변 行路難 行路難 행로난 행로난 多岐路
今安在 다기로 금안재 長風破浪會有時 장풍파랑회유시 直掛雲帆濟滄海 직괘운범제창해

「장진주將進酒」(P. 222)

君不見 군부견 黃河之水天上來 황하지수천상내 奔流到海不復回 분류도해부복회 君不見
군부견 高堂明鏡悲白髮 고당명경비백발 朝如靑絲暮成雪 조여청사모성설 天生我材必有用
천생아재필유용 千金散盡還復來 천금산진환복내 古來聖賢皆寂寞 고내성현개적막 惟有飮
者留其名 유유음자류기명 五花馬 오화마, 千金裘 천금구 呼兒將出換美酒 호아장출환미주
與爾同消萬古愁 여이동소만고수

「촉도난蜀道難」(P. 223)

噫吁戱, 危乎高哉! 희우희, 위호고재 蜀道之難 촉도지난 難于上靑天 난우상청천 爾來四萬八千歲 이래사만팔천세 不與秦塞通人煙 불여진새통인연 西當太白有鳥道 서당태백유조도 可以橫絶峨眉巓 가이횡절아미전 地崩山摧壯士死 지붕산최장사사 然後天梯石棧方鉤連 연후천제석잔방구련

「몽유천모음류별夢游天姥吟留別」(P. 225)

我欲因之夢吳越 아욕인지몽오월 一夜飛渡鏡湖月 일야비도경호월 湖月照我影 호월조아영 送我至剡溪 송아지섬계 脚著謝公屐 각저사공극 身登靑雲梯 신등청운제 半壁見海日 반벽견해일 空中聞天雞 공중문천계 海客談瀛洲 해객담영주 煙濤微茫信難求 연도미망신난구 越人語天姥 월인어천모 雲霓明滅或可睹 운예명멸혹가도 爲衣兮風爲馬 예위의혜풍위마 雲之君兮紛紛而來下 운지군혜분분이내하 虎鼓瑟兮鸞回車 호고슬혜난회거 仙之人兮列如麻 선지인혜렬여마 失向來之煙霞 실향내지연하 安能摧眉折腰事權貴 안능최미절요사권귀 使我不得開心顔 사아부득개심안

「객중행客中行」(P. 227)

蘭陵美酒鬱金香 난릉미주울금향 玉碗盛來琥珀光 옥완성래호박광 但使主人能醉客 단사주인능취객 不知何處是他鄕 불지하처시타향

「남릉서별南陵敍別」(P. 229)

仰天大笑出門去 앙천대소출문거 我輩豈是蓬蒿人 아배기시봉호인

「청평조清平調 1」(P. 232)

雲想衣裳花想容 운상의상화상용 春風拂檻露華濃 춘풍불함노화농 若非群玉山頭見 야비군옥산두견 會向瑤臺月下逢 회향요대월하봉

「청평조清平調 2」(P. 232)

一枝紅艶露凝香 일지홍염노응향 雲雨巫山枉斷腸 운우무산왕단장 借問漢宮誰得似 차문한궁수득사 可憐飛燕倚新粧 가련비연의신장

「청평조淸平調 3」(P. 232)

名花傾國兩相歡 명화경국량상환 常得君王帶笑看 상득군왕대소간 解釋春風無限恨 해석
춘풍무한한 沈香亭北倚闌干 심향정배의란간

「월하독작月下獨酌 1」(P. 237)

花間一壺酒 화간일호주 獨酌無相親 독작무상친 擧杯邀明月 거배요명월 對影成三人 대영
성삼인 月旣不解飮 월기부해음 影徒隨我身 영도수아신 暫伴月將影 잠반월장영 行樂須及
春 항낙수급춘 我歌月徘徊 아가월배회 我舞影凌亂 아무영능난 醒時同交歡 성시동교환 醉
後各分散 취후각분산 永結無情游 영결무정유 相期邈雲漢 상기막운한

「관산월關山月」(P. 238)

明月出天山 명월출천산 蒼茫雲海間 창망운해간 長風幾萬里 장풍기만리 吹度玉門關 취도
옥문관 我寄愁心與明月 아기수심여명월 隨風直到夜郞西 수풍직도야랑서 長安一片月 장안
일편월 萬戶擣衣聲 만호도의성 秋風吹不盡 추풍취부진 總是玉關情 총시옥관정 何日 胡虜
하일평호로 良人罷遠征 양인파원정 暝投淮陰宿 명투회음숙 欣得漂母迎 흔득표모영 斗酒
烹黃雞 두주팽황계 一餐感素誠 일찬감소성

「서회증남릉상찬부書懷贈南陵常贊府」(P. 239)

問我心中事 문아심중사 爲君前致詞 위군전치사 君看我才能 군간아재능 何似魯仲呢 하사
로중니 大聖猶不遇 대성유불우 小儒安足悲 소유안족비

「증왕륜贈汪倫」(P. 240)

李白乘舟將欲行 이백승주장욕행 忽聞岸上踏歌聲 홀문안상답가성 柳花潭水深千尺 류화
담수심천척 不及送汪倫我情 불급송왕륜아정

「망천문산望天門山」(P. 241)

天門中斷楚江開 천문중단초강개 碧水東流至此回 벽수동류지차회 兩岸靑山相對出 량안
청산상대출 孤帆一片日邊來 고범일편일변래

「선주사조루전별교서숙운宣州謝脁樓餞別校書叔雲」(P. 242)

棄我去者 기아거자 昨日之日不可留 작일지일부가류 亂我心者 난아심자 今日之日多煩憂 금일지일다번우 長風萬里送秋雁 장풍만리송추안 對此可以酣高樓 대차가이감고누 蓬萊文章建安骨 봉래문장건안골 中間小謝又淸發 중간소사우청발 俱懷逸興壯思飛 구회일흥장사비 欲上靑天覽明月 욕상청천람명월 抽刀斷水水更流 추도단수수갱류 擧杯銷愁愁更愁 거배소수수갱수 人生在世不稱意 인생재세부칭의 明朝散發弄扁舟 명조산발농편주

「독좌경정산獨坐敬亭山」(P. 243)

衆鳥高飛盡 중조고비진 孤雲獨去閑 고운독거한 相看兩不厭 상간양불염 只有敬亭山 지유경정산

(P. 244) 洛陽三月飛胡沙 낙양삼월비호사 洛陽城中人怨嗟 낙양중성인호원차 天津流水波赤血 천진류수파적혈 白骨相撐如亂麻 백골상탱여란마

(P. 244) 六軍不發無奈何 육군불발무내하 宛轉蛾眉馬前死 완전아미마전사

(P. 245) 野戰格鬥死 야전격두사 敗馬號鳴向天悲 패마호명향천비 烏鳶啄人腸 조연탁인장 銜飛上挂枯樹枝 함비상괘고수지

「증상장호贈張相鎬」(P. 245)

撫劍夜吟嘯 무검야음소 雄心日千里 웅심일천리 大盜割鴻溝 대도할홍구 如風掃秋葉 여풍소추섭 吾非濟代人 오비제대인 且隱屛風疊 차은병풍첩

「영왕동순가永王東巡歌」(P. 246)

搖曳帆在空 요예범재공 淸流順歸風 청류순귀풍 詩因鼓吹發 시인고취발 酒爲劍歌雄 주위검가웅

(P. 248) 江行幾千里 강행기천리 海月十五圓 해월십오원 始經瞿塘峽 시경구당협 逐步巫山巓 수보무산전

「**조발백제성**早發白帝城」(P. 248)

朝辭白帝彩雲間 조사백제채운간 千里江陵一日還 천리강릉일일환 兩岸猿聲啼不盡 양안원성제부진 輕舟已過萬重山 경주이과만중산

「**몽이백**夢李白」(P. 249)

冠蓋滿京華 관개만경화 斯人獨憔悴 사인독초췌 千秋萬載名 천추만세명 寂寞身後事 적막신후사

「**보살만**菩薩蠻」(P. 256)

平林漠漠煙如織 평림막막연여직 寒山一帶傷心碧 한산일대상심벽 暝色入高樓 명색입고루 有人樓上愁 유인루상수

「**장간행**長干行」(P. 256)

妾發初覆額 첩발초복액 折花門前劇 절화문전극 郎騎竹馬來 낭기죽마래 繞牀弄靑梅 요상농청매 同居長干里 동거장간리 兩小無嫌猜 량소무혐시 十四爲君婦 십사위군부 羞顏未嘗開 수안미상개 低頭向暗壁 저두향암벽 千喚不一回 천환부일회 十五始展眉 십오시전미 願同塵與灰 원동진여회

두보杜甫

「**모옥위추풍소파가**茅屋爲秋風所破歌」(P. 261)

八月秋高風怒號 팔월추고풍노호 卷我屋上三重茅 권아옥상삼중모 茅飛渡江灑江郊 모비도강쇄강교 高者挂罥長林稍 고자괘견장림초 下者飄轉沈塘坳 하자표전침당요 南村群童欺我老無力 남촌군동기아노무력 忍能對面爲盜賊 인능대면위도적 公然抱茅入竹去 공연포모입죽거

「**남수위풍우소발탄**楠樹爲風雨所拔嘆」(P. 262)

布衾多年冷似鐵 포금다년냉사철 嬌兒惡臥踏裏裂 교아악와답리렬 牀頭屋漏無乾處 상두

옥루무건처 雨脚如痳未斷絶 우각여마미단절 安得廣廈千萬間 안득광하천만간 大庇天下寒 士俱歡顏 대비천하한사구환안 風雨不動安如山 풍우부동안여산 嗚呼 오호 何時眼前突兀 見此屋 하시안전돌올견차옥 吾廬獨破受凍死亦足 오려독파수동사역족

「백우집항百憂集行」(P. 265)

憶年十五心尙孩 억년십오심상해 健如黃犢走復來 건여황독주복래 庭前八月梨棗熟 정전 팔월리조숙 一日上樹能千廻 일일상수능천회

「강남봉이구년江南逢李龜年」(P. 266)

岐王宅裏尋常見 기왕택이심상견 崔九堂前幾度聞 최구당전기도문 正是江南好風景 정시 강남호풍경 落花時節又逢君 낙화시절우봉군

「망악望岳」(P. 267)

岱宗夫如何 대종부여하 齊魯靑未了 제노청미료 造化鐘神秀 조화종신수 陰陽割昏曉 음양 할혼효 湯胸生層雲 탕흉생층운 決眥入歸鳥 결자입귀조 會當凌絶頂 회당능절정 一覽衆山 小 일람중산소

「억석憶昔 2」(P. 268)

憶昔開元全盛日 억석개원전성일 小邑猶藏萬家室 소읍유장만가실 稻米流脂粟米白 도미 류지속미백 公私倉廩俱豐實 공사창름구풍실 九州道路無豺虎 구주도로무시호 遠行不勞吉 日出 원항부노길일출 齊紈魯縞車班班 제환노호거반반 男耕女桑不相失 남경녀상부상실

「견회遣懷」(P. 271)

邑中九萬家 읍중구만가 高棟照通衢 고동조통구 舟車半天下 주차반천하 主客多歡娛 주객 다환오 白刃讎不義 백인수불의 黃金傾有無 황금경유무 殺人紅塵裏 살인홍진리 報答在斯 須 보답재사수

「증이백贈李白」(P. 272)

秋來相顧尙飄蓬 추래상고상표봉 未就丹砂愧葛洪 미취단사괴갈홍 痛飲狂歌空度日 통음

광가공도일 飛揚跋扈爲誰雄 비양발호위수웅

「음중팔선가飮中八仙歌」(P. 274)

知章騎馬似乘船 지장기마사승선 眼花落井水底眼 안화락정수저안 汝陽三斗始朝天 여양
삼두시조천 道逢麴車口流涎 도봉국거구유연 恨不移封向酒泉 한불이봉향주천 左相日興費
萬錢 좌상일흥비만전 飮如長鯨吸百川 음여장경흡백천 李白一斗詩百篇 이백일두시백편 長
安市上酒家眠 장안시상주가면 天子呼來不上船 천자호래불상선 自稱臣是酒中仙 자칭신시
주중선 張旭三杯草聖傳 장욱삼배초성전 脫帽露頂王公前 탈모노정왕공전 揮毫落紙如雲煙
휘호락지여운연

「증위좌승贈韋左丞」(P. 277)

朝扣富兒門 조구부아문 暮隨肥馬塵 모수비마진 殘杯與冷炙 잔배여냉자 到處潛悲辛 도처
잠비신

「병거행兵車行」(P. 277)

車轔轔 거린린 馬蕭蕭 마소소 行人弓箭各在腰 항인궁전각재요 耶孃妻子走相送 야낭처자
주상송 塵埃不見咸陽橋 진애부견함양교 牽衣頓足攔道哭 견의돈족란도곡 哭聲直上干雲霄
곡성직상간운소
邊亭流血成海水 변정류혈성해수 武皇開邊意未已 무황개변의미이 君不聞 군부문 漢家山
東二百州 한가산동이백주 千村萬落生荊杞 천촌만낙생형기 縱有健婦把鋤犁 종유건부파서
리 禾生隴畝無東西 화생롱무무동서 況復秦兵耐苦戰 황복진병내고전 被驅不異犬與雞 피
구부리견여계
信知生男惡 신지생남악 反是生女好 반시생녀호 生女猶得嫁比鄰 생녀유득가비린 生男埋
沒隨百草 생남매몰수백초

「전출새前出塞6」(P. 279)

挽弓當挽强 만궁당만강 用箭當用長 용전당용장 射人先射馬 사인선사마 擒敵先擒王 금적
선금왕 殺人亦有限 살인역유한 立國自有疆 입국자유강 苟能制侵陵 구능제침능 豈在多殺
傷 개재다살상

「여인행麗人行」(P. 281)

三月三日天氣新 삼월삼일천기신　長安水邊多麗人 장안수변다려인　態濃意遠淑且眞 태농
의원숙차진 肌理細膩骨肉勻 기리세니골육균

後來鞍馬何逡巡 후래안마하준순　當軒下馬入錦茵 당헌하마입금인　楊花雪落覆白蘋 양화
설락복백빈 靑鳥飛去銜紅巾 청조비거함홍건　炙手可熱勢絶倫 자수가열세절륜　愼莫近前丞
相嗔 신막근전승상진

「자경부봉선현영회오백자自京赴奉先縣詠懷五百字」(P. 283)

杜陵有布衣 두능유포의　老大意轉拙 노대의전졸　許身一何愚 허신일하우　竊比稷與契 절비
직여설 居然成濩落 거연성호낙　白首甘契闊 백수감결활　窮年憂黎元 궁년우려원　歎息腸內
熱 탄식장내열 朱門酒肉臭 주문주육취　路有凍死骨 노유동사골　老妻寄異縣 노처기이현　十
口隔風雪 십구격풍설　誰能久不顧 수능구불고　庶往共饑渴 서왕공기갈　入門聞號咷 입문문
호도 幼子飢已卒 유자기이졸　吾寧捨一哀 오녕사일애　里巷亦嗚咽 리항역오열　所愧爲人父
소괴위인부 無食致夭折 무식치요절　默思失業徒 묵사실업도　因念遠戌卒 인념원수졸　憂端
齊終南 우단제종남 澒洞不可掇 홍동불가철

葵藿傾太陽 규곽경태양　物性固難奪 물성고난탈　彤庭所分帛 동정소분백　本自寒女出 본자
한녀출 鞭撻其夫家 편달기부가　聚斂貢城闕 취렴공성궐

「애강두哀江頭」(P. 288)

少陵野老呑聲哭 소능야노탄성곡　春日潛行曲江曲 춘일잠항곡강곡　江頭宮殿鎖千門 강두
궁전쇄천문 細柳新蒲爲誰綠 세류신포위수녹　憶昔霓旌下南苑 억석예정하남원　苑中景物生
顔色 원중경물생안색　昭陽殿里第一人 소양전리제일인　同輦隨君侍君側 동련수군시군측
明眸皓齒今何在 명모호치금하재　血汚游魂歸不得 혈오유혼귀부득　淸渭東流劍閣深 청위
동류검각심 去住彼此無消息 거주피차무소식

「비진도悲陳陶」(P. 289)

孟冬十郡良家子 맹동십군량가자　血作陳陶澤中水 혈작진도택중수　野曠天淸無戰聲 야광
천청무전성 四萬義軍同日死 사만의군동일사　群胡歸來血洗箭 군호귀래혈세전　仍唱胡歌飮
都市 잉창호가음도시 都人迴面向北啼 도인회면향북제　日夜更望官軍至 일야갱망관군지

「월야月夜」(P. 289)

今夜鄜州月 금야부주월 閨中只獨看 규중지독간 遙憐小兒女 요련소아녀 未解憶長安 미해억장안 香霧雲鬟濕 향무운환습 淸輝玉臂寒 청휘옥비한 何時倚虛幌 하시의허황 雙照淚痕干 쌍조누흔간

「춘망春望」(P. 290)

國破山河在 국파산하재 城春草木深 성춘초목심 感時花淺淚 감시화천루 恨別鳥驚心 한별조경심 烽火連三月 봉화연삼월 家書抵萬金 가서저만금 白頭搔更短 백두소갱단 渾欲不勝簪 혼욕불승잠

「북정北征」(P. 292)

皇帝二載秋 황제이재추 閏八月初吉 윤팔월초길 杜子將北征 두자장북정 蒼茫問家室 창망문가실
東胡反未已 동호반미이 臣甫憤所切 신보분소절 揮涕戀行在 휘체련행재 道途猶恍惚 도도유황홀

「강촌羌村1」(P. 293)

崢嶸赤雲西 쟁영적운서 日脚下平地 일각하평지 柴門鳥雀噪 시문조작조 歸客千里至 귀객천리지 妻孥怪我在 처노괴아재 驚定還拭淚 경정환식누 世亂遭飄蕩 세난조표탕 生還偶然遂 생환우연수 鄰人滿牆頭 린인만장두 感歎亦歔欷 감탄역허희 夜闌更秉燭 야란경병촉 相對如夢寐 상대여몽매

「강촌3」(P. 293)

群雞正亂叫 군계정란규 客至雞鬪爭 객지계투쟁 驅雞上樹木 구계상수목 始聞叩柴荊 시문고시형 父老四五人 부로사오인 問我久遠行 문아구원행 手中各有攜 수중각유휴 傾榼濁復淸 경합탁부청

(P. 295) 暮自使眼枯 막자사안고 收汝淚縱橫 수여루종횡 眼枯卽見骨 안고즉현골 天地終無情 천지종무정 我軍取相州 아군취상주 日夕望其平 일석망기평 豈意賊難料 기의적난료

766

歸軍星散營 귀군성산영 就糧近故壘 취량근고루 練卒依舊京 련졸의구경 鑿壕不到水 착호
부도수 牧馬役亦輕 목마역역경 況乃王師順 황내왕사순 撫養甚分明 무양심분명

「석호리石壕吏」(P. 296)

暮投石壕吏 모투석호리 有吏夜捉人 유리야착인 老翁踰牆走 노옹유장주 老婦出門看 노부
출문간 吏呼一何怒 리호일하노 婦啼一何苦 부제일하고 聽婦前致詞 청부전치사 三男鄴城
戍 삼남업성수 一男附書至 일남부서지 二男新戰死 이남신전사 存者且偸生 존자차투생 死
者長已矣 사자장이의 室中更無人 실중갱무인 惟有乳下孫 유유유하손 孫有母未去 손유모
미거 出入無完裙 출입무완군 老嫗力雖衰 노구력수쇠 請從吏夜歸 청종리야귀 急應河陽役
급응하양역 猶得備晨炊 유득비신취 夜久語聲絶 야구어성절 如聞泣幽咽 여문읍유열 天明
登前途 천명등전도 獨與老翁別 독여노옹별

「수로별垂老別」(P. 298)

四郊未寧靜 사교미녕정 垂老不得安 수로부득안 子孫陣亡盡 자손진망진 焉用身獨定 언용
신독정 投丈出門去 투장출문거 同行爲辛酸 동행위신산 幸有牙齒存 행유아치존 所悲骨髓
乾 소비골수건 男兒旣介冑 남아기개주 長揖別上官 장읍별상관 老妻臥路啼 노처와노제 歲
暮衣裳單 세모의상단

「신혼별新婚別」(P. 298)

兎絲附蓬麻 토사부봉마 引蔓故不長 인만고불장 嫁女與征夫 가녀여정부 不如棄路傍 불여
기로방 結髮爲夫妻 결발위부처 席不暖君床 석불난군상 暮婚晨告別 모혼신고별 無乃太悤
忙 무내태총망
父母養我時 부모양아시 日夜令我藏 일야령아장 生女有所歸 생녀유소귀 雞狗亦得將 계구
역득장 君今往死地 군금왕사지 沈痛迫中腸 침통박중장 誓欲隨君去 서욕수군거 形勢反蒼
黃 형세반창황
勿爲新婚念 물위신혼념 努力事戎行 노력사융행 婦人在軍中 부인재군중 兵氣恐不揚 병기
공불양 自嗟貧家女 자차빈가녀 久致羅襦裳 구치라유상 羅襦不復施 라유불부시 對君洗紅
粧 대군세홍장

「월야억사제月夜憶舍弟」(P. 301)

露從今夜白 로종금야백 月是故鄕明 월시고향명 有弟皆分散 유제개분산 無家問死生 무가
문사생

「몽이백夢李白 1」(P. 302)

死別已吞聲 사별이탄성 生別常惻惻 생별상측측 江南瘴癘地 강남장려지 逐客無消息 축객
무소식

「춘야희우春夜喜雨」(P. 303)

好雨知時節 호우지시절 當春乃發生 당춘내발생 隨風潛入夜 수풍잠입야 潤物細無聲 윤물
세무성 野經雲俱黑 야경운구흑 江船火獨明 강선화독명 曉看紅濕處 효간홍습처 花重錦官
城 화중금관성

「강촌江村」(P. 304)

淸江一曲抱村流 청강일곡포촌유 長夏江村事事幽 장하강촌사사유 自去自來堂上燕 자거
자래당상연 相親相近水中鷗 상친상근수중구 老妻畵紙爲碁局 노처화지위기국 稚子敲針作
釣鉤 치자고침작조구 多病所須唯藥物 다병소수유약물 微軀此外更何求 미구차외갱하구

「객지客至」(P. 304)

舍南舍北皆春水 사남사배개춘수 但見群鷗日日來 단견군구일일내 花徑不曾緣客掃 화경
부증연객소 蓬門今始爲君開 봉문금시위군개 盤飧市遠無兼味 반손시원무겸미 樽酒家貧只
舊醅 준주가빈지구배 肯與鄰翁相對飮 긍여린옹상대음 隔籬呼取盡餘杯 격리호취진여배

「강반독보심화江畔獨步尋花」(P. 305)

江上桃花惱不徹 강상도화뇌불철 無處告訴只顚狂 무처고소지전광 走覓南鄰愛酒伴 주멱
남린애주반 經旬出飮獨空床 경순출음독공상

「촉상蜀相」(P. 305)

丞相祠堂何處尋 승상사당하처심 錦官城外柏森森 금관성외백삼삼 映階碧草自春色 영계

768

벽초자춘색 隔葉黃鸝空好音 격섭황리공호음 三顧頻煩天下計 삼고빈번천하계 兩朝開濟老
臣心 량조개제노신심 出師未捷身先死 출사미첩신선사 長使英雄淚滿襟 장사영웅누만금

(P. 306) 爲人性僻耽佳句 위인성벽탐가구 語不驚人死不休 어불경인사불휴 老去詩篇渾漫
與 노거시편혼만여 春來花鳥莫深愁 춘래화조막심수 焉得思如陶謝手 언득사여도사수 令渠
述作與同遊 령거술작여동유

「한별恨別」(P. 306)

洛城一別四千里 낙성일별사천리 胡騎長驅五六年 호기장구오륙년 草木變衰行劍外 초목
변쇠행검외 兵戈阻絶老江邊 병과조절로강변 思家步月淸宵立 사가보월청소립 憶弟看雲白
日眠 억제간운백일면 聞道河陽近乘勝 문도하양근승승 司徒急爲破幽燕 사도급위파유연

「문관군수하남하북 聞官軍收河南河北」(P. 309)

劍外忽傳收薊北 검외홀전수계북 初聞涕淚滿衣裳 초문체누만의상 卻看妻子愁何在 각간
처자수하재 漫卷詩書喜欲狂 만권시서희욕광 白首放歌須縱酒 백수방가수종주 靑春作伴好
還鄕 청춘작반호환향 卽從巴峽穿巫峽 즉종파협천무협 便下襄陽向洛陽 변하양양향낙양

「여야서회旅夜書懷」(P. 310)

細草微風岸 세초미풍안 危檣獨夜舟 위장독야주 星垂平野闊 성수평야활 月涌大江流 월용
대강류 名豈文章著 명개문장저 官應老病休 관응노병휴 飄飄何所似 표표하소사 天地一沙
鷗 천지일사구

「부신행負薪行」(P. 311)

夔州處女髮半華 기주처녀발반화 四十五十無夫家 사십오십무부가 更遭喪亂嫁不售 경조
상란가불수 一生抱恨長咨嗟 일생포한장자차 土風坐男使女立 토풍좌남사녀립 男當門戶女
出入 남당문호녀출입 十有八九負薪歸 십유팔구부신귀 賣薪得錢應供給 매신득전응공급 若
道巫山女粗醜 약도무산녀조추 何得此有昭君村 하득차유소군촌

「등고登高」(P. 312)

風急天高猿嘯哀 풍급천고원소애 渚淸沙白鳥飛廻 저청사백조비회 無邊落木蕭蕭下 무변
낙목소소하 不盡長江滾滾來 부진장강곤곤내 萬里悲秋常作客 만리비추상작객 百年多病獨
登臺 백년다병독등대 艱難苦恨繁霜鬢 간난고한번상빈 潦倒新停濁酒杯 요도신정탁주배

「등악양루登岳陽樓」(P. 313)

昔聞洞庭水 석문동정수 今上岳陽樓 금상악양루 吳楚東南坼 오초동남탁 乾坤日夜浮 건곤
일야부 親朋無一字 친붕무일자 老病有孤舟 노병유고주 戎馬關山北 융마관산북 憑軒涕泗
流 빙헌체사류

「증위팔처사贈衛八處士」(P. 315)

人生不相見 인생불상견 動如參與商 동여삼여상 今夕復何夕 금석복하석 共此燈燭光 공차
등촉광 少壯能几時 소장능기시 鬢髮各已蒼 빈발각이창 訪舊半爲鬼 방구반위귀 驚呼熱中
腸 경호열중장 焉知二十載 언지이십재 重上君子堂 중상군자당 昔別君未婚 석별군미혼 兒
女忽成行 아녀홀성항 明日隔山岳 명일격산악 世事兩茫茫 세사량망망

백거이白居易

「부득고원초송별賦得古原草送別」(P. 322)

離離原上草 이리원상초 一歲一枯榮 일세일고영 野火燒不盡 야화소부진 春風吹又生 춘풍
취우생
遠芳侵古道 원방침고도 晴翠接荒城 청취접황성 又送王孫去 우송왕손거 萋萋滿別情 처처
만별정

「동지야회상령冬至夜懷湘靈」(P. 323)

艷質無由見 염질무유견 寒衾不可親 한금불가친 河堪最長夜 하감최장야 俱作獨眠人 구작
독면인

「기상령寄湘靈」(P. 323)

涙眼凌寒凍不流 루안릉한동불류 每經高處卽回頭 매경고처즉회두 遙知別後西樓上 요지
별후서루상 應凭欄干獨自愁 응빙란간독자수

「관예맥觀刈麥」(P. 324)

田家少閑月 전가소한월 五月人倍忙 오월인배망 夜來南風起 야내남풍기 小麥覆隴黃 소맥
복롱황 婦姑荷簞食 부고하단식 童稚攜壺漿 동치휴호장 相隨餉田去 상수향전거 丁壯在南
岡 정장재남강 足蒸暑土氣 족증서토기 背灼炎天光 배작염천광 力盡不知熱 역진부지열 但
惜夏日長 단석하일장
復有貧婦人 복유빈부인 抱子在其傍 포자재기방 右手秉遺穗 우수병유수 左臂懸弊筐 좌비
현폐광 聽其相顧言 청기상고언 聞者爲悲傷 문자위비상 家田輸稅盡 가전수세진 拾此充飢
腸 습차충기장 今我何功德 금아하공덕 曾不事農桑 증부사농상 吏祿三百石 이녹삼백석 歲
晏有餘糧 세안유여량 念此私自愧 념차사자괴 盡日不能忘 진일부능망

「장한가長恨歌」(P. 327)

漢皇重色思傾國 한황중색사경국 御宇多年求不得 어우다년구부득 楊家有女初長成 양가유
녀초장성 養在深閨人未識 양재심규인미식 天生麗質難自棄 천생려질난자기 一朝選在君王
側 일조선재군왕측 回眸一笑百媚生 회모일소백미생 六宮粉黛無顔色 육궁분대무안색 春寒
賜浴華淸池 춘한사욕화청지 溫泉水滑洗凝脂 온천수골세응지 侍兒扶起嬌無力 시아부기교무
력 始是新承恩澤時 시시신승은택시 春宵苦短日高起 춘소고단일고기 從此君王不早朝 종차
군왕부조조 漁陽鼙鼓動地來 어양비고동지내 驚破霓裳羽衣曲 경파예상우의곡 翠華搖搖行
復止 취화요요행복지 西出都門百餘里 서출도문백여리 六軍不發無奈何 육군부발무나하 宛
轉蛾眉馬前死 완전아미마전사 花鈿委地無人收 화전위지무인수 翠翹金雀玉搔頭 취교금작
옥소두 君王掩面救不得 군왕엄면구부득 回看血淚相和流 회간혈누상화류 歸來池苑皆依舊
귀내지원개의구 太液芙蓉未央柳 태액부용미앙류 芙蓉如面柳如眉 부용여면류여미 對此如何
不淚垂 대차여하부누수 春風桃李花開日 춘풍도리화개일 秋雨梧桐葉落時 추우오동섭낙시
西宮南內多秋草 서궁남내다추초 落葉滿階紅不掃 낙섭만계홍부소 夕殿螢飛思悄然 석전형
비사초연 孤燈挑盡未成眠 고등도진미성면 鴛鴦瓦冷霜華重 원앙와냉상화중 翡翠衾寒誰與
共 비취금한수여공 悠悠生死別經年 유유생사별경년 魂魄不曾來入夢 혼백부증내입몽

聞道漢家天子使 문도한가천자사 九華帳裏夢魂驚 구화장리몽혼경 攬衣推枕起徘徊 남의추침기배회 珠箔銀屛迤邐開 주박은병이리개 雲鬢半偏新睡覺 운빈반편신수교 花冠不整下堂來 화관부정하당래 風吹仙袂飄飄擧 풍취선몌표표거 猶似霓裳羽衣舞 유사예상우의무 玉容寂寞淚闌干 옥용적막누란간 梨花一枝春帶雨 이화일지춘대우 含情凝睇謝君王 함정응제사군왕 一別音容兩渺茫 일별음용량묘망 昭陽殿裏恩愛絶 소양전리은애절 蓬萊宮中日月長 봉래궁중일월장 臨別殷勤重寄詞 림별은근중기사 詞中有誓兩心知 사중유서량심지 七月七日長生殿 칠월칠일장생전 夜半無人私語時 야반무인사어시 在天願作比翼鳥 재천원작비익조 在地願爲連理枝 재지원위련리지 天長地久有時盡 천장지구유시진 此恨綿綿無絶期 차한면면무절기

「증내贈內」(P. 333)

生爲同室親 생위동실친 死爲同穴塵 사위동혈진 他人尙想勉 타인상상면 而況我與君 이황아여군 黔婁固窮士 검루고궁사 妻賢忘其貧 처현망기빈 冀缺一農夫 기결일농부 妻敬儼如賓 처경엄여빈 陶潛不營生 도잠부영생 翟氏自爨薪 적씨자찬신 梁鴻不肯仕 양홍부긍사 孟光甘布裙 맹광감포군 君雖不讀書 군수부독서 此事耳亦聞 차사이역문 君家有貽訓 군가유이훈 淸白遺子孫 청백유자손 我亦貞苦士 아역정고사 與君新結婚 여군신결혼 庶保貧與素 서보빈여소 偕老同欣欣 해로동흔흔

「해만만海漫漫」(P. 337)

海漫漫 해만만 直下無底旁無邊 직하무저방무변 雲濤煙浪最深處 운도연낭최심처 人傳中有三神山 인전중유삼신산 山上多生不死藥 산상다생불사약 服之羽化爲天仙 복지우화위천선 秦皇漢武信此語 진황한무신차어 方士年年采藥去 방사년년채약거 海漫漫風浩浩 해만만풍호호 眼穿不見蓬萊島 안천부견봉래도 君看 군간 驪山頂上茂陵頭 려산정상무능두 畢竟悲風吹蔓草 필경비풍취만초 何況 하황 玄元聖祖五千言 현원성조오천언 不言藥不言仙 부언약부언선 不言白日昇靑天 부언백일승청천

「상양인上陽人」(P. 338)

上陽人上陽人 상양인상양인 紅顔暗老白髮新 홍안암노백발신 綠衣監使守宮門 녹의감사수궁문 一閉上陽多少春 일폐상양다소춘 玄宗末歲初選入 현종말세초선입 入時十六今六十

입시십육금육십 同時采擇百餘人 동시채택백여인 零落年深殘此身 영락년심잔차신 憶昔呑

悲別親族 억석탄비별친족 扶入車中不敎哭 부입차중부교곡 皆云入內便承恩 개운입내편승

은 臉似芙蓉胸似玉 검사부용흉사옥 未容君王得見面 미용군왕득견면 已被楊妃遙側目 이

피양비요측목 妬令潛配上陽宮 투령잠배상양궁 一生遂向空房宿 일생수향공방숙

鶯歸燕去長悄然 앵귀연거장초연 春往秋來不記年 춘왕추래부기년 唯向深宮望明月 유향

심궁망명월 東西四五百廻圓 동서사오백회원

「신풍절비옹 新豐折臂翁」 (P. 339)

新豐老翁八十八 신풍로옹팔십팔 頭鬢眉須皆似雪 두빈미수개사설 玄孫扶向店前行 현손부

향점전행 左臂憑肩右臂折 좌비빙견우비절 村南村北哭聲哀 촌남촌북곡성애 兒別爺孃夫別

妻 아별야양부별처 皆云前後征蠻者 개운전후정만자 千萬人行無一回 천만인행무일회 是時

翁年二十四 시시옹년이십사 兵部牒中有名字 병부첩중유명자 夜深不敢使人知 야심불감사인

지 偸將大石槌折臂 투장대석추절비 張弓簸旗俱不堪 장궁파기개불감 從茲便免征雲南 종자

편면정운남 骨碎筋傷非不苦 골쇄근상비불고 且圖揀退歸鄉土 차도간퇴귀향토 此臂折來六

十年 차비절래육십년 一肢雖廢一身全 일지수폐일신전 至今風雨陰寒夜 지금풍우음한야 直

到天明痛不眠 직도천명통불면 痛不眠終不悔 통불면종불회 且喜老身今獨在 차희노신금독재

「매탄옹 賣炭翁」 (P. 341)

賣炭翁 매탄옹 伐薪燒炭南山中 벌신소탄남산중 滿面塵灰煙火色 만면진회연화색 兩鬢蒼

蒼十指黑 량빈창창십지흑 賣炭得錢何所營 매탄득전하소영 身上衣裳口中食 신상의상구중

식 可憐身上衣正單 가련신상의정단 心憂炭賤願天寒 심우탄천원천한 夜來城外一尺雪 야

래성외일척설 曉駕炭車輾冰轍 효가탄차전빙철 牛困人饑日已高 우곤인기일이고 市南門外

泥中歇 시남문외니중헐 翩翩兩騎來是誰 편편양기래시수 黃衣使者白衫兒 황의사자백삼아

手把文書口稱敕 수파문서구칭칙 回車叱牛牽向北 회거질우견향북 一車炭, 千余斤, 일거

탄, 천여근, 宮使驅將惜不得 궁사구장석부득 半匹紅紗一丈綾 반필홍사일장능 繫向牛頭充

炭値 계향우두충탄치

「도주민 道州民」 (P. 342)

道州民, 多侏儒 도주민, 다주유 長者不過三尺餘 장자불과삼척여 市作矮奴年進送 시작왜

노년진송 號爲道州任土貢 호위도주임토공

「홍선담紅線毯」(P. 343)

宣州太守知不知? 선주태수지불지? 一丈毯, 千兩絲, 일장담, 천량사, 地不知寒人要暖, 지불지한인요난, 少奪人衣作地衣! 소탈인의작지의 !

「채시관采詩官」(P. 343)

君耳唯聞堂上言 군이유문당상언 君眼不見門前事 군안부견문전사 貪吏害民無所忌 탐리해민무소기 奸臣蔽君無所畏 간신폐군무소외 君兮君兮願聽此 군혜군혜원청차 欲開壅蔽達人情 욕개옹폐달인정 先向歌詩求諷刺 선향가시구풍자

「사마택司馬宅」(P. 346)

雨徑綠蕪合 우경록무합 霜園紅葉多 상원홍엽다 蕭條司馬宅 소조사마택 門巷無人過 문항무인과 唯對大江水 유대대강수 秋風朝夕波 추풍조석파

「방도공구택訪陶公舊宅」(P. 347)

我生君之後 아생군지후 相去五百年 상거오백년 每讀五柳傳 매독오류전 目想心拳拳 목상심권권
不慕樽有酒 불모준유주 不慕琴無弦 불모금무현 慕君遺容利 모군유용리 老死此丘園 로사차구원
每逢姓陶人 매봉성도인 使我心依然 사아심의연

「감정感情」(P. 348)

中庭曬服玩 중정쇄복완 忽見故鄕履 홀견고향리 昔贈我者誰 석증아자수 東鄰嬋娟子 동린선연자 因思贈時語 인사증시어 特用結終始 특용결종시 永願如履綦 영원여리기 雙行復雙止 쌍행부쌍지 自吾謫江郡 자오적강군 漂蕩三千里 표탕삼천리 爲感長情人 위감장정인 提攜同到此 제휴동도차 今朝一惆悵 금조일추창 反覆看未已 반복간미이 人隻履猶雙 인척리유쌍 何曾得相似 하증득상사 可嗟復可惜 가차부가석 錦表繡爲裏 금표수위리 況經梅雨來 황경매우래 色黯花草死 색암화초사

774

「비파행琵琶行」 (P. 349)

(1) 潯陽江頭夜送客 심양강두야송객 楓葉荻花秋瑟瑟 풍섭적화추슬슬 主人下馬客在船 주인하마객재선 擧酒欲飮無管弦 거주욕음무관현 醉不成歡慘將別 취부성환참장별 別時茫茫江浸月 별시망망강침월 忽聞水上琵琶聲 홀문수상비파성 主人忘歸客不發 주인망귀객부발 尋聲暗問彈者誰 심성암문탄자수 琵琶聲停欲語遲 비파성정욕어지 移船相近邀相見 이선상근요상견 添酒回燈重開宴 첨주회등중개연 千呼萬喚始出來 천호만환시출래 猶抱琵琶半遮面 유포비파반차면

(2) 轉軸撥弦三兩聲 전축발현삼량성 未成曲調先有情 미성곡조선유정 弦弦掩抑聲聲思 현현엄억성성사 似訴平生不得志 사소평생부득지 低眉信手續續彈 저미신수속속탄 說盡心中無限事 설진심중무한사 輕攏慢撚抹復挑 경롱만념말복도 初爲霓裳后六么 초위예상후륙요 大弦嘈嘈如急雨 대현조조여급우 小弦切切如私語 소현절절여사어 嘈嘈切切錯雜彈 조조절절착잡탄 大珠小珠落玉盤 대주소주낙옥반 冰泉冷澁絃凝絶 빙천냉삽현응절 凝絶不通聲漸歇 응절불통성점흘 別有幽愁暗恨生 별유유수암한생 此時無聲勝有聲 차시무성승유성

(3) 自言本是京城女 자언본시경성녀 家在蝦蟆陵下住 가재하마능하주 十三學得琵琶成 십삼학득비파성 名屬敎坊第一部 명속교방제일부 曲罷曾敎善才服 곡파증교선재복 妝成每被秋娘妒 장성매피추낭투 五陵年少爭纏頭 오릉년소쟁전두 一曲紅綃不知數 일곡홍초부지삭 鈿頭銀箆擊節碎 전두은비격절쇄 血色羅裙翻酒汚 혈색나군번주오 今年歡笑復明年 금년환소복명년 秋月春風等閑度 추월춘풍등한도 門前冷落車馬稀 문전냉낙거마희 老大嫁作商人婦 노대가작상인부 商人重利輕別離 상인중리경별리 前月浮梁買茶去 전월부량매다거

(4) 我聞琵琶已嘆息 아문비파이탄식 又聞此語重唧唧 우문차어중즉즉 同是天涯淪落人 동시천애륜낙인 相逢何必曾相識 상봉하필증상식 我從去年辭帝京 아종거년사제경 謫居臥病潯陽城 적거와병심양성 潯陽地僻無音樂 심양지벽무음낙 終歲不聞絲竹聲 종세부문사죽성 莫辭更坐彈一曲 막사갱좌탄일곡 爲君翻作琵琶行 위군번작비파항 感我此言良久立 감아차언량구립 卻坐促弦弦轉急 각좌촉현현전급 凄凄不似向前聲 처처부사향전성 滿座重聞皆掩泣 만좌중문개엄읍 座中泣下誰最多 좌중읍하수최다 江州司馬靑衫濕 강주사마청삼습

「남호조춘南湖早春」 (P. 354)

風回雲斷雨初晴 풍회운단우초청 返照湖邊暖復明 반조호변난부명 亂點碎紅山杏發 란점쇄홍산행발 平鋪新綠水蘋生 평포신록수빈생 翅低白雁飛仍重 시저백안비잉중 舌澀黃鸝語

未成 설삽황리어미성

「제악양루題岳陽樓」(P. 355)

岳陽城下水漫漫 악양성하수만만 獨上危樓憑曲闌 독상위루빙곡란 春岸綠時連夢澤 춘안록시련몽택 夕波紅處近長安 석파홍처근장안

「과소군촌過昭君村」(P. 355)

靈珠產無種 령주산무종 彩雲出無根 채운출무근 亦如彼姝子 역여피주자 生此避陋村 생차하루촌 竟埋代北骨 경매대북골 不返巴東魂 불반파동혼 妍姿化已久 연자화이구 但有村名存 단유촌명존

「억강남憶江南 1」(P. 357)

江南好 강남호 風景舊曾諳 풍경구증암 日出江花紅火 일출강화승 春來江水綠如藍 춘래강수록여람 能不憶江南 능불억강남

「전당호춘행錢塘湖春行」(P. 357)

孤山寺北賈亭西 고산사북고정서 水面初平雲脚低 수면초평운각저 幾處早鶯爭暖樹 기처조앵쟁난수 誰家新燕啄春泥 수가신연탁춘니 亂花漸欲迷人眼 난화점욕미인안 淺草纔能沒馬蹄 천초재능몰마제 最愛湖東行不足 최애호동행부족 綠楊陰裡白沙堤 녹양음리백사제

「별류지別柳枝」(P. 360)

兩枝楊柳小樓中 량지양류소루중 嫋嫋多年伴醉翁 뇨뇨다년반취옹 明日放歸歸去後 명일방귀귀거후 世間應不要春風 세간응불요춘풍

이욱李煜

「완계사浣溪沙」(P. 369)

紅日已高三丈透 홍일이고삼장투 金爐次第添香獸 금로차제첨향수 紅錦地衣隨步皺 홍금

지의수보추 佳人舞點金釵溜 가인무점금채류 酒惡時拈花蕊嗅 주악시념화예후 別殿遙聞

簫鼓奏 별전요문소고주

「옥루춘玉樓春」(P. 369)

晚妝初了明肌雪 만장초료명기설 春殿嬪娥魚貫列 춘전빈아어관렬 笙簫吹斷水雲閑 생소

취단수운한 重按霓裳歌遍徹 중안예상가편철 臨風誰更飄香屑 림풍수경표향설 醉拍欄干

情味切 취박란간정미절 歸時休放燭光紅 귀시휴방촉광홍 待踏馬蹄淸夜月 대답마제청야월

「사신은謝新恩」(P. 370)

秦樓不見吹簫女 진루불견취소녀 空餘上苑風光 공여상원풍광 粉英金蕊自低昂 분영금예

자저앙 東風惱我 동풍뇌아 才發一衿香 재발일금향 瓊窗夢笛留殘日 경창몽적류잔일 當年

得恨何長 당년득한하장 碧闌干外映垂楊 벽란간외영수양 暫時相見 잠시상견 如夢懶思量

여몽라사량

「보살만菩薩蠻 1」(P. 371)

花明月黯籠輕霧 화명월암롱경무 今霄好向郎邊去 금소호향랑변거 衩襪步香階 차말보향

계 手提金縷鞋 수제금루혜 畫堂南畔見 화당남반견 一向偎人顫 일향외인전 奴爲出來難

노위출래난 敎君恣意憐 교군자의련

「보살만 2」(P. 371)

蓬萊院閉天台女 봉래원폐천태녀 畫堂晝寢無人語 화당주침무인어 拋枕翠雲光 포침취운

광 繡衣聞異香 수의문이향 潛來珠璅動 잠래주쇄동 驚覺銀屏夢 경각은병몽 臉慢笑盈盈

검만소영영 相看無限情 상간무한정

「도중강망석성읍하渡中江望石城泣下」(P. 375)

江南江北舊家鄕 강남강북구가향 三十年來夢一場 삼십년래몽일장 吳苑宮闈今冷落 오원

궁위금랭락 廣陵臺殿已荒涼 광릉대전이황량 雲籠遠岫愁千片 운롱원수수천편 雨打歸舟

淚萬行 우타귀주루만행 兄弟四人三百口 형제사인삼백구 不堪閒坐細思量 불감한좌세사량

「파진자破陣子」(P. 375)

四十年來家國 사십년래가국 三千里地山河 삼천리지산하 鳳閣龍樓連?漢 봉각룡루련소한 玉樹瓊枝作煙蘿 옥수경지작연라 幾曾識干戈 기증식간과 一旦歸爲臣虜 일단귀위신로 沈腰潘鬢銷磨 침요반빈소마 最是倉皇辭廟日 최시창황사묘일 教坊猶奏離別歌 교방유주리별가 垂淚對宮娥 수루대궁아

「연지루胭脂淚」(P. 376)

林花謝了春紅, 太匆匆 림화사료춘홍, 태총총 無奈朝來寒雨晚來風 무내조래한우만래풍 胭脂淚, 相留醉, 幾時重 연지루, 상류취, 기시중 自是人生長恨水長東 자시인생장한수장동

「청평락淸平樂」(P. 378)

別來春半 별래춘반 觸目柔腸斷 촉목유장단 砌下落梅如雪亂 체하락매여설란 拂了一身還滿 불료일신환만 雁來音信無憑 안래음신무빙 路遙歸夢難成 로요귀몽난성 離恨恰如春草 리한흡여춘초 更行更遠還生 경행경원환생

「상견환相見歡」(P. 378)

無言獨上西樓 무언독상서루 月如鉤 월여구 寂寞梧桐深院鎖淸秋 적막오동심원쇄청추 剪不斷理還亂 전부단리환란 是離愁 시리수 別是一般滋味在心頭 별시일반자미재심두

「낭도사浪淘沙 1」(P. 381)

簾外雨潺潺 염외우잔잔 春意闌珊 춘의란산 羅衾不耐五更寒 나금불내오경한 夢裏不知身是客 몽리부지신시객 一餉貪歡 일향탐환 獨自莫憑欄 독자막임란일향탐환 無限江山 무한강산 別時容易見時難 별시용이견시난 流水落花春去也 유수낙화춘거야 天上 천상 人間 인간

「경루자更漏子」(P. 381)

金雀釵, 紅粉面, 금작채, 홍분면 花裡暫時相見 화리잠시상견 知我意, 感君憐, 지아의, 감군련 此情須問天 차정수문천 香作穗, 蠟成淚, 향작수, 랍성루 還似兩人心意 환사랑인심의 珊枕膩, 錦衾寒, 산침니, 금금한 覺來更漏殘 각래경루잔

「**망강매**望江梅 **1**」(P. 382)

閒夢遠 한몽원 南國正淸秋 남국정청추 千裡江山寒色遠 천리강산한색원 蘆花深處泊孤舟 로화심처박고주 笛在月明樓 적재월명루

「**자야가**子夜歌」(P. 383)

人生愁恨何能免 인생수한하능면 銷魂獨我情何限 소혼독아정하한 故國夢重歸 고국몽중귀 覺來雙淚垂 각래쌍루수 高樓誰與上 고루수여상 長記秋晴望 장기추청망 往事已成空 왕사이성공 還如一夢中 환여일몽중

「**낭도사**浪淘沙 **2**」(P. 383)

往事只堪哀 왕사지감애 對景難排 대경난배 秋風庭院蘚侵階 추풍정원선침계 一任珠簾閒不卷 일임주렴한불권 終日誰來 종일수래 金劍已沉埋 금검이침매 壯氣蒿萊 장기호래 晩涼天淨月華開 만량천정월화개 想得玉樓瑤殿影 상득옥루요전영 空照秦淮 공조진회

「**장상사**長相思」(P. 384)

雲一緺, 玉一梭 운일왜, 옥일사 澹澹衫兒薄薄羅 담담삼아박박라 輕顰雙黛螺 경빈쌍대라 秋風多, 雨相和 추풍다, 우상화 簾外芭蕉三兩窠 렴외파초삼량과 夜長人奈何 야장인내하

「**망강남**望江南 **2**」(P. 385)

多少淚 다소루 斷臉複橫頤 단검복횡이 心事莫將和淚說 심사막장화루설

「**망강남**望江南 **3**」(P. 385)

多少恨 다소한 昨夜夢魂中 작아몽혼중 還似舊時游上苑 환사구시유상원 車如流水馬如龍 차여류수마여룡 花月正春風 화월정춘풍

「**우미인**虞美人」(P. 386)

春花秋月何時了 춘화추월하시료 往事知多少 왕사지다소 小樓昨夜又東風 소루작야우동풍 故國不堪回首月明中 고국불감회수월명중 雕闌玉砌應猶在 조란옥체응유재 只是朱顏改 지시주안개 問君能有幾多愁 문군능유기다수 恰似一江春水向東流 흡사일강춘수향동류

소동파蘇東坡

「강성자江城子·을묘정월이십일야기몽乙卯正月二十日夜記夢」(P. 396)

十年生死兩茫茫 십년생사량망망 不思量 불사량 自難忘 자난망 千里孤墳 천리고분 無處
話凄涼 무처화처량 縱使相逢應不識 종사상봉응불식 塵滿面 진만면 鬢如霜 빈여상 夜來幽
夢忽還鄉 야래유몽홀환향 小軒窓 소헌창 正梳妝 정소장 相顧無言 상고무언 惟有淚千行
유유루천행 料得年年腸斷處 료득년년장단처 明月夜 명월야 短松岡 단송강

「유금산사遊金山寺」(P. 402)

是時江月初生魄 시시강월초생백 二更月落天深黑 이경월낙천심흑 江心似有炬火明 강심
사유거화명 飛焰照山棲烏驚 비염조산서오경 悵然歸臥心莫識 창연귀와심막식 非鬼非人意
何物 비귀비인의하물

「산촌5절山村五絶」(P. 404)

杖藜裹飯去忽忽 장려과반거총총 過眼靑錢轉手空 과안청전전수공 贏得兒童語音好 영득
아동어음호 一年強半在城中 일년강반재성중

「망호루취서望湖樓醉書」(P. 405)

黑雲翻墨未遮山 흑운번묵미차산 白雨跳珠亂入船 백우도주난입선 卷地風來忽吹散 권지
풍래홀취산 望湖樓下水如天 망호루하수여천

「음호상초청후우飮湖上初晴後雨」(P. 405)

水光瀲灧晴方好 수광렴염청방호 山色空濛雨亦奇 산색공몽우역기 欲把西湖比西子 욕파
서호비서자 淡妝濃抹總相宜 담장농말총상의

「강성자江城子·밀주출렵密州出獵」(P. 408)

老夫聊發少年狂 로부료발소년광 左牽黃 좌견황 右擎蒼 우경창 錦帽豹裘 금모표구 千騎
卷平崗 천기권평강 爲報傾城隨太守 위보경성수태수 親射虎 친사호 看孫郎 간손랑
酒酣胸膽尙開張 주감흉담상개장 鬢微霜 빈미상 又何妨 우하방 持節雲中 지절운중 何日

遣馮唐 하일견풍당 會挽雕弓如滿月 회만조궁여만월 西北望 서북망 射天狼 사천랑

「수조가두水調歌頭·명월기시유明月幾是有」(P. 410)

明月幾時有 명월기시유 把酒問青天 파주문청천 不知天上宮闕 불지천상궁궐 今夕是何年
금석시하년 我慾乘風歸去 아욕승풍귀거 又恐瓊樓玉宇 우공경루옥우 高處不勝寒 고처불승
한 起舞弄清影 기무롱청영 何似在人間 하사재인간
轉朱閣, 低綺戸, 照無眠 전주각, 저기호, 조무면 不應有恨, 何事長向別時圓 불응유한,
하사장향별시원 人有悲歡離合 인유비환리합 月有陰晴圓缺 월유음청원결 此事古難全 차사
고난전 但願人長久 단원인장구 千里共嬋娟 천리공선연

「구일황루작九日黃樓作」(P. 412)

去年重陽不可說 거년중양불가설 南城半夜千漚發 남성반야천구발 水穿城下作雷鳴 수천
성하작뢰명 泥滿城頭飛雨滑 니만성두비우활 黃花白酒無人問 황화백주무인문 日暮歸來洗
靴襪 일모귀래세화말 豈知還復有今年 기지환부유금년 把盞對華容一呷 파잔대화용일합 莫
嫌酒薄紅粉陋 막혐주박홍분루 終勝泥中千柄鍤 종승니중천병삽 黃樓新成壁未乾 황루신성
벽미건 清河已落霜初殺 청하이락상초살

「완계사浣溪沙」(P. 413)

旋抹紅妝看使君 선말홍장간사군 三三五五棘籬門 삼삼오오극리문 相排踏破蒨羅裙 상배
답파천라군 老幼扶攜收麥社 로유부휴수맥사 烏鳶翔舞賽神村 오연상무새신촌 道逢醉叟卧
黃昏 도봉취수와황혼
麻葉層層檾葉光 마엽층층경엽광 誰家煮繭一村香 수가자견일촌향 隔籬嬌語絡絲娘 격리
교어락사낭 垂白杖藜抬醉眼 수백장려태취안 捋青搗䴱軟饑腸 랄청도초연기장 問言豆葉幾
時黃 문언두엽기시황
籟籟衣巾落棗花 속속의건락조화 村南村北響繰車 촌남촌북향조거 牛衣古柳賣黃瓜 우의
고류매황과 酒困路長惟欲睡 주곤로장유욕수 日高人渴漫思茶 일고인갈만사다 敲門試問野
人家 고문시문야인가
軟草平莎過雨新 연초평사과우신 輕沙走馬路無塵 경사주마로무진 何時收拾耦耕身 하시
수습우경신 日暖桑麻光似潑 일난상마광사발 風來蒿艾氣如薰 풍래호애기여훈 使君元是此

中人 사군원시차중인

「절명시絶命詩」(P. 418)

聖主如天萬物春 성주여천만물춘 小臣愚暗自亡身 소신우암자망신 百年未滿先償債 백년미만선상채 十口無歸更累人 십구무귀경루인 是處靑山可埋骨 시처청산가매골 他年夜雨獨傷神 타년야우독상신 與君世世爲兄弟 여군세세위형제 又結來生未了因 우결래생미료인

「초도황주初到黃州」(P. 419)

自笑平生爲口忙 자소평생위구망 老來事業轉荒唐 로래사업전황당 長江繞郭知魚美 장강요곽지어미 好竹連山覺筍香 호죽련산각순향 逐客不妨員外置 축객불방원외치 詩人例作水曹郎 시인례작수조랑 只慚無補絲毫事 지참무보사호사 尙費官家壓酒囊 상비관가압주낭

「염노교念奴嬌 · 적벽회고赤壁懷古」(P. 422)

大江東去 대강동거 浪淘盡 낭도진 千古風流人物 천고풍류인물 故壘西邊 고루서변 人道是 인도시 三國周郎赤壁 삼국주랑적벽 亂石崩雲 난석붕운 驚濤裂岸 경도열안 捲起千堆雪 권기천퇴설 江山如畵 강산여화 一時多少豪傑 일시다소호걸
遙想公瑾當年 요상공근당년 小喬初嫁了 소교초가료 雄姿英發 웅자영발 羽扇綸巾 우선륜건 談笑間 담소간 强虜灰飛煙滅 강로회비연멸 故國神遊 고국신유 多情應笑我 다정응소아 早生華髮 조생화발 人間如夢 인간여몽 一尊酹江月 일존뢰강월

「전적벽부前赤壁賦」(P. 424)

壬戌之秋七月旣望 임술지추칠월기망 蘇子與客 소자여객 泛舟遊於赤壁之下 범주유어적벽지하 淸風徐來 청풍서래 水波不興 수파불흥 擧酒屬客 거주촉객 誦明月之詩 송명월지시 歌窈窕之章 가요조지장 少焉 소언 月出於東山之上 월출어동산지상 徘徊於斗牛之間 배회어두우지간 白露橫江 백로횡강 水光接天 수광접천 縱一葦之所如 종일위지소여 凌萬頃之茫然 능만경지망연 浩浩乎如馮虛禦風 호호호여빙허어풍 而不知其所止 이부지기소지 飄飄乎如遺世獨立 표표호여유세독립 羽化而登仙 우화이등선 寄蜉蝣於天地 기부유어천지 渺滄海之一粟 묘창해지일속 哀吾生之須臾 애오생지수유 羨長江之無窮 선장강지무궁 挾飛仙以遨遊 협비선이오유 抱明月而長終 포명월이장종 知不可乎驟得 지불가호취득 託遺響於悲

風 탁유향어비풍 且夫天地之間 차부천지지간 物各有主 물각유주 苟非吾之所有 구비오지소유 雖一毫而莫取 수일호이막취 惟江上之淸風 유강상지청풍 與山間之明月 여산간지명월 耳得之而爲聲 이득지이위성 目遇之而成色 목우지이성색 取之無禁 취지무금 用之不竭 용지불갈 是造物者之無盡藏也 시조물자지무진장야 而吾與子之所共適 이오여자지소공락

「후적벽부」後赤壁賦 (P. 426)

於是攜酒與魚 어시휴주여어 復遊於赤壁之下 부유어적벽지하 江流有聲 강류유성 斷岸千尺 단안천척 山高月小 산고월소 水落石出 수락석출 曾日月之幾何 증일월지기하 而江山不可復識矣 이강산불가부식의

「접련화」蝶戀花 (P. 427)

花褪殘紅靑杏小 화퇴잔홍청행소 燕子飛時 연자비시 綠水人家繞 록수인가요 枝上柳綿吹又少 지상류면취우소 天涯何處無芳草 천애하처무방초 牆裏鞦韆牆外道 장리추천장외도 牆外行人 장외행인 牆裏佳人笑 장리가인소 笑漸不聞聲漸悄 소점불문성점초 多情卻被無情惱 다정각피무정뇌

「임강선」臨江仙 · 「야귀임고」夜歸臨皋 (P. 427)

夜飮東坡醒復醉 야음동파성부취 歸來彷彿三更 귀래방불삼경 家童鼻息已雷鳴 가동비식이뢰명 敲門都不應 고문도부응 倚杖聽江聲 의장청강성 長恨此身非我有 장한차신비아유 何時忘卻營營 하시망각영영 夜闌風靜縠紋平 야란풍정곡문평 小舟從此逝 소주종차서 江海寄餘生 강해기여생

「서강월」西江月 (P. 428)

照野瀰瀰淺浪 조야미미천랑 橫空隱隱層霄 횡공은은층소 障泥未解玉驄驕 장니미해옥총교 我欲醉眠芳草 아욕취면방초 可惜一溪明月 가석일계명월 莫敎踏碎瓊瑤 막교답쇄경요 解鞍欹枕綠楊橋 해안의침록양교 杜宇一聲春曉 두우일성춘효

「세아희작」洗兒戲作 (P. 429)

人皆養子望聰明 인개양자망총명 我被聰明誤一生 아피총명오일생 惟願孩兒愚且魯 유원

해아우차로 無災無難到公卿 무재무난도공경

「제서림벽題西林壁」(P. 431)

橫看成嶺側成峰 횡간성령측성봉 遠近高低各不同 원근고저각불동 不識廬山眞面目 불식
려산진면목 只緣身在此山中 지연신재차산중

「초송첩楚頌帖」(P. 432)

吾性好種植 오성호종식 能手自接果木 능수자접과목 尤好栽桔 우호재길 陽羨在洞庭上 양
선재동정상 柑桔栽至易得 감길재지역득 當買一小園 당매일소원 種柑桔三百本 종감길삼백
본 屈原作桔頌 굴원작길송 吾園若成 오원약성 當作一亭 당작일정 名之曰楚頌 명지왈초송

「보살만菩薩蠻」(P. 433)

買田陽羨吾將老 매전양선오장로 從來只爲溪山好 종래지위계산호 來往一虛舟 래왕일허주
聊從物外遊 료종물외유

有書仍懶著 유서잉라저 水調歌歸去 수조가귀거 筋力不辭詩 근력불사시 要須風雨時 요수
풍우시

「정풍파定風波」(P. 436)

萬里歸來年愈少 만리귀래년유소 微笑 미소 笑時猶帶嶺梅香 소시유대령매향 試問嶺南應
不好 시문령남응불호 卻道此心安處事吾鄉 각도차심안처사오향

「서강월」(P. 443)

玉骨那愁瘴霧 옥골나수장무 冰肌自有仙風 빙기자유선풍 海仙時遣探芳叢 해선시견탐방총
倒掛綠毛幺鳳 도괘록모요봉
素面常嫌粉涴 소면상혐분완 洗妝不褪唇紅 세장불퇴진홍 高情已逐曉雲空 고정이축효운공
不與梨花同夢 불여리화동몽

「종필縱筆」(P.443)

白頭蕭散滿霜風 백두소산만상풍 小閣藤床寄病容 소각등상기병용 報導先生春睡美 보도

선생춘수미 道人輕打五更鐘 도인경타오경종

「정풍파」(P. 446)

莫聽穿林打葉聲 막청천림타엽성 何妨吟嘯且徐行 하방음소차서행 竹杖芒鞋輕勝馬 죽장
망혜경승마 誰怕 수파 一蓑煙雨任平生 일사연우임평생 料峭春風吹酒醒 료초춘풍취주성
微冷 미랭 山頭斜照卻相迎 산두사조각상영 回首向來蕭瑟處 회수향래소슬처 歸去 귀거 也
無風雨也無晴 야무풍우야무청

「자제금산화상」自題金山畫像(P. 448)

心似已灰之木 심사이회지목 身如不繫之舟 신여불계지주 問汝平生功業 문여평생공업 黃
州惠州儋州 황주혜주담주

유영柳永

「팔성감주」八聲甘州(P. 453)

對瀟瀟暮雨灑江天 대소소모우쇄강천 一番洗淸秋 일번세청추 漸霜風淒緊 점상풍처긴 關
河冷落 관하랭락 殘照當樓 잔조당루 是處紅衰綠減 시처홍쇠록감 苒苒物華休 염염물화휴
唯有長江水 유유장강수 無語東流 무어동류

「우림령」雨霖鈴(P. 454)

寒蟬淒切 한선처절 對長亭晚 대장정만 驟雨初歇 취우초헐 都門帳飲無緒 도문장음무서 方
留戀處 방류련처 蘭舟催發 란주최발 執手相看淚眼 집수상간루안 竟無語凝噎 경무어응일
念去去 념거거 千里煙波 천리연파 暮靄沉沉楚天闊 모애침침초천활 多情自古傷離別 다정
자고상리별 更那堪冷落淸秋節 경나감랭락청추절 今宵酒醒何處 금소주성하처 楊柳岸曉風
殘月 양류안효풍잔월 此去經年 차거경년 應是良辰好景虛設 응시량진호경허설 便縱有千
種風情 편종유천종풍정 更與何人說 경여하인설

「학충천鶴衝天」(P. 456)

黃金榜上 황금방상 偶失龍頭望 우실룡두망 明代暫遺賢 명대잠유현 如何向 여하향 未遂 風雲便 미수풍운편 爭不恣狂盪 쟁불자광탕 何須論得喪 하수론득상 才子詞人 재자사인 自 是白衣卿相 자시백의경상 煙花巷陌 연화항맥 依約丹靑屛障 의약단청병장 幸有意中人 행 유의중인 堪尋訪 감심방 且恁偎紅倚翠 차임외홍의취 風流事 풍류사 平生暢 평생창 靑春 都一餉 청춘도일향 忍把浮名 인파부명 換了淺斟低唱 환료천짐저창

「망해조望海潮」(P. 458)

東南形勝 동남형승 三吳都會 삼오도회 錢塘自古繁華 전당자고번화 煙柳畵橋 연유화교 風 簾翠幕 풍렴취막 參差十萬人家 참차십만인가 雲樹繞隄沙 운수요제사 怒濤捲霜雪 노도권 상설 天塹无涯 천참무애 市列珠璣 시열주기 戶盈羅綺 호영라기 競豪奢 경호사 重湖疊巘 淸嘉 중호첩헌청가 有三秋桂子 유삼추계자 十里荷花 십리하화 羌管弄晴 강관롱청 菱歌泛 夜 룡가범야 嬉嬉釣叟蓮娃 희희조수연왜 千騎擁高牙 천기옹고아 乘醉聽簫鼓 승취청소고 吟賞煙霞 음상연하 異日圖將好景 이일도장호경 歸去鳳池誇 귀거봉지과

「브라만령婆羅門令」(P. 460)

昨宵裏恁和衣睡 작소리임화의수 今宵裏又恁和衣睡 금소리우임화의수 小飮歸來, 初更 過, 釀釀醉 소음귀래 초경과 훈훈취 中夜後, 何事還驚起 중야후 하사환경기 霜天冷 상천랭 風細細 풍세세 觸疏窗 촉소창 閃閃燈搖曳 섬섬등요예 空床輾轉重追想 공상전전중추상 雲 雨夢, 任敧枕難繼 운우몽 임기침난계 寸心萬緖 촌심만서 咫尺千里 지척천리 好景良天 호 경량천 彼此 피차 空有相憐意 공유상련의 未有相憐計 미유상련계

「야반락夜半樂」(P. 461)

凍雲黯淡天氣 동운암담천기 扁舟一葉 편주일엽 乘興離江渚 승흥리강저 渡萬壑千巖 도만 학천암 越溪深處 월계심처 怒濤漸息 노도점식 樵風乍起 초풍사기 更聞商旅相呼 경문상려 상호 片帆高擧 편범고거 泛畵鷁 범화익 翩翩過南浦 편편과남포 望中酒旆閃閃 망중주패섬 섬 一簇煙村 일족연촌 數行霜樹 수행상수 殘日下 잔일하 漁人鳴榔歸去 어인명랑귀거 敗 荷零落 패하령락 衰楊掩映 쇠양엄영 岸邊兩兩三三 안변량량삼삼 浣紗遊女 완사유녀 避行 客 피행객 含羞笑相語 함수소상어 到此因念 도차인념 繡閣輕抛 수각경포 浪萍難駐 랑평

786

난주 嘆後約丁寧竟何據 탄후약정녕경하거 慘離懷 참리회 空恨歲晚歸期阻 공한세만귀기조
凝淚眼 응루안 杳杳神京路 묘묘신경로 斷鴻聲遠長天暮 단홍성원장천모

「완계사浣溪沙」(P. 464)

一曲新詞酒一杯 일곡신사주일배 去年天氣舊池臺 거년천기구지대 夕陽西下幾時回 석양
서하기시회 無可奈何花落去 무가내하화락거 似曾相識燕歸來 사증상식연귀래 小園香徑獨
徘徊 소원향경독배회

「정풍파定風波」(P. 465)

自春來 자춘래 慘綠愁紅 참록수홍 芳心是事可可 방심시사가가 日上花梢 일상화초 鶯穿
柳帶 앵천류대 猶壓香衾臥 유압향금와 暖酥消 난소소 膩雲嚲 니운타 終日厭厭倦梳裹 종
일염염권소과 無那 무나 恨薄情一去 한박정일거 音書無個 음서무개 早知恁麼 조지임마 悔
當初, 不把雕鞍鎖 회당초 불파조안쇄 向雞窗, 只與蠻箋象管 향계창 지여만전상관 拘束教
吟課 구속교음과 鎭相隨, 莫拋躲 진상수 막포타 針線閑拈伴伊坐 침선한념반이좌 和我,
免使少年光陰虛過 화아 면사소년광음허과

「경루자更漏子」(P. 466)

玉爐香 옥로향 紅燭淚 홍촉루 偏照畫堂秋思 편조화당추사 眉翠薄 미취박 鬢雲殘 빈운잔
夜長衾枕寒 야장금침한 梧桐樹 오동수 三更雨 삼경우 不道離情正苦 불도리정정고 一葉
葉 일엽엽 一聲聲 일성성 空階滴到明 공계적도명

「척씨戚氏」(P. 467)

晚秋天 만추천 一霎微雨灑庭軒 일삽미우쇄정헌 檻菊蕭疏 함국소소 井梧零亂 정오령란 惹
殘煙 야잔연 凄然 처연 望江關 망강관 飛雲黯淡夕陽間 비운암담석양간 當時宋玉悲感 당
시송옥비감 向此臨水與登山 향차림수여등산 遠道迢遞 원도초체 行人凄楚 행인처초 倦聽
隴水潺湲 권청농수잔원 正蟬吟敗葉 정선음패엽 蛩響衰草 공향쇠초 相應喧喧 상응훤훤 孤
館度日如年 고관도일여년 風露漸變 풍로점변 悄悄至更闌 초초지경란 長天淨 장천정 絳河
清淺 강하청천 皓月嬋娟 호월선연 思綿綿 사면면 夜永對景 야영대경 那堪屈指 나감굴지
暗想從前 암상종전 未名未祿 미명미록 綺陌紅樓 기맥홍루 往往經歲遷延 왕왕경세천연 帝

里風光好 제리풍광호 當年少日 당년소일 暮宴朝歡 모연조환 況有狂朋怪侶 황유광붕괴려 遇當歌 우당가 對酒競留連 대주경류련 別來迅景如梭 별래신경여사 舊遊似夢 구유사몽 煙 水程何限 연수정하한 念利名 염리명 憔悴長縈絆 초췌장영반 追往事 추왕사 空慘愁顔 공 참수안 漏箭移 루전이 稍覺輕寒 초각경한 漸鳴咽 점명인 畫角數聲殘 화각수성잔 對閑窗 畔 대한창반 停燈向曉 정등향효 抱影無眠 포영무면

「옥호접玉蝴蝶」(P. 472)

望處雨收雲斷 망처우수운단 憑闌悄悄 빙란초초 目送秋光 목송추광 晚景蕭疏 만경소소 堪 動宋玉悲涼 감동송옥비량 水風輕 수풍경 蘋花漸老 빈화점로 月露冷 월로냉 梧葉飄黃 오 엽표황 遣情傷 견정상 故人何在 고인하재 煙水茫茫 연수망망 難忘 난망 文期酒會 문기주 회 幾孤風月 기고풍월 屢變星霜 루변성상 海闊山遙 해활산요 未知何處是瀟湘 미지하처시 소상 念雙燕 념쌍연 難憑遠信 난빙원신 指暮天 지모천 空識歸航 공식귀항 黯相望 암상망 斷鴻聲裡 단홍성리 立盡斜陽 입진사양

구양수歐陽修

「접련화蝶戀花」(P. 477)

庭院深深深幾許 정원심심심기허 楊柳堆烟 양류퇴연 簾幕無重數 염막무중수 玉勒雕鞍遊 冶處 옥륵조안유야처 樓高不見章台路 누고불견장태로 雨橫風狂三月暮 우횡풍광삼월모 門 掩黃昏 문엄황혼 無計留春住 무계유춘주 淚眼問花花不語 누안문화화불어 亂紅飛過秋天 去 난홍비과추천거

「남향자南鄉子」(P. 481)

好個人人 호개인인 深點唇兒淡抹腮 심점진아담말시 花下相逢 화하상봉 忙走怕人猜 망주 파인시 遺下弓弓小繡鞋 유하궁궁소수혜 剗襪重來 잔말중래 半嚲烏雲金鳳釵 반타오운금봉 채 行笑行行連抱得 행소행행련포득 相挨 상애 一向嬌癡不下懷 일향교치불하회

788

「녹죽당독음綠竹堂獨飮」(P. 483)

憶予驅馬別家去 억여구마별가거 去時柳陌東風高 거시류맥동풍고 楚鄕留滯一千里 초향류체일천리 歸來落盡李與桃 귀래락진리여도 殘花不共一日看 잔화불공일일간 東風送哭聲嗷嗷 동풍송곡성오오 洛池不見靑春色 낙지불견청춘색 白楊但有風蕭蕭 백양단유풍소소

「풍락정유춘豐樂亭游春」(P. 488)

紅樹靑山日欲斜 홍수청산일욕사 長郊草色綠無涯 장교초색녹무애 游人不管春將老 유인불관춘장노 來往亭前踏落花 래왕정전답낙화

「취옹정기醉翁亭記」(P. 489)

環滁皆山也. 其西南諸峰, 林壑尤美, 望之蔚然而深秀者, 瑯邪也.환저개산야. 기서남제봉, 림학우미, 망지울연이심수자, 랑아야. 山行六七里, 漸聞水聲潺潺, 而瀉出於兩峰之間者, 釀泉也.산행륙칠리, 점문수성잔잔,이사출어량봉지간자, 양천야. 峰回路轉, 有亭翼然臨於泉上者, 醉翁亭也.봉회로전, 유정익연림어천상자, 취옹정야. 作亭者誰? 山之僧智仙也. 名之者誰? 太守自謂也.작정자수? 산지승지선야. 명지자수? 태수자위야. 太守與客來飮於此, 飮少輒醉, 而年又最高, 故自號曰醉翁也.태수여객래음어차, 음소첩취, 이년우최고, 고자호왈취옹야. 醉翁之意不在酒, 在乎山水之間也. 山水之樂, 得之心而寓之酒也.취옹지의불재주, 재호산수지간야. 산수지악, 득지심이우지주야. 若夫日出而林霏開, 雲歸而巖穴暝, 晦明變化者, 山間之朝暮也.약부일출이림비개, 운귀이암혈명, 회명변화자, 산간지조모야. 野芳發而幽香, 佳木秀而繁陰, 風霜高潔, 水落而石出者, 山間之四時也.야방발이유향, 가목수이번음, 풍상고결, 수락이석출자, 산간지사시야. 朝而往, 暮而歸, 四時之景不同, 而樂亦無窮也.조이왕, 모이귀, 사시지경불동, 이악역무궁야. 至於負者歌於塗, 行者休於樹, 前者呼, 後者應, 傴僂提攜, 往來而不絶者, 滁人遊也.지어부자가어도, 행자휴어수, 전자호, 후자응, 구루제휴, 왕래이불절자, 저인유야. 臨谿而漁, 谿深而魚肥, 釀泉爲酒, 泉洌而酒香. 山肴野蔌, 雜然而前陳者, 太守宴也.림계이어, 계심이어비, 양천위주, 천렬이주향. 산효야속, 잡연이전진자, 태수연야. 宴酣之樂, 非絲非竹, 射者中, 弈者勝, 觥籌交錯, 起坐而諠譁者, 衆賓歡也.연감지락, 비사비죽, 사자중, 혁자승, 굉주교착, 기좌이훤화자, 중빈환야. 蒼顔白髮, 頹然乎其間者, 太守醉也.창안백발, 퇴연호기간자, 태수취야. 已而夕陽在山, 人影散亂, 太守歸而賓客從也.이이석양재산, 인영산란, 태수귀이빈객종야. 樹林陰

翳, 鳴聲上下, 遊人去而禽鳥樂也.수림음에, 명성상하, 유인거이금조악야. 然而禽鳥知山
林之樂, 而不知人之樂, 人知從太守遊而樂, 而不知太守之樂其樂也.연이금조지산림지악,
이불지인지악, 인지종태수유이악, 이불지태수지악기악야. 醉能同其樂, 醒能述以文者, 太守
也.취능동기악, 성능술이문자, 태수야. 太守謂誰? 廬陵歐陽修也.태수위수? 여릉구양수야.

「조중조朝中措・평산당平山堂」(P. 493)

平山欄檻倚晴空 평산란함의청공 山色有無中 산색유무중 手種堂前垂柳 수종당전수류 別
來幾度春風 별래기도춘풍
文章太守 문장태수 揮毫萬字 휘호만자 一飮千鍾 일음천종 行樂直須年少 행락직수년소 尊
前看取衰翁 존전간취쇠옹

「채상자采桑子」(P. 494)

輕舟短棹西湖好 경주단도서호호 綠水逶迤 록수위이 芳草長堤 방초장제 隱隱笙歌處處隨
은은생가처처수 無風水面琉璃滑 무풍수면류리활 不覺船移 불각선이 微動漣漪 미동련의 驚
起沙禽掠岸飛 경기사금략안비
畫船載酒西湖好 화선재주서호호 急管繁弦 급관번현 玉盞催傳 옥잔최전 穩泛平波任醉眠
온범평파임취면 行雲卻在行舟下 행운각재행주하 空水澄鮮 공수징선 俯仰流連 부앙류련 疑
是湖中別有天 의시호중별유천
群芳過後西湖好 군방과후서호호 狼籍殘紅 랑적잔홍 飛絮濛濛 비서몽몽 垂柳欄幹盡日風
수류란간진일풍 笙歌散盡遊人去 생가산진유인거 始覺春空 시각춘공 垂下簾櫳 수하렴롱 雙
燕歸來細雨中 쌍연귀래세우중

「추성부秋聲賦」(P. 498)

歐陽子方夜讀書, 聞有聲自西南來者, 悚然而聽之曰, 異哉!구양자방야독서, 문유성자서
남래자, 송연이청지왈, 이재! 初淅瀝以蕭颯, 忽奔騰而澎湃, 如波濤夜驚, 風雨驟至.초석
력이소삽, 홀분등이팽배, 여파도야경, 풍우취지. 其觸於物也, 鏦鏦錚錚, 金鐵皆鳴, 又如赴
敵之兵, 銜枚疾走, 不聞號令, 但聞人馬之行聲.기촉어물야, 총총쟁쟁, 금철개명, 우여부적
지병, 함매질주, 불문호령, 단문인마지행성. 余謂童子, 此何聲也? 汝出視之.여위동자, 차하
성야? 여출시지. 童子曰, 星月皎潔, 明河在天, 四無人聲, 聲在樹間.동자왈, 성월교결,

명하재천, 사무인성, 성재수간. 余曰, 噫嘻, 悲哉! 此秋聲也, 胡爲乎來哉?여왈, 희희, 비재! 차추성야, 호위호래재? 蓋夫秋之爲狀也, 其色慘淡, 煙霏雲斂, 其容淸明, 天高日晶, 其氣慄冽, 砭人肌骨, 其意蕭條, 山川寂寥.개부추지위상야, 기색참담, 연비운렴, 기용청명, 천고일정, 기기률렬, 편인기골, 기의소조, 산천적요. 故其爲聲也, 淒淒切切, 呼號憤發, 豐草綠縟而爭茂, 佳木葱籠而可悅, 草拂之而色變, 木遭之而葉脫, 其所以摧敗零落者, 乃其一氣之餘烈.고기위성야, 처처절절, 호호분발, 풍초록욕이쟁무, 가목총롱이가열, 초불지이색변, 목조지이엽탈, 기소이최패령락자, 내기일기지여렬. 夫秋, 刑官也, 於時爲陰, 又兵象也, 於行爲金, 是謂天地之義氣, 常以肅殺而爲心.부추, 형관야, 어시위음, 우병상야, 어행위금, 시위천지지의기, 상이숙살이위심. 天之於物, 春生秋實. 故其在樂也, 商聲主西方之音, 夷則爲七月之律.천지어물, 춘생추실. 고기재악야, 상성주서방지음, 이칙위칠월지률. 商, 傷也, 物旣老而悲傷, 夷, 戮也, 物過盛而當殺.상, 상야, 물기로이비상, 이, 륙야, 물과성이당살. 嗟乎, 草木無情, 有時飄零, 人爲動物, 惟物之靈.차호, 초목무정, 유시표령, 인위동물, 유물지령. 百憂感其心, 萬事勞其形, 有動於中, 必搖其精.백우감기심, 만사로기형, 유동우중, 필요기정. 而況思其力之所不及, 憂其智之所不能, 宜其渥然丹者爲槁木, 黟然黑者爲星星.이황사기력지소불급, 우기지지소불능, 의기악연단자위고목, 이연흑자위성성. 奈何以非金石之質, 欲與草木而爭榮? 念誰爲之戕賊, 亦何恨乎秋聲!내하이비금석지질, 욕여초목이쟁영? 념수위지장적, 역하한호추성! 童子莫對, 垂頭而睡, 但聞四壁蟲聲唧, 如助余之歎息.동자막대, 수두이수, 단문사벽충성즉즉, 여조여지탄식

「접련화」(P. 502)

誰道閑情抛棄久 수도한정포척구 每到春來 매도춘래 惆悵還依舊 추창환의구 日日花前常病酒 일일화전상병주 不辭鏡裏朱顔瘦 불사경리주안수 河畔靑蕪堤上柳 하반청무제상류 爲問新愁 위문신수 何事年年有 하사년년유 獨立小橋風滿袖 독립소교풍만수 平林新月人歸後 평림신월인귀후

「낭도사」浪淘沙(P. 503)

把酒祝東風 파주축동풍 且共從容 차공종용 垂楊紫陌洛城東 수양자맥락성동 總是當時攜手處 총시당시휴수처 遊遍芳叢 유편방총 聚散苦匆匆 취산고총총 此恨無窮 차한무궁 今年花勝去年紅 금년화승거년홍 可惜明年花更好 가석명년화경호 知與誰同 지여수동

「생사자生查子」(P. 504)

去年元夜時 거년원야시 花市燈如晝 화시등여주 月上柳梢頭 월상류초두 人約黃昏後 인약황혼후 今年元夜時 금년원야시 月與燈依舊 월여등의구 不見去年人 불견거년인 淚滿春衫袖 루만춘삼수

「채상자」(P. 506)

天容水色西湖好 천용수색서호호 雲物俱鮮 운물구선 鷗鷺閑眠 구로한면 應慣尋常聽管弦 응관심상청관현 風淸月白偏宜夜 풍청월백편의야 一片瓊田 일편경전 誰羨驂鸞 수선참란 人在舟中便是仙 인재주중편시선

殘霞夕照西湖好 잔하석조서호호 花塢蘋汀 화오빈정 十頃波平 십경파평 野岸無人舟自橫 야안무인주자횡 西南月上浮雲散 서남월상부운산 軒檻涼生 현함량생 蓮芰香淸 련기향청 水面風來酒面醒 수면풍래주면성

平生爲愛西湖好 평생위애서호호 來擁朱輪 래옹주륜 富貴浮雲 부귀부운 俯仰流年二十春 부앙류년이십춘 歸來恰似遼東鶴 귀래흡사요동학 城郭人民 성곽인민 觸目皆新 촉목개신 誰識當年舊主人 수식당년구주인

왕안석王安石

「고송古松」(P. 523)

森森直干百餘尋 삼삼직간백여심 高入靑冥不附林 고입청명불부림 萬壑風生成夜響 만학풍생성야향 千山月照掛秋陰 천산월조괘추음 豈因糞壤栽培力 기인분양재배력 自得乾坤造化心 자득건곤조화심 廊廟乏材應見取 랑묘핍재응견취 世無良匠勿相侵 세무량장물상침

「제서태일궁벽題西太一宮壁」(P. 529)

三十年前此地 삼십년전차지 父兄持我東西 부형지아동서 今日重來白首 금일중래백수 欲尋陳跡都迷 욕심진적도미

「**원일**元日」(P. 535)

爆竹聲中一歲除 폭죽성중일세제 春風送暖入屠蘇 춘풍송난입도소 千門萬戶瞳瞳日 천문만호동동일 總把新桃換舊符 총파신도환구부

「**계지향**桂枝香」(P. 546)

登臨送目 등임송목 正故國晚秋 정고국만추 天氣初肅 천기초숙 千里澄江似練 천리징강사련 翠峯如簇 취봉여족 征帆去棹斜陽裏 귀범거도사양리 背西風酒旗斜矗 배서풍주기사촉 彩舟雲淡 채주운담 星河鷺起 성하로기 畫圖難足 화도난족 念往昔繁華競逐 염왕석번화경축 歎門外樓頭 탄문외루두 悲恨相續 비한상속 千古憑高 천고빙고 對此漫嗟榮辱 대차만차영욕 六朝舊事如流水 육조구사여류수 但寒煙衰草凝綠 단한연쇠초응록 至今商女 지금상녀 時時猶唱 시시유창 後庭遺曲 후정유곡

「**즉사 2수**卽事2首」(P. 556)

雲從鐘山來 운종종산래 卻入鐘山去 각입종산거 借問山中人 차문산중인 雲今在何處 운금재하처

雲從無心來 운종무심래 還向無心去 환향무심거 無心無處尋 무심무처심 莫覓無心處 막멱무심처

「**유종산**遊鐘山」(P. 557)

終日看山不厭山 종일간산불염산 買山終待老山間 매산종대로산간 山花落盡山常在 산화락진산상재 山水空留山自閑 산수공류산자한

「**신화**新花」(P. 560)

老年無忻豫 노년무흔예 況復病在床 황부병재상 汲水置新花 급수치신화 取慰以流芳 취위이류방 流芳只須臾 류방지수유 吾亦豈久長 오역기구장 新花與故吾 신화여고오 已矣可兩忘 이의가량망

「**천추세인**千秋歲引」(P. 564)

別館寒砧 별관한침 孤城畫角 고성화각 一派秋聲入廖廓 일파추성입료곽 東歸燕從海上去

동귀연종해상거 南來雁向沙頭落 남래안향사두락 楚颱風, 庾樓月, 宛如昨 초태풍, 유루월, 완여작 無奈被些名利縛 무내피사명리박 無奈被它情擔閣 무내피타정담각 可惜風流總閑 卻 가석풍류총한각 當初漫留華表語 당초만류화표어 而今誤我秦樓約 이금오아진루약 夢闌 時, 酒醒後, 思量著 몽란시, 주성후, 사량저

육유陸游

「삼산두문三山杜門」(P. 572)

我生學步逢喪亂 아생학보봉상란 家在中原厭奔竄 가재중원염분찬 淮邊夜聞賊馬嘶 회변 야문적마시 跳去不待雞號旦 도거불대계호단 嗚呼 오호 亂定百口俱得全 란정백구구득전 孰爲此者寧非天 숙위차자녕비천

「만강홍滿江紅」(P. 580)

怒髮衝冠, 憑欄處, 瀟瀟雨歇 노발충관, 빙란처, 소소우헐 抬望眼, 仰天長嘯, 壯懷激烈 태망안, 앙천장소, 장회격렬 三十功名塵與土, 八千里路雲和月 삼십공명진여토, 팔천리로운 화월 莫等閑, 白了少年頭, 空悲切 막등한, 백료소년두, 공비절
靖康恥, 猶未雪 정강치, 유미설 臣子恨, 何時滅 신자한, 하시멸 駕長車, 踏破賀蘭山缺 가장차, 답파하란산결 壯志飢餐胡虜肉, 笑談渴飲匈奴血 장지기찬호로육, 소담갈음흉노혈 待從頭, 收拾舊山河, 朝天闕 대종두, 수습구산하, 조천궐

「차두봉釵頭鳳」(P. 582)

紅酥手 홍소수 黃縢酒 황등주 滿城春色宮牆柳 만성춘색궁장류 東風惡 동풍악 歡情薄 환 정박 一懷愁緖 일회수서 幾年離索 기년리색 錯錯錯 착착착
春如舊 춘여구 人空瘦 인공수 淚痕紅浥鮫綃透 루흔홍읍교초투 桃花落 도화락 閑池閣 한 지각 山盟雖在 산맹수재 錦書難託 금서난탁 莫莫莫 막막막

「차두봉」(P. 583)

世情薄 세정박 人情惡 인정악 雨送黃昏花易落 우송황혼화역락 曉風乾 효풍건 淚痕殘 루

혼잔 欲箋心事 욕전심사 獨語斜闌 독어사란 難難難 난난난

人成各 인성각 今非昨 금비작 病魂嘗似秋千索 병혼상사추천색 角聲寒 각성한 夜闌珊 야
란산 怕人尋問咽淚裝歡 파인심문인루장환 瞞瞞瞞 만만만

「십이월이일야몽유심씨원정＋二月二日夜夢遊沈氏園亭」(P. 584)

路近城南已怕行 로근성남이파행 沈家園裡更傷情 침가원리경상정 香穿客袖梅花在 향천
객수매화재 綠蘸寺橋春水生 녹잠사교춘수생

城南小陌又逢春 성남소맥우봉춘 只見梅花不見人 지견매화불견인 玉骨久沉泉下土 옥골
구침천하토 墨痕猶鎖壁間塵 묵흔유쇄벽간진

「야독병서夜讀兵書」(P. 586)

孤燈耿霜夕 고등경상석 窮山讀兵書 궁산독병서 平生萬里心 평생만리심 執戈王前驅 집과
왕전구 戰死士所有 전사사소유 恥復守妻孥 치복수처노 成功亦邂逅 성공역해후 逆料政自
疏 역료정자소 陂澤號飢鴻 피택호기홍 歲月欺貧儒 세월기빈유 嘆息鏡中面 탄식경중면 安
得長膚腴 안득장부유

「서분書憤」(P. 590)

早歲哪知世事艱 조세나지세사간 中原北望氣如山 중원북망기여산 樓船夜雪瓜洲渡 루선
야설과주도 鐵馬秋風大散關 철마추풍대산관 塞上長城空自許 새상장성공자허 鏡中衰鬢已
先斑 경중쇠빈이선반 出師一表眞名世 출사일표진명세 千載誰堪伯仲間 천재수감백중간

「복산자卜算子·영매詠梅」(P. 591)

驛外斷橋邊 역외단교변 寂寞開無主 적막개무주 已是黃昏獨自愁 이시황혼독자수 更著風
和雨 경저풍화우 無意苦爭春 무의고쟁춘 一任群芳妒 일임군방투 零落成泥碾作塵 령락성
니연작진 只有香如故 지유향여고

「유산서촌遊山西村」(P. 592)

莫笑農家臘酒渾 막소농가랍주혼 豐年留客足鷄豚 풍년류객족계돈 山重水復疑無路 산중
수부의무로 柳暗花明又一村 류암화명우일촌 簫鼓追隨春社近 소고추수춘사근 衣冠簡樸古

風存 의관간박고풍존 從今若許閑乘月 종금약허한승월 拄杖無時夜扣門 주장무시야구문

「추파미秋波媚·칠월십륙일만등고흥정망장안남산七月十六日晚登高興亭望長安南山」(P. 594)

秋到邊城角聲哀 추도변성각성애 烽火照高臺 봉화조고대 悲歌擊筑 비가격축 憑高酹酒 빙고뢰주 此興悠哉 차흥유재 多情誰似南山月 다정수사남산월 特地暮雲開 특지모운개 灞橋煙柳 파교연류 曲江池館 곡강지관 應待人來 응대인래

「검문도중우미우劍門道中遇微雨」(P. 595)

衣上征塵雜酒痕 의상정진잡주흔 遠遊無處不消魂 원유무처불소혼 此身舍是詩人未 차신사시시인미 細雨騎驢入劍門 세우기려입검문

「금착도행金錯刀行」(P. 596)

黃金錯刀白玉裝 황금착도백옥장 夜穿窗扉出光芒 야천창비출광망 丈夫五十功未立 장부오십공미립 提刀獨立顧八荒 제도독립고팔황 京華結交盡奇士 경화결교진기사 意氣相期共生死 의기상기공생사 千年史冊恥無名 천년사책치무명 一片丹心報天子 일편단심보천자 爾來從軍天漢濱 이래종군천한빈 南山曉雪玉嶙峋 남산효설옥린순 嗚呼 오호 楚雖三戶能亡秦 초수삼호능망진 豈有堂堂中國空無人 기유당당중국공무인

「소원小園」(P. 598)

小園煙草接鄰家 소원연초접린가 桑柘陰陰一徑斜 상자음음일경사 臥讀陶詩未終卷 와독도시미종권 又乘微雨去鋤瓜 우승미우거서과

歷盡危機歇盡狂 력진위기헐진광 殘年惟有付耕桑 잔년유유부경상 麥秋天氣朝朝變 맥추천기조조변 蠶月人家處處忙 잠월인가처처망

「시아示兒」(P. 598)

死去原知萬事空 사거원지만사공 但悲不見九州同 단비불견구주동 王師北定中原日 왕사북정중원일 家祭無忘告乃翁 가제무망고내옹

796

「임안춘우초제臨安春雨初霽」(P. 601)

世味年來薄似紗 세미년래박사사 誰令騎馬客京華 수령기마객경화 小樓一夜聽春雨 소루
일야청춘우 深巷明朝賣杏花 심항명조매행화 矮紙斜行閒作草 왜지사행한작초 晴窗細乳戲
分茶 청창세유희분다 素衣莫起風塵嘆 소의막기풍진탄 猶及淸明可到家 유급청명가도가

신기질辛棄疾

「보살만菩薩蠻·서강서조구벽書江西造口壁」(P. 605)

鬱孤臺下淸江水 울고대하청강수 中間多少行人淚 중간다소행인루 西北望長安 서북망장안
可憐無數山 가련무수산 靑山遮不住 청산차불주 畢竟東流去 필경동류거 江晚正愁予 강만
정수여 山深聞鷓鴣 산심문자고

「파진자破陣子·위진동보부장사이기지爲陳同甫賦壯詞以寄之」(P. 609)

醉裏挑燈看劍 취리도등간검 夢回吹角連營 몽회취각련영 八百里分麾下炙 팔백리분휘하자
五十弦翻塞外聲 오십현번새외성 沙場秋點兵 사장추점병 馬作的盧飛快 마작적로비쾌 弓
如霹靂弦驚 궁여벽력현경 了卻君王天下事 료각군왕천하사 贏得生前身後名 영득생전신후
명 可憐白髮生 가련백발생

「모어아摸魚兒·동관왕정지치주소산정위부同官王正之置酒小山亭, 爲賦」(P. 611)

更能消幾番風雨 경능소기번풍우 匆匆春又歸去 총총춘우귀거 惜春長怕花開早 석춘장파화
개조 何況落紅無數 하황락홍무수 春且住 춘차주 見說道 견설도 天涯芳草無歸路 천애방초
무귀로 怨春不語 원춘불어 算只有殷勤 산지유은근 畫簷蛛網 화첨주망 盡日惹飛絮 진일야
비서

長門事 장문사 准擬佳期又誤 준의가기우오 蛾眉曾有人妒 아미증유인투 千金縱買相如賦
천금종매상여부 脈脈此情誰訴 맥맥차정수소 君莫舞 군막무 君不見 군불견 玉環飛燕皆塵
土 옥환비연개진토 閒愁最苦 한수최고 休去倚危欄 휴거의위란 斜陽正在 사양정재 煙柳斷
腸處 연류단장처

「태상인太常引·건강중추야위여숙잠부建康中秋夜爲呂叔潛賦」(P. 614)
一輪秋影轉金波 일륜추영전금파 飛鏡又重磨 비경우중마 把酒問姮娥 파주문항아 被白髮
欺人奈何 피백발기인내하
乘風好去 승풍호거 長空萬里 장공만리 直下看山河 직하간산하 斫去桂婆娑 작거계파사 人
道是淸光更多 인도시청광경다

「수룡음水龍吟·위한남윤상서갑신세수甲辰歲壽韓南澗尙書」(P. 615)
渡江天馬南來 도강천마남래 幾人眞是經綸手 기인진시경륜수 長安父老 장안부로 新亭風
景 신정풍경 可憐依舊 가련의구 夷甫諸人 이보제인 神州沉陸 신주침륙 幾曾回首 기증회수
算平戎萬裡 산평융만리 功名本是 공명본시 眞儒事 진유사 公知否 공지부
況有文章山斗 황유문장산두 對桐陰 대동음 滿庭淸晝 만정청주 當年墮地 당년타지 而今
試看 이금시간 風雲奔走 풍운분주 綠野風煙 록야풍연 平泉草木 평천초목 東山歌酒 동산
가주 待他年整頓 대타년정돈 乾坤事了 건곤사료 爲先生壽 위선생수

「수룡음水龍吟·등건강상심정登建康賞心亭」(P. 617)
楚天千里淸秋 초천천리청추 水隨天去秋無際 수수천거추무제 遙岑遠目 요잠원목 獻愁供
恨 헌수공한 玉簪螺髻 옥잠라계 落日樓頭 락일루두 斷鴻聲裏 단홍성리 江南游子 강남유자
把吳鉤看了 파오구간료 欄杆拍遍 란간박편 無人會 무인회 登臨意 등림의
休說鱸魚堪鱠 휴설로어감회 盡西風 진서풍 季鷹歸未 계응귀미 求田問舍 구전문사 怕應
羞見 파응수견 劉郞才氣 류랑재기 可惜流年 가석류년 憂愁風雨 우수풍우 樹猶如此 수유
여차 倩何人 천하인 喚取紅巾翠袖 환취홍건취수 搵英雄淚 온영웅루

「만강홍滿江紅·강행, 화양제옹운江行, 和楊濟翁韻」(P. 620)
過眼溪山 과안계산 怪都似舊時曾識 괴도사구시증식 是夢裡尋常行遍 시몽리심상행편 江
南江北 강남강북 佳處徑須攜杖去 가처경수휴장거 能消幾兩平生屐 능소기량평생극 笑塵
勞三十九年非 소진애삼십구년비 長爲客 장위객
吳楚地東南坼 오초지동남탁 英雄事曹劉敵 영웅사조류적 被西風吹盡 피서풍취진 了無陳
跡 료무진적 樓觀才成人已去 루관재성인이거 旌旗未卷頭先白 정기미권두선백 嘆人間哀
樂轉相尋 탄인간애악전상심 今猶昔 금유석

798

「염노교念奴嬌・서동류촌벽書東流村壁」(P. 621)

野棠花落 야당화락 又匆匆過了 우총총과료 淸明時節 청명시절 剗地東風欺客夢 잔지동풍기객몽 一枕雲屛寒怯 일침운병한겁 曲岸持觴 곡안지상 垂楊系馬 수양계마 此地曾輕別 차지증경별 樓空人去 루공인거 舊遊飛燕能說 구유비연능설 聞道綺陌東頭 문도기맥동두 行人長見 행인장견 簾底纖纖月 렴저섬섬월 舊恨春江流未斷 구한춘강류미단 新恨雲山千疊 신한운산천첩 料得明朝 료득명조 尊前重見 존전중견 鏡里花難折 경리화난절 也應驚問 야응경문 近來多少華髮 근래다소화발

「청옥안靑玉案・원석元夕」(P. 623)

東風夜放花千樹 동풍야방화천수 更吹落星如雨 경취락성여우 寶馬雕車香滿路 보마조차향만로 鳳簫聲動 봉소성동 玉壺光轉 옥호광전 一夜魚龍舞 일야어룡무 蛾兒雪柳黃金縷 아아설류황금루 笑語盈盈暗香去 소어영영암향거 衆裏尋他千百度 중리심타천백도 驀然回首 맥연회수 那人卻在 나인각재 燈火闌珊處 등화란산처

「만강홍滿江紅」(P. 623)

敲碎離愁 고쇄리수 紗窗外風搖翠竹 사창외풍요취죽 人去後吹簫聲斷) 인거후취소성단) 倚樓人獨 의루인독 滿眼不堪三月暮 만안불감삼월모 擧頭已覺千山綠 거두이각천산록 但試將 단시장 一紙寄來書 일지기래서 從頭讀 종두독 相思字 상사자 空盈幅 공영폭 相思意 상사의 何時足 하시족 滴羅襟點點 적라금점점 淚珠盈掬 루주영국 芳草不迷行客路 방초불미행객로 垂楊只礙離人目 수양지애리인목 最苦是 최고시 立盡月黃昏 립진월황혼 闌干曲 란간곡

「분접아粉蝶兒・화조진신부문부락매和趙晉臣敷文賦落梅」(P. 624)

昨日春如 작일춘여 十三女兒學繡 십삼녀아학수 一枝枝不敎花瘦 일지지불교화수 甚無情 심무정 便下得 편하득 雨僝風僽 우잔풍추 向園林 향원림 鋪作地衣紅縐 포작지의홍추 而今春似 이금춘사 輕薄蕩子難久 경박탕자난구 記前時送春歸後 기전시송춘귀후 把春波 파춘파 都釀作 도양작 一江醇酎 일강순주 約淸愁 약청수 楊柳岸邊相候 양류안변상후

「서강월西江月・견흥遣興」(P.628)

醉裏且貪歡笑 취리차탐환소 要愁哪得工夫 요수나득공부 近來始覺古人書 근래시각고인서

信著全無是處 신저전무시처

昨夜松邊醉倒 작야송변취도 問松我醉何如 문송아취하여 只疑松動要來扶 지의송동요래부

以手推松曰去 이수추송왈거

「자고천鷓鴣天·아호귀, 병기작鵝湖歸, 病起作」(P. 629)

枕簟溪堂冷欲秋 침점계당랭욕추 斷雲依水晚來收 단운의수만래수 紅蓮相倚渾如醉 홍련
상의혼여취 白鳥無言定自愁 백조무언정자수

書咄咄 서돌돌 且休休 차휴휴 一丘一壑也風流 일구일학야풍류 不知筋力衰多少 불지근력
쇠다소 但覺新來懶上樓 단각신래라상루

「수조가두水調歌頭·맹구盟鷗」(P. 631)

帶湖吾甚愛 대호오심애 千丈翠奩開 천장취렴개 先生杖履無事 선생장리무사 一日走千回
일일주천회 凡我同盟鷗鳥 범아동맹구조 今日旣盟之後 금일기맹지후 來往莫相猜 래왕막상
시 白鶴在何處 백학재하처 嘗試與偕來 상시여해래

破青萍 파청평 排翠藻 배취조 立蒼苔 립창태 窺魚笑汝痴計 규어소여치계 不解擧吾杯 불
해거오배 廢沼荒丘疇昔 폐소황구주석 明月淸風此夜 명월청풍차야 人世幾歡哀 인세기환애
東岸綠蔭少 동안록음소 楊柳更須栽 양류경수재

「청평락淸平樂·촌거村居」(P. 632)

茅檐低小 모첨저소 溪上靑靑草 계상청청초 醉裡吳音相媚好 취리오음상미호 白髮誰家翁
媼 백발수가옹온

大兒鋤豆溪東 대아서두계동 中兒正織鷄籠 중아정직계롱 最喜小兒無賴 최희소아무뢰 溪
頭臥剝蓮蓬 계두와박련봉

「서강월西江月·야행황사도중夜行黃沙道中」(P. 633)

明月別枝驚鵲 명월별지경작 淸風半夜鳴蟬 청풍반야명선 稻花香裡說豊年 도화향리설풍년
聽取蛙聲一片 청취와성일편 七八個星天外 칠팔개성천외 兩三點雨山前 량삼점우산전 舊時茅店社林邊 구시모점사림변
路轉溪橋忽見 견로전계교홀견

「추노아근醜奴兒近 · 박산도중효리역안체博山道中效李易安體」 (P. 634)

千峰雲起 천봉운기 驟雨一霎兒價 취우일삽인개 更遠樹斜陽風景 경원수사양풍경 怎生圖畵 풍경즘생도화 靑旗賣酒 청기매주 山那畔別有人家 산나반별유인가 只消山水光中 지소산수광중 無事過這一夏 무사과저일하

午醉醒時 오취성시 松窗竹戶 송창죽호 萬千蕭灑 만천소쇄 野鳥飛來 야조비래 又是一般閒暇 우시일반가 卻怪白鷗 각괴백구 覷着人欲下未下 처저인욕하미하 舊盟都在 구맹도재 新來莫是 신래막시 別有說話 별유설화

「하신랑賀新郞」 (P. 637)

把酒長亭說 파주장정설 看淵明風流酷似 간연명풍류혹사 臥龍諸葛 와룡제갈 何處飛來林間鵲 하처비래림간작 蹙踏松梢殘雪 축답송초잔설 要破帽多添華髮 요파모다첨화발 剩水殘山無態度 잉수잔산무태도 被疏梅料理成風月 피소매료리성풍월 兩三雁 량삼안 也蕭瑟 야소슬 佳人重約還輕別 가인중약환경별 悵淸江天寒不渡 창청강천한불도 水深冰合 수심빙합 路斷車輪生四角 로단차륜생사각 此地行人銷骨 차지행인소골 問誰使君來愁絕 문수사군래수절 鑄就而今相思錯 주취이금상사착 料當初費盡人間鐵 료당초비진인간철 長夜笛 장야적 莫吹裂 막취렬

「하신랑賀新郞 · 동보견화, 재용운답지同父見和, 再用韻答之」 (P. 639)

老大那堪說 로대나감설 似而今元龍臭味 사이금원룡취미 孟公瓜葛 맹공과갈 我病君來高歌飮 아병군래고가음 驚散樓頭飛雪 경산루두비설 笑富貴千鈞如發 소부귀천균여발 硬語盤空誰來聽 경어반공수래청 記當時只有西窗月 기당시지유서창월 重進酒 중진주 換鳴瑟 환명슬 事無兩樣人心別 사무량양인심별 問渠儂 문거농 神州畢竟 신주필경 幾番離合 기번리합 汗血鹽車無人顧 한혈염차무인고 千里空收駿骨 천리공수준골 正目斷關河路絕 정목단관하로절 我最憐君中宵舞 아최련군중소무 道男兒到死心如鐵 도남아도사심여철 看試手 간시수 補天裂 보천렬

「청평락淸平樂 · 독숙박산왕씨암獨宿博山王氏庵 351」 (P. 641)

繞床飢鼠 요상기서 蝙蝠燈舞 편복번등무 屋上松風吹急雨 옥상송풍취급우 破紙窗間自語 파지창간자어

平生塞北江南 평생새북강남 歸來華髮蒼顏 귀래화발창안 布被秋宵夢覺 포피추소몽각 眼前萬里江山 안전만리강산

「영우악永遇樂·경구북고정회고京口北固亭懷古」(P. 642)
千古江山 천고강산 英雄無覓 영웅무멱 孫仲謀處 손중모처 舞榭歌臺 무사가대 風流總被 풍류총피 雨打風吹去 우타풍취거 斜陽草樹 사양초수 尋常巷陌 심상항맥 人道寄奴曾住 인도기노증주 想當年 상당년 金戈鐵馬 금과철마 氣吞萬里如虎 기탄만리여호 元嘉草草 원가초초 封狼居胥 봉랑거서 贏得倉皇北顧 영득창황북고 四十三年 사십삼년 望中猶記 망중유기 烽火揚州路 봉화양주로 可堪回首 가감회수 佛貍祠下 불리사하 一片神鴉社鼓 일편신아사고 憑誰問 빙수문 廉頗老矣 렴파로의 尚能飯否 상능반부

「남향자南鄉子·등경구북고정유회登京口北固亭有懷」(P. 644)
何處望神州 하처망신주 滿眼風光北固樓 만안풍광북고루 千古興亡多少事 천고흥망다소사 悠悠 유유 不盡長江滾滾流 불진장강곤곤류
年少萬兜鍪 년소만두무 坐斷東南戰未休 좌단동남전미휴 天下英雄誰敵手 천하영웅수적수 曹劉 조류 生子當如孫仲謀 생자당여손중모

이청조李淸照

「여몽령如夢令」(P. 651)
常記溪亭日暮 상기계정일모 沉醉不知歸路 침취불지귀로 興盡晚回舟 흥진만회주 誤入藕花深處 오입우화심처 爭渡, 爭渡 쟁도, 쟁도 驚起一灘鷗鷺 경기일탄구로

「완계사浣溪沙」(P. 652)
淡蕩春光寒食天 담탕춘광한식천 玉爐沈水裊殘煙 옥로침수뇨잔연 夢回山枕隱花鈿 몽회산침은화전
海燕未來人鬪草 해연미래인투초 江梅已過柳生綿 강매이과류생면 黃昏疏雨濕鞦韆 황혼소우습추천

「완계사」(P. 652)

莫許杯深琥珀濃 막허배심호박농 未成沈醉意先融 미성침취의선융 疏鐘己應晚來風 소종
기응만래풍

瑞腦香消魂夢斷 서뇌향소혼몽단 辟寒金小髻鬟松 벽한금소계환송 醒時空對燭花紅 성시
공대촉화홍

「여몽령」(P. 653)

昨夜雨疏風驟 작야우소풍취 濃睡不消殘酒 농수불소잔주 試問卷簾人 시문권렴인 卻道海
棠依舊 각도해당의구 知否 知否 지부지부 應是綠肥紅瘦 응시록비홍수

「점강진點絳唇」(P. 654)

蹴罷秋千 축파추천 起來慵整纖纖手 기래용정섬섬수 露濃花瘦 로농화수 薄汗輕衣透 박한
경의투

見有人來 견유인래 襪鏟金釵溜 말산금채류 和羞走 화수주 倚門回首 의문회수 卻把靑梅
嗅 각파청매후

「접련화蝶戀花」(P. 655)

暖雨晴風初破凍 난우청풍초파동 柳眼梅腮 류안매시 已覺春心動 이각춘심동 酒意詩情誰
與共 주의시정수여공 淚融殘粉花鈿重 루융잔분화전중

乍試夾衫金縷縫 사시협삼금루봉 山枕斜欹 산침사의 枕損釵頭鳳 침손차두봉 獨抱濃愁無
好夢 독포농수무호몽 夜闌猶翦燈花弄 야란유전등화롱

「감자목란화減字木蘭花」(P. 657)

賣花擔上 매화담상 買得一枝春欲放 매득일지춘욕방 淚染輕勻 루염경균 猶帶彤霞曉露痕
유대동하효로흔

怕郞猜道 파랑시도 奴面不如花面好 노면불여화면호 雲鬢斜簪 운빈사잠 徒要敎郞比並看
도요교랑비병간

「어가오漁家傲」(P. 659)

雪裏已知春信至 설리이지춘신지 寒梅點綴瓊枝膩 한매점철경지니 香臉半開嬌旖旎 향검반개교의니 當庭際 당정제 玉人浴出新粧洗 옥인욕출신장세

造化可能偏有意 조화가능편유의 故敎明月玲瓏地 고교명월영롱지 共賞金尊沉綠蟻 공상금존침록의 莫辭醉 막사취 此花不與群花比 차화불여군화비

「봉황대상억취소鳳凰臺上憶吹簫」(P. 660)

香冷金猊 향랭금예 被翻紅浪 피번홍랑 起來慵自梳頭 기래용자소두 任寶奩塵滿 임보렴진만 日上簾鉤 일상렴구 生怕離懷別苦 생파리회별고 多少事欲說還休 다소사욕설환휴 新來瘦 신래수 非幹病酒 비간병주 不是悲秋 불시비추

休休 휴휴 這回去也 저회거야 千萬遍陽關 천만편양관 也則難留 야칙난류 念武陵人遠 념무릉인원 煙鎖秦樓 연쇄진루 惟有樓前流水 유유루전류수 應念我終日凝眸 응념아종일응모 凝眸處 응모처 從今又添 종금우첨 一段新愁 일단신수

「일전매—剪梅」(P. 663)

紅藕香殘玉簟秋 홍우향잔옥점추 輕解羅裳 경해라상 獨上蘭舟 독상란주 雲中誰寄錦書來 운중수기금서래 雁字回時 안자회시 月滿西樓 월만서루

花自飄零水自流 화자표령수자류 一種相思 일종상사 兩處閑愁 량처한수 此情無計可消除 차정무계가소제 才下眉頭 재하미두 卻上心頭 각상심두

「취화음醉花陰」(P. 664)

薄霧濃雲愁永晝 박무농운수영주 瑞腦消金獸 서뇌소금수 佳節又重陽 가절우중양 玉枕紗廚 옥침사주 半夜涼初透 반야량초투

東籬把酒黃昏後 동리파주황혼후 有暗香盈袖 유암향영수 莫道不消魂 막도불소혼 簾卷西風 렴권서풍 人比黃花瘦 인비황화수

「쌍조원왕손雙調怨王孫」(P. 668)

湖上風來波浩渺 호상풍래파호묘 秋已暮, 추이모, 紅稀香少 홍희향소 水光山色與人親 수광산색여인친 說不盡, 설불진, 無窮好 무궁호

蓮子已成荷葉老 련자이성하엽로 靑露洗, 蘋花汀草 청로세, 빈화정초 眠沙鷗鷺不回頭 면사구로불회두 似也恨, 人歸早 사야한, 인귀조

「접련화蝶戀花·만지창악관기자매晩止昌樂館寄姉妹」(P. 670)

淚濕羅衣脂粉滿 루습라의지분만 四疊陽關 사첩양관 唱到千千遍 창도천천편 人道山長山又斷 인도산장산우단 瀟瀟微雨聞孤館 소소미우문고관
惜別傷離方寸亂 석별상리방촌란 忘了臨行 망료림행 酒盞深和淺 주잔심화천 好把音書憑過雁 호파음서빙과안 東萊不似蓬萊遠 동래불사봉래원

「접련화蝶戀花·상사소친족上巳召親族 (P. 672)

永夜懨懨歡意少 영야염염환의소 空夢長安 공몽장안 認取長安道 인취장안도 爲報今年春色好 위보금년춘색호 花光月影宜相照 화광월영의상조
隨意杯盤雖草草 수의배반수초초 酒美梅酸 주미매산 恰稱人懷抱 흡칭인회포 醉裏揷花花莫笑 취리삽화화막소 可憐人似春將老 가련인사춘장로

「임강선臨江仙」(P. 673)

庭院深深深幾許 정원심심심기허 雲窗霧閣常扃 운창무각상경 柳稍梅萼漸分明 류초매악점분명 春歸秣陵樹 춘귀말릉수 人老建康城 인로건강성
感月吟風多少事 감월음풍다소사 如今老去無成 여금로거무성 誰憐憔悴更凋零 수련초췌경조령 試燈無意思 시등무의사 踏雪沒心情 답설몰심정

「행향자行香子·칠석七夕」(P. 674)

草際鳴蛩 초제명공 驚落梧桐 경락오동 正人間天上愁濃 정인간천상수농 雲階月地 운계월지 關鎖千重 관쇄천중 縱浮槎來 종부사래 浮槎去 부사거 不相逢 불상봉
星橋鵲駕 성교작가 經年才見 경년재견 想離情別恨難窮 상리정별한난궁 牽牛織女 견우직녀 莫是離中 막시리중 甚霎兒晴 심삽아청 霎兒雨 삽아우 霎兒風 삽아풍

「하일절구夏日絶句」(P. 677)

生當作人傑 생당작인걸 死亦爲鬼雄 사역위귀웅 至今思項羽 지금사항우 不肯過江東 불긍

과강동

「어가오漁家傲」(P. 678)

天接雲濤連曉霧 천접운도련효무 星河欲轉千帆舞 성하욕전천범무 彷佛夢魂歸帝所 방불
몽혼귀제소 聞天語 문천어 殷勤問我歸何處 은근문아귀하처

我報路長嗟日暮 아보로장차일모 學詩漫有驚人句 학시만유경인구 九萬裏風鵬正擧 구만
리풍붕정거 風休住 풍휴주 蓬舟吹取三山去 봉주취취삼산거

「보살만菩薩蠻」(P. 679)

風柔日薄春猶早 풍유일박춘유조 夾衫乍著心情好 협삼사저심정호 睡起覺微寒 수기각미한
梅花鬢上殘 매화빈상잔 故鄕何處是 고향하처시 忘了除非醉 망료제비취 沈水臥時燒 침수
와시소 香消酒未消 향소주미소

「영우락永遇樂」(P. 680)

落日熔金 락일용금 暮雲合璧 모운합벽 人在何處 인재하처 染柳煙濃 염류연농 吹梅笛怨
취매적원 春意知幾許 춘의지기허 元宵佳節 원소가절 融和天氣 융화천기 次第豈無風雨 차
제기무풍우 來相召香車寶馬 래상소향거보마 謝他酒朋詩侶 사타주붕시려

中州盛日 중주성일 閨門多暇 규문다가 記得偏重三五 기득편중삼오 鋪翠冠兒 포취관아 拈
金雪柳 념금설류 簇帶爭濟楚 족대쟁제초 如今憔悴 여금초췌 風鬟霜鬢 풍환상빈 怕見夜
間出去 파견야간출거 不如向簾兒底下 불여향렴아저하 聽人笑語 청인소어

「고안아孤雁兒」(P. 682)

藤床紙帳朝眠起 등상지장조면기 說不盡無佳思 설불진무가사 沈香斷續玉爐寒 침향단속옥
로한 伴我情懷如水 반아정회여수 笛聲三弄 적성삼롱 梅心驚破 매심경파 多少春情意 다소
춘정의

小風疏雨蕭蕭地 소풍소우소소지 又催下千行淚 우최하, 천행루 吹簫人去玉樓空 취소인거
옥루공 腸斷與誰同倚 장단여수동의 一枝折得 일지절득 人間天上 인간천상 沒個人堪寄
몰개인감기

806

「첨자추노아添字醜奴兒·파초芭蕉」(P. 683)

窗前誰種芭蕉樹 창전수종파초수 陰滿中庭 음만중정 陰滿中庭 음만중정 葉葉心心舒卷有
餘情 엽엽심심서권유여정 傷心枕上三更雨 상심침상삼경우 點滴霖霪 점적림음 點滴霖霪
점적림음 愁損北人不慣起來聽 수손북인불관기래청

「염노교念奴嬌·춘정春情」(P. 684)

蕭條庭院 소조정원 又斜風細雨 우사풍세우 重門須閉 중문수폐 寵柳嬌花寒食近 총류교화
한식근 種種惱人天氣 종종뇌인천기 險韻詩成 험운시성 扶頭酒醒 부두주성 別是閑滋味 별
시한자미 征鴻過盡 정홍과진 萬千心事難寄 만천심사난기

樓上幾日春寒 루상기일춘한 簾垂四面 렴수사면 玉欄幹慵倚 옥란간용의 被冷香消新夢覺
피랭향소신몽각 不許愁人不起 불허수인불기 淸露晨流 청로신류 新桐初引 신동초인 多少
遊春意 다소유춘의 日高煙斂 일고연렴 更看今日晴未 경간금일청미

「성성만聲聲慢」(P. 686)

尋尋覓覓 심심멱멱 冷冷淸淸 랭랭청청 凄凄慘慘戚戚 처처참참척척 乍暖還寒時候 사난환
한시후 最難將息 최난장식 三杯兩盞淡酒 삼배량잔담주 怎敵他晩來風急 즘적타만래풍급
雁過也 안과야 正傷心 정상심 卻是舊時相識 각시구시상식

滿地黃花堆積 만지황화퇴적 憔悴損 초췌손 如今有誰堪摘 여금유수감적 守著窗兒 수저창
아 獨自怎生得黑 독자즘생득흑 梧桐更兼細雨 오동경겸세우 到黃昏點點滴滴 도황혼점점
적적 這次第 저차제 怎一個愁字了得 즘일개수자료득

「무릉춘武陵春」(P. 688)

風住塵香花已盡 풍주진향화이진 日晩倦梳頭 일만권소두 物是人非事事休 물시인비사사휴
欲語淚先流 욕어루선류
聞說雙溪春尙好 문설쌍계춘상호 也擬泛輕舟 야의범경주 只恐雙溪舴艋舟 지공쌍계책맹주
載不動許多愁 재불동허다수

조설근 曹雪芹

「장화사 葬花詞」 (P. 705)

花謝花飛花滿天 화사화비화만천　紅消香斷有誰憐 홍소향단유수련　遊絲軟繫飄春榭 유사
연계표춘사　落絮輕沾撲繡簾 락서경첨박수렴

閨中女兒惜春暮 규중녀아석춘모　愁緒滿懷無釋處 수서만회무석처　手把花鋤出繡閣 수파
화서출수각　忍踏落花來復去 인답락화래부거

柳絲楡莢自芳菲 류사유협자방비　不管桃飄與李飛 불관도표여리비　桃李明年能再發 도
리명년능재발　明年閨中知有誰 명년규중지유수

三月香巢已壘成 삼월향소이루성　梁間燕子太無情 량간연자태무정　明年花發雖可啄 명년
화발수가탁　卻不道人去樑空巢也傾 각불도인거량공소야경

一年三百六十日 일년삼백륙십일　風刀霜劍嚴相逼 풍도상검엄상핍　明媚鮮姸能幾時 명미
선연능기시　一朝飄泊難尋覓 일조표박난심멱

花開易見落難尋 화개역견락난심　階前悶殺葬花人 계전민살장화인　獨倚花鋤淚暗灑 독의
화서루암쇄　灑上空枝見血痕 쇄상공지견혈흔

杜鵑無語正黃昏 두견무어정황혼　荷鋤歸去掩重門 하서귀거엄중문　靑燈照壁人初睡 청등
조벽인초수　冷雨敲窗被未溫 랭우고창피미온

怪奴底事倍傷神 괴노저사배상신　半爲憐春半惱春 반위련춘반뇌춘　憐春忽至惱忽去 련춘
홀지뇌홀거　至又無言去不聞 지우무언거불문

昨宵庭外悲歌發 작소정외비가발　知是花魂與鳥魂 지시화혼여조혼　花魂鳥魂總難留 화혼
조혼총난류　鳥自無言花自羞 조자무언화자수

願奴脅下生雙翼 원노협하생쌍익　隨花飛到天盡頭 수화비도천진두　天盡頭何處有香丘 천
진두하처유향구　未若錦囊收艷骨 미약금낭수염골　一抔淨土掩風流 일부정토엄풍류

質本潔來還潔去 질본결래환결거　強於汚淖陷渠溝 강어오뇨함거구　爾今死去儂收葬 이금
사거농수장　未卜儂身何日喪 미복농신하일상

儂今葬花人笑癡 농금장화인소치　他年葬儂知是誰 타년장농지시수　試看春殘花漸落 시간
춘잔화점락　便是紅顏老死時 편시홍안로사시

一朝春盡紅顏老 일조춘진홍안로　花落人亡兩不知 화락인망량부지

『홍루몽』中 설보차의 영물사 (P. 709)

白玉堂前春解舞 백옥당전춘해무 東風捲得均勻 동풍권득균균 蜂圍蝶陣亂紛紛 봉위접진란분분 幾曾隨逝水 기증수서수 豈必委芳塵 기필위방진 萬縷千絲終不改 만루천사종불개 任地隨聚隨分 임지수취수분 韶華休笑本無根 소화휴소본무근 好風憑藉力 호풍빙자력 送我上靑雲 송아상청운

돈성의 시 (P. 711)

滿徑蓬蒿老不華 만경봉호로불화 擧家食粥酒常賒 거가식죽주상사 衡門僻巷愁今雨 형문벽항수금우 廢館頹樓夢舊家 폐관퇴루몽구가 司業靑錢留客醉 사업청전류객취 步兵白眼向人斜 보병백안향인사 阿誰買與豬肝食 아수매여저간식 日望西山餐暮霞 일망서산찬모하

루쉰魯迅

「자제소상自題小像」(P. 721)

靈臺無計逃神矢 영대무계도신시 風雨如磐黯故園 풍우여반암고원 寄意寒星荃不察 기의한성전불찰 我以我血薦軒轅 아이아혈천헌원

「방황彷徨」(P. 737)

寂寞新文苑 적막신문원 平安舊戰場 평안구전장 兩間余一卒 량간여일졸 荷戟尙彷徨 하극상방황

「망각을 위한 기념」(P. 744)

慣於長夜過春時 관어장야과춘시 挈婦將雛鬢有絲 설부장추빈유사 夢裡依稀慈母淚 몽리의희자모루 城頭變幻大王旗 성두변환대왕기 忍看朋輩成新鬼 인간붕배성신귀 怒向刀叢覓小詩 노향도총멱소시 吟罷低眉無寫處 음파저미무사처 月光如水照緇衣 월광여수조치의

「양취안을 추모하며」(P. 745)

豈有豪情似舊時 기유호정사구시 花開花落兩由之 화개화락량유지 無情最是江南雨 무

정최시강남우 又爲斯民哭健兒 우위사민곡건아